医学推动者译丛

i Hope

PROMOTER OF
MEDICAL SCIENCE

医学人生

医学人文之父威廉·奥斯勒

原著 ［加］Michael Bliss　主审　张雁灵　主译　郎景和

William Osler

a Life in Medicine

科学普及出版社

·北 京·

图书在版编目（CIP）数据

医学人生：医学人文之父威廉·奥斯勒 /（加）迈克尔·布利斯 (Michael Bliss)
原著；郎景和主译 .—北京：科学普及出版社，2023.5
书名原文：WILLIAM OSLER: A Life in Medicine
ISBN 978-7-110-10540-5

Ⅰ . ①医… Ⅱ . ①迈… ②郎… Ⅲ . ①奥斯勒 (Osler, William 1849–1919) —
传记 Ⅳ . ① K837.116.2

中国国家版本馆 CIP 数据核字 (2023) 第 032684 号

著作权合同登记号：01-2022-6440

策划编辑	宗俊琳　王　微
责任编辑	延　锦
文字编辑	张　龙
装帧设计	佳木水轩
责任印制	徐　飞

出　　版	科学普及出版社
发　　行	中国科学技术出版社有限公司发行部
地　　址	北京市海淀区中关村南大街 16 号
邮　　编	100081
发行电话	010-62173865
传　　真	010-62179148
网　　址	http://www.cspbooks.com.cn

开　　本	145mm×210mm　1/32
字　　数	473 千字
印　　张	17.5
版　　次	2023 年 5 月第 1 版
印　　次	2023 年 5 月第 1 次印刷
印　　刷	北京长宁印刷有限公司
书　　号	ISBN 978-7-110-10540-5/K·214
定　　价	98.00 元

谨以本书纪念
昆塔斯·伯利斯博士，外科医生（1903—1956）
詹姆斯·昆塔斯·伯利斯博士，生理学家（1930—1969）

我们向前生活，我们向后理解。

We live forward, we understand backward.

—— William James

我呼吁人类，不要对上帝感到好奇。因为我对每一个人都好奇，但对上帝并不好奇。

And I call to mankind, Be not curious about God. For I who am curious about each am not curious about God.

—— Walt Whitman

我把自然的影响称为上帝的行为。

I call the effects of Nature the works of God.

—— Thomas Browne

文学中还有什么比传记更令人愉快的呢？然而，任何人对他人生命的描述都充满了不确定性和危险。

What more delightful in literature than biography? And yet, how uncertain and treacherous is the account which any man give of another's life.

—— William Osler

版权声明

医学推动者译丛委员会

译者名单

主审　张雁灵

主译　郎景和

译者（以姓氏汉语拼音为序）

方益昉　郎景和　石丽英　王　德

王　宁　王　姝　王一方　王智彪

邢若曦　杨晓霖

补充说明

　　书中参考文献条目众多，为方便读者查阅，已将本书参考文献更新至网络，读者可扫描右侧二维码，关注出版社"焦点医学"官方微信，后台回复"9787110105405"，即可获取。

内容提要

　　"医学人文之父"威廉·奥斯勒，是20世纪最伟大的医学家、医学教育家，是"那个时代最著名、最受爱戴和最有影响力的医生，几无可比"。奥斯勒的非凡人生尤为引人入胜，他的行医之道充满了对人性的尊重、对人生的热爱、对人道的实践，大家都渴望走近一些，再近一些。

　　作为一部全面介绍威廉·奥斯勒的经典传记，本书引进自牛津大学出版社，书中以朴素、平实的语言全面、细腻、客观、公允地呈现了奥斯勒从诞生到故去的周详史实，铺展出一幅他对医学实践的引领、对医学教育的深思、对医疗技术与医学人文的洞察、对文学与艺术的熏染与渊博，乃至对医学灵魂的呼唤与恪守的鲜活人生画卷，纤介不遗。他始终告诫人们，无论科技如何发展，医学的本源永恒不变，医学切不可远离其灵魂——医学人文。

　　作为继伟大的神经外科专家哈维·库兴（Harvey Cushing）撰写的正式传记《威廉·奥斯勒爵士一生》之后的经典传记，本书还涉及现代医学的来临、医师培训、医患关系、医学理想中的乡土论与整体论、角色建模、女权主义、人文主义等内容，以全方位视角启迪医者以威廉·奥斯勒典范品行为方向，沐浴于医学人文思想之光中逐梦前行。

此部经典之作呼应了当今时代对奥斯勒及其思想的探求与追问。但如此伟大的精神风貌，并未被封存成一尊雕像。生动的叙事、细致的刻画，极具张力地呈现了奥斯勒伟大之中并无异于常人的喜怒哀乐，彰显了奥斯勒思想的普世性价值与意义，医务工作者、医学教育工作者、医学人文学者及对传记感兴趣的读者，都将从中获益。

中文版序

威廉·奥斯勒的医学人文修炼

中国妇产科学家、中国工程院郎景和院士领衔翻译了《医学人生：医学人文之父威廉·奥斯勒》一书，他希望我为本书作序，这让我诚惶诚恐。因为，我对奥斯勒一直是高山仰止；对郎院士也总是负弩前驱。

前段时间，郎院士出版了一本献给他老师林巧稚先生的书——《协和的守望：林巧稚和她的医生们》，这是他对医学大家的重温与缅怀，更是对林巧稚大夫"守护生命、度己达人"人文理念的传承与弘扬。今天这部译著，则是对国际医学大家的远观与借鉴，借他山之石再次对医学人文理念进行推广与传播。

2017年，我曾与郎院士一起访问奥斯勒故居，参观了奥斯勒的图书馆，给我们留下了极深的印象。2019年，我们在中国医师协会成立了"中国奥斯勒研究会"，郎院士当选为会长。如今，郎院士领衔翻译出版奥斯勒传记并邀我作序，我理解为这是给我布置的作业，同时也深感荣幸，能让我对此书先睹为快，喜悦之情溢于言表。

我们都知道，无论是医疗实践，还是人文修养，医生都是最难"修炼"的一个职业，而奥斯勒却在这两方面都"修炼"到至臻之境。3年前，我曾发表过《威廉·奥斯勒对医学事业的三大贡献——纪念威廉·奥斯勒诞辰170周年》的文章，其中提到一是他最早提出了医学的本质观，医学科学与医学人文的有机结合；二是他创新了医学教育观，坚持临床教学和提升岗位能力的核心教育理念；三是他提出了树立医生的正确人生观，恬淡自适和修炼品行。如今眼前这部传记，让我又一次走近奥斯勒，再次深入探索和学习他的思想精髓。

奥斯勒被全世界医生同道称为"现代临床医学之父"，他的著作和言论至今都对医学工作者有着深远的影响。原著者迈克尔·布利斯（Michael Bliss）通过详细的史料梳理，让我们得以走进这位医学大家的人生，了解他的职业生涯。更为可贵的是，作者没有简单地把奥斯勒塑造成"神话"，而是通过各种史料，呈现出传主既有超越常人的医学禀赋，又有常人的种种性格特点。比如书中所述，"奥斯勒有时孩子气十足，风风火火比较冒失，大家也拿他没有办法。有一次奥斯勒像幽灵般闯进霍尔思泰德的手术室，他先把帽子放进第一个消毒器里，再把拐杖放进另一个消毒器里，最后把手套放进第三个消毒器里，然后一本正经地问大家手术进展得如何？"原来，医学大家也有调皮可爱的一面！类似的叙述在整本传记中时有穿插，展现了一位真实的医学大家形象。全书的叙述风格充满了生活史和职业实践之间的张力。

传记记述了奥斯勒在约翰斯·霍普金斯大学建立临床实习制度，从而改变美国乃至世界现代医学的走向。19世纪90年代，他就敢于使用先进的治疗方法来减轻患者的痛苦；在临床实践中渗透进浓浓的人文关怀，不仅有理念上对于"人"的理解，还有医疗实践中对患者关怀的诸多考量。例如，他每个星期六都会在约翰斯·霍普金斯大学的圆形剧场举办一场综合门诊教学，传递的内容不仅有关于医学生培养的，更有着眼于患者康复制度建立的。我读后感觉，奥斯勒对医学实践的伟大贡献，应该是这本传记中最重要的部分。而最重要部分里更加突出的内容之一，是他始终告诫人们不要远离医疗的灵魂，即医学人文。

奥斯勒的医学人文思想和人文修养体现于他对文艺作品的大量阅读。书中写道："1897年，他向华盛顿医师协会发表了一篇重要论文，名为《美国的克汀病散发性》(Sporadic Cretinism in America)。在这篇论文中，他使用令人惊叹的灯笼（类似幻灯片）生动形象地展示了这种病，并且在引用有关该疾病的所有文献外，还提到了一个实例[弥尔顿(Milton)、莎士比亚(Shakespeare)和希波克拉底女儿的勇敢之吻]。"在严肃的医学学术论文之中穿插如此丰富的文艺作品，可以说这不是炫耀知识或"掉书袋"，而是将古典文艺作品中的人性与医学的人性自然而然地结合在一起，从而创造出一种全新的医学论文写作方式，也进一步凸显了奥斯勒非同凡响的文艺修养。奥斯勒在某次演讲的开头，居然引用了柏拉图(Plato)、莪默·伽亚谟(Omar Khayyam)的《鲁拜集》(Rubaiyat)，约翰·沃德(John Ward)牧师的《日记》(Diary)和丁尼生(Tennyson)的诗句，以至于被有些人误认为这是一场文学演讲而非医学演讲。其实，衡量是否专业的标准，自然不在于修辞和文体，而在于论述的深度和专业度，将人文融合在医学讨论中更能体现出医学的本质和专业的厚度。奥斯勒的许多名言至今仍被我们阅读和熟记，正是因为他在探索医学科学时一直饱含着丰富的人文情愫。

特别感谢郎景和院士和他的翻译团队把这部精彩的传记推介给国内的广大读者。读者可以从中真实地了解奥斯勒的所思所想，认识他的超时代之处，同时也能了解他的局限和缺点又是如何混杂在一起的。我希望国内的医务工作者和医学生们都来阅读这部传记，在了解熟悉奥斯勒一生的同时，也思考一下我们如何行走在从医路上……

总后勤部卫生部前部长
中国医师协会会长
世界华人医师协会会长

原书前言

论定奥斯勒

威廉·奥斯勒是世界上最伟大的医生吗？这一命题于1919年他在英格兰的牛津离世后就已盖棺定论了。

或许这并不是一个艰难的比争，绝大多数奥斯勒的崇拜者都虔诚地认为奥斯勒就是那个时代最著名、最受爱戴和最具影响力的医生，无以比肩。奥斯勒同时代的作家、艺术家、政治家和科学家有哪位能毫无争议地在三个方面都如此出色？奥斯勒自在加拿大偏远一隅出生后的70年间，先后在蒙特利尔（Montreal）的麦克吉尔大学、费城的宾夕法尼亚大学、约翰斯·霍普金斯医院和巴尔的摩大学行医、写作和教学，并任牛津大学教授。他是光彩夺目的、有创造力的导师，受到学生们的喜爱，特别是在北美医学统治的新时代里，在被视为执牛耳的霍普金斯的年轻学者们中尤受推崇。1892年，奥斯勒出版了他的学术著作《医学原理与实践》（*The Principles and Practice of Medicine*），这是现代医学的第一部伟大教科书，该书盈盛市场，销量大、版本多，被认定是单一作者撰写的内科大全的空前绝后之作。在上百篇文章和自述中，奥斯勒对多种疾病的症状特点、诊断和治疗进行了报告。从众多伤寒和各种各样的梅毒到奇异状况都广采博涉，有些则是以他的名字命名。

他究竟发现了什么？可能很少。但是，我们也许没有问对问题。尽管你描绘了那一时代的医学边际，你经常看到奥斯勒的发现属于先锋轨迹，但奥斯勒是个观察家、疾病自然史学者和临床执业医师，并非发现领域的实验科学家。他尊重和使用了发现者的突破，理解医学必须依据科学。而作为临床医生，他从这点起步，尽力治愈患者，同时讲授救治的科学与艺术。科学家及其发现可以协助、补充和武装医学，但不能取代医生面对面的工作。奥斯勒作为教师的革命性影响是他让学生们在患者病床边学习医术。

当他的弟子和同事染疾，奥斯勒也是他们的医者。他行医时见过各种奇异状况的诗人、政客、皇室成员和普通大众。作为医生和朋友，他有迷人的个性。无论其在世时或离世后，他的朋友们都对他怀存长久、无限的敬意。即使奥斯勒横贯英美医学界，结识各路精英，有些人亦患亦友，他也未曾遗忘他的加拿大血统。

人人皆知奥斯勒，人人爱戴他，有的甚至顶礼膜拜。奥斯勒不只是医生，还是渊博且极富感染力的人文学家。他关于生命医学历史、当代和未来的论文和演讲被广泛阅读和赞赏，这得益于他把科学与文学高度理想化及与日常的理性建设相结合。在他的著作和个人生活，以及战争悲剧的洗染中，奥斯勒的思想体现了生存的艺术。他的一个朋友说，奥斯勒的故事对珍视生命的每个人都会感兴趣。奥斯勒的同道和医学大咖威廉·韦尔奇（William Welch）认为，"奥斯勒的生涯是性格与现实的绝配，几乎完美无瑕地用天赋和秉性适配于生活事件与周遭环境" [1]。之前，我描述了在奥斯勒有生之年视其为偶像的人，保证将其医学和精神视为榜样，使其熠熠闪光。伟大的神经外科专家哈维·库欣撰写的正式传记《威廉·奥斯勒爵士一生》有两卷，共 1400 页，乃奥斯勒传奇之硬核。自 1925 年出版后的许多年间，库欣的

《威廉·奥斯勒爵士一生》是仅次于奥斯勒本人著作的激奋人心的历史文献，是最具权威性的论著。该传记被誉为优秀名著并在美国获得"普利策奖"。能有人写出超越库欣的奥斯勒的人生导本吗？也许，可以试一试？当然，后来的神经外科医生迅速改进了库欣的外科技术，但关于奥斯勒传记却是沉闷乏味、烦琐重复的叙事，业外人士鲜得感触，甚至根本无法卒读。当时之所以被贬低，是因为当历史学家开始追询有关奥斯勒生活和医学世界的很多问题时，却无法作答。新的重要资料进一步标记了库欣的著述，大量有关奥斯勒的论著逐渐出现，有些反映出高标准的学术性和客观性，有些作者对这位医学偶像有了修论。

威廉·奥斯勒的道路长远可行吗？他的魅力是真实的还是臆造的？像其他历史人物一样，他是那个时代种族和性别歧视的囚徒？他的声望是吹嘘的，比希波克拉底更具炒作？他对圣洁形象的虚伪预言能否在生活中体现？20 世纪 80 年代，读库欣传记与思考奥斯勒的人都意识到亟须一部新的传记 [2]。

当我在完成《胰岛素的发现》（*The Discovery of Insulin*）（1982 年）和《班廷传记》（*Banting: A Biography*）（1984 年）两本书后，开始严肃地研究医学史，对奥斯勒的一生产生兴趣并增强了写作欲望，我的加拿大情结也引导我从"胰岛素"到"班廷"再到"奥斯勒"。但显而易见，奥斯勒在医学与行业外远超他的绝大多数同道，他有着充满成就、动力和复杂的人生，以及持久性的影响力。由于素材庞大且分散于 3 个国家的档案，对于非医者来说很难理解字里行间中阐释的奥斯勒医生的工作，因此写一部新的奥斯勒传记将是一项很艰苦的工作。库欣的传记充满细节和作者的第一手认知，对于奥斯勒的探索者来说像进入一片郁葱、迷离且令人疲惫的丛林。难道奥斯勒的疆土就是稠密的医学森林，不是专家和助手根本无法参透？出版社告诉我，对于科学家的传记没有兴趣，就谈不上医生生涯题材的写作。疑惑间，我转向更好掌握的选题及更好入手的范畴。

我写了3本书，其中一本是研究奥斯勒同时代在蒙特利尔暴发的天花，这令我重新思考。借助笔记本电脑的优异容量，我能更好地参考大量资料，我认为我已准备好挑战医学题材。奥斯勒丰富的医学生涯和辉煌信念令我兴奋，我觉得他的生活和工作另辟蹊径地反映了人文主题，即生死的终极内涵、救赎的顽强博弈。

于是，我决定写一部有趣且光鲜的关于奥斯勒一生的新著作。我不是特别在乎奥斯勒在书中是何许人也。我在写作胰岛素共同发现者弗雷德里克·班廷爵士（Sir Frederick Banting）的传记时，就是坦率地记录了这位加拿大偶像是个平庸科学家、粗鲁汉子和沙文主义者。那时班廷被比作"马臀"，并非总是正能量。令我欣慰的是褒贬班廷的两派均对此书的公平性进行赞扬。历史学术的要素是具备完美的客观性。在书中这些章节里，我运用了各种方式方法，公正、客观地展示了奥斯勒的形象。我沉浸于题材中，希冀足够深钻人物，我逐渐被奥斯勒形象的能量所吸引。人们对奥斯勒的崇拜比我想象得更广泛、更发自内心、更少私利与张扬。奥斯勒当然是医中翘楚，但在我看来，他在任何人群中都必然出类拔萃，尽管他习惯躲开众人去与孩童玩耍。奥斯勒最吸引我的个性优点，就是他与孩童们在一起时的魅力，他的大量异想天开般的示爱笔记、轶事和备忘录是如此的生动出彩。与孩子们在一起，奥斯勒有着与刘易斯·卡罗尔❶（Lewis Carroll）同样的敏感而不啻怪异。多年来，奥斯勒手上染有轻度结核性生长物，即"尸疣❷"，这与他接触尸体相关。他深通病理学，探究遗体找病因。所有的传记都会分享乔伊斯·卡罗尔·奥特斯（Joyce Carol Oates）标识的"病理学"，把历史学者与病理学者（档案与停尸房）进行比较通常是恰当的。令我吃惊的是，奥斯勒的尸体解剖研究并未发现有意义的赘生物或病理状况。他的一生极出色地勇敢面对临床解剖，甚至微观检查。这一时期，当传记学家宣称发现其对象有隐藏内部的精神错乱而闻名时，这一项目是非同寻常的智力尸检，有时是现代传记学家的噩梦。我尽力探究但并未发现奥斯勒声名损毁的任何理由，他有着辉煌的、史诗般的、重要的、非同寻常的一生！在很大程度上对奥斯勒的"修正"纯属无稽之谈。在口述史中，关于维多利亚时代奥斯勒所谓的绘声绘色的性丑闻描述更是凭空捏造。

　　威廉·奥斯勒的信息来源及其一生的真实性比我预料的还要丰富，也形成了奥斯勒友人、机构和医界的新发修正观点的篇章。本书是在医学学术界史上惊人成果的基础上编写的，但我力图让每一段都通俗易懂，从读书识字的读者、高中生、分子生物学者、辛苦的广大从业者，再到任何对传记有兴趣的人都能获益。一开始我就决心用一册书讲述一生。威廉·奥斯勒的生命以引人注目的方式点燃了他的医学和文化时代，我希冀他也能照亮我们这个时代。本书涉及现代医学的来临、医师培训、医患关系、医学理想中的乡土论与整体论、角色建

---

❶ 英国童话作家，著有《艾丽丝梦游仙境》。

❷ 原文如此。

模、女权主义、人文主义、科学与人文学科、维多利亚女王时代风格、美国的崛起、北大西洋文化三角、第一次世界大战、基督教的衰落、预期寿命的崩溃、康健的重大影响、圣公会气质等。任何传记的基本意图是再创一个人的生命，这一努力高于理性病理学或社会科学。

我的目标是追随沃特·惠特曼（Walt Whitman）（他恰巧是威廉·奥斯勒的患者），他写道："诗人把亡者从棺柩中拉出，让他站立起来……他对过去说话，并走到我面前——我认出了你[3]。"

你们会看到，奥斯勒会特别喜欢这幕情境。

迈克尔·布利斯

于爱德华王子岛，斯普林菲尔德

1998 年 9 月

目　录

English Gentlemen with American Energy
第 1 章　充满美国活力的英国绅士

1849 年 7 月 12 日，威廉·奥斯勒出生于加拿大一个偏远教区的牧师家庭。他的父母从英格兰来到英属北美，在一个寂寂无闻的地区圣公会教堂服务。他们的教区以加拿大西部的小村庄邦德海德为中心，位于多伦多小城以北 60 多公里。奥斯勒出生时，邦德海德还是一个位于蛮荒边缘的移民点。维多利亚时代的英国横跨几千公里的大西洋，达到了权力、威望和文化教养的巅峰。

奥斯勒主要是凯尔特人（Celtic）血统，他的多代先祖一直生活在英格兰西南部的康沃尔（Cornwall）。奥斯勒这个名字来自于"ostler"，意思是酒馆里的马夫，它与"host"和"hospitality"同词根。他的加拿大家人给他起名时，"O"的发音是"host"中的长元音，而不是"lost"中的短元音。

奥斯勒家族中的四位成员对威廉·奥斯勒的人生有深远影响，分别是英格兰费尔茅斯（Falmouth）的祖父爱德华·奥斯勒（Edward Osler），英格兰和威尔士的医生叔叔爱德华·奥斯勒，以及他的父母——尊敬的牧师费瑟斯通·莱克·奥斯勒（Featherstone Lake Osler）和艾伦·费瑞·皮克顿·奥斯勒（Ellen Free Pickton Osler）。这些亲人的雄心和大胆开拓——尤其是他的父母，从体面的英国来到荒凉的北美，为威廉开创自己的人生和使命搭建了前期的平台。跟我们大多数人一样，威廉·奥斯勒的成长过程再现并呼应了他所继承的基因。

威廉的祖父爱德华·奥斯勒出生于 1758 年，他背离了家族的航海传统，在英格兰南部科尼什海岸的古老港口城市费尔茅斯开起商店，并成为一名船主。他家业略丰，期望自己的 9 个孩子，尤其是 4 个儿子，能够在这个世界出人头地。如果勉为其难，他们至少应当维持当前的安稳生活。当他最大的儿子爱德华决定成为一名外科医生，向上层社会更进一步时，这位父亲心甘情愿地为他承担大笔教育开支。

本书的大量篇幅涉及如何成为一名医生。在 19 世纪早期的英国，两所历史悠久的大学（剑桥大学和牛津大学）所培养的医生人数有限，主要来自上层社会。大多数想学习医学或外科学的英国年轻人首先要在当地做一段时间学徒，然后报读医院或私立学校（通常位于伦敦）开设的课程，最终可以参加执业笔试。威廉未来的叔叔爱德华・奥斯勒走的就是这条路。他先在费尔茅斯的一位外科医生那里做学徒，然后与父亲坐船到伦敦，安排后续的培训。

那时的医学生跟现在一样，通过研究尸体来了解人体，就此而言，他们的医学教育已经部分现代化了。他们在尸体上学习解剖学和病理学，这些尸体最好是人类的，若有必要，动物的尸体也可以。对于大多数非专业人士和将要成为医学生的人而言，切开或解剖尸体始终是件想起来就令人恐怖和厌恶的事情。但是，能够以置身事外的超然和冷静来检查患者、垂危者和死人，无论在过去，还是现在，都是行医的必备技能（*sin qua non*）。

1816 年 6 月，拿破仑战争结束 1 年后，两位爱德华・奥斯勒，父亲携同 18 岁的儿子，参观了约书亚・布鲁克斯（Joshua Brookes）所开办的著名的布伦海姆街（Blenheim Street）解剖学校。这是伦敦唯一一所在夏季开放的此类学校，其他学院的讲师会因为高温导致的尸体腐烂问题望而却步。布鲁克斯被某位同行描述为"我所遇到的最肮脏的专业人士……他的全身满是污秽"，当他带着两位奥斯勒参观他的解剖"博物馆"时，老爱德华因为对恶臭的恐惧而退缩了，他认为这些臭味有可能让自己中毒。这一场经历对他来说，犹如下地狱一般[1]。

儿子却已具备医学生惯常的冷静，并且文笔生动，他还有个稚嫩的想法，就是用解剖学校的经历震慑一下费尔茅斯的家乡人。也许，通过写作，他把内心深处的恶心升华了。他如此描述布鲁克斯学校的工作：

入学后第二天，我第一次进入解剖室。首先映入眼帘的是一具老年男性的尸体，他舒展着躺在大厅的一扇百叶窗上，脑子已经被取出，头皮垂在耳朵附近，杂乱的白发被血液黏成一团团的。一只饿狼对着他龇牙低吼，在铁链拴着它的范围内拼尽全力接近尸体。旁边的一个大桶里满是人肉，我取出几块喂了老鹰，它们贪婪地大口吞下。一进入房间，令人厌恶的恶臭就扑鼻而来。差不多有20个家伙正在里面忙着解剖四肢和躯体。那些尸体，都有不同程度的腐烂，颜色斑驳，有黑色、绿色、黄色、蓝色。而学生们解剖尸体的样子明显是兴致勃勃，就好像在切他们的晚餐[2]。

可以预见，他家乡的读者一定会被恶心到。而爱德华则对读者的这些反应狂喜不已，并且沉浸在自己随手记录的嗜好中，感到十分享受。他继续提供了更多极具画面感的细节：

3个星期前，一具在摄政运河（Regents Canal）中淹死的女性尸体被运来。她是我见过的最胖的尸体，胖到没有一个学生能搬得动。她的大腿比我的身体还粗。我们在她身上进行了3～4次操作，有些部位的脂肪厚达10cm。可以说，她就是个躺在解剖室的油脂球，一侧臀部、肩膀、胸部，以及她的头顶已经被取走，其他部位原封未动。她简直臭不可闻。当太阳热辣辣地照进来，她身体里的脂肪融化成小液滴，流到地板上，看起来就像新鲜的奶油。到了晚上，它们又凝固成番红花面包的样子。上个星期一，我带一位绅士来解剖室，但是他一秒钟也待不下去，之后我再也没能把他劝进来……

现在，我正在解剖一具女性尸体的一部分。值得一提的是，尽管她已经28岁了，但处女膜还很完整，容貌也是端庄秀丽。根据布鲁克斯的指示，我把她安置在他博物馆的珍品区中[3]。

爱德华参加过布鲁克斯在盖伊医院（Guy Hospital）和圣托马斯

医院（St. Thomas Hopital）的讲座，也去过几家医院的病房实地探望患者。"病房里的气味比解剖室更加糟糕。"他对观看外科手术尤其感兴趣。要知道，那时离麻醉药的使用还有几十年的时间：

特拉弗先生（Mr. Traver）今天下午在圣托马斯给一个爱尔兰男人做睾丸切除术，患者就在那儿起劲地哀嚎。本来，他还要给一个可怜的裁缝做鞘膜积液（阴囊囊肿）手术。我猜这个家伙是被爱尔兰人恐怖的嚎叫吓坏了，说什么也不上手术台。特拉弗先生想尽一切办法劝他，也都白费力气。他用各种手势配合着拒绝，再加上他苍白、颤抖、呆滞的裁缝面相，引发了整个手术大厅的哄堂大笑。另一个患者被带进来，正如意料之中，他毫不畏缩地接受了同样的手术……那个裁缝，在学生们的哄笑声中，在其他患者看到他从病房门前经过时发出的起哄声中，在护士和修女的责骂声中，躲躲闪闪地溜回楼下的病房[4]。

那时的英国医学生已经不必亲自想办法搞尸体来解剖。盗墓已经专业化了，新近去世的尸体被盗尸人（诨名"复活者"）从他们的安息处挖出来，然后卖给医学校。由于对尸体的需求量非常大，所以对于毁坏尸体的抗议也非常多，人们普遍担忧，这最终会演变为可怕的人身攻击[5]。死者的家人尽量利用停尸房和防盗棺材来预防盗墓，有的时候，还会雇佣武装警卫。不久，整个英国都惊骇地听闻，有些盗尸人，爱丁堡（Edinburgh）臭名昭著的威廉·伯克（William Burke）和威廉·海尔（William Hare），违反常规，越过中介，通过谋杀（勒死）活人来获取解剖用的尸体。1832年，参照法国的经验，英国议会（Parliament）通过"解剖法"（Anatomy Act），允许穷人的尸体用于解剖。而在其他国家，对于医学教学用尸体的搜寻仍处于基本无管理的状态。

爱德华·奥斯勒完成学业后，成为一名执业外科医生，在威尔士（Wales）为数不多的医院之一——斯旺西医院（Swansea Infirmary）谋得一份很有前途的职业，做外科住院医生。他希望自己实现父亲的期望，并在英国的社会阶层中出人头地："我认为自己能更上一层……我禁不住想，只要我活着，总有一天会成为举足轻重的人[6]。"他专注于眼外科，这在当时是尚处于发展早期阶段的一个专业。

爱德华随后就结婚，开始养家。但是他年轻妻子的健康状况十分不稳定，她不得不离开同样处于衰退中的斯旺西。爱德华也从医院辞职，开始担任海上医务员，同时做一名博物学学生。他的妻子在他回来后不久就去世了，他便搬回费尔茅斯的老家。在那里，他几乎不怎么行医，却把大部分时间用于写作。他写过诗歌，不过并不能媲美同时代同样在伦敦学医出身的约翰·济慈（John Keats）。他还写过博物学、赞美诗，以及神学方面的文字，这沿袭了他母亲那边的亲戚塞缪尔·德鲁（Samuel Drew）的传统，那是一位在当地很有名的多产作家，被称为"科尼什的玄学家"（Cornish Metaphysician）。

爱德华的两个弟弟在费尔茅斯做店主，但不是很成功。其中一个弟弟山姆（Sam）最终成为家里的不肖子——酒鬼兼色鬼。19 世纪 30 年代，已经 70 多岁的父亲老爱德华患有胆病，小爱德华给他开了常规泻药。但是患者自己尝试过几次后，认定对自己最好的药物是"牛排和上好的波尔特红酒"（Port Wine）[7]。老爱德华很担心自己的后代能否维持家族地位和品格的体面。他的儿子们对各自大好前途的暴弃使他十分恼火。看到年轻的爱德华似乎很满足于宅在家里，他也十分不快："我有时的确很痛心，一想到我不计付出，让他接受那么好的教育，他竟然如此虚度生命中最好的时光……他不是寻常人物，我担心的是，让他独立养家，希望渺茫……男人就该有男人的样子，这是我所乐见的[8]。"

年轻爱德华最终再次离家、二婚，最后是三婚。他主要待在康沃尔（Cornwell）的特鲁罗（Truro），主业转为作家兼编辑。他的宗教信仰和政治观点都非常保守。他偶尔给穷人诊疗，尤其感兴趣的是了解给患者涂搽橄榄油和其他精油后的治愈效果，这是一项可以追溯到圣经时代的行为。

爱德华有一个富于幻想和不切实际的灵魂，对于诗句和书籍的兴趣远大于当医生的兴趣。有一次，他到一所大房子给一位女士诊疗，在等患者的时候，他漫步走进图书馆，完全忘记了时间和自己此行的目的[9]。尽管爱德华·奥斯勒从未达到他父亲所期望的成就，但他也绝不是一个败家子。相比于他弟弟的种种问题，以及他的姐妹们完全没有能力实现良好的婚姻，他作为一位医生兼多产的作家，是给奥斯勒家族（Osler family）争光的。他的一些赞美诗至今还在圣公会教堂中歌唱。他的后代在很多方面触动了他的侄子威廉·奥斯勒。

老爱德华·奥斯勒期望自己的第 4 个儿子——出生于 1805 年 12 月 14 日的费瑟斯通·莱克·奥斯勒（威廉·奥斯勒的父亲）会比其他孩子出色。费德（Fed）（费瑟斯通）是一个热爱大海、富有冒险精神的小伙子，他 15 岁的时候就驾驶亲戚的双桅纵帆船出海，并在一场可怕的暴风雨中，在桅杆被折断的情况下幸免于难。后来，他加入皇家海军（Royal Navy），成为军官学校的学员。他的第一位导师这样评价他："他是一个精力充沛的年轻人，我毫不怀疑，他跟我所认识的任何人一样，将在这个混蛋世界中开辟出自己的人生之路[10]。"

在 19 世纪 20 年代，年轻的费瑟斯通作为一名海军军官，经历过海难、黄热病暴发，并与海盗和奴隶贩子交战过，最终幸免于难。他分别在霍雷肖·纳尔逊（Horatio Nelson）晚期的船上和 HMS 胜利号（HMS Victory）船上短暂服役过，而在南美洲巡逻舰上则服役了很多年，见识过世界的很多地方。由于他的父亲习惯与身居高位的人培养交情，他们家就结识了几个在海军很有影响力的家族，依靠他们的关系，费瑟斯通在职场得到了有利的帮助。老爱德华总是期望最好的结果："你是我的第 4 个儿子，我至今仍然十分期待能看到你成为我的骄傲，以你高尚的品质、行为和地位受人尊敬，能够独立，不依赖父亲[11]。"

费瑟斯通个子不高，圆脸，20 多岁发际线就已经开始后移，他能够以强烈的责任感沉着地胜任自己的工作，并且跟他的哥哥爱德华一样，有强烈的写作欲望。

他的日记和信札有着令人愉悦且明朗的散文风格，同时比爱德华文笔流畅。从这些文字中，人们看到一位冷静干练的职业军官，精神抖擞地身着制服、头戴卷檐帽、腰佩长剑，在阿根廷（Argentine）的大草原上驰骋，在港口与上流社会的年轻女子讲着俏皮话，他的船舱里永远不缺鲜花。作为一个招人喜欢并且很少沉思的人，他确信家族朋友和关系网会在这个权力无孔不入、尚未改革的海军圈子里关照好自己 [12]。

费瑟斯通的个人哲学是乐观的宿命论："该发生的终究会发生，我们不管做什么，都无法阻止。"……我发现，"一有事就焦躁不安是十分愚蠢的 [13]"。他的上级对他是百分之百的满意。他的一位上校在报告中写道，费瑟斯通体现了在一位军官和一个男人身上所期待的全部 [14]。

费瑟斯通经历过海难和瘟疫，也遭遇过食人族和奴隶贩子，1828 年，他差点死在海军外科医生手上。起因是，他的脑袋不小心撞到撬棍上。几天之后，他被确诊得了肺炎。为了消除炎症，医生们切开他的一条静脉给他放血，最终排出了 3L 的血。费瑟斯通真的是精疲力竭，也可能是失血过多没救了，他被抬到一家海军医院等死。很多年后，他回忆道："在那里，护士图省事，不愿意给我服药，只是把我该吃的一股脑全扔给我。结果病了 1 个月后，我可以说是康复了，就重新回到船上。"此后，当费瑟斯通再感到胸部不适，他会对父亲说："少吃、多运动、只喝清水，这能让我更快地恢复健康 [15]。"

1831 年，费瑟斯通的服役到期，他坦诚地写信告诉父亲自己对未来的打算："我可以很容易地到一艘更大的船上任职，因为几位夫人能给我莫大的帮助。诺塞斯科夫人（Lady Northesk）会在她的权势范围内尽其所能，我也能通过我的好友莱克先生（Mr. Lake），得到格雷夫人（Lady Grey）❶ 的帮助。不用等我开口，我自己还未着手

---

❶ 格雷伯爵（Earl Grey）的妻妹。

去做的事，已经有人帮我做了。除非真的有需要，我别无他求。在那边的驻扎地，如果有什么事，我感觉海军上将会跟我利益一致。所以，整体上说，我的前景还不错，如果能一直这样发展下去，我就非常知足了 [16]。"

正当他离开南美洲赶回家乡时，收到一份供职，邀请他加入一艘远洋出航的船，替代原来那位愤然离开的外科医生兼博物学家。如果费瑟斯通·奥斯勒接受这个邀请，加入了贝格尔号（Beagle）成为查尔斯·达尔文（Charles Darwin）的同事，那历史上原本可能发生的事就不可预料了 [17]。

在回家的船上，费瑟斯通收到教父，尊敬的牧师爱德华·莱克（Reverend Edward Lake）（费瑟斯通的全名中包含这位教父的名字）写来的很多封信，给他提出各种建议。莱克是一位有着良好社会地位的牧师，作为英格兰国教会（Church of England）的福音派信徒，他满怀热忱地履行自己作为费瑟斯通代理父亲的职责，一心要促成教子在海军中的大好前程，他把这当成自己的事。同时，他敦促费瑟斯通不要忘记另一项更为重要的责任——他永生灵魂的前路。莱克警示说："与永恒相比，最长寿的人生也是短暂的 [18]。"

费瑟斯通在海上最后的几个月中，他时常焦躁不安，感到自己一直是家族里的"流浪汉"，更多的焦虑是关于结婚。并且，他对自己一直以来对信仰的漠视开始产生新的想法。他想起自己的"另一位父亲"莱克，开始从他身上看到我们现在所说的"榜样"。费瑟斯通在给一位姐姐的信中写道："与莱克先生通信以来，我脑海里时常会出现与以往完全不同的想法，我自愿放弃所有的前途，转而成为他那样的人。如果我真的走上宗教这条路，我想我不会再表现得漠不关心了 [19]。"

费瑟斯通必须在1832年确定自己的前程。那一年，既是他的紧要关头，也是他国家的危机之年。由于政治改革撼动了国家的宪法基础，并威胁暴发严重的暴力事件，英国（Britain）正经历着经济和社会的动荡。与此同时，一场新暴发的、幽灵般的瘟疫——亚洲霍乱（Asiatic cholera），吞噬了成千上万人的生命。莱克教父将这些公共事件解释为上帝对罪人的审判："我们可怜的国家正处于恐慌之中，人们呼吁革新，而实际上却错误地把这当成治愈罪恶的灵丹妙药，暴动此起彼伏，焚毁农民财产的事件激增，贸易糟糕透顶，很多工人在忍饥挨饿。无以复加的是霍乱在此刻暴发，估计会蔓延开来。祈祷上帝所举起的棍棒能让我们人类心生忏悔，祈祷他大发慈悲，收回鞭笞。但是天啊，罪恶充斥于世间，还在不断增加。"

费瑟斯通开始参加一些祈祷聚会，并很快坚信"霍乱的流行是上帝对人间的审判，是我们应受的惩罚[20]。"

令费瑟斯通沮丧的是，他失去了在海军中的影响力。虽然通过了终身制军官的所有资格考试，他却发现，英国辉格党（Whigs）的上台削弱了他在保守党（Tory）关系网的势力。英格兰符合资格的海军军官遍地都是，有人拉一把的就能上船，推荐不到位的，就像费瑟斯通·奥斯勒这样的，被晾在了一边。现在，他该怎样安排自己的人生呢？

1832 年，费瑟斯通内心对一些根本性问题的挣扎，导致了他信仰的转换。他在给一位姐姐的信中写道：

你感受到心灵的痛苦，发现内心如此虚伪，甚至无法取信于自己。有时，你看到一些像是希望的东西，紧接着，一切又陷入黑暗，然后，你认为自己一定是个伪君子，缺乏真诚。你四处寻求一个安稳的地方，但是这个世界上并没有安稳之处，同时一个细小的声音在你耳边说，"这一切的终点都是死亡"。你尝试着投向基督，但是你的祈祷得不到任何回应，然后，你准备说，"我的人生没有希望了"——您也有过类似的感受吗？我一直都有这样的想法……你想找一位救世主，但在你力所能及的每一条路上，都有撒旦（Satan）和你自己的邪恶内心所设置的各种障碍……然而，当圣灵（Holy Spirit）以火的洗礼触碰了你的灵魂，灵魂意识到自己的不堪与邪恶……你发出来自内心深处的呐喊，"主啊，拯救我吧，否则，我将灭亡"[21]。

费瑟斯通父亲的去世使他的痛苦更深一层，肯定也让他对死后的生命有了更多的思考，这一直是他信仰中至关重要的部分。在爱德华·奥斯勒去世后，他对母亲说：

对我们后来所经受的痛苦，最大的慰藉是心中不经意的一丝希望，就是我们会到一个没有离别的地方。一想到亲人会以死亡这种方式离开我们，我就感到无法忍受。我更愿意以为，他以另一种生命形式在看着我们，抚慰我们受伤的心灵，并且，当我们哀悼他的时候，他会感到无以言表的幸福。亲爱的母亲，我们终将会在天堂相聚，家人不再分离，我们对于这个希望应该多么地心怀感激。我们的父亲在世时一直照顾我们，现在，他去了天堂，将是第一个在那里欢迎我们的人——我们与尘世的牵绊减少一分，却多了一分庄严的警示，要我们真切地留心上帝的召唤和选拔[22]。

到 1833 年，费瑟斯通决定成为英格兰国教会的牧师。他私下里苦学希腊语和拉丁语，然后在剑桥的圣凯瑟琳堂（St Catharine's Hall）注册，以获得授任神职所需的学位。做一名教士，不仅遵从了他的信仰，也解决了他的职业困境。在海上漂泊多年之后，他期待做一乡下神职人员，安顿下来，在英格兰某个迷人的角落里，做一些平静而有益的工作。他可以享受舒适的生活——就跟那个时代大多数成功的圣公会教士一样，也许还能得到某位贵族的资助。他一如既往地相信，良好的社会关系对自己有莫大的帮助："我升职的前途很好，因为我在教会的高层有朋友[23]。"

费瑟斯通有着强健的体格，从不畏惧高强度的工作。他去剑桥时快 30 岁了，作为一个见过世界的人，他选择超脱尘世。当他对自己的未来有了清楚的认识后，就满怀热忱、专心致志地投入学习，以至于差点累垮。

艾伦·费瑞·皮克顿，也就是后来的艾伦·奥斯勒（Ellen Osler），1806 年 12 月 14 日出生于伦敦近郊的一个商人家庭，祖籍有可能也是科尼什。她的母亲身体不太好，被送到乡下，医生要求她吸入"牛舍的挥发气体"，也就是在给奶牛挤奶时，她坐到农场的院子里，吸入奶牛的气味。不过，这个治疗并没什么效果。小艾伦从小就是个身材娇小的女孩，肤色较深，黑头发，黑眼睛，这使她看起来有点不像英国人（后来，加拿大人还怀疑她是否有印第安人的血统）。起初，她由一位仆人喂养，5 岁时被一家没有儿女的叔叔和阿姨收养，他们是住在费尔茅斯的布里顿（Britton）家。

跟费瑟斯通一样，艾伦出生于英国摄政时代（Regency England），成长于工业革命（Industrial Revolution）全面影响社会之前，社会变革的时代还未开启，而进步教义（doctrine of progress）的全盛时代也尚未到来。她记得曾见过戴着脚镣手铐的罪犯，在他们在犯罪地点附近被公示；她还记得，有一天，布里顿船长在大路上接受了一位妇人的请求，用一个金币（guinea）买下她的婴儿（不过这个妇人再三考虑后，当晚就反悔，要回了自己的孩子）。滑铁卢战役（Battle of Waterloo）结束后，在费尔茅斯的庆祝活动中，艾伦系着一条白色饰带，上面印有金色字母"和平与富足"。2 年后，她与学校的全体同学身着黑衣，悼念 1817 年去世的夏洛特公主（Princess Charlotte）。男人们则戴着黑色的袖章，甚至穷乞丐也戴着小束黑纱，整个英格兰都在哀悼这位皇室成员的离世。

布里顿家资产可观，拥有船舶，并常去教堂做礼拜。"小皮克"（Little Pick）在成长中开始对自然和天堂产生兴趣。她在一所女子寄宿学校接受教育，是一个活泼可爱、伶牙俐齿的女孩，不过她对朋友非常认真和忠实。在她十几岁的时候，曾经在深夜里冒险进入费尔茅斯一座脏乱不堪的山区——鱼山（Fish Hill），只为把一艘失联船只安全返航的消息告诉给一位忧心忡忡的母亲。在很多日子中，她帮忙照顾一位得了天疱疮这种可怕皮肤病的好朋友。医生每天都说，他认为那女孩的病情"有所好转"，艾伦最终忍不住喊起来："噢，医生，多少个'好转'才能让患者康复？"那位朋友最后还是不治身亡。

在经常来布里顿家的年轻男子中，有不少是艾伦的崇拜者。奥斯勒家的一些人认为，对于远航在外的费瑟斯通来说，她会是一位

011

理想的伴侣。奥斯勒家的一位男孩不胜其烦地对艾伦说："我请您考虑一下我弟弟，他下星期就回家了。"不过，当费瑟斯通回来后，他着实吸引住她，赢得了芳心。在他最后一次远航中，他们互相通信，并于 1832 年订婚，在他完成牧师培训后举行婚礼[24]。

费瑟斯通一直相信自己的关系网牢不可破。然而，当海军的任免权被其他势力接手，这也怪不得他们。好在他的朋友们在教会中的影响力还算可靠，所以，作为神学院的学生，他在教会的各项安排没有翻车。不过他还是没有预料到，他的赞助人对于基督教（Christianity）传播福音（Gospel）和拯救灵魂的使命有着怎样的信念。大多数的时候，随和且不拘泥于教义和形式的自由主义是圣公会教堂的一贯立场。但是，费瑟斯通的朋友们却热衷于福音派的复兴（evangelical revival），其信仰程度和教义不亚于卫理公会派（Methodist）、教友派（Quaker）、浸信会（Baptist），以及其他异见教派（Dissent）。圣公会的福音派（Anglican Evangelicals）满怀热忱，一旦他们确定了使命的必要性，或者认定自己是在听从上帝的召唤，仅凭言语，是阻止不了他们的。

费瑟斯通在神学院最后一个假期的某个星期日，他收到一封信，是来自新成立的上加拿大牧师协会（Upper Canada Clergy Society），这个协会正是他向其谋求升职的那群贵族福音派教徒创建的。他们回复说，在遥远的加拿大，为移居者服务的牧师极度匮乏。该协会正在寻求可以响应加拿大召唤的人士，他们选中费瑟斯通作为其中一员，是因为据他们推测，他周游世界的经历应该使他能够胜任海外服务。圣保罗（St Paul）一直赞成，福音派教徒应当舍弃俗世的牵纠。协会的这群好人问费瑟斯通，他是否愿意为协会承担这项工作，将其看作自己的使命。

从各方面来说，尤其是从自身角度来考虑，费瑟斯通对于去加拿大的前景，是感到惊恐的。艾伦和朋友，也都不看好海外工作。费尔茅斯人对英国的北美殖民地没什么好感，那里寒冷又贫穷，航行的路上还危险重重。特别危险的是，秋天从费尔茅斯起航运往加

012

拿大新斯科舍（Nova Scotia）的一些包裹，一直下落不明。"到哈里法克斯去"（Halifax，新斯科舍的首府）是当地的一个俗语，意思是"去死吧你"[25]。

费瑟斯通记得，"当我把信交到母亲的手上，泪水就从她的脸颊滑落。她回应我说，'如果这是上帝的意愿，那么，去吧。愿上帝保佑你'……我感到自己无法拒绝这份邀请……使命最终召唤了我，我无法拒绝"。他就去劝说艾伦："如果我还在海军服役，受命四处航行，我无法拒绝国王的命令。难道天堂之主召唤我去海外服役，我就可以不服从吗[26]？"

1837 年 2 月 6 日，费瑟斯通·奥斯勒和艾伦·皮克顿（Ellen Pickton）结婚。3 月，坎特伯雷市的大主教（Archbishop of Canterbury）授予费瑟斯通神职，任命他为一所接受特殊供养的教堂的执事，在女王陛下的海外领地（His Majesty Foreign Possessions）治愈灵魂。4 月 6 日，这对虔诚的夫妇乘坐一艘三桅帆船布拉吉拉号（Bragila），从费尔茅斯起航，前往加拿大。费瑟斯通在给一位朋友的信中写道[27]："对于分别，可以说是极度痛苦，我不想表述。"在航行期间，艾伦发现自己怀孕了。

1837 年的那个春天，奥斯勒夫妇穿越北大西洋去往"新世界"的 7 个星期并不平静。尽管如此，费瑟斯通记录了详细的日志，并写了几封长信。不知是否出于"写作的幽默"，他写道，"惰性说：'改天再写吧。'但是决心回应说：'不，立刻开始。'……决心最终占了上风"[28]。海上的天气热得离谱，风暴、飓风和一阵阵的晕船司空见惯，但是却未影响到这对新婚夫妇。他们有充足的新鲜食物供应（包括橙子），费瑟斯通对怀孕的妻子照顾有加，以至于艾伦都担心自己会被宠得懒散起来。在船上，费瑟斯通带领大家晨祷，并为主日（Sunday）的小型派对和演出服务。他写道："要时时牢记，我是一个将死之人，向一群将死之人布道。"讲一个基督教笑话：为什么离岸而去的鱼儿不咬布拉吉拉号船上的腌猪肉鱼饵？答案：这些鳕鱼一定是信犹太教的[29]。

他们第一眼望到的陆地是纽芬兰（Newfoundland）那片荒无人烟、白雪皑皑的海岸。当他们的船驶入圣劳伦斯河（St. Lawrence River）时，差一点撞上蛋岛（Egg Island）。向上游继续航行，满眼都是无边的森林。他们经过一些孤零零的房屋，紧接着，又是一个皮毛交易所。时不时地，他们看到森林里有一些被火烧出来的空地，黑黢黢的松树桩仿佛在哀悼四周的这片荒凉[30]。

费瑟斯通还留意到了阳光、晶莹闪烁的白雪，以及小鸟、海豹和大白鲸，还有这条伟大河流沿岸的农舍和被开垦的土地，他的情绪发生了转变。

他确信，大自然的一切都在赞颂着造物主（Creator）。魁北克（Quebec）南边的奥尔良岛（Ile d'Orléans），田园牧歌般优美，船上的乘客们趣味盎然地指指点点地品评着他们在上加拿大（Upper Canada）将要入住的房屋样式。在莱维斯（Lévis）转航时，魁北克市突然映入眼帘，是那么高高在上，城市的锡屋顶在阳光下闪闪发亮，让他们赞叹不已。在阿尔比恩（Albion）旅店，奥斯勒夫妇发现这里的住宿条件远超预期："一切的安排都尽可能体现英国风格，如餐点、侍者礼节，并且我们还有自己的私人房间[31]。"

当她丈夫去会见魁北克的圣公会主教（Anglican bishop）时，艾伦仔细地检查了他们在阿尔比恩旅店的这方小屋，其中包括他们睡觉的床单、床上的脏枕头和水壶上拙劣维修过的把手。然后，她坐到地板上，胳膊搭在椅子上，把脑袋埋进手臂，哭泣起来。过了一会儿，她对自己说："算了吧，哭也没什么用。"然后去把脸洗干净了。当费瑟斯通回来时，她已经完全平静了下来。第二天上午，当她望向窗外，看到旅店的院子里满是原始林木，内心又变得沉重。她给一个姐姐的信中写道："我不能说很享受小旅馆里的孤独，我只是尽自己最大的耐性忍受这一切。亲爱的莉兹（Lizzy），为我向主恳求吧，让我可以胜任眼前一切要做和要承担的[32]。"

主教让费瑟斯通听从神父的安排，详细地介绍了他传教的职务要求。他会去多伦多（Toronto）北边的特库姆塞斯（Tecumseth）和西贵林（West Gwillimbury）定居，多伦多当时是安大略湖（Lake Ontario）边的一个城镇，也是上加拿大的首府。在 1763 年结束的"七年战争"（Seven Years，War）期间，大不列颠（Great Britain）占领了"新法兰西"（New France）的大片土地，当时也被称为"加拿大"或"魁北克"。接下来的 20 年间，英国在北美北部的领地，如纽芬兰、新斯科舍和哈德逊湾（Hudson's Bay）公司大片的皮毛交易地区，并没有加入美国独立战争（War of Independence in North America），仍然作为英属北美归大英帝国统治。1791 年，英国将原魁北克省分成上加拿大和下加拿大（Lower Canada）（大概对应现在加拿大的安大略省和魁北克省）。

在下加拿大，法国和罗马的天主教（Catholic）在那里定居已久，占大多数。上加拿大位于安大略湖、伊利湖（Lake Erie）和休伦湖（Lake Huron）形成的三角地带，拥有上百万公顷森林覆盖的肥沃土地，当时还处于开发和移居的早期阶段。19 世纪 30 年代，每年都有成千上万的移民从大不列颠来到上加拿大，使人口迅速增加。在此之前，那里仅有零星来自南方的移民，一部分是支持联合帝国的流亡者（United Empire Loyalist refugees），一部分是渴求土地、前来开荒的美国佬（Yankee）。当奥斯勒这群人乘坐的蒸汽船沿着圣劳伦斯河到达上加拿大，他们互相庆贺着"终于到了我们自己的国家"。他们刚经历了一次令人愉悦的春季航行，来到安大略湖，在多伦多上岸。在森林中走走停停的航行中，唯一煞风景的是，他们这些来自故国的新鲜血液引发了蚊子的狂欢[33]。

从泥泞多伦多的教堂尖顶和正在形成的半高雅的社会，到奥斯勒夫妇将要定居和传教的那两个偏僻的小镇，只有几公里，也就是现在不到 1 小时的车程。但在 1837 年，这得花 2 天时间，在经停驿站，再换乘四轮马车。当旅客穿越浓密的原始森林时，他们的情绪大有可能随着道路的状况，越来越糟糕。1837 年 6 月 19 日，艾伦和费瑟斯通终于抵达了促使他们来到加拿大的那个毫不起眼的终点站。一天之后，在伦敦那里，18 岁的维多利亚·汉诺威（Victoria

Hanover）加冕成为大不列颠及其帝国的女王。

费瑟斯通探访开荒者时，他们对他说："先生，我们在这儿就是一群野人。"他作为执行牧师，管理着大概 2000 个居民，分布于 500 平方公里的城镇中。从最早的开荒者开发北方的树林以来，20 年间，他们开垦了不少土地。大大小小的村落在松林和雪松林中的泥路两旁拔地而起。不过，蛮荒和沼泽仍然随处可见，狗熊、野狼和野猫跟一小撮人类在树林中共处，学校和教堂则难觅踪迹。这个地区大部分的居民来自北爱尔兰（Northern Ireland），是贫穷的新教徒（Protestant），有差不多同等程度的自豪感。费瑟斯通深入加拿大的第一印象是，"我害怕这样说，不过事实确是，魔鬼几乎胜利了。酗酒、不敬神，以及其他种种恶习，都很常见"。

在来访传教士的督促下，西贵林和特库姆塞斯相隔十几公里的圣公会教堂开始着手工作，想办法使居民敬畏上帝。费瑟斯通是这些传教士中最早定居于此的执行牧师。他和艾伦在该地区中部一个十字路口附近的定居点，从一位农民那里临时找到了几间窄小的房间（世界上最恶劣的住所之一）[34]。

身为牧师，同时又作为旁观者，费瑟斯通眼中的罪恶主要是酗酒、诅咒、打猎，以及在主日进行体育活动来亵渎主日。听听皈依者的哀泣："没人告诉我，我是一个罪人，直到奥斯勒先生来到这里。"这其中是否有好几层意思呢？人们的罪恶可能还包括听从巡回传教的卫理公会传教士，他们是上加拿大英格兰国教会的主要竞争者。费瑟斯通写道："这里的卫理公会教徒与我在家乡交往过的很不一样，他们非常无知，想当然地认为，转变信仰要依存于高度特定的情感……他们所达成一致的是，仇恨和滥用教会。一些完全没有根据的谎言，在教会服务和执行牧师之间散布。但是，上帝终将自辩[35]。"

他教区这些"有罪的羊群"（sinful flock）所体现出来的文盲和无知，让费瑟斯通更加失望。1838 年，他教区的一位居民被指控向一匹马施了魔法而致其死亡。我一度认为，这种荒谬早已过时。但是，询问过这里的居民，我才发现，这些可怜无知的人们对此坚信不疑。他们还相信，把钳子交叉着摆在摇篮里睡觉的婴儿身上，可以保护他们远离恶魔的伤害。费瑟斯通最初的几项工作中，有一个项目是创办一家借阅图书馆，"那些书主要是宗教方面的"，但是没能持续办下来。艾伦的运气就好些，她开设了缝纫和阅读课程，帮助农妇改善她们的家庭生活。于是，费瑟斯通在他的每个教堂都开办了主日学校[36]。

他早也传教，午也传教，晚也传教。他到居民的家里传教，到谷仓传教，到马厩传教。他还得努力让自己的传教声盖过犬吠声、母鸡的咯咯声和孩子的喊叫声。他骑着马走访各处，是圣公会版的开拓式"巡回牧师"（circuit rider），把上帝的话语和圣礼带给那些几个月，有时几年都见不到牧师的拓荒人。在费瑟斯通的思想里，他们就像是等待牧羊人的绵羊。他们见到他时的快乐、泪水和感激驱散了他冬日一路骑行的彻骨寒冷、夏日的灼热和蚊群，以及夜里对野兽的恐惧。

他第一次到伊尼斯菲尔（Innisfil）移居点时，要牵着马走过几公里的木排道，才能穿越那一片幽暗、有野狼出没的湿地，他对自己说："善人们，你们不会看到我经常来走这条路了。"但是，当我到达伊尼斯菲尔……人们把我当成光明的天使来迎接。对于英格兰国教会牧师的来访，他们的感激和欢欣无以言表……之前，卫理公会的教徒也来过，却因为没有敛到足够的钱，弃他们而去[37]。

来加拿大第一年的艰难困苦差点击垮了费瑟斯通。他们先是跟一家农户合住2个小房间，所有的家什都存放在谷仓里。3个月后，他们从故国带来的最后的姜糖饼被这家农民的狗吃了，于是不得不搬家。他们所能找到的唯一容身之处，是树林边一间曾用来关家畜的旧棚屋。艾伦还记得，马儿会走过来，从窗户那里看着他们，仿佛在说，你们为什么占了我们的马厩，却把我们关在外面？费瑟斯通写道，"每走一步，鞋子都很难不踩到粪土，没有什么比这更让我心灰意冷了。我不介意辛劳，但是所有的家当都塞在一间屋子里，没有写作或学习的地方，到处都是污秽，我觉得太难了"[38]。

艾伦不得不搬去离教区最近的一个镇子纽马克特（Newmarket），以方便生孩子时找人帮忙。1837年12月初，她丈夫也在那里陪着她。就在那段时间，传来殖民地暴发叛乱的消息，这简直令人难以置信。据说叛军正在向多伦多推进，要推翻英国的统治。费瑟斯通在日志中写道，"人们一片恐慌"。圣公会教堂表明无条件地支持国家，于是奥斯勒深夜骑马出发，传递情报，激励男人，安抚女性。他把家里值钱的物件都埋起来，以防叛军攻到他的小屋，然后策马回到纽马克特，保护在朋友家里避难的女性、儿童和狗。南方传来消息说，多伦多起火了。新的消息又说，是叛军溃败，他们的营房烧起来的。在这场不太严重的上加拿大叛乱（Upper Canada Rebellion）中，纽马克特听到的唯一一声枪响，是一个士兵朝自己的影子开了一枪[39]。

离火炉不到半米远，牛奶就能结冰，雪花从原木之间的缝隙飘进来，没有仆人愿意待在冬天的树林这儿，费瑟斯通经历了难以忍受的孤独。1838年春天，新出生的儿子使奥斯勒家成为三口之家，他们不得不把棚屋退还给牛马，搬到一间更小的外屋，只能用些松动的木板权当作是房间的地板，艾伦不得不把孩子放在马槽里。费瑟斯通附近唯一的马厩离家有一公里远。当他结束一星期的奔波和布道，当他骑行二十多公里主导两个主日服务，再把马送到马厩，还要穿过森林步行回家，他几乎走不动了："我时常感觉自己马上就要累垮了，这真是远远超过了我的承受限度[40]。"

他要挟说，如果人们不能提供像样的膳宿，他就离开。他还不得不亲自做一些建造。不过，在1838年仲夏，奥斯勒家搬进了靠近他们社区中心的一个新家。十字路口那里曾经破败的小村庄以上加拿大总督弗朗西斯·邦德·海德爵士（Sir Francis Bond Head）的名义命名为邦德海德（这位总督的独断专行往往被批评是激发叛乱的原因），这个名字很有可能是费瑟斯通提议的。

这次搬家恰逢其时，费瑟斯通写道：

过去的一年，我经历的焦虑无以复加。要不是我航海时获得的经验和习惯，我不可能还继续待在这儿。过去的 3 个月尤其难捱，太多的事务让我无法承受。在主日早上起床时，我曾经感到几乎精疲力竭，却不能休息，谁能替我完成这些职责呢？……我那匹可怜的马已经疲惫不堪，我被迫每隔一段时间给它放个假，但是我却完全顾不上自己的健康……几乎可以说，我在来加拿大之前对劳累一无所知[41]。

在邦德海德新建的三一教堂中，艾伦·奥斯勒成为该地区最好的主日学校的实际主管人。事实证明，她的确是一位好伴侣，毫不抱怨、忠心耿耿，并且是信仰和虔诚的支柱。

她在家书中写道，"我旅居于这片陌生的土地，完全接触不到意气相投的社交，我可以发自心底地说，上帝一直在帮助我，不断垂怜，满足我的需求，仁慈地履行他对我的承诺：你的日子怎样，你的力量也必定怎样"。当费瑟斯通心灰意冷，艾伦是他的支撑："我亲爱的费德，我们要把这些看作是直接来自上帝的考验，并满怀喜悦地接受这些在他看来我们必须要做的事[42]。"

艾伦引用圣经经文的能力远超费瑟斯通，在主日学校，她设法鼓励孩子们主动背诵大段圣经。费瑟斯通对此大加赞赏："犁地的男孩把《圣约》（*Testament*）系到犁上并打开，一边犁地，一边学习。女孩们也在纺车上做同样的事。"1840 年，主日学校举办了一场野餐和颁奖活动，艾伦带领大家完成烘焙（包括 300 个大黄馅饼）和其他准备工作。这是加拿大首次举办这样的活动，共有 700 位孩子、教师和父母来参加，奖项是关于关爱他人，以及圣经经文的知识[43]。

作为社区领袖，奥斯勒夫妇不仅仅是布道者、教师，以及宣传手册和奖项的颁发者。费瑟斯通给孩子们洗礼，为年轻人主持婚礼，为死者举行葬礼。他办理遗嘱事宜，还经常出借小额无息钱款。在决意成为治愈灵魂的牧师同时，他也发现自己正在，或者说是似乎能够，治疗躯体疾病。在他刚担任执行牧师时，曾经给一位据说是快要入土的人带去了一些药店买来的药，并劝慰这位可怜的人忏悔

019

自己的罪恶，然后又买了更多的药给他。当这个人最终康复时，人们把他当作一名了不起的医生。很快，就有人因为他有治病的能力而慕名前来：

一个可怜的女人拦住我，她抱着一个生病的婴儿，想请我看看，开些药。她之前看过医生，但是她想先来征求我的意见，再给这个婴儿用药。还有一个腿不好的人，以及一个胳膊有毛病的人来找过我。有两个女人还来找我给她们拔牙。我说我不懂也没用。他们摇着脑袋说："哦，先生，您非常清楚该怎么做。"以至于我不得不想一些实际上没什么用的办法，而且我还要确定这些办法就算没什么好处，也不会有什么坏处。

关于自己治病的能力，费瑟斯通写道："自信，再加上些简单的药物，往往会产生奇迹，而我的好妻子则照料女性和孩子[44]。"有一次，在死一般寂静的夜里，冒着严寒，他被叫出去探望一个生命垂危的人：

我看那个女孩显然是病得很严重了。因为大家都觉得她快死了，很多女人在忙着准备裹尸布。我检查之后认为，还没有死亡的迹象。但是，他们对她说她快死了，她自己也信了。我命令他们停止准备裹尸布，对她父母说，暂时没有危险，并开了一些简单的药物，让这个女孩吃了些有营养的东西，随后就离开了。我答应他们，傍晚时分再回来看看……那时，我看到这个女孩坐起来了，待在火旁。几天后，她就康复了。此后很长一段时间，她被称为"复活女孩"，在当地小有名气[45]。

当一位受人尊敬的教区居民来找他，请他给自己行放血术，以缓解冬天的充血——这是一种类似春季大扫除的习俗，费瑟斯通给自己划清了界限："我让他去看医生。我很高兴在我力所能及的范围内帮助穷人，但是，如果我继续给所有人开药，我的执业行为会发展到一种麻烦重重的程度[46]。"对于富裕的患者，他调侃引导他们向一个基金捐款，以便在当地建几所学校。当医生来到社区，费瑟斯通教区里的很多人并不确定该在多大程度上信任医生，关于是否遵医嘱，他们还是要先听听这位执业牧师的建议才做决定。

特库姆塞斯城镇北部和西部森林里的移居者极度缺乏教会服务，他们请求费瑟斯通探访他们并主导教会服务。他尽量帮忙，长年累月骑马直入荒野去布道，建立教堂，开办主日学校，也许还提供了信心和简单的药物。他常常精疲力竭地回来，迫切需要休息，不知道安息的那一天何时才来。他恳请多伦多主教约翰·斯特拉坎（John Strachan）向该地区增派人手。当看到斯特拉坎完全无能为力时（在上加拿大，英格兰国教会一直没有得到广泛认可，甚至也不是主导教派），费瑟斯通决定培养自己的人。

他在邦德海德至特库姆塞斯的牧师住宅组织了一个小型的神学院暨学徒项目，培训了 6 位学员，并最终成为执业牧师。其中一位年轻的兄弟亨利（Henry）来自英格兰，干得一手开荒的好活儿，后来成为附近劳埃德镇（loydtown）一所新教堂的牧师，那里曾经是叛军的魔窟。费瑟斯通对于自己播撒的这些教堂和牧师的种子，相当自豪。

有一段时间，他梦想创建一所神学院。他有剑桥学历，在自己的牧师住宅拥有一家运转良好的图书馆，跟穷乡僻壤的水准相比，他不啻为一位博览群书的教士。他和艾伦十分重视教育和礼节——无论是时常出入权贵，还是在北部荒野从事繁重的事务，这些都是绅士的基本素养。费瑟斯通在剑桥最强的学科是数学，但是谈到神学和文学，他就不敢以学者自居了。他更擅长用六分仪导航来穿过森林的空地，却很难达到约翰·斯特拉坎对执业牧师的理想要求，那些要求太文绉绉了，甚至要在马背上用希腊语宣读福音书（Gospels）[47]。斯特拉坎鼓励一些跟自己志趣相投的同事，在更多的移居区推进牧师培训工作。

在他所传教的偏僻小镇上，费瑟斯通·奥斯勒用简明的英语布道了一条福音：我们是罪人，如果不接受基督对我们的救赎，将永受地狱之苦；跟随基督，我们将获得永恒的幸福。费瑟斯通在神学院读书期间，教堂开始兴起一场运动，倾向于益格鲁天主教派（Anglo-Catholicism）的礼仪，而费瑟斯通则刻意与之保持距离。在加拿大，他开始极端怀疑自己的主教和很多同事的高教会派（High Church）倾向。他对艾伦说，Tractarian，也叫牛津运动（Oxford Movement），可能会被英格兰国教会认为是"魔鬼的工作"（Devil's work）[48]。

另外，跟他在神学上最相近的卫理公会教徒的情感主义则排斥他。他们的复兴布道会或野营布道会释放的是动物的感情，仅仅是激情。他想："让我讲讲那些被他们误导的人吧。难道那些人不是些意志薄弱的人和女人？当人们受过教育，难道就看不出这些程序的荒谬，并意识到他们就像教皇（Popery）一样，是精神狂热的结果……这只适合于无知的情形，他们［卫理公会派（Methodism）和教皇］都由同样的原则来驱动，诉诸激情和情感，而不是理性[49]。"

对于向"荒野中可怜的绵羊"履行自己职责，费瑟斯通·奥斯勒满怀热忱[50]，对于拯救不朽灵魂的需要，他的热忱丝毫不减，他一直是圣公会的中流砥柱。真正的宗教是理性的，并帮助理性的人们控制他们的情绪，提升自我。真正的宗教既不是天主教，也不是新教，而是一架桥梁，是两者的最佳结合。搭建起这座桥梁，构建同理心，是费瑟斯通传给自己做医生的儿子最重要的遗产之一。

作为一名拓荒牧师，费瑟斯通取得了耀眼的成功。主教斯特拉坎以前偶尔还怀疑这个科尼什人性情不正常——可能是他有点喜欢发牢骚，不过后来，对他就只有褒奖。他在报告中称奥斯勒是一个瑰宝，工作起来不知疲倦，安排各项事物很有见地，行事坦率、友善和温和。在奥斯勒的家乡，他被称道为派往加拿大最好的传教士。他的赞助人恳请他在第一个五年任期结束后继续留任加拿大。一方面，他担心自己的健康，感到工作实在太过辛苦；另一方面，他听到责任的召唤，也关爱着教区的人们。在两者之间挣扎的结果是，费瑟斯通决定留下[51]。

1840年1月的冬天，艾伦第一次启程返回家乡。她在家乡产下第三个孩子，很渴望费德的陪伴。1843年年初，终于轮到费瑟斯通返乡，他得了慢性咳嗽，由于长年骑马，他后背长了一个脓肿，不得不休养一阵，换其他人接替他的工作。特库姆塞斯和西贵林的人们组织了有 110 架雪橇和轻便马车的队伍为他们的牧师送行。当他返回时，他们驾着 60 辆四轮马车迎接他。在他的祖国，他受到教会领袖和贵族的热情款待，并获得他们的学费资助，修读了剑桥文学硕士学位。他还到爱尔兰开展了传教之旅，为加拿大的传教募集资金[52]。

他的首要原则，就是不能无所事事。回到加拿大后，他着手将邦德海德的三一教堂翻倍扩建。这成为他那时主要的职责，因为当时已有 7 位执业牧师在他以前的教区做偏远地区的工作。

他的牧师住宅也在一座小山坡上扩建为一个宽敞、功能齐备的家，有着优美的风景。它有一个巨大的花园，还连着一处农场。食物储藏室总是储备丰富："因为人们不断地来拜访我，我乐于给他们准备足够的食物。那些住在移居区后面的穷人，无论他们为何事来找我，我都愿意友善地招待他们。"奥斯勒夫妇乐于把招待来访者作为他们日常生活的一部分[53]。

19 世纪 40 年代中期，将近他 40 岁生日的时候，费瑟斯通开始慢下来。他有条件舒适地休憩，用带有软垫座椅的马车代替了马鞍，享受着他在人生赛跑中获得佳绩的桂冠。对他而言，品味成功是非常重要的，因为他的日志和回忆录表明，他对于自己的整个人生充满了喋喋不休的抱怨。他本应该在家乡有其他职业，也许会升职到海军的高层，或者在教堂任职，完全不会经历加拿大的这些辛苦和困难。他对自己的一个女儿说，他完全不希望自己的某个儿子会成为一个不被人理解、薪资低下的偏远教区的牧师。跟他在劳埃德镇的兄弟亨利不同，费瑟斯通始终急切地盼望回到英格兰。

对于在加拿大树林里成长起来的这个家庭而言，英格兰才是"家"。英国教育和绅士风度是理所当然要学习的，正如老爱德华·奥斯勒对孩子们的教导，职业成功至关重要。远在加拿大，就算是医生哥哥爱德华的成就，尤其是他所写的赞美诗和书籍，也令他们印象深刻。费瑟斯通有一次从加拿大写信对他说："上帝赐予你天赋，却给了我强健的体魄来经受劳苦。"费瑟斯通步入中年后，优先要做的事情之一是帮助自己的孩子在这个世界开辟自己的道路[54]。

艾伦在结婚时30多岁了，她和费瑟斯通原以为不会有小孩。他们有了最初的三个孩子后［1838年的费瑟斯顿（Featherston）、1839年的布里顿·巴斯（Britton Bath）和1841年的艾伦·玛丽（Ellen Mary）（英国籍）］，丈夫对太太写道："我不想看到你这样，我亲爱的艾伦，你又怀孕了。"但是，他们既不懂得如何有效地避孕，也完全不相信那回事。

费瑟斯通10年后对自己的母亲说[55]："艾伦，真是太能生了。"1842年，爱德华（Edward）出生；1845年，埃德蒙·博伊德（Edmund Boyd）出生；1847年，双胞胎夏洛蒂（Charlotte）和弗兰克（Frank）出生，那时，他们的妈妈41岁了。在她43岁那年，我们迎来了第8个孩子，一个男孩，出生于1849年7月12日。

费瑟斯通原本打算以故国一位赞助人的名字给他起名为沃尔特（Walter）。但是，在爱尔兰的新教社区，7月12日出生的男孩只能拥有唯一的一个名字。1690年，国王威廉（William）三世在博因河之战中击败了斯图尔特天主教（Stuart Catholicism）的军队，确立了新教在爱尔兰持续的优势地位。从此，人们就在"光荣十二日❶"那天庆祝胜利。当费瑟斯通把那个小婴儿抱给游行到教区长住宅的奥兰治兄弟会（Orange Order）的会员看时，大家宣称，一位新的奥兰治王子（Prince of Orange），一位新的威廉降临世界（这个名字在社区司空见惯，费瑟斯通已经给当地一位爱尔兰新教农场主的儿子威廉·班廷（William Banting）做了洗礼，同一天，他又为威廉·奥斯勒做了洗礼）。

费瑟斯通写过："不要宠溺他们……我认为有句谚语千真万确。孩子，就像马一样，要在3岁前开始立规矩。"像19世纪中叶的很

❶ 1690年7月12日，英国国王威廉三世的新教徒军队在爱尔兰的博因战胜了前国王詹姆斯二世领导的天主教军队，从此英国成为新教占统治地位的国家。此后每年的这一天，新教徒保持了庆祝胜利的古老传统。

多英国家长一样，费瑟斯通和艾伦认为自己的孩子，尤其是男孩，仿佛桀骜不驯的动物，他们激烈的情绪必须加以调教。不过，他们不是用鞭子驯服。这位牧师和他的妻子是富于爱心和童心的家长，在这个家庭所有的记录中，都没有滥用权威的迹象。男孩们会称他为"父亲大人"或"长官"，用这些称呼表示权威，是听到过的，确有其事。但是，他也许不是父母二人中更严厉的那位。他的一位心思敏锐的侄女这样写过费瑟斯通："说他对孩子专横苛刻？没有比这更荒谬的误会了。"她转而用马来形象化："阿姨把缰绳控制得可比他紧多了，不过，没有绝对的必要，她绝不审查他们[56]。"

对于子女的教育，艾伦与费瑟斯通观点一致，就像他们对待宗教的态度一样。她在第 4 次怀孕期间曾经写道，要养育 4 个孩子，这个念头一度真是吓到我了。现在，我得了半分，这不会比得两分更让我受惊或烦恼。我从鹪鹩和鸽子的故事受到启发：鸽子说，"咕咕，我该怎么办？我生了 2 个孩子！"鹪鹩说，"啾啾，我有 10 个孩子，我会把他们都培养成绅士[57]。"

第 8 个孩子通常被叫作威利（Willie），不过奥斯勒夫妇也会一时兴起给他起花名。艾伦会称他为本杰明（Benjamin），这是拉结（Rachel）和雅各布（Jacob）晚年得子的那个孩子的名字。这个孩子有着跟妈妈一样的黑色眼睛和头发，一样的黄棕色皮肤，也许是凯尔特人或伊比利亚人基因的表现。费瑟斯通对他的眼睛印象深刻，称他为"毯子上烧出的两个小黑洞"。

威利对童年的记忆是模糊和不完整的。他曾经提到，回想起生命中最初的 9 年，自己只能想到 20 件特定的事情，大部分是关于恶作剧和随后的惩罚，不过都不怎么严重，也没什么可怕的："可能因为我的童年太快乐了，所以就从记忆中消失了……有一次，一位著名的医生对我说：'奥斯勒，当你还是个男孩的时候，一定有一个幸福的家庭——你总是那么快乐[58]。'"

牛群中的又一只小牛而已，威利并未得到特殊关照，当然，除非在他生日那天。那天，整个社区好像都在庆祝，这令他十分高兴，却令他的哥哥和姐姐们十分懊恼。他认为自己第一个清晰的记忆是他的妈妈把他拴到院子里的一棵树上，离放养小牛的草场很近，然后给了他一桶牛奶。正当他从桶里喝牛奶的时候，有一只小牛一下把他顶进桶里[59]。

他还讲过一件事，就是在覆盆子地里遇到一头熊——尽管没人能证实这件事。大家都认为奥斯勒医生在编故事。不过，确定的是，他有一天真的砍了她姐姐夏洛蒂的一根手指。当时他5岁，姐姐不停地在他的小斧子前面晃自己的手。她的手上还留有瘢痕，可以证明此事。这件事甚至引起了家中大男孩们的注意："夏洛蒂的一处指尖被威廉大师砍去，伤口愈合得不能再好了[60]。"

威利隐约记得那些年家里发生过的悲剧，1853年，第9个，也是奥斯勒家最后一个孩子，2岁的艾玛·海里埃塔（Emma Henrietta）去世了。他对于这件事的记忆是混乱的，他的妈妈把白布包裹的孩子抱进屋子，让每个家人跟她道别，苍白的脸与黑色的炉子形成鲜明的对比，然后所有人跟着妈妈一路来到艾玛的坟墓。许多年后，当艾伦·奥斯勒快不行了，她对儿子说："我就要去小艾玛那里了[61]。"

布道者总能寻路来到偏僻的移居点，但是给学校请老师，以及创办体面、能长久办学的学校，则困难得多。19世纪40—50年代，加拿大拓荒区的公立学校仅仅是刚刚起步。在邦德海德地区，尽管费瑟斯通尽最大努力维持学校的运作，仍然是非常不稳定。完成小学教育之后，奥斯勒家年龄最大的男孩要到邻近的社区去寄宿才能上学。巴里（Barrie）是邦德海德以北30多公里处的一个大城镇，开办了一所特别好的文法学校，其教学以古典语言与文化为基础。但是，费瑟斯通不确定自己是否供得起所有的孩子去那里上学。主要是为了自己年幼孩子的教育，他向主教申请搬家。

1857年年初，奥斯勒一家离开邦德海德，在加拿大西部（现在所称得上加拿大）的登打士（Dundas）开启了新生活。登打士是位于安大略湖一端的一座繁华的城镇，坐落于多伦多以西60多公里的主干铁路线上。费瑟斯通在邦德海德担任了 20 年的执业牧师后，他的家庭与教区居民的分别是痛苦的，尽管如此，回到更加先进的文明状态还是好的，更别提奥斯勒家年轻的"小公马"——城里人给他们起了花名"特库姆塞斯的卷心菜"，他们在树林里跑得太疯了。一般情况下，奥斯勒家的男孩会长成身体健壮、多才多艺、勤奋努力、举止得体的绅士，擅长射击、骑马、伐木，能够引用圣经经文，以及少量的希腊语和拉丁文，懂得小麦和腌肉的价值。在登打士，他们住得更好，能上更好的学校，拥有更多的机会，也包括大男孩们所意识到的，更多的认识年轻女士的机会。

他们家所留存的，拍自邦德海德那些年的一张照片中，草是凌乱的，威利看起来闷闷不乐，不过，他与所有的哥哥们都穿着夹克，扣子整整齐齐，他们的头发也梳得整整齐齐。就算家庭规矩是要调教威利的野性，他也一直学习使用枪支和骑马，并喜爱户外活动。他对住在树林的那些年间最鲜活的记忆是，在春天到树林里制作枫糖 [62]。

奥斯勒家进入登打士快节奏生活的步伐突然来了个停顿。就在他们到来之前，一座桥梁的坍塌造成了 19 世纪加拿大最严重的一起列车失事。进入文明社会，一起数尸体吧。有一种说法，威利得了急性阻塞性喉气管支气管炎，从而使家人幸免乘坐这趟夺命列车，这并非事实。事故发生的时候，艾伦正在多伦多，她和费瑟斯通带着几个幼子从特库姆塞斯的一个葬礼赶过来的 [63]。

登打士坐落于海湾一头有着大片湿地的丘陵地带，有 4000 居民，碎石铺就街道，木板搭建人行道，配备有煤气灯、学校和教堂。在这位圣公会牧师看来，他们有了一所超酷的住宅，一座从山上俯瞰城市的砖结构多功能大房子。最大的儿子，费瑟斯顿，已经离家在巴里当实习生学习法律。弟弟布里顿·巴斯是个万事通，很快也决定进入法律界。姐姐艾伦·玛丽身体不太好，待在家中。第 3 个儿子爱德华游手好闲的习性让父亲深感焦虑，他在搬家前就在巴里的学校注册了。被父母称为"小虾米"或"小年轻"的其余几个孩子，在邦德海德接受过少量公立或私立的正规教育，进入了登打士当地的学校。

19世纪50年代晚期和60年代早期，费瑟斯通·奥斯勒成为大教堂教士，掌管登打士和安卡斯特（Ancaster）教区。儿子费瑟斯顿和布里顿·巴斯开启了法律的职业生涯，将会在加拿大法律界成就卓著。爱德华也在努力学习法律，埃德蒙去了一家银行上班，弗兰克学业不佳；关于威利，所知甚少。很明显，他仍然是那个快乐爽朗的男孩，并不是特别用功，也没有在某种程度上引人注目，至少在留存下来的他哥哥的信中，没有一个人对他有只言片语。登打士在当时有很好的小学教育，但是教师非常严格，课程老套。奥斯勒记得约翰·金（John King），柏林圣三一学院的文学硕士："穿过他的领带，正如他所说的⋯⋯用鞭打的方式教会我少量拉丁语和更少的希腊语[64]。"

战争使他感到震惊，哪怕是间接的感受。还是个孩子的时候，他听到圣经中的以色列大屠杀就感到畏惧，不管是男人、动物，还是女性、孩童，一个不留。作为生活在19世纪60年代初的男孩，他经历了美国内战（American Civil War）狂热，他和其他男孩跟在有一颗星星的美丽蓝旗子后面，游行穿过登打士，一边唱着"马里兰！我的马里兰！"["为爱国者的流血复仇/巴尔的摩（Baltimore）的大街上血迹斑斑/成为昔日的战斗女王/马里兰！我的马里兰！"]在这场浩大血腥的冲突中，加拿大人跟英国人一样，倾向于同情南方。据说，一个南部联盟（Confederate）的逃兵吸引了登打士的男孩，带着他们进行操练，准备出发与美国佬战斗。很多年后，奥斯勒医生对他的美国朋友说，还是一个13岁男孩的时候，他在加拿大动员和操练了一队南部联盟（Confederate）志愿兵[65]。

1864年，就快过15岁生日的时候，威利又成为焦点，他被登打士的文法学校开除了，因为他通过钥匙孔向一位教师喊脏话。大教堂教士奥斯勒为自己的儿子据理力争，斥责学校受托人的这个决定非常不体面，并公然将其归因于受托人卫理公会教徒的身份。威廉长大后还回忆过自己那些年所做的其他恶作剧，如把鹅群赶进教室，把课桌搬到谁也找不到的阁楼上。姐姐夏洛蒂记得他有一次回家的时候，在马背上大喊："查蒂（Chattie），我被开除了！"事实上，登打士学校的受托人同意他以良好的品行为承诺，保留了学籍[66]。

大概就在那段时间，奥斯勒第一次参加公开演出。作为教堂主日学校高班的资深学员，他要在礼拜仪式上朗读。他阅读英格兰国教会《公祷书》（*Book of Common Prayer*）中的祷文完全没有问题。但是，当他读到人们所熟知的主祷文（Lord's Prayer）训诫"我们在天上的父，&c"，这个年轻人过于急切地想表现最好的自己，结果忘了"&c"这个词[67]。

1851 年，费瑟斯通给自己母亲的信中写道，"孩子们既不是非常出色，也没有很差。"20 年后，他对家里的这群孩子大概仍有同感。他明确地跟孩子们，尤其是年龄最大的孩子说，期望他们勤奋肯干，尽职尽责，开辟自己的人生之路："我希望在自己力所能及的范围内给你们每一个人安排最好的起点，然后，你们的未来要在上帝的指引下，依靠你们自己[68]。"

当他逐渐老去，开始变得迟缓，可能是来加拿大早年的辛劳消耗了他大部分的能量，费瑟斯通倾向于回归家庭生活，做一个和蔼可亲、大智若愚的乡村牧师，他的一些教区居民给他起了个花名"爱打喷嚏的人"。

艾伦这几十年一直是精力充沛。可能正是由于妈妈在每个春秋季节让威利服用奎宁，才使他免于感染疟疾。当然还是因为艾伦特别重视孩子们的道德健康，用圣经潜移默化地影响他们，敦促奥斯勒家的年轻男人思考他们的不朽灵魂，同时避免世俗（world）、肉体（flesh）和恶魔（devil）的诱惑[69]。

尽管成长于牧师家庭，读着圣经，每天做家庭祈祷，每星期2～3 次教堂服务，但是也许正是因此，奥斯勒家的男孩都没有继承父母辈的宗教热情。不过至少，他们组合了父母的其他优良品质，尤其是持久努力工作的能力。威利对另一位医生的评价"他特别幸运有一对好父母……坚强而真诚的灵魂，具有得天独厚、充满魅力的头脑和心灵"，这也是他自己的真实写照。至少4位奥斯勒后代（爱德华仍然是只灰羊，而弗兰克则变成黑羊）非常勤奋，胸怀大志，明显是有教养的人，持续取得非凡的成就。他们的一位英国阿姨对奥斯勒兄弟大加赞赏，称他们是男人的好榜样……充满美国活力的英国绅士。

奥斯勒家的女人并未被寄予职业期望，她们也确未工作。而他们家的男人则打破了牧师家孩子惯常的固有印象。正如多伦多一位打油诗人所写。

> 你可能听过不同地方的人们说，
> 牧师家的孩子总是很难搞，
> 如果你听说了奥斯勒家的孩子，
> 那你必须得服气，
> 有些牧师家的儿子，
> 品德智慧都不错。

费瑟斯通和艾伦成为费尔茅斯的奥斯勒家族中取得了最大成就的一支，事实上，他们也是19世纪加拿大最成功的家庭[70]。

威利在登打士学校的冒险结束后，注册了巴里的文法学校，那时，他的哥哥们已经离开了。他住在校长教士切克利（Reverend W. F. Checkley）—— 一位都柏林的三一学院（Trinity College）的硕士开办的寄宿服务处，一日三餐也由那里提供。学校在很大程度上侧重于对古典文学和语言的传统死记硬背式的学习。他的母亲写信说："希望你热爱书籍，让书籍成为你的朋友。"她允诺，把家里的霍拉斯诗歌捎给他。费瑟斯通·奥斯勒的图书馆主要是神学方面的。威利从喝奶时起，就开始接触圣经了，但是除此以外，他基本上只读了他父亲的旅行书籍和一些小说。当图书馆在主日开放时，这些小说是禁看的。他还没跟文学作品建立起多少友谊，更别提拉丁语和希腊语了："我们都讨厌色诺芬（Xenophen）和他的《万人远征》（*Ten Thousand*）。对荷马（Homer）则是痛恨，而李维（Livy）和西塞罗（Cicero）仅仅是名字和任务。10 年间，在高水平的都柏林三一学院跟着剑桥的老师，我真正学到的希腊语和拉丁语知识并不比中文更多[71]。"

　　在巴里的同学内德·米尔本（Ned Milburn）记得，他和查理·洛克（Charley Locke），还有奥斯勒度过了一系列快乐的学校男孩闯祸经历。晚上勾搭出去游泳，骚扰谢里夫·史密斯（Shriff Smith）的甜瓜地，偷了法官的奖品大丽花，这让他们出了名，被大家称为"巴里的坏男孩"。奥斯勒写给米尔本的一些信，是他留存下来的最早的信件，显示了一位 16 岁男孩对行为边界的试探，当然可能有些夸张。1865 年夏天，他在登打士打板球，尝试过新兴运动篮球，但是并不喜欢，还射过鸭子，无论何时，只要他愿意，都有一匹马和一只船供他使用。他还喝醉过一次……仅仅一次……那是在 5 号主日学校的野餐上，他跟女孩们玩得太开心了。在巴里的那年秋天，他每天傍晚都会扬帆航行，在米金旅馆的客厅随便坐几小时，喝上两三杯。斯图尔特先生坐在钢琴那里，唱着出狱后的下流歌曲……我们除了玩玩冰球，无事可做，查理·洛克和我会到城里乔·洛克（Jo Locke）的房间里吸烟，吃好吃的。这些坏事都不太严重，米尔本还声称，奥斯勒是学校里最好的学生。这封信可以证实当时的一份报告，其中写道，巴里的学生过分早熟和老练，行事不像男孩；并且，即使他们真正成为男人后，这也无益于他们的好名声[72]。

　　无论威利在巴里快乐或成功与否，他后来接受了父亲的安排，于 1866 年转学到韦斯顿（Weston）村的新学校，位于多伦多以西的几公里。这所学校的宣传单上承诺会教授歌唱和舞蹈，应该不会太糟糕。于是，1 月份，威利开始到三一学院上学，这所学校宣称是加拿大版的英国伊顿（Eton）或拉格比（Rugby）学院。他对三一学院的第一份报告热情洋溢，称之为"正规的英语学校""保留了所有的英式老规矩"[73]。

　　1866 年下半年，威利的两位英国表姐来到登打士。詹妮特·奥斯勒（Jennette Osler）和玛丽安·奥斯勒·巴斯（Marian Osler Bath）是外科医生兼作家的爱德华·奥斯勒叔叔第二次婚姻的女儿。

031

这两位年轻的女子都是 20 多岁，她们的父亲于 1863 年去世后，她们一直闲着，无事可做，玛丽安还刚刚守寡。她们鼓起勇气，带着玛丽安的小儿子，冒险来到美洲，拜访她们一直与之通信的这一支族系。跟家乡的某些没用的亲戚相比，她们与加拿大的奥斯勒们似乎有更加统一的价值观。

瘦小的詹妮特和丰满的玛丽安都博览群书，善于观察，机智敏捷。在大西洋的旅程中，詹妮特与年轻的奥利弗·温德尔·霍姆斯（Oliver Wendell Holmes）发生了一段甲板调情。他的父亲是著名的文学家医生，《早餐桌上的独裁者》（Autocrat of the Breakfast Table）的作者。玛丽安对他没有好感，把我拉走……说道："孩子，不要在他身上浪费精力，他只是个美国人。"姐妹俩穿越纽约（New York）和波士顿（Boston）时，有点被果敢的美国女人和美国方式震惊到了。但是，当她们在尼亚拉加（Niagara）河跨过边境，来到加拿大西部的登打士，她们突然又回到了熟悉的土地上，一位胖胖而友善的绅士，穿着牧师服走过来，欢迎我们来到加拿大。我应该知道他是谁，他跟莉齐（Lizzie）姑妈太像了，他的声音听起来像爸爸，满满的英国口音……我们感觉像回到家里，立刻高兴起来……在大门口，站着一位可亲的小个子深色女人，戴着一顶漂亮的小帽子，帽带系在下巴下面，这是艾伦婶婶。他们非常热情地欢迎我们，我们立刻感到仿佛跟他们熟识多年，他们都是亲爱的家人 [74]。

这对英国表姐妹在这个加拿大家庭中安顿下来，就像家中两位亲姐妹一样。她们喜欢登打士的这一大家孩子，她们对这对父母的崇敬也与日俱增。詹妮特在家书中写道，"叔叔很和蔼，是一位心胸宽广、体贴周到、思想开明的男人。他无私慷慨，是真正的好人。你了解他越多，对他的赞赏也会越多"。关于艾伦婶婶，她写道，"她是在尘世得到祝福的人。无论怎样尊敬和爱她，都不过分。我真真切切地相信，她没有一丝骄傲和自私的念头，她就是单纯地想做善事" [75]。

10 月份，两姐妹被带到韦斯顿见威利，他那时在三一学院竞赛日的大部分项目中取得了引人注目的好成绩。根据詹妮特的观察 [76]，

"威利是家中最帅的小伙子，就是个头不太高，没有埃德蒙和内德优雅。他的肤色太深，仍不失为一位可亲、有绅士风度的男孩。"整个秋天和冬天，詹妮特和玛丽安都住在登打士和劳埃德镇的家中，她们放下了英式拘谨，学会跳舞，还帮忙教会的义卖、茶会、音乐会和圣诞庆祝（在登打士举办了 23 个人的晚餐，之后还有歌唱和字谜游戏）。她们看起来非常适应这里，大家也很喜欢她们。威利对詹妮特尤其印象深刻，因为她对蛇和星星很感兴趣，这像她的父亲，有点博物学者的意味。

年轻的费瑟斯顿·奥斯勒与他的新娘住在多伦多。布里顿与妻子拥有登打士最好的一个家，在斯坦普赫斯特（Staplehurst），离教区长住宅不远。这些家庭之间往来不断，而斯坦普赫斯特的槌球草坪是年轻男女最喜欢的聚会地点之一。1867 年 5 月，加拿大的春天又姗姗来迟，派对的节奏加快了。几十个年轻人在临近傍晚时分先玩一局槌球比赛，然后是茶点时刻。期间还会有几位加入进来，大家跳舞唱歌，23:00 还有一轮蛋糕和红酒。最后的大餐后，他们会唱一两首歌，然后，这些英格兰帝国建造者的孩子们合唱国歌"上帝保佑女王"（God Save the Queen），以及朗诵"殖民地"诗句来结束这一晚。

> 我们远离祖国，万里迢迢，
> 就算倒下，也要高贵骄傲，
> 只要站着，必定效忠女王；
> 无论在林中荒地，还是在城镇，
> 我们都是永不屈服的不列颠人，
> 让我们用歌声唱出不二的忠心，
> 上帝保佑女王。

1867 年 7 月 1 日，英属北美的三个主要省份要合并成为一个联邦，称为加拿大自治领（Dominion of Canada）。奥斯勒家的书信表明，他们对新国家诞生的一系列事件毫不关心。对他们而言，那一季主要的节日是 5 月 24 日维多利亚女王的生日，也许大多数英属北

033

美人也是这种态度，大家借机举办更多的野餐，点燃篝火和烟花，唱更多的圣歌。当年长的英国人在开派对、唱歌，17 岁的威利到加拿大的乡下闲逛了整个周末。在充满自然壮美的新世界中，他感受到一种新生，开始萌生出一种激情，这将指引他步入医学之路 [77]。

（王　德　译）

Learning to See: Student Years
第 2 章　以学至悉：学生时代

　　1866 年，16 岁的威廉·奥斯勒进入韦斯顿三一学院学习。正值无忧无虑的年纪，他喜欢与走读生和村民一起打猎、运动、打架。个头跟成年人差不多，约 1.67 米，有点偏矮，但身材精瘦而结实，手臂有力，投掷精准，是个不错的运动健将："上个星期五，在我过来的路上，离罗马天主教学校还有约 70 多米时，我和一个男孩打赌，我能用石头把学校的窗子砸破。结果，他扔的一块石头，离目标差得远呢，而我扔的石头穿过窗户，正好砸到了一个男孩的头上，引起一场可怕的纷争。不过我去找老神父把事情解决了，又重新装上了窗户[1]。"

　　新成立的三一学院采取英式教学（学长制，老师有权施行鞭笞体罚），威廉喜欢他的同学，认为贝格利校长（Badgely）是"一流的校长"，声乐课和戏剧课趣味盎然。但他的母亲认为"演戏"太世俗[2]，不赞同他学习戏剧。威廉听从了母亲建议，成了英国国教会的一员，选择了没那么世俗的生活方式。后来，他又开始在学校惹是生非，带领学生一起对抗不受欢迎的女舍监，进而惹上了大麻烦。主管老师早就敦促女舍监离开学校了，于是在主管老师的默许下，学生们将她关在充斥着蜜糖和硫黄味的屋子里，并打碎屋子的窗户，向她扔木棍和雪球。

　　女舍监叫警察逮捕了他们，以人身攻击罪指控闹事的学生。他们本来会被拘留一两晚，但大哥费瑟斯顿在郡法院为学生们辩护，于是法官只罚他们每人 1 美金并支付诉讼费[3]。那年春天，比威廉大两岁的哥哥弗兰克同样陷入困境，他辍学后找不到工作，又背上了债务。艾伦·奥斯勒为这两个任性男孩未来的前途担忧。她毫不忌讳地告诉小儿子：

你们两个现在已经臭名昭著，真是家门不幸。虽然我也认为这不过是学校里男孩们的恶作剧，但是这种事情以后肯定会遭人口舌，对人产生不利影响，而且我还听说许多人认为这会坏了学校的名声……

我的孩子们，你们可知道我多么希望看到你们走在神圣的道路上，我认为你们会努力做到的，但我对你们的爱远不及上帝那般强烈，祂为你们付出了生命。祂就是道、真理、生命的化身。在祂这里，只有在祂这里，才能得到真正的和平与幸福。

几星期后，弗兰克逃去海上，和父亲一样成了一名水手。威廉不得不承担更多来自于母亲的压力：

我一直都在为他（弗兰克）祈祷。我亲爱的威廉，其实我一直在为你们每一个人祈祷，祈祷上帝能赐予你们圣灵的教诲，教导你们承认自己的罪，相信正义，相信永恒的审判。上帝是慈爱的圣父，我们要爱祂。祂是我们的主，我们应侍奉祂。我亲爱的孩子，献身于服务上帝，在无垠的时间里，一切都会顺利。

可能是出于自己对青少年时期所犯罪过的深深愧疚——威廉的父母过去从未如此重视他的精神状态——威廉宣布他将成为一名牧师。但爱伦这次改变了策略，对此决定持谨慎的怀疑态度：

我的第一反应是感谢上帝听到了我的祈祷，让我六个儿子中的一个选择这条道路。但是这和选择其他职业一样不能草率做出决定，需深思熟虑，最重要的是要扪心自问，自己为什么做此决定，记住人依据行为审视他人，而上帝依据动机审判人……我确信，如果你态度认真，真诚地渴望在教堂侍奉上帝，父亲将尽他所能帮助你，让你接受通识教育，我们两个会祈求上帝保佑你 [4]。

1866 年 5 月，在校运动会上，威廉赢得大部分比赛项目，并在最后的一场艰难的障碍赛跑中险胜，为这一天的比赛画上圆满的句号。这场比赛险些让他丧命，女孩们边为他擦拭额头的汗水，边大声叫他"可怜的奥斯勒"，这时他才慢慢恢复了活力。从他的信中可以看出，他开始重视学业，尽管积极性明显不高。他认真学习写信（我在写信上简直是个蠢材——内莉……正在教我写信），并且痛斥自己写得过于简短，而且写得很糟糕。威廉的信件中开始出现家族遗传的写信习惯，包括错误使用标点符号 [5]。

1866 年仲夏的考试中，威廉获得了校长专为优等生设置的奖金。但是他刚到 17 岁，他们认为他还太年轻，不能进入英国国教在多伦多三一学院学习。但是第二年春天，他加入了加拿大自卫队，参与常规训练。那时所有体格健全的男性都要做好随时与美国侵略者战斗的准备，敌人是由爱尔兰民族主义者组成的一支非正规军，其中一些人是参与了南北战争的老兵。他们希望能通过攻占英国殖民的北美地区争取民族解放。芬尼运动成员们很快就被击退。奥斯勒没有参与战斗。

威廉平时的生活主要就是打猎、运动以及和女孩嬉闹，日复一日，就这样又度过了一个夏天［他的初恋是他在劳埃德镇的堂姐玛丽·奥斯勒（Mary Osler）；内莉（Nellie）修女建议他 2～3 年内对此事保持低调，这样两人才能有所进展］。夏天快结束时，威廉回到韦斯顿的学校并担任级长。那一年他没有在搞恶作剧，也没闯祸。但是也没有人记得奥斯勒的学习优异或其演说才华："他总能出色完成工作；但他也只是在那重复性的工作中做出点成绩来，而再无提出任何学术上的启发。常常会看到他在备课时手指堵住耳朵，像是在思考一些难题，毫不在意那些让我们分心的事物。"作为级长，威廉把比他小的男孩管得服服帖帖：有时让他们通过打架解决冲突，有时会挺身而出，保护他们不受村子里恶棍的欺负。他会动拳。一位同学回忆说："一次我们和村民比赛踢足球，一个大块头的恶霸故意凶猛地撞在一个小个子同学身上，而这个小家伙身上穿的可能连粗布衣服都算不上；之前被推到一边的奥斯勒冲上去一拳打在恶霸的下巴上，把他打翻在地，让他在床上养了一星期的伤。"威廉的姐妹和英国堂亲都很钦佩他，而他也不负众望，在秋季运动会的跑步，跳高和投掷比赛中取得领先成绩，只是在后来的足球赛中被踢到了胫部，腿部严重受伤，可能是骨髓炎，卧床休息了几个星期[6]。

1866—1867 年的冬天，威廉被迫卧床静养，在这段时间，他经常见到三一学院的创始人兼学院院长威廉·亚瑟·约翰逊（William Arthur Johnson）牧师。约翰逊与费瑟斯通·奥斯勒同龄，也是英国人。他最初是在印度服役的军官，学习过一点医学，服过一段时间的兵役，在上加拿大务过农，最后找到了自己的精神归宿，就是在英国国教教堂做神父。作为韦斯顿教堂的牧师，约翰逊在家里设立了学校教育自己的儿子，后来学校发展成三一学院的预备学校，由更有学问的教师接管。多年以来，约翰逊一直是固守礼节的高教会派（他是虔诚的英国国教高教会派教徒），这让他没有与教区居民和教友产生矛盾，其中包括失去学校管理权这件事。奥斯勒离开学校之后，学校的实际控制权随即落入他人手中，他们将学校搬到了安大略省的霍普港镇，现在仍然在那里。

这对奥斯勒影响甚微。对他来说，唯一重要的是老约翰（男孩们都这么叫他）热爱自然，他喜欢用一种独特的方式来观察自然，那就是通过显微镜。

19 世纪，自然研究，特别是"自然历史"，在英国殖民的北美区和本土非常流行，可谓是风行一时。英国人、加拿大人和美国人都喜欢在户外漫步，收集昆虫、蝴蝶和化石，给植物和动物归类，清点标本和物种。维多利亚时代的人理所当然地认为，精通自然科学及灵敏感知自然风景是每个受过教育的人都应该具备的知识素养。卡尔·伯杰（Carl Berger）这样写道，对有些人来说，研究自然历史只不过是一种供人娱乐消遣的爱好罢了；但对另一些人而言，自然历史极为重要，它是个体对知识的追求，是对生命与万物内在机制的探索。

一些极富热情的自然学家尤其擅长用精妙的放大工具深入探究自然的奥秘。17 世纪，显微镜得到发展，但是最初的镜头所揭示的那个新世界朦胧昏暗，模糊不清。直到 19 世纪 40—50 年代，人们制作出消色差复合镜片，显微镜成为一种特殊工具，地位之高堪比150 年后的计算机。随着价格降低，拥有显微镜的人越来越多，不再仅限于最初的那群高级匠人和远见卓识者。直到 19 世纪 50 年代，所有认真学习科学的学生们都拥有自己的显微镜。但是，显微镜并非价格低廉、随处可见，尤其是在加拿大西部这种边陲地区。威廉·奥斯勒也从未见过显微镜，第一次见是在他协助令人尊敬的约翰逊先生进行自然研究期间 [7]。

约翰逊是一位喜欢美食的自然学家，对收集、记录和素描非常感兴趣。他收集过植物根茎、动物羽毛、花朵、蜜蜂和兔子的舌头、树叶、种子、沙砾、贝壳、岩石、化石、卵、动物器官、跳蚤、蚊子头、寄生虫、海藻……1866—1867 年的冬天，他尤其热衷于研究牙齿和骨头。约翰逊经常和一位朋友交换标本，这位朋友就是詹姆斯·鲍威尔医生（Dr. James Bovell），他是一位杰出的显微镜学家，与约翰逊志同道合。同为英国国籍，鲍威尔出生于西印度群岛，在英国接受教育，在三一学院教学，还在多伦多做过医生。鲍威尔兴趣广泛，对自然历史研究非常着迷。

鲍威尔是三一学院的校医，可能治疗过奥斯勒的腿伤。但是他去韦斯顿的主要原因是拜访约翰逊，并与他共同研究通过显微镜发现的新知识。行动不便的奥斯勒就帮助他们准备研究标本，从研磨鳄鱼鳞甲开始。他还记得在星期六的自然研究课之后，他会帮忙清理约翰逊实验台上残留的标本和污渍 [8]。

1867 年春天，约翰逊带领一部分三一学院的学生在流经韦斯顿的亨伯河沿岸和湿地进行实地考察。当威廉的兄弟姐妹和堂亲在登打士玩槌球、喝下午茶、跳舞时，约翰逊正在向这个男孩展示一个全新的世界。威廉觉得他可以将这件事告诉堂亲詹妮特。女王生日的第二天，他便给她写了信，信中提到他准备送给她一条泡在一瓶威士忌中的牛奶蛇，而且还会再找一些。他的激情洋溢在字里行间：

我和约翰逊先生一同外出寻找各种标本，期间度过了一段美好的时光。要是上个星期二你也在泥炭沼泽就好了，那里的花丛特别美丽，苔藓也很漂亮，松松软软的，简直可以用来做一张苔藓床！我们找到了最小、最稀有的凤仙花品种和印第安莫卡辛植物。我真希望你也能欣赏到，它们是整个加拿大最美丽的野花，但是登打士的土壤不适合它们生长。

更神奇的是，约翰逊向他展示了显微镜下的水塘浮沫：

要是你能看到绿藻就好了，就是浮在池塘和死水上面的绿色物质，里面有成千上万的小生物活蹦乱跳。我们还找到一种像泥土一样的棕色物质，这个时候河边的石头上长满了这种东西，我们发现每一小点棕色物质上都有一百个小生物，想象一下，几平方厘米甚至几平方千米该有多少。

写到这里，威廉我突然意识到这并非正常的男孩与女孩或堂亲与堂亲间的谈话："恐怕你觉得这些东西很无聊吧，我不再啰嗦了，让我们谈谈更有趣的事情吧。这学期我们要举办一场很棒的板球比赛 [9]。"

一个青年从此不再专注于板球、射击，也不再沉迷于背诵荷马、利维和西塞罗等枯燥的作品，而是向世人展现出一种全新的风貌。奥斯勒发现神父约翰逊是位真正的导师，是他人生中三个重要的导师之一。"可以想象一下，一个天生对事物充满好奇心的男孩遇到此等好事会有多高兴，"他后来回忆道，"当他遇到一个不在意言辞，但是知晓万物的人，他熟知星辰的轨迹，会告诉我们星星的名字，他会在春天的树林里找到乐趣，他为我们介绍蛙卵和蠕虫，他在晚上给我们读吉尔伯特·怀特（Gilbert White）（著名自然学家）的书籍和金斯利（Kingsley）的《格劳高斯》（Glaucus）[又名《海岸的奇迹》（Wonders of the Shore）]，他向我们展示一滴脏兮兮的池塘水在显微镜下呈现的奇妙世界，他会在星期六逆流而上的短途旅行中给我们讲三叶虫和直角石，向我们解释壳是如何形成的 [10]。"

1867 年夏天，奥斯勒的健康问题越发严重——据詹妮特讲，他又患上了肺淤血——不得不推迟大学入学考试。他的父亲担心他会患上肺结核，想要送他去航海，呼吸新鲜空气，却是一番徒劳。约翰逊神父决定前往登打士看望他，这让威廉欣喜若狂，内莉说："他是想到了他将捕获到'猎物'的场景。"两个自然爱好者在小镇下面的库茨乐园（Cootes Paradise）湿地漫游。沿着运河盆地两边的森林，约翰逊和奥斯勒发现在水面几分米以下广泛分布着大量神奇的胶质生物。他们取出一些样本置于显微镜下观察。"可以想象我们当时有多高兴，"奥斯勒回忆道，"我们发现这种胶状物的表面是由一群微生物组成的，这些微生物美得不可方物，透过显微镜，我们观察到植虫动物槽中每只小生物伸出新月形的触须冠"[11]。

约翰逊的教科书无法解释这种生长模式，但是《美国博物学家》（*American Naturalist*）发表的一篇新文章刚好描述了这些淡水群栖虫。威廉不只是对约翰逊沿着亨伯河岸第一次向他展示的藻类颇为着迷，他对这些淡水群栖虫同样如此，自此开始了长达十年的研究。作为一名年轻的自然学家，不管是在户外实地考察，还是阅读约翰逊推荐给他的学术文献，他都悉心观察，严谨分类，仔细搜寻，成为技艺娴熟的显微镜学家。我们可以想象约翰逊一遍又一遍地对他说："仔细观察，奥斯勒。用你的眼睛，小伙子。你看到什么？你看到的是什么？"

后来，他的肺病痊愈，可以继续学业。1867 年秋，奥斯勒进入多伦多三一学院，打算攻读古典文学与神学，希望日后成为牧师。三一学院是一所举步维艰的宗派学院，1851 年斯特拉坎主教（Bishop Strachan）为替代主张"无神论"的多伦多省立大学成立了这所学校。学院并没有进一步发展壮大。詹妮特·奥斯勒来到三一学院后非常失望，学院又小又穷，只有 45 个学生。威廉曾经获得过奖学金，是那届仅有的四名奖学金获得者其中之一。学院建筑阴冷昏暗，为了防止学生们宵禁后私自外出，地面装上了栅栏。奥斯勒第一年的课程包括代数、几何、希腊语、教理问答、三角学、拉丁散文、罗马历史和古典文学。

他对这些学科毫无兴趣。没有老师能激发出他对古典文学的兴

041

趣。他讨厌数学，对教堂的兴趣更像是为了图省事，毫无虔诚可言。在三一学院，奥斯勒对阅读十分感兴趣，但不是阅读神学相关的书籍。他对自然历史非常痴迷："在我大学生活的初期，我不受管束，用古典文学书来换我自己感兴趣的神学书，如用皮尔逊（Pearson）、布朗（Browne）和胡克（Hooker）的书来交换亨特（Hunter）、莱尔（Lyell）和赫胥黎（Huxley）的作品。"闲暇之余，如果不读书，他会去拜访鲍威尔，研究显微镜的载玻片，观察藻类和其他池塘生物 [13]。

詹姆斯·鲍威尔同时在三一学院和多伦多医学院任职，多伦多医学院是典型的北美"私立"医学院。一群医师租下多伦多大学的一栋楼，并在那里运营这所医学院。医学院开设有相关课程，修完这些课程后方可获得内科或外科医生资质。老师的工资主要来自学生的学费。多伦多大学和三一学院都无法维持医学院的运作。当时在多伦多还有一家可与之相媲美的学校，那便是卫理公会维多利亚大学医学院。奥斯勒校友（牧师 W. A.）的儿子——亚瑟·朱克斯·约翰逊（Arthur Jukes Johnson）当时正就读于多伦多医学院，他经常与奥斯勒和鲍威尔在星期六一起研究自然历史。鲍威尔常邀请奥斯勒前往药学院旁听他讲课，后来，奥斯勒每天下午都会出现在多伦多医学院。小约翰逊希望他能考虑转学医学 [14]。

圣诞节假期，威廉读了查尔斯·莱尔的《地质学原理》(*Principles of Geology*)。堂亲詹妮特已经从英国回到家里，所有家族成员中，她最有可能和奥斯勒一样也对自然科学感兴趣，奥斯勒写信询问如何能够得到她父亲有关软体动物的专著。"这个孩子对自然科学比以往任何时候都更加狂热。"内莉修女告诉詹妮特。

到了 1868 年春天，内莉非常担心威廉会为了学习自然历史和那时所谓的"自然神学"（鲍威尔在三一学院教授的课程）的学科而放弃奖学金，从此对成为神职人员丧失兴趣。但事实并非传言的那样，奥斯勒的父母（至少他的父亲）似乎并不介意。"成为牧师是他的自由选择。爸爸更希望他不要在边远地区做一个不被理解的、收入微薄的教区牧师"，内莉向詹妮特解释说，"不，我反对是因为威廉不再为自己所选择的道路努力拼搏，不再为了获得奖学金和荣誉而读书，而是将时间浪费在复杂的神学论战上"[15]。

"论战"是指 19 世纪对圣经和自然学家揭示的两个世界之间的关系进行的大争论。这场争论已经酝酿了几十年，1859 年达尔文的《物种起源》（*Origin of Species*）出版，争论进入白热化阶段。19 世纪 60 年代，奥斯勒回忆，"是思想混乱的十年"。托马斯·亨利·赫胥黎（Thomas Henry Huxley）等无神论者认为，生物通过自然选择进化，这一现实削弱了圣经中神创论等基督教思想的地位。能否同时相信进化论和圣经都是正确的？能否在秉持科学观念的同时不抛弃基督教信仰？

这一争议在位于加拿大殖民地的三一学院也引发了激烈的论战，奥斯勒的导师鲍威尔就身处论战中心。几年前，鲍威尔继承了经典集大成者威廉·帕里（William Paley）的观点，写下又长又枯燥的《自然神学大纲》（*Outlines of Natural Theology*），试图证明启示宗教和神创造自然之间并不矛盾。奥斯勒还记得曾经听过高年级学生狂轰滥炸般向鲍威尔抛出大量问题，涵盖自然历史，进化论，形而上学论，还包括：

上帝，先知，意志和命运，命定论，自由意志，绝对先知。

他旁听过关于起源和地质学的争论，这听起来可能有些不可思议。许多年后，他回忆道："我听过一场菲利普·亨利·戈斯关于（Philip Henry Gosse）'中心：试论地质结点的联合'（Omphalos, an Attempt to untie the Geological Knot）的漫长辩论。一位老教区牧师坎农·里德（Canon Reade）坚定不移地认为戈斯的观点有可能是正确的，即岩层和化石（以及亚当的肚脐）都是至高无上的神为了考验我们的信仰而创造的[16]！"

奥斯勒在学生时期更喜欢多听多读，很少表达观点、参与辩论。他不是参与者，更像一个观察者。如果他个人也有过思想上的混乱，那么无论是学生时期还是在人生中的大多数时候，他都隐藏得很好。奥斯勒在开始阅读的早期就懂得如何更好地与这些无法解决的问题共存。1868 年冬，在约翰逊的影响下，他买下第一本托马斯·布朗尼爵士（Sir Thomas Browne）的著作《医生的宗教》（Religio Medici）。

布朗尼是 17 世纪英格兰诺里奇的自然学家和医生。年轻时，他写过一本个人沉思录，书中记录他的宗教信仰以及信仰如何启发他对自然的理解。1642 年出版以后，《医生的宗教》随即成为经典；在奥斯勒第一次读到这本书时，它已经被翻译成多种语言，再版过数次。奥斯勒认为这本书文体优美，内容深奥，思想兼容并包。书里还有大量对他而言非常有意义的观点，与帕里、鲍威尔等大部分 19 世纪辩护家关于基督教和人类理性共存的观点不谋而合。

布朗尼坚持既信仰宗教，也信仰自然："我在两本书里面找到了我的神学；一本关于上帝，另一本关于上帝的仆人——自然，它是无处不在的、众人皆知的手稿，所有人都读过这份手稿……我把自然的影响看作是上帝的神工。"布朗尼巧妙地回避了两本杰作中的相互矛盾之处：要么直接否认，含糊其辞，要么直接放弃："有许多神奇之处，不仅哲学里有，神学里也有，被所谓的最有能力的人提出并探讨，但实际上不值得我们在空余时间思考，更不值得认真研究 [17]。"

《医生的宗教》里充满格言警句，晦涩难懂，需要反复研读。奥斯勒一生始终把它作为圣经的替代读物。后来他对《医生的宗教》和布朗尼的其他著作的熟悉程度，堪比他父母对《旧约》（Old Testament）和《新约》（New Testament）的熟悉程度；但是他并没有反复翻阅最初的那本，也没有记满笔记。我怀疑奥斯勒意识到布朗尼拥有他需要的全部答案，至少他了解到如何避免明确支持某种观点或对问题作进一步探讨——于是，1868 年，威廉开始利用空闲时间搜寻更多标本，放在显微镜下观察。这段时间，他忙于做研究，没时间研究如何成为一个学识渊博的布鲁诺人。

那年春天，他第一次观察到动物体内的微生物，他在一块人类肌肉组织里看到了旋毛虫内寄生虫，正是它夺去了这个纽约州人的生命。由此，奥斯勒认识了寄生虫。研究寄生虫通常需要解剖尸体。

奥斯勒的导师仍然希望他能进入教堂工作。约翰逊既是一名自然学家，也是一名神父，而鲍威尔是高级神职人员，也在考虑成为一名神父。内莉·奥斯勒作为威廉最好的朋友来拜访鲍威尔，想要鲍威尔对她弟弟的未来给出一些建议，鲍威尔明确告诉她不要劝阻威廉进入教堂工作。内莉向鲍威尔说道："在他心底有着深沉真挚的感情。这个孩子有各种才能，不会在某一件事上有突出表现。"只有堂亲詹妮特看法不同，明显不希望威廉做神职人员[18]。后来，内莉很快和家人都不喜欢的一个男人私奔了，那个"热心肠的修女"无论如何是再也找寻不到了（后来这个男人早逝，内莉成了一个虔诚而乐于助人的寡妇）。

第一年，威廉在三一学院的表现优异，再次获得了奖学金，尽管竞争并不算激烈。第二学年初期，他在三一学院院长那里惹了麻烦。可能是因为他对学业毫无兴趣，也可能是因为他从多伦多医学院的解剖室带回来一个胚胎，成了许多恶作剧的主题，神学专业的学生对此表现出夸张的愤怒。院长要求重要神职人员的孩子必须恪守礼节，稳重得体，并且严厉斥骂了奥斯勒，在一次责骂中他大发脾气，奥斯勒的同学还记得院长说："先生，你是个彻头彻尾的坏种；你、你的家人、你所在的学校，以及教堂都因为你的行为而蒙羞，你现在可以走了。"奥斯勒决定离开去学医。当他告诉詹姆斯·鲍威尔这个决定时，鲍威尔立即表示支持。奥斯勒记得鲍威尔这样说："太好了，到我这里来[19]。"

威廉决定成为一名医生，施展医术，利用对自然的了解疗愈疾病。他将进入这个最古老的行业，这一群体在西方可以追溯到古希腊时期。医生在古希腊有两个起源：一些崇拜医疗的教会和神殿，信奉医神阿斯克勒庇俄斯（Aesculapius），其手持一根盘绕着灵蛇的神杖；以及著名"医师誓言之父"希波克拉底的教义。奥斯勒等年轻的医学生在开始工作之前都会用他的誓言宣誓。

045

奥斯勒晚年时期也曾赞扬这种"医学传承和联合"的理念，他将这种理念称为"宗徒传承"，自希波克拉底到伽林、阿维森纳时代，世纪更迭，无数医生遵从这一思想并代代传承。文艺复兴时期出现了众多新的医学界伟人，如反抗权威的典型代表帕拉塞尔苏斯（Paracelsus），发明解剖学的维萨里（Vesalius），发现血液循环的哈维（Harvey），他们都是现代医学的奠基者。古希腊、古罗马认为疾病就是人体内四种基本元素（或体液）的不平衡所致，这一观点受到很多外界声音的质疑。托马斯·西德汉姆（Thomas Sydenham）等怀疑论者主张应该仔细观察划分疾病。乔瓦尼·莫干尼（Giovanni Morgagni）强调通过验尸可找到病因。约翰·亨特（John Hunter）让医生重新回到自然研究上，认为他们对身体部位的健康状况了如指掌。

18世纪启蒙运动时期，新的医学分类者认为有控制疾病和健康的普遍原则，或许应该让身体在极度愤怒或激动和过于低沉或空虚之间保持平衡。如果疾病会让人精神亢奋或虚弱，或许可以通过相应的应对措施重建体质健康，这和古希腊时期的治疗方式相差并不大。自然原则（或称为自然疗法医学）似乎是通过饮食饮水增加力量，通过流汗、流血、呕吐、排尿和排便排出刺激性物质。医生可以通过鼓励大量消耗或不常见的饱食这样的疗法来恢复自然平衡。所以医生抽血，开促流汗、起水泡、呕吐等反应的化合物药物，嘱咐改变饮食，偶尔给患者服用滋补药或兴奋剂。我们知道，在19世纪20年代，费瑟斯通·奥斯勒为了减轻炎症，排出近3L的血液，导致身体衰竭。

在那个科学探索兴起的时代，人们渴望了解患者体内到底发生了什么，因此强调需通过尸检或尸体解剖观察尸体内部。19世纪初期，普遍的现象是病理学家会在"停尸房"解剖尸体，探究病理解剖学的奥秘，寻找疾病和死亡留给他们的蛛丝马迹，奥斯勒将这段时期成为医学界的"大觉醒"。临床病理学家，尤其是那些在巴黎大医院工作的专家，将死后的器官和组织情况与生前记录下的疾病症状联系起来，开始收集某些疾病的特征，其中包括肺结核、斑疹伤寒和伤寒。通常能够定位病灶，表明该疾病有局部影响或固定位置，而并非对整个系统造成的不明确损伤。疾病的侵袭是有针对性和选择性的。你可以描述疾病给人体器官和组织带来的影响；你可以测试治疗药物能否消除这些影响。

医生已经知道需要利用所有感官来观察活着的患者。他们不仅要听取患者的主诉，还要仔细观察患者的身体。他们会感知患者的身体，触摸检查疾病的表征。他们会把脉。他们会轻拍或轻敲胸部和背部，感受震动，听内部回音。他们会观察尿液和粪便是否有血丝或其他症状，医生能根据尿液发甜的症状确诊为糖尿病。

到了 19 世纪中期，技术提高了医生在诊断过程中的敏感性。少数医生过去会将耳朵贴近患者胸腹部听体内声音。现在，听诊器的发明向人们展示了一个声音的世界：心脏跳动的声音，肺部空气的声音，血液在血管里快速流动的声音。温度计能测量体温。医生借助带有镜片和反射镜的小装置能观察到眼睛内部、喉咙底部，后来延伸至身体所有的孔口处。医生不再只是询问或观察患者，而是给患者做检查，从外部表征推测内部情况[20]。

显微镜为医学研究者以及其他研究自然的学生打开了一个神奇的新世界。人们清晰地看到了生物的结构，都是由一群一群不同种类的小球（也就是细胞）组成的。细胞在生病和健康的状态下如何工作需要几代人来探索。1858 年，也就是达尔文《物种起源》出版一年前，鲁道夫·魏尔啸（Rudolf Virchow）的细胞病理学出版，这是 19 世纪科学医学的重要里程碑。它向世人打开了探究生命本质的窗户，之后很长一段时间再未出现如此意义重大的事件，直到一百年后人们发现了 DNA 的结构。

在最早这批组织学家的显微镜下，似乎也观察到了人类生命的天敌以及疾病的来源。微小生物（或叫微生物）不仅赖以生存于水塘和德斯贾丁斯运河旁的树林里，而且还寄居在动物体内，依赖宿主而生。部分微生物是否会危害生物系统，导致疾病？在威廉·奥斯勒踏入医学领域期间，一个存在了数个世纪的医学理论终于得到了科学证明，即许多疾病是由感染了微小的细菌造成的。微生物学将成为这个世纪以及未来的科学前沿。在 19 世纪 50 年代后期的法国，路易斯·巴斯德（Louis Pasteur）开始发表关于微生物在发酵和腐烂中的作用的有趣研究。我们提到过，奥斯勒还是三一学院的学生时就开始观察致命的旋毛虫寄生虫，旋毛虫也是第一批被确认的微生物之一。

这些医学和科学进步都在一个重要方面令人失望。现在人们可以把热病分为伤寒和斑疹伤寒，认为肺结核是肺部小结节造成的，证明肠胃不适和严重的肌肉疼痛等综合征是食物中的寄生虫导致的。人们也能根据病理研究和病例统计研究证明，许多传统的治疗对这些疾病没有效果，因此也未得到广泛应用，人们明显反对放血等消耗疗法，但也没有找到有效的治疗方法来取代它们。唯一的例外就是人们发现金鸡纳树皮提取物，金鸡纳霜（奎宁），可以有效治疗疟疾。当时，人们很难区分疟疾和其他热病，所以奥斯勒一家和其他人一样，把这种药当作滋补品来吃，许多医生认为金鸡纳霜（奎宁）对治疗几种热病有效。

在维多利亚时期，医生常对疾病的治疗感到束手无策，这并不算什么秘密。而过度放大那段时期的不足，是我们这个时代评判和想象历史时常犯的错误。

照料患者要做的远远不止治病。即便无法治愈疾病，也可以减轻痛苦，增加愉悦感，最重要的是将许多疾病扼杀在摇篮当中。例如，医生可以通过为人们接种疫苗帮助他们预防天花，天花是所有灾难中致命性最强、最令人厌恶的疾病之一。18 世纪 90 年代，在英国医生爱德华·詹纳（Edward Jenner）的仔细研究下，最终研制出这种疫苗。没有人确切知道这种预防措施是如何奏效的，也不清楚哪些疾病可以通过卫生措施来控制，哪些需要隔离或检疫，但是在 19 世纪 60 年代，人们都认为所有传染病中，霍乱、斑疹伤寒、白喉和黄热病是可以控制和减少的，这些发现大大造福了人类。在一个发现、进步、预防疾病的时代，屈从于宿命论或默许瘟疫是上帝对罪人的审判是不可原谅的。性病可能是罪行导致的，但是要想免受梅毒这种与艾滋病一样甚至更具传染性的疾病侵害，人们必须保持贞洁，谨慎行事，而不是按时做礼拜。

　　1867 年，也就是威廉·奥斯勒开始学医的前一年，英国人约瑟夫·李斯特（Joseph Lister）发表了一篇论文，概述了可防止巴斯德等描述的微生物在手术中引起腐败或败血症的技术。几年前，伊格纳兹·塞麦尔维斯（Ignatz Semmelweis）和奥利弗·温德尔·霍姆斯在观察后学会宣扬保持严格接生卫生的福音，这一行为拯救了几百万条生命。自 19 世纪 40 年代，手术（甚至生产）的剧烈疼痛因麻醉的使用而得到缓解。在消毒无菌的时代，把断骨复位、切除身体表面的赘生物、截肢和剖腹产这些实用的手术方式变得更能忍受，也更安全。很快外科医生就会介入到身体内部消灭疾病。

　　人们总是希望医生能帮助他们减轻痛苦。19 世纪 60 年代，人们把鸦片、生物碱和吗啡当作有神奇疗效的止痛药，尽管这些药物很危险。当然，原本用来改变情绪的酒精药物也有各种药用用途，如可用作止痛药、兴奋剂和麻醉药。尽管使用传统的补药或灵丹妙药没有理论依据，但是只要包含足够的酒精，患者在服用后必然会感觉良好。有时，给患者服用催吐剂让他们呕吐，服用泻药以促进肠道运动，甚至在胸上涂芥末膏，患者都会感觉更舒服，但这些治疗对消除病根毫无作用。有时，只要患者坚信医生能够帮到他们，即使给他们吃面包、糖片，他们也会相信自己能痊愈。

　　改变饮食能让热病患者感到病情好转；改变大气中的有害成分有助于肺结核患者恢复。医生会告诉患者需多卧床休息或适当下床活动，这都有助于患者康复。生过病的人都知道，医疗气象学提供针对疾病的预先或预后诊断，因此总是会令人感到宽慰，而且也很受欢迎，即便预测的结果是消极的。有些人建立医院，为贫穷的患者提供床位和食物，急救和保守治疗，他们减轻了患者的痛苦。医生、护士，以及关心如何让医院更卫生，更完善的非专业受托人一直在帮助患者减轻痛苦。人们了解了如何正确的治疗精神失常者，而不是用铁链锁住他们，囚禁她们，这是巨大的进步。

如果你是一个明察善断，紧跟时代步伐的医生，到 19 世纪中期，你就会意识到最好不要过多干预各种疾病。巴黎的临床医生、病理学家、组织学家、各种实验室工作者，或许也包括你自己都证明许多疾病状况会随时间改善。就像雅各布·毕格罗（Jacob Bigelow）1835 年在他的经典著作《论自限性疾病》（*Discourse upon Self-Limited Diseases*）提到的那样，我们的身体有自愈能力。许多传统的治疗方法，尤其是古老而极端的放血和发泡疗法，以及涂抹汞化合物的泡沫不仅无用，而且对人体健康绝对有害。医生既可以开有效药物，也可以完全不开药，都能减轻病痛。19 世纪 60 年代初期，著名的波士顿医生和作家奥利弗·温德尔·霍姆斯向传统治疗法发出挑战："我坚信如果能将现在使用的全部药物沉入海底，那么对人类将是百利而无一害，但水中的鱼就要遭殃了。"他的观点立即招来谩骂。霍姆斯谨慎地将酒精、鸦片和奎宁这些特殊药物排除在外 [21]。

医学知识飞速积累，似脱缰野马，一日千里。19 世纪 40 年代，詹姆斯·杰克逊（James Jackson）称，人们对医学的了解远远超过人类可以掌握的极限 [22]。优秀的医生都在努力与时俱进，他们凑钱成立医学会，分享知识，订阅不断丰富的医学期刊。电报是世界上首个通信互联网。魏尔肖在德国发表最新病理研究成果后的短短几星期内，加利福尼亚的医生们就能在当地的期刊上阅读到这些成果。当孩子在私立学校结束基本的医学培训后，紧跟时代潮流的美国医生父亲就会资助他去欧洲旅行，亲身了解世界上最优秀的医学科学研究者、技术实践者的工作。

医学是门艺术还是自然科学，人们并没有达成完全一致的观点。医生群体始终处于变化当中。例如，在英国，一直以来治疗者都分成三个界限分明的群体——内科医生，外科医生和药剂师，每个群体都有独立的学院、传统、执业资格和等级确认。最好的内科医生是绅士，外科医生是匠人，药剂师是商人。而美国经历过社会动乱，匆忙建立的医学流派和宗派数量众多，堪比美国宗教。宗教医生基本上可以采用所有疗法进行治疗，但具体还要看他们所遵循的医学体系。汤姆森派医生只使用植物疗法。顺势疗法医生认为水是万能灵药。综合学派哪种药都会开一点。情况就这样发展下去。大部分州都没有制订特许经营法，所有男性都可以做医生，所有女性都可以做助产士或调配师，也可能是魔咒，有些女性甚至可以做医生：1849 年伊丽莎白·布莱克威尔（Elizabeth Blackwell）从纽约一所学院的医学专业毕业（那一年奥斯勒刚出生），任何牧师都能做信仰疗疾师或兼职医生。穷人一旦生病，就不得不接受所有他们能够获得的、负担得起的准医学安慰治疗。有时他们能够获得的并不多，但能接受治疗总归比看不起病要强。交易低廉药品的市场随处可见，在管控更严格的欧洲国家也是这样。

在英属北美地区一些更加保守的省份，医生更倾向于获得宗教医生执照，尽管 19 世纪 60 年代晚期，在奥斯勒所在的安大略，人们成为有执照的宗教医生，就像他们成为英国国教卫理公会教区中的一员那样普遍。威廉·奥斯勒不会成为宗教医生。他的家庭在安大略专业和宗教机构的地位，他们对教育的看法，他与詹姆斯·鲍威尔的关系，以及他对学习科学的兴趣都决定了他会走上医学的主流道路。

第一次受到挫败是在多伦多。前景并没有特别令人振奋。19 世纪 30 年代，多伦多维持着 2～3 所相互竞争的医学院，都是私立学校，有些曾经是多伦多大学，三一学院或卫理公会维多利亚大学的附属学校。教课的医生几乎一季一换，似乎没有人认为医学教育在进步。这些苦苦维持的学校都缺少重要的配套设施，如图书馆、病理博物馆或实验室。租借的教室加上地下室的解剖室就是一所医学院的全部了。学生直接把学费交给教授，听几个短学期的课，做解剖实验，再去多伦多综合医院的病房看几例患者。

假设医院对公众开放。1867 年夏天，这家有着 50 年历史的公益机构已经负债累累，信托人终于受够了与省政府打交道，直接关闭了医院。1868 年医院才重新得以开放，那时奥斯勒刚开始在多伦多医学院学习。医院每次只接受 25 名当地的患者，其他医学院的学生只能看自己教授的案例 [23]。

奥斯勒的一个同学比蒂·克罗泽（J. Beattie Crozier）的回忆录中有许多对多伦多医学院的负面评价。老师们坐在他们的教授椅上，克罗泽写道，"如同高耸无光的山峰，冰冷且黑暗，毫无热情幽默，也不和蔼可亲"。他们讲课没有案例或标本，只是照本宣科，引用权威的观点，"所有的知识胡乱塞给我们，没有领悟与教诲，我们无助又迷茫，就像面前摆着满汉全席，我们却只能忍饥挨饿"。获得奖学金的好学生们发现在家读书自学更快，于是只会出现在少数必修课上。其他人无精打采地躺在椅子上，打着哈欠消磨时间，克罗泽说道："尤其是在晚间课，你可能会看见我们在阶梯教室上方的露天平台上打盹打鼾，要是哪个陌生人从上面的门进来，灯光昏暗，可能会绊倒在我们身上，因为我们并排躺着，就像战场上的尸体一样 [24]。"

052

奥斯勒在多伦多医学院学习时期，字迹和他父亲一样又小又潦草，唯一可辨识的就是在药物学课上记的笔记，这门课的老师是奥格登（E. A. Ogden），多伦多市资深的医生之一。奥格登是传统派。他会探讨泻药的长处和弊端（蓖麻油和氯化亚汞可以一起服用，氯化亚汞针对肝脏，蓖麻油针对肠道下部，通过这种方式可以彻底疏通门静脉系统……大黄能缓解进食后的胃胀。对于肠道虚弱的患者来说，这是最好的药方，小剂量的大黄和小苏打对治疗黄疸很有效），奎宁水的优点与缺点（鱼肝油颜色越深，吃起来味道越差……这是唯一对结核性体质有显著效果的药物），以及麻醉剂的特性。奥斯勒对药物不怎么感兴趣，但却保持足够清醒并做了笔记。他很欣慰自己找到了人生的使命，因此对多伦多医学院唯一的批评也只有脏得难以置信的教学楼 [25]。

同学们记得奥斯勒会上大部分的课（没有证据证明他获得了奖学金），其余时间都泡在解剖室里，或者花在鲍威尔的显微镜上——

解剖学教授非常优秀，解剖学因此成了他最爱的学科。无论在不在医学院，奥斯勒都全身心地投入到对自然界微生物的研究中。他会到处收集硅藻和苔虫，无论是在多伦多的河流水塘中，回到登打士，还是在尼亚加拉、巴里、伦敦和安大略。他旁听了多伦多大学的自然历史课，定期向尊敬的威廉·辛克斯（William Hincks）教授展示他的标本。后来人们发现，亨伯河口附近的沉船上有大量的稀有苔虫。

现在，强壮耐寒的加拿大男孩们有时为了打篮球会在凛凛冬日铲除地面上的积雪。而在 1868 年的圣诞节，威廉·奥斯勒带着收集瓶前往户外，想要看看他能发现什么。所有小溪都冰了，然后他想起附近有一口永不结冰的温泉。不知是谁在泉水边放的木桶，倒是方便了奥斯勒这个自然学家，他在木桶上刮下的碎屑里发现了许多有趣的微生物。奥斯勒认为这件事值得一提，于是给《哈德维克的科学八卦》（*Hardwicke's Science-Gossip*）写了一封信，向英国的自然学家们描述了这次历险，因为这样能让他们了解到科学爱好者在加拿大的经历。这篇文章名为《圣诞节和显微镜》（*Christmas and the Microscope*），前言引用了一句拉丁格言（他讨厌的古典文学派上了用场），这是奥斯勒首次发表文章。[26]

一年后，圣诞节前的庆祝活动夺走了汉密尔顿家两名成员的生命。他们在吃了生火腿之后去世了。在死者的身体组织和火腿中，年轻的奥斯勒再次发现了旋毛虫，它们包裹在自己的囊包里。旋毛虫在加拿大并不常见。因此在几个月后，奥斯勒在例行解剖一具德国人（医院的警卫）的尸体时，发现了肌肉里密密麻麻地分布着包裹在囊内的旋毛虫，他一定感到很惊讶。虽然他成为医学生才两年，但是他决定通过在动物体内繁殖寄生虫对寄生虫进行专门研究。在第一项试验中，他将感染了寄生虫的人肉喂给兔子，猫和狗，但是都没有成功。他保存了实验笔记，以便日后参考，并且开始寻找动物和鱼类体内其他寄生虫，他对梭子鱼体内的绦虫尤其感兴趣。

那年春天，他在《加拿大自然学家》（*Canadian Naturalist*）上发表了一篇重要文章，描述了他在户外漫游时发现的 110 种硅藻。同学们注意到他对这份艰苦工作的热爱与执着。奥斯勒为了不浪费时间，经常在解剖室吃午餐[27]。你从未听他提到过有些医学生在切开尸体时产生的那种厌恶与敏感反应；对于他来说，尸体似乎只是无生命体，能够帮助他学习新知识。

医学生没有能组织比赛的场地设施，但是他们偶尔会参加运动拳击，最有挑战性的是看谁能击败校园冠军——"高个子约翰"斯坦迪什（Standish）。奥斯勒至少还能打中几拳，这让同学们大吃一惊。各地的医学生都是出了名的不安分，但奥斯勒在多伦多医学院那年的事迹却流传得最为久远。大概是在更早的时候，在三一学院，奥斯勒和内德·米尔本回复了一则美国农场主的相亲启事，他将这位农场主诱骗到多伦多，然后扮成女人和他在车站见面。这位农场主选择了追求金发碧眼的米尔本，而不是深褐色头发的奥斯勒，但之后也再无下文[28]。

奥斯勒还是经常拜访约翰逊神父——他们经常一起寻找标本。1868 年和 1869 年，他给登打士当地的一名医生霍尔福德·沃克（Holford Walker）做助手。后来奥斯勒回忆，他曾经弄混了药瓶，险些让沃克最出色的患者丧命。沃克让奥斯勒了解了喉镜和检眼镜这两种最基本的医疗工具，他还拥有一台非常精密的显微镜。还有一个和奥斯勒志同道合的人是一位年轻的兽医，随皇家炮兵驻扎在多伦多的格里菲斯·埃文（Griffith Evans），他也喜欢在鲍威尔的实验室研究标本。埃文刚刚在蒙特利尔麦吉尔大学取得医学学位，同样热衷于研究显微镜。"对它温柔一点，就像对待一位女士那样。"他对奥斯勒如是说[29]。

到目前为止，对奥斯勒在多伦多学医期间影响最大的人是詹姆斯·鲍威尔。奥斯勒在第一学年一直和鲍威尔一起工作，第二学年便住在了鲍威尔家。实际上，他在多伦多的医学培训就是在鲍威尔这里做学徒，在他的医学学习中，鲍威尔就像父亲一样教导他。后来，奥斯勒偶尔会在笔记本和报纸上乱写鲍威尔的名字。他始终将鲍威尔视为他人生中第二个重要的导师，第一位是约翰逊。他们经常在某个星期六的上午用显微镜进行长时间的观察，直到患者到访，这时这位虔诚的医生科学家就会咒骂又不得不去挣这该死的先令[30]。

詹姆斯·鲍威尔在多伦多的医学和医学教学领域影响了几代人，可以说是多伦多教育水平最高的医生。他曾在伦敦盖伊医院接受过英国医学史上几位医学大师的培训，其中包括三位首次描述疾病的医生：布莱特（Bright）、霍奇金（Hodgkin）和艾迪生（Addison），这些疾病均以他们的名字命名。奥斯勒回忆道："鲍威尔曾教导我们要尊敬他的老师们，与此同时，他还向我们传递了一个基本的医学信念，即要遵循生理过程和病理过程的统一性。"鲍威尔有大量的医学藏书，可能是多伦多最好的医学书房，奥斯勒和他同住那年就曾阅读过这里的一些藏书：

> 那年冬天，我有幸拜读了许多大师的原著。五十多年了，我还清清楚楚地记得几本书在房间里的位置：莫顿（Morton）的《头骨美洲》（*Crania Americana*），有安妮斯利（Annesley）的《印度疾病》（*Diseases of India*）有精美的插图，布莱特的三卷著作，达纳（Dana）的大对开本和阿加西（Agassiz）的专著。鲍威尔医生总是对伟大的医生兼自然学家有着浓厚的兴趣，他在讲课中基本上一定会提到约翰·亨特。书里有各类丰富的知识营养，或许是这些精神食粮让我过于碎片化且无逻辑的思维得到完善。

在寒冷的冬天夜晚，奥斯勒会待在鲍威尔杂乱的书房，坐在炉火前，腿上盖一张毯子，肩上再披一张，一边读书，一边幻想："犹记那时我感受到的震撼与敬畏，人居然能写出如此美妙的作品……我过去常常幻想，要是能见到这些大师们，我该有多幸运[31]。"

鲍威尔也是奥斯勒的反面教材——一个令人伤感的事例。鲍威尔无法集中精力，他总是夸夸其谈，却很少付诸行动，他总是在工作中心不在焉，粗心大意，搞得自己声名狼藉。他不得不靠看病谋生，但又总是弄丢患者的地址，他还会把仅有的收入送给别人。奥斯勒对鲍威尔的评价则比较宽容，"鲍威尔的思想是四边形的，所以他一直像四方陀螺那样转个不停"。他认为鲍威尔生来安逸，缺乏自律，是一个纸上谈兵的典型案例。这位医生之所以会倾向于做神职人员，充满幻想色彩的益格鲁天主教思想起到重要影响。如今，鲍威尔被载入加拿大医学史并家喻户晓，这主要有两方面的原因：一是19世纪40年代，他曾试图将牛奶注入霍乱患者的动脉里（以为显微镜显示牛奶被转化成了白细胞），二是因为他是奥斯勒的导师之一[32]。

1869年，鲍威尔一家回到了西印度群岛。多伦多医学院的财务陷入赤字，举步维艰，只能给教员支付微薄的薪水，1870年鲍威尔去了西印度群岛，决定留在那里。奥斯勒可能已经与鲍威尔谈过，他希望读一所更好的医学院（鲍威尔认为印度未来的发展前景远胜于加拿大，鼓励奥斯勒未来去印度从事医疗服务工作；格里菲斯离开多伦多去了印度）。如果奥斯勒真的想做医生而不是显微镜学家，他必须接触患者，其中包括那些鲍威尔不感兴趣的患者，很难进入多伦多综合医院接受治疗的患者，以及鲍威尔还是学生时在盖伊医院见到的各种患者。鲍威尔对奥斯勒说过，我们确实可以从书本上学到许多知识，但是学习医学必须要在医院的病房里。他在莱瑟姆（Latham）的《临床医学》（*Clinical Medicine*）中给奥斯勒标出了一段："用双眼去观察，用双耳去聆听，用头脑去思考，用心去感受……这样才能从学习中受益[33]。"

当奥斯勒知道鲍威尔不会再回多伦多时，他感到自己失去了一位父亲一样的朋友。无论如何他都会继续走下去。在这些年，他与自己的父亲费瑟斯通·奥斯勒似乎有些疏远，但或许明智的父亲知道什么时候该保持距离，而且父亲和兄弟都看到了威廉的进步。威廉去了蒙特利尔麦吉尔大学，那里的医院比多伦多更好，费瑟斯通于1870年10月写道，"我希望尽我所能给他提供最好的条件，无论这将有多昂贵"。

詹姆斯·鲍威尔成了一名神父，在尼维斯岛上工作了十年，生活极度贫困。他把听诊器送给了奥斯勒，但是留下了显微镜，并且直到最后都在研究自然——"只要能缓解这残忍的枯燥就好"。他于1880 年逝世，享年 63 岁[34]。

麦吉尔大学享有加拿大最优质的医学教育资源。蒙特利尔是加拿大最大的城市（约有 150 万人口）和商业大都市，自新法兰西（New France）占领这里一个世纪以来，说英语的人数占比已经达到 50%。苏格兰政权依照爱丁堡大学最鼎盛时期的模式再次建立了一所大学。麦吉尔大学医学院按照北美的标准设置了严格的录取条件［奥斯勒一位导师的儿子詹姆斯·鲍威尔·约翰逊（James Bovell Johnson）（与他的另一位导师鲍威尔同名）那年秋天没能通过麦吉尔大学严格的入学考试］；医学院的教学学年长于大部分学校，要求学生按顺序上课，不能随意选课，还要求学生在毕业之前接受 4 年的培训，正常只需要 2～3 年。一名医学生在最后两学年中，要花至少 12 个月在蒙特利尔综合医院观察病例和手术，然后实践，此外，还在妇产医院学习产科学。医学院的图书馆有 4000 本藏书，还有解剖病理博物馆，学院非常重视解剖。

在北美洲，很少有学校能提供比这更好的设施，进入医院实习的绝佳机会以及更高标准的教育。麦吉尔大学的医学毕业生的文学素养不亚于文学学士。那些年间，美国最好的哈佛大学医学院都被认为是"不比学历工厂好到哪去"，许多毕业生的读写能力都不强。1870 年哈佛的校长写道："想想就可怕，获得美国医学院学位的普通毕业生竟是如此的无知和无能，这最终会导致这些学生不受这个群体的重视。"麦吉尔大学的 150～180 名学生，其中大部分都来自魁北克（Quebec）以外的地区，其中有许多人都像奥斯勒一样，来自落后的安大略省（Ontario）[35]。

按后来的标准，麦吉尔医学院仍然非常落后，提供的培训也有很大缺陷。这所私立学院只是麦吉尔大学的附属学校，学院大楼是两层的砖建筑，位于市中心的科特街上，紧邻皇家剧院。教师就是当地的医生，没有人接受过专业训练，只会把在实践中和书本上学习到的知识传授给学生。学生将学费直接交给教授，通常是每节课

12 美元 ❶。迟到的芬威克教授（Dr. Fenwick）从来没有准时过。

但是他在蒙特利尔是公认的最好的外科医生，直到 19 世纪 70 年代末期他才开始使用抗生素。初级医学院教授威廉·伊瑞泽（William Eraser），总是按照一本过时的教材教授生理学，唯一的教具就是黑板，他总是把"交流"读成"交楼"，被学生们戏称为"老楼"。药品学教授威廉·莱特（William Wright）同样身兼医生和牧师两职，常常就无足轻重的细枝末节发表长篇大论，就像鲍威尔最糊涂的时候那样啰嗦。和鲍威尔不同的是，麦吉尔医学院的教授都不在教学中使用显微镜。医学院大楼没有实验室。学生们年复一年抄写传承课堂笔记。学生们看过的最精彩的表演是在隔壁的剧院 [36]。

蒙特利尔综合医院的大楼位于多尔切斯特大街，里面住着 150 名患者及数不胜数的老鼠，有时老鼠胆子大到袭击患者抢夺食物。有些粗暴老练的护士会让学生们联想到狄更斯笔下的赛瑞·甘普（Sairey Gamp），她们擅长把给患者开的酒精兴奋剂占为己有 [37]。芬威克和其他外科医生穿着血迹斑斑的老式长袍（像是穿上了画家的工作服），在血迹斑斑的木质手术台上做手术，他们除了洗手外，没有任何卫生措施。门诊患者和手术患者混住在同一间病房里，奥斯勒回忆道，这并非完全不合适，因为外科医生的医术要比内科医生的手术技能优秀，这是我能找到的最好的理由了。弗朗西斯·谢泼德（Francis Shepherd）是奥斯勒在麦吉尔大学的同学，后来他们成了同事，他记得威廉·弗雷泽（William Fraser）医生通过自己的无药物治疗且不开刀疗法成功的为病房空出一张床位：

老护士希恩向弗雷泽医生报告说，她认为有个占了一张病床的水手是在装病，医生要来一些棕色纸张，浸泡在酒精里，把水手腹

---

❶ 过去和现在货币之间的价值转换并无确切比率。12 世纪末期，20~40 美元或加币的购买力相当于 19 世纪 70—80 年代的 1 美元。在这几页中，有时会把过去的货币数额乘 30（所以，不考虑目前加币和美元的汇率，按照今天的购买力，每节麦吉尔的课程的价格约为 360 美元），但是我通常会直接给出过去的数额，不加注解。大家可以根据具体情况来理解。

部的衣物掀开，放上纸，然后突然从口袋里拿出火柴，划着后把纸点燃。几秒之后纸张就燃烧起来，男人大叫一声，跳下床，逃出了病房……火把床单烧了一个大洞[38]。

威廉·奥斯勒向蒙特利尔自然历史协会提交了他研究硅藻的论文，开始了在麦吉尔大学的学生生涯。1870—1871 年的冬天，他继续研究硅藻，解剖了一只猞猁、一只猫、一只老鼠和许多条鱼。他在医学实践课上做的笔记尤其详细，这门课的老师是帕尔默·霍华德（Palmer Howard）医生，是教授中最具学术性和科学性的，也是讲课讲得最好的一位老师。霍华德自己就是麦吉尔大学的学生，他在欧洲取得了硕士学位，他似乎对当时最新的医学论题有着全面的了解，如调整热病的分类、对精子理论的争论、自我限制性疾病和需要进行医疗干预的疾病（他仍然支持在极端情况下采用放血疗法）。

霍华德经常把病理标本带到课堂上，尽管不是临床医学的正式教师，但是学生们经常跟着他在病房学习。奥斯勒来到学校很快就认识了这位老师：他来到蒙特利尔两星期后，就为霍华德提供了一些患病肾脏的显微镜玻片，霍华德会在当地的医学外科学会演讲上使用[39]。

奥斯勒在医院服务时，主要工作就是为外科医生"穿衣"，为内科医生"做记录"。这在英国医院中很常见，但是在美国医院却不然。这些年轻人们要做的不仅是观察老师工作。奥斯勒的病例笔记中显示，他会记录下患者的病史，学习为患者做检查，定期检查患者的脉搏和体温。

他回忆道："当遇到严重的患者时，我们经常夜间轮流护理患者[40]。"奥斯勒和一群来自安大略的学生住在圣乌尔班街 48 号，他还有另外一个住所，就是英国堂亲詹妮特和玛丽安的住处，他们移民去了加拿大，现在与玛丽安的第二任丈夫乔治·弗朗西斯（George Francis）及一群正处于快速成长中的孩子们住在一起。

1871 年 1 月，"威廉那天晚上突然出现在我们面前……"詹妮特给奥斯勒的妈妈写了一封信，"你不知道这个可爱的家伙与我们同进同出给我们带来了多少快乐……身边的人都夸他优秀，其中包括那些轻易不夸奖别人的人，赢得他们的赞赏是很难得的。人们说你的本杰明非常可靠、聪颖善良，是今年前途最光明的学生，最后，一位很少夸奖学生但学识渊博的教授说他是一个很棒的小伙子！现在，亲爱的妈妈，感到自豪吧！威廉自己什么都没说，也不装腔作势。昨晚他还带我去了教堂"[41]。

奇怪的是，1871年春天，奥斯勒没有参加麦吉尔学生在三年级之后必须参加的预科考试。尽管他已经是三年级的学生，但或许是因为他感觉自己没有做好考试的准备。他从不认为自己有出色的自然研究能力，后来跟学生们讲述他最初学习基础解剖学时多么沮丧。也有可能他参加了麦吉尔的考试但没有通过，但是令人不可思议的是，每每回忆过往经历或在向他人提供建议时，自己竟然从未想起这一糗事。他在四月确实参加了一场初试，是由多伦多三一学院重新成立的医学院举行的。间隔十五年之久，医学院终于恢复运作，新上任的职员最先做的就是举办考试，筛选潜在生源，其中许多学生本来想要就读的是多伦多医学院或其他学院[42]。

奥斯勒参加这场考试的原因并不明确，可能是希望趁此机会重返多伦多。1871年夏天，奥斯勒留在了蒙特利尔，当时已经身无分文——"又是这该死的钱币，要是我们不用赚钱也能活下去就好了"——这可能也是他想回到多伦多的原因。他记得，那时他还非常担心麦吉尔大学的期末考试及他之后的计划，而且三一学院宣布詹姆斯·鲍威尔将在新学院担任病理学教授，他可能计划从西印度群岛回到多伦多，这个消息或许也影响了奥斯勒的一些决定。奥斯勒那次尴尬的演讲可能也发生在这段时间。他在一份回忆录的草稿中提到过，有一次，他为一个青年基督教组织做关于生理学的演讲，但是演讲非常失败，我直接叫停了。后面又发生了什么，我们无从得知[43]。

鲍威尔没有回多伦多，奥斯勒在蒙特利尔度过了一个愉快的夏天。他大部分时间都在医院做文员，一边工作一边学习。蒙特利尔的医院也延续了英国的惯例，让文员记录下有趣的医院事例，然后发表在当地的期刊上。在 1871 年 9 月的《加拿大医学杂志》(*Canada Medical Journal*) 上，奥斯勒第一次发表医学文章，内容是关于 D. C. "米奇·麦克" 麦卡勒姆 (D. C. "Mickey Mac" MacCallum) 治疗的 5 例患者——1 例切除乳腺肿瘤、1 例肛门撕裂、1 例路德维希咽峡炎、1 例化脓性肾炎，以及 1 例死于胸膜肺炎伴有精神错乱的患者。奥斯勒在显微镜下观察切除的肿瘤，为 "老酒鬼" 做了一次详尽的尸检。每次这位患者精神错乱发作时，医生都要把他绑在床上。即便是外行读者，也能从这篇文章的字里行间感受到奥斯勒对在人体组织中观察到的囊肿、细胞和不明物的浓厚兴趣[44]。

由于奥斯勒对尸体解剖的浓厚兴趣，他与帕尔默·霍华德医生间的关系也变得更加紧密，他经常去医生的门诊诊所。霍华德一直在关注有关肺结核作为一种疾病的特异性争议，希望能观察医院所有的肺部病灶。奥斯勒常常在深夜把样本带给他，想象一下当时的场景，一个身形修长，皮肤偏黑的学生带着一包器官，穿过蒙塔利尔煤气灯照明的昏暗街道，敲响了教授的房门。霍华德的对解剖的热爱非常具有感染力，能够鼓舞人心，他们在午夜仔细研究文献，用奥斯勒的话来说，形成了 "如父子一般的" 感情。奥斯勒始终对霍华德非常钦佩，他认为霍华德不仅是自己的第三位导师，同时也扮演着父亲的角色。自那时以后，我见过许多老师，也有过许多同事，但是只有霍华德完美的融合了严苛的责任和年轻的精神状态。后来他写道，"认识霍华德这个人就是一次自由学习的经历"。他计划把自己的导师作为 "加拿大西德纳姆"，写一份介绍，但是这一计划没能实现[45]。

那年夏天，奥斯勒经历了一次思想上的顿悟。一天晚上，他像其他年轻人一样正对未来感到焦虑时，看到了托马斯·卡莱尔 (Thomas Carlyle) 的一句格言："我们最重要的任务不是去看远处模糊的东西，而是去做眼前清楚的事情。" 经过深思熟虑，奥斯勒决定尽最大努力完成每日的工作，这个习惯令他感到安心，逐渐成为

061

实用的生活哲学。他还决定留在麦吉尔大学，写一篇关于患病器官解剖研究的学位论文。他缠着帕尔默·霍华德，想要从他那里获得相关信息和文献。一天，霍华德给了他塞缪尔·威尔克斯（Samuel Wilks）的《疾病解剖学讲座》（*Lectures on Morbid Anatomy*）。奥斯勒回顾道："自那以后，一切变得一帆风顺[46]。"

在医学院的最后一年里，奥斯勒几乎没有存在感。只有一封信保留了下来：他在勤奋学习，规律运动，星期日会去教堂，在霍华德教授家吃晚餐，学习"荷兰语"（德语），暂停了自然历史的研究。他可能参加了医学生每年都有的活动"基础晚宴"，但是并没有相关记录。这一活动最初只包括啤酒之夜、在解剖室与水性杨花的女人亲热，后来慢慢演变成在市中心的餐厅举办的正式活动。在正式报道中，1871年10月在皇后小饭馆举办的这场晚宴是禁止饮酒的。根据弗兰克·谢泼德（Frank Shepherd）的回忆，晚宴在表面上禁酒，学生们却比以往都更加吵闹，喝得酩酊大醉，杯子里的姜汁汽水尝起来更像白兰地。奥斯勒后来把这些晚宴称作是"狂欢畅饮的闹宴"。他还记得他在圣乌尔班街的舍友一星期喝光了几加仑的威士忌。至少有一位学生时期的朋友迪克·齐默曼（Dick Zimmerman）因酗酒而失去了原本光明的前途，奥斯勒后来把他的故事讲给其他人，让他们引以为戒[47]。

麦吉尔大学的同学们对奥斯勒的印象寥寥无几，他总是一个人解剖研究器官，完成毕业论文，复习准备考试。那一年他选修了麦吉尔的药品学课程，这在四年级学生中并不常见（可能是在多伦多学习时，奥格登的课程有不足之处，所以奥斯勒在考试上遇到了困难）。他还选修了临床医学，外科学和法医学，同学们都知道他是霍华德的得意门生。"每个星期，他在霍华德教授无聊的课上都是焦点。教室的座位围成半圆，他会坐在前排最中间的位置。他是教授最喜爱的学生，教授总是会让他畅所欲言，"一位同学说，"他不会每节课都去上，不爱与人交往。"另一位同学的兄弟说有些学生不尊重他，尽管也没人讨厌他。他的一个同级告诉我，他不怎么聪明，要不是那篇奇怪的文章刚好迎合了霍华德，他可能不会及格[48]。

"奇怪的文章"就是他的论文，这项正式的学位要求在麦吉尔大学几乎被废弃。许多学生会花 25 美元雇蒙塔利亚的一位老医生，让他代写论文。奥斯勒自己完成了论文，这是一篇关于 20 次解剖的报告，其中用了 33 个载玻片和标本做佐证。他在科特街的梯形教室做了一次展示。许多年后，他还记得那段时间天气很暖和，由于防腐剂不足，那次展览给人留下了不一样的深刻印象。包括伊瑞泽和霍华德在内的学院教师们，认为奥斯勒的论文颇具独创性，研究性很强，授予他特别图书奖，这些标本捐献给了麦吉尔医学博物馆。论文的全文没有保存下来，但是在简介中的一部分，奥斯勒陈述了他关于病理学意义的信仰："调查死亡原因，仔细观察器官状况，是发生了如此的变化才导致死亡，把这些知识应用于疾病预防和治疗当中，这是医生的最高目标之一[49]。"

那年，奥斯勒是麦吉尔大学唯一同时参加了初级考试和学位考试的学生，在初级考试中排名第八，学位考试排名第三，获得医学学士学位和外科学硕士学位。那时他 22 岁。毕业生们举起手，跟随学院教务主任背诵经过修改的、拉丁文版的希波克拉底誓言：

医神阿波罗、埃斯克雷彼斯及天地诸神作证，我发誓：我愿以自身判断力所及，遵守这一誓约。凡教给我医术的人，我应像尊敬自己的父母一样尊敬他，与他分享一切所得之物，一旦发生危急情况，我一定接济他。把恩师的儿女当成我的兄弟姐妹；如果恩师的儿女愿意从医，我一定无条件地传授，更不收取任何费用，设置任何规定。对于我所拥有的医术，无论是通过身传言教还是其他方式，都要传授给我的儿女，传授给恩师的儿女和发誓遵守本誓言和医学法律的学生；除此三种情况外，不再传给别人。我愿在我的判断力所及的范围内，尽我的能力，遵守为患者谋利益的道德原则，并杜绝一切堕落及害人的行为。

我不得将有害的药品给予他人，也不指导他人服用有害药品，尤其不给女性堕胎的药物。

我志愿以纯洁与神圣的精神终身行医。

我没有治疗结石病的专长，就不会承担此项手术，我会将患者介绍给治疗结石的专家。

无论到了什么地方，也无论需诊治的患者是男是女、是自由民是奴隶，对他们我一视同仁，为他们谋幸福是我唯一的目的。我要检点自己的行为举止，不做各种害人的劣行。在治病过程中，凡我所见所闻，不论与行医业务有否直接关系，凡我认为要保密的事项坚决不予泄漏。

我遵守以上誓言，目的在于让医神阿波罗、埃斯克雷彼斯及天地诸神赐给我生命与医术上的无上光荣，赢得所有人的尊重；一旦我违背了自己的誓言，请求天地诸神给我最严厉的惩罚[50]！

接下来奥斯勒会做什么？在奥斯勒接受医学教育期间，尊敬的W.A.约翰逊神父一直与自己的优秀学生、得意弟子保持着联系，他给奥斯勒写长信，让他了解教堂和自然学家趣闻，推荐基督教相关书籍，给出建议，可能随着奥斯勒成长及旅行，自己也得以拓宽视野。约翰逊非常了解奥斯勒的家庭，从他的父母到兄弟姐妹，他知道他们中有些人取得了辉煌成就，也知道他们各自的缺点。威廉从麦吉尔大学毕业几年后，约翰逊告诫他终将进入麦吉尔大学学习医学的儿子，不要把奥斯勒医生当作榜样：

他是奥斯勒家族的一员，如果我没有搞错，这一点你千万不要羡慕。我愿意给你多讲讲奥斯勒家族的性格，但是我身体不舒服。他们身上唯一值得你学习的地方就是勤奋。他们没有才能，也没有高尚的操行。不过是分外努力，而且他们的动机大概是赚钱[51]。

约翰逊的评价有失偏颇（可能是因为坎农·奥斯勒所在的主教委员会调查了约翰逊对教区进行天主教管理的可疑行为），其中唯一的真相就是威廉和他的家人一样，认识到赚钱谋生的重要性。他一生都在精打细算，晚年生活富足。年轻时，他受益于父亲对家庭收入的谨慎管理。后来他也很幸运，哥哥埃德蒙·博伊德熟谙生财之道，从银行转行，从事经纪人及其他形式的投资工作，越来越富有，最后成了百万富翁（那时 1 000 000 美元还是很大一笔财富）。

奥斯勒的论文证明他很有医学潜力，教授们对此印象深刻，希望他能留在麦吉尔大学。奥斯勒想在母校做老师。他知道医学教师仅靠学生缴纳的费用不足以谋生，必须兼职医生。行医并非他的首选。他和帕尔默·霍华德在探讨相关情况后认为成为专科医生能最大限度地增加专业收入，同时将时间成本降到最低。叔叔爱德华最初对眼科学很感兴趣，眼科学后来发展成为早期的医学专业，主要的教学器材就是放大工具——检眼镜。但蒙特利尔却没有眼科医生。

在加拿大，研究生没有机会接受眼科或其他专业的培训，美国也一样。奥斯勒为了完成学业，只能和先前成千上万的北美医学生们一样去欧洲。他决定去伦敦同时学习眼科和高等生理学，"生理学"是当时流行的对身体功能研究的总称。当时没有支持医学高等教育的奖学金或者助学贷款。多亏了埃德蒙，威廉的研究生培训才得以实现，他预先资助了威廉 1000 美元出国学习，这笔钱相当于今天的30 000 美元。

1872 年的晚春，威廉在安大略省汉密尔顿市医院接替了住院医生的职位，赚了一些钱。有一次，一名天花患者被送往该医院救治，这为医院带来了难题。天花传染性很强，病房不收，患者必须单独隔离。但是在哪里隔离是个问题。奥斯勒开车把他载到汉密尔顿市长家，采取了可靠的隔离措施。患者住在一栋僻静的房子里。奥斯勒每天看望他两次，直到他病逝，奥斯勒在德国管家的帮助下现场解剖了尸体。7 月份，奥斯勒和埃德蒙一同横渡大西洋，在爱尔兰和苏格兰观光旅游，然后各奔东西。"一定要节俭，要量入为出。"奥斯勒在伦敦安顿下来后，在账本上这样告诫自己。[52]

他和一个加拿大人在伦敦大学附近的高尔街合租，注册学习了实用生理学课程，老师是实用生理学和组织学教授约翰·伯登·桑德森（John Burdon Sanderson）。最初几次医院参观，有一次就去了著名的综合医院——盖伊医院，医院位于泰晤士河南边："我整个下午都在走访病房，参观博物馆，但不管是走访病房，还是参观博物馆，内容都极其丰富，主要区别在于前者的标本（原谅我这么称呼患者）躺在床上，后者的标本装在瓶子里。"这一评价显得奥斯勒有些冷酷无情，少不更事，但是其实在伦敦使用病理标本教学已经非常成熟。在查房时，英国的医师提到博物馆的标本，就像提到隔壁床的患者那样熟悉，二者的特性也无甚区别。在伦敦，奥斯勒学习了博物馆课程，整个内容就是研究患病器官[53]。

他的职业计划很快就宣告破产了。帕尔默·霍华德写信告诉他，两位麦吉尔大学研究生和一位英国专家计划在蒙特利尔开设眼科。市场上的眼科医生可能会供过于求。霍华德建议，"最好兼修内科和外科的全部科目"。很明显，他认为奥斯勒能应付过来。

"你大概能想象到，对于未来不能成为眼科手术师这件事，我没有感到丝毫沮丧，而是平静地接受了这一不可避免的现实。"奥斯勒在给霍华德的回信草稿中写道。但是他在这里，大部分时间都在和桑德森做实验：

……现在我必须为成为全科医师做好准备，我承认，我没办法为此感到高兴……这一切的最终结果，就是我希望确认我未来可以在麦吉尔大学工作，为此我给院长写了信。继续在伦敦花费大半时间学习一门最后所有学生都会的学科（生理学）是不值得的，而且我在加拿大能拿到的学费，不值得我为取得资格付出大量时间和金钱。

非常抱歉，我摆出这副唯利是图的态度，但是老朋友鲍威尔医生曾经努力兼顾生理学和行医两项工作，但是两项工作都失败了，他的经历至今仍历历在目，记忆犹新，我无法选择其他科目。我的目标是在一段时间之后为学院建立一个实验室，如果我能从坎贝尔（院长）那里得到肯定的答复，我会继续朝着目标前进，在今年冬天以后继续学习生理学，但是如果得不到肯定的答复，我必须把更多精力转移到能让我成功成为全科医生的学科上去。

我希望您不要觉得我直接给院长写信太过鲁莽，但是这件事不确定下来，我觉得自己无法继续学习[54]。

麦吉尔教师们和校长威廉·道森爵士（Sir William Dawson）进行了商讨，道森个性鲜明而且精力充沛，是一位著名的自然历史学家，通过奥斯勒对硅藻的研究认识了他。他们决定让奥斯勒教授植物学，这门课现在是由道森给文科生和医学生上的。奥斯勒也可以上半年生理学课，同时可以使用显微镜。可能在未来，生理学会成为一门独立的科目，不再由医学院的老师教授。道森对奥斯勒说，他必须精通植物学，最好能在德国学习。

虽然道森透露未来可能会设立拿固定薪水的大学教授职位，但是坎贝尔院长直白且现实地告诉他：

我们不是席位教授，薪酬取决于课程费用，所以你必须像我们那样冒些风险，主要靠做私人医生来谋生……

我们非常欣赏你的才能和品格，所以才让你来教植物学，你在蒙特利尔籍籍无名，这对你开始做医生大有裨益……你当然应该拿出大部分精力学习内外科的知识。在这个现实之国，医生期待能靠科学谋生，就像年轻的新婚夫妇期待能靠爱情过日子一样不切实际。

帕尔默·霍华德感受到此次不同寻常的机会令奥斯勒极为惊讶，劝导他将此视为麦吉尔医学院对他感兴趣的证明，坚持良好的自然科学训练。霍华德对未来的预测异常准确：

很明显，你必须取得全科医生的资格，同时我认为你最好将重点放在自然科学学科上，因为你对此感兴趣，而且已经在这些方面取得了一定的成就。在我看来，每天在生理学实验室待上2～3小时，不会影响你定期去全科医院的病房，甚至不影响你研究病理解剖学。

如果我是你，在英国的学业结束之后，我会去德国柏林、波恩或维也纳，在杰出的自然历史学家斐尔科或林德弗莱施手下工作。

你在自然科学上的学习经历是你成为医生的最佳助力，而且我可以肯定，你在短时间内就能在加拿大最好的医学院找到做老师的机会。这点我毫无疑问……在这个快速发展的国家，医学院正蓬勃

067

发展，追求创新，对于一个接受过高水平科学训练的年轻人而言，肯定会受到某种程度的赏识，总有一天会有人来找他工作的[55]。

奥斯勒礼貌地拒绝了麦吉尔大学的邀约。他对植物学相关的知识一窍不通，以他的学识，不可能教好这门课："接受这个职位只会让我自己出丑。"但是他感谢这份肯定，知道这代表着麦吉尔大学看重他。他也了解家人不会理解他的决定。他只向身在蒙特利尔的詹妮特吐露了真心：

我可能会出洋相……这不是我的本意……

父亲和其他人一样，认为我教植物学和教其他学科一样，没什么不合适的，但是如果我接受了这个职位，我可能会觉得自己是个冒名顶替的骗子。

我可能会回蒙特利尔，但是只做一个私人医生，不会留在麦吉尔教书——除非有其他职位，我对此并不抱期待。我希望你不要期待我能取得超出同辈人的成就。我的能力平平，有时我能明显感到，早期接受教育的不足及对细节的追求让我在每一步上都落后。除此之外，我还必须考虑谋生：所以在学习医学全科的过程中，我还要花时间取得声誉。

有一件事是确定的，那就是浪费金钱去学习 / 追求自然科学对自己、对家人都是不公平的[56]。

在英格兰，奥斯勒忙于社交活动，要拜访许多亲戚，家里的老朋友，还要到处观光。与此同时，他努力扩展全科医学的学习。桑德森和一些熟人介绍他去伦敦大学学院医院，他得以向一些著名的临床医生和外科医生学习——伊拉斯姆斯·威尔逊（Erasmus Wilson），蒂尔伯里·福克斯（Tilbury Fox），查尔顿·巴斯蒂安（Charlton Bastian），西德尼·林格（Sydney Ringer），威廉·詹纳爵士（Sir William Jenner），亨利·汤普森爵士（Sir Henry Thompson）。他听一位外科医生在正式上课时告诉学生，医学差不多达到极限了。他还在圣托马斯医院，查尔斯·默奇森（Charles Murchison）的研习班学习，在布朗动物卫生研究所进行短暂的胚胎学学习，该研究所是研究比较医学的领军机构。他觉得加拿大人为了丰富资历拿英国的医学证书有些炫耀的意味，但还是听取霍华德的建议，取得了皇家学院内科医师证明（LRCP），因为这些证书可能会在他回到蒙特利尔后派上用场。对于在加拿大的苏格兰人来说，爱丁堡皇家医学会的证书会更具效力 [57]。

在伦敦时，奥斯勒大部分时间都泡在桑德森的实验室，他先选修了桑德森的生理学 / 病理学（开始我只是个新手，所以不想错过任何细节），后来，他从听从桑德森的建议，研究特定试剂对血液中白细胞的影响。在这项研究中，奥斯勒唯一的成果就是第一次在英格兰做科学报告，向医学显微镜学会朗读了写有"伴随着血管收缩"这一内容的论文 [58]。

奥斯勒继续用显微镜研究自己的血液样本，他观察到大量陌生的无色颗粒团，它们不是白细胞也不是红细胞。三十年来，随着镜头清晰度提高，许多人才得以看到这些物质，但是相关文献却很稀少，奥斯勒对此进行了详尽的研究。"对血液中特定有机物的研究"成了他主要的毕业研究论文，大大促进了人们对这种物质特性的了解，后来人们把这些物质命名为"血小板"。在最终版的论文中，他删去了他和同事爱德华·谢弗（Edward Schafer）在预发表中犯的一个错误，即他们猜测其他神秘物质或细菌形成了血小板，或者血小板会形成其他神秘物质或细菌。帕尔默·霍华德热心称赞这一研究是"极为有趣的发现"，公开号召麦吉尔大学的朋友设立生理组织学或病理组织学的教授职位，这样奥斯勒才能花时间搞研究，同时为自己、为加拿大赢得荣誉，但是奥斯勒的研究还处于基础阶段，不足以证明霍华德这份热情的合理性。

069

奥斯勒给登打士的家人们写的信大部分都在一场火灾中丢失，但是他会定期写信，而且内容详尽。他的加拿大室友也是他后来的同事阿瑟·布朗尼（Arthur Browne）准备写信介绍他在伦敦的研究成果，希望能在加拿大的医学期刊上发表，这使得奥斯勒自己也想要起草了一篇，但是最终没有成功。布朗尼和奥斯勒分享对英国文学的热爱，奥斯勒热爱莎士比亚，于是布朗尼又向他介绍柯勒律治和兰姆。在国外的这些年，奥斯勒很快爱上了写作和阅读，对手写文字和打印文字总是爱不释手，说他喜欢大部分文字也不为过。他始终记得，1872 年十月的一天，他在托特纳姆法院路的茶馆里读到约翰·拉斯金（John Ruskin）的一段话并深受触动，大意是：没有人能一整年都忍受日报带给人钝涩枯燥的影响[60]。

奥斯勒目标高远。他开始了解伦敦馆藏丰富的医学图书馆，因为麦吉尔授予他论文图书奖，他结识了书店老板诺克兄弟，"像诡异的脱水人类标本"，他们的书店在布卢姆斯伯里，店里经常人满为患，拥挤不堪。布朗尼送给奥斯勒一册约翰·布朗（John Brown）的《闲暇时光》（Horae Subsecivae），后来奥斯勒向所有医学生推荐这本书，引导他们开拓文化视野。布朗的沉思录轻松宜人，不着边际，偏向于历史类和传记类，作者写道，"这本沉思录旨在表示我赞同回到西登汉（Sydenham）、亚毕诺（Arbuthnot）、格雷戈里（Gregory）的时代，那时的知识文化和文学文化充满男子气概；那时的医生会培养、丰富和完善自我人格；那时他在文字的世界里保有自己的一块自由土地，尊敬先辈，同时激励同代人向前，活在当下，相信医生这一职业和他的患者都不该遭受痛苦，在闲暇时间里，他偶尔也会进行各种思考与阅读"[61]。

英国实验生理学、病理学发展初期，伯登·桑德森是不可或缺的顶尖人物，但是他对奥斯勒的影响却鲜为人知。尽管他总是心不在焉而且健忘（但有一天发生的事却令他终生难忘，据说他在实验室时，本想吃三明治，结果一口咬到了实验体青蛙上），但是他的人脉很广。通过桑德森和在伦敦大学医院的经历，奥斯勒拿到了进入医学社交圈的"通行证"，他也很乐意与这些人结交："昨晚我去林格医生家参加晚宴。房子里一切都很豪华，人们也很友好。林格夫人已经有几个孩子了，但是还是和其他英格兰女士一样年轻时髦。伯德医生（Dr. Bird）是名共产党人，我和他讨论了很久加拿大和各个州。那里还有几位和我秉性相投的朋友[62]。"

　　显而易见，在多伦多和麦吉尔的学生圈，奥斯勒有点像个局外人，于是他努力克服奥斯勒家族少言寡语的个性，变得格外善于交际，无论是与加拿大同学，美国学生还是各个年龄层的英国医生都能交好。他很容易交到朋友，对待朋友一视同仁。他尤其热衷于结交年长的知名人士。在伦敦，他参加了皇家学会的（社交晚会"非常有趣的活动"），见到了查尔斯·达尔文。他去摄政公园动物园的那一天就想起了达尔文："不想怠慢我的至亲，我决定给他们带来一个特别的下午。他们说新的黑猩猩和人极度相似，让许多人改变立场，相信达尔文的理论[63]。"

　　1872 年的圣诞节，他拜访了父亲一个同学的家人，他们住在诺福克郡，那段时间他仿佛生活在特洛勒普的小说里："威顿教区的牧师家里最多的就是书籍、音乐和猫。我每日读书，欣赏音乐，尽力理解音乐，随意逗弄猫咪。家里的女孩们都才华横溢，是优秀的音乐家，但是却很少读书，尽管读书才是必不可少的。"在诺里奇的乡村宅邸，他发现了一个圣物，它不是哪个圣人而是托马斯·布朗尼爵士的遗物。早些年间，人们偶然打开了布朗尼的棺椁，他的头骨目前在当地诊所展览，还附上了印有爵士名言的纸条："从坟墓中掘出我们的尸骨，头骨制成酒杯，骸骨刻成风笛，取悦娱乐我们的仇敌，可悲且可恨[64]。"

　　1874 年 10 月，奥斯勒离开英格兰，前往当时北美人心中的医学圣地，德国和奥地利。19 世纪下半叶，德语区国家已经建立起组织有序的研究型大学和医院，拥有杰出的科学家，向学生开放的研究生项目，以及普遍设立的奖学金，因此占据科学医学和临床医学领域的领导地位。少有美洲的学者认为能在洲内接受完整的医学教育，过去他们选择去巴黎，现在改为维也纳或其他德国的中心城市。除了殖民区的加拿大人，很少有人像奥斯勒那样在英国花费时间。奥斯勒在横渡大西洋以前就知道德语已经取代英语和法语，成为先进医学使用的第一语言。

　　抵达柏林后，奥斯勒就报名了日间语言班。德国帝都的生活成本及开放式排水沟的臭气都令他惊恐："这里令人厌恶，伦敦和这里比起来简直美好了。这里让我想起……蒙特利尔。"他像往常一样难以适应——课程开始的时间比他预想得要晚，他本来打算递交介绍信的两位教授，一位刚刚去世，一位离开了学校——但是他认识了其他访问学者，问题最终得以解决："桑德森医生为我向魏尔肖医生写了一封推荐信，魏尔肖医生亲切地接受了我，说无论何时有任何需求都可以来找他。"

除此之外，奥斯勒只是一个普通的留学医学生（德国人经常把他错认为是法国人，而不是美洲人），在柏林的大医院——夏里特医院的阶梯报告厅，一边看医师检查患者、探讨病例，一边记笔记。在伦敦的医院，英国医生每人只有几十个患者，但在夏里特医院，主任要管理大量的患者。奥斯勒给《加拿大医学和外科杂志》（*Canada Medical and Surgical Journal*）投过两次稿，介绍柏林医院的情况，其中一次就提到这里"素材充足"。路德维希·特劳贝（Ludwig Traube）和弗里德里希·西奥多·冯·弗里希斯（Friedrich Theodor von Frerichs）是柏林最著名的两位医师。特劳贝讲解案例最详细而且拥有医学教学不可或缺的特质，讲课吸引人且流畅；但是最受外国人欢迎的还是弗里希斯，因为他语速较慢，容易理解。这里的患者检查没有麦奇生在圣托马斯医院的病床旁做的检查那样严谨，奥斯勒写道。他回忆说（可能是杜撰；这个效果在医学院流传已久），弗里希斯的一个学生助手如此随意，令人难忘：

"施密特先生，今天早上你的患者怎样？"

"他很好，非常好；比昨天好多了。"

"很好；他今天早上去世了；你马上就知道怎么回事了。"

柏林医学界的巨星是魏尔肖。鲁道夫·菲尔绍（Rudolf Virchow）是政治家、病理学家、公共卫生学家，还涉足许多其他领域，他是19世纪德国最杰出的科学家之一。他在医学领域的造诣是奥斯勒最感兴趣的："魏尔肖的高深思想和先进的病理研究所吸引了众多留学生来到柏林。这位伟人仍然年富力强……博闻强记，精力充沛……

星期一上午，魏尔肖亲自演示了一次尸体解剖，操作非常谨慎细致，3~4 小时过去后仍未结束。我上课的第一天上午，他就花了整整半小时描述颅盖！"比起其他欧洲老师，魏尔肖对这个年轻的加拿大人影响最大 [65]。

美洲的学生倾向于在维也纳上许多课程，维也纳是奥地利 - 匈牙利帝国的首都，拥有大型综合医院——维也纳综合医院，这里有海量有趣的病例。1874 年年初，奥斯勒来到这里，发现这里有 50~60 个来自美洲的学生，他在这里待了 4 个月，学习各种相关课程。他跟随赫尔曼·维德霍夫（Hermann Wiederhoffer）学习儿科学，跟费迪南德·赫布拉（Ferdinand Hebra）学习皮肤病（维也纳学校的讲师），跟海因里希·冯·邦伯格（Heinrich von Bamberger）（一位出色的诊断医生）学习普通内科学，跟亚当·波利策（Adam Politzer）学习耳科疾病（我并不是想要专精哪一门，但我认为有机会了解一下各科知识也是非常值得的）。

和其他在维也纳的北美洲学生一样，奥斯勒很高兴能接触到产科病例。在加拿大，出于保护患者的隐私和贞操，这是不可能的。尽管这样导致美洲的医生直到毕业，甚至直到获得产科学的奖金，都没有看过接生。学生最初都是在尸体上学习（每两天都会有具新尸体，还有许多具婴儿尸体），毕业后直接进入病房工作：

每隔 3 天，孕妇们会来检查，确定预产期是否接近。她们被安排在几张病床上，助手带着一位学生给每一位孕妇做检查。无论有多少位学生在场，所有学生都有机会实践。有学生为这些可怜的女性感到抱歉，但是班道尔（Bandl）说她们并不介意。如果可行，白天的手术会推迟到上课时间，手术地点会改为阶梯教室。下个星期开始，我每隔 5~6 天会去当值，希望能在离开之前看 3~4 例钳刮术。

奥斯勒认为。在综合医学和病理学方面，维也纳远远不及柏林："看过魏尔肖的解剖后，再看这里的解剖真是令人痛心，这里的老师非常不认真，材料都被浪费了。"威尼斯的病理学之父卡尔·罗基坦斯基（Karl Rokitansky）只在特定人数的小班授课。很明显，奥斯勒没上过他的课；但是在罗基坦斯基70岁时，欧洲医学界向维也纳医学史上最负盛誉的学者致以敬意，举办了盛大宴会，学生们举着火炬游行，奥斯勒愉快地参加了此次盛宴[66]。

1874年春天，奥斯勒回到巴黎和英格兰，踏上了回家的旅程。后来，他后悔为了节俭出行，旅程中除了教科书什么都没有买。外语能力也没有得到提高："我在柏林和维也纳犯的最大的错误就是总是和说英语的学生在一起。"

德国学生们留着长发，格外整洁，脸上有决斗留下的伤疤，成立饮酒社团，这些对于奥斯勒来说很神秘。如果像那些滴酒不沾的人宣称的那样，烟草和啤酒会危害心灵和身体，那我们应该能看到一些征兆[67]。

尽管他后来感到后悔，回到家时，在欧洲的两年，无论是就专业程度，个人成长还是文化而言，还是给这个聪颖的、渴望开阔视野的年轻人带来了积极的影响。他曾经参观美术馆，参加音乐会，在公园和河边漫步，阅读莎士比亚和乔治艾略特的著作，结交朋友，接触到了世界上最伟大的医学家。或许是在欧洲（据说是西德尼·林格教他抽烟的），也可能是在加拿大的时候，他接触了烟草，开始吸烟。无论身处何地，他都常去教堂。他精通圣经典故，熟知基督教文化，但是对神学兴趣寥寥。与麦吉尔方的争论令他沮丧，在那以后，他似乎不再为就业而担忧，而是选择以一种平静的心态度过每一天。只是在一封从柏林写给姐姐查蒂（Chattie）的信中透露出些许焦虑不安："我已经活了将近一个世纪的1/4，却还没有做到自食其力[68]。"

奥斯勒打算如何在加拿大开启医生生涯，我们不得而知。1874年晚春，他开始在登打士－汉密尔顿附近为当地的医生代班，赚了25美元和一双靴子。

在麦吉尔大学，医学院新上任的教授约瑟夫·莫利·德雷克医生（Dr. Joseph Morley Drake）心脏出了问题，无法继续工作，辞去了职位。7 月份，麦吉尔大学决定让奥斯勒医生加入医学院做讲师。帕尔默·霍华德给奥斯勒写信，通知他院长的邀请："尽快答应。加拿大历史最悠久的医学院认可你的才华，请代表我向你的父亲传达我对他的祝贺。你在麦吉尔的朋友都会为你感到高兴。"这对一个刚开始自立的年轻人来说是一次绝佳的机会 [69]。

（邢若曦　王智彪　**译**）

075

The Baby Professor
第 3 章 小教授

"请保持安静，各位。"

麦吉尔大学的医学生已经在教室上了整整一天的课，课间休息时间，他们在教室唱歌、吵闹、推搡，为了让他们静下来再听一小时课，暴躁的胡子教授对着班里的学生大声命令道。

但没胡子的奥斯勒博士不一样。他会站着等吵闹声自行平息下来。一开始，他也可能是没招。25 岁的奥斯勒比一些学生还年轻，被学生们戏称为"小教授"。他没有当老师的天分，也没有公众演讲的天赋，仅有的一点演讲经历也很糟糕。奥斯勒说话声音小，总是很紧张。他的表亲詹妮特会帮他校对讲稿，润色风格，表亲玛丽安则帮他练习大声说话。"第一次面对整个班级时，我颤抖不安，尴尬地不知所措。"奥斯勒回忆道。

医学生对新讲师通常是很友好的，因此奥斯勒受到了礼遇。在人们印象里，他不是一个伟大的演说家，有时他可能说着说着就突然停下，甚至是结巴了，但学生们很快意识到，奥斯勒对自己的授课内容了然于心，他讲得清晰明了、井井有条。他的课上没有纪律问题，且座无虚席。就算有人想逃课去剧院，也没机会了，因为医学院已经从蒙特利尔市中心搬到了麦吉尔大学的山上校区。

走廊上的吵闹不同于课堂上的吵闹。许多高年级学生对奥斯勒在职场的平步青云感到愤愤不平，这其中有些还是他的同学。因此他们经常在走廊上聚众聊天，大声喧哗。几天后，奥斯勒在布告栏上张贴了张声明，让他们克制一下。"第二天早上上课时，吵闹声更大了，"一个学生回忆道，"忍了一会儿后，奥斯勒打开教室门，步入走廊，脱下双排扣大衣，向其中最厉害的人发起挑战，上前要和他决一胜负。没人上前应战，从此走廊恢复了平静了[1]。"

不管是否有武力冲突，新老师们都知道第一年是要受煎熬的。奥斯勒每天都要备一节新课，总共备了 100 节课。他的前辈 J. M. 德雷克（J. M. Drake）曾提议将自己的讲义借给奥斯勒，奥斯勒婉言谢绝了，然而，在最先准备好的十来篇讲义用完后，他还是重新考虑了下前辈的好意。但是奥斯勒还是每天工作到很晚，准备第二天要给学生讲授的内容。到 2 月份时，我已精疲力竭，好在就快解脱了。有一天，邮局送来了一本由德国知名教授所著的全新生理学著作，大大减轻了下半学期我备课的工作量。我注意到我在讲课上取得了长足的进步，学生们都受益匪浅，我很快也能够参考此著作翻译德文资料。此外，奥斯勒的账本显示，三月份他向德雷克支付了 64.5 美元，因为他使用了书中的插图[2]。

为了给这辛苦的一年划上一个完美的句号，奥斯勒的同事把给毕业班致辞的殊荣给了他。他原本是想等自己对公众演讲驾轻就熟后再去做首次致辞，结果却事与愿违，他的致辞生硬且都是老生常谈。他建议这些年轻的医生们要坚持阅读、有计划地拓展医学知识、把收入放在第二位、不要在同事背后说坏话、考虑戒酒等。致辞相对来说较短，他引用了一句贴切的话结尾，奥斯勒敦促麦吉尔大学的学生们成为像莎士比亚笔下的医生那样，在自己所宣称加入的领域有所建树[3]。

期末总结会上，全体教员都认为奥斯勒已经能够胜任教职。德雷克决定正式退休，奥斯勒从讲师升为医学院教授。许多年后，当在麦吉尔大学病理学博物馆看到德雷克的心脏标本时，奥斯勒说，殚精竭虑是德雷克职业成功的秘密[4]。

19 世纪 70 年代，加拿大的职业医生一年净收入为 2000～5000 美元不等，生活体面且舒适。奥斯勒第一年教授课程所得为 1129 美元，这些钱对相当节俭的单身汉来说都不算多。麦吉尔大学破格雇用他的原因是他展示出的成为一名医学科学家的才华。但包括奥斯勒在内的所有人都清楚，要养活自己，他得成为一名执业医生。

患者从哪儿来？他年轻没有临床经验，蒙特利尔这座城市里医生比比皆是，每1000个人（其中许多因为贫穷而看不起医生）里就有一个医生，医生人数超过150个，他在这里几乎像个局外人。他作为基础医学的教授，既不肩负临床责任，也无法接触到医院里的患者。他最期盼的也不过是有资历的同事推荐来患者或是咨询机会，每个患者收费50美分到1美元，要让他的收入达到正常水平不知道要看多少个患者。

1874年8月，奥斯勒靠父亲给的钱在蒙特利尔站稳了脚跟，他买了些办公用具，做了铭牌，开始行医。那时，业务进展得很缓慢，只有角膜白斑去除、患者咨询、接种天花疫苗和治疗来自瓦莱塔患者之类的工作，前两个月收治患者的总收入大约为9.75美元[5]。10月下旬，他在社交场合结识了和他年纪相仿的来访英国人奥斯汀·内维尔（Austin Neville），10月24日晚，他被叫去给内维尔诊察。内维尔发了高烧，胸部和背部有剧烈疼痛，呕吐不断。内维尔猜测是自己的胆囊疾病复发了。

患者折腾了一晚，第二天早上奥斯勒发现内维尔的胸痛持续，胸口明显发红，便给他注射了少量吗啡镇痛。那天奥斯勒又去看了内维尔3次，症状均无明显改善，其胸口和腹股沟处开始出现蓝黑色斑点。第三天早上斑点增多且出现扩散。奥斯勒请来了帕尔默·霍华德："我的推测得到了证实，内维尔患的是天花。"尽管内维尔之前已经接种了天花疫苗，身上还有接种后留下的疤痕。星期六晚上，医生们将内维尔转移到了蒙特利尔综合医院的天花病房。

内维尔患了严重的暴发性、出血性天花（也叫"黑天花"），这是世界上最严重且棘手的一个天花变种。内维尔求见英国国会牧师，牧师来看了他几次。星期日早上，奥斯勒陪在他身边，应他要求给他读了经文。内维尔开始呕吐、尿血、肠道出血，变得不清醒。他的躯干变成深紫色，面部变成深红色，眼睑变成黑色。"角膜凹陷，呈深红色，这让患者看起来非常可怕。"奥斯勒说。

内维尔请奥斯勒陪他过夜。临近午夜时，内维尔嘟囔了几句祷告，他伸出手，我握住了他的手，奥斯勒回忆道："他清楚地说了声'谢谢'，这是这个可怜人说出的最后两个字。"大约 1 小时后，内维尔便去世了。医生做了什么值得他感谢吗？作为牧师的儿子，而且我知道"身在异乡为异客"是什么感受，我在他离开的时候为他念了赞美祷文，这是我作为基督教教友能做的最后一件事。奥斯勒给内维尔的父母写了一封饱含体恤和慰问之情的信，告知了他们儿子去世的消息，但没有提及内维尔受病痛折磨的细节。三个星期后，11 月 20 日，他在账簿中记下了一笔 24.5 美元的收入，来自已故奥斯汀·内维尔的账户。几个月后的一次演讲中，奥斯勒就医生收取酬劳的问题引用了托马斯·布朗爵士（Sir Thomas Browne）的话："比起我生存的需求，我更想要治愈他的疾病。我没有帮到他，这份酬劳来得名不副实。但我承认，这笔很低的酬劳是对我们善意努力的回报[6]。"

讽刺的是，詹纳发现的疫苗是可以战胜天花的。奥斯勒那个时代，天花在西方国家很快就被消灭了。1872 年他在汉密尔顿见到的病例在安大略省是很罕见的，可大部分加拿大法语区的人都打心底里反感打疫苗。19 世纪 70 年代，天花在汉密尔顿潜伏后暴发，每年夺走了数百条生命。天花肆虐，加上白喉、伤寒还有其他传染病，让加拿大的这座主要城市被冠以"瘟疫和死亡之巢"的骂名。大部分受害者都是城市贫民窟的法裔加拿大儿童。可怜的内维尔是个例外，他的死亡提醒人们定期再次接种疫苗的必要性。

1874 年年末，奥斯勒凭借治疗天花的丰富经验，获得了蒙特利尔综合医院天花病房的医生一职。为防止传染，病房和主楼隔开，有单独的入口。医生与大众无二，对天花既害怕又厌恶，人们对与天花有接触的都避而远之，好像他们去过麻风患者聚集区或是可能处于艾滋病早期。隔离病院治疗天花的医生如同在北方荒地布道的基督传教士，在医学界处于职业阶梯的最底层。

1875 年，奥斯勒大部分时间都在医治看护天花患者，他们有的在医院，有的在城市的贫民窟或妓院，这些人饱受折磨，样貌骇人且散发难闻的气味。奥斯勒医治了 81 例患者，其中 14 例患者为出血性天花。他还做了几次尸体解剖，观察几乎溶解在脓血中的内脏。像观察显微镜下的样本一样仔细地观察了他的患者，系统地研究了天花，用同一系列的 3 篇文章探讨了天花早期的红疹、出血形式及一种亚型，首次为临床医学著述做出了他的贡献。

奥斯勒在这些文章中展现了他仔细区分和描述事物的能力，这也成为他的其中一项特质。他认识到，天花这种恶疾一旦暴发，除了深入研究和了解它，人们别无他法。除此之外他还做了一些新探索，他在出血性病例中写道："所有提到的常规药物……五倍子酸、麦角、松木油、铅醋盐酸等都尝试过了，却丝毫不见效。我使用了大剂量的奎宁，还给 3 例患者使用了冷敷。"他尝试了各种配方，试图让患者不会被天花留下的瘢痕毁容，但最终却以徒劳告终。他永远不会忘记他照护过的一些被天花毁容的女子，比如那位狄更斯式的传统且优秀的护士；比如那位受过高等教育的法国修女，在奥斯勒寻不到帮手时会和他一起照顾患者；比如那位瘦小的十来岁的妓女，总是会让奥斯勒想起德兰修女和德昆西笔下的安 [7]。

奥斯勒有治疗天花的临床经历，而且他对病理学也有着浓厚的兴趣，但这些条件都未能帮助他运营好私人诊所。他的患者不是濒死就是已经死去。他看过的患者通常疾病传染性极高，尸检也是在没有橡胶手套、口罩和防护服下进行。奥斯勒的身上会留下恶臭吗？会带走毒药般的病毒吗？"今天下午威廉去尸检了，"1875 年，詹妮特在圣诞节期间写道，"在他和我们一起愉快地喝茶前，我们会让他先用石炭酸皂洗个热水澡。"奥斯勒觉得，他可能要为他的一位正在康复中的天花患者（一个准备出院的小女孩）不幸感染致命的猩红热而负责 [8]。

1876 年年初，一家治疗天花的公立医院新开业，奥斯勒的工作接近尾声，但这时他却感染上了天花，不得不住院，他的疫苗接种一定出了问题。"我的病情比较轻，总共长了 16 个脓包，只有 2 个长在脸上，因此我俊俏的外表并没有受损，"他在信中写道，"你不用害怕这封信，我会消完毒再寄出去。"最终奥斯勒身上并没有留下瘢痕。几年后，他的导师 W. A. 约翰逊（W. A. Johnson）牧师在威斯顿死于感染，据说是因为处理了一具没有人愿意碰的黑天花尸体 [9]。

这家人民医院为奥斯勒治疗天花的工作支付了 600 美元，他预支了大部分薪水，从巴黎订购了 15 个哈特纳克的学生版显微镜。这些显微镜是奥斯勒进行首次教学创新的重要仪器，他教的课程是显微镜和组织学，是一门选修"实践课"，教授的内容都基于奥斯勒在伦敦时从伯登·桑德森那里所学的知识。奥斯勒新课程介绍铿锵有力，提出与新时代的实用医学与时俱进的必要性："我们必须把进步作为口号，要努力跟上那些悠久的美国国立大学的步伐……我要恭喜麦吉尔大学成为加拿大第一所设置这门课程的学校。"奥斯勒非常清楚显微镜对于推动科学进步的重要性，可是他的宣传还是围绕本课程对全科诊疗的实用性展开的，如研究身体分泌物、血液、食物样本等。学校教授自己掏钱买仪器是常有的事。奥斯勒曾提到："我们的规定一直都是，讲师需自己提供教学用具，具体费用从工资中扣除 [10]。"

1876 年，学院决定正式开办一个暑期班，指定奥斯勒负责。他在医学院大楼的衣帽间里再次开办了组织学课程，且采纳了哈佛朋友雷金纳德·菲茨（Reginald Fitz）的建议，新增了一门展示实用病理学的课程，教学地点设在蒙特利尔综合医院的解剖室。奥斯勒和他的学生用的是鲁道夫·魏尔肖（Rudolf L. K. Virchow）的方法，包揽了医院的所有尸检（之前的尸检是由主治医师自主完成）。第二年冬天，奥斯勒又开设了显微镜和组织学课程，每个星期六上课，奥斯勒声称，这是北美首次开设这样的课程。教室是医院后的一个破旧小屋，靠火炉取暖，在这里奥斯勒和学生们分享了病理学发现，在数据和病例之间建立了联系，清楚有力地验证了一句箴言：对所有死亡的病例来说，尸检都是病程的重要组成部分，是描述死因必不可缺的部分 [11]。

他将临床病理学的教义带去了蒙特利尔外科医学会，这是当地讲英语的医生的协会。1875 年夏，奥斯勒用精心准备的材料和样本做了汇报。一名来自新斯科舍的 36 岁矿工死于天花，奥斯勒在尸检过程中惊讶地发现，这名工人的肺呈黑色，肺里充满了碳尘。奥斯勒利用他在学院博物馆中找到的其他样本，迅速开展起具有开创性的"矿工肺"的病理学研究。他很快便在外科医学会成为了一名非官方病理学家，展示感染了梅毒的肝脏、肠穿孔、动脉瘤、肿瘤和各种感染了疾病的器官。几年内，病理学样本的展示就成了外科医学会会议的常规项目。许多学会成员之前对自己诊断多年的疾病会给身体内部造成什么影响只有模糊概念，现在他们会特意按时按点地去看奥斯勒病理样本的展示。这位年轻的教授实际上已成为这座城市医学界的一名病理学家[12]。

就这样，奥斯勒时常会收到同事们的咨询。他的好友记得，曾经有一位著名的老外科医生请奥斯勒为一位年轻人的手做检查，这名年轻人的手疑似患有恶性癌症，手腕以上被截肢。奥斯勒查出诊断错误，但他没有告诉老医生，没有提交报告，也没有收取费用。多年后，奥斯勒向他的朋友谈起这个病例，说道："只有你我知晓这不幸[13]，我们就装作失忆吧。"

通常，奥斯勒都依圣经行事，他曾提议把这句话挂在所有医学实验室里："你们的光也当这样照在人前，叫他们看见你们的善行[14]。"但这一次，奥斯勒隐藏了锋芒。他是积极活跃、热衷于捐赠的人，作为一名研究者和发行人，他掌握了高效利用病理材料的诀窍。一个有趣的病例或样本可以作教学用，先用于停尸房教学，后用于教室教学，接着在外科医学会展示，再将学会的会议记录发表于本地的医学期刊。有特别值得注意的病例，如有关煤矿工人肺病的研究，会单独撰写成文，在学术期刊上发表，有时还会单独再版。选刊则送给了相关领域的朋友、专家和认识的人（奥斯勒听取了前辈的建议，一直都在囤积大部分文章的选刊，囤积量大到这辈子都用不完，在他去世后的几年内，这些选刊一直都被无偿赠送）。后来，在各个有关疾病的讲座和论文中，奥斯勒的病例研究得到了整体呈现，最终，原始的病理学样本被保存、归类并展示于医学院的博物馆中。

奥斯勒收集的一些样本在经历了各种搬移、损坏大火及无人问津等遭遇，最终得以保存下来，125 年后仍在麦吉尔大学陈列。如果对由奥斯勒和他学生经手的约千例尸检感兴趣，可以在期刊的"医院报告"栏找到记录，更便捷的方法是去蒙特利尔综合医院标注着 1877 年 5 月 1 日的"病理学报告"（奥斯勒博士著）中查找。奥斯勒自豪地称这卷报告称为首次由加拿大医院完成的病理学报告，将其献给詹姆斯·鲍威尔，并在标题页题了一句引自塞缪尔·威尔克斯的话："在实用医学中，病理学是所有正规医学教学的基础。"两年后，他安排该医院的一些临床医生在另一卷报告合集上和他一起发表他们的病例研究，奥斯勒则是发表尸检报告。

据说，奥斯勒很快就成了麦吉尔大学最受欢迎的教授之一。他的讲课风格变得自然，会用图解和样本展示，还学会用笔记讲课，而不是照本宣科。尽管如此，留存下来的两本"学院"基础课程（主要是生理课）讲义显示，虽然奥斯勒的课程非常明晰且有条理，但奥斯勒在他的时代背景下还是偏传统、不扎眼的。他原创的病理学和组织学课程才是让学生着迷的原因。

据说，精彩的教学没有影像或磁带记录就无法重现。不管怎样我们都想做些尝试。奥斯勒的一些谈话被原封不动地发表出来。想象一下，停尸间里奥斯勒谈论着木质长桌上的样本，医学生们围绕在他身边，在寒冷中打着哆嗦，或许还有人抽烟掩盖臭味。

他首先阐述的是主动脉的动脉瘤：

各位注意看血管内膜，其颜色呈鲜红色，让人立刻联想到活跃性炎症。如果问到你们，我相信有 2/3 的人会告诉我这里的血管内膜发炎很严重，很遗憾这是个常犯的错误。这颜色与炎症无关，而是因为死后尸体变色，或是吸收了血色物质导致的。

接着又阐述了另一名病例的盆腔器官：

你们大部分人都看了尸检过程。我们发现，化脓性腹膜炎分布广泛，约有 1.42kg 浓稠、奶油状的脓液充斥盆腔。肠道……交缠在一起，肠道间还有零星的脓液。查找原因时发现，大小肠道上都无穿孔或溃疡，但查看乙状结肠弯曲部分时，发现结肠和腰大肌之间有突出团块…这实际上是左侧阔韧带上的脓肿……这些脓肿……很常见，它们会导致这种症状出现……它们穿过并且流入腹膜腔，自然就引发了弥漫性腹膜炎。

然后又阐述了一名死于肺部疾病患者的器官：

这个病例有脂肪肝，这在肺结核患者身上常见，无须多言，但你们最好仔细检查一下送来的标本，因为要能够立马辨识出这种常见症状……

这个病例阑尾的情况很有意思……这些小小的粪便凝结物通常在阑尾中形成，它们会引发轻微的疼痛、内膜炎症，进而导致溃疡和穿孔。一年内，假使这位女性活了下来，她也会因为这个原因死于腹膜炎 [15]。

几代医生都会用"有感染力"来形容奥斯勒的热情，但他们几乎都无法跟奥斯勒一起走医学发现之旅。大约这个时期，年轻的亚瑟·柯南·道尔（Arthur Conan Doyle）正在爱丁堡跟着约瑟夫·贝尔（Joseph Bell）学着相似的课程，贝尔是夏洛克·福尔摩斯（Sherlock Holmes）的原型。麦吉尔大学课堂上的学生像年轻版的华生，外科医学会的医生则像老年版的华生，听到的都是老生常谈。

据说，奥斯勒从未见过甚至是提及过柯南·道尔，但是他和福尔摩斯、道尔和贝尔都有一个共通之处，那就是他们都会"查第格之法"（method of Zadig），这一概念在伏尔泰 1747 年的中篇小说《查第格或命运》（*Zadig or Destiny*）中有概述。查第格是一个理性的青年，他亲近自然，据说能从蛛丝马迹中推理，准确地描述出他从未见过的动物。约瑟夫·贝尔认为查第格之法是日常医学教学的基础。奥斯勒晚年在诊断中充分利用这一方法，还让他的学生们去查阅伏尔泰的书 [16]。医学典故里当然也流传着"骄傲自大的查第格也会出错"的故事。据说，约瑟夫·贝尔在爱丁堡的导师曾向学生们讲关于一个孩子的许多事情，这些是根据他对孩子母亲说话时的观察发现的，这位母亲是这样说的："先生，拜托了，我只是他的继母。"有一次他还说："各位，我可以从患者的牙齿情况判断。"患者询问医生是否会将它们提供给他人。

奥斯勒卷入的医学谋杀之谜有记录的只有一个。1879 年，他帮同事一起做尸检，尸检对象死于滑雪，在蒙特利尔是个有名望的人。他们报告说，死者的内脏除了胃之外都非常健康，他们仔细把胃装好，以一种福尔摩斯式的口吻告诉验尸官，死因也许藏于此。胃中果然找到大量吗啡，但验尸陪审团却报告为自然死亡，也许是奥斯勒和他的同事弄错了。他们并未证明毒药从胃进入人体，也并未说明死亡的真实原因。《加拿大医学和外科杂志》认为，精通法医学的人来验尸会做得更好 [17]。

1877 年，奥斯勒被任命为学院的教务主任，此后，他和学生的关系更紧密了。奥斯勒为学生们收取费用、管理各种杂事，同时还是辅导员。奥斯勒能熟记学生面孔和姓名的本领令众人惊讶。"这个教务主任第二次会上就能记住学生的名字，真是个奇人。"那时，麦吉尔大学的教务主任甚至都没法记住全体教职员工的姓名。奥斯勒看上去很在乎这些年轻的学生，他会关心他们的家庭情况、工作、共同好友和其他共同话题，这非常难得（若你曾是离家很远的新生，你会知道其意义所在）。有一名学生曾以为，奥斯勒和他成为朋友是给了他特殊优待，但却发现班上几乎所有人都能感受到在奥斯勒眼里自己是特殊的。"奥斯勒能够与学生建立起亲密的师生关系，这是我所知的其他任何人都望尘莫及的，"他回忆道，"有一次奥斯勒和他握手，他立刻感觉到自己遇见了一位终身好友 [18]。"

奥斯勒把自己当作学院的改革者。他带来了教学创新，废除了论文规定，让考试现代化，重组并延长了临床培训，还建立了学生的医学会。"过去 50 年间，医学界的核心人物比以往任何时期都关心医学教育，"1877 年，奥斯勒在学校的宣介会上向学生们讲道，

"几乎所有人都觉得，方方面面都需要改革[19]。"几年前，奥斯勒还没来时，27岁的乔治·罗斯（George Ross）被任命为临床医学教授，这说明学校开始有意注入新鲜血液。73届的弗兰克·谢泼德是个年轻人，他追随奥斯勒的足迹去了欧洲，在1875年被聘任为讲师以演示的方法教授解剖学。同年，29岁的托马斯·罗迪克（Thomas Roddick）成了临床外科的教授，正是他在苏格兰接受了几次培训后，把消毒手术引入了蒙特利尔。

哈佛大学校长查尔斯·威廉·艾略特（Charles William Eliot）不顾众多阻拦，对哈佛大学医学院进行了现代化变革。这些年轻的加拿大人坐火车南下，想要见证美国这项重要改革方案带来的变化。1876年，奥斯勒在哈佛度过了一个星期，1877年，他、罗斯、谢泼德再次访问了哈佛。波士顿医学院已经和哈佛合并，将学校每年上课的时间延长至9个月，并设置了入学考试和循序渐进的课程，还转而采取了盲审试卷，这些方面可谓与麦吉尔大学并驾齐驱。奥斯勒称，美国的医学院早该对他们所教的这份职业有更高的要求和尊敬。（知道对方教授是奥利弗·温德尔·霍姆斯，奥斯勒态度温和地指出，哈佛在应用解剖学上的教学水平仍落后于英国和加拿大，但它要追赶的方面远却不止临床教学。哈佛化学和生理学的实验室设施完备，在奥斯勒看来，麻省总医院的验尸房是世上最完美的验尸房之一，这里的设施设备让他惊叹。奥斯勒的调研结果和他感受到的压力带来的最主要的影响就是，麦吉尔大学决定依照奥斯勒的设计，将一间教室改造成设施完备的生理学实验室。麦吉尔大学的变化没有引发太多争议，不像哈佛和效仿哈佛的宾夕法尼亚大学，它们的改革充斥了激烈的分歧[20]。

奥斯勒的波士顿之旅让他建立了和几位哈佛教授的良好关系。不论去哪儿，他都会礼节性地拜访几位医学界的元老，也会结交一些年轻一辈的翘楚。于是奥斯勒在波士顿接触到了鲍迪奇家族，其中包括年迈的亨利·英格索尔·鲍迪奇（Henry Ingersoll Bowditch）（给予了奥斯勒再版意见）和他的侄子亨利·皮克林·鲍迪奇（Henry

Pickering Bowditch），他是一名生理学家，也是哈佛大学最关键的改革者之一。奥斯勒认识大多哈佛大学医学院和最新改建的波士顿医学图书馆的人。就算有的人初次访问时没有见到，之后也会偶遇，因为奥斯勒还参加了其他医学聚会，1879 年和 1883 年的夏天，他还作为鲍迪奇家的客人在波士顿的阿迪朗达克山脉上露营了几星期 [21]。

　　奥斯勒有两个教授职位。蒙特利尔兽医学院是其校长于 1866 年成立的私立学校，校长好像是一个名叫邓肯·麦克埃克兰（Duncan McEachran）的兽医，在爱丁堡接受过培训。麦克埃克兰安排他的学生在麦吉尔大学上包括概要论述在内的基础课程，奥斯勒不仅接受了一小部分学兽医的学生，每人每学期交 12 美元学费，还被任职为兽医学院的教授。他在那有不同的头衔，既是生理学教授、生理病理学教授，还是寄生虫学讲师。数年来他都专门在蒙特利尔兽医学院做讲座、上课和演示，是全北美第一位在这所学校认真教学的病理学老师（奥斯勒是在追随詹姆斯·鲍威尔的脚步，鲍威尔曾在加拿大多伦多的兽医学校讲课）。一名历史学家曾研究奥斯勒在这所兽医学校的经历，他评论说，奥斯勒把教学从临床带到了马厩。奥斯勒那时不在医院任职，马厩实际上是他唯一的临床实践机会 [22]。

　　奥斯勒不是单纯地在做第二份工作，他对比较解剖学和病理学有浓厚的兴趣。这份兴趣最初始于学生的寄生虫作业，后来了解了魏尔肖的有机体与疾病的基本统一性，与伯登·桑德森在伦敦的布朗动物卫生研究所（Brown Animal Sanitory Institution）合作后，兴趣愈加浓厚。微生物理论和动物实验的兴起使比较医学成了大家最感兴趣的领域，所有杰出的细菌学者、生理学家还有大部分的病理学家都在和动物打交道 [23]。这一时期，农业在北美本就是最大的产业，兽医学的职业前景自然光明。和他对人类病例的态度一样，奥斯勒热切地想要在动物身上找到不寻常的病例。他在外科医学会和刚起步的蒙特利尔兽医协会上展示了动物样本。1879—1880 年，他是蒙特利尔兽医协会的会长，任期一届，在外科医学会中他未担任过任何职务。

奥斯勒曾在兽医期刊上发表过文章。1877 年，麦克埃克兰请奥斯勒帮忙找出蒙特利尔育犬协会里小狗的死因。他在小狗的支气管中发现了一种新的寄生虫，还将新发现的疾病命名为蠕虫性支气管炎。这种寄生虫是一种罕见的线虫，先是叫菲拉罗斯丝状体（Filaroides osleri），后来改成了奥斯勒丝状体（Oslerus osleri）[24]。

几个月后，魁北克市附近暴发了一场"猪瘟"，在此期间，奥斯勒接到了求助电话。他做了一系列实验和几例尸检，最后得出结论：该疾病与人类的伤寒症之间没有相似之处，可能不是由细菌引起的。1878 年 1 月，他在纽约病理学学会上做了报告，宣读了他题为"关于所谓猪瘟的病理学"的论文，这是他第一次在蒙特利尔以外的地方做学术报告。会场坐满了人，效果很好，那晚他在给詹妮特的信上写道，"赞誉有加，我的表现和预期的一样好。可以确定，没人比我们更了解这个疾病，所以我们占优势……样本和素描也受到了极大的称赞。昨晚我去看了由埃德温·布斯（Edwin Booth）主演的《哈姆雷特》，非常喜欢，胜过我看过的所有戏剧"[25]。

不管根据什么标准来看，年轻时的奥斯勒一直都很忙，而且他年老后也没轻闲多少。20 多岁时，他身体力行卡莱尔的格言，当天只解决当天的问题，不过度担忧未来。他作息规律，自控力强。工作成功的秘诀在于有条理地安排要做的事情，奥斯勒与麦吉尔大学的学生分享，建议他们做一张严格的时间表，分配学习和娱乐的时间："想要完成超量的工作，除此之外别他法。"奥斯勒很快成了那种超量完成工作的人，他能在 4 小时内完成我们 16 小时的工作量，且他每天工作 16 小时。他的这一工作习惯可能是受到了帕尔默·霍华德的影响，霍华德是蒙特利尔市最忙的执业医生，哪怕辗转于患者间，路上他也会在马车里读医学论文。大家都知道，奥斯勒在马车里也开始读东西了，从医院到麦吉尔大学有 800 多米，没车时，他就一路跑上山[26]。

爱德华·罗杰斯（Edward Rogers）是名学生，19 世纪 70 年代后期，他曾和奥斯勒住在一起。他记得，"奥斯勒做事非常自律，而

且具有条理性，和他住在一起，自己根本不需要作息时间表。他
7:30 起床，23:00 关灯，这中间的时间都可以根据奥斯勒的行动来判
断……每天开始前，他都会把工作规划好，吃饭的时间，娱乐的时
间，每件事情都会严格按照时间执行。他做事情不慌不忙，有条不
紊，从容不迫，也十分果断"。罗杰斯记得，奥斯勒会在 22:00 上床，
花 1 小时读非医学类的名著。每天保持 1 小时高质量阅读，这个日
后家喻户晓的习惯，不仅为奥斯勒的文学知识打下了基础，还让他
的知识量不断增长 [27]。

我们不知道奥斯勒在床上阅读时会不会吸烟。他账项中的花销
有香烟、烟草和雪茄，据计算，他每月购买 150 根香烟、340g 烟草
和 3 根雪茄 [28]。奥斯勒在解剖时可能会抽一些烟，主要是为了抵消
难闻的气味。以前人们以为尸体会释放有毒物质，健康的烟可以将
其消除，因此把吸烟当作预防措施。

到蒙特利尔一年后，奥斯勒去教堂的次数慢慢少了。他名下的
捐赠也渐渐减少，最后不再进行捐赠。约翰逊神父（Father Johnson）
生前偶尔会来蒙特利尔，他认为奥斯勒在英格兰遭遇的教会纷争侵
蚀了奥斯勒的信仰。但是奥斯勒的信仰是否虔诚无法确定，他唯
一一次信仰转变的对象是博物学和显微镜。学生时期，他曾对高教
会派礼拜有过关注。一部分越来越虔诚的圣公会信徒信上了罗马天
主教，另一部分圣公会信徒的信仰则逐渐消退。

19 世纪 70 年代后期，加拿大经济严重萧条，奥斯勒的工作和收
入都没大幅度上升，他的年收入仍远低于 2000 美元。但不可否认的
是，他热爱病理学和组织学研究，也会定期去寻找救治患者的机会。
1875 年圣诞前夕，他受邀去肯尼斯·坎贝尔（Kenneth Campbell）
家参加聚会。詹妮特写道，"玛丽安从没听奥斯勒拒绝过，而且他在
那碰到的人一定很友好，社交活动也有助于他的工作……威廉度过
了愉快的一晚，新年前夕，他再次受邀前往" [29]。

圣劳伦斯河（St Lawrence）下游的塔杜萨克（Tadoussac）是蒙
特利尔人夏天在海边的度假胜地，奥斯勒在那里的一家酒店当了一

个月的医生，结交了一些上流社会人物。那时他主要负责满足加拿大总督的医疗需求，但是这位总督不需要看医生。我唯一的患者是个贫穷的法国孩子，患有百日咳，肺部有炎症，这种病在本地人里很常见。奥斯勒有了闲暇时间去钓鳟鱼，还邂逅了伊迪丝·格里诺（Edith Greenough），她来自波士顿，是个很讨人喜欢的女孩。她在日记里这样描写奥斯勒，"他很帅气，也是我所知肤色最深的人"。夏日过后，两人互通信件几月有余，最后渐渐疏远。奥斯勒解释，是他没能去看她，年复一年，我们都受职业枷锁的束缚，无法脱身 [30]。

奥斯勒的日记显示，他有几个常见的患者，其中包括经常生病的乔治·华盛顿·斯蒂芬（George Washington Stephens）一家人，他们是蒙特利尔有名的商人。奥斯勒说，1878 年年初，帕尔默·霍华德卧病在床，自己一下子变得更忙了。那年春天他打破惯例，决定接受任命，在蒙特利尔综合医院做主治医生，这一职位因德雷克心脏衰竭而空了出来。

奥斯勒在蒙特利尔资历较浅，医院的一些院外医师比他更有资格担任德雷克的职位，但决定权在医院理事会手上。蒙特利尔和英国医学圈的人都知道，这个职位能带来巨大收入，因此竞争一直很激烈。奥斯勒将他的请愿书打印分发，详细列举了他的资历、著作论文，还私下请求理事和其他人支持他。虽然他打心底里讨厌，但还是拜访了蒙特利尔的名流。当他最终以绝对优势的票数超过另外 3 位候选人时，一切都值了。一封由学生写的支持奥斯勒的请愿书也给理事会看了，驳斥了有人故意散播奥斯勒不为学生们认可的谣言 [31]。

任职当天，他和乔治·罗斯一起乘船前往英国接受进一步的培训，并通过考试成为英国皇家医师学会的成员。那个夏天，他大部分时间都和伦敦顶尖的临床医师待在一起，比如有默奇森（Murchison）（临床教师模范）、萨缪尔·J. 吉（Samuel J. Gee）（既有希波克拉底的精神也懂西德纳姆的方法）、弗雷德·罗伯茨（Fred Roberts）（为我们展示了如何教授物理诊断学）、巴斯蒂安（Bastian）、林格、布兰德·萨顿（Bland Sutton），萨顿于安息日的早晨在病房里开办"主日学校"，还有乔治·萨维奇爵士（Sir George Savage），他在伯利恒皇家医院混乱的精神病患者之间做查房。奥斯勒经常在萨维尔俱乐部用餐，他欣然加入了这里的科学与文学互助会，这种互助会对一个殖民不到 30 年的地方而言是个不小的挑战。那年夏天，他在伦敦和英国医学会的年会上交到了许多新朋友，并通过了考试，成为英国皇家医师学会的成员。那个夏天，他工作的重点是为治疗患者做准备。到那时为止，他在蒙特利尔检查尸体的时间多过检查活人的时间 [32]。

几个月后，腰疼难忍的彼得·雷德帕斯（Peter Redpath）来找奥斯勒治疗，他是蒙特利尔综合医院的理事会主席，也是蒙特利尔的名流，这给了奥斯勒最高的认可。奥斯勒有一次去英国时，从林格那学会了扎针，也就是针灸的技巧，这种方法可缓解背部疼痛。几年前，蒙特利尔的资深执业医生（同时也是市长）W. S. 欣斯顿（W. S. Hingston）在外科医学会的会议上提到了针灸，并对此疗法表示认同。有了蒙特利尔市长的推荐，奥斯勒按照林格的治疗方法把普通的帽针扎入了雷德帕斯的背上。奥斯勒的室友记得治疗不是很成功，称雷德帕斯蹦出了一连串脏话（1925 年，这个故事首次发表时，雷德帕斯的后代极力宣称，雷德帕斯本人品德高尚，不可能出声辱骂）。1892 年，奥斯勒证明了这项疗法在许多病例中，疗效都极好，且见效迅速 [33]。林格、奥斯勒，或许还有欣斯顿可能都对针灸的历史和理论不感兴趣，他们还把它称为"针刺"。

奥斯勒待在蒙特利尔时，蒙特利尔综合医院就一直是脏乱拥挤的。患者还睡在草垫上，洗完的床单被罩也晾在病房里阴干。医院里的气味杂乱，令人作呕，为方便医学生检测，患者的尿液样本都放在床边，因此空气里总是弥漫着一股尿味。患者有时想要床位会被拒绝，他们夏天要么就住在帐篷里，要么就睡在肮脏的木地板上。有一位患了肺结核的患者旁边是个肱骨骨折的壮汉，他经常要吸进大量隔壁床烟斗里飘出来的烟草味儿。原来那批在英国受过培训的护士放弃了工作，回国了，医院又招来了一位来自美国北部的护士

091

培训师，她对医院提出了很多严厉批评，但是之后也放弃了。蒙特利尔综合医院想在加拿大的护理改革中处于前沿，最后以失败告终（奥斯勒认为，推进者里大多都不谙世事，一个尿样问题就让规范的护理与卫生同规范的医学实践与培训两不相容）[34]。

弗兰克·布勒（Frank Buller）当了眼科专家，这曾经也是奥斯勒的目标，除弗兰克之外，其他人都是全科医生，医学和手术兼修，各类病例想看多少看多少。奥斯勒在几次手术中做过助手，大概是用浸过乙醚的布盖住患者的嘴来麻醉。他接受过如何使用解剖刀的培训，但没有证据表明奥斯勒做过手术。12 个主治医师每人管理 10 多个病床，蒙特利尔综合医院有 95% 的患者都是慈善接济的病患，主治医师没收过也从不指望收取治疗费用，但他们有权力提供收费的临床课程。奥斯勒就开始在夏天开诊所，在病床边和医院的阶梯教室里讲课。

他的生活一直都十分拮据，1879—1880 年的总收入只有 1369 美元。1878 年奥斯勒去欧洲时，他都拿不出 6 欧元（30 美元）买一件垂涎已久的魏尔肖的作品，意外的是，他父亲赠予了他 10 欧元，这钱来自我敬爱的、善良的父亲那微薄的收入。奥斯勒在职业早期遇见过尊贵且富有的英国顾问安德鲁·克拉克爵士（Sir Andrew Clark），他说他为了果腹工作了 10 年，为了吃得更好工作了 10 年，为了享受又工作了 20 年。奥斯勒还挣扎在温饱线上呢[35]。

朋友们决定帮奥斯勒一把，1880 年 4 月 21 号有一场奥斯勒没有参加的教员会议："教授，霍华德说几位老师一直在想办法增加生理学教授的收入。大家讨论了这件事情，都认为有必要这样做。医学研究所的薪资要提升为 16 美元，每年学院也要从资金中拨出 500 美元给各位教授[36]。"

奥斯勒在大学的收入增加了，同时他的名望也开始吸引病患，患者的主治医生经常把患者转给他。1880—1881 年，他的总收入为 2778 美元，1882—1883 年又提高到 3884 美元，他的生计已基本稳定，虽说前年他又在系里投资了 1019 美元[37]。他一天可以诊治 2~3

个患者，收费也变成 5 美元半小时。他按英国专科的模式和收费标准看病，不参与全科诊疗，其他医生询问他意见时他才会给患者看病。例如，1880—1881 年的冬天，帕尔默·霍华德引荐奥斯勒给加拿大最杰出的政治家之一查尔斯·塔珀爵士（Sir Charles Tupper）诊治。查尔斯·塔珀的一次常规人寿险体检结果显示，他的尿液中有白蛋白和管状物，很明显，他的器官患有严重的疾病。奥斯勒反复检查了塔珀的尿液，但结果却不尽人意。塔珀活得很辛苦，看上去就像寿终正寝的花甲老人 [38]。

奥斯勒租住在大学附近，他的房东通常都与他志趣相投。有一位房东是研究莎士比亚的学者，有着精美的藏书房。他曾无意间把奥斯勒珍藏的莎士比亚语汇索引放入了自己的收藏中，这是他最大的过失。年轻的奥斯勒不知道怎么巧妙地把书要回来。他在圣凯瑟琳街 1351 号住过几年，房东布勒是个眼科医生。奥斯勒在布勒房子的二楼有一间卧室和一间办公室，这里很快又住进了两名麦吉尔的学生：爱德华·罗杰斯（Edward Rogers）和亨利·维宁·奥格登（Henry Vining Ogden）。奥斯勒认为自己不是那种常泡男生俱乐部的人，他不打台球，不怎么喝酒，也做不到轻易和各行各业的人交朋友，他从来都只把俱乐部当成吃饭和睡觉的地方。在蒙特利尔时，奥斯勒常去大都会俱乐部吃饭，且每个月会和十来个年轻医生聚餐，空气里常充斥着烟味和讲故事的声音，大家一边吃着生蚝、喝着啤酒，一边发着牢骚。

工作和开会以外的时间，奥斯勒都是和表亲詹妮特和玛丽安一起度过的，她们视他为挚爱的弟弟。自詹妮特初到加拿大起，她都和奥斯勒很亲近，像亲姐姐一样。她异常聪慧，不知是有意还是无意，到中年仍保持单身，是 19 世纪性别不平等的牺牲品。人生大部分时间，她都是玛丽安和其他亲戚孩子的"小姨"。玛丽安丰腴热情，虽然有很多烦心事，但单纯乐观。玛丽安的丈夫乔治·弗朗西斯似乎一直都在四处旅行，待在蒙特利尔的时间短到只够他和玛丽安对唱几首歌、让她怀孕。此外，他还养成了喝酒的习惯，这一

093

家人家境困难，却有人花钱大手大脚。弗朗西斯家孩子多，有乔治（George，1870 年生）、玫（May，1871 年生）、格雯（Gwyn，1874年生）、布里特（Brit，1876 年生）、威廉（William，1878 年生）、格温（Gwen，1879 年生）、比（Bea，1881 年生）和吉米（Jimmie，1883 年生），这些孩子得过伤寒症、猩红热、白喉和流行性腮腺炎等流行病，生病时表亲比尔（Bill）、威廉叔叔和道尔西因出国帮不上忙。

没生病时，弗朗西斯家的孩子在蒙特利尔见到奥斯勒的次数比见到父亲都要多。奥斯勒会在这些孩子面前展现出自己的另一面，这是他的同事和学生们未曾见到过的。他爱这些孩子们，爱童年时光，爱玩耍爱憧憬，持续一生，让人联想到刘易斯·卡罗尔。"以前我和我的兄弟们常常在他讲完课后等他回家，"玫·弗朗西斯回忆道，"他走在路上时总是充满活力，像脚底安了弹簧一样。邻居家的小女孩儿可能会拦下他，让他给她受了伤的洋娃娃看病。他进门时会愉快地吹声口哨，这时孩子们就会拍手欢呼……'啊，亲爱的孩子们！'他会开心地喊，向我们招手，然后用手轻轻一撑，跳过餐桌。在我们看来，这一跳可了不起了，他就是童话里的王子 [39]。"

他的教子威廉·弗朗西斯和他同名，可以说这是个没有父亲的孩子，很黏奥斯勒。威廉 3 岁时，奥斯勒和这家人在孟弗莱玛戈湖（Lake Memphramagog）边的避暑小屋里待了一段时间，成了威廉最要好的玩伴。詹妮特回忆道："奥斯勒离开时，3 岁的小威廉在走廊里抽泣，因为他的离开伤心难过。奥斯勒冲进门，拿出一件旧背心，把它抛在小威廉的腿上说，'这个你留着。'小威廉每晚都抱着衣服睡觉，我们还发现，他伤心时会把脸埋到衣服里，寻求安慰。"

小比和小格温经常扑进奥斯勒的怀里，爬上他的膝盖，把脑袋枕在他的肩膀上。"所有人都喜欢他。"玫回忆道：

但最喜欢他的人是我，他会娶我，不是吗？我 5 岁时我们就订婚了，虽然他比我大了些，但是他答应我会等我，我知道他从不食言。我们打算住在大草原的农场里，养马、养牛、养鸡、养猫、养狗、养鸟，我们有秋千和旋转木马，有很多吃的，但不要黄油面包和大米布丁。我们想荡秋千就荡秋千，想窝在房子里就窝在房子里。冬天，我们会住进舒适惬意的小木屋，烤棉花糖，一人一口爆米花。我们滑冰、滑雪橇、穿雪地鞋，晚上讲童话故事，很晚很晚才睡觉[40]。

弗朗西斯一家很快又添了罗杰斯（Rogers）和奥格登（Ogden）两位成员（奥格登因性格友好得了流行性腮腺炎，接着又传染给了其他同学）。威廉叔叔会娶谁呢？奥斯勒年轻，适婚配，还是医生，弗朗西斯家的人一直都在八卦奥斯勒和他们家漂亮女孩的事。奥斯勒十来岁时迷恋过表妹玛丽，在那个夏天有过暧昧，除此之外，他似乎对爱情这事并不感兴趣。20 多岁时，奥斯勒没钱，连养家的想法都没有。19 世纪 80 年代早期，收入勉强过得去了，结婚的事也该提上日程了。但奥斯勒整日忙于工作脱不开身，哪里能找到愿意照顾他且喜欢这种生活的人呢？

糟糕的婚姻就是一场灾难。1872 年乔治·艾略特（George Eliot）的小说《米德尔马契》（*Middlemarch*）一经出版就成为经典，其中的特丘斯·利德盖特医生（Dr. Tertius Lydgate）就是个很好的例子。他娶了个脑袋空空、崇尚物质的漂亮老婆，从此职业生涯全毁。奥斯勒投身于医学和科学，一心扑在他的显微镜研究和教学上。奥斯勒的父亲说："想嫁给威廉的姑娘要主动追求他才行[41]。"

但弗兰克·谢泼德记得，奥斯勒在蒙特尔非常受女性欢迎。他衣冠整洁，短小精悍，脑子不沉浸于医学的时候，幽默风趣，富有魅力。他的八字胡茂密下垂，有时候看起来像海象，很是时尚。据鲁德亚德·吉卜林（Rudyard Kipling）说，19 世纪 80 年代，一些轻佻的年轻女性把没有胡子的吻比作没加盐的鸡蛋。杰西·道（Jessie Dow）是蒙特利尔酿酒富商的女儿，她喜不喜欢在鸡蛋里加盐不清楚，但她和奥斯勒的关系差点就发展到了订婚阶段，弗朗西斯家人会一语双关地调侃道，"嫁妆带来的感情""嫁妆来了"。有人认为杰西·道的父亲终止这段关系是因为奥斯勒只是牧师的儿子，收入平平，留不下多少资产[42]。另外的原因可能是他信奉宗教自由，出自教会却不信教的可怜人是教会最不愿意看到的！

奥斯勒后来把眼光放低了些，与谢泼德的姐姐坠入爱河，但她最后却嫁给了蒙特利尔更大的酿酒商之子威廉·莫尔森医生（Dr. William Molson）。（40年后，得知奥斯勒的这些短暂感情经历后，一位蒙特利尔的社交名人说道："真幸运，又逃过一劫，女人都无趣极了，没有丝毫幽默可言，莫尔森的妻子更是如此。她声音尖细，会咯咯咯地傻笑，还奇蒿无比！威廉·奥斯勒，你真是幸运[43]。"）谢泼德自己则是成功地和蒙特利尔银行行长的女儿结了婚。单从嫁妆的丰厚度来看，帕尔默·霍华德的儿子贾里德·霍华德（Jared Howard）拔得头筹。他追随父亲的足迹从医，娶了唐纳德·史密斯（Donald Smith）的独女玛格丽特·史密斯（Margaret Smith），从此在经济问题上一劳永逸。唐纳德·史密斯是皮货商、银行家和铁路巨头，在加拿大的地位是几个阿斯特家族（Astors）和范德比尔特家族（Vanderbilts）都比不上的。但报应还是来了，霍华德靠婚姻发财，注定只能在上流社会毫无建树、浑浑噩噩地度过一生。

奥斯勒的房东弗兰克·布勒给了大家一个惊喜，他娶了朗格洛伊斯小姐（Miss Langlois），奥斯勒在圣凯瑟琳1351号的单身生活永久地结束了。没人知道朗格洛伊斯小姐是谁，据说，她曾故意放话说自己在圣詹姆斯街（St. James Street）演了五季。"希望一切安好，"奥斯勒写道，"我不希望房东娶了个泼妇。"布勒和朗格洛伊斯在一起看起来很开心。奥斯勒继续对感情问题避而不谈，拒绝了布勒让他把钱投资于必做之事上的建议。还有一位房客写道，"我是真的希望他能娶一个富有的女人，这对他来说是个好事"[44]。

奥斯勒为性做了什么？许多维多利亚时代的人，当然还有牧师，可能会很理解为什么奥斯勒单身时要禁欲。另外，斯勒作为医学生对性的了解很多，也知道如何获得性。1917年他记录了一个梦的片段，有人可能把这个意料之外的证据解读为奥斯勒年轻时曾嫖过妓（他梦到他参与解剖了自己的尸体，发现了梅毒，梦里他说自己可能是在学生时代无辜染上的[45]）。也许奥斯勒在欧洲失去了童贞，但我觉得不可能。即便事实如此，为避免染上疾病，他也会万分小心的。

极有可能是，1892 年奥斯勒在他的教材中写有关禁欲的内容时回想起了自己的经历："比起沉迷性欲，年轻人应该把时间花在其他事情上……锻炼身体，提高思想。懒惰是纵欲的根源，年轻人会发现，任何对事物的专注和追求都能克制住性欲，尽管性欲的出现是自然且合理的，但在文明发展的紧要关头，让性欲得到自然且合理的满足并不是必要的 [46]。"也许我们会推测奥斯勒自慰了，但他的文字体现了他和那个时代对此举的厌恶。对性这方面，他很可能保有维多利亚式的传统，采取了强烈的抵制。传闻说奥斯勒和他的表亲玛丽安在蒙特利尔恋爱了很长一段时间，我不认为这个故事有任何真实性。医学才是奥斯勒的恋人，俘获了他。

奥斯勒继续病理学研究，还做了些医院的常规工作，开始深入了解各种疾病。他从活人和死人身上见到了大量疾病，这使得能够进一步帮助患者获得痊愈，然后研究问题出在哪，因此，年仅 30 岁出头的他即将成为一名经验丰富的专科医生。可以想象，他说到某种病时提起之前的病例，说到其他病例时把注意点放到肺或者肝，承认某些疾病让人困惑，向担忧的患者家属尽力解释情况，也许有些用力过猛。"年轻人，你话太多了，"前辈在观察了他认真详尽地和患者家属解释情况后告诫他，"40 年来，我从医都是点头就好 [47]。"

奥斯勒的专题书目越来越多，包括其学生发表的医院病例报告和自己的临床讲座。他终于可以用患者案例来教学了，再也不需要只依靠某些身体部位进行讲解了。虽然他比不上霍华德、罗斯、谢泼德和罗迪克，但他带学生查房的时候能给他们很多启发 [48]。1882 年夏天，他在阶梯教室做了一场有关遗传性梅毒的讲座，我们也在场听了：

各位，在门诊和手术中，你们会有大量机会见到后天性梅毒，它们以新的形式呈现……首先我要提醒一句：不要在你们的患者面前提"梅毒"这两个字，尤其不要在母亲和孩子面前提，这个病例我们一会儿会讲到。许多可怜的女性对孩子患病的确切病因毫不知情，但不经意的两个字会让她们知晓原因，这会让她们从此"心灵永不宁静"。我们应该用疫病这种原来的说法……

各位，我现在要请你们仔细看看这个孩子，不要以为只有在医院实习时你们才会看到这些病例，疫病不分人群，哪个人生阶段你们都可能会遇到……

婴幼儿时期的疫病在孩子身上有特定的表现，疹子会导致嘴巴周围产生裂纹，愈合后会留下瘢痕，瘢痕则会顺着嘴巴的弧度蔓延到双颊。你们眼前这名婴儿现有的疹子正在消退，但第一年其口腔中可能偶发皮疹或黏膜斑。如果这个孩子在头一年活了下来，这个病可能会潜伏起来，快到青春期时又会复发，看到下一个例子你们就会明白。

现在患者离开房间了，我们可以提问了。这个病是由谁引起的？是父亲还是母亲？就已知情况判断，母亲似乎很健康，没有皮疹，也没有咽喉病。她的丈夫不在这里，虽然她说他很健康，据她所知丈夫也未患任何疾病，但我还是认为责任在这位丈夫。这位母亲呢？她是否患有梅毒？大多数写报告的人认为，生下的孩子患有梅毒，母亲就算没有什么症状，也会一定程度上感染。你们没法给她接种梅毒疫苗就是个强有力的证据。如果把你们刚刚见到的那个孩子交给一个健康的乳母，以那孩子嘴唇的情况来看，会让那位乳母的乳头患上下疳，有时也被称为科氏定律。

下一个病例展现了一些有趣的晚期表现。

病例2：性别女，年龄13岁，喉部有严重溃疡……

病例3：性别女，年龄23岁……

你们有注意到，我特别仔细地检查了这两位病例的牙齿。因为有时我们可能会从这些器官中获取珍贵的确凿证据，帮助判断她们是否患有遗传性梅毒。乔纳森·哈钦森（Jonathan Hutchinson）先生首先提出要注意这一点，我这儿有他阐述这一点的整版插图供你们查看……在去年的医学大会上，他客观公正地斥责，一些医生并没有充分研究他有关该主题的医学文章，而且随意妄下诊断，认为任何畸形的牙齿都是梅毒引起的 [49]。

奥斯勒给出了治疗这一疾病的常规方法，开了常用的汞软膏。他的大部分治疗方案好像都挺常规的，使用阿片类药物、洋地黄、奎宁、汞和乙醚的时候他也不会犹豫，即便这些药都有强劲的镇静、刺激和退烧作用，奥利弗·温德尔·霍姆斯建议这些药连在鱼身上都不要用 [50]。如果可以，他也会开泻药和利尿药，以缓解肠道和肾脏不适。他没有完全摆脱旧的治疗观念，认为在体表用一些物体，如加热过的杯子和热敷，可以缓解器官充血，这些刺激物顶多能分散注意力。他必定做过推理，认为在下背部扎针可以缓解疼痛。

如果不是奥斯勒，会出现部分患者用药过量现象。他告诉学生们，怀孕期间患有肾炎的患者应"口服或皮下注射阿片类药物"，还说："水合氯醛受到高度赞誉，麦卡勒姆博士（Dr. McCallum）用它效果显著。有出血状况时常用到它，效果很好。治疗肾脏的病症还可以用特殊的方法，如拔罐、热敷、利尿药，以及蒸汽或蒸汽浴等。"1877 年，他治疗普通感冒的处方是："17.21g 铋，6.45g 金合欢粉，1 粒吗啡，以鼻烟方式使用。感冒前 24 小时内应使用上述一半左右的药量，感冒差不多就好了 [51]。"

自从业初期起，奥斯勒就试图解决治疗方法中的难题。哪个疗法有效？哪些是没必要的？什么治疗会产生伤害？疗效测试结果如何？有哪些证据？几个世纪以来，医生们都在解决同样的问题，奥斯勒从医至少有 40 年时间，这些问题也是换汤不换药，但仍未得到实质性解决。受其牧师父亲的影响，奥斯勒很可能对传统疗法持怀疑态度。假使他在多伦多和麦吉尔上的药物学课程都很传统，他也读过悉尼·林格（Sydney Ringer）和约翰·布朗的著作，还在英国和欧洲大陆受过培训，这些足以让他产生少开药、顺其自然的倾向。他病理学方面的工作也强化了这种倾向，因为许多尸检都证明治疗没有帮助。在奥斯勒同事的回忆中，19 世纪 80 年代，奥斯勒在外科医学会会议上讨论了一个世纪后才对女性有重要意义的妇科治疗问题：

会议上讨论最多的是……手术，大量内容展示了近期切除的卵巢和输卵管，奥斯勒给涉嫌过度治疗的趋势泼了冷水，他一直在问，普普通通的卵巢治疗是否需要如此大动干戈？他之所以会质疑，是因为他经常在尸检中发现，一些女性病患身体中的卵巢和输卵管发生了晚期的病理变化，她们从未抱怨过盆腔疼痛[52]。

1882 年，奥斯勒做了一场关于肺炎的重要的临床讲座，他在讲座中给学生们讲了一套完善的治疗原理：

首先，无论采用哪种治疗方法，大多数疾病都会自愈，这是它们共有的内在趋势……（他引用了 1835 年雅各布·毕格罗说过的有关自限性疾病的话）。

其次，顺其自然足以让大部分患者恢复健康。亚伯丁的哈维教授将这种自然疗法称为身体的自然疗法，与应用疗法区别开来，80%的病例都能以自然疗法来应对疾病。格布勒教授（Professor Guebler）说，"身体会自我修复……我建议你们，在推崇任何治疗方法前向自然宣誓，并遵循《李尔王》中埃德蒙的格言，'自然，你是我的女神，我必恪守你的规则'"。

最后，医生的职责是与自然合作，在自然无能为力的时候帮助它，避免危及性命的情况……因此，准确地了解所有疾病的自然史是很重要的，这样我们才能及早发现致命的情况，对即将发生的危险保持警觉。

用这些原则治疗肺炎（忽略埃德蒙对自然的病态迷恋），奥斯勒提醒了学生，大部分患者都能自行修复得很好，为了患者，更为了朋友，你们得给他们心理安慰，治疗方法不在你们之手，而在自然之手[53]。但是高烧和长时间发烧导致的力竭可能会致命，所以应当采取方法避免。德国当时普遍把沐浴作为治疗方法，奥斯勒对此产生了兴趣："有些人可能记得两节课前，儿童病房有一个患急性肾水肿的小女孩，她没有用药，而是做了空气浴，效果令人叹服[54]。"但是加拿大有抵制冷水浴的声音。帕尔默·霍华德警告说，加拿大西部之前有一名医学生用沐浴法治疗一名望族子弟，患者死后，这名医生被赶出了小镇[55]。奥斯勒用奎宁退热："该药已经过多重证明，已经过尝试的药就应用于治疗。"奥斯勒错了，奎宁对肺炎无效。

另外的危险是心力衰竭。奥斯勒建议使用兴奋类药物缓解，酒精是最好的选择。若患者脉搏衰弱、变得似有似无，若脉搏加速又变弱，应立即使用兴奋类药物。别等，一天喝几口威士忌不会有什么坏处……肺炎患者什么都不信也要信酒[56]（从这些引言中可以注意到，奥斯勒会说些简短好记的总结或诙谐短句，他后来称之为"记忆里的小毛刺"，非常适于记笔记。这段原声早于电视出现）。他经常给包括他母亲在内的老年人开酒精（作为兴奋类药物）。据乔治·华盛顿·斯蒂芬斯一家所言，奥斯勒最爱用的是纯杜松子酒[57]。

用静脉切开术治疗肺炎有优点吗？奥斯勒认为常这么做的医生会失去他本来可以挽救的患者。但他的尸检工作表明，在某些情况下，肺炎患者的心脏负荷可以通过放血缓解，他也尝试过这种方法：

你们也许还记得两年前，我及时地用静脉切开术挽救了一个男人的生命…该方法的缓解效果非常不错。我认为，只有在早期用放血疗法才能带来满意的效果，那时患者的体格良好，精神饱满有活力。对患者来说，放600ml血并不要紧，还能减轻他的疼痛和发热……要给洋地黄、乌头草、绿藜芦之类的动脉镇静剂吗？除非一开始就用，且患者精力充沛，不然不建议使用。我从没用过锑元素，胸口的局部治疗通常是有利的，我们医院常用膏药，它们能缓解疼痛，对患者也很有帮助。我从不用冷浴，尽管我在德国见过一些医院用这种方法，优势很明显。

奥斯勒在讲座结束时安慰学生们说，他见过几例肺炎患者有痊愈延缓的情况，所以病程比一般情况长的时候，他们没有必要担心。他还展示了一个患者的肺，这个患者是一个酗酒的虚弱老人，死于医院。奥斯勒还让学生们回想前天从另一个患者身上学到的知识：奥斯勒的病房里有一个由两名护工控制着的年轻人，他常剧烈扭动，这名患者正确的诊断结果应该是肺炎，而不是震颤性谵妄病[58]。

奥斯勒的毅力、好奇心和不断积累的临床经验让他得以朝各个方向发展。他在医院任职的 6 年期间发表了许多案例研究、分析和讲座，内容涉及恶性贫血、布赖特病、霍奇金病、溃疡性心内膜炎、脊髓结核、妊娠期肾炎、肝动脉瘤、结核性脑膜炎、肿瘤组织学、哮吼、肌肉萎缩、纤维瘤性肺结核（肺病）、胆结石的嵌塞、积脓症等疾病和领域。他的学生观察了淡水中的苔藓动物，奥斯勒在魁北克的湖泊河流间漫游收集新材料，将这一观察充实后发表。随后，他又为《加拿大医学和外科杂志》撰稿"生物学笔记"，写了孟斐玛戈克湖（Lake Memphramagog）中的藻类（幸好我带了显微镜，问题很快就解决了）和他在魁北克发现的其他藻类动物。1879 年，美国科学促进会的费城会议上有意义的医学论文很少，奥斯勒对此很失望，为此他参加了化学、古生物学和天文学的会议，为《加拿大医学和外科杂志》撰写了相关文章。他还遇到了托马斯·A·爱迪生（"煤气公司里的怪人"），这人向他提出了一个非常奇怪的想法：未来是否有可能实现把小电炉插入人的胃里照亮身体内部的手术。[59]

克莱门特（A. W. Clement）是一名优秀的兽医学生，奥斯勒和他一起对蒙特利尔猪肉供应中所含的寄生虫做了一项重要研究，得出的结论是彻底煮熟是最好的保护，他们还首次成功给北美小牛"幼崽"引产，该小牛感染了绦虫幼虫。1882 年春，他在加拿大和美国游览了 10 座医学博物馆，似乎是在搜集包虫病案例，这是一种罕见的犬类寄生虫感染人类的情况。同年 9 月，他接受委托去新斯科舍省的皮克图县调查一种未知的牛类疾病。他能证明死亡不是由美狗舌草导致的，这种草也被称为"臭威利草"，但是却不知道真正的死亡原因是什么。两年前，奥斯勒和他的两位同事一样，都没发现伤寒流行病的确切源头，该流行病发生于魁北克农村的主教学院里，但奥斯勒肯定地预测道，若改善通风和排水情况、提供干净的水源，问题会解决的 [60]。

"1881—1882 年的冬天，学生们在我的实用组织学课上研究青蛙的血液，我在其中一张载玻片中看到一个不寻常的东西，这东西像一只有鞭毛的纤毛虫。"奥斯勒写道。他并不满足于此，又搜索文献，写了一篇论文，读给蒙特利尔显微镜学会后将其发表了出来，纠正了其他人的错误观察。都灵的比佐泽罗（Bizzozero）发表的文章进一步描述了奥斯勒在 1874 年写的血细胞，将其命名为血小板，这个词一直流传至今，奥斯勒尴尬地发现自己被抢了风头，有些愤愤不平，于是就此发表了一篇评论，他是最初的发现者，要求将这些物体称为"舒尔茨的颗粒团"。他也许能把课讲的清晰明了，但他从未掌握命名的诀窍 [61]。

　　奥斯勒没有坚持研究血小板等课题，他内心忐忑地将研究扩展到"大脑"这个他曾忽略的重要器官。在英国时，他和霍华德曾研究过威廉·布罗德本特爵士（Sir William Broadbent）有关神经系统的早期作品。1878 年，他再次拜访，这次他结识并观察了英国的另外两位神经学家先驱——威廉·高尔斯爵士（Sir William Gowers）和维克多·霍斯利（Victor Horsley）。他读了卓越的法国临床医生夏克（J. M. Charcot）关于大脑疾病定位的讲座，这激起了他对大脑病理学的兴趣 [62]。不久他便向蒙特利尔的同事展示了乔米利的整个过程，大脑保存完好，像漂亮的蜡模一样，道尔顿（Dalton）的切片设备能切出漂亮的横切面和纵切面。1879 年，加拿大医学会在安大略省伦敦市举行，会议上，奥斯勒就"大脑的医学解剖"做了一个专题讲座，辅以图表和标本进行说明。次年，加拿大医学会在渥太华的加拿大议会大厦举行，这时奥斯勒手上已经有了 25 个脑部疾病标本的陈列品。有些医生肯定开了毫无创意的玩笑。掌握方法后，奥斯勒不久就对罕见的脑肿瘤、偏瘫和脑出血病例，以及加拿大首例多发性硬化症做了报告 [63]。

　　如果人类的大脑功能是局部的，如果这些功能源自身体器官本身，那么大脑的结构是否决定了行为？若找到了罪犯大脑中的缺陷或发现了精神错乱的情况，能否检验这一假说？1879 年，维也纳的本尼迪克特（Benedikt）首次提出罪犯大脑畸形的观点。奥斯勒用蒙特利尔保存的 34 个大脑检验了本尼迪克特的标准（主要与大脑裂纹相关）。他得出结论，要么蒙特利尔综合医院里的患者都是高犯罪率人群，要么本尼迪克特就没有测验过正常的大脑。奥斯勒还设法弄到了两名加拿大谋杀犯的大脑，并未发现有特别反常之处。

大脑问题的思考给奥斯勒带来的是哲学上的困扰。本尼迪克特的极端决定论观点似乎否定了自由意志，如赫胥黎（Huxley）所说，这种观点让罪犯成了"盗窃和谋杀细胞"的产物。"每个坏人都把灰质有缺陷当成借口以求减轻罪责"，奥斯勒想到这点就觉得胆寒。他在《论罪犯的大脑》(On the Brains of Criminals) 中引用了莎士比亚笔下拉戈（Lago）有关身体与心灵关系的话："我们的身体是花园，意志是园丁。若我们要种荨麻、生菜、牛膝草、百里香，那我们要么专心种一种，要么分散精力种多种，要么懒惰使其贫瘠，要么勤勉为其施肥，因为我们的行为受意志掌控和支配。"奥斯勒在第一篇论文中所写的内容涉及了科学与自由思想之间分歧，他试图弥合这一鸿沟[64]。

有好奇心的医生如何才能拿到杀人犯的大脑？奥斯勒说，有一例是他说服了监狱的外科医生后，亲自参与尸检拿到的；另一例则是奥斯勒让亨利·奥格登到魁北克的里穆斯基（Rimouski）做了类似的事情才得到的。他给了奥格登一封加拿大司法部长的支持信函。奥格登一点法语都不懂，就他所了解，里穆斯基的法裔加拿大人认为没必要重视渥太华的指示，也不愿意交出凶手的大脑。奥格登在观看了绞刑并为验尸调查提供了帮忙后得到了主治医生的默许，他在尸体入葬前的整理过程中取走了大脑（没试过的人都不知道在寒冷的房间里，从一具头与身体几乎分离的尸体上取出大脑有多困难，手麻木到快拿不起刀）。奥格登把大脑放在工具包里，登上了火车，才意识到需要在低温条件下用一个可以上锁的容器保存大脑，于是他把大脑转移到了轻型旅行袋里，和行李员说袋子里装着雷鸟，得放在阴凉处。到了蒙特利尔，大脑保存完好。奥斯勒非常高兴，但他没有给我换个新的旅行袋[65]。

自奥斯勒那个时代起，医学的奇闻轶事大多都是这样的故事。

蒙特利尔人从不缺趣闻，魁北克省的尸检法案仍未通过，该法案要求将无人认领的尸体交予大学处理。奥斯勒就读麦吉尔大学期间，几乎所有的解剖对象都是非法获得的。弗兰克·谢泼德是解剖学教授，他讲述了许多荒诞奇妙的故事，有从库德内奇公墓挖出尸体用雪橇从山上运下去的故事，有放在略带气味的萨拉托加树干里从火车站得来的尸体，还有冬天供暖期间去修道院偷尸，把尸体藏在医学院附近雪堆里的故事。

一天，一名法裔加拿大学生在解剖室里问谢泼德教授：“你把我叔叔放在这儿干什么？”另一个学生则在桌子上发现了他的祖母。奥斯勒在生命的最后一年读了谢泼德的“A1”回忆录，他的评论添加了一丝神秘：“我还以为有人偷了三河市市长和主教的尸体。”就像福尔摩斯的某些案件（以及奥斯勒提到的几个星期前我们非常感兴趣的 11 号案件，事实上，他受到惊吓后离开了医院），市长和主教被偷尸的故事就无从可知了[66]。

即使不顾死者家属的反对，好奇的医生想要进行尸检或摘除器官时也会遇到其他麻烦。如果人死后有其他存在形式，切开身体真的没问题吗？或许这种做法可怕至极。有时，不论怎么劝说，用语言也好，金钱也好，医生都无法说服担心和迷信的亲属。亚历克西斯·圣马丁（Alexis St Martin）是法裔加拿大航海家，他在胃部有一个洞的情况下存活了近 60 年，这让威廉·博蒙特（William Beaumont）有关消化的经典研究成为可能。圣马丁于 1880 年在魁北克的农村去世，传言说，奥斯勒教授派了一名学生去走走这个具有历史意义的胃，当地医生警告说民众有可能会暴乱。圣马丁的家人将尸体留在家中，由于天气炎热，尸体腐烂严重，医生都不敢进行尸检，在举行葬礼时，神父都不允许尸体入教堂。坟墓挖了 2.4m 深，还安排了武装警卫以阻止奥斯勒一众人掘尸[67]。

奥斯勒对安大略省东部的一例霍奇金病例很感兴趣，男孩去世后，他受邀去尸检。6 位来帮忙的当地医生见到了这位杰出的教授。但是男孩的父亲事先得到了消息，出于安全考虑，他没有将男孩葬在墓地，而是葬在了农舍厨房旁边的果园里。他们的家庭医生是一个叫谢尔曼（Sherman）的人，他为此感受到背叛和尴尬。沉浸在悲痛中的这家人给所有到来的医生做了一顿丰盛的早餐，奥斯勒回忆道：

吃完早餐后，谢尔曼医生把老农夫和他的孩子们带到一边，几分钟后事情就解决了。尸体要掘出来，场面极度不愉快，我该庆幸的是我走开了，不然我会忍不住同情这可怜的一家人。尸体被带到谷仓，邻居们杂七杂八地聚到了一起，看上去很不友好。我在他们面前验尸，向他们解释这种疾病有多罕见，展示各类器官，激起了他们的兴趣，改善了自己的处境。我们……最终友好地和这家人道别。离别时，我问谢尔曼医生："你是怎么说服这位父亲的？"他解释道："之所以能做到，是因为我告诉他，如果他不提供尸体，我就会取消他农场的抵押赎回权，这就是我的方法 [68]。"

亨利·奥格登回忆，有一次奥斯勒要求学生们解剖一匹马的大脑和脊髓，这项工作非常艰巨，但没人反对。可解剖完了该怎么处置解剖物呢？不得已而求其次，学生们把标本放入圣凯瑟琳街1351号奥斯勒租住地的浴缸里："我们很高兴用这种方式展示成果，奥斯勒一眼就能看到其完整性和整体性带来的美感。所以我们小心仔细地把它摆好，把大脑放在浴缸的斜面上，让脊髓顺着中线延展，脊神经则分布在浴缸两侧，大家都对摆放的结果非常满意。"遗憾的是，房东布勒比奥斯勒先回到家。奥格登不得不藏进橱柜里，躲开如风暴般的咒骂。"天，布勒快看！"奥斯勒进来时说，"你见过这么棒的东西吗，看看这些脊神经，看看这一切。天，是不是很漂亮。"奥斯勒和奥格登决定，第二天早上他们要在其他房客用浴室前洗澡 [69]。

玫·弗朗西斯讲了一个奥斯勒的事，说他好像是给了一个酗酒的街头乞丐钱和大衣，提前预订了他的器官（你可以把自己喝死……但我不能让你把自己冻死）作为回报，乞丐答应死后把硬化了的肝赠予奥斯勒。几星期内，乞丐的肝和外套都回到了奥斯勒手上。一个学生回忆起奥斯勒对好标本的热情，奥斯勒的第一位传记作者认为过于无礼或虚构而没法用：

在蒙特利尔综合医院，奥斯勒医生有一个患者患有艾迪生病。这名男子死后，奥斯勒非常想要得到他的肾上腺作为标本，但他没能说服其家属答应尸检。他争取到了这家家庭牧师的帮助。牧师是个思想开明、相信科学的人，但牧师也没能征得家属同意。据说葬礼前一晚，奥斯勒医生去了综合医院的停尸房，给手臂彻底抹了油，扩张了尸体的肛门括约肌，穿破肠道后，得到了梦寐以求的标本，简直聪明绝顶。

整件事的荒诞在于，第二天一早，牧师就兴高采烈地找到奥斯勒医生，带来神父在场可以尸检的好消息。这下奥斯勒医生有的是时间尸检了，神父则在一边感兴趣地看着，并试图掩盖前一晚的事情……这些标本在麦吉尔医学博物馆保存了多年[70]。

熟悉奥斯勒的人都知道他这个人无忧无虑，轻松随意，精力充沛。"他觉得中规中矩地走路很难，"玫·弗朗西斯回忆道，"他的天性似乎太活泼了，活泼到不能像其他人一样简单地让双脚一前一后地走路。他会边跳舞边哼歌或吹口哨。"在蒙特利尔定居后他对自己有了信心，童年时的快乐又开始浮现出来，一开始是和弗朗西斯家的孩子们一起玩，后来又和他的同事，尤其是年轻的威廉·莫尔森医生一起玩。大约在玫·弗朗西斯 11 岁的时候，她把雪球扔到了莫尔森身上，他那时正经过他们家的房子，自此友好的争斗就开始了。莫尔森残忍地告诉玫，奥斯勒永远都不会娶她，这时奥斯勒碰巧出现，正式地给他们介绍了彼此："这位是玫·弗朗西斯小姐，我未来的妻子。这位是莫尔森医生，他这辈子从没说过真话。"几天后，奥斯勒拜访了弗朗西斯家，告诉孩子们他要邀请所有人参加聚会。他让大家手拉手围成圈跳舞，他唱道：

我们会有很多蛋糕，我们会有一切。

我们会从地精王那里偷来这些。

我们会唱歌，我们会跳舞。

地精王会气得不行。

奥斯勒知道莫尔森要举办一个派对。他带着孩子们乘上出租车，从莫尔森的住所里偷走了所有的蛋糕、饼干和冰淇淋，为孩子们举办了一场最好的庆祝派对。玫记得还有一次，奥斯勒用雪球干净利落地打掉了莫尔森的精美礼帽，结果莫尔森正式指控奥斯勒袭击他，引来了地方治安官，还被罚了款，激起了一片笑声。莫尔森娶了谢泼德的妹妹，毁了自己的生活，婚礼后的第一次医生晚宴上，奥斯勒问莫尔森太太，为求方便，能否给他留一把钥匙，以防他们又得像往常一样把她的丈夫背回家 [71]。

奥斯勒难以抑制自己写作的欲望，写信和写论文并没有将他的精力耗光，他成了作家。马克·吐温（Mark Twain）和奥斯卡·王尔德（Oscar Wilde）在 1881~1882 年访问了蒙特利尔，他可能受到了启发。他帮马克·吐温组织了一场晚宴，还带玛丽安去看了奥斯卡·王尔德的表演。经验丰富的医生喜欢将他们最引人注目的案例、冒险经历和故事发表出去。莫尔森成了《加拿大医学和外科杂志》的助理编辑，不久后，他粗略地读了某篇文章后批准其出版了，文章名为"印第安部落中有关西北地区大奴湖的专业笔记"，作者是医学博士、已故的美军外科医生埃格顿·戴维斯（Egerton Y. Davis）。这些故事非常荒谬，与土著人多年来的性交情况有关，如印第安男性会在婚前烧灼阴茎以抑制过度性交、性交中采用"膝胸卧位"、晚餐会吃"烤胎盘"来获得力量和勇气、对孕妇进行集体指检等（奥斯勒也见过维也纳的医学生这样做）。奥斯勒建议罗斯（Ross）编辑看看这篇文章，那时，戴维斯写的这篇神乎其神的文章已经排版完成准备出版了，必须尽快重选文章 [72]。

"戏弄莫尔森，"奥斯勒在手写稿上潦草地写道，"莫尔森策划了一场报复。"奥斯勒为他的医学写作找到了另一条出路，他做了《医学新闻》（Medical News）驻蒙特利尔的记者，该新闻在费城出版，戴维斯则沉下心来回想他见过的其他奇怪案例。遗憾的是，我们并不知道奥斯勒写完尸检报告后，在停尸房里胡闹时到底发生了什么。我们只知道乔治·罗斯会生气地大喊，"霍华德会怎么看这一切？"

在奥斯勒看来，帕尔默·霍华德唯一的缺点就是过于严肃了[73]。

1881 年 8 月，3000 名医生和科学家（据估计占世界上活跃的医学研究人员大多数）齐聚英国伦敦，参加第七届国际医学会，尽显医学实践的庄严。奥斯勒和霍华德也踏上前往参加会议的短途旅程（只是相对来说算短途罢了，单程大约要耗时一个星期）。巧的是，去的路上查尔斯·塔珀爵士和他们在同一艘轮船上，他们安排安德鲁·克拉克爵士对塔珀做了特别检查，克拉克非常悲观，塔珀被吓得想退休[74]。

奥斯勒当学生的第一天起，就非常珍视医学。他虽在报告中用夸张的语言向《加拿大医学和外科杂志》描述了大会，但他是发自内心的。看着数千医生因同一个目的聚集，因同一种精神而受到激励……让人脉搏加快，热情高涨。詹姆斯·佩吉特爵士（Sir James Paget）的主席致辞，"用最精妙的言辞和轻松优雅的方式将他美妙的思想表达了出来……他是一个非常有天赋的人"。

奥斯勒又听到了魏尔肖的演讲，可能还听了赫胥黎和巴斯德的演讲，他尽量多参加座谈会、午宴、晚宴、游园会和家庭招待会。这类事务中，社交和正式会议一样重要，通常也更有趣。奥斯勒参加了病理、生理和医学方向的会议，还发表了一篇有关心内膜炎的论文。最让他印象最深的是特地为大会创建的博物馆，这里陈展了约 700 件标本，都是从世界各大藏品中借来的："在博物馆度过的时间为大会工作成员带来了很多直接的好处，这些好处可比得上在其他部门的所得所获[75]。"早些时候，奥斯勒作为蒙特利尔兽医协会的代表，参加了英国国家兽医大会。这个会没国际医学会那么盛大，兽医们也没授予他任何重要荣誉，不像伦敦皇家医师学院，1883 年就授予他研究员的荣誉。他第一次有资格就被选上了。加拿大人里只有另外两人和他一样有这种荣誉。当然，奥斯勒也是 1882 年成立的加拿大皇家学会的元老会员。

麦吉尔大学在北美的医学院中仍位列前茅。1883 年起，医学实验室里的演示和说教式教学逐步淘汰，也没有让学生们花越来越多的时间待在解剖室里。奥斯勒那一代的人已经接过了教职员工大部分的关键职位，也聘请了妇科、助产科和儿童疾病方面的专家。唐纳德·史密斯向蒙特利尔医学院捐赠了钱，把他的女儿送入了学院，给了教职员工 50 000 美元的高额奖金，又增加了 50 000 美元。有计划要把医学院大楼的面积扩大一倍以上。

奥斯勒觉得教授们得应对教学过多带来的"冗杂差事"。他曾在一篇未署名的社论中写道，"理想的大学里，薪资丰厚的教授和助手们不用为行医担忧和烦恼，他们将把时间专门投入教学和学科研究中。除非个体能像约翰斯·霍普金斯（Johns Hopkins）先生（已故，来自巴尔的摩）那般慷慨，或者政府能那般慷慨，否则加拿大的医学院不可能完美发展"。但奥斯勒大体上是乐观的。1882 年，麦吉尔大学成立五十周年的晚宴上，奥斯勒祝酒时谈道，学校需要尽可能地聘请能力出众的人，不仅是这个国家能力出众之人，还要花重金吸引优秀人才，不分国籍[76]。

麦吉尔大学在革新的过程中并非是一帆风顺的。1882—1883 学年中期，一年级和二年级的学生开始对医学博士威廉·莱特牧师／教授的缺乏系统性和相关性的药物学课程抗议。谢泼德回忆说："疗法越老，用得越少，阐述也就越详细，越啰嗦。"谈判很棘手，作为教务主任，奥斯勒身处漩涡中心，他要让学生们回到课堂，又要安抚赖特，还要补充新的教学内容。学期末赖特辞职了，他意识到同事们并不支持他，逐渐与医学院失去了联系。25 年后，年老的他少与外界联系，他问谢泼德："报纸上说的 X 射线是什么[77]？"

赖特事件发生时，学生们还和蒙特利尔的警方发生了争执。这群愤怒的学生手里拿着棍子和大腿骨，准备闹事，奥斯勒教授和他们交流，阻止他们头脑发热，为麦吉尔大学挽救了局面："他理解我们的不满，只用笑声就让我们的心情转好[78]。"

奥斯勒在麦吉尔的医学实习期成果颇丰。他被聘用的原因很多，他懂得用显微镜且热爱研究，他遵从帕尔默·霍华德的建议，接受了先进且科学的培训，他始终坚信医学，尤其是病理学，是为医学实践服务的。部分出于谋生所需，他一开始就把自己视作执业医师。他涉足医学盲区，去治疗天花。后来，他到医院就职，开始成为一名临床医生，成为老师，成为作品颇丰的作家。

作为一个年轻人，他极度自律，勤奋刻苦，身体健康，幽默风趣，他的成就和理想几乎给每个人都留下了深刻的印象。他的医学圈很广，都是朋友和熟人，遍及三个国家，在哪个国家都像在家一样。各类期刊和会议中都遍布他的身影，且他在大部分工作中都表现出色，观察力强，逻辑清晰，深受文学影响，随时都能脱口而出莎士比亚的妙语。

奥斯勒原本是个不折不扣的外来者，可后来他在蒙特利尔成了一名医学精英，甚至是社会精英。他有许多有权势的朋友，如唐纳德·史密斯，还有一些商业巨头，后者当时在建设横跨整个大陆的加拿大太平洋铁路，这无疑是加拿大企业家最大胆的冒险。奥斯勒的兄弟埃德蒙是铁路董事会的一员，来到蒙特利尔开会。"19:00，你兄弟睡觉时，请来共进晚餐。"史密斯的便条上写道。之后，在处理铁路近期的金融危机时 E. B. 史密斯、乔治·斯蒂芬、安格斯（R. B. Angus）、邓肯·麦金太尔（Duncan McIntyre）和其他商人就会不理会威廉，通常他们都试图在纽约筹集更多资金。多年来，奥斯勒一直都帮忙从史密斯那为医学筹集资金[79]。

在医学这个新兴职业中，奥斯勒是一颗缓缓升起的明星。他的光有多耀眼呢？1881 年国际大会召开，1883 年他成了皇家内科医师学会会员（Fellow of the Royal College of Physicians，FRCP），那时加拿大、英国甚至是美国有地位的医生都认为奥斯勒值得关注。蒙特利尔的一些同事都以为麦吉尔迟早要失去他[80]。

作为一名科学家，奥斯勒做的事情太分散了。他刚在血小板、矿工之肺、心内膜炎、多发性硬化症等方面发表开创性的研究论文，就去做其他事情了，从未做过大量的跟进研究，从未在一个领域留名。他错过了成为"血小板之父"的机会。如果他想到并跟进观察肺细胞如何带走碳粒子，他可能会在研究细胞的吞噬作用这一领域

111

成为伟大先驱。他本可以成为阐明阑尾炎的第一人。奥斯勒在1884年承认他想做的事情过多了[81]。

在某些医学领域，奥斯勒已经落后了。在医学领域"生理学"一词取代了"医学基本原理"，即便如此奥斯勒还是对病理学更感兴趣，而不愿意沉浸在新科学中，做大量的动物实验来研究生命的过程："其实我缺乏研究生理学的技术。"在他的催促下麦吉尔有了第一个实验室，安装了一些新奇的生理学仪器，奥斯勒承认自己从未掌握某些仪器的使用方法。新生们坚信，我不眠不休地做复杂的研究……其实我手头的工具都用的不娴熟[82]。

即使作为显微镜和病理学检查、研究及学习的倡导者，奥斯勒也从不认为自己最主要的身份是一名科学家。他不受学科的束缚，哪怕是病理学也不行。他的兴趣主要有三：了解疾病的自然史、传授与疾病相关的知识以及尽其所能来治疗疾病。25年后奥斯勒在麦吉尔大学讲话时谈到了早期时的自己，"我成了被遗弃的多元主义者，10年过后我很难说自己做了什么，我觉得自己像阿尔西比亚德斯二世（Alcibiades Ⅱ）里的那个人，用诗中的话来描述就是'懂的很多，但懂得不精'"[83]。奥斯勒说服麦吉尔大学任命韦斯利·米尔斯（T. Wesley Mills）为演示生理学的老师，解决了生理学实验室的问题。米尔斯是奥斯勒以前在多伦多时的同学，很喜欢和鲍威尔辩论。米尔斯被戏称为约翰·斯图尔特（John Stuart），他了解生理学方法，却不懂得教学和人际交往的技巧，不受学生欢迎。

麦吉尔医学院或许将这段历史称为"奥斯勒的岁月"。但1884年，即使是奥斯勒也无法抵消蒙特利尔冬季狂欢节带来的诱惑。学生们坚持认为他们的课程应该像公立学校的课程一样，在狂欢节的那个星期停课，但学院只给了1天假期。当时奥斯勒说，就算只有一个人来他也会上课，后来有时是一个学生来听课，有时是3个学生来听课。狂欢节的第二个星期，学生们都回来了，奥斯勒开始讲课时说，"各位，很高兴见到你们。但我没想到你们居然会想享受学龄儿童上课的轻松"。奥斯勒后来再也没有提起过这件事，也没有检测学生们错过的功课^[84]。

　　奥斯勒计划上完最后一节课就去欧洲待 4 个月，对他来说，和学生之间发生了小小争吵又有什么关系呢？到 1884 年为止，医学界经历了爆炸式发展。"新的发现就像平底锅里的爆米花一样频频出现。"哈维·库欣会这样描述这些年^[85]。奥斯勒期待离开蒙特利尔，期待再次喝上欧洲的泉水，在医学大会上大嚼特嚼。3 月 26 日，他启程前往德国。按后来的标准评判，麦吉尔的学期依旧是非常短的，但学习任务非常艰巨。

（邢若曦　王智彪　**译**）

The Best Men: Philadelphia

第 4 章　最好的人才：问鼎费城

1914—1918 年第一次世界大战前，奥斯勒一直是一位无国界医生。他钟爱铁路、蒸汽机和早期汽车，频繁出行，走南闯北，涉足多个临床门类，精通各类医学著作，是个不折不扣的医学漫游者。在他眼中，普世行业的认同感重于国家、种族或地区的归属感。他在 1891 年的一场致敬菲尔绍的祝会中说："他委任的医师只服务于患者，这一使命无关犹太人，无关自由；我们都是同一物种，本应为了共同的弱点团结在一起，却由于这些差异彼此隔阂分离，或许他是唯一超脱于这些差异的人 [1]。"虽然到世纪末时，他开始表现出一种不太强烈的盎格鲁撒克逊种族意识和不列颠帝国主义热情，但他从未有过丝毫反犹主义倾向。即使在维多利亚时代晚期，盎格鲁撒克逊人和美国人对犹太人的成见甚嚣尘上，奥斯勒也不曾参与。

他在 1884 年访德期间亲眼看见并记录下了柏林的反犹太主义："多年前柏林弥漫的现代反犹叫嚣并未绝灭，相反，从几家专注犹太人问题的报纸论调中不难读出，有些人不愿意启用几千年前的尼罗河方案，来解决犹太人口增加的马尔萨斯问题。"他评论道，即使外来者也明显能注意到希伯来人在医学聚会、大学，以及任何学生群体中的突出地位。我认识的那些人，其职位无不是经过辛勤努力正当赢得的，全是他们自己的荣誉！当奥斯勒听说反犹主义骚动已经使犹太人在大学内难以为继时，他忧心预想了一种可能的未来：

若是另一位摩西奋起，劝诫犹太人离开德国并且（他）成功了，那么他们走后，这片土地将变得比"被掠夺"了大量"金银珠宝"的古埃及更贫穷。更不用说物质财富了，这些财富足以从土耳其人那里买下好几个巴勒斯坦。各个行业都会痛失大量最耀眼华丽的装饰品，而损失最大的莫过于我们行业 [2]。

自他 1874 年访问德意志帝国以来，这座展示城市的物质文明与进步令他感到震惊。实验室、医院、大学设施等公共建筑都得到了巨额投资，街道也充满现代化气息。它已从一个秽滥肮脏、排水不畅、恶臭熏天的二流首都发展成一个窗明街净、排污通畅、车水马龙的国际大都市。在新的妇产科医院里，他有幸见识医学的前沿技术。外科医生在严控的消毒条件下借助精良的医疗设备进行腹内手术，看起来应有尽有。整栋建筑全部用爱迪生电灯照明 [3]，但是还没有发展到可以伸入胃内照明探查。

他这次旅行一定程度上是对学生时代的重游和回顾，以及向菲尔绍（Virchow）致献敬意。奥斯勒再次坐进菲尔绍的课堂（能再次聆听大师的演讲真是莫大的荣幸）并前往他的私宅拜访，当面献上 4 个土著头骨作为礼物。对我这个昔日门生的造访，他给予诚挚感谢与亲切问候，但最令我高兴的是，他迅速而果断地鉴定出我带来的几个头骨是北美印第安人，并对颅骨特征进行了速描 [4]。

年迈的 F. T. 冯·弗雷里希斯（F. T. von Frerichs）刚发表了一本糖尿病专题论文，令医学界为之震惊。奥斯勒对这种功能失调了解甚少，但他对弗雷里希斯的治疗建议印象深刻，即保持内心平静、坚持身体锻炼并采用低碳水的多样化饮食。奥斯勒还参加了夏里特医院的普通内科、精神病和神经病科、儿科的临床会诊，随后浏览了皇家兽医学院，并到一家屠宰场参观研究肉类检验，收获了新的寄生虫标本。他注意到那些兽医教授居住在学院里，而且无须私人行医，不禁有几分明显的羡慕之情。因此，相比英国或美国的同类机构，这里的教学质量更高，科学氛围也更浓厚；但是学生水平似乎低于我们的平均水准。

自奥斯勒 1874 年来访后，医学界开始关注作为病原体的微生物，这是医学界的一次革命性变化。细菌学时代在这样一个学术发现与辩论轮番上演的背景下到来。每个病理学家都在培养各种细菌，并通过实验研究其与各类疾病的关系。两年前，炭疽杆菌的发现者罗伯特·科赫（Robert Koch）在分离结核杆菌方面取得了惊人突破。1884 年科赫再传捷报，在埃及和印度成功发现了导致霍乱的短杆菌，弯曲如逗号状。在这个细菌学的奇迹之年，柏林举行了一场德国医师大会，奥斯勒也有参加。会上卡尔·弗里德兰德（Carl Friedlander）声称发现了肺炎致病原肺炎球菌，引发与会者热烈讨论。白喉是由细菌引起的吗？那产褥热呢？所有发热和炎症也是吗？未来将走向何方？ 19 世纪 80 年代细菌的发现和分类引爆了大众的想象，其热度不亚于 20 世纪 90 年代人类基因组图谱的绘制。奥斯勒在柏林写道："此类知识在外行中的迅速传播令人咋舌。"各种细菌的特性成为餐桌上的热议话题，各类胡说八道和伪科学的盛行自然也就毫不意外了 [5]。

作为一名研究寄生物学的学生，奥斯勒与那些嘲笑隐形生物致病观点的保守派有天壤之别。

他再也没犯学生时代将血小板误认作细菌的错误，也没有证据表明他支持自发产生学派或提出细菌作用的基础是化学而非生物学的其他人士。科赫发现结核杆菌的第一份完整报告登陆加拿大不到一个月，奥斯勒就向学生演示了结核杆菌在结核肺中的存在 [6]。

但这位医学新教徒也不是细菌学的狂热宣传者。像许多病理学家和显微镜学家同行一样，由于他在活的和死的组织中看到的细菌种类过多，因而无法立即确定它们的性质和功能。他在柏林书信中选择了一条中庸路线，对证据和权威都慎加权衡。他认识到，德国新生超级巨星科赫凭借其高超的技术方法和高水准的证据，已然超越了巨擘菲尔绍在霍乱问题上的保守主义，成为许多人眼中的权威。然而人们对细菌的致病性尚不完全清楚。肺炎中发现的微球菌仍可能只是正常的口腔和呼吸道微球菌；所谓的白喉致病微生物也无法培养（科赫自己的要求之一）等。

奥斯勒秉持的是融汇了路易斯·巴斯德学派风格的老派中庸"微生物学"，而不是科赫或条顿模型的"细菌学"[7]。然而这毕竟是个令人兴奋的领域！在莱比锡访问期间，奥斯勒上午研究细菌，并在朱利叶斯·科恩海姆（Julius Cohnheim）的实验室与卡尔·魏格特（Karl Weigert）一起研究大脑切片，下午则参加会诊或其他实验室。他敦促帕尔默·霍华德在麦吉尔大学拾掇出一个房间用于细菌培养，并承诺只要培养菌能耐受旅途中的炎热，他就一定会把它们带回去。如果当时奥斯勒成功了，麦吉尔大学的致病微生物研究就不会落于人后[8]。

他在德国工作和生活得越久，就越羡慕德国科学家的高额薪资和实验室配备的住宿条件。他怀疑麦吉尔大学里扩建的医学大楼里根本没有他和韦斯利·米尔斯的栖身之地。在此种心绪下，奥斯勒似乎对医学实践失去了兴趣。但他很快又产生怀疑。他听闻伟大的德国研究生理学家卡尔·路德维希（Carl Ludwig）认为，英国生理学已经落后了，因为许多从业者已经转向了实用医学和外科。他认为，德国的研究所显然完美迎合了优秀研究人员的要求，但我相信，（学生的）生理学教学等级和档案却不如我们英国好。

117

奥斯勒在对德式道路的苦思中，提出了一个平衡研究和教学的难题，正是这一难题在他余生的职业生涯中一直困扰着他。很难协调大学的两大职能，一方面是推动科学进步，为教授和大学带来声誉，这点最具吸引力，也是德国实验室主任的主要精力所系。这一功能的行驶尤为普遍，导致各个实验室发表的论文在医学文献中滥竽充数。另一方面，由于对诱人的花哨名声的追求，学院的教学功能极易受到忽视[9]。

同样，奥斯勒清楚地看到了德式作风的正反两面，即医院由权威领军人物把持，但由庞大的助手群体支撑。收入微薄的助理承担了太多的工作。另外，病房已变成用于科学研究和疾病治疗的临床实验室，助理在教授的指导下进行研究和教学辅助。德国医学的先进地位和学校作为教学中心的声誉，很大程度上是该系统的成果。

在奥斯勒看来，这些仍可归类为学术问题，比他在麦吉尔大学的住宿问题更为重要。和1874年一样，他在德国收获了大量职业价值；但他永远不会像后来的许多同事那样亲德。游历过柏林和莱比锡后，他穿过海峡抵达伦敦，这才是世界，我真想在这里长住[10]！

当奥斯勒逐渐成为一位国际知名的医学泰斗时，宾夕法尼亚州费城的医学巨头们却在讨论行业近亲繁殖的制约性。

世代以来，他们的伟大城市及其首屈一指的医学院始终位于或毗邻美国的医疗卫生中心。创立于 1765 年的宾夕法尼亚大学医学院是美国最古老的医学院。而成立于 1751 年的宾夕法尼亚州立医院则是美国最古老的医院。美国独立战争结束后，本杰明·富兰克林（Benjamin Franklin）时期的费城一度成为全国政治和文化之都，彼时费城的教授、哲学家兼《独立宣言》（*Declaration of Independence*）签署人本杰明·拉什（Benjamin Rush）是美国最负盛名的医师。几十年来，宾夕法尼亚大学始终高踞美国最大学校之列，学生规模达到 300～500 名，其他中心和蓬勃发展的费城本地竞争院校相比不可同日而语。

费城，这个曾经的贵格城，昔日的美国雅典，到 19 世纪 80 年代已经成为工业巨头，集煤炭之城、钢铁之城、铁路之城、磨坊之城、海港之城于一身。它的人口即将突破百万，越来越多的新移民搬来这里，甘愿从事最恶劣的工作，赚取最低的工资。回溯往昔，费城最著名的居民可能是诗人沃尔特·惠特曼（Walt Whitman），他通过诗歌表达对充满活力与平等的美国民主时代的憧憬。

但费城的行业和社会仍然非常保守。儿子会遵循父亲的传统从事法律、银行、批发和医药行业，继承父亲在里顿豪斯广场的豪宅，有时甚至接替他们在大学的职位。能在费城上流社会立足的人，要么在费城出生，要么获得了费城认证，而认证印章正是宾夕法尼亚大学的学位。

19 世纪后期许多美国、加拿大和英国的城市也出现了类似分层。无论在哪里，身处充满变数的环境下，人们更愿意与族人和同类人而非不甚了解的异乡外人共事。一位地道的费城人曾扬言："我不许任何堪萨斯州人检查我的膀胱。"以此拒绝医院实习医师对其的身体检查。这种沙文主义有一定的医学依据，在 19 世纪的前中叶，许多医生认可费城人的膀胱功能可能受到当地环境尤其是气候的影响。也许堪萨斯人对当地、本地缺乏深入了解。到了堪萨斯州，当地人也会对宾夕法尼亚州培养的医生资质抱有同样疑问。奥斯勒指出，在费城结核病的诊断难度高于蒙特利尔，因为在美国城市可能与疟疾混淆[11]。

宾夕法尼亚大学的医学院是美国最优秀的医学院之一，在成立之初的 20 年中，只任命了一名非宾夕法尼亚出生或毕业的教师。大多数教授两者都是。唯一的例外也曾在大学接受过部分培训。官方校史明确指出，"教师的近亲结婚于长远无益"[12]。

但教学质量并未受到影响。19 世纪的大半时期，费城和宾夕法尼亚里培养了大批才华横溢的医师和外科医生，其中许多人在宾夕法尼亚大学或其主要对手杰斐逊医学院成绩斐然，享誉全国。费城代代都有名医引领风骚［格罗斯（Gross）、阿格纽（Agnew）、佩珀（Pepper）、斯蒂莱（Stillé）、伍德（Wood）、海斯（Hays）、莱迪（Leidy）、泰森（Tyson）、基恩（Keen）、米切尔（Mitchell）］，代表着其无上的成就和一流的承诺。一位优秀毕业生曾认真写道，"任人唯亲是一种在所有成功的机构中随处可见的父辈的自豪感"[13]。此时的费城仍然称得上是美国领先的医疗中心。

内战结束后，费城的医学精英认识到保持大学领先地位的重要性。1870 年，他们决定将学校迁到斯古吉尔河对岸，在西费城建了一个宽敞的新校园。1874 年，威廉·佩珀二世（William Pepper Ⅱ）博士（后来佩珀家族共出现了 4 位医生，还有几位酿酒师、律师和政治家）率先筹款，建立了美国第一家大学附属医院。随后佩珀联手霍雷肖·C.伍德（Horatio C. Wood）（第九代宾夕法尼亚州人，治疗学和神经疾病教授）领导了一场抵抗顽固保守主义运动，推动宾州的教学改革。他们追随哈佛的举措，意在创建循序渐进的长期课程，其中最具争议的是将学制增加至 3 年。费城绝不会让波士顿超越，如果可以的话，也不会让邻近的巴尔的摩超越，即便商业巨子

119

约翰斯·霍普金斯慷慨捐款 700 万美元，巴尔的摩的精英正雄心勃勃，要打造一所顶级大学、医院和医学院。1881 年佩珀当选宾夕法尼亚大学教务长，之后立即启动新一轮筹款，准备建设实验室和扩建综合大学。

1884 年，费城医学泰斗阿尔弗雷德·斯蒂莱（Alfred Stillé）以医学理论与实践教授身份退休。教务长佩珀接替他的职位，因此自己的另一头衔临床医学教授职位空缺。董事们考虑从 3 位当地本校毕业生候选人中挑选出一位填补空位，但教员意见严重分歧，对哪个候选人都没有明显偏好。

一天，在费城备受推崇的全国性周刊《医学新闻》编辑部里，一群人在编辑会议结束后谈论了这一状况。医学委员会的董事们为什么不考虑外地，找找其他地方的人才？有人提议蒙特利尔的奥斯勒可作为候选人，提议者可能是新闻编辑密尼斯·海斯（Minis Hays），为了扩大报纸影响力，他一直用加拿大人担任蒙特利尔通讯员。塞缪尔·W. 格罗斯（Samuel W. Gross）是杰弗逊医学院的外科医生，曾参加过 1881 年的伦敦医学大会，他要么见过奥斯勒，要么听说过他演讲引发的巨大反响。他也对此抱有热望。病理学教授兼系主任詹姆斯·泰森（James Tyson）（泌尿吉米）也认识奥斯勒，但他认为现在来不及阻止董事决议，何况奥斯勒身在欧洲。该小组向泰森施压，力推宾夕法尼亚大学理应任命最佳人选。如果要由加拿大人来检查费城人的膀胱，那就由他吧。泰森最终同意进行此事 [14]。

他在城中的唯一同事是霍雷肖·C.伍德，一位坚定的改革派。伍德自告奋勇前往蒙特利尔，调查奥斯勒在当地的风评。他首先拜访的是家法国医院，发现奥斯勒在此声望很高（按本城标准，这是对一位不会说法语的医生的极高评价）。随后他的看法得到了蒙特利尔综合医院的支持。当弗兰克·谢泼德发现伍德在和医院医生们共进午餐时，便上前责问他是否是来这里探信的，伍德承认了这一事实，然后问起奥斯勒，我如实告诉了他。离开时他确信奥斯勒就是最佳人选 [15]。

奥斯勒在莱比锡收到了泰森的信，询问他是否愿意被提名为费城空缺职位的候选人。这一消息令他措手不及，起初还以为是某个朋友的玩笑。然后他认真思考了很久，一边是在蒙特利尔建立起的友谊和发展机会，另一边则是美国大都市知名老校提供的更大的发展机会，他在两者间进行权衡。执教收入并不比蒙特利尔高。他告诉奥格登："真正的诱惑在于大型医学中心和可期的咨询前景。"他在谢泼德的信中写道："一个人在一个地方生活 10 年，他慢慢就会想要在此地扎根下来，但我希望自己还没老到不能'移植'。"多年后，他说自己是抛硬币做出决定的。如硬币的人头朝上，意味着去费城。待他去发电报宣布决定时，却发现身上没钱，抛落在桌子上的硬币是他唯一的银币，似乎天意指示我留在蒙特利尔。于是我半下决心顺从暗示。但我最后决定，既然我已决心去碰运气，那就应该遵从硬币的结果，于是回旅馆取钱发了电报。奥斯勒的理由可能是，无论美国人决定如何，他都不会输，因为他可能的离开会刺激麦吉尔大学出高价挽留 [16]。

费城人选的决定权交到了塞拉斯·威尔·米切尔（Silas Weir Mitchell）手中。他是该市及全国最著名的医生之一。米切尔是土生土长的费城人，当时 60 岁出头，因其先进的神经学研究（源于对内战中枪伤的研究），以及凭借著名的"休息疗法"发明者为神经患者带来福音的社会医生这一身份而享誉国际。此外，他还是一位多才多艺的小说家和诗人，富兰克林传统的复兴者或启蒙者。米切尔后来的一部小说《休·韦恩》（Hugh Wynne）就是以革命时期的费城为背景撰写，销量超过 50 万册。米切尔富有但深居简出，精通马德拉美食和雪茄鉴赏，擅长高深交谈，而且是宾夕法尼亚大学的董事。1884 年夏他正在欧洲旅行。奥斯勒同意作为候选人参选后，泰森和伍德请米切尔会对他进行面试。如果奥斯勒能被最伟大的费城人接受，那么一切关于陌生人甚至外国人的浅显质疑都将烟消云散。

7 月 6 日晚，米切尔和奥斯勒在伦敦会面。

米切尔在游记中写道："很高兴见到奥斯勒医生。"而且据奥斯勒说，他马上向费城发去电报："可以！就选奥斯勒。"后来一切敲定后，奥斯勒才以开玩笑的语气夸张地描述起当时的场面：

> 米切尔博士和他贤惠的妻子受委托来考查我，尤其是我的个人品行。米切尔博士说，要检验一个人的教养是否能担当费城这种大城市的重要职位，只有一个办法：让他吃樱桃派，看他如何处理樱桃核。我此前曾在书中见过这种把戏，于是文雅地用勺子把核剔掉，结果就得到了这个职位 [17]！

事情并没有那么简单，但奥斯勒可以说是抓住了问题的核心，并在后面几年中坚持认为这是他一生中最幸运的一天。他和米切尔立刻意识到两人志同道合。尽管如此，费城人还是从其他专家处收集了有关这位外地人任职资格的意见。哈佛的 R. H. 菲茨也有意提议奥斯勒，但对此持谨慎态度：

> 虽然我对他的资质抱有最高评价，并且听说他是大学公认的最强能人之一，而且也知道他年纪轻轻便平步青云，但我对他本人与学生的关系却一无所知。现在下结论尚早，但如果可能的话，贵校应该提拔本城的才俊。蒙特利尔知道他非池中物。他是本行业科学进步的杰出典范。他最近在麦吉尔校庆晚宴上的演讲令人刮目相看。

随后一些与奥斯勒略有交情的位高权重之士纷纷为其写下有分量的推荐信。他的支持者有英格兰的桑德森、巴斯蒂安和威廉·高尔斯，以及纽约的奥斯丁·J. 弗林特（Austin J. Flint），后者与米切尔都名列美国医学界泰斗。弗林特写道："从他在纽约病理学会会议上的发言来看，我认为他完全可以成为一名成功的讲课老师。我所知道的人中，他是最适合担任贵机构的临床医学职位的人选。"杰出的神经学家高尔斯写道，他的名声之广、口碑之高超过了任何一位英国医师。密尼斯·海斯着重向美国同行强调了奥斯勒在皇家内科医师学院的校友身份；而 1885 年奥斯勒曾受邀在皇家医师学院久负盛名的古尔斯顿讲座演讲（这是加拿大人前所未有的荣誉），也迅速尽人皆知 [18]。

而米切尔的行为可谓是为促成此事锦上添花，他在英格兰对奥斯勒进行了更详尽的调查并与之密切通信，读完所有推荐信后，他在 8 月 17 日从瑞士给其他董事发了一份掷地有声的结论陈辞：

> 他的推荐者都是非凡之辈，由信可知，在英国医师最出色的思想家眼中，他是出类拔萃之人。他在加拿大的风评极高，就个人而言，他是位有教养的绅士，出生于定居加拿大的英国牧师家庭，语言造诣出众，为人友好风趣，事业雄心远大，据说对学生具有非凡的吸引力和影响力，他对医学贡献良多，备受推崇。对于以上所述及蒙特利尔和英国对他的评价，我奉上他送来的文件为证，诸君阅过即知。鉴于我已面试过他，我的重要职责在于向诸位保证，通过与他的当面接触，我可以放心地说，他的朋友并没有夸大。我对此事尽心尽力，字斟句酌写下此信，希望能对投票结果大有助益。

米切尔补充说，除了一名医学院教员，所有人都中意奥斯勒。他们的第二人选是胡安·吉特拉斯（Juan Guiteras），虽是古巴人，但在费城受训后执教。米切尔总结道："虽然两位都是外国人，但我要补充一句，奥斯勒博士的观念和行事与地道美国人无异，正是这点打动了我 [19]。"

麦吉尔大学尽力挽留他。院系提出要提高学费，将他的固定年薪从 500 美元增加至 1600 美元，并为他专门设立了病理学与比较病理学的职位。他的恩师兼人生导师帕尔默·霍华德致信，声情并茂地描述奥斯勒的离开会给他们带来怎样的失落感：

> 想到你将离开令人如遭重创，理智如我等，无不急于倾尽一切将你留下，原因不仅是你教书育人的能力、你对工作的勤奋热情、你为人处世的绅士风度、你是我们的同事兼好友；不仅是你对学校的付出和贡献，还因为我们认识到你今后大有可为的前途，无论是为麦吉尔大学添光增彩的独创研究，还是为你喜欢的医学分支搭建系统化教学体系；最重要的是，与你接触令我们每个人斗志昂扬并受益多年 [20]。

加拿大医学协会的同事知道他可能会离开，于是推选他为 1885 年的主席，希望能留住他。

在一番担忧和游说轮番上演后，宾夕法尼亚大学的董事拖到10月才做出决定。有一段时间，奥斯勒和麦吉尔大学都认为他南下将面临一年的试用期。1884年10月7日，宾夕法尼亚大学董事投票决定，一致推选他担任临床医学教授。一位麦吉尔大学生记得奥斯勒当时走来走去，搜肠刮肚般想表达离别时的遗憾之情，最后只说："先生们，无须空言虚词。我承认，我要离开麦吉尔大学，到更广阔的天地实现宏愿。"50名蒙特利尔医生出席了他的送别晚宴，会上帕尔默·霍华德称赞他为我们当中唯一一位纯粹的科学信徒、一个秉持社会良善本能的人，另外还是血液中奥斯勒颗粒的发现者。学生们赠予他一块金表，全体浩浩荡荡地护送他到车站[21]。

一匹黑马，准确说是一匹外国黑马，成为佩珀职位之争的最后赢家，这一消息让宾夕法尼亚大学的许多医学生和部分员工瞠目结舌。

一个外地人怎么能超越所有费城候选人？一个外国人怎么会打败所有美国候选人？奥斯勒的说话方式古里古怪、断断续续，有时甚至语无伦次，乍到新环境的紧张可能使这一情况更糟。他开始的几次讲课相比前任的口若悬河可谓惨不忍睹。一位同事回忆他初期的一次临床授课："每句话都以英里英气的'啊！'开头。"自然没能征服学生。传言说奥斯勒在英格兰刻意学了这种矫揉造作的说话方式。事实上，他早就在留意美国特有的高音和鼻音，并意识到作为加拿大人自己也这样说话，而且可能一直想改变自己的声音。他竭力想要消除口音隔阂或许影响了现在所谓的美国东岸口音。其他人则注意到他明显习惯采用加拿大用语。一位旁听者回忆："面对患者时，他通常不会直接用疑问句，而是先说陈述句，然后发出询问的助词，他不说'你今天好些吗？'而是说'你今天好多了，呃？'我时常发现，很多加拿大人都爱用这种方式进行引导性提问[22]。"

1884年10月1日，他首次在宾夕法尼亚大学给学生们做介绍性演讲。无论按哪种标准衡量，他的这次演讲都是乏味无趣的徒劳无功之举，甚至是一次彻底的失败演讲。它从未发表（这在奥斯勒的职业生涯中很少见）也不值得出版。但是学生的抱怨并没有他在蒙特利尔第一年时那么严重，之后很快平息下去了。美国人就此得出结论：虽然奥斯勒不是这所大学最出色的演讲者，但他似乎有真知灼见。其中一个人回忆称："用学生的话讲就是他'有料'，换言之，他了解自己负责的专业，知道如何传授他掌握的知识，没人比他精通如何惊艳揭晓待传达的知识[23]。"另外一个人则写道："当他拖长声'啊啊啊'时，其实是在搜索恰当的用词，他最后总能找到。"高年级学生跟着他上病房课，在走进尸检室后，他们意识到奥斯勒是个实力堪比美国博物学家约瑟夫·莱迪（Joseph Leidy）的老师：

他的第一堂病房课便让人大开眼界。可以说他是在病房中兴致勃勃地嬉戏，片刻之后，所有学生都产生了强烈的兴趣，渴望能够深入了解。尸检时发现的每份新样本，活人身上表现出的每种有趣的病状，在他眼中都是处宝藏，正如莱迪在每朵花、每块石头、每块骨头、每只虫子和每个根足虫身上发现一种内在美，换个比喻，奥斯勒就像一个欢欣愉快的孩子，因为发现了一片雏菊田而欢呼雀跃，感染得其他所有孩子也兴致勃勃地与他一起欢呼。

在这座城市中，奥斯勒比所有同代人都积极地传扬着这一观点：疾病并不可怕，它不是某些所谓的医学人必须学以谋生的东西，而是那些受过恰当培训的聪明人士可以追随的一份职业，能带给人享受和提升，正如艺术家可以学习名画或音乐家可以聆听名曲一样。奥斯勒到来前，这里的学生将癌症视作癌症；待奥斯勒离开后，学生们已把癌症当作细胞集合来研究，想要揭示其中不为人知的奥秘[24]。

他新的一些高级别同僚们为奥斯勒准备了欢迎晚宴。海耶斯·阿格纽（Hayes Agnew）博士更是向这位外地人行使了据说是费城人对外地人的最高礼节，他的教堂长椅上的一个座位。阿格纽还为奥斯勒夫人留了一个座位，并且非常困惑地从加拿大人那里得知，奥斯勒那未现身的夫人不是怀孕了就是一名佛教徒（这个故事的两个版本显然源自一个手势）。奇怪的外国作风。费城人也不知道该如何叫他的名字。有人问该叫你欧斯勒还是奥斯勒？他的回答则直接

125

出自《仙境》（*Wonderland*）：无论你说"嗨"还是胡乱大喊，我都会答应。他去其他费城教堂只是为了聆听布道者的声音，显然希望能继续改进自己的发音[25]。

他发现费城人非常友好，但还达不到北方（加拿大）标准[26]。他与所有人都相处融洽，并与部分人（老少都有）结下了终身的友谊。威尔·米切尔几乎成了他另一位医学界父亲。此外，奥斯勒还与年迈的阿尔弗雷德·斯蒂莱有过多次畅谈，后者曾师从巴黎的皮埃尔·路易斯（Pierre Louis），并且是区分伤寒和斑疹伤寒的先驱人物。

他成了詹姆斯·C.威尔逊（James C. Wilson）博士子女口中的"奥斯勒叔叔"，并且成为年轻实习医师乔治·多克（George Dock）深爱的导师。塞缪尔·W.格罗斯博士夫妇延续了已故父亲（一位全国著名的外科医生）的传统，在星期日举行丰盛的娱乐活动，并将奥斯勒奉为座上宾。也许是因为格罗斯夫人在波士顿长大［格罗斯夫人是保罗·里维尔（Paul Revere）的曾孙女］，奥斯勒总能在格罗斯家中享用到满意的下午茶。格罗斯夫人一定偶尔惊诧奥斯勒和丈夫长得何其相似，同样的消瘦脸庞、深陷眼窝、后退的发际线、下垂的胡子，区别只在于奥斯勒更年轻。

威廉·佩珀是费城医学和学术领域进步的推动者，他永远与人和睦。两人之间的仇怨或敌对的轶事在整个费城可谓传得沸沸扬扬，恐怕整个费城也装不下两位大佬的传闻，这些可能都源于双方在学术和医学上的正常争论。哈维·库欣后来在《威廉·奥斯勒爵士一生》中草率复述了几句暗讽，最后为冒犯费城人而道歉[27]。库欣其实曾在私人笔记中总结道："奥斯勒一生难逢敌手，即使有，他本人也不赞成竞争；佩珀则地位牢不可破，对冉冉崛起的新秀不会有任何嫉妒之心。"他还未加解释地写道："威廉·奥斯勒曾为身陷丑闻的佩珀辩护。"佩珀的丑闻还未曾发现实据，只有一个二手传闻说，宾夕法尼亚大学学生曾抱怨过佩珀疏忽随意、教务长式的讲课方式，并当成反面教材与奥斯勒的严谨缜密和学者风范对比。奥斯勒用一句不置可否的话总结了佩珀的缺点："他是人，除了男人的弱点，他还加上了大学校长的弱点 [28]。"

在这个医学院里，既有佩珀这般精力充沛的当家人物，又有其他几位干劲十足的费城元老，奥斯勒收敛起蒙特利尔教务长的风头和激扬，识趣地担当着配角。他虽然是临床医学教授，年龄却比临床前学科的老师都小，也不在课上长篇累牍地说教。他的教学任务仅限于临床范围，如临床讲课、查看病房，以及在尸检室里的研究。甚至在大学的医院里，高级教授佩珀也享有优先权。奥斯勒在大学的基本年薪为 1000 美元，只有高级教授的 1/3。但他总能用加课将收入翻倍。

奥斯勒在费城是位尽职尽责的教员，但除了加入废除毕业论文委员会，再没有做出任何推动改革的举措。佩珀的学徒生涯是在停尸房度过的，他对医学教育的看法与奥斯勒非常相似，并尽其所能地负起责任。他的问题是医学院的改革远远不够。出于对生源不足的担心，医学院在 1881 年实施的正式录取标准规定，仅需一篇英文论文加基础物理笔试即可，比 1767 年基于拉丁文的考试宽松。高中毕业仍不是入学必需条件，医学课程虽增加了四年级，但几乎没人选择去学习。

宾夕法尼亚大学的新校区蛮荒且丑陋。教员实验室似乎数量不足，大学医院拥挤狭小且未完工，管理和设备也相对较差。医学系里年轻派与老成派并驾、改革者和保守者齐驱，某成员称这种状态为"翻涌的惰性"。H. C. 伍德认为大学的兽医学生比医学生接受的教育更好。奥斯勒曾在宾夕法尼亚州的首次演讲中表示，他希望医学教育能配备一套临床文员和服务体系。但费城医院的管理方式并没有显著改进。

入驻费城才仅 18 个月，奥斯勒便对哈佛的临床医学教授一职热望不已。他在写给哈佛的鲍迪奇的信中说道："我应该会喜欢生活在波士顿，我应该会更享受高于宾夕法尼亚大学的学校标准。但我恐怕这里已成为自己的牵绊。我担心很快又要搬迁。咨询业务正急入正轨，我相信收入会快速增加。但最吸引我的是这里提供的真正一流的临床机会。待大学医院组建完成，位于市立医院和神经诊所的病房投入使用，我将会获得丰富多样的临床材料，这是国内其他任何医学院都无法可比的。我必须安心在此工作并希望标准能逐步提高 [29]。"

临床材料包括宾夕法尼亚大学医院病房的患者，骨科医院和神经疾病医院（一家由威尔·米切尔领导的机构）的患者，以及最重要的是费城医院（即旧布洛克利庄园内的救济院、城市医院和精神病院组成的庞大综合体，紧挨西费城新校园）的患者。布洛克利拥有 2000 居民，全都是靠慈善救济为生，此处样本之丰富堪比柏林的夏利特医院、维也纳的维也纳医院，以及安大略省登达斯的库达斯天堂医院。

奥斯勒仍像在蒙特利尔时那样，积极宣扬临床病理学的福音，对死者和活着的人怀有同等的兴趣。佩珀负责的大学医院患者死后，奥斯勒开心地分担了尸检工作，并顺便自费设立了医院的第一间实验室 [30]。在布洛克利停尸房中，奥斯勒似乎从不遵守程序协议，无视两位指定的病理学家，随心所欲地做他感兴趣的尸检工作。听说奥斯勒将做尸检时，布洛克利的居民、年轻的同事和学生几乎飞奔赶去围观。其中一人对此做了精彩描述：

14:00，奥斯勒自己，以及任何能从病房抽出身的住院医师，两两成对地走进尸检室。狭小的房间里摆着三四张桌子，每张桌上放一具停尸房管理员摆上的尸体。奥斯勒会负责一具，他的住院医师负责另一具，剩下的则分给其他住院医师。胸腔和腹部解剖开后，奥斯勒会带着住院医师们一起挨具查看尸体中原封未动的器官。随后我们各自回位，摘除器官并将它们放到盘子上。然后奥斯勒会依次检查每组器官，不遗漏任何微小细节。当他获得新发现或找到不寻常之处时，会马上与我们分享。现在我还能看到埋头解剖桌前的他突然高呼，"'哦哟哟'，孩子们看着这个"。

有时候这种惊叹可能是一种更大声的恍然大悟或是一种懊恼声。

学生们回忆说，奥斯勒从不惧怕承认错误。他曾在布洛克利病房中忙碌的一天行将结束时，对一名因肺炎入院的女性进行了"相当仓促"的检查，他注意到左肺有点浊音，但并没有放在心上。次日患者突然死亡。他写道："令我们羞愧的是，患者胸腔充满积液。"奥斯勒确信及时抽水能挽回她的性命。另一起打脸事件则是，他曾以一名有肺炎全部症状的爱尔兰人做临床讲座，10 天后却得知患者痰中发现了结核杆菌，但好在这种病进展较慢，有足够时间纠正诊断[31]。

从拍摄于 1887 年布洛克利停尸房里的珍贵照片上，我们能看到奥斯勒身边簇拥着多名年轻男性和一位女性，都身着医院制服（据说是内战遗留下来的）或便服，有几个还系着围裙，袖子卷起，裸露的双手暴露在各种感染环境中。凑近细看，就能看到他卷着袖子，正在人体血肉中寻找新的或异常东西。我们无法看到他手上的"Verruca necrogenica"（剖尸疣或尸毒性疣），即由结核杆菌引起的小结核结节，想必他对此已经免疫。当一个新疣长出时，如果他不打算用作论文研究材料，就抹上油酸汞，疣很快就会消失[32]。

1886 年开始使用。有时二楼会有拥挤的人群借着天光看热闹。我们无法从照片中看出这点，也不知道尸体查查（即停尸房管理员）是否已把旧尸检室解剖台上方的精神病患者的断头和交叉的股骨挪了过来[33]。

无亲无故的人死后可以立即进行尸检，其他的则需要知情同意。若是奥斯勒博士想要进行尸检，无疑是出于推动科学和人类事业发展的目的，他的助手们必须全力以赴争取到同意：

住院医师若是未能够进行尸检，会觉得受到奇耻大辱。我们千辛万苦地赶到费城的偏远地区，请求患者家属同意。如果死去患者的住院医师遭到拒绝，麻烦就由我的室友卡斯帕·夏普莱斯（Caspar Sharpless）博士接手，他天赋奇能，能在其他人碰钉子后成功取得同意许可。所有大费周章的努力都是为了奥斯勒。是不是他的患者并不重要，只要奥斯勒想要做尸检就足以让所有人跑腿。

若以上所有方法都失败，奥斯勒会亲自到患者的家中，恳求让他就地进行尸检。他可能还会碰碰运气，询问能否将某个有趣的器官带回大学用作教学或展示。如果遭到拒绝，他会请求至少让自己借用一下[34]。

他对剖析有趣病例的热情当然不是个例，据说伟大的费城自然科学家约瑟夫·莱迪同样拥有。1846年莱迪在生物俱乐部用餐时，餐桌上有一道菜是乌龟，他没有吃掉这些生物，而是将它们解剖，由此发现了3种新的肠道寄生虫旋毛虫。威尔·米切尔评论道："永远不要给莱迪任何能吃的且值得解剖的东西，人人都知道它会有什么下场[35]。"

公众和被奥斯勒及其助手无视的两位病理学家向布洛克利董事会投诉尸检室遭滥用。奥斯勒到来之前，费城最著名的病理学家兼布洛克利官方病理学家是亨利·B. 福尔摩德（Henry B. Formad），这是一个易怒且脾气古怪的中欧移民，此人显然缺乏处世风度和社交地位（从他胆敢质疑罗伯特·科赫的细菌学来看，他的科学判断力也欠奉）。虽然福尔摩德对自己的领地多有忽视，可是发现奥斯勒已经踏进来时马上大光其火。显然是受到了福尔摩德的敦促，布洛克利逐步收紧了管理程序以约束奥斯勒和住院医师。但管束总是不够严密。待奥斯勒的解剖散会后，查理常常要慌忙地将器官塞回尸体。有一次，一具尸体因涉嫌死于犯罪而被剖开后，人们从里面找出了3个肝脏[36]。住院医师发现博物馆保留的许多标本已经腐烂，可能是因为患者助理或尸体解剖者查理，偷喝了防腐用的酒并拿水顶替导致的[37]。

奥斯勒仍然得靠治病赚钱，事实上，这也是他来费城的部分原因。他在位于南十五街131号、核桃街以南繁华地段的住所里布置了一间小办公室和接待室。让美国人惊讶的是，他只提供咨询服务。这里的业务发展和蒙特利尔一样缓慢。奥斯勒的许多熟人都怀疑他根本没用心；他的心思都花在了布洛克利停尸房里。但正如给波士顿朋友的信中所说，到1886年时他的咨询业务正急入正轨。他的日记中记录，正常情况下他每个星期至少会接待 4～6 名患者，通常都在上午，他的问诊费起步价是 10 美元。

许多患者由威尔·米切尔介绍而来。奥斯勒也开始接受其他医师和医师亲属的咨询，逐渐成为"医生的医生"。1886 年 7 月，费城的美国外科泰斗威廉·威廉姆斯·基恩（William Williams Keen）医师，在科德角的小屋里疯狂给他打电话，恳请他医治突然病倒的妻子。奥斯勒一路赶来，但内科医师和外科医师都无力回天，基恩悲痛欲绝。30 年后，基恩写道："你陪我一直坐到深夜，耐心聆听我灵魂的倾诉。你不知道你曾给过我多大的安慰 [38]。"

奥斯勒没有向基恩及大多数相熟的医生收费。损失的收入可能由其他方式补上了。奥斯勒在费城的年收入，其中包括他的行医和为《医学新闻》撰写的社论，上升到 5000 美元；到第 5 年，即 1888—1889 年，达到 7330 美元。他的账本显示有几笔 1000 美元转给了 E.B. 哥哥，可能是用来偿还他的大学教育费用。

1886—1887 年，他给了玛丽安·弗朗西斯（Marian Francis）1000 美元，也许是帮她养育子女，也许是偿还以前的贷款。

1885 年某天上午，奥斯勒收到加拿大朋友理查德·莫里斯·巴克（Richard Maurice Bucke）的电报，此人是麦吉尔大学毕业生，安大略省伦敦精神病院的负责人。电报上书："请为沃尔特诊断并告诉我结果。"奥斯勒回电："沃尔特是谁，住在哪里？"随后他回想起，巴克曾在某次麦吉尔大学晚宴上对美国诗人沃尔特·惠特曼大赞特赞，将之与达尔文、佛陀和穆罕默德并列，惊得众人以为他神智出了问题。巴克的下一封电报交代了惠特曼在新泽西州卡姆登的住址，乘渡轮跨过特拉华河即可到达。

惠特曼当时 66 岁，1873 年脑卒中后他出现了轻微瘫痪，于是搬到卡姆登以便离家人近些。奥斯勒一路找到惠特曼低调朴素的家，在被人领进屋后，眼前的一幕便是一位老人几乎被周围庞大的文学书堆所淹没。多年后，他如此描述这位"善良的灰色诗人"：

沃尔特·惠特曼身形极为俊朗，年龄赋予了他美感，或者更准

131

确地说，颇具王者气质。他的身材高大健硕，比例匀称的头上覆盖着浓密的白发，与脸颊上厚重的长髭和胡须混成一体。他的眉毛浓而炸，整体看去，这男人似乎被藏进了毛发中。灰色的眼睛透射出友善多情；清爽干净的皮肤上只在额头有几道皱纹。鼻子又大又直，嘴巴则被唇髭遮住。他的声音虽然尖细，却听着清晰悦耳，话语简短，缓慢吐出。对于他的健康状况我没有得到太多信息。他对我的到来感到意外，因为此前没听巴克医生提起。他并不需要医师的建议，而我们之间也没什么共同话题，让我有些尴尬。我此行的收获只是见到了一位俊朗的老人，以及一个让我羡慕不已的凌乱房间。

奥斯勒对惠特曼一无所知。当晚在俱乐部吃完晚饭后，他翻开了一本惠特曼的《草叶集》(*Leaves of Grass*)。自由体诗歌和前卫的观念让他反感："是否肉质太瘦，或者烹饪不当。"我挑剔的感官让我只对柏拉图、莎士比亚、雪莱和济慈感兴趣，对此我无力消受[39]。

1919 年奥斯勒记录了与惠特曼的第二次会面，并断言自己无法提供专业帮助："这人的起居甚是节制，他的疾病都是衰老的结果。"其实，那年惠特曼对视力很是担心。10 月份，奥斯勒请一位著名的眼科医生给他做了检查。惠特曼认为，这次问诊很令人满意：他不会失明。而奥斯勒给奥格登的信中则说，"存在某些顽疾的迹象，沃尔特的眼睛还好……他有重（度）斜视（眼）和膝跳反射消失。我推测他与诗中欢颂的那些妓女过从甚密[40]。"

几个月后奥斯勒再度拜访惠特曼时，发现巴克本人是个更有趣的研究对象。巴克刻意按惠特曼的样子修整了发型、胡须和着装。在里滕豪斯俱乐部吃晚饭期间，他一直向奥斯勒和其他医学同仁详述《草叶集》如何启发他进入思想新境界，他的双眼瞪得极圆，几乎令人尴尬。虽然奥斯勒本人也是英雄崇拜者，但他发现亲眼看见如此狂热的偶像崇拜是种新见识[41]。

奥斯勒偶尔会和惠特曼的医学朋友或崇拜者（威尔·米切尔就曾资助过惠特曼）一起去卡姆登。1888 年 6 月诗人遭受 1～2 次轻微脑卒中后，他又多次登门。奥斯勒曾为惠特曼开过酒和可可，希望借此解决便秘问题，除此之外，他大多以愉快的鼓励当作治疗手段。惠特曼没有性病，他的问题是衰老，以及最终致死的肺结核。

惠特曼在脾气暴躁的时候会质疑医生的轻松乐观态度，但他似乎对医生总体上很满意。惠特曼对他的抄写员说："我认为他是个好人且聪明（我敢肯定他很聪明），而且他有一种自信的气质。我不喜欢他的轻松活泼，那似乎是他排难解忧的方法。不过，也可能是他固定的行医策略。我不反对欢乐的气氛。我不知道那是实践的经验还是纯粹的理论，总之奥斯勒喜欢这种欢乐的气氛。"

惠特曼对奥斯勒的为人和职业都有了好感，并开始研究他的外表和性格："奥斯勒长相英俊。如果仔细观察，你会觉得他有吸引力；你会一眼认出他；他的额头端正饱满；你可有注意到他灵动的双眼？奥斯勒虽然是加拿大人，但是，我还是要说，他有南方人和法国人的气质[42]。"很多年后，奥斯勒也被惠特曼的诗征服。他从未想过有一天他也会成为狂热的偶像崇拜者，与巴克对卡姆登吟游诗人的崇拜无异。

另一位医生随奥斯勒去了费城，至少是精神追随而去。1884年11月，奥斯勒的一位美国熟人在《医学新闻》发表了一篇拐弯抹角、略带淫秽的社论，内容涉及一种罕见的阴道痉挛或阴道肌肉痉挛。从在教堂秘密性交遭报应的警示故事衍生出一个悠久的医学传统，专门报道阴道痉挛使性交不能进行或阴茎偶尔被卡住的事例。几年前蒙特利尔的内外科学会曾报道过一名患者，几位成员还讲述了自己目睹的患者。

很难想象医学人们的这些讨论没有明显的性明示或性暗示。但无论是性明示或性暗示，《医学新闻》的文章刺激了奥斯勒的另一个自我，来自魁北克省卡纳瓦加的前美国陆军外科医生埃格顿·Y. 戴维斯提笔写下了他在英国看到的一个病例。戴维斯写道，一名魁梧的车夫和一名娇小的女仆被捉奸在床，两人的身体无法分开：

当我到达时，发现那男人呈站立姿势，支撑着怀里的女人，显然他的阴茎卡在了她的阴道里，任何解救方法都会给双方带来剧痛。这委实是一桩性交病例。我先用水，然后又用冰，但都没有效果，最后我找来氯仿，女人闻后就睡着了，痉挛因而缓解，松开了卡住的阴茎，此时的阴茎肿胀发青、尚处于半勃起状态，并保持了数小时，后面又酸痛了好几天。女人则很快苏醒，没出现任何不适。

戴维斯指出，这是拉戈的"双背野兽"的精彩呈现，展现了深厚的莎士比亚文学功底；又推测此类病例可解释以利亚撒的儿子菲尼亚斯何以能用标枪刺穿内室中的以色列人和米甸妇人，以此解救以色列于瘟疫，透露了他扎实的圣经知识储备。戴维斯的信可能通过蒙特利尔的罗斯和莫尔森被送进《医学新闻》编辑部，而且没被截获留作证据。它发表在 1884 年 12 月 13 日的期刊上，但当时没有引起特别反响。1886 年 3 月，"E. Y. D."再度出击，手法一改上次的浮想联翩，在致《医学新闻》的一封信中，直指最近所谓电疗能将输卵管间质部妊娠修复为正常宫内妊娠的荒谬。戴维斯认为，虽然电可以移动机车，但沿着"法洛皮乌斯之路"移动胚胎是办不到的 [43]。

费城人一本正经地将奥斯勒而非戴维斯吸收进当地的职业协会和晚宴俱乐部，而他似乎比任何两个人都能挤出更多时间参加会议和发表演讲。和蒙特利尔的麦德·迟（Med Chi）一样，他成了费城病理学会中举足轻重的人物，几乎每次会议都会做出有用的演讲或展示。身为费城医师学院的成员，在爱和责任的驱使下，他对其出众的图书馆产生了特别的感情，并成为完善该馆藏的终生爱好者（在图书管理员谢泼德的记忆中，他对麦吉尔大学图书馆并没有太大兴趣，但他离开时确实把刚收集的优秀医学期刊都捐了）。他在费城神经学会发表论文，在生物俱乐部、医疗俱乐部和红木树（只接受对文学有兴趣的资深成功人士）享受贵宾待遇，并且是里滕豪斯俱乐部和大学俱乐部的贵客。在这个加拿大外地人眼中，费城保守的传统意识，尤其是该市对医学巨头的推崇具有很强的吸引力。费城的确是座"希波克拉底之城" [44]。

他从宾夕法尼亚教区出发不断往返家乡，并走向更广阔的世界，就当前医学和政治问题发表演讲。1885 年年初，来到费城不足 6 个月，他就动身前往伦敦，在皇家内科医师学院的古尔斯顿讲座发表重要演讲。按照传统，这是学院中"最年轻的 4 位博士之一"才能享受的殊荣。奥斯勒选择恶性心内膜炎作为演讲主题，以蒙特利尔综合医院的 200 份病例为基础，详细描述了这一罕见且难诊断病症的最新知识。这篇演讲可谓是这种疑难病症的病理和临床细节描述之大成。奥斯勒还展示了他在 1884 年对细菌学专攻研究的成果，提请注意微球菌在急性心内膜炎中的作用，并适当提醒道，只有按照科赫的方法进行培养和接种实验才能最终解决这个问题。他最后总结道："我们在该领域的调查探究才刚刚入门[45]。"

1885 年 9 月，他当选加拿大医学协会主席并发表题为"职业之成长"的演讲，正式从执业病理学家转变成医学政治家。在对医学和医学教育的全面概述中，他严厉谴责不加限制的医学院竞争导致了文凭自由贸易，并补充说，"这种意义上的自由贸易等同于过失杀人"。加拿大历来由省级医学协会向医生颁发国家执照，这一传统有效规避了职业文凭的泛滥；而在无拘无束的美国制度下，几乎任何庸医或骗子都能获得医学学位。奥斯勒认为"职业"是有组织的法人团体，与英国的职业看法相同。医学协会等职业团体应负责维护标准，因为医学院之间存在巨大的利益冲突。

它们完全不可信任。奥斯勒认为，如果不持续限制医学教育竞争，其中包括关闭大量实力不足的学校，就不会有未来。他强调，所有学校教授都有责任长期参与专业组织并发挥积极作用，与同道成员会面并汇报自己的管理工作（难道他们的职位没有寄托着信任吗？），并用成果和方法证明自己没有辜负信任。

要进入新时代，医学教育者必须加大建筑和设备构置所需的筹款力度。奥斯勒建议："我们应该从神职人员兄弟处吸取经验，并从富有的捐助者那里获得捐赠，他们和笛卡尔一样，认为我们的职业肩负着改善多种人类弊病的希望。"典型榜样就是唐纳德·史密斯对麦吉尔大学的捐款，佩珀在宾夕法尼亚州的筹款，以及约翰斯·霍普金斯给巴尔的摩的巨额捐赠。早在1881年，奥斯勒就勾画了一副愿景："Otnorot"［倒着读"Toronto"（多伦多）］的模范医院和医学院具有卓越的医疗条件，其教育水平最终超过了文明而开化的欧洲[46]。

1885年，奥斯勒离开加拿大医学协会后，又与佩珀在麦吉尔大学的新医学大楼落成典礼上发言。此时是10月，蒙特利尔正遭受北美城市史上最严重的天花大流行的蹂躏。奥斯勒知道，无论加拿大的行医执照法有多少优点，它都没能阻止反疫苗骗术、庸医术士和无知愚昧，造成蒙特利尔数千法裔加拿大孩子无辜丧命。

19世纪80年代，医学界正酝酿着一场对神职人员来说还不熟悉的全新挑战。女性也要求接受医学教育，各学校不得不决定是否要接纳她们。包括麦吉尔大学和宾夕法尼亚大学在内的多数教师团体及学生组织，仍然不接受女性。除了与竞争和标准有关的顾虑外，多数男性会羞于在女性面前讨论生殖器疾病（如阴道痉挛）。

面对女性的坚持，加拿大和费城的回应是建立专门的女子医学院。奥斯勒曾谴责加拿大的此类操作，声称这样的学校不会有毕业生，因为女性靠执医为生的可能性很小，它是没有市场的无用产物，况且加拿大人口有限，没有养活女医生的环境。即使大型城市，也只需要1~2名；事实上，魁北克和蒙特利尔根本没有，而在加拿大的小城镇和村庄，女医生会饿死。

但1885年时奥斯勒并不想被理解成对接受女性有丝毫恶意："相反，我完全理解她们想在医学等挑战行业寻求出路的尝试。"奥斯勒在女性学医问题上的态度比大多数同事进步得多。几乎可以肯定的是，他当时正在自己的医院诊所里教宾夕法尼亚女子医学院的学生，我们甚至在布洛克利停尸房照片中看到一位名叫阿米莉亚·吉尔曼（Amelia Gilman）的女性[47]。

在其他演讲中，奥斯勒赞扬了自弗洛伦斯·南丁格尔（Florence Nightingale）以来多位尽职女性对护理改革做出的贡献。他对护理改革运动的前沿女性表示出由衷的钦佩，她们用富有教养、训练有素且收入微薄的中产阶级年轻女性，取代薪水低廉、粗鲁无礼的下层阶级仆人。19 世纪 80 年代中期，该运动由英国护士爱丽丝·费舍尔（Alice Fisher）带到布洛克利，她打败了当地的沙文主义和臭鸡蛋的攻击，将南丁格尔原则带进医院，但在她因心脏病猝死后该运动也宣告结束。在奥斯勒看来，护理才是女性在医疗卫生事业中的本职；对于护士的资质和要求，他一定也有自己的一番见解。

他开过许多漂亮护士与医生之间暧昧的笑话。至于他自己，只在刚到费城的几个月间和一位（或多位）不知名女性有过短暂的交往，但美国女人可能太过主动了。奥斯勒刚到费城时给一位蒙特利尔朋友写信说："我应该很快就会有夫人了。这些美国女孩根本不给人选择——不管你愿不愿意，她都会黏上来。"他显然不愿意。表姐玛丽安告诉詹妮特："他只有闲着时才会动感情。"很快他就在费城忙得不可开交，继续单身，继续被"医学情妇"拴牢 [48]。

如何才能继续提高医学生涯？奥斯勒希望能与该领域的所有顶尖人才交流，而不是只有费城人或加拿大人。美国医学专业组织的发展已在进行中。1880 年，美国外科协会成立，这是一个由表现优异者组成的封闭协会。不到一年后奥斯勒向詹姆斯·泰森建言医学专家（现称为内科）也应该组成一个类似机构。其他人（包括多伦多大学的一位教授）也有同样想法，但一直没有切实行动，直到1887 年第九届国际医学大会在华盛顿筹备，由此引发一场卑劣的政治争斗。

近 40 年来，美国医学协会（American Medical Association，AMA）始终无法代表美国的正规从业人员。它的精力大都用于讨伐江湖郎中、顺势疗法医生等宗派主义者，以及拒绝遵守其正式医学道德准则的人。到 19 世纪 80 年代中期，AMA 正力争成为行业的准管理机构，其主席以此身份邀请国际大会在华盛顿举行。AMA 设立了专门委员会筹备这次盛会，并开始大肆招徕业内的知名才俊，其中许多人恰巧来自纽约、费城、波士顿、巴尔的摩等东部大城市。但是后来爆出，AMA 领导层拜占庭式的道德争论惹得许多增选的纽约委员厌恶。地方主义也开始抬头。

AMA 总部设在芝加哥，在 1885 年新奥尔良举行的内部会议上，代表们投票决定解散由东部领导的筹备委员会，成立由各州代表组成的新委员会。这一医学 – 政治举动涉及激烈的性格冲突，尤其是一位 AMA 成员认为，曾在华盛顿担任陆军助理外科医师、陆军医学博物馆和图书馆馆长的前委员会主席约翰·肖·比林斯（John Shaw Billings）一直试图从东部利益出发组织大会。

费城的医学机构（包括奥斯勒的大部分新朋友和同事）对 AMA 的严重偏袒，以及（在他们看来）解散比林斯委员会的狭隘表现怒不可遏。密尼斯·海斯和佩珀领导抗议。奥斯勒从旁辅助。费城人认为在国际医学会议的筹备事宜中，在医学毫无建树的得克萨斯州牧场、堪萨斯州的大草原、科罗拉多州的矿山，以及大西北的森林和麦田没有任何派驻代表的理由。他们抵制新委员会的决定得到了其他东部和加拿大医学首脑的支持。经过一年的激烈争论，在 1885 年 10 月纽约市的一次会议上，包括费城的奥斯勒、佩珀和泰森在内的 7 位著名医生决定成立一个新组织 [49]。

美国医师学会（Association of American Physicians，AAP）计划只接纳一百名成员，全部由内部选举产生。它的宗旨是促进医学知识的进步。代理主席弗朗西斯·A. 德拉菲尔德（Francis A. Delafield）在第一次会议上宣布：“我们想要一个不涉及医学政治和医学道德的学会，一个不论官员与平民身份的学会，一个不在意成员来自哪个国家，只关心他表现是否突出的学会；一个有真知灼见便可畅所欲言的学会。”德拉菲尔德所说的“无医学道德”意味着正直之人无须遵守其他人的道德准则。他可能还提到了无边界原则，因为出于医学目的，美国医师协会曾经（现在仍然）视加拿大为美国的一部分。

AMA 的拥护者认为，令华盛顿大会暗淡无光的“枢机”叛乱只是东部地区自命不凡的另一种表现。此外，费城的阿尔弗雷德·斯蒂莱则称之为集学识、技能、天赋于一身的人士。简言之，就是成就斐然的人士不愿与无才、无能无名气的人沆瀣一气。巴尔的摩新约翰斯·霍普金斯大学的病理学家威廉·韦尔奇曾单枪匹马安排了ACP 的首次会议，他写道：本次事件"令我尤为高兴，因为它汇聚了所有我想要结识的有志之士。"

作为学会元老，奥斯勒后来称这次会议为"美国临床医学的成人派对"。正如 ACP 历史学家总结的一样，一个由精英组成的新俱乐部，也是一个目标鲜明的俱乐部。威尔·米切尔担任此次会议的第一任主席。奥斯勒曾戏谑地告诉一位记者，行将卸任的德拉菲尔德是个狂热的棒球爱好者，苦于没有时间组队比赛，就在空闲时找街头流浪儿打球[50]。

1886 年 6 月，在美国医师学会第一次会议上讨论威廉·T. 康瑟尔曼（William T. Councilman）的论文时，奥斯勒犯下了职业生涯中一大非临床错误。约翰斯·霍普金斯大学病理学家康瑟尔曼做了关于疟疾患者血液的报告。和 1880 年的阿方斯·拉韦朗（Alphonse Laveran）及之后的几位研究人员一样，康瑟尔曼观察到疟疾血液中似乎有寄生虫。康瑟尔曼对自己的发现并不完全确定。奥斯勒甚至更不确定。他告诉与会者自己在有些病例中没发现异常，而在其他病例中则只看到无机斑点。

奥斯勒刚刚向纽约内科与外科医师学院的校友们发表了著名的卡特赖特演讲，主题为"关于血液细胞生理学的若干问题"，是对奥斯勒十多年来一直关注的血小板研究的回顾和阐述（他拒不使用"血小板"一词，代之以法语"斑块"）。像往常一样，他提出业界最新的话题，敏锐地提请人们注意血小板的凝血作用，以及骨髓可能是红细胞生成部位。奥斯勒精通血液。因此，当他对美国医师学会的精英说，自己在疟疾血液中找不到微生物时，很可能确实没有。

但是康瑟尔曼和另一位发言人建议他应该给样本染色。要么是奥斯勒使用的样本不多，要么是疟疾血液的诊断标准不明晰，否则奥斯勒就会在蒙特利尔观察到许多疟疾患者。当年夏天，他回到显微镜前，花费大量时间检查疑似疟疾的布洛克利患者的血液。9 月

139

份时他发文正式承认错误："我们已能够轻松地在急性疟疾患者中找到这些物体，而且此情况下即可证实这些物体存在于血液中。"他整理了一篇关于疟疾血原虫的重要报告，充分证实了其他人对多种形态寄生虫的观察结果，并坚定认为它确实具有致病作用。他承认道："2～3 年前我第一次读到拉韦朗的论文时，他对纤毛物体的描述曾让我无比怀疑。血液中出现鞭毛生物体的可能性太低，而且与以往的经验严重相悖。过去 6 个月的研究给我上了一课，也让我认识到，仅凭理论概念，以及从有限经验得出的先入为主的观点便武断怀疑是愚蠢的 [51]。"

疟疾研究虽处于起步阶段（尚不明确蚊子对病原虫的传播作用），但已经取得了巨大进步。难检疟疾患者可通过检测血液确诊，而对于多数病程阶段，奎宁是一种特效药物。奥斯勒曾 2 次验明刚从南方抵达费城的患者患有疟疾，而不是可怕的黄热病，从而大幅缓解了城中的紧张情绪。他一直在关注对疟疾的研究，并在 19 世纪 80 年代末与其他血细胞研究相结合，以此为基础写下了一篇关于吞噬作用（体细胞和入侵异物的战争）的重要论文，其中特别提到了疟疾。但他仍感到内疚，也会扪心自问："自己在仓促观察、草率定论研究期间是否持有适当的怀疑态度 [52]？"

他还花费精力收集其他研究数据，到费城的第一年，他将基于蒙特利尔病理学研究的成果发表在加拿大期刊上。他基于业余时间整理的罕见病例发表了《肺炎病态解剖学笔记》《伤寒病病态解剖学笔记》、对十二指肠溃疡的体会，以及对脑动脉瘤的研究等多份报告。虽然他余生仍在不断利用自己在蒙特利尔获得的宝贵经验，他似乎从未遗忘任何病例，但似乎已对某些传统主题失去了兴趣。他的肺炎论文总算断断续续地写完了，但他承认，"它对病理学贡献微乎其微"。在费城期间，虽然合作者们对他的尸检记忆犹新，但数量已大幅缩水，在布洛克利进行了 162 次尸检，而在蒙特利尔综合医院则有 1000 次。通常尸检工作多是由学生完成的。

他开始将精力更偏向临床而非病理的方向，更侧重于神经病学和治疗学问题。神经学研究是在骨科医院和神经疾病医院的110间设备齐全的新病房中完成的，奥斯勒在那里看到的神经问题患者远超蒙特利尔。对于大多数神经系统疾病，因为无法定位其潜在的器质性病变，常常会给病理学导向的研究人员带来特殊的难题。1887年，奥斯勒开始研究舞蹈症。舞蹈症曾被普遍定义为不受控制的肌肉痉挛、惊厥、抽搐和传统的"圣维脱斯舞蹈症"。舞蹈症没有可识别的器质性病变基础，也不清楚是否可将其视为临床实体。也许是儿童发育期痛的产物，也许是神经功能病，也许是积习，再也许它根本不存在。

心脏杂音和心内膜炎频发是舞蹈症的重要临床表现，一些人会借此认为舞蹈症是一种特殊的疾病。奥斯勒通过引起人们对舞蹈症儿童的关注，巧妙地从病理学转移到临床学主题。他整理了一项针对神经疾病医院患者进行的特殊随访研究数据（用明信片请他们返回进行测试），这是定向临床研究的早期实例 [53]。然后他转向对儿童大脑性麻痹的研究，根据定义，这种麻痹确实含有脑损伤。其研究难度在一定程度上取决于如何追踪大脑运动系统损伤的起源。奥斯勒对150名患者进行了分析，结论倾向于创伤性原因，其中包括娩出时产钳使用不当造成的损伤。他在一个脚注中向读者指出了劳伦斯·斯特恩（Laurence Sterne）的《项狄传》（*Tristram Shandy*）中斯洛普医生的钳子的破坏力。在研究大脑性麻痹期间，奥斯勒曾就此问题与维也纳神经学家西格蒙德·弗洛伊德（Sigmund Freud）进行过通信。弗洛伊德与奥斯勒的信件虽没找到，但在弗洛伊德1897年关于婴儿大脑性麻痹的专论中，有多处提到过奥斯勒，并对其病因见解提出了大量批评。

部分早期从事大脑性麻痹研究人员曾报告称，"在耐心的练习和善意的照顾下，许多可怜的患者可能会脱离无望的痴愚状态，获得相当的智力水平和自力更生的能力" [54]。奥斯勒希望能借报告带来的乐观情绪扫除多数患者惨淡预后的阴云。他在病房（而非尸检室）待的时间越长，对治疗问题的思考就越透彻。奥斯勒也因治疗虚无主义者而在费城名声大起，但这个词及奥斯勒借此引发的变革却没得到正确理解。他从不认可"人在疾病面前无能为力，只能等它自愈"的极端观点，也不赞同所有极端、强力或冒险式疗法。如果某种疗法在大量临床实践中显示有效，当然最好能证明其生理学有效性（就像霍雷肖·C.伍德在其重要治疗学著作中论证的那样），那么奥斯勒就会把它开进药方。任何药物或疗法，只要能明显减轻痛苦或帮罹患绝症的患者维持生命，他都是赞成的。

很幸运奎宁对疟原虫有特效。在新的血细胞计数仪器的帮助下，奥斯勒根据经验断定，铁补充药能缓解某些类型的贫血症，尤其是萎黄病或"绿色贫血"，此前治疗这种病的办法是改善生活习惯。他对药典中最古老的常用药砷化合物反复试验并发表了 2 篇论文，公开赞成对铁补充药无效的某些恶性贫血使用福勒溶液（一种砷剂）[55]。

到费城后，他放弃了在蒙特利尔时用大量内服药物治疗丹毒的老做法，却发现效果同样不错。他认识到白血病的缓解期是完全自发的。

假如癫痫发作由动脉痉挛引起，那硝酸甘油也许能有效。威尔·米切尔和其他同事就会一直用它。在《神经与精神疾病杂志》（*Journal of Nervous and Mental Disease*）上的一篇报告中，奥斯勒列举了 19 例系列病例后总结道："综上，我的实验结果并不令人鼓舞。"此外，新的合成煤焦油衍生物（即阿司匹林的前身）则得到了他的强烈认可，先行用作退热药物。1887 年，他以 29 个病例为研究基础在《治疗公报》（*Therapeutic Gazette*）上发表报告称，"我认为乙酰苯胺可用作快速有效的退热药，易服用且无不适反应。另外它还便宜"[56]。

至于充斥病房的重大传染病则没有治愈方法。肺炎、伤寒和肺结核患者按照病症的既有规则在压抑中预期死亡。1886 年奥斯勒写道，"研究肺炎治疗史让人对治疗学未来失去希望"。伤寒的治疗学措施可能最多只在 10%～15% 的患者中产生过效果。至于结核病，人们对新疗法的渴望也表明其对肺结核的治愈陷入普遍的绝望之中。

1887 年费城医院流行的抗结核疗法是按贝尔容方法对直肠注气。奥斯勒开始只是嘲笑它的荒诞不经（因为从前面攻击没能令敌人屈服，于是改变战术，要求我们从后面进行攻击），到后来开始谴责无知的报纸满口胡言地宣传"虚假的希望"[57]。

奥斯勒意识到，传染病的治疗学问题不仅仅是清除无用或有害的措施，而且要找到针对疾病具体原因的治疗方法。如果细菌是具体原因，那什么能杀死细菌或阻断细菌生长？答案令人沮丧，目前为止还没有任何发现。在这类疾病中，还没有针对具体疗法的建议，我们都在研究，前景并不乐观。目前为止，对特定疾病相关的具体有机体的测定在对改进治疗方法的贡献上不及预期[58]。奥斯勒对长期效果持乐观态度，但抗生素革命直到他死后才出现。肺炎、伤寒、肺结核的具体病因是什么？

没有。什么都没有。虚无。从这个意义上说，每一个有科学素养的医师都必须是虚无主义者。

奥斯勒和许多同事开始进行深入探索，对传染病治疗中一些对症疗法的功效提出质疑，即使看似有效的方法也不放过。新治疗方法就如新仆人，起初总是做得很好，但两者都一样，时间久了才能发现其优缺点。他前脚刚支持新退热药，后脚就开始质疑那些结果。从严谨的统计研究来看（蒙特利尔的帕尔默·霍华德会特别关注相关的统计数据），它们似乎只改变了发热的规律，但没有真正降温[59]。一般发热的作用是什么？早在 1888 年就有德国研究显示发热可能不是一种纯粹的坏事，而是身体抵抗入侵异物的标志。在当年的卡特赖特讲座上，约翰斯·霍普金斯大学病理学家威廉·韦尔奇就发热会引发心肌和其他器官衰弱的传统观点提出了许多质疑。奥斯勒表示："寻找解决方法的首要问题就是确定高热体温和感染因子各自的作用。"他曾提议湿布擦拭和泡澡（包括冷水浴）可能是最好的退烧方法，如今看来更有针对性[60]。

他继续坚持给某些肺炎患者放血的习惯，希望能以此减轻心脏的压力，然而在一个又一个患者相继去世后，他开始怀疑这是一种

143

虚幻的希望。到 1888 年年底，他承认冒险式治疗在十多个病例中有一例奏效，他怀疑肺炎引起的心脏劳损不只是机械问题。但他仍认为这种情况即可证明使用放血这一传统冒险式治疗的正确性。这是一个盲点。奥斯勒清楚地理解虚幻的希望或治疗学鬼火现象，却无法运用到自己对放血的看法上 [61]。奥斯勒家族有着根深蒂固的保守主义。在《医学新闻》对费城临床医师对肺炎和伤寒疗法的调查中，奥斯勒与同事的看法总体一致，即需注重饮食和休息，大多数患者需保持谨慎，并在必要时采取强有力的干预措施。

但除了他，没人推荐用水蛭治疗伤寒初期的头痛 [62]。

另外，放血和水蛭吸血都属于准手术干预。知道何时切割是医学专业知识的一部分。19 世纪 70 年代后，外科手术取得了巨大进步，尤其是能够在腹腔内手术，某些含有发热、疼痛，可能还有黄疸的病症如今都倾向使用剖腹手术治疗。病理学家奥斯勒亲眼看到过阑尾感染造成的破坏。在美国医师学会第一次会议上的一篇立即引发轰动的论文中，雷金纳德·菲茨列出了几种需使用阑尾切除术进行治疗的适应证，让阑尾炎在临床上名声大噪。奥斯勒虽对此略有疑虑，却最先支持采用这种能挽救生命的外科手术干预（只是挽救生命，但不能改变生命。据说在加拿大的一次医疗会议上，一位老外科医师在听说了这种手术后表示，如果每个人都在出生后及早切除阑尾，最终人类出生时将没有阑尾。奥斯勒则指出，类似做法在某些民族中早已普遍使用，但希伯来人仍像年轻的外邦人一样天生长有包皮）[63]。

与此相关的是，多年来他看到了几名黄疸伴有间歇热的患者，这些患者似乎表明胆结石阻塞了胆总管。到 20 世纪末，外科清除结石的成功率已很高。1887 年，奥斯勒推荐布洛克利的一名 40 岁女性进行这种手术，结果却懊恼地发现没有结石，而患者在第 3 天因腹膜炎死亡。他声称，"随后，亲友立即将尸体转到詹金敦，但我幸运地争取到了尸检资格"。这其中可能藏着一段传奇般故事，因为他发现胆总管里嵌着一块结石，完全超出了手术范围，他保留了死者的器官，以备日后参考 [64]。

如何医治那些看起来没有任何器官问题的患者呢？奥斯勒和大多数同仁认同有一类"功能性"障碍，既找不到病变，也找不到其他身体异常。按照旧的疾病耗竭模式，其中部分起因似乎是神经过度紧张或衰弱。

在美国，S. 威尔·米切尔治疗神经疲惫或神经衰弱的经验最为丰富，无人可比。他针对神经衰弱研究出休息疗法，其中包括完全的卧床休息、饮食调节，以及刻意向患者灌输治疗一定有效的信念。米切尔具有影响力的个性对许多患者（特别是女性）具有显著的效果。奥斯勒在费城肯辛顿区行医时曾见过一位患有神经性食欲缺乏的患者，我们不知道他有没有向米切尔咨询。他咨询的是霍华德·凯利（Howard Kelly），一位才华横溢、前途无量的当地医生，但凯利从未听说过这种病症。奥斯勒留下与凯利共进晚餐，对他收藏的珍贵医学书籍大加赞赏，并诊断出他的马患了血寄生虫性动脉瘤 [65]。

在费城期间，奥斯勒曾对迷雾笼罩的神经功能病领域少有涉足，主要成就是将心悸和相关的心律不齐现象联系在一起。这一现象最早由杰弗逊医学院的雅各布·达科斯塔（Jacob DaCosta）在内战士兵身上观察到，并被称为"应激性心脏"。奥斯勒认为，平民中出现的应激性心脏有多种致病原因，可能是毒性兴奋剂（如烟草和咖啡）、过度劳累、纵欲过度（包括自慰）或神经衰弱。他的建议是彻底休息、谨慎饮食和"消除致病因"。大学医院曾接诊一位心周疼痛的无症状患者，奥斯勒是其 3 年内第 28 位接诊医生。他建议从精神上治疗，锻炼身体，逐步恢复工作，远离医生 [66]。

他的疖子是个小毛病，但除此之外他几乎非常健康（如果他抽烟过度，心搏就会减慢而不是加速），所以他基本上无须看大夫。一位同事讲了奥斯勒的一个故事："有天早上，我走进他的办公室时发现他正在笨拙地给自己插胃管，结果导致出现呕吐和干呕，而这一症状一般出现在还不习惯插管程序的患者身上。我问：'你在干吗？'他回答道：'哦，我想既然我们常给别人插，就该自己体会一下这种滋味。'他还提议让我试试，但我谢绝了 [67]。"

奥斯勒聪明过人又善解人意，完全摒弃了早期将患者等同于病理样本的观点。来到费城后，他告诉学生应该学习研究患者而非病症，即应该研究单独的患者而非疾病。接下来的 5 年里，他的这一主张在与威尔·米切尔和神经疾病医院的密切合作中得到进一步巩固。他读了米切尔的书，与他深入探讨休息疗法，并仔细琢磨成功的原因。奥斯勒认为，对人性的深刻领悟，以及对个人生活和状况的全方位细致了解功不可没 [68]。这些评论为日后奥斯勒创立床边教学方法埋下伏笔。1888 年 1 月，奥斯勒拜访了在内战期间做过护士并遭遇过巨大战争创伤的沃尔特·惠特曼，回来后他在日记中写道："今天，沃尔特·惠特曼谈到了人类的特质，他说我们年纪越大，个人特质便越明显。医生治疗的不是伤寒，而是患了伤寒的患者，这个人的特质，他的身体特质，才是我们需要考虑的 [69]。"

我们已摘列了奥斯勒在费城发表的精粹论文。他的作品精粹包括为佩珀的《实用医学体系（多位美国作者合著）》写的主要章节、在受众广泛的《医学新闻》投的几篇社论、在《加拿大医学和外科杂志》上的"说明与注释"专栏、他的书评和病例报告（包括减压病或"弯曲症"、第三脑室底和下丘脑漏斗底的表皮样瘤、脊髓圆锥和马尾神经的病变、右臂肿大和充血、伤寒和阑尾炎），相比大多数作家和学者已是著述颇丰了。他 40 岁仍能保持高效工作，甚至令他的好友兼传记作者哈维·库欣这样少有的工作狂都感到惊讶。即使是了解奥斯勒严格作息习惯的人也不清楚他是如何在 24 小时内完成这么多工作的，尤其是他还讨厌新发明的电话，也没有自己的马车。

他平静地回忆道："费城的文艺氛围浓厚，在大学圈里每个人都写作，我的笔头和大脑多有磨炼 [70]。"

他的一个秘诀是利用空闲的时刻阅读写作。例如，吃饭和穿衣的功夫，乘坐火车或马车时，抑或是在假期日里。勤奋工作对他来说是一种爱好，但大部分医学写作都不是工作。工作是检查患者、尸检、使用显微镜、向学生或秘书口述研究结果。大多数写作都是在工作之余完成的，多年的练习及养成的按时完稿的习惯使写作变得得心应手，有时，速度快到经常忘记给"i"加点或给"t"划横[71]。根据他曾带过的一位费城住院医师乔治·道克回忆，在巴尔的摩时，某个炎热的星期日下午，一位前蒙特利尔同事的死讯传来。不到 2 小时，奥斯勒就写出一篇 500 字的讣告，其中引以雪莱的名句作导语，随即送交发表[72]。只有专业作家才能养成这样的习惯。奥斯勒既是一名专业医师，也是一位专业作家。

他承受着巨大的写作压力。费城的里亚兄弟出版社（《医学新闻》杂志的母公司）敦促他写一本关于诊断的书。他半推半就地应承并起草了几章，但最终还是搁置了。他记得理由是 40 岁之前的人有比写书更适合的事要做[73]。

他需要频繁外出，这可能对他的精力消耗最大。他经常进出费城，参加会议，发表论文，去图书馆看书，接待患者，进行尸检，回加拿大探亲访友，还要大老远奔赴欧洲。1886 年，他休了个长假，与埃德蒙哥哥沿新建成的加拿大太平洋铁路，进行了数千英里长的穿越加拿大之旅。

那次旅行途中的一件事在奥斯勒朋友圈里非常出名。1888 年，他在《加拿大医学和外科杂志》中的报告中写道，火车在马尼托巴省行驶途中，一名腹泻女性使用抽水马桶时生下了一名婴儿，但婴儿从马桶洞中漏到了轨道上。火车立即停止，最终找到了那个有点瘀伤但还活着的女婴。

大多数人嘲笑奥斯勒的故事是又一个 E. Y. 戴维斯的臆想。但他最终拿到了证明这个事件真实性的证词：在奥斯勒一行上车前几天孩子刚刚出生，奥斯勒也的确见到过这对母女。这些证词消失了很多年。20 世纪 50 年代，一名卡尔加里医生找到了一位绰号"铁路温妮"的女性，证明她就是奥斯勒笔下著名的"轨道上的婴儿"。她一直活到 75 岁，于 20 世纪 60 年代去世[74]。

他的母亲密切注意着他的活动情况。费瑟斯通·奥斯勒于 1882 年从牧师职位退休，随后带着艾伦搬到多伦多的一处小房子里，他

147

们在那里散步、打理花园，享受与孙辈在一起的天伦之乐。儿子费瑟斯顿、布里顿和埃德蒙都是加拿的顶尖大物，在多伦多置办有庞大的家业。费瑟斯通的身体因多年辛劳工作已每况愈下，艾伦虽一生劳作，但身体却依然强健，继续操持家中烦琐事务，是个爱忙活的女族长，对什么都有兴趣，爱给外地的家人写机智风趣的信。她告诉记者，威利回多伦多探亲都是"飞过""掠过""流星一般"……"只有当他站在我们面前时，我们才知道他人在哪里"。她为他的日渐消瘦而担心，敦促他多加休息，并开了常见的兴奋汤剂。常备惠氏牛肉汤、铁与红酒会对你的身体有好处，而且也不费事。这些东西或浓牛肉茶对其他方面也都有好处，如果你生了疖子，就该赶紧想办法治好[75]。

艾伦告诉妹妹查蒂，威利真正需要的是一个女人："我真希望他能娶个贤惠妻子，组建一个舒适的小家。"但她对生活中的一切，甚至包括劳累都心存感激："如果没有劳累，我们就无权享受休息。"除了流浪酗酒的弗兰克和没啥作为的爱德华，儿子们大都很有出息。埃德蒙去纽约出差时，会绕道费城去看望威利。他们的母亲写道："他们在四面八方奔波，他们的平安全靠慈悲上天的照顾和保护。"威利的家信通常只有几行，因为他喜欢用明信片（或信），但在1914年的一场大火中全部烧毁了。

他和哥哥们极少通信，尽管奥斯勒家的男人在探家时很能玩到一起。但奥斯勒家的女人似乎大多沉默寡言，只会小声咕哝着交谈。威利和最小的哥哥弗兰克从不见面，但会和埃德蒙时不时接济他[76]。

他时常会因想念弗朗西斯家的孩子们，他视若己出的侄子侄女兼蒙特利尔的玩伴，而在费城感到孤独，他们现在已搬到多伦多，在港口的小岛上消夏。为了消除距离感，晚上他会在自家房间或俱乐部里匆匆写下给孩子们的明信片和信，尤以给贝亚（Bea）、格温（Gwen）和威利·弗朗西斯居多。

给5岁的贝亚·弗朗西斯，星期日写于大学俱乐部：

亲爱的小贝亚：

小鸡迪迪迪迪！小鸡迪迪迪迪。我听到你在唱歌。现在是星期日 20:00。我看到你躺在小床上，我竖着耳朵使劲听时，我好像听到了你在唱歌，也许是外面的小鸟在唱。我希望能看着你、守着你。如果我有翅膀，我会在每个星期日都飞到米尔顿大道 126 号，和我的小乖乖们过一整天。再见小宝贝。赶快给你亲爱的老医生写信哦。

翌日给贝亚：

给你 50 个吻，给格温多琳 50 个吻。给梅两拳，给格兰特一小巴掌，给格温左手拇指一戳，给杰克小脚趾一踢，给威利一个左眼蝴蝶吻，给约书亚一个右耳上的亲吻，给妈妈一个额头吻，给姨姨一记莉齐的针刺，至于巴斯先生，该给他什么好呢？明早代我挠他的脚趾头。

来自给贝亚的其他书信：

我给你 1000 英镑的爱，我愿用半个胡子换在此刻听到你的笑声，我的心破了 3 个洞，为你流血不止，你是我眼中的明珠。左眼。格温是我右眼的明珠，我给你 1 000 000 000 000 英镑的爱，不要忘记我……

我为什么要离开你？我这一个星期都在想家，时常想飞到岛上。我给自己唱歌。谁会把她抱在膝头？谁在抽我的海泡石烟斗？……我很高兴你好起来了。你的鼻子很尖吗？你能用它作刀切面包和黄油吗？很高兴你喜欢冰淇淋，做得香不香？

致"喵喵－妙妙小姐"，弗朗西斯小姐转交：

我亲爱的喵喵－妙妙：

非常欢迎，并且非常感谢你们来陪伴那些可爱的小乖乖，她们都是亲亲的小姑娘，整个加拿大都找不出比她们更好的小主人。请向你的母亲问候，并告诉她每天用粗糙的舌头舔你们的眼睛，它们就能很快睁开了。待你们两个星期大时，就能每人分一只吐司老鼠了。想想就高兴呀！等你们去岛上时，每两天就能吃一只炖老鼠，还有飞飞饼。请不要叫得太大声，但是如果有空的话，请尽量给格温小姐和贝亚小姐咕噜几首小曲，因为她们都能听懂我们的语言。我永远是你们的 Katamont——猫咪之王。

给正患头痛的 10 岁的威利·弗朗西斯：

> 我会飞速奔回家，
> 若你真的需要我，
> 但是就在此期间，
> 要三四块面包渣，
> 贴在你的额角上，
> 再念大拇指咒语，
> 如果疼痛没缓解，
> 取根妈妈或兄弟姐妹的头发，
> 把它切碎跟酒一起喝下肚，
> 这么乏味的药法没有头痛不害怕，
> 就像眼睛眨了眨，
> 头痛瞬间飞走啦，
> 这种邮寄的药方，
> 我的收费可贵啦，
> 一个词要一块钱，
> 医学博士麦利·拉（Mailliw Relso）。

致 12 岁的威利·弗朗西斯：

亲爱的威勒姆（Willum）。希望妈咪为你准备了生日蛋糕（要提醒她别忘记），如果你不听话，我会大声尖叫（你没听到吗）包子就会去，是的，好多好多包子。两个星期后的今天，我就会到"咸水"里，啊！啊！也许把一切都吐干净：早饭、晚餐和下午茶！就在船舱里。要开心哟老伙计……常写信。

"包子"是指刘易斯·卡罗尔。有天在蒙特利尔的教堂里，一位传教士威胁要在神学上"把一切都吐干净"，此后就成了弗朗西斯家最常用的口头禅。还有一次，小威利被逗得泪盈于睫，就说灯光闪得眼睛睁不开，起身离开了桌子。奥斯勒向孩子们倾吐心事时常用这句话。贝亚、格温和梅都想去美国嫁给他；威利则要南下当他的学生。如果奥斯勒晚出生一个世纪，他可能会冒着超重的危险，带着从沃纳梅克百货公司买的大包小包，三天两头地坐飞机给弗朗西斯家的小朋友送礼物[77]。

这棵移植自加拿大的树苗在费城全情绽放才华之时，会在这里扎根定居吗？他去巴尔的摩参观约翰斯·霍普金斯大学的新校园时，才搬到费城不足两年。他告诉安大略省的一位朋友，"我喜出望外，这才是未来的大学，待到这座医学院建成，其他大学只能望尘莫及"。

费城人也心知肚明并且忧心忡忡。正如伍德和泰森在给大学董事会的一份备忘录中的阐述：他们被竞争对手南北夹击：

在我们北面，纽约内科和外科医师学院刚收到 100 多万美元的捐赠；而在南面，约翰斯·霍普金斯大学的医学部即将投入使用，下设的医院拥有 100 万～200 万美元的设备捐赠，价值等量的建筑设施，还有多家设备先进、器械齐全、助理训练有素的实验室。我们能够提供足够的诱惑，将美国的顶尖人才吸引来，但是从长远来看，我们还是应该为今后保留实力[78]。

伍德和泰森也想不出有用建议。1887 年，弗朗西斯家族中传言奥斯勒可能要去霍普金斯大学。第二年春，奥斯勒与约翰斯·霍普金斯医院的建筑师兼董事会顾问约翰·肖·比林斯多次见面。塞缪尔·格罗斯的妻子记得，威廉·佩珀有一天来她们家并对她丈夫说：

"我们很可能要失去奥斯勒了，该怎么办？"格罗斯则回答："好吧，佩珀，无论霍普金斯大学给他什么职位，我们费城能给得起同样的吗[79]？"

巴尔的摩的慈善领袖立意，要把全世界的顶尖医学人才全都汇集到约翰斯·霍普金斯大学，具体细节将在第 5 章中展开。地方忠诚性和敏感性不在他们考虑之内。聘请奥斯勒的决定一出，比林斯即刻向他提出邀约。我毫不犹豫地回答，"好"[80]。

加拿大人似乎拥有当地人无法企及的本事。1888 年 9 月，奥斯勒前往巴尔的摩正式接受霍普金斯大学的聘请，途中医院董事会主席弗朗西斯·T. 金（Francis T. King）请奥斯勒为自己长期患病的女儿贝茜检查病情。

金告诉比林斯，"他的诊断与 6 年前伦敦著名的基德博士的诊断完全相同。与此同时我们还请过卢米斯（Loomis）、格丁斯（Geddings）、达科斯塔及其他的巴尔的摩医师，但没有两个人的诊断是一样的。我们都喜欢奥斯勒坦诚直率的处事方式。金立即给了奥斯勒的 20 美元诊金[81]。

而在费城，塞缪尔·W.格罗斯博士几个月后病重。他的主治医生 J. M. 达科斯塔告诉格罗斯夫人他想要咨询，并推荐了当地著名的治疗学专家罗伯茨·巴索洛（Roberts Bartholow）。格罗斯告诉她，他想见奥斯勒，但此时奥斯勒刚赶回蒙特利尔，守在病重的患有肺炎的帕尔默·霍华德床边。格罗斯夫人告诉达科斯塔，她想要奥斯勒。多年后她回忆："记住巴塞洛（Bartholow）是一个杰斐逊人。"

"我的回答不是很礼貌[82]。"

最终奥斯勒和其他医生赶来，但已无力回天。1889 年 4 月，正人生得意的格罗斯因细菌感染在高烧和谵妄中死去，享年 52 岁。

两个星期后，奥斯勒切断了与费城和宾夕法尼亚大学的联系。他最后的职责是向毕业生们发表告别演讲，主题是医生需要培养沉着冷静、不形于色的作风，或者罗马人安东尼·皮乌斯（Antoninus Pius）临死时概括的"宁静"的处事之道。在费城人心中，这次活动是学生和教员给即将退休的外科医师和教堂模范阿格纽的深情致敬，对于费城人而言，那天可称为"阿格纽日"。即使奥斯勒对自己充当绿叶感到懊恼，但他也没表露出来。《宁静》（*Aequanimitas*）很快成为给年轻医师忠告文献的经典之作。奥斯勒通过文字的形式描写了停尸房中每一位年轻医学生、实习医师和住院医师、救死扶伤的医疗从业者，以及重压下竭力保持良好自控力的所有人所了解的正确行为，医学界冷静的处世之道。虽然他并没有亲口说过，但威尔·米切尔可能最接近奥斯勒心目中的冷静典范。

1889 年 5 月 4 日，威廉·佩珀在费城的贝尔维尤酒店为奥斯勒举行了告别晚宴。哈佛的 H. P. 鲍迪奇在家信中写道："这是一件盛事。他在费城医学行业拥有非凡的影响力。他是我认识的最受大家爱戴的人之一[83]。" 3 天后，即 1889 年 5 月 7 日，奥斯勒在巴尔的摩参加了约翰斯·霍普金斯医院的正式开业典礼。

（王　姝　王　宁　郎景和　**译**）

153

第5章 缘起约翰斯·霍普金斯大学

1889 年 5 月 7 日，真是众望所归，美国历史上最令人期待的霍普金斯医院终于在这一天揭牌成立了。资助方与创建专家们早已运筹帷幄、成竹在胸。毫不夸张地说，整个美国甚至整个世界都在翘首以盼霍普金斯医院的成立。美国马里兰州巴尔的摩工商巨子和业界翘楚、银行家、贵格会教徒约翰斯·霍普金斯早在 22 年前（1867年）就创建了一个医院信托基金，并选择了 12 名杰出的巴尔的摩人担任信托基金的受托人。6 年后（1873 年），霍普金斯去世，他留下一笔 700 万美元的巨额遗产，这在当时可谓天文数字。遵照霍普金斯的遗嘱，其遗产各半，分别捐赠 350 万美元给以他名字命名的约翰斯·霍普金斯大学和约翰斯·霍普金斯医院，大学计划于 1876 年对外招生运行。在当时的美国，这是史无前例的最大一笔慈善捐赠。相对于大学，医院的建成耗费了更多时间，因为受托人只能使用捐赠收入来建造它。不借贷，就没有用以建设医院的本金。在 1876 年开办约翰斯·霍普金斯大学之后，约翰斯·霍普金斯医院于 1889 年开业，而约翰斯·霍普金斯医学院则到 1893 年才成立。像霍普金斯本人一样，信托基金的受托人中大多是贵格会教徒，他们家境优渥富足，但每个人都克勤至简并热衷慈善事业，具有超前的管理意识，因为他们信守承诺并追求卓越。

约翰斯·霍普金斯生前一直有意在美国开创一所专注知识传播、拓展研究生教育，并鼓励独立学者潜心学术的新式研究型大学，因而，身后托管遗产捐资创建大学和医院就变得顺理成章。1873 年，约翰斯·霍普金斯为他的财产托管团队提供了一块场地，指示他们在百老汇、沃尔夫、纪念碑和杰斐逊大街上之间的这块地上建立医院，建造一所抛弃美式学院的陈规旧制，在构造和布局上都将优于本国或欧洲同类机构的医院。这所医院还在孕育期时就已经注定其在美国医学教育改革中将要发挥的重要作用。霍普金斯指出，"我也希望我捐资建成的这家具有超前意识的医疗机构将来能够成为我投入充足经费建设的霍普金斯大学的一所医学院"。为了统一思想，最大化地实现霍普金斯的这一愿望，两笔信托基金的董事会成员，也就是负责医院和大学筹建的理事成员名单实现了高度重合[1]。

　　校董事会思想统一之后，决定物色志同道合的人来合力推进这一规划，实现医院与大学互相成就的宏大愿景。首先要考虑的是大学校长人选。校董事会特别邀请时任哈佛大学校长查尔斯·威廉·艾略特 ❶、康奈尔大学校长安德鲁·迪克森·怀特（Andrew Dickson White）❷，以及密歇根大学校长詹姆斯·布利尔·安吉尔（James Burrill Angell）❸ 共同商议，为这所新大学物色一名能够胜任的校长，最后大家一致推选丹尼尔·柯依特·吉尔曼（Daniel Coit

❶ 查尔斯·威廉·艾略特（1834—1926）是哈佛大学第 21 任校长，也是哈佛大学历史上任期最长的校长（1869—1909）。在他接任校长职务之前，哈佛只是一间偏安一隅的传统学校，他上任后大刀阔斧的改革使哈佛很快跻身世界一流研究型高校之列。艾略特也被誉为美国近代最伟大的教育家，罗斯福总统称其为"共和国第一公民"。

❷ 安德鲁·迪克森·怀特（1832—1918）是位美国教育家，外交官并且是美国康奈尔大学（Cornell University）的创设者及首任校长。怀特从年轻时就怀有梦想，盼望能为纽约创设一所州立大学，这所大学的设立原则应该是学术上的自由宽容，应实现宗教自由、男女合校、不分种族，不受宗教教条限制，可以开设自然科学课程。当康奈尔大学于 1865 年获准在伊萨卡（Ithaca）设立时，他的梦想终告实现。怀特担任了康奈尔大学的创始校长，为大学初心奉献了自己毕生精力和大部分财力。

❸ 詹姆士·布利尔·安吉尔（1829—1916）担任密西根大学校长近 40 年。在他的带领下，大学推动学术与科学研究，并进行课程改革，使密西根大学跻身世界一流高校。他的儿子詹姆士·儒兰德·安吉尔（James Rowland Angell，1869—1949）从 1905 年开始担任芝加哥大学校长，1921—1937 年间担任耶鲁大学校长达 32 年，是自 18 世纪初以来第一位担任该职位的非耶鲁大学毕业生。

Gilman）❶。从耶鲁大学和德国柏林大学毕业、担任加州大学校长的吉尔曼从此进入董事会的视线，最终成为约翰斯·霍普金斯大学的创始校长。

吉尔曼富有远见卓识和国际视野，是当时环境下最合适的人选。霍普金斯大学校园选址在巴尔的摩市中心的霍华德大街上，于1876年1月22日正式创立。2月22日，首任校长吉尔曼就职。吉尔曼深受柏林大学的影响，认为科学研究不仅是大学的根本任务，而且是大学的灵魂。早年，霍普金斯大学的教研人员总数少得可怜，但是霍普金斯大学教职工却有机会开展广泛的国际合作与交流。大学创设的学术氛围让每一位研究者和教授都能够全身心地投入科学研究、论著出版和研究生培养。因而大学很快就开始异军突起，在世界高等教育界的影响力不断扩大。正是在首任校长吉尔曼的领导下，约翰斯·霍普金斯大学不负众望，践行了"卓越办学"的初心，向着"鼓励独立学者的进步，使他们可以通过自己精湛的学识推动他们所追求的科学，以及所向往的社会前进"这一初始目标大踏步进发。吉尔曼校长从此成为霍普金斯大学的真正灵魂，他和他的追随者们彻底改变了美国高等教育，让霍普金斯成了一面旗帜。

霍普金斯的财产托管人和遗嘱执行人就如何建造医院四处征询意见，收到了5份关于医院建设的规划方案。华盛顿的陆军官员约

❶ 丹尼尔·柯依特·吉尔曼（1831—1908）是美国教育家，约翰斯·霍普金斯大学首任校长。1855年开始在耶鲁的谢菲尔德科学院（Sheffield Scientific School）担任图书馆员、规划员及地理学教授。1872年吉尔曼离开耶鲁，应聘为加州大学（University of California）校长。任期三年后，在美国多位知名高校校长的推荐下，吉尔曼获聘为约翰斯·霍普金斯大学首任校长，任职近25年。为接掌霍普金斯大学，他特地花费一年时间，在欧洲考察大学并物色教授。

翰·肖·比林斯 ❶ 从 19 世纪 70 年代初期开始，就与一群有远见卓识的医学改革者一起致力于重新规划美国的高等医学教育体系。比林斯一收到相关消息就立即着手起草医院的组织架构和建设规划。1876 年，大家经过认真考察并最终决定选择比林斯的方案并推举他为医院的首席顾问，与吉尔曼校长并肩作战，深入谋划约翰斯·霍普金医学院的未来蓝图。比林斯曾在内战期间为政府设计医院，他学识渊博、人脉广泛，是美国国家医学图书馆（National Library of Medicine）和医学期刊索引系统（Index medicus）的创始人。

比林斯说服财产托管人将"研究"和"教学"视为医院建设的两大核心：一流的教师精英将通过医院病房里面最高质量的医疗实践内容的言传身教来培养一流的学生精英。也就说，新的医学教育理念不再把教学作为医学院唯一的工作，而是将医学研究和临床实践也同时作为医学院的重要职能之一。在医院空间和建筑设计的初始阶段，比林斯坚持以患者为本的设计理念，充分考虑到如何最大限度地保护院内患者，如何避免患者因彼此交叉感染而生病或死亡。因而，比林斯将医院的通风排污和清洁卫生问题作为空间设计的第一考量。比林斯对建筑设计的全盘考虑与其在教育和研究方面追求卓越的办学精神完美契合。

比林斯本人散发着美式的理想主义："这家医院应该帮助我们提高对疾病的成因、症状的研究和病理学的解析，以及治疗方法等方面的认识和研究水准，并使这些良好的研究成果得到更大范围的应用，不仅让巴尔的摩市或马里兰州受益，而且要造福未来所有受病痛折磨的人 [2]。"可以说，这种科研、教学和临床的三位一体办学思

157

---

❶ 约翰·肖·比林斯（1838—1913）是美国图书管理员、医学教育家、建筑设计师和外科医生。比林斯与安德鲁·卡内基（Andrew Carnegie）合作纽约公共图书馆（New York Public Library）建设，并担任第一任馆长。比林斯监督了美国外科总署办公室图书馆总库（现为国家医学图书馆）的建设，这是美国第一个综合性医学图书馆，已成为现代医学信息系统的核心。

想是在充分吸收德国人和法国人在 19 世纪末摸索出的经验的基础上，与美国时代精神融合而升华出来的完美模式，而这也正是美国医学教育和研究能够后来者居上的重要原因之一。比林斯作为医院的首席顾问，无疑成为这一进程中的关键人物，他同时负责医院的基础设施建设和教职管理人员的招聘工作。为了给霍普金斯项目招聘优秀的胜任者，比林斯远赴欧洲寻访未来各学科的最佳人选，对象不能只局限于已经声名远扬的科学家，还应探访那些尚未崭露头角，但潜力无限的后起之秀。

年轻的威廉·亨利·韦尔奇（William H. Welch）❶ 非常渴望能在约翰·霍普金斯医学院谋得一个职位。韦尔奇出生于 1850 年，是康涅狄格医生的后代，1870 年毕业于耶鲁学院。年轻时的韦尔奇心无旁骛地想成为一名古典主义学者，对其他任何职业都提不起兴趣。1875 年，韦尔奇克服了对血液、疾病和尸体的厌恶，开始继承家族的医学职业，并在纽约的内外科学院（College of Physicians and Surgeons）获得医学学位。在此过程中，韦尔奇逐渐对显微镜下的微观世界产生浓厚兴趣，并在家人的资助下于 1876 年前往德国，追随朱利叶斯·科恩海姆 ❷，成为一名技艺精湛的实验室病理学家；韦尔奇也曾在罗伯特·科赫 ❸ 的实验室里见证过他的成名过程。在德国所经历的一切，让韦尔奇成了一位学术方面的终身亲德者。2 年后，韦尔奇满载着德国医学教育理念，特别是研究生教育和科学学术精神和方法返回美国。

---

❶ 威廉·亨利·韦尔奇（1850—1934）是约翰斯·霍普金斯大学医学院的第一任院长和约翰斯·霍普金斯大学布隆博格公共卫生学院（美国第一个公共卫生学院）的创始人。除了自己的科学研究和教学工作，韦尔奇致力于美国医学科学的促进工作，曾被称作"美国医学院院长"（Dean of American Medicine）。约翰斯·霍普金斯医学院的图书馆也以韦尔奇的名字命名。

❷ 朱利叶斯·科恩海姆（1839—1884）是现代病理学开山大师菲尔绍（1821—1902）的高足。

❸ 罗伯特·科赫（1843—1910）是 1905 年诺贝尔生理医学奖获得者、世界病原细菌学的奠定人，也是巴斯德所开启的微生物新纪元里一颗最耀眼的星。

伦敦对奥斯勒来说是游历欧洲大陆后的"世界"，但对韦尔奇来说则意味着沉闷、悲哀、肮脏、凄凉。即使是韦尔奇住过的最小最不起眼的德国小破房子与伦敦相比较都可以忍受。韦尔奇理想的生活是像伟大的德国研究人员一样，终其一生在病理学实验室和才华横溢的学生携手开创医学事业。之前，韦尔奇在多家医院提出开展病理实验教学工作，但都遭遇困境，未能实现，韦尔奇的课虽然受到追捧，但毕竟圈子狭小。韦尔奇的理想不是临床，而是研究。而现在，霍普金斯大学医学院是美国首家能提供给他这种工作机会的医疗机构。韦尔奇后来回忆，当时除了到霍普金斯医院任职之外，还有一种选择，那就是回到纽约，在优越阔绰的医生朋友们中传道授业，如开展显微镜和病理学教学、做名医验尸助手、做病理检验、兼职家教等琐碎工作，维持生计不成问题，但可能就这么庸庸碌碌了此一生。

事实上，1875 年刚获得医学学位的韦尔奇就对在美国筹建大学这一构想发表过自己的独立见解，也就是说霍普金斯大学还没有正式建立前就已经吸引了他的注意。与当时大多数的医学生毕业之后从事临床工作的普遍想法不同，韦尔奇非常渴望成为一名医学院教授。韦尔奇听说丹尼尔·吉尔曼校长打算在巴尔的摩建立一个研究所，将要采用新的医学教育标准，大力促进医学科学研究。1876 年，大学正式招生时，韦尔奇就想成为大学的病理解剖学教授。但他内心非常清楚，与当时已经赫赫有名的资深病理学教授相比，自己资历尚浅，但他也知道，这个领域尤其需要像他这么年轻的候选人，全身心地投入到教学和研究中。韦尔奇甚至想向校长毛遂自荐，但时机尚不成熟。在美国，韦尔奇首先必须解决生活的问题[3]。他一心想通过医学教学和研究来谋生，而不希望成为靠患者养活的医生。

1884 年，约翰斯·霍普金斯大学在医院尚未竣工前开始筹建医学院。医学院的首席医学教授的关键职位人选将在基础医学、病理学和生理学这三大领域产生。生理学是建立学术型医学院的重

159

要基础，聘用这一领域的教授能为将来顺利开设高水平的医学院奠定坚实的基础，因而，这一职位的任命非常受董事会重视。对于生理学首席医学教授人选，托管人最终物色到年轻有为的亨利·纽维尔·马丁（H. Newell Martin）❶。马丁出生于爱尔兰，毕业于伦敦大学和剑桥大学，是赫胥黎 ❷ 的门生。赫胥黎是 19 世纪英国著名科学家，他是达尔文进化论最杰出的代表和最坚定的追随者，也是"不可知论"的创造者，倡导唯物主义科学精神。赫胥黎曾受吉尔曼校长之邀在大学的开学典礼上发表过演说。

当时宗教和教会对教育界的影响力仍然非常强大，在这一现实环境下，校长邀请来的赫胥黎在演说中宣扬进化论和唯物主义，而且取消了学生上课前的祈祷仪式，这些行动都被认为是霍普金斯大学对教会主义的摒弃和对世俗主义的承诺。有一个神父这么评论当时的大学开学典礼演说："请赫胥黎来是大错特错，应该受邀请出席典礼的是上帝。而把他们一起都请来，会是多么荒谬绝伦的事情。"在各方言论的热议下，霍普金斯大学在开办之后引发了学界和民众的极大争议，大学因此遭受各方批评。而事实上，霍普金斯大学正是吉尔曼校长践行大学体制与教派化的宗教力量脱钩的成果，吉尔曼理想中的大学一定要脱离教会及政治势力的控制，实现最大化的学术自由。在安吉尔校长的说服下，马丁于约翰斯·霍普金斯大学

❶ 亨利·纽维尔·马丁（1848—1896）是著名生理学家，活体解剖的支持者。马丁曾在"英国生理学之父"迈克尔·福斯特爵士（Sir Michael Foster, 1836—1907）门下学习生理学，在托马斯·赫胥黎门下学生物学。马丁与奥斯勒、韦尔奇、霍尔斯泰德和凯利一起成为受聘于霍普金斯大学的前五位正式教授。马丁经常告诫学生："不要以为实验室中设备是自动化'生理灌肠机'——从这头塞进一只动物进去扳手一拉，另一头就出来了重要的科学发现"。他坚信任何理论都不应当作教条，只能作为新的探索的起点，主张学生应养成脚踏实地的作风，认为引导医学生重复实验是纠正学生浮躁习气的法宝，这种观点有效地促进了医学生的大胆探索。

❷ 赫胥黎（1825—1895）是英国著名博物学家、生物学家、教育家。因捍卫查尔斯·达尔文的演化论而有"达尔文的斗牛犬"（Darwin's Bulldog）之称。马丁曾与赫胥黎合写过一本基础生物学著作，成为当时普遍采用的教科书。

成立之初的 1876 年来到巴尔的摩担任大学的首任生理学教授。然而，到 1893 年约翰斯·霍普金斯医学院成立时，马丁因为健康问题未能接任生理学教授一职，最后出任这一教职的是马丁的学生威廉·豪厄尔（William Howell）❶。

科恩海姆在德国医学院的科学实验室中开创了实验病理学的先河。在科恩海姆的举荐下，比林斯与韦尔奇很快安排了见面，他们在一间酒吧里畅谈科学直到深夜。比林斯谈起霍普金斯大学的宏伟规划，以实验室为主体的教学大楼和世界上最先进的医院，韦尔奇在这场设在酒吧的特别面试中应对自如，深受比林斯赏识。那次面谈之后，比林斯开始积极向吉尔曼校长推荐韦尔奇，敦促其时机成熟时考虑聘任韦尔奇担任病理学首席医师一职，他在信中提到："韦尔奇，33 岁，未婚，住所稳定宽敞，为人谦虚稳重，从各方面来说都是一位绅士，我对他的发展前景深信不疑。"

然而，韦尔奇在纽约的挚友们 ❷ 却竭力阻止韦尔奇将自己葬身于一个荒凉的省城，在他们看来，纽约才是发展的黄金宝地，当时韦尔奇在纽约开设了病理学课程，他践行一种以前在美国病理学教学中从来没有用过的有效、灵活和多样的方法，并确立实验室是病理从业人员的中心的原则。他的讲课受到纽约多家医学院的学生的

161

❶ 威廉·亨利·豪厄尔（1860—1945）是美国生理学家、医师、法学博士、自然科学博士，为第一位使用肝素作为抗凝血药的人。豪厄尔是最早一批的约翰斯·霍普金斯大学的毕业生，于 1881 年取得学位。在 1893 年回母校升任教授前，他曾先后任教于密歇根大学与哈佛大学。1899 年到 1901 年间，豪厄尔担任了约翰斯·霍普金斯大学医学院院长。

❷ 韦尔奇在纽约的最大资助者是他在读预科时的室友弗雷德里克·丹尼斯（Frederick S. Dennis），他是一位铁路大亨的儿子，也是一位曾在德国留学的医生，之后，他们一起在贝尔维尤医院医学院任职。丹尼斯一有机会就推动韦尔奇的事业发展，向科学期刊的编辑赞美他的才华，利用他在纽约的社会经济关系帮助他，偶尔甚至间接地资助他展开研究，甚至说服安德鲁·卡内基为贝尔维尤医院的实验室捐出 5 万美元，并说服贝尔维尤自己再认捐 4.5 万美元，使其能与巴尔的摩的任何实验室相媲美，以此作为吸引韦尔奇留下来的条件。但是，韦尔奇接受霍普金斯邀请之后，丹尼斯与其多年的深厚友谊随之毁于一旦。

追捧，那种狂热不亚于学生时代的韦尔奇被显微镜和科学实验吸引的热切之情；去了巴尔的摩，意味着韦尔奇远离了昔日全力扶助支持他的好友，远离了丰厚资助和光明前景，这在他的纽约朋友看来绝非明智之举，而是在追求一个不切实际的理想，选择巴尔的摩将成为你一生的错误，无论巴尔的摩的前景多么光明，与纽约摆在面前的事业相比，只能是一片黑暗。当然，影响韦尔奇做出最终选择的还有霍普金斯方面的声音，霍普金斯医院的一名教授告诉韦尔奇，他将能够作为一个完全独立的学者，自由地开展研究和学术工作，在这里，一切尽你所需，这是一生难遇的绝佳机会。

最终经过权衡，韦尔奇决定冒着失去友谊及高额薪酬的沉重代价，奔赴巴尔的摩开创自己的事业 [4]。当时约翰斯·霍普金的实验室和相关设施还不完善，工作还不能完全启动，而且，韦尔奇也意识到在担任这样一个重要职位前，自己还需要更多的历练。因而，韦尔奇再次奔赴欧洲进行有目的的学习和考察。1885 年，从欧洲回到巴尔的摩的韦尔奇已经做好担任病理学教授这一新职位的充分准备。韦尔奇找到霍普金斯理事会的一位成员推荐的威廉·康西尔曼（William T. Councilman）❶，并邀请他加入自己的团队，成为自己的助手。1886 年，韦尔奇与康西尔曼开始以纽维尔·马丁的宿舍作为据点展开实验工作。随着病理实验研究的迅速发展，韦尔奇的实验室很快被转移到巴尔的摩东部的医院院区里，医学院最终也将设

---

❶ 威廉·托马斯·康西尔曼（1854—1933）是美国病理学家。康西尔曼是霍普金斯生理学家纽维尔·马丁的学生以及韦尔奇在约翰斯·霍普金斯医院的病理学助理。1886—1891 年，他在约翰斯·霍普金斯大学从助理逐渐成为病理学副教授。当霍普金斯医学院迟迟没有建成，许多研究者和教授纷纷离开霍普金斯，哈佛大学也向韦尔奇投去橄榄枝，邀请他去担任医学院的病理学系主任一职，但韦尔奇拒绝了，他将这个众人垂涎的职位拱手让给了自己的学生康西尔曼。这一任职具有双重意义，一方面标志着他打破了哈佛大学医学院只聘用自己的毕业生担任教职的传统，另一方面也展示了韦尔奇在美国病理学中的重要地位。

在那里，解剖实验室已经建好，并在之后更名为病理实验室。很快，威廉·韦尔奇和纽维尔·马丁的实验室像磁铁一样吸引着有志向的高年级学生与其并肩开展研究。

从此，韦尔奇在霍普金斯得以施展拳脚，成为"集菲尔绍的病理解剖学，科恩海姆的实验病理学，以及科赫的细菌微生物学"三大德国实验研究理念之大成者。约翰斯·霍普金大学的病理学系就这样建立起来了，这不仅是美国病理教学的革命性改变，而且在很大程度上证明病理学和其他学科一样是医学的重要分支。从此，病理学在美国成为一个独立学科。在医院正式对外营业之前的那段日子，住院病房在韦尔奇工作的病理实验室周围继续施工。尽管建筑工地上轰鸣声不断，但在韦尔奇的带领下，实验室的学生们两耳不闻窗外事，埋头苦干，对各种尸体展开细致的解剖检验工作。韦尔奇的研究助手康西尔曼骑着三轮摩托车从当地的一家医院给霍普金斯的病理实验室研究团队带来各种解剖标本，这些标本就装在水桶里，挂在他那先进的三轮车的把手上。

当时医院里还没有开始收治患者，但却是一个研究经费充足、设备配置顶尖、实验室环境优雅清静的地方，是病理学家们独立开展前沿研究的绝佳之地，这里的一切与在德国做研究时别无二致，因而马丁和韦尔奇的实验室立即吸引了大批有才华的美国年轻人。约翰斯·霍普金斯大学的研究成果中最引人注目的是马丁发明的哺乳动物"心肺制备"（heart-lung preparation），这些成果立竿见影，给人留下深刻印象。早期的霍普金斯人士气高昂。每个美国年轻人都怀揣着追求科学的梦想。

霍普金斯人的奋斗精神足以抵御严重的挫折，如巴尔的摩和俄亥俄州铁路公司在 19 世纪 80 年代末陷入困境并削减股息时，大学从捐赠中获得的收益也随之急剧下降。医院终于快要竣工了，可是大学没有经费支付医学院全体教员的薪水。这是托管团队按照信托基金设立初心运作时遇到的困境。比林斯写到，医院理事会主席、

163

慈善家弗朗西斯·金恩（Francis King）❶曾说："我不希望看到医学院的建设标准因为资金困难而有所降低。我们已经在医院大楼等硬件上花费了巨资，也向美国学界和欧洲学界做出许多承诺，所以我们不能出尔反尔，必须坚持下去。至少我是这样想的，也是这么做的。我想，如果我提出要把医学院的建设标准降低，我的同事和朋友一定不由分说，立马将我轰下台去[5]。"

1888 年，理事会决定让吉尔曼校长同时兼任医学院院长双重职务。医院筹建资金大部分来自银行股息，收入平稳并未受到影响。吉尔曼和弗朗西斯·金恩决定继续推进医院的筹建和开业，建医学院的事则延后考虑。在当时，医院的首席医学教授任命这一事项被提上了议事日程。此时，比林斯与韦尔奇和奥斯勒已经认识多年，彼此非常了解，比林斯对奥斯勒及其工作能力也非常熟悉。另一个在比林斯脑海中萦绕多时的候选人是托马斯·劳德尔·布兰顿爵士（Sir Thomas Lauder Brunton）❷，他比奥斯勒年长几岁，称得上是伦敦最杰出的医学顾问和教授。比林斯在一次去英国的旅行中试图引荐布兰顿来霍普金斯大学工作，但布兰顿以家庭为由婉拒了他的邀请[6]。

1888 年 7 月初，奥斯勒来到巴尔的摩，对霍普金斯大学展开了

164

---

❶ 弗朗西斯·桑普森·金恩（Francis Thompson King，1819—1891）是霍普金斯医院理事会的第一任主席，经约翰斯·霍普金斯本人选择，由金恩担任该职位。金恩对慈善和教育事业兴趣浓厚，是多家高等教育机构的财产受托人，曾担任布莱恩·莫尔学院理事会主席多年。作为约翰斯·霍普金斯的朋友和顾问，金恩非常了解创始人设想的医院发展理念。他把大部分时间都花在整体的跟踪建设上，并始终保持一位尽职尽责、睿智而勤奋的受托人形象。有人说，约翰斯·霍普金斯医院就是弗朗西斯·金恩的纪念碑，也是约翰斯·霍普金斯本人的纪念碑。

❷ 托马斯·劳德尔·布兰顿爵士（1844—1916）是著名的英国医生，他在将药理学建成为一门严谨的科学方面发挥了重要作用。他最著名的发现是亚硝酸戊酯可以减轻心绞痛引发的疼痛。他最重要的著作是《药理学、治疗学和药物学》（*A Textbook of Pharmacology, Therapeutics, and Materia Medica*，1885），这是第一部综合性药理学专著，强调纯药物的生理作用。

一次关键性访问，并与韦尔奇、比林斯和弗朗西斯·金恩等共进午餐。显然，奥斯勒非常乐意参加霍普金斯医学院首席医师的竞选，毕竟这是千载难逢的大好机会。弗朗西斯·金恩也感受到奥斯勒的诚意，因而，在这次具有决定性意义的午餐之后，金恩开始强力推进这项任命。7 月 25 日，金恩写信给比林斯，将一次非正式理事会会议上提出的任命计划告知比林斯："我向理事会举荐奥斯勒，并陈述了尽快通过任命程序的理由。弗朗西斯·怀特（Francis White）❶认为我们首先应该做好充足的准备，而不是从一个会导致错误结局的方向开始，因为就在投票前，我们与会员进行了长时间的讨论并没什么结果，这浪费了时间，但是当时也没有人对我的提议投反对票。现在能否请您尽快安排与奥斯勒在此会面，加快任命程序，以便尽快推动医院的各项工作进程"[7]。

9 月，医院理事会正式批准奥斯勒担任首席医师，年薪为 5000 美元。大学理事会紧随其后，聘其为医学理论与实践课程教授（在医学院成立之前没有薪水）。韦尔奇写信给他的妹妹说："奥斯勒是我们能在美国找到的最佳人选，能邀请他来就职是我们的一大收获。我很了解他，他无论是作为科学家还是作为普通人，都十分优秀[8]。"然而，据说也有人对任命奥斯勒为首席医师的决定惊讶不已，因为在他们眼里，奥斯勒的临床经验相对缺乏，而他更可能往一名病理学家，而非临床医生的方向发展。到底是谁质疑这一决定，档案里并没有指名道姓地讲出来，因为对奥斯勒缺乏临床经验的质疑并没有真凭实据。而在弗朗西斯·金恩和许多费城人的口中，奥斯勒是一位卓尔不凡的一流临床医生，他们的说法似乎更加有据可依，令人信服。奥斯勒就这样获得了美国最受瞩目的医学职位，在一波波的祝贺声和欢呼雀跃声中，唯有奥斯勒的母亲语重心长地给予他人生的警示："对你的更上一层楼，我们表示祝贺，也期待你在新岗位

165

---

❶ 弗朗西斯·怀特是约翰斯·霍普金斯先生遗产的三大执行人之一，其他两位是弗朗西斯·金恩（Francis T. King）和格温（Chas. J. M. Gwen）。

上，有更广阔的前景。但是，亲爱的威利，你要注意，当你在这架梯子上坚定地攀登时，你会越来越接近天国的金门，因而，穿越纷纭杂陈的世事时，不要被尘俗羁绊，要对生命有所参悟，将人世永恒的事物永留心间[9]。"

约翰斯·霍普金斯医院坐落在巴尔的摩东部的一座小山上，紧邻切萨皮克湾，这里天气炎热。医院的捐资者和设计者深谙除了高端的设备和技术精湛的医生之外，医院清新自然的室外庭院景观也具有唤起患者生活希望，促进全面康复的潜在力量，同时又能美化所属的这片城市街区的环境。因而，这家园林式医院在建成之后的最初几年，成了巴尔的摩的一个重要的地标性建筑，也成为众多病患和受苦受难者的庇护所和希望之地。医院经过精心规划，整体看来赏心悦目，建筑主体采用西弗吉尼亚砂岩石与红砖镶嵌的风格。院内安妮女王风格的建筑，如八角塔楼和圆形穹顶等，主要集中在百老汇对面的比林斯中央行政大楼的建筑群中。它留存至今，乍一看像古朴典雅的维多利亚时期的遗迹，淹没在现代化的大都市中。再细看，你就会发现它的内在修养和外在气质无不昭示着美国19世纪的理想主义和雄心壮志。弗朗西斯·金恩希望这座医院能千年屹立不倒。

19世纪70年代，医院设计的原则首先要考虑的是尽量避免院内接触感染，而由于当时菲尔绍的病菌传播理论（germ theory）还未被广泛接受，所谓传染仍被认为主要通过空气传播，因而自然通风是医院建设最基本的考虑因素。巴尔的摩的山顶空气清新，微风习习。病房被安置在独立的一层或两层的八角形亭子里。其他病区，如厨房、洗衣房、病案室、药房等都由独立的建筑组成，以尽量减少受污染的空气流动。约翰斯·霍普金斯医院最初有16座建筑，外加一座门房，占地14英亩（约为56 656m²）。它有272张病床，其中212张病床设在宽敞的普通病区。病房带纱窗和阳台的设计可以让患者有机会呼吸新鲜空气，院区内的烟囱高耸入云，废气可在最短时间内烟消云散。整个院区被精心打理和照料。患者居住在这样

166

的环境里能够保持有益康复的愉悦心情，更重要的是，大家完全不用担心在这里会出现"医院病"（现在称作"院内感染"），这也就打消了一些需要长期住院医治的患者的顾虑。在这样的环境中，院内感染似乎永远也不会发生[10]。

约翰斯·霍普金斯医院整体建成并对外开放后，其在建筑上的美学设计令人满意，功能布局看起来也十分合理。按照韦尔奇的话来说，在比林斯的设计和规划下，毫不夸张地说，约翰斯·霍普金斯医院开放之后，如果我们"考虑这家医院对其他医院建设的影响的话，可以说，它标志着医院建设进入了一个新时代。很明显，比林斯博士在这一领域所提供的服务和做出的贡献对全世界的医院建设具有重大而持久的意义。"但是，1889 年，随着细菌学理论的广泛传播，比林斯的部分设计就显得严重不合时宜了。病房里没有电梯，也没有自来水供应。窗户设计得太大了，没几个护士有力气能把窗户打开。通风系统因为太过复杂很少有人使用。霍普金斯人不得不自己设计污水处理系统，因为巴尔的摩直到 20 世纪才有排水系统。医院的实验室和手术设施从开业之日起就不够用。对医院设施进行全面改善的需求迫在眉睫。

奥斯勒是医院组建初期任命的几个核心成员之一，正如医院筹建托管人所指出的那样，组织架构还需要逐步完善，力量还需进一步充实。1888—1889 年，奥斯勒与霍普金斯大学的校领导们从长计议，开始填补医院其他关键职位的空缺。奥斯勒和比林斯试图聘请李斯特男爵 ❶ 在格拉斯哥大学的继任者威廉·麦克文爵士（Sir

167

---

❶ 1867 年，英国医生约瑟夫·李斯特（Joseph Lister，1827—1912）在《柳叶刀》（*Lancet*）上发表文章，提出外科手术消毒的技术和理论。世界上大多数国家很快接受了这一理论和方法，使手术后的患者死亡率大大下降，挽救了无数生命。但有些国家却置之不理，甚至反对，其中包括英国自己。而发明手术麻醉的美国，竟成为世界上最后一个接受这一理论和技术的国家之一。

William Macewen）❶担任他们的首席外科医生，但是麦克文爵士毫不犹豫地回绝了。韦尔奇身边倒是有一个不错的首席外科医生人选，那就是威廉·霍尔斯泰德，他就住在巴尔的摩，一直和韦尔奇共事。但对霍尔斯泰德的任命存在巨大的争议。19世纪80年代初，作为一名大胆的外科试验者，霍尔斯泰德在纽约率先使用可卡因作为局部麻醉药。但可悲的是，这位外科医生自己开始吸食可卡因，而且很快他和他的助手都沦为了彻头彻尾的瘾君子。霍尔斯泰德甚至因为过度吸食可卡因而两度入院数月，之后还是在韦尔奇的帮助下才得以重返医学领域。这也难怪霍普金斯项目托管者最初只给了霍尔斯泰德代理首席外科医生一职，而且年薪仅为2000美元。

首席外科医生确定下来之后，奥斯勒要做的是选定总住院医师。奥斯勒期待能够说服曾在费城与他共事的弗雷德里克·帕卡德（Frederick Packard）❷来巴尔的摩做他的总住院医师。但是，从弗朗西斯·金恩的回复中我们得知："帕卡德的父亲不会同意儿子离开费城"。奥斯勒只好转向下一个意中人选，亨利·拉弗勒（Henri Lafleur）❸，他是一个拥有法国新教血统的蒙特利尔人，曾在麦吉尔大学任教，是奥斯勒在约翰斯·霍普金斯大学执教的首批加拿大医生中的一员。伊莎贝尔·罗柏（Isabel Robb）❹也从加拿大来到霍普

---

❶ 威廉·麦克文爵士（1848—1924）是英国格拉斯哥大学著名外科医师。他在各种外科领域，如普通外科，骨外科，神经外科和胸外科提供了许多创新的手术技术和医学仪器。他的创新对19世纪末和20世纪初的外科医学发展产生巨大影响。他还是创建大量档案的临床摄影先驱。

❷ 弗雷德里克·帕卡德（1862—1902）是费城医生，曾任费城大学理事会理事成员。

❸ 亨利·阿玛迪·拉弗勒（1863—1939）是奥斯勒在霍普金斯医院时的加拿大籍研究助理，后来成为蒙特利尔综合医院的病理学专家。在奥斯勒的影响下，拉弗勒与康西尔曼一起对该院的15例痢疾患者进行详尽研究，仔细研究其组织学特征，描绘了肠溃疡的机制，并将阿米巴痢疾分类为一种特定的疾病，提供了当时为止所发表的最全面的病理解剖学描述。

❹ 伊莎贝尔·汉普顿·罗柏（1859—1910）是现代美国护理理论的创始人，护理史上最重要的领导者。

金斯大学担任护理督导（护理部主任）和护士培训学校校长，成为霍普金斯护理学院的第一任院长，据说她入选的原因是外貌酷似希腊女神。奥斯勒记得，罗柏小姐的外表给人留下深刻印象，以至于疲惫不堪的男性招聘委员会一见到她就决定录用了。奥斯勒也推荐宾夕法尼亚医院的一位贵格会女士雷切尔·邦纳（Rachel Bonner）来担任霍普金斯医院的总管，或者也可以称总护士长，邦纳小姐的父亲对此没有持反对意见[11]。

　　吉尔曼院长为医院设定了一个组织架构。在视察了纽约的几家医院后，吉尔曼认为这些医院管理不善，于是决定启用酒店管理理念来运营约翰斯·霍普金斯医院，使其成为一个管理更高端、更全面细致的机构。他把奥斯勒和韦尔奇带到第五大道旅馆。"我们看到酒店各部门既分工又合作，一切事务都在秩序井然、有条不紊地运作着。"奥斯勒回忆道，"每个部门各司其职，都有负责的领导，最重要的是有一位主管。"吉尔曼说，"这才是真正的医院，我们要参照它们的运营经验。医院的临床科室与大酒店或大型百货公司的各个部门是一样的，我们完全可以借鉴它们的管理模式来管理医院"。

　　事实证明，吉尔曼的想法是正确的。在一个管理架构明晰，职责分工明确的机构里实行强有力的行政领导与当时美国最好的企业管理理念是一致的，这完全改变了当时大多数英美医院中普遍存在的各科室群龙无首、工作效率低下的混乱局面。作为霍普金斯医院的首席内科医师，奥斯勒大权在握，权威和地位远远高于其他医生。奥斯勒在医院管理和运营方面行使着至关重要的决定权，在某种程度上与某些德国医院院长的权力不相上下。1890 年春天，他在写给一位朋友的信中写道："在这里，我拥有我所渴望的一切，比我应得的还要多[12]。"

　　奥斯勒显然借鉴了他在德国学到的医疗模式。他组建了一支没有固定任期的强大而稳定的高级住院医师队伍，协助各科室负责人。奥斯勒在 1890 年年初的一个报告中说："德国大型医院与美国对应的医疗机构相比之下具有一个特殊优势，那就是有一批训练有素的

169

住院总医师队伍的存在。他们可以在一个医院待上 3 年、5 年甚至 8 年，在教授的监督和指导下充分把控临床资源，展开临床工作。"初级住院医师或实习生不会像其他大多数医院那样在各科室轮转。他们将由科室主任亲自挑选，并在他的任期内任职。这不是一个为培养临床实习生而设置的普通医院，奥斯勒特别强调了医院的这个定位。因而，他非常尊重科室主任和住院医生（实习医生）的个人选择，而不希望霍普金斯医院采用的仍然是布洛克利公立救济院（Blockley，后来的费城总医院）那样的竞争性考试选拔机制。这些年轻人将与我们朝夕相处，经过我们亲自面试选拔进医院各科室的年轻人能够确保与我们志同道合，可以长久愉快地共事。道不同不相为谋，竞争性考试选拔计划强加给我们的往往是一些工作效率低下或没有绅士风度的年轻人，我深受其害，因此，我必须对这种旧举措表达我的强烈抗议 [13]。

约翰斯·霍普金斯医院于 1889 年春天正式开业，但是仍然缺少一位得力的行政主管。理事会决定聘请亨利·赫德（Henry Hurd）❶ 来填补这一职位。赫德是一个来自密歇根的具有绅士风度和学术气质的医生，他曾经管理过一家精神病院。而医院已经决定在组建内科和外科的同时组建妇科。对于妇产科首席医师这个岗位，奥斯勒选择了来自费城肯辛顿社区、才华横溢的内外科医生霍华德·凯利 ❷。奥斯勒在费城认识了凯利。年轻的凯利在费城创立了肯辛顿女性医院（Kensington Hospital for Women），被医学界称作"肯辛顿的小公马"（Kensington colt）和"男孩剖腹产医生"（boy laparotomist）。奥斯勒曾试图把凯利医生推荐给宾夕法尼亚大学担任一个重要职位。1889 年，时年 31 岁的凯利在奥斯勒的引荐下转战巴

170

---

❶ 亨利·米尔斯·赫德（1843—1927）是约翰斯·霍普金斯医院的第一任院长，并在该职位上任职 22 年（1889—1911）。

❷ 霍华德·阿特伍德·凯利（1858—1943）确立了妇产科学独立的专科地位。凯利在约翰斯·霍普金斯医院的 30 年生涯中发明了多种对妇科疾病的新处置方法，也创造了许许多多的新医疗器械，包含今日外科手术最常用的手术钳"Kelly Clamp"。

尔的摩，成为第一位妇产科教授及约翰斯·霍普金斯医院的妇产外科首席医师。随着凯利开启他的霍普金斯生涯，费城就此痛失一位妇产科领域的学科奠基人。

1889 年，最令约翰斯·霍普金斯医院沮丧的是大学没有能力开办自己的医学院。这些才华横溢、薪水丰厚的医学教授早已各就各位，每天都有几十位患者来问诊或住院（要等上好几年才能让所有的床位都定期住满），但他们没有学生可教。医学院的未来依赖于巴尔的摩 – 俄亥俄州铁路公司的股票价值，而这条铁路似乎没有什么盈利点，医院现在根本就指不上股息分红收入。一些受托人开始建议约翰斯·霍普金斯大学寻找更多的捐资者。"我们必须尽快找到一个愿意资助医学院建设的大金主才能解决这个问题，"弗朗西斯·金恩写道，"我只能寄希望于吉尔曼院长在他的富豪朋友中找到这样一位金主[14]。"

说实话，这家医院在巴尔的摩就像个外来户，跟当地人基本没交情，无论有钱的也好，没钱的也罢，都不怎么熟络。巴尔的摩人口为 42.5 万，是一个由拥挤的石砖排屋，以及鹅卵石街道构成的半南方城市。这座城市在炎热潮湿的夏季几乎不适宜居住，居民以来自日耳曼民族的工人阶层和黑种人仆人居多。与费城不同的是，这里既没有令人自豪的医疗和教育传统，也没有像已故的约翰斯·霍普金斯这样优秀的商人慈善家。是约翰斯·霍普金斯本人，而不是巴尔的摩这座城市创建了这所大学和这家医院，而医院理事会高薪雇佣的全都不是巴尔的摩本地人。本地人常常聚在一起窃窃私语，谈论着霍普金斯医院的医生们的提包里装的是什么？他们猜测里面装的是各种手术刀，因为医生们在医院里不给患者诊疗，每天到医院里做的第一件事就是尸体解剖。因而，本地人在互相打招呼后，时常低声发出警告：孩子们，离医院远一点。19 世纪 80 年代早期，一位黑人女性被谋杀，并以 15 美元的价格卖给马里兰大学医学院。孩子，他们也会抓住你，或者挖出你的尸体，把你切成小块，把烟头和威士忌酒瓶留在你的空棺材里。对于一辈子住在巴尔的摩的年轻社会评论家门肯（H. L. Mencken）❶而言，这类告诫早已司空见惯，甚至还常听说在当地大学的停尸房里，尸体就像柴火一样堆积的诡异故事[15]。

医院坐落在城郊的一座小山顶上，离大学主校区和市中心有几英里远。在山上的解剖室里，年轻医生们远离尘世的喧嚣，两耳不闻山下事，正忙得不可开交。住院医师都是单身未婚状态，这是他们在医院担任住院医生的必备条件之一。他们住在行政大楼里那些配备了家具的房间，欣赏着城市和海港的美景。为了更好地开展工作，单身的奥斯勒也与年轻的住院医生们一起住进了行政大楼的公寓里。奥斯勒夜以继日地工作，据说他每天要工作到22:00，才脱下长袍和靴子。奥斯勒每天22:00准时会将脱下来的靴子放到门外（让仆人将其擦拭干净），住在楼里的人甚至根据奥斯勒放靴子的声音来校准各自的时钟。奥斯勒甚至试图将巴尔的摩的公寓当成家来操持打理，为此特意将自己的侄女从加拿大老家请来做管家。奥斯勒博士的公寓里总是人气很旺，时常传出欢声笑语。后来，侄女乔治娜·奥斯勒（Georgina Osler）与其中一位住院医师相爱并结婚，才从他的房子里搬走。

要开办一家规模宏大的医院并非易事，成百上千件的烦琐事务亟待处理。幸运的是，与大学不同，医院自身的捐赠收入仍然很高。从开始收治第一个患者以来，医院就不乏各种生动有趣的故事（尽管谁也不记得谁是真正意义上的第一个患者了）。一个建筑工人，在医院开业前10年，也就是1879年，在工地上摔断了腿，在还没建好的工地宿舍里休养了2个月。而到了1889年，医院第一位收治的住院患者是一位晚期胸动脉瘤（thoracic aneurysm）患者，这位患者的验尸报告证实了这一诊断，韦尔奇还专门发声称赞了临床医生们在诊断方面的精准和全面。然而，虽然诊断正确，但

---

❶ 亨利·路易斯·门肯（1880—1956）是一位美国作家和编辑，被认为是美国生活和文化最敏锐的观察者之一。他一生没有离开过巴尔的摩，巴尔的摩本地人称其为"巴尔的摩的智者"（sage of Baltimore）。

患者却没有救活，这从患者或巴尔的摩当地人的角度来看，可不是什么开张大吉，而是不祥之兆。假如他们听说过霍尔斯泰德在霍普金斯最初的绰号是"开膛手杰克"（Jack the Ripper）❶，必定更是闻风丧胆[16]。

霍普金斯医院创办初期的元老们每天都聚在一起共进午餐，其中包括韦尔奇、奥斯勒、霍尔斯泰德、拉弗勒、凯利、康西尔曼，以及任何前来了解霍普金斯实验情况的贵宾们。每次午餐总是丰盛可口，让人回味无穷。午餐会的承办人埃默里（Emory）无情地取笑护士女孩，康西尔曼回忆道："每个人都各显神通地争相展现着自己，为午餐带来自己独特的一道'笑料'[17]。大家谈论着工作，互相开着玩笑，欢声笑语不绝于耳。"奥斯勒总是亦庄亦谐，引人捧腹。有一次，在奥斯勒看完一出与脑卒中死亡相关的戏剧之后，他宣布要针对这起致命事故进行尸检，并将这个任务交给康西（Counce）❷，结果康西等着解剖这具虚构的尸体，一直等到深夜。还有一次，奥斯勒告诉年轻的外科医生霍华德·凯利，他已向患者保证，一旦凯利开始手术，老年性震颤就会消失。奥斯勒还会故意捉弄午餐会的承办人埃默里，严肃地告诫他吃螃蟹会致癌，吃水龟会阳痿，吃牡蛎则会导致动脉硬化等。又有一天，奥斯勒告诉大家，康西骑着三轮车，在巴尔的摩的街道上，没注意到自己拖着人的肠子走了二十几米远[18]。还好，康西很幸运，围观者大概将其误认为制作香肠的肠衣了……

在奥斯勒的领导下，霍普金斯人通过创办期刊俱乐部、医学会和历史俱乐部，使他们因兄弟情谊而形成的定时聚会制度化。他们打算在《约翰斯·霍普金斯医院公报》（*Johns Hopkins Hospital*

173

---

❶ 开膛手杰克（Jack the Ripper）是 1888 年 8 月 7 日到 11 月 9 日期间，在英国伦敦东区白教堂一带以残忍手法连续杀害 5 名妓女的凶手所冠的化名。犯案期间，凶手多次寄信到相关单位挑衅，却始终未落入法网。其大胆的犯案手法，经媒体一再渲染，引起当时英国社会恐慌。至今他依然是欧美文化中最恶名昭彰的杀手之一。

❷ 康西应该是大家对康西尔曼（Councilman）的昵称。

Bulletin）和《约翰斯·霍普金斯医院报告》（*The Johns Hopkins Hospital Reports*）上向全世界宣告他们的工作。护理学院的院长和督导们增设"医学文学文化"（medico-literary culture）栏目，出版了一系列开创性文章。奥斯勒还组建药方，为门诊患者提供日常服务（并为当地医生提供一些门诊预约），开办了他的临床实验室，并开始设计研究生课程，以便在医院开展部分教学工作。

霍普金斯医院的这帮年轻开创者们很珍视医院开办早期的美好体验，家人般的情谊、共同开创事业的兴奋新奇感和开拓全新领域的美式激情让每一个人彼此惺惺相惜。在这里，没有人再受过去羁绊，都在以全新面貌重启无限可能的未来愿景。例如，拉弗勒记得，他曾说过："他能在这里开辟一条全新的完美道路，不受传统限制，不受既得利益者的阻碍，也不被过时的医学腐朽制度所框限。更有甚者，可以得到管委会的鼎力支持，他们崇尚科学也遵循科学规律，尊重科学人才的意见并拥有充足的预算，人生不过如此，夫复何求？"康西尔曼则写道："在霍普金斯，我们在宽松的环境中无忧无虑地生活、学习、工作、研究，绝无后顾之忧。"哈佛大学病理学家雷金纳德·菲茨（Reginald Fitz）❶在霍普金斯医院停留了几天后，形容霍普金斯医院就像一座修道院，唯一不同的就是修士们对未来毫不关心。而他们确实经常会在一天的工作结束后去教堂。菲茨所说的教堂指的是位于沃尔夫街和纪念碑街拐角处的哈塞尔曼酒吧餐厅，这家酒吧以店主提供的啤酒和招牌椒盐卷饼而生意兴隆[19]。

在医院创办初期，兢兢业业投身工作的奥斯勒接连好几年都没给自己放过长假。1889年，奥斯勒在霍普金斯任职后的第一个夏天几乎没有远离过霍普金斯，他只是短暂回了一趟加拿大，带着

---

❶ 雷金纳德·菲茨（1843—1913）是哈佛大学的解剖病理学家，也是马萨诸塞总医院（MGH或"麻省总医院"）的病理医生。1886年，菲茨发表关于阑尾炎的经典论文，创造了"阑尾炎"这一新名词。菲茨也是第一位完整描述胰腺炎，从最初的典型临床表现到死后的病理诊断的临床医生。

11 岁的比利·弗朗西斯（Billy Francis）❶ 探访新布伦瑞克省（New Brunswick）的特拉卡迪（Tracadie）麻风隔离区。那个夏天，在新布伦瑞克省的海滨城市圣约翰，奥斯勒还遇到了在附近的大马南岛度假的两个费城人，格蕾丝·里维尔·格罗斯（Grace Linzee Revere Gross）和她的同行女伴萨拉·伍利（Sarah Woolley）。在回程的火车上，奥斯勒不得不与弗朗西斯一同挤在上铺，在他们的下铺躺着一位体态臃肿的天主教神父，鼾声如雷[20]。1890 年春末，随着医院的各项工作按部就班、慢慢走上正轨（例如，奥斯勒认为正式任命霍尔斯泰德为大外科首席教授，解除各自的后顾之忧的时机已到），奥斯勒才终于得以脱身，离开霍普金斯去欧洲进行几个月的医院考察之旅。

奥斯勒和多伦多大学一位生物学界的朋友拉姆齐·赖特（Ramsay Wright）❷ 在巴伐利亚医学院及其医院考察学习，他们在瑞士看到女性参加医学讲座，在斯特拉斯堡参加各种讲座和临床观摩，拜访了南锡的拉韦朗（Charles Louis Alphonse Laveran）❸，也在巴黎观摩了夏科和巴斯德等法国医学教师的教学和工作场景（也有女性参加他们的课程），然后越境到英国与朋友在乡间别墅里度过慵懒的周末。爱德华·谢弗 ❹ 以吉尔伯特和沙利文的惯用风格回忆道："那些日子

---

❶ 比利·弗朗西斯即威廉·威洛比·弗朗西斯（William Willoughby Francis），是奥斯勒的侄子。

❷ 罗伯特·拉姆齐·赖特（1852—1933）是苏格兰人，加拿大动物学家。1887 年，拉姆齐被任命为多伦多大学的第一位生物学教授。1887 年开始帮助多伦多大学重建医学院。

❸ 夏尔·路易·阿方斯·拉韦朗（1845—1922）是法国医生。拉韦朗发现疟疾是由一种原生动物（疟原虫）造成，这是第一次发现原生动物具有引起／导致疾病的能力。他对原生动物的研究与发现，使他获得了 1907 年的诺贝尔生理学或医学奖。

❹ 爱德华·阿尔伯特·沙佩·谢弗（1850—1935）毕业于英国伦敦大学学院（UCL），是著名的生理学家，世界内分泌学的创始人。他提出患有糖尿病的患者是因为缺少一种胰腺制造的物质，他建议称这种物质为"insulin"（源自拉丁文"insula"，原意为小岛，中文译为"胰岛素"）。谢弗爵士是中国生理学之父林可胜（1897—1969）的导师。

看起来逍遥快乐，但是许多事情已经在优哉游哉中完成。"奥斯勒从德国给他的住院医师写了长篇描述，评论了从教室装饰到对鸽子进行显微手术的方法，也阐释了基督在十字架上死亡的原因［在奥伯拉莫格看过《耶稣受难复活剧》（Oberammergau Passion Play）的演出之后❶］，还有慕尼黑啤酒工人的胃扩张，以及在弗莱堡使用冷水浴治疗伤寒取得的良好效果，话题涉及面之广，可谓无所不及。但对于在法国的经历，奥斯勒却只字不提。相反，在他发表的每一封公开信件的结尾，我们总能从中读出奥斯勒所流露出的对日耳曼民族所取得的非凡成就的敬佩之情：

在德国的实地考察和学习中，我深切地感受到，在德国的科学领域里，科学家对科学知识本身的重要性的认识被提升到一个前所未有的高度。全身心地投入到对事物的最深刻、最细致的探究中，不断为人类对它们的深入理解奉献毕生精力，这已经成为出类拔萃的优秀人才的终身抱负。每个医疗中心都有一群愿意献身于科学研究的佼佼者，这完全打破了人们对职业抱负的固有看法。而和我们在一起的美国或英国年轻人，也许一开始也一腔热血，怀着一辈子献身于科学事业的强烈初心，倘若假以时日，年轻人的棱角很快就会被抹平。到了40岁的时候，他所有的工作都将带有"金币"的印迹，导致大家一切向钱看。曾经的踌躇满志和多年的呕心沥血将为我们赢得更多财富。但我们依旧是失败者，我们非常遗憾地错过了

❶ 德国巴伐利亚的奥伯拉莫格（Oberammergau）是一座位于阿尔卑斯山脚下的小村镇。从1634年开始，这个村镇每隔10年都要在一整年中上演上百场《耶稣受难复活剧》，以感恩神将村民从黑死病中解救出来，此传统已延续400年。1633年，黑死病肆虐，奥伯拉莫格镇也在劫难逃。村里每两户人家至少一人染病而亡，村民感到万分恐惧，在埋葬亲友之后，由神父带头全村人跪下来虔诚地向上帝祈祷。他们对天发誓，如果上帝能使他们在黑死病中免于灭顶之灾，他们就会在世界末日来临之前每10年上演1次《耶稣受难复活剧》予以回报。按照传说，从他们发誓的那一刻起，黑死病就再也没有夺走村民的性命。第二年，奥伯拉莫格人开始履行诺言，首度上演《耶稣受难复活剧》。观众坐在室内，舞台露天，以天穹和群山为背景。现在的奥伯拉莫格剧场可同时容纳4800名观众，是世界最大的露天剧场。

这样一门能给我们的职业生涯规划带来长久成长的课程。德国的大学教育是这个国家最闪耀的荣光[21]。

8 月初，柏林召开第十届国际医学大会，更多闪耀着德国荣光的科学家们在会场上震撼登场。来自 50 个国家的 9000 名代表齐聚一堂，共同聆听和探讨近 600 篇论文。1890 年 8 月 4 日，全世界都惊闻结核杆菌的发现者，伟大的科学家罗伯特·科赫，在他的实验室 ❶ 里发现了治疗豚鼠结核病的方法。科赫说："这种治疗方法能使体内的致病菌变得无害，而不会对身体产生不良影响。"奥斯勒当时在柏林参加医学大会，有可能听过科赫的演讲。韦尔奇当然知道这件事，他写信给父亲说，如果这种疗法对人类有效，那将是"医学界有史以来最伟大的发现"。约翰斯·霍普金斯大学的目标是，一旦获得这种新开发出来的治疗方法的细节，就会率先将科赫发布的最前沿研究消息应用于实践，这一成果绝对可以与今天的诺贝尔奖得主宣布成功治愈癌症相媲美[22]。

奥斯勒在霍普金斯医院的最初几个月，主要精力放在寄生虫研究上。他沉迷研究疟疾寄生虫迷人的生命周期。1889 年夏天，一位老年患者在医院去世，死因显然是中暑后患上的肺炎，但令我既惊讶又懊恼的是，在尸体解剖过程中对老人的血液和脾脏进行细致检查后，显示其死因是疟疾引发的高热。如果事先对老人做一次彻底的血液检查并服用足量的奎宁，老人活过来的机会很大。此次事件发生后，全面的血液检查成为霍普金斯医院的一项常规操作，这引起了实习医生们的极大不满[23]。

巴尔的摩研究人员凭借敏锐的洞察力，在显微镜下第一次发现痢疾患者中的寄生虫。1890 年，奥斯勒在巴拿马一位患有肝脓肿和

❶ 罗伯特·科赫实验室为世界各地培养了杰出的微生物学家，照亮了围绕在他身边的许多星，如贝林（Emil von Behring, 1854—1917）、埃尔利希（Paul Ehrlich, 1854—1915）、菲比格（Johannes Fibiger, 1867—1928）、菲弗（Richard Pfeiffer, 1858—1945）、北里柴三郎（1853—1931）、耶尔森（Alexandre Yersin, 1863—1943）和伍连德（Wu Lien-teh; 1879—1960）等，他们都是诺贝尔奖获得者或候选人。

慢性痢疾的患者的大便中发现了特征性变形虫。奥斯勒写道："它们是最奇特、最引人注目的生物，当你第一眼看到这些大变形虫（通常是白细胞的10～20倍）在脓液中蠕动时，你会不由自主地屏住呼吸，叹为观止[24]。"奥斯勒鼓励康西尔曼、威廉·塞耶（William Thayer）和拉弗勒等年轻人对疟疾和痢疾等疾病进行一系列长期研究，他们与住院医生在霍普金斯医院做了大量临床、实验室和尸检工作，这对他们发表相关研究论文方面起了重要作用。塞耶后来成为美国在疟疾病因学、病理学和临床病程学研究方面最有成就的学者之一。医院后来还专门成立了疟疾和阿米巴痢疾研究中心，这令康西尔曼、拉弗勒等相关人员声名鹊起，而奥斯勒则将自己的研究中心转向其他学科。

奥斯勒充分授权给自己的下属，以便在自己外出时他们也能各司其职并及时行动。多年来，奥斯勒一直在思考欧洲人是如何使用冷水浴来减轻伤寒患者的发热症状。在19世纪80年代末从德国传来一系列证明冷水浴有效的最新研究结果后，他下定决心在还没有尝试采用过这种传统治疗法的霍普金斯医院实践冷水浴疗法。但这是一项费时费力的工作，不但护士非常反感，而且由于寒冷和不适，也遭到了患者的极力反对。这一疗法在第一年毫无进展。但是奥斯勒1890年夏天在欧洲再次热情地写出关于冷水浴治疗伤寒患者高烧的文章，而拉弗勒也参观了费城的德国医院并研究那里的冷水浴程序，霍普金斯医院最终接受和推广了这一治疗方案。奥斯勒回来发现冷水浴终于被用作伤寒退烧的首选方法。

奥斯勒当然对科赫结核病的突破性研究非常感兴趣，霍普金斯医院也特意派出一名资深住院医师到柏林调查这一发现。大约在同一时间，科赫本人也将少量的结核杆菌提取物送到比林斯那里，供他在美国使用，后来这种提取物很快被命名为结核菌素。比林斯自然将其提供给了霍普金斯大学。是否从此一个新的医学时代即将开启了呢？就在1890年12月12日，那是一个星期五，医院的高级教研人员和所有的住院医师，以及一群被邀请来的当地医生聚集在圆形剧场一起见证这一历史时刻。奥斯勒和韦尔奇也当场发表了他们初步的见解。"之后，拉弗勒将一剂神秘的深褐色液体注入一名晚期肺结核患者体内，随后大家在祝贺声中散去。"拉弗勒回忆道。

接着，他们使用同样的方法开始治疗另外 10 名肺结核患者。星期一晚上的医学例会上，奥斯勒采取了典型的谨慎路线，他发表了如下讲话：

面对如此重要的所谓新发现，我们既不应该盲目轻信也不应该无理怀疑。科赫宣布的这一发现在医学界所引起的轰动是对罗伯特·科赫严谨务实的科学精神的致敬，他有着兢兢业业的工作态度和严谨求实的工作原则，并一丝不苟地亲自展开调查，这都是科赫成为我们所敬重的科学典范的重要表现。他的报告值得病理学专家的信任。但是，只有经过时间的考验，我们才能最终确定他现在提出的主张是否合理，同时就人类目前的医学发展而言，问题已经从实验室转移到临床病房，在临床病房里，医生们对患者未来几个月的仔细观察将为验证其合理性提供必要的数据。

但到了星期三，奥斯勒忍不住告诉比林斯，其中一名患者已经对注射产生"显著反应"。然而，这是在非常仓促的情况下做出的评估。后来证实这位患者是被误诊了，不久死于淋巴癌[25]。

1890 年 1 月的那个冬天，奥斯勒虽然依然每天去病房例行查房，但日常工作基本由拉弗勒和助理住院医师威廉·塞耶❶全权负责。从那时开始的几年时间里，奥斯勒将大部分生命都花费在他"墨水瓶生涯"中最重要的一件事，亦即，医学教科书的编写上。这本书是他一生中最伟大的成就之一，也是医学教育和医学出版史上最经典的书籍之一。

179

---

❶ 威廉·西德尼·塞耶（1864—1932）是约翰斯·霍普金斯医院和医学院的医生和医学教授。在奥斯勒的影响下，塞耶成为美国在疟疾病因学、病理学和临床病程学研究方面最有成就的学者之一。后来塞耶成长为一位广受赞誉的临床实践教师，被称为"临床医生的临床医生"（"clinician's clinician"）。

早前，奥斯勒和出版商就有出一本教科书的想法。凭借他的文学造诣和渊博学识，奥斯勒自然会写出一本大部头的书，但他却以"40岁之前有更重要任务"这样一句玩笑话推辞了这一计划。如今奥斯勒已年过40，医学院的开办又遥遥无期，他的门诊业务也在他所谓的"上帝遗弃的小镇"（God-forsaken town）上起色不大[26]，现在他时间充裕。奥斯勒起初认为自己缺乏精力和毅力无法胜任如此繁重的工作，这项工作与完成当今的超长距离马拉松比赛没什么区别。但是，奥斯勒1890年的一场欧洲之旅让他精神焕发并决定重整旗鼓，最后终于有了动笔的念头。最后奥斯勒终于决定着手写一本关于医疗实践的著作，而且已经有了设想，全书的第一个章节一定是关于伤寒的。

纽约出版社阿普尔顿公司（D. Appleton and Company）在那年秋天找到奥斯勒，建议把他拟编撰的著作写成医学教科书。阿普尔顿公司声称其分销网络上有着众多医疗作品的订阅者，如果由他们出版，最终书籍的销量一定非常可观。经过一番讨价还价后，该公司开出10%的版税的基本条件，销售5000册后的版税将提高到12.5%，并保证销售1万册，而且同意在出版前预付奥斯勒1500美元现金作为定金。奥斯勒后来写道，这无异于把我的思想卖给魔鬼，奥斯勒在1891年2月签署了这份合同[27]。

1891年之前，奥斯勒写书计划进展很慢。之后，他开始快马加鞭：

每个星期有3天上午，我从8:00一直到13:00待在家里口述书稿内容。期间每隔一天，在上午去过医院后，我会在11:30开始当天的口述工作。下午的空闲时间则用来查阅文献，对口述内容进行修正。5月初，我去了医院办公室。开始一天的工作：8:00到13:00进行口述；14:00探访病房内的自费患者和特殊病例，在完成这一系列任务后，又开始对口述内容进行修订校对等工作。17:00之后，我会查看一些其他的病例；18:30是医院的晚餐时间，吃完晚餐后一直到21:30是我的休息时间，然后，我每天会在22:00上床睡觉，次日 7:00 起床……8 月的前两个星期，我在多伦多度过，之后的那段时间我按照往常一样的流程开展日常工作，在 10 月 15 日基本完成医学教科书的编撰。1891 年的最后 3 个月，我们全身心致力于校对工作。次年 1 月份，我开始编制这本教材的索引部分，在整个工作中，最使我厌烦的就是核对每一项参考文献。在这本书的创作阶段，我只在身体不适的情况下耽搁过一下午，期间从未休息过一个晚上。从 1890 年 9 月到 1892 年 1 月，我的体重猛增了近 8 磅（约3.6kg）。

　　奥斯勒穿着衬衫，书桌上堆满了历史悠久的惠特曼风格的典籍，奥斯勒正在向他的速记员 B. O. 汉普顿小姐（B. O. Humpton，"驼峰小姐"）进行口述。在医院工作时，奥斯勒长期占用凯利的妇产科高级住院医生亨特·罗柏（Hunter Robb）❶ 的单身宿舍。罗柏回忆说："整整 6 个月，我的房间几乎被奥斯勒完全征用。他常常在口述到一半时停下来，冲进我的房间，要求我和他换房，或者在我的房间里交谈一会儿，跟我讲讲他的一些故事。这对我而言是求之不得的好事，我随时欢迎他来访。我对奥斯勒先生的唯一不满之处在于他待在我房间里写书时，时不时要踢倒我的废纸篓，以此寻求灵感。"为此，罗柏只好在废纸篓里放上几块砖头，以确保不会被奥斯勒一脚踢倒。最后，奥斯勒为了讨好罗柏，就在这部教材付梓印刷之后，将一本亲笔提名的书赠送给了他。奥斯勒在自己签名的扉页特意用了"E. Y. D."这个别名❷，为自己将"罗宾"赶出他的休息室并偷吃他的橙子和巧克力，还有喝了他的姜汁汽水和松子酒等行为道歉 [28]。

---

❶ 亨特·罗柏（1863—1940）是第一位接受过妇科特殊培训的克利夫兰医生，也是无菌手术技术的支持者。他在伯灵顿学院（Burlington College）和宾夕法尼亚大学（University of Pennsylvania）接受教育，1884 年获得医学学位，1884—1886 年在费城任住院医生。1886 年成为肯辛顿女性医院创始人凯利博士的助手。当凯利于 1889 年受聘到约翰斯·霍普金斯大学时，罗柏作为他的助理同时加入他的团队，并开始对无菌手术技术的新领域——伤口感染进行研究。

❷ "E. Y. D."是奥斯勒化名埃格顿·Y. 戴维斯（Egerton Y. Davis）的缩写形式。

威廉·奥斯勒所著的《医学原理与实践》（*The Principles and Practice of Medicine*）一书于 1892 年 3 月由阿普尔顿出版公司正式出版，这本书是为"医学从业人员和医学生量身打造的"。奥斯勒将这本书献给他最尊敬的 3 位老师，分别是约翰逊、博维尔和霍华德。他感谢了汉普顿小姐和霍普金斯大学历史系研究生利曼·鲍威尔（Lyman P. Powell），感谢汉普顿小姐耐心聆听他的口述，并认真细致地输进打字机里，感谢鲍威尔通读并审阅整个手稿，改进了手稿的风格，尽管鲍威尔后来说他几乎没对书稿做什么改动 [29]。该书的序言中引用了希波克拉底的那句"经验可谬，判断实难"❶，以及柏拉图的经典语录："医学是一种考虑患者体质和身体构造的艺术，不同个案有其独特的致病因素和诊治的原则。"❷ 但奥斯勒没有注明或解释其出处和意图，也并没有设置一个介绍医学的原理和实践的前言。也许是因为奥斯勒本人或出版商故意力求简洁。又或是奥斯勒已经完全受够了他所称的地狱般的文献查证和细节校对 [30]。奥斯勒本人真的急于完成这本书，因为他的未婚妻要求他在完成这本书后再谈婚论嫁。

这本书的主体部分其实是在论述疾病和如何治疗疾病。奥斯勒在这部厚度为 1050 页的宏篇巨作中，首先用 270 页的篇幅讨论从伤寒到麻风等 30 种传染病的现状与治疗方式。在随后的章节里，奥斯勒介绍了各种身体疾病，涵盖消化系统疾病、呼吸系统疾病、循环系统疾病、血液和腺体疾病、肾脏疾病、神经系统疾病和肌肉疾病等各个方面。在一个综合的章节中还介绍了中毒、中暑和肥胖。最后一部分是由动物寄生虫引起的疾病。这部教材让医学生意识到人类对疾病的认识是何等有限。奥斯勒在书中提供了大多数疾病的定义、病因、病理解剖学、症状、诊断、治疗方法和预后等相关信

❶ 希波克拉底的名言的英文原文为：Experience is fallacious and judgment difficult。
❷ 柏拉图的名言的英文原文为：And I said of medicine, that this is an art which considers the constitution of the patient, and has principles of action and reasons in each case。

息。有时，他还附上一份该疾病的发现历史。这本书有完整的主题索引，却没有附上参考书目，因为出版商删减了奥斯勒编写的著者索引。

在这部教材中，奥斯勒只引用了一些精确的医学文献，字里行间更多引用的反而是欧洲、英国和美国作家们在历史、文学和哲学等经典作品中的名言隽语。此外，奥斯勒还大量讲述了自己学医历程和行医过程中的真实故事。奥斯勒在教材里描述的许多细节都与他在蒙特利尔总医院做过的上千次尸检，以及他在费城停尸房和病房的工作经历相关。他列举了 1874 年他在欧洲求学时期看到的病例，也列举他在蒙特利尔与导师霍华德和在费城与韦尔·米切尔（S. Weir Mitchell）❶ 见证过的一些病案；还有前一天他与韦尔和霍尔斯泰德讨论过的病例；也提到慕尼黑啤酒工人的胃扩张故事；以及那些作为医学博物馆标本留存下来的病例等。

奥斯勒在这部教材里还大量提到各个时期的历史人物，从古希腊医学之父希波克拉底（Hippocrates）、旧约圣经中的梅菲波谢（Mephibosheth）❷、托马斯·布朗尼爵士❸ 到

183

---

❶ 韦尔·米切尔（1829—1914）是美国医师、科学家、小说家和诗人，也被称为"医学神经病学之父"。

❷ 梅菲波谢是以色列第一任国王扫罗门王的孙子。当扫罗门和他的儿子们在基利波山战死时，梅菲波谢才 5 岁。他的保姆把他抱起来逃跑时伤了他的双脚并使他终身跛脚。跛脚的梅菲波谢认为他的残疾使他毫无价值。

❸ 托马斯·布朗尼（1605—1682）是爱尔兰著名医生，奥斯勒将其当作自己的职业偶像。布朗每天巡查完病房之后，都会搬张椅子，坐在患者的病床旁，从口袋里掏出一张纸，为患者朗诵，附近的患者也会侧耳倾听。布朗朗诵的不是患者的病危通知书，也不是手术风险告知书，而是他写给患者的一封信。每一封信的内容都非常感人，鼓励患者提起精神，不要被暂时的病痛所打垮。托马斯·布朗尼在 30 岁撰写的《医生的宗教》是奥斯勒毕生最爱读的一本书，也是他"灵感、智慧和精神慰藉的源泉"。这部影响奥斯勒至深的书在奥斯勒去世后的葬礼仪式上，被置于其灵柩之上。

蒙田（Montaigne）❶、奥利弗·温德尔·霍姆斯 ❷、柯勒律治
（Coleridge）❸ 和斯威夫特（Jonathan Swift）❹。奥斯勒没有在这本书
中提及生殖官或眼科方面的疾病，也没有拿"阴道痉挛"和"阴
茎钳持"开玩笑，更没有引用埃格顿·Y. 戴维斯 ❺ 的话。不过奥斯勒
确实对创伤性癔症（traumatic hysteria）给出过一句俏皮的说辞："在
铁路案件中，只要诉讼悬而未决，而且患者还在律师手里，疾病的
症状通常还会持续下去。而只要能达成和解，患者的病立刻就会好
很多。"奥斯勒自己会不会发现韦尔奇给他的关于麦角中毒的材料
（特别强调罗马尼亚）完全是捏造的，这是在开玩笑吗？他不喜欢这
样，韦尔奇在任何有破坏性的东西发表之前就坦白了 [31]。

　　教科书《医学原理与实践》的出版恰逢其时。这本教材一方面
总结了 19 世纪医学所取得的丰功伟绩，另一方面也昭示着 20 世纪

❶ 米歇尔·德·蒙田（1533—1592），文艺复兴时期法国思想家、作家、怀疑论
者。阅历广博，思路开阔，行文无拘无束，其散文对弗兰西斯·培根、莎士比
亚等影响颇大。

❷ 老奥利弗·温德尔·霍姆斯（1809—1894）是美国医生，著名作家，19 世纪炉
边派诗人之一。奥斯勒在其为医学生推荐的枕边阅读书目中，特别提到了霍姆
斯的《早餐桌上的独裁者》，奥斯勒还提出，对医学生来说，没有什么比保持
在文学方面的兴趣更简单了。为你每一门医学课程找一名相对应的文学家：当
你厌倦了解剖学，就去奥利弗·霍姆斯那儿呼吸呼吸新鲜空气；当你因生理学
而殚精竭虑，就找雪莱和济慈这些浪漫主义者给你开导；当化学使你精疲力
竭，就请莎士比亚来抚慰你；当你马上要被药理学压垮，只需十分钟蒙田先生
就能让你重整旗鼓。

❸ 塞缪尔·泰勒·柯勒律治（1875—1912），英国诗人、文评家，英国浪漫主义文
学的奠基人之一。

❹ 乔纳森·斯威夫特（1667—1745）是英国 - 爱尔兰作家，作为一名讽刺文学大
师，以《格列佛游记》和《一只桶的故事》等作品闻名。

❺ 奥斯勒的化名。奥斯勒曾以埃格顿·Y. 戴维斯这一化名在 1884 年的《费城医
学新闻》上刊登了关于"阴茎钳持"的病例。之所以编造"阴茎钳持"的病例，
是因为奥斯勒认为他的一位同事发表的关于罕见的严重"阴道痉挛"的一篇文
章纯属扯淡，于是化名埃格顿·Y. 戴维斯，编造了一个由于严重"阴道痉挛"
导致的"阴茎钳持"的病例，投给杂志社，没想到被当真了，而且还刊登了出
来。结果，这一"病例"从此成为"阴茎钳持"的一个经典病例，尽管后来被
证明纯属扯淡，却一直被广泛引用。

的医学发展趋势。奥斯勒对过去 70 年来的主流临床病理学传统了如指掌，对 19 世纪 80 年代的细菌学研究如数家珍，这项工作解决了传染病病因学中的核心难题。尽管个别论述随着医学的发展已经被证实有误，但奥斯勒在教材中描述的大多数疾病发现史和疾病发展史至今仍意义非凡，在某种意义上，这部教材堪称医学教育史上的经典之作。1892 年，人们对内分泌系统知之甚少，人体的免疫系统仍是个谜，各种病毒仍然无法识别，营养和遗传学原理在很大程度上更是未知领域，X 线、心电图和许多其他诊断设备尚未被发明出来。虽然要探测太空发展航空业，必须依赖空间测量技术的开发和先进航空设备的研制，但在这些新技术和新设备出现之前，我们可以通过大量调研，将如何展开未来研究的蓝图绘制出来。奥斯勒的教材就是这样，虽然受限于当时的医学发展，却已经为未来医学指明了方向。

　　奥斯勒的这部医学圣经出版在抗生素尚未发明的时代，当时很多疾病只能坐以待毙，无法治愈，而在 1892 年后，随着抗生素等先进药物的不断问世，著作里提到的许多疑难杂症或致命疾病已经有了应对的办法 [32]。医学科学日新月异，许多医学著作甫一出版就面临被淘汰的厄运。19 世纪末，细菌学学科的快速发展让许多论述还未来得及印刷就已证明是错的。一些著名医学著作和教材的作者在那些年先后离世也让他们无法继续更新再版曾经出版的经典教材。在英国，托马斯·沃森爵士（Sir Thomas Watson）❶ 逝世，享年 90 岁，他的《物理学原理与实践》（*Principles and Practice of Physic*）的第一版可追溯至 1843 年。在这种情况下，包括奥斯勒在内的许多北美医学家都认为让美国这片新大陆产生自己的医学著作的时机已

185

---

❶ 托马斯·沃森爵士（1792—1882）是一位英国医生，主要以 1844 年首次描述主动脉瓣反流（aortic regurgitation）中的水锤脉冲（water hammer pulse）而闻名。1862—1866 年，他担任皇家内科医学院院长。

经成熟了。纽约的奥斯汀・弗林特（Austin Flint）❶是第一批，也是最优秀的几个敢于尝试创作医学专著的美国人之一。然而，弗林特也去世了。他的《医学原理与实践》的最后一版在 1886 年，也就是他去世的当年出版，这主要归功于他的助手，霍普金斯医院的四大创立者之一的威廉・韦尔奇。但是，当奥斯勒和霍普金斯大学的同事看到韦尔奇办公桌上堆满了几个月未回复的信件时，他们就意识到，要调动他的热情沉下心来写一部鸿篇巨制的教材是多么难了。

威廉・奥斯勒的地位如此之优越，人脉如此之广泛，以至于在 19 世纪 90 年代，文章或作品只要冠上奥斯勒的大名就可大获成功。奥斯勒作为美国顶级医院的首席医师，接受的是欧式教育，是英属加拿大人，又在北大西洋医学中独领风骚。因此，加拿大人、美国人、英国人都以奥斯勒为本国之傲，在购买他的书时都觉得自己是在为支持家乡的出版业做贡献（即便购买者意识到书中提及许多来自美国的作家，也了解教科书开篇以伤寒疾病布局具有一定的象征意义，因为伤寒疾病的特征是由在英国访学的美国人揭示的）。更重要的是，任何购买并阅读《医学原理与实践》的人都发现，奥斯勒在医学教科书的写作上真可谓殚精竭虑，不遗余力。书中不可避免有疏漏和不足之处，但不啻奥斯勒的鼎力之作。

这本教科书除了内容新颖之外，优点还包括条理清晰、层次分明、言简意赅。奥斯勒也在该书中表示医学是随着时代进步不断向前发展的，不可能一蹴而就。奥斯勒口述了这本书，就像他定期口述病例笔记和尸检结果一样，这部教科书清新、简明、扼要的风格体现的正是奥斯勒最本真的语言风格。对那些在阅读弗林特教科书里滔滔不绝的复杂冗长的句子中成长起来的医学生而言，阅读《医

---

❶ 奥斯汀・弗林特（1812—1886）是美国著名生理学家、内科医生，贝尔维尤医院心脏病专家。在十几个不同的心脏杂音中，只有两个是由发现杂音的学者名字命名，一个就是弗林特。1862 年，弗林特察觉到主动脉瓣关闭不全的患者在心脏舒张期的心尖部能听到柔和、低调的隆隆声，就将这种杂音描述了出来，这种杂音最终命名为奥斯汀・弗林特杂音。

学原理与实践》就像呼吸新鲜空气一样轻松惬意。事实上，如果不
是口述，而是奥斯勒直接用书面语言撰写的话，反而会让人感觉过
于文绉绉，而失去口述所传达的简洁风格。奥斯勒在口述或讲话时
通常是最简洁的。

　　同时，奥斯勒也不用担心因为压缩、删减和语焉不详而遭到读
者吹毛求疵。那一年新出版的另外两本教科书的作者故意省略了关
于某些医学观念的历史和争议[33]。而奥斯勒则更愿意追踪这些医学
观念的演变过程，对历史上的冲突观念进行综述，然后根据自己的
经验陈述个人观点（在这部教材里，奥斯勒上百次使用"我"这个
人称代词），并承认医学的不确定性。奥斯勒坦诚自己不是全知全能
的权威教科书作者，他无法保证这部教材能给出一切疾病问题的诊
治方案。相反，他非常理解医学知识的局限，知道诊断有时具有主
观性，没有谁能保证诊断的绝对精确。他深知作为一名医生，犯错
是多么容易，而治愈又是多么困难。因而，《医学原理与实践》在编
撰时就有非常理性的定位，这部教材将不断再版。它只是一个还不
完善，需要不断修缮和不断增加令人兴奋的新发现和新洞见的生成
性报告。正如医学之父，希波克拉底所言："经验可谬，判断实难。"

　　奥斯勒口述这本书时，时而回顾过去，时而展望未来。奥斯勒
在地狱般的写作过程中一定深受不稳定的情绪的反复折磨，也可能
没日没夜的写作让他没能经受住放松写作标准的诱惑，希冀用轻松
的笔调来实现一下自我调节？不然如何解释奥斯勒在教材中关于发
色的这部分论述呢？奥斯勒在著作里特别指出：金发的人比黑头发
的人更不容易出现神经质胃痛，但更容易受到黄化症的影响。如果
奥斯勒意识到自慰对癫痫的影响可能被高估了，他为什么不重新考
虑自慰是导致癔症的一个"重要因素"这个观点呢？（答：他肯定认
为自慰会进一步削弱功能，但不会有器质性损伤）。奥斯勒怎么能成
为有些常识性知识的典范呢？并指出我们有多少无害和自我限制的
情况发生呢？奥斯勒同时声称小患者如果用嘴呼吸会让自己愚蠢和
口吃，从而采用这种方式来吓唬扁桃体增大孩子的父母？奥斯勒这

187

样去口述一本书实在是有点不负责任[34]。

奥斯勒关于肺炎和奥尔布赖特综合征的一些建议被认为带有浓厚的新体液学说印记，又或被认为是对传统权威的过分遵从[35]。大部分人对他的明显困惑是在于他的治疗建议。作为一名医生，人们认为他对用药持怀疑态度，他似乎给患者开了大量鸦片，就像在感冒的早期阶段，"对于令人痛苦的、刺激性的、让患者彻夜不眠的咳嗽，没有任何药物可以替代鸦片的作用"。尝试这种老式但有时很成功的治疗方法应对鼻出血，即在鼻孔里扎一张蜘蛛网，当然没有坏处，但是用4%的可卡因溶液来缓解鼻黏膜炎呢？夏洛克·福尔摩斯侦探（Sherlock Holmes）确实这么干过。对那些因便秘而烦恼的俱乐部会员们来说，放弃"吸毒恶习"是一个很好的建议，而对许多男人来说另外的补救方法是早餐后抽一根烟斗或一支雪茄[36]。但还是有一个问题，19世纪30年代，医学界已经开始质疑对患者直接采用放血疗法，或者借助水蛭放血疗法而导致患者流血过多的医疗事件。威廉·奥斯勒在1892年写道："在19世纪的前50年，医学不是很发达，也的确招致很多患者流血过多；但在19世纪的后50年，我们医学已经取得了长足进步，患者流血真的是少之又少。"对于肺炎、肺气肿、脑卒中、胸膜炎（皮下注射吗啡更有效）、心包炎、腹膜炎、支气管炎、谵妄和腮腺炎的某些患者，推荐采用放血或水蛭吸血法来进行治疗。他还建议针灸治疗腰痛、坐骨神经痛和神经痛。对于后两种情况，医生也可以尝试注射蒸馏水[37]。

奥斯勒的处方在很大程度上具有潜在的一致性。正如他曾教导麦吉尔大学的学生们的那样，医生应该努力缓解患者的痛苦症状和避免危及生命的情况。患者希望他们的疼痛得到治疗，医生也必须这样做。尽管偶尔会有失误，但奥斯勒确实经常就过度依赖药物的问题给予警示。他开的处方有奎宁、砷、铁、洋地黄、鸦片，都是简单的混合物，而不是当时开始流行的多药理学或"散弹枪"化合物[38]。奥斯勒在没有具体的方法去治疗细菌感染和许多其他疾病方面总是选择直言不讳：

在猩红热中，许多细节被人为地夸大了，但是这些都无济于事。药物几乎无法控制风湿热的持续时间或病程，我们还没有一种可靠的药物，可以一直依靠它来控制紫癜。肺炎是一种自限性疾病，其病程不受任何药物的影响。它不能被我们目前所掌握的任何已知手段所中止或缩短。给脑膜炎疼痛难忍的患者起水疱根本没必要的，这只会增加患者的痛苦。治疗帕金森病也没有一种方法令人满意。可以尝试使用砒霜、鸦片和莨菪药，但是应该坦率地告诉患者的朋友，这种病是无法治愈的，除了照顾患者的身体舒适之外，别无他法 [39]。

在一次演讲中，奥斯勒一边写稿子，一边向普通听众表明他对麻醉药的思考。理解疾病的自限性是医学界的一大进步。要是普通民众也理解这一点就好了！

服药的欲望也许是人类区别于其他动物的最大特征。为什么这种欲望会发展？它是如何发展到现在的规模？它最终会达到什么程度？这些都是心理学中所关注的有趣问题。有一件事我不得不控诉，那就是当我们这个行业的从业人员不再习以为常地在任何一个可能的场合给他人开具令人作呕的合剂或混合药时，当我们能够毫无顾忌地跟患者说，多做运动少吃主食，少抽烟喝酒或许就能达到治愈的效果，以上这些就是我要控诉的正当理由。当祭司们已经放弃了对太阳神的崇拜，也抛弃了祭祀用的小树林和高地，并转向宣誓效忠真正的科学之神，那么作为普通民众的我们也应该远离各种各样的偶像。如果你们越来越喜欢专利药，你们将比以往任何时候都更容易落入江湖骗子的手中。但必然会有这样一段时期，医学正处于发展初期阶段，而人类普遍冠有懒散、轻信和盲目的特征 [40]。

但外科手术是不同的。从他的职业生涯开始，外科干预就不断变得更安全也更成功。作为一名医院从业者，奥斯勒一直与外科医生密切合作。在1891—1892年的演讲中，他宣称外科手术是一门新艺术，并谴责保守主义者，"认为他们不应该将进行卵巢切除治疗的外科医生标榜为屠夫和开膛手"。如果他作为一名医生有什么偏好的话，那就是尽早请求外科手术医生来给予帮助并解决问题。简单的临床－病理二元论的时代已经结束："临床医生以前只能害怕在尸检室被揭露的令人难堪的事实，现在外科医生能够迅速而有把握地判定一个鲜为人知的病例的性质，这真的令人信心倍增[41]。"奥斯勒认为静脉切开术所涉及的小手术是有据可依的。在 19 世纪 90 年代早期，他的建议是对所有腹膜炎患者都配备一名随叫随到的外科医生，对水肿性喉炎患者及时施行气管切开术，并认真考虑用手术治疗胆结石，这些建议都十分有远见。他甚至建议对脑部可能存在化脓性感染的患者进行脑部探查手术[42]。

19 世纪 90 年代早期，奥斯勒最明确的治疗方向之一就是采用水疗法，通过洗澡、用海绵擦拭、用冷包外敷等方式来治疗发热。他不喜欢市场上的退热药，他开始相信冷水浴可以治疗高烧，甚至认为这种做法对降低伤寒的死亡率有更好的效果。在《医学原理与实践》中，他推荐使用冷水浴、温水浴、海绵浴和冰袋治疗发热、头痛、神经紧张和失眠。在治疗上，奥斯勒与其说是一个虚无主义者，不如说是一个进步的保守主义者。在奥斯勒判断一项治疗方案是否卓有成效时，他的主要关注点在于这种疗法是否有助于减轻患者的痛苦。奥斯勒在他的医学教科书中，就伤寒症的冷水浴问题与他自己、拉弗勒和霍普金斯病房里的其他少壮派进行了争论：

> 然而，这种严格的冷水浴疗法也并非完美，我个人同情那些将冷水浴视为非人待遇的患者。将患者从温暖的床上转移至 21℃的浴缸，并让患者在冰冷的浴缸里停留 20 分钟或更长时间，而无视患者的恳求，这种水疗法着实很残忍；随后患者浑身颤抖和脸色发青，看起来十分痛苦。我们的大多数患者都对此怨声载道，在私人诊所中推行冷水浴显然不可行。

奥斯勒在书中也提到对霍普金斯医院实行的另一种新疗法感到大失所望。科赫提供的结核菌素，一种结核菌培养物的甘油提取物，并没有达到预期的效果：

我们在约翰斯·霍普金斯医院投入试验的 23 名患者，只有 3 名达到预期效果；在其他的病例中，该结核菌素要么没用，要么还造成身体损害。在大多数情况下，使用结核菌的患者全身和局部症状都加重了。

眼下我们正试验出该项疗法的不良反应，此前我们被希望所鼓舞，认为我们终于获得了一种结核病的治疗方法，它可以有效地治疗所有形式的结核病变。但我们可能要过好几年才能对这一新办法的真正疗效做出判定。与此同时，我们有理由在使用结核菌素时保持谨小慎微 [43]。

更多的数据很快就会涌入来评估冷水浴、结核菌素和所有其他治疗方法。更有趣的病例会出现在医院的病房里和学术文献中，更多的发现也会接踵而至。成为教科书作者的乐趣在于，你可以随时修改，更新你的想法，并在再版中添加新的内容。这也是教科书作者的本职工作。由于教科书有机会不断更新版本，教科书作者们在写作过程中也就少了很多顾虑，可以放开手脚来，心情愉悦地投入创作工作中。奥斯勒的教科书《医学原理与实践》大功告成，立即引起各界轰动，受到朋友、同事、审稿人和医学生的热捧。教材第一次印了 3000 册，2 个月后就售罄。在最初的 2 年里，这本书共售出 1.4 万册，奥斯勒从中获得 1 万美元版税的可观收入。这本迅速成为英语世界占主导地位的医学教材，因而必然会不断出修订版本。在奥斯勒的余生中，这本书是他的主要收入来源。奥斯勒把他在阿普尔顿出版公司的版税收入戏称为他的"秘密黑金账户" [44]。

奥斯勒并没有保存《医学原理与实践》的原始手稿，而是将它带到费城，交给了那位在他创作这本教材期间拒绝嫁给他的女士。据传，他把书稿扔到她腿上说："把这该死的东西拿走吧，或者这个无用的东西已经在这里了。"然后，他不忘加了一句："悉听尊便，现在你看着办，你决定将如何处置这本书的作者 [45]？"

这位女士就是奥斯勒 1889 年夏天在新布伦瑞克遇到的格蕾丝·林兹·里维尔·格罗斯，费城最著名的外科医生塞缪尔·韦瑟尔·格罗斯（Samuel Weissell Gross）❶ 博士的遗孀。1892 年，格蕾丝已经 37 岁了，没有孩子，相貌端庄，金发碧眼，肤色白皙，身材颀长，芳润有光，她已有了些中年发福的倾向。她出身波士顿的一个富裕家庭，天生美人胚子，知书达理。家族从事银器生意，因而，她一直生活在优渥的条件中，从来没有经历过穷困潦倒的日子。1876 年，她和英俊潇洒的格罗斯博士一见钟情。在格罗斯教授去世前的 12 年里，格蕾丝一直是费城第一医学世家的女主人和贤内助，无论对于年轻的格罗斯教授而言，还是对于寡居的家公美国外科皇帝塞缪尔·大卫·格罗斯（Samuel David Gross，1805—1884）❷ 而言，贤惠得体的格蕾丝都是格罗斯家族的骄傲。

众所周知，奥斯勒是格罗斯家的常客，由此结识了格蕾丝。格蕾丝社交能力十分出众，热情好客、充满人格魅力、散发着自信的光芒，同时具备恰到好处的独断力。有一次她独自在巴黎购物，发现自己被一个小个子的法国人跟踪了。随后，她便放慢速度，直到这位法国人追上了她，然后她突然转过身，拿着伞向他冲了过去，说了声"嘘！"吓得这位法国人拔腿就跑。格蕾丝·里维尔·格罗斯无论从家庭出身，还是家庭教养，无论从家族产业，还是婚姻选择方面都彰显出美国贵族的血统和品位。格蕾丝作为一个新英格兰人，声称自己是革命双方的后裔。保罗·里维尔告诉爱国者，英国人要来了；英国皇家海军上校约翰·林西（John Linzee）在邦克山战役

❶ 塞缪尔·韦瑟尔·格罗斯（1837—1889）是杰斐逊医学院的外科教授，而威廉·奥斯勒当时在宾夕法尼亚大学任教。奥斯勒和格罗斯很快相识并成为朋友；格罗斯一家经常在家里招待奥斯勒。在格罗斯最后一次生病期间，妻子格蕾丝请了奥斯勒前来诊治。

❷ 塞缪尔·大卫·格罗斯教授被誉为"美国外科手术创始人之一"。他是一位熟练的外科医生，可以出色地进行截肢和白内障手术。他推广了许多新的手术技术，并设计了新的医疗手术器械。他还曾发表内科、病理学、实验生理学和药理学方面的研究成果。他最重要的论著是他的两卷版著作《外科手术、病理、诊断、治疗和手术系统》（*A System of Surgery, Pathological, Diagnostic, Therapeutic and Operative*，1861），这部著作成了 19 世纪下半叶美国外科手术的标准参考书。

（Bunker Hill）期间轰炸了波士顿。但格蕾丝的贵族身份和地位不受
到任何影响，在美国上流社会依旧保留贵族特质，而且如鱼得水和
远近闻名[46]。

　　事实上，格蕾丝在与奥斯勒结婚之后的岁月里很少提及她的第
一任丈夫。与格蕾丝家族交往甚密的一位朋友说，格蕾丝的婚姻很
幸福，但格蕾丝本人的哥哥则称，比格蕾丝大 20 岁的格罗斯是"一
个世俗的老酒鬼"（a profane old sot）。在同事们看来，格蕾丝的前
任是一个成就卓越、固执己见、行事专断、世俗古怪的人，但他同
时也是一个非常重感情的人。他曾出版过关于乳腺癌和男性阳痿的
书籍。他和格蕾丝唯一的孩子出生时就夭折了。

　　奥斯勒则认为格罗斯是一个友好的同事，他们兴趣相投，都擅
长写作。显然奥斯勒很喜欢在格罗斯家作客。来自汉密尔顿的医生
朋友阿奇·马洛克（Archie Malloch）❶记得奥斯勒曾带他到格罗斯家
吃饭，事后还说格罗斯太太是他唯一愿意娶的女士。记忆有时不可
靠。也许奥斯勒真说过，格蕾丝才是他唯一想娶的女人，但是，有
人记得他也曾说过：除了他青梅竹马的恋人玛丽·奥斯勒❷之外，他
从未想过要娶任何其他女人[47]。

　　格蕾丝对奥斯勒的第一印象，就是奥斯勒在外貌上与她的丈夫
惊人地相似，但奥斯勒无论从年龄还是从性格上都更占优势。在格
罗斯死后的 4 年里，除了去麻风患者收容所的那次短途旅行外，我
们对他们的关系一无所知。当威利把完成的教材交给格蕾丝并问她

❶ 阿奇博尔德·马洛克（1844—1919）是奥斯勒的朋友，李斯特（1827—1912）
在英国格拉斯哥大学担任外科教授以及在格拉斯哥皇家医院（Glasgow Royal
Infirmary）的兼职外科医生期间，阿奇博尔德·马洛克担任其外科住院总医生。
1865 年 8 月 1 日，11 岁的男孩杰姆斯·格林利斯（James Greenlees）被马车车
轮碾造成左小腿开放性骨折，被送到格拉斯哥皇家医院，马洛克亲眼看见了李
斯特用石炭酸清洗伤口并用浸透了石炭酸的布料覆盖伤口给这位儿童患者进行
消毒、杀灭微生物，避免截肢，最终使其康复出院的全过程。

❷ 有传言说奥斯勒年轻时，恋上了比自己大的表姐玛丽·奥斯勒（1841—1915），
也有传言说，W. W. 弗朗西斯就是他们的私生子。

打算如何处置奥斯勒时，格蕾丝显然领会奥斯勒一定是在打情骂俏，最后格蕾丝同意了他的求婚。是什么让格蕾丝最终决定嫁给奥斯勒？往好里说，是因为奥斯勒性格开朗，潜力无限，事业正处于上升阶段；就算不是潜力股，保守估算奥斯勒至少也是一位兢兢业业、洒脱俊逸的医生。另外，奥斯勒比格罗斯更加年轻，可以让格蕾丝过上更富足、惬意的生活。在未来的婚姻中，随着事业越来越顺，地位越来越高，奥斯勒向格蕾丝证明了自己就是格蕾丝·里维尔所期待的那位有威望的丈夫。

奥斯勒和格蕾丝的婚姻计划一直很低调。直到 1892 年春天，大学的学期结束时，奥斯勒像往常一样在学校的各种庆祝活动上发表演讲。最后一次演讲结束之后，奥斯勒非常认真地对医院那帮大男孩们提出，他准备结婚了；然而，没有人相信他。之后，奥斯勒收拾行李去费城找格蕾丝了。对于他们之间的关系，格蕾丝的私人医生威尔逊（J. C. Wilson）略知一二。5 月 7 日是个星期六，威尔逊与威利和格蕾丝一起共进午餐。他们聊了聊几年前在新布伦瑞克省的那个假期和加拿大的那些医生们，然后威尔逊就去工作了，显然他们是想邀请威尔逊参加他们的婚礼。第二天，威尔逊就收到格蕾丝从纽约寄来的信：

亲爱的威尔逊：

感谢你昨天参加了我和奥斯勒医生的婚礼午餐！我们在 14:30 的时候绕过街角找到了一位牧师，用一种平静理智的方式完成了我们的婚礼仪式。

奥斯勒夫人向你致以最亲切的问候。

据说，当格蕾丝的仆人知道只有一辆马车在门口等着送他们去教堂时，她大声说道，"我的上帝，居然只有一辆马车！我去叫辆出租汽车来"。这对新婚夫妇从圣詹姆斯教堂一直步行到火车站[48]。

婚后，他们拜访了奥斯勒在多伦多的亲戚和蒙特利尔的老朋友，以及格蕾丝在波士顿的亲友。奥斯勒向华盛顿的美国医师协会提交了一篇论文，之后他们乘船前往英国，在那里他们参观了康沃尔，并出席了英国医学会的会议。威利早就将他们的结婚计划告诉了他的母亲，结婚前几天母亲就写信给奥斯勒的妹妹查蒂，表达了自己的看法：

> 我相信你从威利那里听说了，我们的威利身边多了一位女士，他即将开启全新的生活。上次威利来看望我的时候，他告诉我和他父亲他的秘密，但是我们不能随意地让人知道这件事。这些年轻人总以为他们的风流韵事对外人是秘密，而旁观者往往看得很清楚。所以事情可能就是如此。但是我想我们都为威利感到高兴，威利终于有一个爱他的妻子来照顾他。当你看到格蕾丝，我想你会喜欢这个嫂子，我也很高兴她成为我的儿媳妇。父亲也很高兴威利有这样一个好的终身伴侣，这件事会在家里引起很大的轰动。

婚后，奥斯勒告诉拉弗勒，"他很喜欢格蕾丝，她是我一生的挚友，我觉得她人品靠得住"。奥斯勒对"人品靠得住"的定义很可能是指格蕾丝不是那种诡计多端、野心勃勃、专横跋扈和轻浮浪荡的女人。很显然，小说《米德尔马契》（*Middlemarch*）里面的主人公利德盖茨医生 ❶（Lydgates）的悲惨命运不会在奥斯勒身上发生。威廉·韦尔奇在给妹妹的信中写道："格蕾丝是一个端庄贤惠、潇洒达观的女人，我认为他们是郎才女貌，天生一对[49]。"

约翰·雅各布·阿贝尔（John Jacob Abel）是一位年轻的美国教授，在德国实验室从事自己热衷的药理学研究 ❷。1892 年 6 月，他在前往欧洲的途中，注意到乘客名单上有奥斯勒夫妇。他仰慕奥斯勒

195

---

❶ 英国维多利亚时代著名女作家乔治·艾略特的小说《米德尔马契》中的男主人公特丘斯·利德盖特是一位胸怀大志的年轻医生，希望能获得重要的科学发现。但是，他娶了镇上的美女罗莎蒙德（Rosamond），从此梦想破灭。罗莎蒙德是个空虚肤浅的女人，只希望特丘斯从事一个能赚大钱的职业，以便满足她奢侈的品位，到最后他只能顺从她的愿望，放弃了自己的科学追求，成了为富人行医的医生。他去世时 50 岁，虽然取得了传统上意义上的"成功"，但临终前认为自己没有遵循原本的人生愿望。

❷ 美国学者约翰·雅各布·阿贝尔（1857—1938）是全美第一位全日制药理学教授，被誉为"美国药理学的创始人"。

已久, 经过一番犹豫后, 他主动结识了奥斯勒夫妇, 并给他妻子写下了这封信:

奥斯勒夫人本是波士顿人, 身材丰满, 相貌秀美, 但显然不是我喜欢的类型。奥斯勒是值得结识的, 他是我在美国遇见的唯一一位我迫切希望结交的医学家。他18岁开始工作, 这让我非常羡慕。奥斯勒已经旅欧学习8次了。他说只要兜里有1000~1200美元, 他就立马奔赴欧洲进修。奥斯勒见贤思齐, 博闻强识, 臻于至善。他不是一个精明的苏格兰人, 他有着来自蜥蜴灯塔 (Lizard lighthouse)❶ 的威尔士和康沃尔血统。奥斯勒人品很好, 但奥斯勒认为人一过40岁就没什么作为了。如果这是真的, 如今我都35岁了, 我为此踌躇不已, 临近才智枯竭期, 我还能有什么作为吗? 但与他见面后, 他的一席话醍醐灌顶, 立刻让我如沐春风 [50]。

让我们继续吧! 这就是威廉·奥斯勒的一贯风格! 奥斯勒在最好的医疗机构里担任要职, 也是一本刚刚出版的教科书的作者。他今年43岁, 新婚宴尔, 身体健康, 情欲旺盛, 未来可期。有一天, 奥斯勒却告诉一位年轻朋友说, 男人过了40岁就不行了。这并非奥斯勒的玩笑话, 也不是奥斯勒首次做这样的评论。奥斯勒1890年在欧洲时就曾指出, "人一过40岁, 心智随即进入衰竭期, 对新知识的消化能力和新方法的吸收能力就会急剧下降"。他在一封家书中提到: "我反复倡导的一个理论是一个人事业发展的黄金时期是在30—40岁。"奥斯勒在1892年的一次演讲中, 也提到"40岁危机", 他描述的40岁危机具有两方面的特点, 一是体力方面的衰退 (体力减弱迫使一个人想办法打开而不是翻过一扇有五道横木的大门) 和心理弹性的丧失, 这使得年过40岁的人接受新知识的速度变得异常缓慢 [51]。

奥斯勒晚年因对衰老认识的偏执和悲观看法而臭名昭著。我们

---

❶ 蜥蜴灯塔位于英国大陆的最南端, 是一座功能齐全的灯塔, 最初成立于1619年。

在本书的第 8 章就能看到他关于 60 岁悬车退隐、自绝于世的提法曾犯过众怒。奥斯勒是医学时代的弄潮儿，他对衰老认知的论调听起来更多局限于他的病理学知识和研究工作。19 世纪的病理学家已经注意到衰老的身体正在走向退化。他们倾向于把衰老等同于身体的衰退，把衰老等同于"老迈"，并且越来越多地把"衰老"等同于智力的丧失。他们曾在救济院和慈善院照顾过一群垂垂老矣、没有自理能力、疾病缠身的老人，这更加强化了他们对衰老的认知 [52]。

奥斯勒很少写关于衰老过程本身的文章，但他非常支持关于老年的传统医学智慧。他肯定读过夏科（Jean-Martin Charcot）❶ 的《老年疾病临床讲义》（*Clinical Lectures on the Diseases of Old Age*）。在《医学原理与实践》一书中，他普及了动脉硬化的概念，并将其解释为老化的病理特征之一。这似乎标志着老年人智力和反应速度的降低。如果身体和大脑（大脑越老就变得更轻）在衰老的过程中全面衰退，那么关于大脑能积累多年的智慧和经验的效用可能是错误的。毫无疑问，年轻人的学习和领悟能力更强。也许人们的能力会在某一时期达到顶峰，然后就开始走漫长的下坡路。在他 40 岁的时候，奥斯勒从阅读中学到这样一个概念，男人到了这个年龄体能和智力都会经历一个转折点。这个说法是否解释了他生活中发生的变化，是否有助于他做出改变，或者他是否正在经历所谓的"40 岁危机"，都尚不清楚。但他确实在这一时期有过鲜明的转变。

奥斯勒 40 岁时离开宾夕法尼亚，前往霍普金斯，开始了一段带领一群年轻人作拓荒牛的全新人生。40 岁之前的奥斯勒最常去的地方是医学院的停尸房和解剖室，但 40 岁之后，到了霍普金斯的奥斯勒不再经常光顾尸体解剖室这类地方，那里成了韦尔奇和他的助手

197

---

❶ 让·马丁·夏科（1825—1893）是 19 世纪法国最著名的医学家，法国现代神经学之父，也是著名的解剖病理学教授。

的常驻地点。42 岁时，奥斯勒在《医学原理与实践》一书中总结了他的医学知识。为了担负起作为丈夫的责任，他放弃了全身心专注于事业的单身汉生活。他曾观察到，人随着年龄的增长，思维通常会变得更清晰，记忆力也基本能保持住，但是你会发现自己接受新事物的能力在减弱，也无法适应新的学术环境。我们不知道奥斯勒对权力的衰落是否会心存焦虑，但他的生活习惯和文章作品却发生了显著的改变。就在奥斯勒 42 岁生日那天，他曾对一个年轻的帮手说："请不要和我提年龄，我很快就会老得一塌糊涂[53]。"

奥斯勒在 40 岁刚刚出头的年岁，即他刚到霍普金斯医院的早年阶段，开始沉静下来，不断拓宽自己的视野，广泛阅读，深入思考和勤于演讲。他深感寸阴是金，时光易逝，在时间的规划上变得更加谨慎睿智。不再将自己泡在尸检室埋头做人体解剖，而是转向文学作品解剖和历史人物解剖，以更好地理解人性。奥斯勒被各种人文书籍包围着，如饥似渴地沉浸其中，他对经典人文作品的驾驭能力如同他的解剖技巧一样，日臻精湛。奥斯勒的风格变得更具有文学性，但这一转变并不总是带来好的效果。他沉迷于引用、明喻和隐喻等修辞的堆砌，这反而使他的一些思想变得艰深晦涩，让读者和听众感到困惑而望而却步。他开始视自己为元老政治家、大祭司或主教，他经常把自己比作神职人员。奥斯勒就自己职业的现状和科学的进步，以及历史的前进进行宣讲。他对预防医学和公共卫生越来越感兴趣。他更频繁地提及衰老和死亡，与此同时对生命意义的反思也变得更加常见。奥斯勒的母亲一直在敦促他不要忘记生命中最永恒的对心灵层面的追求，更不要忘记生命的本真状态。

1891 年，奥斯勒一边忙于撰写教科书，一边也在构思着一个演讲。奥斯勒打算在约翰斯·霍普金斯大学成立十五周年纪念活动上发表一篇关于《医学的最新进展》（Recent Advances in Medicine）的演讲。奥斯勒乐观地认为，卫生保健、细菌学和治疗革命为未来的伟大进步奠定了基础："人类最光明的希望在于医疗行业。人类未来的希望在于医学，而非法律或神学。有人类的地方，就有疾病。但是，我们可以满怀信心地期待医学的不断发展，医生的孜孜不倦终将消灭疾病。在将来的某一天，伤寒将像斑疹伤寒一样罕见，而且肺结核也会像麻风病一样罕见。那一天终将到来，一切过往，皆为序曲。"

但几个月后，当奥斯勒向第一批从医院培训学校毕业的护士们发表演讲时，他却显得特别忧郁。他说，医生和护士的使命都是帮助人类挣脱反祖退化的枷锁，消除意志薄弱的遗毒和强烈欲望的戕害，以及清除血液和大脑中的污渍。不可抗拒的摩洛克，大自然依旧对人类嗜血如命。在大多数情况下，奥斯勒告诉年轻的女士和她们的父母，迟钝和愚蠢是人类与生俱来的，并总是对自身处境缺乏敏感性："就像小学生一样，我们总是喜欢在遗忘神庙塔楼投下的阴影中玩耍，苦难和疾病总是如影随形，但生活是非常愉快的；我们都要记住'生活还得继续'这句世界著名格言，也许我们也是聪慧的，但是谁又知道呢？幸运的是，当我们看到生活的悲剧时，它不曾发生在我们的身上。但是悲剧近在咫尺，我们却视而不见。"在护士们生命中最光辉灿烂的日子，她们被告知，在生活中，她们和我们所有人一样，只不过是有用的多余人员，只是舞台上的配角。最好的情况是，当他们到达死亡的黑暗之河时，因为良好的工作表现，他们将获得祝福作为报酬。为博他们开心，奥斯勒给每个毕业生都送上一束玫瑰。但是谁又会认真听毕业典礼演讲呢 [54]？

第二年，在完成《医学原理与实践》之后，奥斯勒在明尼苏达大学的毕业典礼上发表一篇题为《学生与教师》（*Student and Teacher*）的演说。他罗列了约翰·亨利·纽曼（John Henry Newman）❶、

199

---

❶ 约翰·亨利·纽曼（1801—1890）是 19 世纪英语学界最重要的神学家之一，其关于高等教育的著作《大学的理念》（*The Idea of a University*）详细地阐述了纽曼的大学理念，被认为是关于博雅教育（liberal arts education）的经典著作。

马修·阿诺德（Matthew Arnold）❶、托马斯·布朗爵士、威廉·哈维爵士（Sir William Harvey）、詹姆斯·佩吉特爵士❷、但丁、拿破仑、达尔文、柏拉图、西拉赫之子（Son of Sirach）、圣伯夫（Sainte-Beuve）❸、拉比本·埃兹拉（Rabbi Ben Ezra）、苏格拉底和圣伯纳德（St. Bernard）❹等诸多名人轶事，指导学生培养超然的艺术、方法的美德，以及一丝不苟的品质和谦逊的风度。

几个星期后，他在美国儿科协会第四届年会上向第一批专科医生发表反对专业化的演说。奥斯勒戏谑地提到古希腊喜剧作家阿里斯托芬（Aristophanes）里的"直肠专家"（rectum specialist）❺，以此暗讽美国医学教育正在培养眼光狭隘、思想禁锢的医学从业者。他引用了苏格拉底的话，强调医学关注的是患者的全人健康，而非局限于身体某一部位的治疗；他认为："这也应该成为专科医生尽职恪守的法则和信条。"结合曾经阅读过的经典著作和他曾经听过的故事，奥斯勒想出了一个绝妙的比喻来形容专科医生，就像一个人，从年头到年尾，只作一件事情，或者检查眼睛，或者触诊卵巢，或者疏通尿道，却全然不了解作为整体的医学艺术的精髓所在，长此以往，不知不觉中，极有可能形成苏格兰老鞋匠的心态和思维。当多米尼（Dominie），也就是苏格兰教会长老告诫他不要忽视生命中更重要的事时，老鞋匠仰起头，回了他一句："你懂皮子吗[55]？"

---

❶ 马修·阿诺德（1822—1888）是英国近代诗人、评论家、教育家。阿诺德最著名的诗作是《多佛海滩》（*Dover Beach*），主要表现维多利亚时代的信仰危机。著作有《文化与无序》（*Culture and Anarchy*，1869）、《文学和教条》（*Literature and Dogma*，1873）等。

❷ 詹姆斯·佩吉特男爵（1814—1899）是英国外科医生和现代病理学的创始人之一。1854 年成为维多利亚女王的外科医生。至少有 10 个疾病以他的名字命名。

❸ 沙尔－奥古斯丁·圣伯夫（1804—1869）是一位接受过医学教育的著名文学评论家和作家，也是将传记批评引入文学批评的第一人。

❹ 克莱尔沃的圣伯纳德（1090—1153）被尊为中世纪神秘主义之父，也是极其出色的灵修文学作家。

❺ 阿里斯托芬是与苏格拉底同时代的古希腊喜剧作家，他在其讽刺剧《骑士》（*The Knights*）中公开嘲弄了一位叫科勒昂（Kleon）的香肠贩子。

在英国度蜜月期间，奥斯勒在林肯大教堂聆听唱诗班时，体验过一次小顿悟。美妙的歌声唤起了他对人类奋斗的反思，对理想国家、理想生活、理想教会的追求。这样的梦想继续萦绕在人们的头脑中，他们的沉思无疑极大地促进了人类的进步。在他 43 岁生日那天，格蕾丝送给他一本本杰明·乔伊特（Benjamin Jowett）❶英译的五卷本柏拉图全集。在那个冬天，奥斯勒组织霍普金斯大学医学史俱乐部成员对希腊医学做了一次专门探讨。奥斯勒写了一篇很长的论文，题目是《柏拉图描绘的医术和医生》(*Physic and Physicians as Describes in Plato*)，他沉浸在欧洲学院派哲学体系中，被那种思考所有时间和所有存在的经典哲学所吸引 [56]。

那奥斯勒的新娘格蕾丝呢？格蕾丝如何适应他生活中的变化？她会给他带来更多改变吗？不太可能。曾经的婚姻经验告诉格蕾丝·奥斯勒，她作为医生妻子应该扮演什么样的角色，那就是全身心地成为奥斯勒的贤内助。奥斯勒知道格蕾丝明白这一点，他经常跟医学圈内的朋友们说，经历过破碎生活的寡妇将成为最理想的妻子。虽然格蕾丝在婚姻中对奥斯勒仍然有所期待，但她也心知肚明，再次嫁给医生意味着某种同样的婚姻基调将会延续。格蕾丝陪同奥斯勒去诺丁汉参加英国医学会年会的情景会让她想起他们在英国蜜月旅行时的那一幕。在这样的旅行中，奥斯勒总是与他的医学圈的朋友们谈笑风生，经常一时兴起，跟着大家结伴离开，扬长而去，毫无预示地将格蕾丝遗弃在荒凉的省城。在之后的日子里，明智的格蕾丝懂得如何避免再次陷入这样的尴尬局面。

但他们的婚姻并不是中年时期的权宜之计。很快，格蕾丝怀孕了，他们在结婚 9 个月后生下一名男婴。奥斯勒一想到要为人父母，有自己的孩子可以和他一起玩耍，一起珍惜，他就激动不已。奥斯

201

---

❶ 本杰明·乔伊特（1817—1893）是牛津大学教授和 19 世纪英国杰出的古典学学者，他以翻译和研究古希腊哲学著作而闻名于世。乔伊特所译柏拉图著作英译本首次出版于 1871 年，收录柏拉图绝大部分作品，迄今为止是由同一人所译的篇幅最多、最完整的英译本。

勒医生和夫人开始在西富兰克林街 1 号的一所富丽堂皇的大房子里组建他们的新家，这处住所位于巴尔的摩的一个绿树成荫的商业住宅区。在霍华德·凯利的帮助下，格蕾丝分娩异常顺利，但细心的奥斯勒观察到，婴儿有点窒息，我想是轻微脑膜出血，随后在静脉或静脉窦中出现了凝血的状况。到了第 5～6 天，婴儿突然陷入昏迷，救治无果，小生命夭折了。奥斯勒写道："福祸相依，人们必须以平常心来面对人生的苦乐 [57]。"

在威廉和格蕾丝结婚之前，他们分别为美国医学史上最引人注目的女权运动捐过款。1888 年年底，吉尔曼校长公开宣布需要大量募集资金，用以开办约翰斯·霍普金斯大学医学院。吉尔曼写道："只有财力雄厚并具有远见卓识的人才有能力促成医学院的建设。"吉尔曼校长认为他们需要找到一位"男金主"（man of large means）来完成这一使命。然而，如果真有这样一个愿意考虑捐助的慈善大金主存在的话，这个人不应该早就站出来，早就行动起来了吗？但是，没有男金主站出来认捐。相反，一群有胆识、有抱负的女性站了出来，她们发起了捐赠和筹款运动。而她们主动奉上的"大金礼"是有条件的，那就是由她们筹资开办的新医学院必须招录女性学生 [58]。

霍普金斯这场最著名的女性权利运动的领导者们正是霍普金斯筹建项目的财产托管团成员，也就是大学理事会成员各自的女儿们，她们分别是玛丽·加雷特（Mary Garrett）❶、卡雷·托马斯

❶ 玛丽·加雷特（1854—1915）是公民活动家、慈善家和选举权主义者。1914 年，她协助创立了巴尔的摩艺术博物馆（Baltimore Museum of Art），并倡导女性受教育的平等权利。1893 年，新开办的约翰斯·霍普金斯医学院在她与其他受托人的女儿的共同努力下，成为全美最早的男女混招的大学院校之一。在 50 万美元的善款筹集中，玛丽捐赠的份额占了 2/3 以上。

（Carey Thomas）❶、玛丽·格温（Mary Gwinn）❷和伊丽莎白·金恩（Elizabeth King）。为了致力于全方位提升女性的地位，她们 4 人加上茱莉亚·罗杰斯（Julia Rogers）❸组成"星期五之夜团体"（Friday Night Group）。"星期五之夜团体"中的大多数（除玛丽外）都终生未婚，因倡导共同的女性权利事业而成为一生挚友。

贝茜·金恩（Bessie King）❹是为建立约翰斯·霍普金斯项目做出最大贡献的受托人、医院的理事会主席弗朗西斯·金恩的女儿，她身体长期虚弱，经常向奥斯勒求医问药。玛丽·加雷特是她们当中最富有的，她从他的父亲约翰·沃克·加雷特（John Work Garrett）❺，也就是巴尔的摩和俄亥俄州铁路公司（B&O）的总裁那里，继承了巨额财富。因为性别问题，约翰斯·霍普金斯大学拒绝授予玛莎·卡雷·托马斯研究生学位，她后来在苏黎世大学获得博士学位，成为贵格会创立的布莱恩·莫尔文理学院（Bryn Mawr College）的院长，学院的校园就在费城郊外。1885 年，玛莎·卡雷·托马斯与玛丽·加雷特、玛丽·格温，伊丽莎白·金恩和茱莉亚·罗杰斯共同创立了布莱恩·莫尔女子学校，为年轻女性上大学

203

---

❶ 玛莎·卡雷·托马斯（1857—1935）于 1877 年毕业于康奈尔大学。卡雷曾担任布莱恩·莫尔（Bryn Mawr）学院的校长，被誉为"女性高等教育的先驱"。她的父亲詹姆斯·卡雷·托马斯是一名医生，也是约翰斯·霍普金斯大学的受托人之一。

❷ 玛丽·格温（1860—1940）的父亲查尔斯·格温（Charles J. M. Gwinn）是约翰斯·霍普金斯先生的私人律师，他和玛米的舅舅小雷福迪·约翰逊（Reverdy Johnson Jr, 1798—1856）都是约翰斯·霍普金斯项目的理事会成员。

❸ 茱莉亚·罗杰斯是"星期五之夜团体"中唯一一位与霍普金斯理事会渊源不深的成员。

❹ 贝茜·金恩是伊丽莎白·金恩的昵称。

❺ 约翰·沃克·加雷特（1820—1884）是一位由美国商人银行家、慈善家，他于 1858 年成为美国第一条主要铁路巴尔的摩和俄亥俄州铁路（B&O）的总裁，约翰斯·霍普金斯也是巴尔的摩俄亥俄州铁路的主要投资者，他们一起领导美国铁路近 30 年。加雷特曾深入参与"现代慈善之父"乔治·皮博迪（George Peabody, 1795—1869）的皮博迪学院（Peabody Institute）建设。作为该学院的受托人之一，加雷特请求皮博迪与约翰斯·霍普金斯进行遗赠办学的商谈，最终推动约翰斯·霍普金斯大学在 1876 年的创立。

提供机会。

这几位女士本人从未有过学医和从医的打算。格温还记得有 3 个同学在课堂上解剖过一只死老鼠，那老鼠的气味永远萦绕在他们的手指间 [59]。但是，她们都认为女性应该享有和男性同样的医学教育机会。19 世纪 80 年代，相当多的美国医学院开始对女性开放，特别是那些需要缴纳学费的医学院和一些专门为女性建立的医学院，巴尔的摩就有一家。女性可以接受一般的医疗培训，但他们仍被哈佛、宾夕法尼亚、麦吉尔、密歇根等北美顶尖大学的医学院拒之门外。霍普金斯大学致力于将自己打造成最顶尖的医学院，可以与欧洲的任何学校相媲美，甚至超越那些医学院。约翰斯·霍普金斯大学的所有本科或研究生专业都不录取女性学生。巴尔的摩的女权主义者希望女性在各行各业都有施展才华和成就事业的机会，他们将美国医学教育发展过程中的资金短缺问题视作为女性争取权利的一个难得契机。

1890 年年初，几位"星期五之夜团体"成员宣布成立"女性医学教育基金委员会"（Women's Medical School Fund Committee），开始为约翰斯·霍普金斯大学医学院筹集资金，目标金额是 10 万美元。她们在费城、纽约、波士顿和华盛顿等城市都设立了支持委员会；捐款来自全国各地，甚至包括遥远的加州。以美国第一夫人本杰明·哈里森（Benjamin Harrison）女士为首的许多社会名流和杰出职业女性为此做出贡献，哈里森夫人担任的是华盛顿委员会的负责人。还未成为奥斯勒妻子的格蕾丝·里维尔·格罗斯给费城募捐处送去 10 美元。波士顿的筹款人收到过许多来自不知名女性的小额捐款，其中包括布里吉特·奥布莱恩（Bridget O'Brien）的 50 美分和萨拉·伯索尔（Sarah Birdsall）的 25 美分。玛丽·加雷特捐了 48 000 美元。1890 年秋天，预定的筹措金额已经达标。如果理事会同意招收女性进入医学院，她们将毫不犹豫地将所有善款捐给该大学。

约翰斯·霍普金斯大学的男人们的阵脚被打乱了。女士们为争取男女平等的入学机会光明正大地贿赂他们，这是人尽皆知的事情。

在历史上，女性为争取自己从事医学行业的机会也尝试过这种方法。10 年前，哈佛大学拒绝了 1 万美元的报价。有人说可能是因为数目不够大，但是后来开到了 5 万美元，哈佛大学管理人员仍然坚守他们的立场，没有做出让步。也许当时距离成功已经只有一步之遥。1887 年，玛丽·加雷特向霍普金斯大学出价 35 000 美元，也未能成功说服他们在自然科学学院招收女生。这几件事情让大家都感觉到男女同校的问题不是万位数的捐赠可以解决的，赌注必须下得更大才能稳操胜券。1890 年夏天，霍普金斯大学的女性教育权利问题引起在欧洲展开医院考察之旅的奥斯勒的深切关注。他在观摩欧洲各国的医学讲座和门诊教学过程中，特别留心去了解女性医学生的地位和表现，并找机会询问那里的医学同行对女性学生和女性同事持何种态度。

　　与此同时，奥斯勒与凯利，以及大学督导赫德联名签署了一封倡议书，敦促大学受托人接受这 10 万美元的捐款。韦尔奇则不赞成男女同校，最直接的理由是他认为在病理解剖授课中涉及人体不雅部分的教学会让在场的人都很尴尬，因而，他拒绝在倡议书上签字。1890 年 10 月，大学理事会通过，决定接收这 10 万美元筹款，这也就意味着大学必须接受女性医学教育基金委员会提出的条件。但是，吉尔曼校长在协议上补充了一条，捐资总额必须达到 50 万美元，否则医学院仍无法开放招生。几个月后，韦尔奇写道："吉尔曼校长和其中几个受托人（私下里）真的不想让这些女性'得逞'，因为他们内心里并不赞同男女同校接受医学教育的想法。我本人也不喜欢这个主意[60]。"

　　余下的 40 万美元将从何获取尚未可知。这些女士能筹集到如此巨额的捐款吗？假设当时哪个男金主愿意慷慨解囊，拿出 50 万美元的大手笔捐赠，是不是就能马上将 10 万美元捐款原路退还，继而驳回这些女性的无理要求？霍普金斯大学的教育家们接受了这个 10 万美元的大礼包，是否意味着他们在重大原则上做出了某种妥协？许多男性都认为他们已经在退让。这种妥协引起了各界对理事会这一决定的猛烈抨击。但是，在《世纪杂志》(*Century Magazine*) 1891 年 2 月这期名为《论约翰斯·霍普金斯医学院向女性招生》(on the opening of the Johns Hopkins Medical School to women) 的专论中，几位作家发表了各自的公开信对他们的抨击予以了有力的回击，他们分别是卡雷·托马斯、詹姆斯·吉本斯主教 (James Cardinal Gibbons) ❶，以及约翰斯·霍普金斯医院的一位受聘教授和威廉·奥斯勒博士等。

奥斯勒写道，对于女性从医是否对自己及家庭和社会都有利的问题，有不同的答案。医学这行工作常需要不厌其烦地去适应，十分耗费体力和精力。但在这件事情上，真正重要的原则问题是："如果任何一位女性认定医学职业就是自己愿意付出一生的使命的话，那么，她就应该有机会获得最好的医学教育，在这个过程中，任何障碍都不应该设置，而且应该给她们提供一切可能的场所和设施。作为一个医学从业者，她与其他男性医生应该在比赛中从同一条起跑线上起步。这是坚定不移的原则。"奥斯勒在欧洲的观察也表明，在医学院校实行男女同校完全可行。伯尔尼大学 ❷ 一位杰出教授向我坦诚，他虽然确实不赞成男女同校，但他在自己的实验室里对着一帮男女混合的学生传授知识时，并未遇到过任何困难。显而易见，在巴黎，女性享有最大限度的自由，每天上课时，教师都习惯将教室里的观摩者视做学生，不刻意区分他们的性别。奥斯勒建议霍普金斯大学效仿巴黎模式，不必刻意关注课堂中的学生性别。但是，还是有不少教师抱怨，男女一同接受医学教育让他们遇到了难题，他们在有女性学生的课堂里，不再像以前那么随心随性地畅所欲言，而是有所顾忌。这是我们都必须尊重的事实，我们确实因为有女性的存在而导致我们在教学中用词更加谨慎。但我们老师只要多加训

---

❶ 詹姆斯·吉本斯主教（1834—1921）是美国巴尔的摩罗马天主教的主教，他认为教会要支持女性学医，不能设置障碍。

❷ 伯尔尼大学（University of Bern）坐落于瑞士首都伯尔尼，是世界上著名的研究型大学。

练，即使是最微妙和敏感的话题，我们也可以从科学的角度，在一个男女混合的班级里面以最大的自由度进行讨论。奥斯勒因为发表这封公开信而得到了 100 美元的稿费，他将这笔稿费悉数捐给了女性基金会。

约翰斯·霍普金斯大学医学院在接下来的两年里几乎没什么动静。大学未能开办医学院一事日益成为大家公认的尴尬之事，这也成为医院内部深切关注的问题。曾经宏伟的愿景极有可能就此土崩瓦解，灰飞烟灭。大学督导亨利·赫德也因未能筹措到足够资金实现创始人的初心而感到坐立不安。这时费城著名的神经科医生韦尔·米切尔❶也开始四处吹嘘说宾夕法尼亚州很快将奥斯勒和韦尔奇这些人才吸引回来。早在 1890 年 8 月赫德就在一封信中写道："医学院要马上开办，否则我们的人都要走光啦。"

医院理事会已授权教授开设研究生课程，这么做的目的一方面是为了充分利用医院的教学资源，另一方面也可以看作一种对大学的施压。大学方面心照不宣，这一举措暗藏的威胁是医院很可能效仿伦敦的大型医院，撇开大学，直接创建一个独立的医学院。开设研究生课程本身的意义并不大，因为巴尔的摩的医生对去霍普金斯大学读研究生课程兴趣不大，而霍普金斯大学的科学家们也没有什么兴趣招收学生。大学督导赫德在 1891 年 3 月给医院理事会的机密备忘录里曾呼吁对教学计划进行重新评估和全面调整："尽管奥斯勒博士的临床实验室声称工作已经开展了两年之久，但经过仔细调研，我们发现这项工作并未系统展开，而且产出和成效甚微。不足的地方应该立即予以整改，要么取消公告。外科教学这项工作也是一样，从来没有被全面而有计划的执行过，也应公示予以取消。"2 个月后，赫德又批评了韦尔奇的病理实验室，斥其不成系统且劳民伤财。康西尔曼记得，韦尔奇的实验室还涉嫌有意将学生拒之门外。

❶ 塞拉斯·韦尔·米切尔（1829—1914）是美国医生兼作家，擅长心理小说和历史传奇小说。

约翰斯·霍普金斯医院没有那么多资源去支持一个没有学生的师资队伍。在赫德看来，"如果一开始教职人员就有明确的教学任务，并有一帮精英学生出其左右，教职人员就一定会受到激励，全力以赴地开展教学工作，那么，开展系统化的课程设置和教学实践，并产出不菲的成果，并非不可能"。必须承认的是，现在医院所设置的研究生课程离为国家培养最高等的医学人才的期望还有差距，而且大学开创最高水平的医学教育的最佳契机似乎正在被完美错过 [61]。

霍普金斯医院的创建者们不反对女医生参加医学课程或在实验室里做研究。因此，在同意为医学院建设筹措更多资金的同时，由贝茜·金恩领导的"女性医学教育基金委员会"继续向医院施加压力，要求任命女性住院医生。奥斯勒和凯利同意了这项请求。玛丽·舍伍德（Mary Sherwood）❶和爱丽丝·霍尔（Alice Hall）成了霍普金斯医院的第一批进入住院医生项目的女医生。但爱丽丝·霍尔在开始接受这个项目培训之前，突然结婚了。医院住培医生不接受已婚女性（或已婚男子），这早就有明文规定，不会因为女性和男性的差别而有所改变。玛丽·舍伍德因此感到万分沮丧。凯利在他的私人妇科医院给舍伍德提供了一份工作 [62]。

与此同时，奥斯勒已经有了专心投入写作的闲暇时间，甚至还为威廉·佩珀医生❷所编辑的一本多卷本新著作中写了几章。医院里的这帮兄弟们也愉快地继续着他们的研究工作。1891 年春，奥斯勒拒绝了哈佛大学和费城杰斐逊医学院的邀请。在那期间，除了兼职聘用邀请之外，奥斯勒还收到一份长期的全职邀请，期待他回到母校麦吉尔大学。尽管一家报纸在 1892 年的一篇报道里声称，只要奥

---

❶ 玛丽·舍伍德（1856—1935）是约翰斯·霍普金斯医院培养的住院医生，也是著名的医学教育家，在预防医学、公共卫生和女性健康方面做出贡献。她在许多女性组织和俱乐部中扮演至关重要的角色，并为许多医疗改革做出贡献。

❷ 小威廉·佩珀（1843—1898）是美国医师，19 世纪医学教育改革的领导者，曾在宾夕法尼亚医院担任院长，并且在宾夕法尼亚大学担任教授。佩珀是费城医院开业期间最具才干、最有经验的病理学家，积极将病理学知识运用临床医学。他于 1891 年创立费城公益图书馆。

斯勒愿意回国效力，加拿大的一位慈善家立即将向蒙特利尔大学捐赠 100 万美元。这可能有点夸大其词，但足以证明奥斯勒的声誉和影响力。奥斯勒在谈到这类传言时会说："他在这里过得太安逸，太舒服了，怎么舍得离开呢？"奥斯勒说："这种养尊处优的日子过个 20 年，等把自己喂得肥肥的，身材变得足够圆溜，就得滚回蒙特利尔，去让那些男孩们忧心个几年。"在这期间，奥斯勒的资深住院医师亨利·拉弗勒（Henri Lafleur）确实回到了加拿大的麦吉尔大学和蒙特利尔总医院，最终成为麦吉尔大学医学院的教授。从霍普金斯大学毕业的其他年轻人都在各家医疗机构里找到了心仪的工作。韦尔奇拒绝了哈佛大学病理学系主任的职位，将这个众人垂涎的职位拱手让给了康西尔曼。奥斯勒这么说，显然是在向霍普金斯大学那些知根知底的人释放出他不喜欢研究生教学的枯燥乏味，如果一直都没有真正可以教的学生，他真有可能考虑离开霍普金斯大学 [63]。

事实上，霍普金斯医院本身运转得越来越顺利。医院的公共病房挤满了公费医疗的患者，而自费患者缴纳的医疗费也刚好能够填补捐赠收入的空缺。随着医院开始将白种人和有色人种患者分开，理事会所留意到的住院患者相互不适的问题得到了完美解决。对为建立约翰斯·霍普金斯医院做出最大贡献的受托人弗朗西斯·金恩而言，这种隔离政策是医院运营中的一个重大失败。他在写给比林斯的信中提到，"我已尽力避免种族隔离"。没有相关消息显示在这一决策的讨论过程中是否还有其他人试图避免种族隔离。金恩在信中补充说，"如果能够亲眼见证这所医学院的开办，他会很开心并期待一个想让自己永垂不朽的人能够尽快出现，来完成这一使命"。然而，金恩没能等到 1893 年医学院开业的这一天，他于 1891 年去世，抱憾而终 [64]。

1892 年年底，当玛丽·加雷特提出由她出资补上募捐资金的不足部分，向医学院捐赠所需的 50 万美元全部资金时，霍普金斯大学理事会成员们终于松了一口气，面临的财政困境终于被打破。但加雷特提出的条件是，这所医学院必须要达到其最初设定的录取标准，

209

即新生必须拥有北美或欧洲大学的本科学位或同等学历。眼下，当他们已经距离最初设定的崇高愿景越来越近时，医学家们却犹豫了。如果约翰斯·霍普金斯这所新办的医学院所设定的录取标准远远高于美国其他任何医学院的标准，而其他医学院的录取标准很低，甚至高中没毕业都能录取上，请问医学院能够吸引学生来就读吗？如果霍普金斯设置的录取门槛过高，如果开学时本科学生不来，而到目前为止医院又并没有招收到数量可观的研究生，那么最终霍普金斯医学院一定只能无限地降低其期望值了。他们认为，如果医学院的招生条件从此永远受制于加雷特的附加条款，医学院将失去灵活性。就连奥斯勒都不敢想象，如果霍普金斯大学失去设定录取要求的自由，前景会如何。他写信给拉弗勒说："加雷特小姐要求进入医学阶段的学习必须有本科基础，这一条款将极大地限制我们能够招收到的学生的数量……那天，韦尔奇幸灾乐祸地对我说，还好，我们很幸运以教授身份进入了霍普金斯大学；否则，如果我们以学生身份进来的话，一定早被霍普金斯大学拒之门外了 [65]。"

就这个招生标准问题，理事会和各方紧锣密鼓地召开了一次次会议，发出了一系列声明，不断发表澄清言论和再次声明，希望仍有回旋余地，然而，加雷特却不动声色，只做出了轻微的让步。大家感觉加雷特心意已决，几乎不可能让她改变主意，因而，决定冒险接受捐款。在对医学院捐赠的 50 万美元的总款项中，玛丽·加雷特本人认捐的总额达到了 354 764.50 美元。很多人担心，加雷特的个人捐款超过总额的 70%，她会不会得寸进尺，在坚持了她设定的招生底线之后，再要求理事会以她的名字来命名这所医学院。然而，事实证明，这是男性医学教授们在以小人之心度君子之腹，他们的臆测纯属空穴来风，加雷特自始至终没提过命名的事。男人们就更不会有谁会去主动提这个想法。约翰斯·霍普金斯大学于 1893 年 10 月批准其医学教授们开始招生授课。

在这场为女性接受平等的医学教育的运动中，女性深谙运用"货币力量"（force monnetaire）[66] 来强化精英主义的同时来获取教育平等之道，关于这场平权运动的完整故事可能永远都挖不完。这个故事里，理事会成员与女性基金会成员之间的父女关系让事情变得更加错综复杂；几位杰出女性因相同的抱负而形成了深厚而原始的友情联盟，坚持不懈地为女性在各个领域争取权利，让人倍感钦佩；在这个故事里，推动这一革命性进步的还有其他复杂的社会因素，也可能是长期患病的女性渴望得到更周到、更体贴的医疗服务，她们希望她们除了男性医生之外，能够选择同性别的医生做身体检查。而这场运动的领导者中，玛丽·加雷特和贝西·金恩都常年遭受疾病缠身之苦，加雷特在纽约和国外接受的都是熟练女医生的检查和治疗。女性基金委员会表示，他们的目标就是允许女性接受医学教育，使她们能够充分照顾那些希望或应该得到女性治疗的患病女性。卡雷·托马斯将霍普金斯事件描述为针对女性的一场充满仇恨、恶意和贬损的纠葛"。然而，为女性争取权利的托马斯却也在努力限制布赖恩·莫尔（Bryn Mawr）预备学校的犹太人的入学人数，这似乎与为女性平权的行动相悖离，只能说，它也许比崇尚抽象人权的崇高立场更为复杂[67]。

　　开办医学院是奥斯勒一如既往的愿望。毫无疑问，他宁愿不去处理女人的问题。一旦被迫面对这个问题，他就选择去欧洲学习。奥斯勒在国内与韦尔奇在原则上分道扬镳。韦尔奇难道被贿赂了吗？几年后他写信给霍普金斯大学的第二任校长伊拉·雷姆森（Ira Remsen）❶，"亲爱的雷姆森，我们都是如商品般待价而沽的人。你和我在市场上摸爬滚打了好几年，擅长用智慧和头脑营生，这就是我们的生活。一个机构也同样如此，当这个机构认为购买的商品价格适宜，买来的商品也一定会令他们愉快。现在女性教育协会愉快地买下像我们这样物美价廉的商品就是一个最为典型的例子[68]。

---

❶ 伊拉·雷姆森（1846—1927）是美国化学家，糖精发明人之一。1870 年，雷姆森在德国获得化学博士学位。1876 年来到马里兰州的巴尔的摩，在新建的约翰斯·霍普金斯大学任职。他将德国先进的实验室工作方法在该校推广开来。1901 年，他成为霍普金斯大学的第二任校长。

韦尔奇被任命为约翰斯·霍普金斯医学院的院长。大学要向韦尔奇、奥斯勒、霍斯特和凯利支付 1/3 的工资。为了填补解剖学教授的席位，霍普金斯聘请了在韦尔奇实验室当了 3 年研究员的富兰克林·马尔（Franklin Mall）❶，之后马尔又跳槽到克拉克大学（Clark University）和芝加哥大学（University of Chicago）。马尔是另一个彻头彻尾的亲德派，他完全致力于实验室研究。韦尔奇将霍普金斯大学学生人数可能很少的假设作为招生宣传的手段。

奥斯勒主持了煽动药理学家约翰·阿贝尔（John J. Abel）离开密歇根大学（University of Michigan）的谈判，两人是在奥斯勒夫妇度蜜月时相识的。早些时候，奥斯勒曾鼓励阿贝尔来霍普金斯大学，"来我们这些野生的药物化学家中间做传教工作"。他告诉阿贝尔："遗憾的是，治疗学在这里完全不受重视。我的工作完全是消极的，主要是防止过度用药。"现在，他又补充说："霍普金斯大学的气氛非常愉快，我们还有组建一个新型医学院的想法……非常有吸引力的……你会发现霍普金斯大学是一个非常幸福的大家庭，没有内忧外患……告诉阿贝尔太太，市场营销很简单[69]。"

阿贝尔对德国医疗教育研究的热爱甚至超过了马尔，他想在德国工作到 1894 年 1 月 1 日。马尔想在 1 月 1 日后请假去德国。4 个年轻的医生在国外待了一年。多名信托人联名反对。"这种感觉非常强烈，甚至有些病态。"韦尔奇对马尔说，"我们的新教授明年将负责大部分教学工作，他们一整年都应该在这里工作。"

约翰斯·霍普金斯大学的生理学先驱教授 H. 纽维尔·马丁，可以在那里待上一个学期，但这也毫无帮助，因为他已经成了一个无可救药的酒鬼。1893 年 4 月，马丁辞职了。奥斯勒是马丁的医生。对于当时的情况，韦尔奇这样写道：

奥斯勒和马丁谈得很直白，马丁也明白选择辞职是唯一可行的

---

❶ 富兰克林·佩恩·马尔（1862—1917）是美国解剖学家和病理学家，以其在解剖学和胚胎学领域的研究和文献而闻名。

办法。马丁在他的时代为霍普金斯大学和美国的生理学做出了巨大的贡献大家也有目共睹。现在马丁嗜酒成性也无法自拔了。昨晚，马丁在他的门卫亚当的照料下打算供职于加拿大的一家机构，到那个时候奥斯勒的一位内科医生朋友会负责照看马丁的。马丁将在那里停留 6 个月或 12 个月时光。大家一定会尽一切努力使马丁恢复健康的，幸运的是我们这几个知情者都在遮掩马丁这个丑闻不外传。

　　针对马丁的酒精依赖症，也没有一个有效的治疗方法。马丁最终辗转漂泊回到英国，并于 1896 年在英国去世。马丁在霍普金斯大学的学生威廉·豪厄尔接替了他的工作[70]。

　　约翰斯·霍普金斯大学有一所豪华的医院，也有为医学院运转提供资金的捐助，现在还配备好了优秀的教职员工。约翰斯·霍普金斯大学医学院终于可以开学了。约翰斯·霍普金斯大学的各学院在吸引公众注意方面一向颇有一套，但这次他们决定保持低调。学校在 1893 年 10 月没有计划举行正式的开学典礼，因为担心令人望而却步的入学标准会把学生拒之门外。假设你建了一所医学院，没有学生报名会怎么样？

213

（杨晓霖　译）

We All Worship Him
第6章 我们都尊崇他

1893 年到 1894 年是约翰斯·霍普金斯大学医学院成立的第一年，入学人数总共是 18 人，其中包括 3 名女同学。有 1 名男同学在正式入学前，他的母亲特别要奥斯勒博士向她保证约翰斯·霍普金斯大学医学院将是一所非常好的学校之后才允许她的儿子去就读[1]。这对于奥斯勒博士来说是一个大胆的承诺。这所医学院一开始并不顺利，在很多方面也不完善。医学院里的教授大多数并没有什么经验可言，关键是教授们看起来不太关心教学，甚至也不怎么关心学生。男教授和男学生除了把个别女同学当作准新娘外，基本上也不怎么关心女学生。奥斯勒作为教授群体中最有经验的老师与学生接触也很少。奥斯勒在 1895 年秋季，就在学生们入学前三年，对学生也几乎没有过任何帮助。

但是在霍普金斯大学余下的职业生涯中，奥斯勒几乎成了人见人爱的教授。奥斯勒与霍普金斯大学的其他同事相比，总是那么出类拔萃，并且与众不同。奥斯勒身边的每个人都认为他是一个了不起的人，他们都一致认为奥斯勒仅凭个人魅力就足以让他在任何领域熠熠生辉并且功勋卓著。此外，奥斯勒作为医学教育家总是在寻求创新，他给霍普金斯大学带来了非常新颖和重要的教学方法，尤其是在临床实习方面。奥斯勒使约翰斯·霍普金斯大学医学院成为优秀的代名词，奥斯勒足可以彪炳史册。

正式开学后，学生居然找不到教授对外公布的课程表或日程表，一方面原因是学生过少，他们认为可能只有三个学生；另一方面原因是教授们也不确定要教什么内容。解剖教学被认为是医学教育的基础和起点，但富兰克林·马尔❶教授竟然找不到尸体进行解剖教学，他也不知道如何对尸体进行防腐处理和储存。直到巴尔的摩的天气转冷，才正式开展对狗进行防腐方面的实验教学。再后来可能是用了一些现金偷偷买来人的尸体用于解剖，马尔教授才开始正式开展解剖教学工作。学生们一致认为教授们临时开设的骨学和组织学课程真是糟糕透顶，教学质量低劣，方法愚蠢，学生不断向韦尔奇院长抱怨，但是韦尔奇院长只是做学生工作，请大家要多些耐心。

11 月 15 日，正式开始上解剖课，但是学生们没有尸体可以解剖。马尔教授回忆道："我们把教学工作推迟到 16 号，然后是 17 号，那天直到很晚，地下室才多了一具尸体。第二天，政府又送来了一具尸体，几天后，又送来一具。直到临近圣诞节，尸体才多起来。我们用石蜡做防腐处理，并把尸体放在一个大冰柜里。开春时，这个原本只能容纳 5 具尸体的冰柜居然挤下了 20 具 [2]。"

最令新生们倍感吃惊的是，他们发现马尔教授根本无意教他们。马尔教授没有讲课，只是让学生们自行解剖。如果遇到问题，马尔就要求他们自行查阅相关文献。马尔教授把自己的角色定义在让学生们自由发挥，他除了问一些不相干的问题外，基本上保持沉默。学生们在解剖课和之后的大部分课程设置中，常常表现不佳，而且多有抱怨，可谓牢骚满腹。学生们说马尔教授的教学理念是强迫他们自学成才，还真有几个学生谨遵教诲，迫不及待地践行了。尽管大部分学生后来有幸坚持了下来，但是还是有相当多的学生异常憎恨马尔教授。霍普金斯大学有一个关于马尔的传说很是发人深省。

❶ 富兰克林·佩恩·马尔（1862—1917）是美国解剖学家和病理学家，以其在解剖学和胚胎学领域的研究和文献而闻名。马尔在约翰斯·霍普金斯大学病理学系获得学位，毕业后在其他大学担任过职务后，又回到约翰斯·霍普金斯医学院担任第一任解剖学系主任。马尔彻底改革了解剖学领域及其教学课程。后来，马尔成为卡内基科学研究所（Carnegie Institution for Science）胚胎学系的创始人和第一任主任，将他作为研究生开始的人类胚胎收藏捐赠给了卡内基科学研究所。

据说，有一次马尔的妻子正在给婴儿洗澡，马尔曾当着妻子的面说：
"你为什么不直接把孩子扔进浴盆里，让孩子自己学会洗澡 [3]？"实
验室里曾有个学生向马尔教授抱怨说他无事可做，于是马尔教授就
给了他一把扫帚……

多年以后，当霍普金斯医学院名声显赫时，大多数教授也都很
受尊重，唯独这位不苟言笑和尖酸刻薄的马尔教授落得个"懒汉和
狗娘养"的恶名。甚至奥斯勒博士也向马尔教授抱怨他没能教好解
剖学这门课程。马尔教授态度总是很坚决，而且拒绝为只懂给患
者开药片的医生教"鞋匠解剖学"（shoemaker anatomy for the pill
doctors）[4]。

但是，偶尔也会有例外，有时马尔教授会很用心地教课。例如，
当马尔与一位刚入学的女同学一起解剖时，马尔会表现得非常好。
马尔似乎很喜欢与她搭讪，在一起解剖时，女同学的几缕头发总在
马尔教授的脸上轻轻地荡来荡去。结果，这名女同学退学嫁给了马
尔教授，从此过上了幸福生活。大家也许还记得奥斯勒在哈佛大学
演讲时曾经开过的一个玩笑。奥斯勒一本正经地说，在霍普金斯大
学，男女同校被证明是失败的，第一届女生中有 33% 的人肄业，回
家结婚生子去了。照这样下去的话，到了第四学年的时候，我们难
道还有女同学可教吗？

不过身为霍普金斯医学系主任和病理系主任的威廉·韦尔奇对
男女学生都不会构成任何威胁，因为他对男性或女性都没什么性趣
可言。韦尔奇在霍普金斯大学深得人心，广received爱戴和尊崇，奥斯勒
也很尊重和钦佩韦尔奇。韦尔奇先生总是一幅和蔼可亲和精于人情
世故的谦谦君子形象。"老芋仔"韦尔奇是一位博学多才，风流倜傥
的快乐光棍。在 1895 年，令韦尔奇倍感骄傲的是他入选"耶鲁大学
骷髅会"（Skull and Bones）的高级社团，这是一份巨大的荣耀，可
用光芒四射来形容。在巴尔的摩，令韦尔奇感到最自在的地方就是
马里兰俱乐部（Maryland Club）了。因为在那里，韦尔奇可以尽情
享受美酒和切萨皮克湾（Chesapeake Bay）的丰盛美食和高档雪茄，

还有其他快乐单身汉的陪伴。韦尔奇尽管肩负医学系和病理系双主任头衔，但他的职责并不繁重，他通常都能顺利完成任务。但韦尔奇缺乏时间观念，很少按时完成任务，搞得自己声名狼藉，众人皆知。韦尔奇担任了一些重要医学期刊的审稿人和编辑，但是韦尔奇也将这项工作搞得一团糟。韦尔奇先生既不打开信件也不回复信件，有时甚至连续几个月都这样，别人寄给他审阅的文章和书稿，朋友寄来的信件总是如石沉大海般杳无音信，韦尔奇这种工作异常拖沓的行为让他的同事们几近抓狂。即便好友奥斯勒也拿这位"懒魔韦尔奇"（lazy devil Welch）一点都没办法，只能暗自郁闷 [5]。

霍普金斯大学的大多数学生也很少能见到韦尔奇本尊。学生们一般只有在星期一才能见到韦尔奇。即便在韦尔奇实验室工作的研究人员也很少能见到韦尔奇本人。韦尔奇奉行完全不干涉主义，总是让研究人员自行发挥。西蒙·弗莱克斯纳（Simon Flexner）❶ 在1890 年曾以学生的身份进入韦尔奇实验室并后来成为他的高级助理，并最终成为韦尔奇的传记作者。弗莱克斯纳曾写道："韦尔奇教授似乎根本就无视我的存在。下课后他和我基本零交流，韦尔奇甚至没有给我列出阅读书目，指导我阅读相关文献和书籍。自从我来到韦尔奇实验室成为他的高级助理之后，韦尔奇就鲜有研究成果，发表的文章少之又少。"

韦尔奇演讲时总是才华横溢，精神饱满，滔滔不绝，旁征博引。但他一上课就经常会迟到，甚至根本就不出现，喜欢玩失踪。在弗莱克斯纳证明自己是一个有才华的研究员之后，韦尔奇就很欣赏弗莱克斯纳。弗莱克斯纳有时也会替韦尔奇打掩护。其中一名学生回忆道，在他们共同的研究项目里，我们都觉得弗莱克斯纳做得更多，而韦尔奇做得太少。

韦尔奇与其说是生性冷漠，还不如说他是不苟言笑和沉默寡言。

❶ 西蒙·弗莱克斯纳（1863—1946）是韦尔奇的学生，美国实验病理学家，传记作家，洛克菲勒研究所的第一任所长。

他从不鼓励年轻学子向他吐露心声，学生们也从未想过要邀请韦尔奇参加他们的社交活动。与韦尔奇形成鲜明对比的是，奥斯勒总是受邀参加学生们的各种活动，而且几乎是有求必应。奥斯勒甚至参加牙科医生表演在啤酒桶上做手术的活动，尽管场面很嘈杂，但是奥斯勒总是乐此不疲，愿意和学生们打成一片。尽管韦尔奇在高级职业圈子里总是表现得平易近人，而且大有招之即来之举。韦尔奇也总是和蔼可亲地为贵宾举办美食盛宴，但对霍普金斯大学的大多数人来说，他始终带有一定的距离感和神秘感：

> 没有人知道那个神秘的老芋仔在哪里吃饭，
>
> 也没有人知道老芋仔居住何方，
>
> 更没有人知道老芋仔和谁在一起，
>
> 唯独老芋仔自己知道这一切 [6]。

韦尔奇的家人和朋友都知道他喜欢吃甜食，喜欢在海边度假胜地游个泳，睡个懒觉，通过泡海水浴和在游乐园疯狂玩耍来释放压力。韦尔奇和霍尔斯泰德保持长久的男性之间的特殊情谊。在我们这个时代，我们很自然地怀疑韦尔奇是否有同性恋倾向；但是，我们没有确凿的证据，一切也都不得而知。

就在霍尔斯泰德被霍普金斯宣布正式任命为外科首席教授的半年后，奥斯勒有时会发现霍尔斯泰德浑身发抖的样子，他开始怀疑霍尔斯泰德正在吸食某种毒品。此时，霍尔斯泰德频繁旷工的原因已经初露端倪。奥斯勒得知这位优秀的外科医生在戒除可卡因毒瘾的同时，又转向了吗啡，并且一发不可收拾。奥斯勒意识到霍尔斯泰德毒品成瘾问题的严重性，后来，奥斯勒在赢得霍尔斯泰德的信任之后，想尽办法来拯救这位伟大的外科医生同事。事实上，霍尔斯泰德在整个19世纪90年代一直对吗啡上瘾，他经常服用，每天至少3粒，是正常剂量的9～20倍。霍尔斯泰德吗啡成瘾的事一直秘而不宣，除了奥斯勒和韦尔奇知道外，基本无人知晓。奥斯勒命令约翰斯·霍普金斯医院的内部史料即便在他死后也要将其封存至少50年，才能对外人开放。因而，直到1969年，霍普金斯医院的内史才公之于世，里面许多不可告人的陈年往事逐渐浮出水面[7]。

　　为什么奥斯勒没有向外界透漏霍尔斯泰德这个不为人知的秘密呢？第一个考量是家丑不可外扬；第二个考量是奥斯勒相信这位医生兄弟的瑕疵是可以容忍的；同时奥斯勒也真切地知道霍尔斯泰德正在努力证明自己是一位才华横溢和影响深远的外科医生。霍尔斯泰德可能是美国历史上最重要的外科医生，他第一次认识到败血症是如何使细菌在体腔内长时间作用成为可能的，并对活组织及其愈合能力抱有极大的研究兴趣。就在麻醉和消毒出现前，霍尔斯泰德之前的外科医生的手术作风都是快刀斩乱麻，快速完成血腥工作，以减少患者的疼痛、感染和休克。霍尔斯泰德却站在传统开膛手的对立面，他告诉同事们要慢慢来，尽量减少出血和其他方面的创伤，彻底切除受损组织，按原组织层次对位缝合，以便让身体痊愈。霍尔斯泰德还自创了小型的直钳用于止血。霍尔斯泰德的一台手术做下来非常耗时，缓慢而辛苦，以至于威廉·梅奥（William Mayo）❶曾说，霍尔斯泰德的患者通常在他完成手术的时候就已经痊愈了。如前所述，如果说外科医生要在食肉动物和食草动物之间做出选择，那么霍尔斯泰德无疑在美国外科手术中开创了食草动物的传统（隐喻慢工出细活，不可操之过急）[8]。

　　霍尔斯泰德是一位外科哲学家，也是一位实验学家，他与韦尔奇的实验室密切合作。他在韦尔奇的实验室时，受解剖学家马尔的启迪，经过几个月的实验发现小肠黏膜下层吻合比当时外科医师一直进行的小肠肌层吻合抗张能力更强。1887 年 4 月，霍尔斯泰德首次正式报告了该发现，为现代胃肠外科的发展奠定了基础。霍尔斯泰德在动物身上完善了自己的技术，尽管人们认为他的手很笨拙，但他成了血管外科、乳房切除术、疝气手术和甲状腺肿大切除手术的先驱。

219

___

❶　威廉·梅奥（1861—1939）是著名的梅奥诊所联合创始人。

艾伦·皮克顿·奥斯勒
（1806—1906）奥斯勒母亲

费瑟斯通·莱克·奥斯勒
（1805—1895）奥斯勒父亲

邦德海德教区住宅，奥斯勒出生地

约1856年，艾伦·奥斯勒和她的"特库姆塞斯的卷
心菜"（她的孩子们），最左边是威利

约 1866 年，威廉·奥斯勒担任三一学院学长

詹妮特·奥斯勒，威利最亲密的朋友

玛丽安·奥斯勒·弗朗西斯（滔滔不绝、朴实，没有魅力的女子）

奥斯勒的导师：W. A. 约翰逊、詹姆斯·鲍威尔和帕尔默·霍华德

麦吉尔医学院教授，北大西洋
医学界冉冉升起的新星

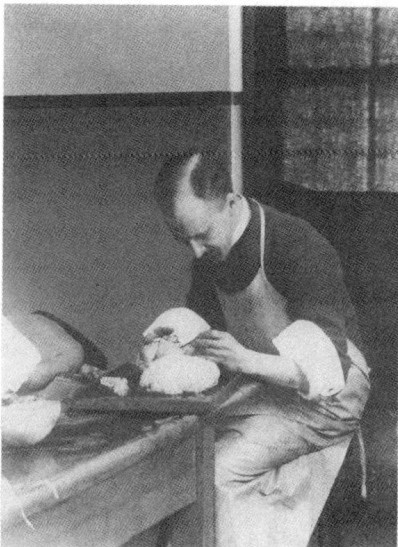

1888年，威廉·奥斯勒，病理学家

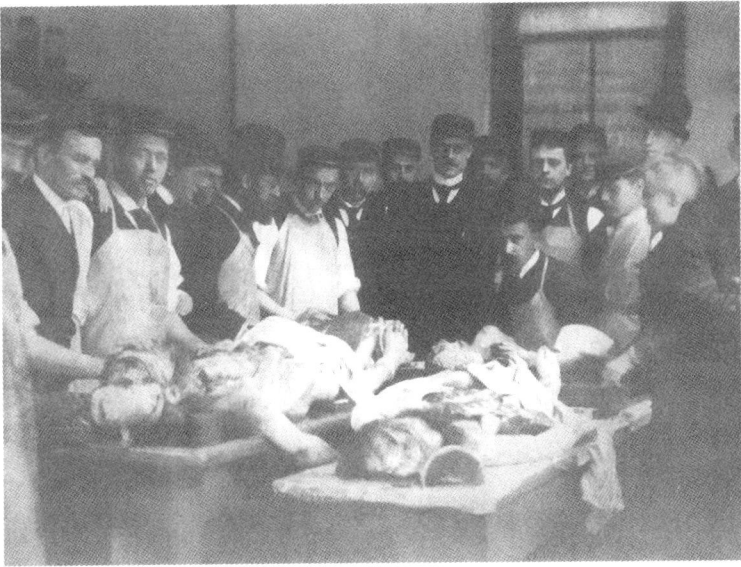

1888 年，奥斯勒在费城的布洛克雷故居教学，观察员包括 1 名女性（右二）

约 1892 年，在巴尔的摩建造了约翰斯·霍普金斯医院，成为世界上最好的医院

撰写《医学原理与实践》

女性委员会，在约翰斯·霍普金斯大学接受医学教育，没有人建议以玛丽·加勒特（中）的名字命名医学院

格蕾丝·里维尔·奥斯勒和她有威望的丈夫

约翰·辛格·萨金特的《四名医生》，其中包括韦尔奇、霍尔斯泰德、奥斯勒和凯利，奥斯勒的笔是这幅画的中心

富兰克林·P. 莫尔：奥斯勒的敌人

卢瓦利斯·巴克·奥斯勒的继任者，一个"不顾一切的加拿大人"

哈维·库欣：有创造力的天才，奥斯勒的传记作者

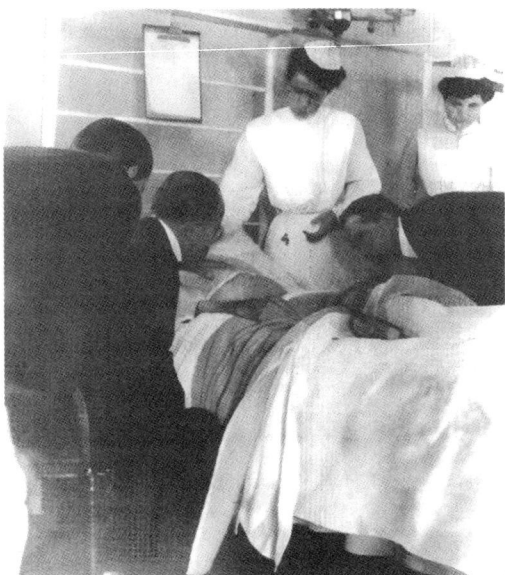

床边：检查、触诊、听诊、思考

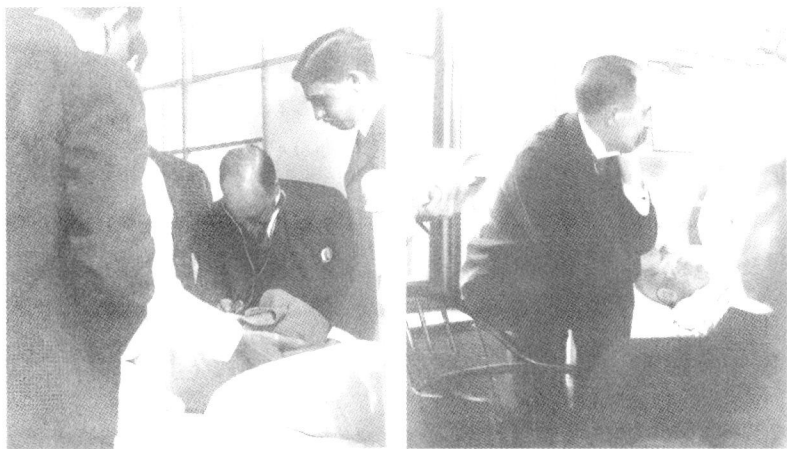

奥斯勒在讲解约翰斯·霍普金斯大学的"细致观察力培养"课

霍尔斯泰德从纽约聘请了一位名叫凯瑟琳·汉普顿（Caroline Hampton）❶的新毕业护士出任手术室的护士长。1889—1890 年的冬天，在霍普金斯大学霍尔斯泰德的手术室里，凯瑟琳·汉普顿得到一副特殊的橡胶手套，这副手套是霍尔斯泰德仿照韦尔奇解剖时用过的那双手套制作的，用以保护她娇弱的双手免受化学物质的伤害。正是这双手套，打动了凯瑟琳的芳心，次年 6 月，她成了霍尔斯泰德的新娘。第二年，一名助理也开始戴手套。后来，霍尔斯泰德的住院医生乔·布拉德古德（Joe Bloodgood；绰号"血魔头"）❷发现，尽管橡胶手套看起来让手指的活动受限，材质也很生硬，但是戴上这个手套做手术，感染几乎下降了 100%。最终，外科部门在无菌手术方面取得巨大飞跃，更为世界其他医院开了先河。这以后，戴手套成了手术的常规。这支队伍也是第一批放弃便服改穿干净的白棉衣服的队伍之一 [9]。自 1892 年起，霍尔斯泰德作为外科主任、教授在约翰斯·霍普金斯医院工作 30 余年，取得了众多成就。

威廉·西德尼·塞耶 1890 年从哈佛大学来到霍普金斯大学接替回到祖国加拿大任职的拉弗勒成为奥斯勒的总住院医师，塞耶后来一直坚定不移地追随着奥斯勒。塞耶初来乍到，给他留下第一印象也是最深刻印象的正是霍尔斯泰德，而不是奥斯勒。塞耶曾写道："在霍尔斯泰德的小手术室里，放着一张旧木桌，消毒技术非常完美，从来没有让人感到一丝焦虑。我简直不敢相信自己的眼睛，我就像走进了一个全新的世界。霍尔斯泰德的技术是无可挑剔的，整个手术过程可以用完美来形容，这是我见过的最接近奇迹的手术。"说实在话，霍尔斯泰德作为研究型外科医生在他的领域所做出的贡献比奥斯勒作为内科研究者为内科发展所做出的贡献要多得多，也

❶ 凯瑟琳·汉普顿（1861—1922）出生的汉普顿家族系南方名门，凯瑟琳·汉普顿的曾祖父是当时美国最大的奴隶主。1885 年，24 岁的凯瑟琳违背家人意愿，跑到纽约，进入护校读书，三年后毕业，成为 1 名护士。

❷ 约瑟夫·柯尔特·布拉德古德（1867—1935）是霍尔斯泰德的早期外科住院医师之一、霍普金斯大学的外科病理学负责人，以及霍尔斯泰德的实验结果数据分析师。

重要得多 [10]。

霍尔斯泰德的同事们不得不原谅或忽略那些会让一个不称职的人被解雇的行为。霍尔斯泰德教授（霍尔斯泰德很讨厌教授这个称呼，说教授这个称呼总能使他想起舞蹈大师）依然我行我素，经常迟到或干脆不来医院，有时甚至连解释都没有。有一次，霍尔斯泰德有一台很重要的手术要做，但他居然要求手术室的工作人员原谅他要迟到 90 分钟，因为他和他的妻子，也就是原来的外科护士长，现在的凯瑟琳·汉普顿·霍尔斯泰德夫人，正在地窖里忙着逮老鼠。霍尔斯泰德有时在手术途中突然中止手术进程，而把接下来的工作交给布拉德古德，他声称这是由于自己因过度吸烟而导致的心动过速，让他无法集中精力做手术，只得另换他人救急。

霍尔斯泰德与他的同事打交道时，总让人感觉他心不在焉。霍尔斯泰德总是保持一副严肃沉默状，似乎还带着些许腼腆的成分；或许霍尔斯泰德看上去就是一个尖酸刻薄的人。无论如何，霍尔斯泰德在人际关系方面的表现确实欠佳。霍尔斯泰德的最亲密战友芬尼（J. M. T. Finney）❶是一位杰出的外科医生，也是一位善良的基督徒。芬尼清晰地记得，在与霍尔斯泰德一起共事的 33 年里，霍尔斯泰德只赞美过他一次。而且芬尼也不记得霍尔斯泰德恭维过任何其他人，在他看来，霍尔斯泰德非常吝啬自己对别人的溢美之词。

1891 年，亨利·赫德 ❷ 向理事会报告说，一位叫哈代·菲本（Hardy Phippen）的住院外科医生"赌气辞职不干了"，而且在没有得到任何正式通知的情况下，哈代自行卷铺走人了。事出蹊跷，究其所以然，原来是因为霍尔斯泰德医生对哈代的恶劣态度才导致哈代医生采取如此鲁莽和轻率行动。后来哈代对赫德说，他不想为了

---

❶ 约翰·米勒·特尔品·芬尼（John Miller Turpin Finney，1863—1942）是美国最优秀的外科医生，霍尔斯泰德在约翰斯·霍普金斯医学院的继任者。

❷ 亨利·赫德是约翰斯·霍普金斯医院的第一任院长，并在该职位上任职 22 年（1889—1911），之后他被任命为理事会秘书（1911—1927）。1893—1905 年，他还是约翰斯·霍普金斯医学院的第一位精神病学教授。

保住自己的这个职位而委曲求全，并说明自己除了辞职，别无选择。事实上，哈代为人可靠，做事认真负责，工作能力强，是一位非常务实进取的有责任感的好医生。后来还有件更为离谱的事，霍尔斯泰德曾经建议另一位医生最好专攻痔，因为处理痔不需要太多的能力，这直接激怒了那个医生。被冒犯的外科医生咆哮着："我会叫霍尔斯泰德把这些话给我吞回去[11]。"

霍尔斯泰德为人尖酸刻薄，总是喜欢冷嘲热讽，据说他这种个性在约翰斯·霍普金斯大学已经达到声名狼藉的地步，这直接给他身边的工作人员造成恶劣影响。芬尼记得有一件事让霍尔斯泰德惯用的轻蔑和威吓伎俩得到了一次最有效的回击。有一天，霍尔斯泰德发现病房里给患者用的湿绷带上有一些线缠绕在了一起，霍尔斯泰德随即举起绷带厉声说道："我本人在纽约是伴随着外科手术长大的，一个护士如果把这样的绷带递给医生使用，我想她应该感到可耻和无地自容。"负责这件事的一位红头发、扁鼻子小护士立马反驳说："我感觉能这样说话的医生应该更加可耻。"当时芬尼就站在霍尔斯泰德的身后，亲眼看见着绷带上的血慢慢滴在他的秃顶上，气得他脸色铁青。霍尔斯泰德在缠完绷带之后，没有例行查房，一言不发，气鼓鼓地离开了病房。

还有一次，一个女主管想提名一个护士作为手术室的新护士长，结果没想到这个任命直接遭到霍尔斯泰德一票否决，但是女主管也拒绝让步。直到住院医生雇了一个医学生当护士长，才扭转了这场尴尬局面。有意思的是这个新护士长是一个男性，这件事情很长时间内成了医院的笑谈，因为霍尔斯泰德曾经爱上并娶了他的第一任手术室护士长卡罗琳·汉普顿（Caroline Hampton）。卡罗琳戴着橡胶手套，外表也像极了一个男人。霍尔斯泰德夫妇一直没有要孩子，显然夫妇双方住在各自的公寓里[12]。

霍尔斯泰德没有专门为医学生准备任何课程。他曾宣布，学生在第二年将接受一门关于伤口愈合的外科方面的课程，但他从来没有真正讲过这门课。霍尔斯泰德在 1895 年夏天的大部分时间里可能一直在思考第三年如何进行手术指导。事实上，霍尔斯泰德总是擅离职守，这直接造成了严重的混乱和患者的流失。1895 年冬天，理事会严厉地批评了霍尔斯泰德："霍尔斯泰德去年夏天长期不在医院，这违背了他向院长所做的保证。董事会认为，霍尔斯泰德破坏了正常的纪律，也损害了医院的利益。"理事会后来强调，"霍尔斯泰德以后必须严格遵守上课规定"。即便如此，霍尔斯泰德还是没有为三年级的学生做外科手术指导。韦尔奇在 1896 年 1 月 11 日给马尔的信中写道：

我们必须为那些如同孤儿般可怜兮兮的三年级学生做些事情。他们正在外科病理学努力进取，但现在可怜的学生们被逼得走投无路，甚至连安身立命的地方都没有了。他们带来一具尸体来找我，看看我能否帮忙找到一个实施解剖的房间，他们可以借助显微镜来做肿瘤切除手术等。看来学生们所有的努力和付出显然没有得到任何外科医生或者其他人的有效关注和回应，我们真的必须要做点什么才行。等我给这些学生们找到了做解剖的房间，我就去找霍尔斯泰德了。霍尔斯泰德真应该去给那些学生做外科病理学方面的指导，因为我们之前已经给学生做过承诺了。外科病理学似乎是目前唯一不尽人意的学科 [13]。

最终，这些可怜兮兮的学生们在霍尔斯泰德的远程指导，以及他助手的密切监督下，与外科病理学方面有了一些实质性的接触。但是学生们还是认为这些指导不到位，而且让人很不舒服。现在几乎也没什么人愿意和霍尔斯泰德共事，霍尔斯泰德在毒瘾发作前的几年里绝对是一位出色的本科教师。当霍尔斯泰德在霍普金斯教书的时候，他通常是班上大多数人的老大，因为每个人都怕他。霍尔斯泰德式查房被戏称为"转移性迟钝"，这是一个嘲弄性的术语，源于腹部撞击液体时的发现。霍尔斯泰德和他的大多数住院医生和实习生之间没有结成良好的师生情谊，只有一部分学生跟随了他，成了他的门徒。相反学生们很是羡慕他们在奥斯勒那里所享受到的志同道合和寓教于乐及舒适融洽 [14]。

237

妇科教授霍华德·阿特伍德·凯利与韦尔奇、奥斯勒和霍尔斯泰德并列为霍普金斯大学"四大顶梁柱"之一。凯利在技术上已经达到炉火纯青的地步，是霍普金斯外科医生中最杰出的，人人都钦佩他。凯利以他特有的杰出方式来训练他的住院医师。他有一颗金子般的心，总是活力四射，对生活和工作充满热爱，即便是奥斯勒与凯利相比，也会相形见绌。1898 年，一位住院医师写道，"凯利像 X 线一样光彩夺目"。但是凯利很少花时间与本科生在一起。凯利的手术排期很满，他不是在霍普金斯的手术室操刀，就是在他一手创建的巴尔的摩私人医院手术室忙碌，若不在这两个地方，凯利就一定在患者家中做手术。奥斯勒认为凯利在美国外科医生中收入独占鳌头。凯利也有一颗火热的公益心，有时也会试图拯救街头卖淫女，守卫投票站使其免受地痞流氓的寻衅滋事；凯利还是一个自然学家和真菌学爱好者，喜欢研究各种蛇类、菌类和菇类，偶尔也会出现在图书馆里，阅读和创作关于蘑菇、蛇和妇科疾病方面的论著❶；当然，如果凯利出现在加拿大某个郊外的河流上，划着独木舟，那也并不出意料。值得一提的是，凯利在美国创建了一个男子汉训练营。

除此之外，凯利喜欢在街头传经布道，并询问他的同伴和学生是否是耶稣基督信徒。一位学生回忆说，他对同学们感兴趣的一个永恒话题是问他们是否已经得到主的庇佑。医院同事普遍对凯利医生的传道感到不舒服，许多人试图避免成为一名宗教狂热分子 [15]。凯利有时会习惯于在患者麻醉前跪着祈祷，这让所有人感到不安，即便是身边的麻醉科医师和患者也同样会感到不安。后来凯利不得不放弃这一习惯，改用沉默祈祷来代替。即便是今天其他不信教的外科医生也无从知晓这一情况，这是一位经典原教旨主义者做出的

❶ 凯利博士也是一名真菌学爱好者。1910 年前后，凯利在州立博物馆考察了一直被历史所遗忘的巴尔的摩女真菌学家玛丽·班宁（Mary Banning）的研究成果，阅读了她的《马里兰州的真菌》（*The Fungi of Maryland*）手稿并复制了她的所有信件。

为数不多的妥协之一。凯利曾经要求一位助手为他关门，以便他能专心诵读圣经。当哈维·库欣向辛克莱·刘易斯（Sinclair Lewis）❶引用凯利的话作为科学家一直以来的信仰例子时，刘易斯评论道："亲爱的哈维，产科医生对处女分娩了解有多少呢[16]？"

凯利将自己的精力和热情全部奉献给了妇科手术，因而无暇顾及产科。后来凯利的助手惠特里奇·威廉姆斯（J. Whitridge Williams）❷被聘为产科教授，专注产科教学。威廉姆斯身材高大，脾气暴躁，被学生戏称为"公牛"。他在精心准备的演讲中总会加入拉伯雷式的黄色幽默段子，这极大地激发了男同学本性好色的生物本能，但同时也引发了女同学极度不满的情绪。一个女学生后来回忆说："威廉姆斯对女学生来说真是一无是处，他生活在男女的双重标准下，不懂得如何尊重女性，更有失为人师表和道德规范。"一些学生认为威廉姆斯也有反犹太民族的倾向，尽管 1901 届学生格特鲁德·斯泰因小姐（Gertrude Stein）❸与大家有点格格不入，不过这可能不涉及种族或宗教问题[17]。

药理学教授约翰·J. 阿贝尔（John J. Abel）是一位杰出的科学

239

❶ 辛克莱·刘易斯（1885—1951）是美国作家，诺贝尔文学奖和普利策奖得主。

❷ 约翰·惠特里奇·威廉姆斯（1866—1931）是美国产科教父。威廉姆斯是约翰斯·霍普金斯大学的毕业生，1889 年，他回到巴尔的摩，在霍普金斯医院担任凯利的助手。后来被任命为霍普金斯医院的产科主任。威廉姆斯医师曾说：评估一位产科医师是否卓越，不在于他开过多少刀，而是在于他能否使某些边缘性剖腹产的案件最后成功使用自然产，并让母婴均安。

❸ 格特鲁德·斯泰因小姐（1874—1946）是美国作家、剧作家、理论家、艺术评论家和收藏家。斯泰因的父母是犹太人，父亲是一位房地产富商。从 1893 年到 1897 年，斯泰因就读于拉德克里夫学院，后来成为哈佛大学的附属学校。斯泰因的老师是著名心理学家威廉·詹姆斯。詹姆斯认为她是"最聪明的女学生"，鼓励她在本科毕业后学习医学。尽管斯泰因对医学毫无兴趣，但她还是在 1897 年进入霍普金斯大学医学院。不过，她最终厌倦了医学理论和研究，在最后一个学年选择肄业离开。还有一个原因是，当时的医学界被男性统治，斯泰因的女性身份让她在当时的社会环境下倍感压抑。在海明威的著名小说《太阳照常升起》（The Sun also Rises）中，斯泰因首次提出著名词汇"迷惘的一代"。"迷惘的一代"之后成为一战结束后，很多存在彷徨和失望情绪作家的统称，影响极为深远。

家，他后来成为肾上腺素的发现者之一，被誉为"美国药理学之父"。阿贝尔几乎就是那个古怪而虔诚的科学家的代名词。他和马尔一样，不喜欢积极的教学。阿贝尔曾经试图尝试教学，但最后只能证明自己是个彻头彻尾的笨蛋和白痴。一位从前崇拜阿贝尔的学生后来回忆道："我们把阿贝尔看作是一个笑话。"

阿贝尔本人也确实不擅长讲课，课堂示范教学几乎总是以失败而告终。他有时会站着讲课，肩上披上一条毛巾，充满着歉意，他显然不太清楚为什么自己竟把教学给搞砸了。不过话又说回来，阿贝尔还是有一节课的教学示范是成功的。当他把箱子从桌子上不小心敲下来的时候，当软木塞等东西随之掉落到地板上时，阿贝尔着实证明了重力是真实存在的。阿贝尔另外还有一节课几乎也可以算作是成功的，当狗被注射阿扑吗啡后，催吐教学果真成功了，达到了预期催吐效果。但是狗却吐得到处都是，而没有吐到预先放置的盆子里。

阿贝尔给助手们的唯一的建议就是把精力放在研究上，让其他事情顺其自然 [18]。

总而言之，当人们被授权去筹建一所伟大的医学院总会显得有点另类，因为这很可能意味着要付出坚苦卓绝的努力，但是成功概率渺茫。根据莫尔的说法，1897 年，哈佛大学为了阻止学生们报考霍普金斯医学院，用来恶意中伤和诋毁霍普金斯医学院的话是这样说的，"霍普金斯医学院没有讲座，没有良好的教学，不培养医生" [19]。外界对霍普金斯总是心存偏见和褒贬不一，但是的确有几个积极的关键因素一直在发挥着正能量。首先，霍普金斯医院和大学资金雄厚，无论教学质量如何，它们都是绝佳的工作和学习场所。霍普金斯大学喜欢小班教学，拥有非常好的设备和前所未有的实验室，这些条件足以让霍普金斯大学惊艳全球。其次，堪称北美最高的精英录取标准也足以让其他同类学校望尘莫及。霍普金斯大学将拥有一所优秀的医学院，因为它会吸引优秀的学生来入读。其他医学院的学生团体仍然与今天的高中生一样受过良好的训练，有一些学生达到了今天的本科水平；但霍普金斯大学拥有一群相当优秀的研究生。他们中的大多数人可以自己学习，即使没有导师也一样可以靠自学取得进步，因为霍普金斯大学的学生自学能力都很强。

再者，像马尔、韦尔奇、霍尔斯泰德和阿贝尔这样的知名专家学者也许不太擅长教学，学生们也可能不太喜欢他们授课，但是这些专家学者作为学术研究者的名声都很好，都站在了各自研究领域的顶端，众星捧月般格外受到推崇。正如马尔老师所说，教授的言传身教能激发学生变得更加卓越。霍普金斯大学在教育教学上方法独特，推崇在临床实践中学习的新概念，而非采取惯常的通过"填鸭式"教学，一种老师满足灌，学生只管听和死记硬背的模式。霍普金斯启发式教学及床边教学模式已经得到教育家约翰·杜威（John Dewey）❶先生和其他教育理论家的认可和尊重。

霍普金斯大学成功的最后一个法宝，也是最重要的法宝就是那些需要接受医学教育的人可以接触到威廉·奥斯勒本人，一位医学人文精神的集大成者。

后来一位奥斯勒的学生曾回忆道，"昨天，我被叫到去奥斯勒医生的诊所并对正在愈合中的一个阑尾炎患者进行诊断，这个病例也很好识别。奥斯勒诊所是我们去过的最好的诊所。当时奥斯勒博士就坐在桌子上，随意晃动着他的脚，问你各种各样稀奇古怪的问题"[20]。

到了第二年，奥斯勒的高级住院医师塞耶博士开始教授学生们关于诊断方法的短期课程，学生们也开始接触真正的医学。第三年，塞耶博士扩展了该课题。另一位住院医师在临床实验室负责监督血液、痰、尿液和其他分泌物的工作。也许是为了弥补马尔医生的教学不足，班上还特别开设了解剖学的课程。第三年的亮点是大家每

---

❶ 约翰·杜威（1859—1952）是美国著名哲学家、教育家、心理学家，与查尔斯·桑德斯·皮尔士、威廉·詹姆士一起被认为是美国实用主义哲学的重要代表人物，也被视为是现代教育学的创始人之一。

个星期有 3 次机会与奥斯勒博士在门诊室举办中午例行现场问诊讨论，这被奥斯勒称之为"细致观察力培养"课程：

（奥斯勒写道）我们必须首先让学生学会观察，提升观察力最好的方法就是在问诊患者时开始了解疾病，获取诊断信息。假如一个患伤寒的人躺在床上，经过擦洗和清洁后和那个蹒跚走进诊室的可怜人看起来一定不一样。每个小时由学生轮流检查 3～4 个患者。由学生提出问题，找出答案再进行考试。学生们要被教导以简单而有秩序的方式使用自己的感官。视觉和触觉是长期训练的产物。如何看和看什么，如何触摸和触摸什么等构成了本课程的核心内容，并不是所有患者都能确诊，治疗方法也各有千秋[21]。

奥斯勒每次门诊教学一般是患者坐在藤椅上，奥斯勒坐在旁边，学生围坐在他们四周，奥斯勒医生事先也并不了解这些患者的患病情况。奥斯勒带领这些初出茅庐的学生队伍，像福尔摩斯侦探探案一样，整个问诊过程中充满各种悬念和悬念解开后的惊喜。每天在这样的医学检测和诊断练习中，学生们逐渐了解如何展开检测报告的解读，如何进行诊断，如何展开病例讨论。据韦尔奇的助理住院病理医生，后来成为韦尔奇的病理学继任者的威廉·乔治·麦卡勒姆（William George MacCallum）❶ 回忆，每一个病例都如文本般被奥斯勒博士详细记载下来并用最生动的方式讲述出来。下面的内容来自一个学生的笔记，列举了 1896—1897 年的几个病例：

问一个患者抱怨什么，要用患者自己的话把它写下来，然后把病史一一记录在案。几乎所有的患者都说自己得过"风湿病"，我们一定需要详细询问。获得患者的梅毒病史是最重要的，但是这有点棘手。你要经常问患者："你一天大概喝几次酒？"我们可以初步判

---

❶ 威廉·乔治·麦卡勒姆(1874—1944)是美国著名病理学家。1897 年至 1898 年，麦卡勒姆在霍普金斯医院实习一年，并被任命为霍普金斯大学韦尔奇的助理住院病理医生。1900 年，他赴德国莱比锡大学工作。1901 年返回巴尔的摩，成为住院病理学家和病理学副教授。1908 年晋升为正教授。1917 年，当韦尔奇辞去霍普金斯大学病理学系主任的职务，担任卫生与公共卫生学院院长的新职位时，麦卡勒姆填补了病理学系主任的空缺，一直担任该职位到 1943 年退休。

定通常在早餐前喝酒的人一定是酒精成瘾的人；不过在梅森和迪克森线以南就不是这样的情况，有个患者总是习惯于一天中就在早餐前喝一次酒而已。

　　再比如，有一个 12 岁的患者来的时候有点发热，舌头也肿了。小患者的声音有点低沉，鼻音很重，脸色苍白，面容憔悴。小患者除了左颌角的腺体稍微增大外，其他外部腺体比较正常。小患者鼻涕很少，嘴巴不能张大，舌头有点肿大，覆盖有黏液。这就是所谓的"塑料舌"。舌头菌状乳头增大，而且舌头只能伸出超越门牙 2cm，舌头中间触摸有斑块，但喉咙里没有斑块，充满大量黏液。患者牙龈呈均匀白色，有点肿，附着有白色物质，但可以冲洗掉，无特殊恶臭，临床初步诊断为口腔炎。给患者 5 粒碳酸钾和一些止痛药即可。碳酸钾是一种有趣的药物，即使在药物使用剂量范围内也相当有毒，它会导致肾炎。如果剂量太大，就会导致患者口水增多。我们现在用小剂量甘汞比几年前用大剂量的甘汞有更多汞流涎的病例。这看起来像是汞性口腔炎，但是患者说自己没有吃任何药。

　　检查应先于触诊，患者抱怨消化不良和体重下降。患者很瘦，皮肤很干，但气色还好。患者脐上部和上腹部凹陷，腰部有明显的肿块，首先要注意呼吸是否正常。然后注意侧面的髂骨槽和线条。正常人的腹部，人们只能看到呼吸运动和腹主动脉搏动。在非常薄的腹部，可以看到胃、肝，甚至腹主动脉及其分叉的轮廓，以及胃和大肠的运动。

　　在这个患者身上，我们可以看到与胃的轮廓相对应的明显肿胀。可以看到波浪式鼓包，通常是从左到右。当波浪式鼓包此起彼伏，说明器官在实质上变硬了，这可以诊断为"腹部肿瘤"。胃的大小弯可见，从肿胀的形状就可以做出胃癌的诊断。

　　医生！这个患者整个脑袋和脖子都在悸动。他的右桡动脉有明显的水锤搏动，左桡动脉消失，患者整个胸腔都在搏动。这是因为主动脉瓣关闭不全导致大出血才会产生这样的搏动。从患者嘴唇的颜色几乎可以做出诊断，因为患者嘴唇发绀严重。

243

我们可以从腹部皮肤之下的极少数东西来判断，它是慢性疟疾特有的脾大。

可能的后果包括①静脉血栓可能化脓，这是最坏的结果，患者通常会死于脓毒症，这种结果很少见。②这一症状可能会长久存在，如果果真如此，无论你做什么，腿还是会肿，而且会持续很多年。这个人在1个月的时间里会好一些，2~3个月后可能会复发。在不能完全治愈的预后保证时要谨慎。你还记得埃德温·克雷伯（Edwin Klebs）❶教授来诊所时，他曾指着自己的腿说，自从他多年前得了伤寒后，他的腿就一直肿着（但一位学生坚称自己没有见过克雷伯教授）。你说得对，学生去年看到了克雷伯教授。这没关系。只要经常讲这个故事，你最终会相信你看到了克雷伯教授……③治愈[22]。

如果患者有某种疾病，奥斯勒希望学生们知道如何去描述更准确。例如，西德纳姆得了舞蹈症，贝尔得了面瘫，艾迪生患上了肾上腺病和恶性贫血。奥斯勒让学生们查找并讨论相关疾病。如果药看起来是开给布劳德的，奥斯勒就要问布劳德是谁，并指派一个人向他报告；如果药丸是开给福勒的，那就要问福勒是谁？以此类推下去。据亨利·克里斯蒂安（Henry Christian）❷回忆，有一次奥斯勒医生问他的患者情况怎么样了，还有哈诺特肝硬化患者的随访情况，亨利·克里斯蒂安随口回答奥斯勒，患者还是和往常一样，他两个星期前还拜访了那个患者。令人匪夷所思的情况出现了，奥斯勒医生居然戏剧性地端出一个盘子，里面有一个大的肝脏和其他器官，奥斯勒告诉克里斯蒂安，他的患者可没有想象的那么好，麦卡勒姆医生那天早上给克里斯蒂安的患者做了尸检。

还有一次，一位学生随访一位主动脉瓣关闭不全和心绞痛的老人，这位老人上一次看过这位学生的门诊。这位学生说他去过老人家里给他看过病并建议老人洗热水澡。奥斯勒带着疑惑的表情和忧

❶ 埃德温·克雷伯（1834—1913）是德国微生物学家。他首先描述了克雷伯肺炎菌，此菌因他而得名。

❷ 亨利·阿斯伯里·克里斯蒂安（1876—1951）是一位美国病理学教授。

郁的声音说："先生，给一个主动脉瓣关闭不全和心绞痛的患者洗热水澡会不会有危险啊？"奥斯勒随口一句话可把这位学生给吓坏了，这位学生非常担心出现最坏的情况，匆忙离开诊所冲到老人家的房子一查究竟。结果，他发现那位老人正坐在自己家门口抽着违禁的烟斗逍遥自在地吞云吐雾呢[23]。

到了第 4 年，霍普金斯大学的学生们开始正式经历临床见习制度，这种临床见习制度在英国和加拿大几代医学生看来是司空见惯的事情，而之前的美国医学生却从来都没有经历过。现在奥斯勒终于可以带领学生们自由地实施这项影响深远足以彪炳史册的临床实习制度了。奥斯勒以前在麦吉尔大学也曾引进过这个制度，但费城是空白。每一位四年级的学生都在约翰斯·霍普金斯医院的病房里充当了 2 个月的职员，大家轮流做内科、外科、妇科和产科的工作，分别记录每位患者的病史，做血检、尿检和包扎伤口等各种记录，奥斯勒要求每位学生见习期间必须严格称呼自己为见习生（Clark 是加拿大英语发音，实为英语 Clerk）[24]。

这些做文书工作的实习生被称之为见习生有特别含义，因为身处实习阶段的这些学生很可能会被误认为是医生，然而这些实习生实际上要对患者负有一定的责任，霍普金斯医院见习制度对医学生的近乎苛刻的要求与美国其他医学院截然不同。

每个实习生分管 6 张床，每个星期有 3 天早晨，奥斯勒都会来例行查房。这成了令人难忘的霍普金斯仪式。每天 9：00 前的几分钟，你通常可以将它设置成闹钟，奥斯勒总是很准时。他身着灰色礼服、大礼帽、纽扣上插一朵花，有时用手杖或伞，沿着长廊大摇大摆地走。如果遇到助理或其他学生，他就拉着他们的胳膊，或者超过他们用另外一只手向护士和朋友们打着招呼。走廊里的住院医生、实习医生、探视者和这些实习生会在病房门口和奥斯勒会合，大家一拥而上，阵仗凛然，像风筝或彗星的尾巴一样蔚为壮观。后来奥斯勒的学生们干脆用比较押韵的语言来映衬这一场景：

伙计们，请快点吧。

奥斯勒的巡回演出开始！

早餐要简单快速！

请跟上大统领的步伐，

带上纸和笔，

不要漏掉每一个音符，

跟随着奥斯勒，

一起来巡查。

看看后面的两排队伍，

奥斯勒带着他们来了，

四处八方到处巡查，

他们像秃鹫一样成群结队去赴宴，

跟随着奥斯勒，

一起来巡查。

巡查队伍人群复杂，

有城里人也有乡下人，

像猪一样挤在每一个空旷的地方，

实习生们都去忙了，

跟随着奥斯勒，

继续查房 [25]。

　　每个人都认为奥斯勒拥有一种神奇般的魔力，他用一个微笑、一句俏皮话，或者按摩一下脚趾就能让患者立马放松下来。奥斯勒喜欢这样对孩子们说话：可爱的小调皮，你今天感觉怎么样？你看上去可肥嘟嘟的呢！（显然把他加拿大的口头禅"呃"给去掉了）。奥斯勒要求见习生们定期阅读病案记录，奥斯勒会也会就这些病案进行点评或做些检查：

　　奥斯勒常常站在患者的床头，优雅地用他那纤巧的褐色小手和尖

细的手指强调他要说的话。奥斯勒喜欢按顺序把可能发生的各种情况
一一列举出来。最后留有一种可能性常常是完全意想不到的，或者是
毫不相干的。奥斯勒每次给患者做检查时，都会坐在患者的床边，仔
细观察患者胸部或腹部的运动，在灯光下尽可能查看胸腹部器官起伏
的规律，他非常重视这一过程。当一位护士发现患者胸壁上有类似动
脉瘤的搏动时，奥斯勒就告诉这位护士说，如果遇到这种情况就把患
者移动到光线充足的地方，这样就能让医生更容易看到动脉瘤所在的
部位。奥斯勒每次都会花费很多时间在患者胸部和腹部的触诊上，并
且会跟实习生们强调这么做的好处。奥斯勒有时会停下来抓住患者的
脚趾并说道：奥普泽医生（Oppolzer）❶ 经常通过从床脚处摸患者的脚
趾的方法来做出主动脉瓣关闭不全的诊断，这种屡试不爽的诊断方式
常常让他的学生感到不可思议。这也使我们深刻认识到水冲脉（water-
hammer pulse）是主动脉瓣关闭不全的征兆。

　　奥斯勒非常擅长微妙的平衡，有许多关于奥斯勒查房的记录，
后来成为哈佛大学医学院院长的亨利·克里斯蒂安就曾有过这样的
描述：

　　奥斯勒到病房探访患者和患者家属总是采取一种不同寻常的方
式，看起来比较随意但是绝对不失庄重。奥斯勒总是很快就能使学
生和患者放松下来。关于病情的讨论看起来有点随意，实则不然。
令人惊讶的是学生们负责了解患者和病情。奥斯勒病房探访总是不
拘小节又不失尊严，这构成了奥斯勒医生的鲜明特色。奥斯勒穿着
讲究得体，一身礼服看起来总是很整洁，为人诚恳不苛刻，凡是与
奥斯勒接触的人都很尊敬他的为人。奥斯勒闪烁的眼睛，快速的步
伐，频繁的俏皮话，友好的举止，说话时把手搭在助手、学生和朋
友肩膀上的习惯，总会给诊所和病房营造友好和愉快的氛围。奥斯

247

勒治学严谨，对学生工作的点评精辟得当，令人难忘，但从不苛刻。这更加激发了人们对奥斯勒的尊重和爱戴，奥斯勒总是那么平易近人。

每个星期六中午（后来改成星期三），奥斯勒会在医院的圆形剧场举办一场综合门诊教学，教学活动对所有人开放，但目标人群是三年级和四年级的医学生。师生会一起讨论这一个星期在医院遇到的各种事情，住院医生也会介绍一些最值得思考的有趣病例，有关死亡和误诊情况也会记录在案。工作人员会将医院处理肺炎和伤寒患者的经验教训等以精致图表的形式写在黑板上给大家做展示。奥斯勒在 1901 年写道："我宁愿从肺炎和伤寒病例中教授医学，也不愿将所有其他疾病放在一起来讲。"奥斯勒进一步指出肺炎和伤寒病仍然是两种严重的急性感染疾病。奥斯勒乐于告诉学生，在彻底了解一种疾病后，你会发现一种疾病将涉及大部分医学学科。另外奥斯勒还钟情于梅毒研究[26]。

奥斯勒的诊室是如此简单而质朴，以至于一些来访者无法将眼前的这位奥斯勒医生与蜚声四海的一代医学大家联系在一起。对普通民众来讲，奥斯勒如此这般勤劳和务实进取换回了与日俱增的影响力。霍普金斯大学第一批女实习生中的其中一位后来回忆说，在整晚照顾一个濒死患者之后，精疲力竭的奥斯勒上班迟到了。但第二天早上遇到这位女实习生时，奥斯勒仍精神抖擞地边打招呼边问："嗯，是里德医生啊！你该报告自己在黑人病房里的所作所为了吧？"

这位女实习生回答道："男病房有 6 人死于肺炎，尊敬的奥斯勒老师。"

诊所里的同事只要一聊起这位女实习生在那个晚上的遭遇，就会笑得前仰后合。

里德后来回忆道："我那天晚上浑身不舒服，难受极了。亲眼看到 6 个年轻人先后在几小时内一个个死去，这对我来说绝对不是什么笑料。还好，奥斯勒博士感受到了我的痛苦，他随后平息了这场风波。奥斯勒说，有色人种，通常是梅毒患者和酗酒者，是感染肺部疾病最危险的人群，我们能救这么多人，真是了不起。他特意表扬了我当晚的表现。"

不过奥斯勒本人偶尔也会有特别节目上演：

有一天，奥斯勒要为诊断为双侧先天性囊性肾的人做尸检。在那个年代，这种疾病在生活中很罕见，也几乎不为人所知，因此奥斯勒医生请求韦尔奇医生帮他一个大忙，允许他进行尸检。当奥斯勒要进行尸检时，大家都很兴奋。解剖台旁边的一排排座位上人满为患，挤满了工作人员和学生，因为这是一个独特的场合。奥斯勒医生围着一条大围裙，卷起袖子，以一种专业的态度开始解剖。当他从腹部取出两个巨大的带有肿瘤的肾脏时，气氛达到了高潮 [27]。

大家可以想象当时观众齐声鼓掌的场面。

1897 年 4 月 14 日到 1898 年 2 月 2 日，奥斯勒把在诊所的大部分时间都花在了一位叫玛丽·S 的患者身上。玛丽当时带着一种让诊所工作人员倍感困惑的疾病来到诊所寻求帮助。皮肤科专家对这名女患者的皮肤损伤症状不知道该如何诊治，究竟是结核性的还是梅毒性的，大家也意见不一。奥斯勒跟在学生后面也走进来查看玛丽的病情，经过仔细查看后说这是他到新布伦瑞克以后见到的第一个麻风病患者。当一名护士拒绝照顾这名麻风病患者时，医院倍感焦虑，尽管这名护士最终被解雇了，但是城里没有其他医疗机构愿意接收玛丽。奥斯勒详细了解了玛丽的病症后，做了一个关于麻风病的小型讲座，并给玛丽最终诊断为麻风病。奥斯勒在讲座中提到他曾访问过加拿大的殖民地并且了解当地的麻风病，并证实麻风病不具有传染性。一百年来在锡兰工作过的护士或医生也没有感染麻风病的记录。奥斯勒还说道："我可以补充一点，我们医护工作者都很愿意照顾玛丽，这使玛丽得到极大的抚慰。"后来玛丽在医院治疗10 个月后恢复健康出院了。按照官方说法，玛丽是一个自由职业者，但玛丽很可能是一个没有朋友的流浪者 [28]。

之后的一位"怀孕"的男患者的病例就更富有喜剧效果和欺骗性：

一天，一个患者被担架抬了进来，患者的脸被一张床单完全盖住了。患者唯一的临床特征是明显突出的腹部，围观的人都面面相觑，不明白为什么"头儿"要给大家展示一个"孕妇"。患者就这样被带进带出，一句话也没说。期间，也有另外2～3个患者被带进来，大家讨论结束后，又被带走了。但是第一位"孕妇患者"又被送了回来，说来蹊跷，这次没有盖床单。原来这位"孕妇患者"是一位很和蔼的老人，这位老人带着一个大瓶子，里面装着2L的尿液，看起来像足了一位孕妇[29]。

每到星期六的晚上，奥斯勒就会到西富兰克林街1号自家的房子招待医务人员。有2名学生也受邀共进晚餐，其余的人则被邀请喝啤酒和吸食烟草，然后再享用巧克力蛋糕。这群人围坐在餐桌旁，抽烟、喝酒、吃饭和谈论医术。通常奥斯勒会给他们看他图书馆里的几本引人入胜的书，并谈论一些医学史上的伟人。晚餐总是在22:00结束，因为那是奥斯勒的就寝时间。这是一段令人难忘的时光，在约翰斯·霍普金斯大学的精英氛围中，这样的师生晚会并不少见，但奥斯勒绝对是第一个，也曾经一度是唯一一个招待过学生就餐的医学院教授。同学们对老师的敬畏之情逐步演变成对恩师的深情厚谊[30]。

奥斯勒真是人见人爱，大家都喜欢和爱戴奥斯勒。奥斯勒热情、友善，能带给人欢乐的同时极具魅力，又不失幽默风趣，用今天的行话来说，他是那么的魅力四射。奥斯勒迷住了每一个人，从患者到他最资深的同事。对于一个善于挖掘人物可信度的现代传记作家来说，我可以负责任地说：奥斯勒绝对赢得了良好的口碑，这毋庸置疑。

在后面的篇幅里，也许一些同事会认为奥斯勒早已经时过境迁了，一些人甚至认为奥斯勒总是过于铺张浪费，另外一些人还认为奥斯勒太过美国化；但是可以肯定的是，没有人讨厌奥斯勒，也没有人认为这个人哪里有什么不好。19世纪90年代，奥斯勒逐渐成为那个时代最受人爱戴的医生之一。在约翰斯·霍普金斯大学任教的那段时间，奥斯勒的职业生涯也最为辉煌和耀眼。

　　约翰斯·霍普金斯大学的学生有个信条，如果你能在前两年熬过基础科学领域的艰难时光，那么你就会在奥斯勒的后两年临床教学中收获不菲。如果你能在医学领域获得实习机会，你的收获将会巨大。奥斯勒总是鼓励他的工作人员发表论文和文章。奥斯勒也会就医学生的职业发展和个人问题献言献策。奥斯勒也特别喜欢就心脏疾病话题提供建议。奥斯勒经常对正在考虑结婚的年轻医生讲："你会后悔的"。据说，奥斯勒的病房和奥斯勒身边的工作人员在一定程度上与其他任何医院都不具有可比性，因为你会从奥斯勒本人及身边人的身上发现医学的灵魂和一种积极向上的职业进取精神。正是因为有了奥斯勒这个好榜样，奥斯勒身边的助手每天被带动着和鼓舞着。当然，当奥斯勒本人出现时，光环效应就会立马浮现。就在 1906 年，也就是奥斯勒离开的第二年，医学院有一位不知名的一年级学生和他的未婚妻讲述了这位伟人的回归。奥斯勒医生前几天来解剖室看望我们。他搂着我和我旁边的学生，对我们的解剖讲了一些话。你可以想象当这位魅力十足的医学家和我们肩并肩时，我们真是受宠若惊。奥斯勒在一年级学生中引起了不小的轰动。每个人都希望奥斯勒能多停留一会。所有认识奥斯勒的人都深爱着他，不仅因为奥斯勒是一位伟大的医生，更因为奥斯勒的感召力和伟大人格魅力[31]。

　　奥斯勒所到之处，无不蓬荜生辉。麦吉尔大学的解剖学教授弗兰克·舍普赫德（Frank Shepherd）❶ 曾写道："我从来没有见过一个人会被如此独特、吸引人的光环所笼罩着。这种光环既能看得见又能摸得着。非凡的魅力这个词曾被滥用过，但是此时此刻，这个词最恰当也最真实地适用于奥斯勒先生[32]。"尽管奥斯勒比较鄙视政客，但是奥斯勒却拥有着一种非凡的叙事智慧，这种智慧最常见于

251

------

❶ 弗兰克·舍普赫德（1851—1929）是英裔加拿大普外科医生和解剖学家。1875年移居加拿大，成为麦吉尔大学的解剖学教授，开创了加拿大皮肤病学的教学工作。

成功的政客身上。奥斯勒与人交流总会兴致勃勃和全神贯注。也许他会拉着你的胳膊，专心致志倾听你诉说。也许他会评论多年前与你的一次的偶遇场景，或者其他一些你们曾经拥有过的短暂时光。此时此刻，威廉·奥斯勒绝对会让你相信他是这个世界唯一最关注你的人。奥斯勒每次忙完后都会继续他的工作。如果你试图纠缠不休，奥斯勒就会溜走。如果你和他再度重逢，你会发现他并没有忘记你们之间的相遇。奥斯勒总能给学生、患者或医生留下深刻印象并对他们的生活产生影响。

奥斯勒对学生来说不仅仅是他们的老师，更是一个值得钦佩的人生导师。"榜样"这个词在那个年代并不常用，"理想中的人"也许更为贴近，奥斯勒就是学生心目中最想成为的那个"理想中的人"，这是霍普金斯医学生对奥斯勒的普遍看法。对学生来说，奥斯勒就是他们"理想中的人"的化身。奥斯勒言谈举止间无不流露出作为一名诊断师、教师和医学作家所应具备的良好风范。奥斯勒酷爱阅读和故事分享，热衷于每个星期六晚上的社交活动。奥斯勒对医学有着近乎宗教般的虔诚。当先驱女医生艾丽丝·汉密尔顿（Alice Hamilton）❶ 在霍普金斯大学读研究生课程时，她注意到奥斯勒的所有助手和学生都在模仿奥斯勒的走路姿势、手势、表情和口音。她发现，在霍普金斯医学院奥斯勒式的人真是随处可见。有一次，一个学生试图模仿奥斯勒对女人的不拘小节的场景，那个学生一边搂着一位50多岁的老处女，一边用奥斯勒的口吻说："现在那些好男人和小妞儿们都怎么样了[33]？"

每逢考试季，奥斯勒不得不对助手们进行一次测试和评定。霍普金斯大学医学院的教授都讨厌这种非常正式的考试。教授们认为

---

❶ 艾丽丝·汉密尔顿（1869—1970）是人文主义医生、病理学家、工业医学领域先驱和首位在哈佛大学医学院执教的女性，被誉为"职业医学之母"（"The Mother of Occupational Medicine"）作为职业健康领域和工业毒理学的先驱开创者，艾丽丝一生积极投身于职业病研究和工业毒物毒理研究，有效地推动了美国职业医学与职业安全立法进程。

对学生的学习和工作评定应该通过长时间观察再进行综合评定，不能短时间内草率地做出不负责任的判定。教授们会尽可能让考试变得简单高效，在短时间内完成一切测试，这让人感觉有些敷衍的成分。这种看起来有点轻飘的考试方式又似乎对那些精心准备考试的学生是一种侮辱。在医学和外科手术考试中，让考生试图检查一位健康状况良好的患者总会让学生感到非常不安。在一次考试中，奥斯勒曾经让费城的实习生们分析痰的成分。每一个考生看到这样的痰时都感到困惑万分，不敢做出判断，结果是奥斯勒故意在用来考试的痰液中添加了些许地毯清扫物。这样的考试总是能难倒很多人，这也似乎是奥斯勒抗议竞争性考试选拔实习生的一个小插曲。有时，口试和测验也会让学生心烦意乱，但如果主考人能提供些帮助的话，就容易多了。

奥斯勒博士也许偶尔看起来会很严厉，但在学生面前似乎从来没有展示过严肃的这一面。奥斯勒总是不按常理出牌，天马行空的提问总能引出考生五花八门的各种出其不意的回答。奥斯勒总能让知识还不够扎实的学生感到轻松自在，维护他们的尊严，同时又能适时地敲打一下优秀学子，不断刺激他们超越自己的决心。幽默风趣、和蔼可亲的奥斯勒博士总能给学生们一个喘息的机会，让学生们信心满满，尽管一开始学生们的知识都很匮乏。与之相反的是，不苟言笑、性格怪异的霍尔斯泰德博士总能把学生们吓个半死，让学生们觉得自己就像个傻瓜般的存在。我们从约翰斯·霍普金斯大学学生评价档案中的记录可以看出，奥斯勒与他的同事相比，对学生的评价相当慷慨。马尔教授在心情不佳时会在评语中写下"愚蠢"二字，而奥斯勒的评语相对更温和、更委婉，最多将差等生称作"一个不太牢靠的兄弟"（a weak brother）[34]。

奥斯勒几乎从来不会八卦身处弱势地位的医学兄弟。奥斯勒作为医学生或医学从业者极其厌恶在背后八卦别人。如果你当着奥斯勒的面开始批评一个人，他会立刻转变话题。即使在自己的妻子面前，奥斯勒也不会让妻子随心所欲地论他人长短。奥斯勒有强烈的好恶之分，可以肯定的是，奥斯勒至少有两次在医学会议上公开发言，倡导人尽其才，唯才是用，不可任人唯亲，也不可以将二流人才放置一流人才的位置。私下里，奥斯勒知道世界上和医学界有很多白痴，但在公开场合，奥斯勒则说世界上最糟糕的是恶魔之子。在奥斯勒看来，背后议论别人无论在职业上还是在个人上都是不道德的。

奥斯勒不随意评价他人，但是奥斯勒会贬低整个民族吗？奥斯勒曾随口说过他憎恨拉丁美洲人。但奥斯勒不可能与拉美人有太多接触。我们听说奥斯勒曾向学生指出巴尔的摩黑种人很容易罹患某些疾病，这可能是基于奥斯勒自己的从医经验。1914 年，奥斯勒曾写道：加拿大人有权保持白种人在社会中的主导地位 [35]。在奥斯勒所处的那个时代，持这种观点并不奇怪。奥斯勒曾经对一些人群的高发疾病做过总结概述。例如，老军人和有文身的人，特别是有文身的老军人更容易遭受梅毒侵袭。奥斯勒完全没有反犹太主义倾向。在畅销书作家奥古斯塔·塔克（Augusta Tucker）❶描述霍普金斯医学院医学生生活的小说里，奥斯勒对犹太学生苏茜·斯莱格小姐（Miss Susie Slagle）印象深刻，称赞其才华横溢，并对其寄予厚望。

奥斯勒对于美洲和巴尔的摩存在的巨大种族鸿沟也没有太多的夸夸其谈。当约翰斯·霍普金斯大学在 1893—1894 年间考虑扩大有色人种病房并雇佣黑种人护士时，据说奥斯勒评论到，那里将会有一个黑种人住院医生。当然，奥斯勒说这句话时的背景并不清楚，我们不能妄加评论。尽管奥斯勒也提及种族问题，但是种族议题在奥斯勒大多数病例报告中并没有什么实际内涵，也没有任何迹象表明奥斯勒与那个时代的人一样，痴迷于种族话题 [36]。

在奥斯勒的医疗生涯中，真正的"其他人"就是那些看似陌生的女性。奥斯勒本人是在一个全男性的医学世界中长大。19 世纪 80

---

❶ 畅销书作家奥古斯塔·塔克·汤森德（1999）于 1939 年出版的小说《苏茜·斯莱格小姐》讲述了约翰斯·霍普金斯医院医学生成为医生的考验和磨难，引起了全国对约翰斯·霍普金斯医学院的关注。

年代，护理革命兴起，奥斯勒所在医院也开始发生改变。在霍普金斯大学，奥斯勒的班上也有女同学。医学谈话和教学不再局限于男人之间。男女同学每天都在教室和诊所里忙碌和接触。起初，对许多男性同胞来说，有点无所适从。就像运动员突然在更衣室里发现女记者一样，他们感到不安、愤怒和暴躁，人们总是对陌生人持戒备心理，这也是人之常情。正如韦尔奇的助理威廉·托马斯·康西尔曼所说："我们以后不能在更衣室水槽里小便了，因为这里偶尔会有女同学经过。"

奥斯勒曾公开表示女性有权在霍普金斯大学从事医学工作，并在 1891 年愿意接受玛丽·舍伍德做实习生。但奥斯勒从来都认为医学对女性来说是一个艰难的职业和选择，女性最好能置身医学之外。奥斯勒也相信在这个世界上，男人和女人的角色应该要分开，大家最好各司其职。奥斯勒认为女人最大的成就来自婚姻和生儿育女，而男人则应该担负起养家糊口的重任[37]。奥斯勒甚至认为女人必须在婚姻和医学之间做出选择。奥斯勒绝对不会鼓励女儿从医。奥斯勒的一位英国老师威廉·詹纳爵士❶也曾宣称：宁愿看着自己女儿死去也不愿意看到女儿成为一名医生。

1896 年，多萝西·里德（Dorothy Reed）从史密斯学院（Smith College）一毕业就乘电车来到霍普金斯医学院报到。据里德回忆，就在她报到当天，她发现只有她一个女同学：

当时出来接待她的是一位身着灰色牛津布衬衣配一条竖纹长裤，头戴丝帽的尊贵绅士，这位绅士目不转睛地上下打量着里德，仿佛要把里德的每一个细节都记在脑海里，以备将来查验核对。这位绅士风度翩翩，魅力十足，他又长又细的鼠尾胡子给人留下深刻印象，从他的着装和神情里德就可以判断出他一定是个东方人。

那位绅士问里德："你是来医学院报到的新生吗？"

255

---

❶ 第一男爵威廉·詹纳爵士（1815—1898）是一位重要的英国医师，主要以发现斑疹伤寒和伤寒的区别而著称。

里德回答说："是。"

"你最好不要来。"那位绅士说，"你还是回家好些。"

于是那位绅士径直走在里德前面并独自走进了医院，毫不理会里德的感受。几天后，里德出现在招生委员会面前，第一眼就看到那个不太友好的东方绅士，不过他看起来皮肤有点黑，个子也不算高。经过严格的面试之后，里德顺利过关并受到学校的欢迎。里德起初有点局促不安，暗自庆幸自己居然有这么好的机会向医学界的前辈和名家教授学习[38]。

奥斯勒欢迎训练有素的女护士加入医学从业者的行列，并让女性服务作为一种传统得以保留下来。起初阶段，奥斯勒尽管也心存疑虑过，有时甚至开玩笑说男患者不想让女护士接近。女护士有时也会在给男患者洗澡、海绵擦拭、喂食和测量体温时感到难为情，踌躇不前。不过你可以像约伯（Job）一样，像每一个患者一样呼喊着："我真是受够了，还是让我独自清净一会儿。"

虽然奥斯勒绝对尊重女性护士这一职业，但他坚定地认为，护士是从属于医生的，她们更多的是协助医生开展工作，因而，绝不能容忍护士犯上作乱，搬弄是非或言行不当。霍普金斯医院规章制度严谨而细致，有很多条条框框。例如，其中有一条细则明确规定：当医生进入手术室或诊室时，护士必须站起来。但是，奥斯勒对此持保留态度，他认为没必要刻意规定。奥斯勒也有自己的原则，在女护士面前一般很严肃，一定不会同那个冒犯过霍尔斯泰德的红发女护士谈笑风生[39]。

霍普金斯大学的大多数男性包括学生和住院医生都对女医学生持有偏见，私底下叫想成为"女医生"（doctress）的人为"母鸡医生"（hen medics）。如果女性放弃了适合生儿育女的角色而选择成为医生，女性的特殊身份和地位会不会被亵渎？女性特有的生理构造会不会让男人们浮想联翩？一位霍普金斯的学生在 1906 年写给他的未婚妻的信说："我听说我们的一位'母鸡医生'很快要结婚了，但愿她走的是一条明智的道路。我也希望我们班的其他 4 位女医学生

能有这样的好运气。一个女人没必要涉足医学领域。女医生给患者
问诊时无法隐藏自己的女性身份。"

奥斯勒有一句格言一直被女权主义者广泛诟病，但至少可以表
明奥斯勒对待女医生群体的一个态度，奥斯勒说，人类可以分为三
类，其中包括男人、女人和女医生。奥斯勒博士在 1901 年搬家时，
我们是否发现了他更多的重男轻女倾向尚不得而知。奥斯勒没有推
荐女医学生格特鲁德·斯泰因小姐获得学位，这对于一位苦读四年
医学专业的女学生来讲绝对是一次前所未有的挫败。尽管我们都知
道，斯泰因小姐并没有就此偃旗息鼓，相反，她后来成了著名作家，
在法国巴黎左岸成为定期开办艺术沙龙的女主人，也是现代主义艺术
流派的杰出评论家和赞助者，并成了女同性恋文化的偶像[40]。

奥斯勒在霍普金斯大学教授的所有课程中都有少量女同学参与，
算起来一年的女性出席比例也高达 25%，这个数值远高于全美国的
平均水平。有些女同学有时会对惠特里奇·威廉姆·斯老师在产科
讲座中使用下流的沙文主义语言感到愤怒和不满，这些女同学也会
对医学会中充斥着离经叛道的下流演说而感到愤怒。多萝西·里德
形容这个道貌岸然的讲者是一个"寡廉鲜耻，人面兽心"的人，这
位教师在课堂上恬不知耻地将鼻腔和阴茎组织做着精心的对比，从
教室里出来的里德一路崩溃大哭到家。她的同学玛格丽特·朗格
（Margaret Long）❶却无动于衷："她把这类伪君子和演讲内容归咎于
男人与生俱来的兽性使然，完全不予理睬即可。"女医学生朗格对
男人毫无兴趣，在里德看来，朗格更像个男人，朗格在房间里放
着一把配有 6 发子弹的手枪，估计是为了防范兽性大发的脱缰种
马吧[41]。

男学生偶尔也会有兴致整蛊一下女学生。当然这样的挑逗和整
蛊不会针对玛格丽特·朗格。当然也没发生过什么惊天动地的大事，

---

❶ 多萝西·里德、弗洛伦斯·萨宾和玛格丽特·朗格是约翰斯·霍普金斯医学院
第一批获得实习机会的女毕业生。

试了几次之后，男同学也自觉没趣。从拉德克利夫学院❶毕业的格特鲁德·斯泰因非常高傲，最不讨男生喜欢。男生给她取了个绰号"战斧"。给她取这个听起来很猛的名字，显然与她男性化的装扮和吸烟习惯有关。其他女学生也有绰号为"野牛比尔""草莓金发女郎"与"细胞核有丝分裂女郎"等。有一场恶作剧可真把"战斧"同学给惹毛了，直接导致男女同学都很害怕她。有一天，当男女同学在实验室里研究测试他们各自的尿样时，有人在她的尿样中添加了葡萄糖，这使"战斧"同学大发雷霆。

多萝西·里德在做实习医生时经常被一名情感丰富的实习生骚扰，这直接导致了下面的对话：

"福切尔医生（Dr. Fuetscher），请移开你的手臂。"

"里德小姐，我不是医生，你忘了你是在跟一个实习生说话。"

"我以为我是在和一位绅士说话[42]。"

1900 年，当多萝西·里德和弗洛伦斯·萨宾（Florence Sabin）凭借学业在年级中的卓越表现成为霍普金斯医院第一批获得实习机会的女毕业生时，她们两个同时选择了当时最受欢迎的奥斯勒，希望留在他手下实习。为了这个名额，两位女生可谓争破了头皮。其中几个男学生认为，比起两位女性实习生，他们更应该获得优先权。院长赫德得知后感到震惊，他告诉里德，每个人都会认为如果一个女医生想要负责一个男病房，毫无疑问，都是为了满足自己对性的好奇心理。赫德说："现在说到黑种人，我是否意识到白种人医生在黑种人男性病房里总是处于危险之中，如果这些黑种人患者的言行有什么不端或不轨，我就要承担相应责任。"里德后来说，这是她在约翰斯·霍普金斯医学院 4 年来唯一一次受到如此严重的侮辱，而且这样明显极具侮辱性的话语居然出自一位冠冕堂皇的医院最高主管口中。里德又补充道："当我把那些含沙射影的话告诉奥斯勒先生

❶ 拉德克利夫学院（Radcliffe College）是位于美国马萨诸塞州剑桥的一个女子文理学院，它与布莱恩·莫尔学院一样，以学生的智力培育和独立思想而享有盛誉。

时，奥斯勒看上去非常冷静，但奥斯勒只是说'赫德脾气不太好，有时会口无遮拦'。最后，奥斯勒称赞了我的工作，表达了对我本人工作的满意态度，他说他和富彻医生会全方位支持我的工作。"

里德和萨宾作为实习医生因为难为情而不敢使用医院专用的实习医生休息室，那里基本都是男医生。为了避免尴尬，她们只好去护士宿舍休息。男实习生也没有让她们参与仲夏深夜用消防水龙带和陶器的演练工作。她们觉得有个叫托马斯·麦克雷（Thomas McCrae）❶的住院医生对她们进行了职业骚扰，这个麦克雷有点缺德，大家都不怎么喜欢他。里德发现那些黑种人男性患者比女性患者更容易相处，因为他们通常都很尊重"白脸小女生"。

有一天，令所有人感到震惊的是，一群等待手术的有色人种男子与正在疗养的患者发生了严重的冲突。麦克雷判断那是因为外科病房疏于管理导致。由于情况紧急，里德博士被紧急警报召唤过去了。里德回忆到："我的整个病房到处都在打斗，病床上的患者大声呐喊助威。我捡起地上的拐杖随即加入了混战。为了防止有人靠近我，我挥舞着拐杖喊着快滚回你自己的病房去。十几个或更多的人从我身边灰溜溜走过，回到他们各自的病房。大部分人都在流血，一瘸一拐，衣衫褴褛。"

里德把护士们都找了回来，有的护士们害怕得要死，把自己锁在病房的储物壁橱里。里德和负责外科病房的住院医生商议了对他们的纪律处分，并给伤员做了包扎，午餐时，里德还拿这次"黑种人之战"开了许多玩笑。

多萝西·里德后来在自传中总结道："总的来说，我们约翰斯·霍普金斯大学的女性受到了很好的待遇。"里德也特别提及了东

259

---

❶ 托马斯·麦克雷（1870—1935）是加拿大人，在加拿大多伦多大学取得医学博士学位，1895 年受奥斯勒之邀来到约翰斯·霍普金斯医院担任奥斯勒的助理住院医生，后来成为约翰斯·霍普金斯医学院的内科教授，一直是威廉·奥斯勒爵士的亲密同事。麦克雷在奥斯勒编撰的医学权威教科书《医学原理与实践》中担任助理编辑，在奥斯勒去世后成为主要编辑。

方绅士，这位绅士正是在里德第一天报到就读霍普金斯医学院时就叫她回家的人，里德对那位东方绅士赞赏有加。

里德继续写道："在我所认识的，甚至是我所遇到的所有男人中，威廉·奥斯勒先生似乎始终是性格最鲜明、最睿智和品德最高尚的人。他也是我所知道的最伟大的老师，毋庸置疑，奥斯勒激励了他的学生和同事，奥斯勒是那个时代医学界最伟大的绅士和最具有影响力的人之一。据我所知，目前还没有一本书能恰如其分地评价奥斯勒，奥斯勒有着令人惊叹的鲜明个性，所有接触过他的人，无论是患者、护士、学生，还是医生都受其影响深远。对我们所有人来说，奥斯勒就是我们的人生导师[43]。"

巴尔的摩的女医生都对奥斯勒啧啧称赞。奥斯勒关于将人分成3类的说法来源于莉莲·威尔斯（Lilian Welsh）博士的回忆录，但是莉莲·威尔斯只是将其作为一种诙谐的评论和引用罢了。莉莲·威尔斯的回忆录里准确地记载并描述了她和玛丽·舍伍德在城市中的亲身经历和种种见闻。回忆录里有这样的记载："我们从来没有任何理由抱怨男性同事对我们的待遇。"在接下来的句子中她又补充道，奥斯勒的友谊对舍伍德和她自己来说，"是生活带给我们两人的最难忘的特权之一"。爱丽丝·汉密尔顿过去也常常顺道去拜访奥斯勒的诊所，就是为了欣赏奥斯勒是如何把诊所管理得井井有条并乐此不疲的。爱丽丝·汉密尔顿说："奥斯勒几乎比我认识的任何其他伟人都要朴实，丝毫没有英国人为之津津乐道的浮华和矫揉造作的成分。"

奥斯勒也接近成为女学生的榜样。克拉里贝尔·康恩（Claribel Cone）❶曾在霍普金斯大学读过研究生课程，是著名的巴尔的摩医生

❶ 拉里贝尔·康恩（1864—1929）于1890年毕业于巴尔的摩女子医学院，并在约翰斯·霍普金斯大学和宾夕法尼亚大学攻读研究生，打算成为一名医生。她在费城布洛克利医院的精神病区的实习使她决定专注于教学和研究，之后担任巴尔的摩女子医学院的病理学教授长达25年。1903年，康恩开始她作为艺术赞助人的职业生涯，当时她和妹妹埃塔去巴黎拜访了格特鲁德·斯泰因。他们购买了毕加索、马蒂斯、雷诺阿、塞尚、德加、高更等的200多幅作品。

和女权主义者，也是一个主要的艺术收藏家，康恩发现奥斯勒是理想的医生和老师。康恩说："更重要的是，奥斯勒是一个艺术家，他的神来之笔为我们画了一幅又一幅画。奥斯勒会把每一个故事的基本事实搜集整理好，创作出一部具有丰富隐喻和无穷魅力的杰作，奥斯勒的作品正如乔托、伦勃朗或乔尔乔内的作品一样光芒四射，让人无法望其项背。"也许学生对奥斯勒的评价有可能是高度主观的，但这丝毫不影响奥斯勒先生拥有如此高雅的审美情趣。科妮莉亚·丘奇（Cornelia Church）是霍普金斯大学最早的 3 名女学生之中的一员，她后来退出了医学界，转而从事基督教科学（Christian Science）的研究，她说自己受到奥斯勒的很大影响，在科妮莉亚·丘奇看来，奥斯勒内心很可能是一名基督教科学家[44]。

　　霍普金斯大学的女医生们有时会温和地表达自己的观点。一天，奥斯勒安排了一场关于糖尿病的讨论，女医生请人用甜豌豆把房间装饰了一番。当霍尔斯泰德走进来问道："怎么布置这么多花花草草？"这可把在场的女医生逗得哈哈大笑。还有一次在圆形剧场，当大家听到有一位患者担心自己在女人面前脱掉上衣会感到难堪时，大家也笑得前仰后合。后来还是奥斯勒的住院医生救了急并向这位患者保证说："这些都不是女士，她们都是医学生！请放心脱衣服吧[45]！"

　　格特鲁德·斯泰因在霍普金斯大学读书时，是克拉里贝尔·康恩的学生朋友，格特鲁德·斯泰因的学习成绩直到三年级和四年级的临床课程开始前都很顺利。后来她发现自己对行医毫无兴趣，甚至在某些方面还深恶痛绝。她也因为在大四的时候与梅·布克斯塔弗（May Bookstaver）❶ 有过一段暴风骤雨般的恋情而意乱情迷。她把奥斯勒和霍尔斯泰德列为霍普金斯大学的"偶像"，格特鲁德·斯泰因后来的成绩总是不理想，甚至在产科、喉鼻科、眼耳科和皮肤科的成绩也总是不及格。教授们允许斯泰因留在霍普金斯大学复读，

---

❶ 梅·布克斯塔弗（1875—1950）是一位女权主义者，政治活动家和编辑。

但是不能直接授予她学位。教授们鼓励她与马尔和卢埃利斯·巴克一起研究大脑，但她的工作不能令人信服。斯泰因在霍普金斯大学的这段刻骨铭心的经历或许真正践行了她自己的格言："要想与众不同，必须做出选择。"后来格特鲁德选择离开霍普金斯医学院，另谋出路 [46]。

在霍普金斯，当护士们与奥斯勒一起工作时必须要时刻小心并提防着奥斯勒，这不是因为害怕被性挑逗，而是因为奥斯勒总是喜欢开玩笑或捉弄人，而且不分场合。奥斯勒有时会用一句类似开玩笑的话就能轻易刺破护士们的最后一道防线，让她们瞬间崩溃。有一天，奥斯勒刚好碰巧就站在一位拿着一篮水果的护士身边，看到为人严厉苛刻的纳丁主管走过来，奥斯勒趁机故意把身边这位护士水果篮里的一个葡萄柚弹落到大厅里，好让身边的女护士当众出丑，然后自己若无其事地走开。这种事只有奥斯勒博士才能干得出来，奥斯勒的行为有时真是让人防不胜防 [47]。

有时候奥斯勒会做得更过分，有个故事是这样的，费城一家新神经科医院的首席护士长一向比较敬业并引以为傲，业界口碑也很好，她也很崇拜奥斯勒本人。直到有一天一件事打破了她对奥斯勒的美好印象。原来奥斯勒在地下室的一个角落里发现有蜘蛛网，他就拿着一根棍子当面质问这位首席护士长是否会做家政，如去清理蜘蛛网。这位首席护士长认为自己受到奥斯勒先生的冒犯当场就哭了，在场的医生都在试图安慰她并说这只是一个玩笑话，别太当真。

还有一件事更令人气愤，据说霍普金斯医院的一位护士永远也不会原谅奥斯勒的粗鲁行为。一天晚上，女护士给患者精心准备了药品，但是被奥斯勒一股脑地给倒掉了。还有一次更气人，奥斯勒看到有一位护士端着一碗汤，汤碗上面盖着一张餐巾纸，奥斯勒一时心血来潮直接用手指放在餐巾上并把餐巾直接塞进汤里，然后若无其事般准备扬长而去。这位女护士转身对奥斯勒说："我不知道你是谁，但我想你一定是我所见过的最卑鄙无耻、下流无底线和无节操的人。"后来为了平息这位护士的怒火，奥斯勒的太太格蕾丝·奥斯勒专程到医院为她丈夫的过失和冒犯行为道歉 [48]。

奥斯勒有时孩子气十足，风风火火比较冒失，大家也拿他也没办法。一次奥斯勒像幽灵般闯进霍尔斯泰德的手术室，他先把帽子放进第一个消毒器里，再把拐杖放进另一个消毒器里，最后把手套放进第三个消毒器里，然后一本正经地问大家手术进展得如何？在场的外科医生见此情景都很愤怒并当面质问奥斯勒："你就不能长点心吗？一把年纪了，怎么做事还像个孩子一样 [49]？"如果换作是霍华德·凯利目睹这个场景的话，他就一定会微笑，并用手拖住自己的下巴饶有所思，选择一言不发。

还有一位名叫伊丽莎白·提斯（Elizabeth Thies）的当地女孩被雇来打理霍普金斯医学图书馆，伊丽莎白用另外一种策略来对付奥斯勒的粗鲁和不拘小节。奥斯勒有个习惯，每次过来看书都会戴着他那顶丝绸帽子，这显然不符合图书馆要求阅读时必须脱帽的规矩。有一天，奥斯勒依旧戴着帽子在图书馆看书，伊丽莎白就一直盯着奥斯勒的帽子而不是奥斯勒本人，直到奥斯勒察觉到戴帽子不妥并摘下帽子为止。当伊丽莎白对某个技术术语心存疑虑时，她会请求奥斯勒帮忙写下来，奥斯勒也会欣然伸出援手。但是，有一次奥斯勒想叫伊丽莎白帮忙爬上梯子去拿一本书过来时，却被伊丽莎白当场拒绝。最后，无可奈何的奥斯勒只好自己爬梯子去拿自己想要的书。

奥斯勒把她唤作"克瑞斯小姐"（Miss Kreis），伊丽莎白起初感到惊讶。但当奥斯勒一本正经地解释说："叫你这个名字是因为你如此圣洁，你很配这个名字"。但是后来，当那些医学生们也跟着叫她克瑞斯小姐时，伊丽莎白开始大发雷霆，因为那些医学生凡事都以奥斯勒马首是瞻。经常去图书馆的奥斯勒后来常给伊丽莎白各种好建议，比如，教会她在霍普金斯大学如何远离那些不靠谱和对她有所企图的男人。有一天，奥斯勒和她一起等电车，突然，奥斯勒向一只路过的公鸡扑去，说是要抓一根羽毛来装饰伊丽莎白的帽子，这让伊丽莎白小姐很是感动。后来他们成了好朋友。多年后，当伊丽莎白问起奥斯勒为什么在他们相遇初期总是让她难堪时，奥斯勒回答说，那是因为他觉得伊丽莎白难为情和害羞时的样子非常美。奥斯勒也很喜欢伊丽莎白的妹妹，还给她起过一个绰号"主旨小姐"（Miss Thesis，与英文中的"主旨"是同一个单词）。

后来，有一个巴尔的摩的本地女孩准备向奥斯勒的一个优秀实习生求婚，她是一个出了名的社交名媛，就在名媛求婚前，奥斯勒与她发生了一些争执。争论的焦点集中在是否如奥斯勒所言，当他的优秀弟子娶了这位社交名媛后，她会将奥斯勒的优秀弟子的大脑给吸食一空，我曾试图劝说奥斯勒不要那样讲话，因为优秀的男人总是有点害怕聪明的女孩，这在 19 世纪初是个不争的事实。从那以后，奥斯勒总是叫我"芽孢杆菌（Bacilla）"。我对这个名字心满意足，并认为它相当可爱，直到几年后我才意识到芽孢杆菌是一种微生物。然而，这丝毫不影响我和奥斯勒成为好友 [50]。

有些男医生对女人极不友善，甚至可以称得上非常恶毒。他们有时如此冷漠无情，但有时又似乎友好亲近，对她们忍不住动手动脚，甚至有非分之想。有些男医生也可能像奥斯勒一样善于伪装成仁慈的父亲，蛊惑人心。另一些男医生有时则表现得令人愤怒和作呕，因为他们不支持我们女性学医，但是奥斯勒则不同。梅布尔·索萨德（Mabel Southard）❶清晰地记得，有一次她和多萝西·里德在走廊里遇见奥斯勒。奥斯勒亲切地和我们握手，并用最亲切的方式说："在这里有人对你们女性学医持反对意见，我真的感到非常抱歉！"这是奥斯勒想要表达支持我们女性学医的一种非常友好的方式。

---

❶ 梅布尔·索萨德（1871—1958）结婚前的名字叫梅布尔·弗莱切·奥斯汀（Mabel Fletcher Austin）是约翰斯·霍普金斯医学院的毕业生，后来成为社会卫生讲师。1906 年，梅布尔嫁给埃尔默·欧内斯特·索萨德（Elmer Ernest Southard，1876—1920）。索萨德是美国神经精神病学家、神经病理学家和作家，被誉为"脑病理学研究之父"。

约翰斯·霍普金斯医院的第一任总护士长索萨德·蕾切尔·邦纳曾告诉过奥斯勒的学生哈维·库欣，她在霍普金斯的整个学习生涯正是因为得到了奥斯勒充满善意的赞赏和默默支持才变得更加光明且充满无限可能性，邦纳对这位伟大而善良的奥斯勒先生的爱和尊敬是无法用言语表达的。图书管理员伊丽莎白和弗里达·提斯两姐妹（Elizabeth and Frieda Thies）深深爱上了奥斯勒，可能两姐妹对奥斯勒有的是一种爱屋及乌的深情。伊丽莎白非常赞同一位犹太实习生对奥斯勒的评价，这位有点傻气的犹太男生曾这么说："我们都崇拜奥斯勒先生，唯奥斯勒马首是瞻，如果他愿意从我身上踏过，我会欣然接受，无怨无悔[51]。"

霍普金斯医学院的入学人数稳步上升，到了 1900 年，医学院吸引了来自美国和加拿大各地大学的本科毕业生，新年级由 50 多名新生组成。这些年轻的男女同学认为霍普金斯大学是学医的最佳选择。年轻学子的想法和实际行动印证了这一点，奥斯勒也帮我们印证了这一点。韦尔奇、霍尔斯泰德、马尔、凯利、阿贝尔和豪厄尔也帮助霍普金斯医学院营造了良好的学习氛围。无论这些教授个人品行和教学能力是否具有某种局限性，但是，当所有力量汇聚在一起时，非常有助于实现这一伟大而崇高的目标，使霍普金斯医学院成为全美最好的医学院。大家都想霍普金斯医学院在医学科学和医疗实践方面成为美国的第一，甚至是世界的第一。这尽管看似有些理想主义，但是依靠 19 世纪医学取得的进步和美国经济增长的惊人成就，霍普金斯人展望 20 世纪时还是信心满满，因为未来就在眼前，只要大家共同努力，一切皆有可能。教授和医学生们所拥有的知识和非凡的创造力也是如此，从发表的一卷又一卷的文章中就可以得出结论，这些文章详细介绍了他们在科学研究、临床研究和创新治疗方面的优缺点。霍普金斯大学的前辈们以年轻学子为荣，并愿意帮助这些后起之秀寻找可持续发展的机会和空间，如帮助自己的毕业生在其他美国大学和医院中担任高级职务。

奥斯勒很喜欢引用自己学生的作品并乐此不疲。在奥斯勒的一些同事看来，奥斯勒教学有些草率、盲目和随意。但是奥斯勒坚持认为这就是一种经过深思熟虑后的最好和最恰当的教学法。奥斯勒无疑抓住了这个机会，并把他所谓的"自然教学法"带到美国。奥斯勒在霍普金斯大学带领学生走出讲堂和阶梯教室并走进医院病房进行真正意义上的床边教学。请记住学生们不是作为观察者而是作为医学的实践者，通过治疗患者来学习，这就是床边教学法的由来。奥斯勒更钟情并善于这种教学法，学生从患者开始，与患者共成长，并与患者共同结束医学研究。床边教学把书籍和讲座当作工具和手段，并以此达到床边教学的目的。事实上，学生从一开始就是作为一个临床教学的实践者和观察者，学生从一开始就完全熟悉临床教学的方方面面，并逐步教会医学生要学会如何去观察，并鼓励他们去积极观察，因为临床医学所有的成功或失败教训都会从临床观察和临床实践中产生出来。对于内科和外科的大三学生来说，没有患者就没有教学是一条准则，最好的教学是患者手把手地教，学生以患者为老师。

在美国大背景下，奥斯勒的独特床边教学方法是彻底的创新和革命。奥斯勒很清楚，他正在借鉴加拿大、英国和欧洲部分地区长期实行的教学方法并把它带到美国。从另外一个方面讲，这是某种学徒制的倒退。但是对奥斯勒来说这是真正的教学方法，因为它更符合医学发展的规律。这也是一个医生开始接触床边教学法后能快速增长智慧的唯一可行的方法，其他所有方法都不值一提 [52]。

在霍普金斯，大多数学生都在忙于生活和享受，无暇思考那些医学理论知识。学生们就住在苏茜·斯莱格小姐家或巴尔的摩老城区的其他寄宿公寓。每逢休息日，学生们一边沉浸在列克星敦市场的嘈杂声音和难闻的气味里，一边吃着东西喝着沙士，一边为巴尔的摩金莺棒球俱乐部呐喊助威。韦尔奇一边抽着雪茄，一边在棒球比赛间隙阅读着《实验医学杂志》（*Journal of Experimental Medicine*）。也有学生干脆坐电车到队伍的尽头，真是人声鼎沸，好不热闹，他们拼命大口地呼吸着新鲜空气。这些医学生要么在乡村漫步，要么就在切萨皮克湾的牡蛎上涂满热辣根酱就着啤酒大快朵颐。学生们远离后盆地，也就是今天的内港，这里污水横流散发着阵阵恶臭。护士们奉命远离医学院的学生群体，除非一些特殊的场合有出席和参与的必要。如果有毕业典礼和盛大的舞会，护士们就会加入其中。后来有人说："学生们都很疯狂，一直在跳舞直到筋疲力尽[53]。"

霍普金斯医学生有时也会神情崩溃，也许有些学生是因过度劳累和过度忧虑而直接导致神经衰弱；另一些学生则可能在病房里感染上了肺结核、疟疾，或者伤寒而忧虑重重，又或者是因为饮用了未煮沸的巴尔的摩水而导致生病。不过生了病的学子们还是很幸运，因为有奥斯勒做他们的医生帮他们诊疗解决头痛问题。

当然，霍普金斯大多数年轻学子都是靠长时间的学习和工作并支付了大量的食宿费用而取得进步。当然他们也可能是从衣橱里的骷髅那里得到某种灵感，要么就是饮用汉斯曼的上乘德国啤酒逐步成长起来。一位校友后来回忆道："他们似乎都渴望掌握关于人和疾病的所有医学知识。"教授们很少或根本就没有努力敦促这些医学生努力工作和学习。类似这样的例子不胜枚举，这似乎有点不可思议，但是学生们都对自己的未来充满信心，踌躇满志。

267

随着夜幕降临，杰克逊广场上的许多公寓都逐渐消失在黑漆漆的夜色里。霍普金斯大学的学生们每逢夜晚都会在喷泉周围聚集一段时间，他们要么闲聊要么肆意开着玩笑或打情骂俏，然后再回到各自的房间。当夜深人静的时候，想成为未来医生的使命和冲动再次促使他们挑灯夜战[54]。

1895 年 2 月 6 日，卡农·费瑟斯通·奥斯勒牧师❶ 因动脉硬化在多伦多逝世，享年 90 岁。"他死得很平静。"艾伦（奥斯勒的母亲）写道，"只是轻轻地几声叹息，就像一个熟睡孩子的叹息，接连几

❶ 卡农·费瑟斯通·奥斯勒牧师（The Reverend Canon Featherstone Osler）是威廉·奥斯勒的父亲。

声叹息后，然后平静离世没有痛苦。费瑟斯通的灵魂业已回到了赐予他灵魂的上帝那里，耶稣的子民就这样在主的陪伴下安详地睡着了，远离了痛苦，也不再有疲惫。"按照费瑟斯通临终前的要求，他穿上了法衣和绶带，躺在一个普通的黑色棺材里，家人和朋友向他致以最后的敬意。"他已经死了。"艾伦写道，"他曾经向身边的所有人传经布道，并真正愉快地服从上帝的旨意，我相信，费瑟斯通给亲爱的孙子们留下的印记将是恒久的，人们都像他的孙儿一样深爱着他。"奥斯勒的妈妈如今已经89岁了，随时都会和丈夫一起在约旦的另一边和救世主欢呼雀跃地见面。与此同时，威利（威廉·奥斯勒的小名）开出一天两汤匙的威士忌酒使老妈的身体保持着活力 [55]。

1895 年 12 月 28 日，格蕾丝·里维尔·奥斯勒在巴尔的摩为艾伦老太太又生了一个孙子。孩子的父亲威廉·奥斯勒非常兴奋地写道："是一个强壮又结实的小伙子，后来这个孩子健康快乐地成长起来。"毕业护士给沉浸在老年得子的奥斯勒医生送去了一盒极好的玫瑰花。奥斯勒夫妇考虑给孩子取名帕尔默·霍华德·奥斯勒，后来还是选择了爱德华和里维尔这两个常见的名字。当时流行用远道而来的约旦河的水给孩子洗礼，孩子的母亲——格蕾丝出于卫生考虑，指示一定要先把水煮开才行，这样的祝福简单、安全也实在。奥斯勒夫妇都很宠爱里维尔，里维尔是个姗姗来迟的独生子，威利给他取了个绰号叫"艾萨克"（Isaac）和"艾克"（Ike），这与先知亚伯拉罕和莎拉年老得子的孩子同名。一个有色人种的奶妈负责孩子的日常照护工作。这位奶妈对例行洗礼仪式非常反感，后来奶妈在育儿室用一个装满水的杯子表演了自己特有的洗礼仪式 [56]。

威利（威廉·奥斯勒的昵称）一直是比尔·弗朗西斯的代理父亲，奥斯勒告诉比尔，等比尔长大后可以学医并可以住到家里来。1895年秋，比尔开始在霍普金斯大学学习艺术，并入住西富兰克林一号的奥斯勒家里。后来大家都一致认为奥斯勒家族是一个快乐的大家庭，他们经常接待来访的亲戚、医生和一些老朋友。据一位来自加拿大的霍普金斯学生后来说道："如果我们在一个星期天的下午在奥斯勒家里发现蒙田和雷奈克❶在奥斯勒家里做客聊天，我们千万不要感到惊讶。实事上，我们早就该料到他们本来就是一群老友了。"奥斯勒这个大家族一直过着快乐的中产阶级生活，富足稳定而充满生机和富有人情味。但是奥斯勒博士并没有私家马车，他总是乘电车去霍普金斯。他也不允许家里安装电话。后来电话公司就告诉奥斯勒有好多人都在抱怨根本就打不通他的电话，并顺便说了句他们的电话费率实际上很低根本就花不了很多钱时，据说奥斯勒是这样回应的："如果电话公司能给我报销费用，我就在家里安装一部电话，这样就真方便多了 [57]。"

格蕾丝在 1895 年说："我不希望奥斯勒博士的朋友们发现他的工作和生活因结婚而完全变了样。"奥斯勒曾经给一位医科毕业生写过一封关于婚姻的信："一个医生需要一个女人来照看他的家庭和抚养他的孩子，这个女人首先要照顾好的就是家庭。"男主人首先要安排女主人掌管家里的一些事务并让女主人富有主人翁精神和家庭责任感，进而使家庭成为男主人的贴心港湾。有关家庭琐事一定要多听取女主人意见，有关外界事物，男主人一定要负起全责来，也就是遵循"女主内，男主外"的原则 [58]。奥斯勒一家人就是按照这些原则生活的。格蕾丝总是在自己的职责范围内非常有主见地打理好一切事务。例如，格蕾丝对家具和时装就总有独到的见解。奥斯勒家庭每年有 5000 美元的经济收入，格蕾丝非常懂得如何管理仆人（格蕾丝从费城带来自己的管家和女仆），格蕾丝也颇具有商业智慧，总能在那个年代在市场上淘到物美价廉的好货。

总体来说，格蕾丝与丈夫奥斯勒相处比较融洽，除了偶尔因为奥斯勒的直言不讳和喜欢开玩笑而惹怒格蕾丝外，奥斯勒这个大家庭叙事生态总是很和谐也美满。格蕾丝喜欢别人介绍自己是"奥斯

269

❶ 蒙田是法国哲学家；雷奈克，是一位法国医生，于 1816 年发明了听诊器，并提倡用它来诊断各种胸部疾病，因此被誉为"胸腔医学之父"。

勒太太"，而非"格蕾丝遗孀"。他们身边的一些朋友认为格蕾丝与奥斯勒性格比较互补，奥斯勒性格总是棱角分明，说话和做事也总是直来直去，但是格蕾丝总是充满叙事智慧，更擅长交际和应酬，最关键奥斯勒先生对格蕾丝也是恭维有加。E. Y. 戴维斯偶尔会代表奥斯勒夫妇在旅馆登记簿上负责签名，戴维斯在 1884 年差点淹死在拉钦运河。比尔·弗朗西斯认为是格蕾丝说服了自己的丈夫剪掉了一些"奥斯勒刽子手式的胡子"。格蕾丝对医学有着浓厚的兴趣，偶尔也会以一位高贵的波士顿女士的身份出现在各种场合。事实上，格蕾丝也确实在霍普金斯大学的女性咨询委员会任职，她还帮助一些护理活动筹集资金。格蕾丝会支持她丈夫的观点，即医生对职业和公众的责任超过了医生对家人所要承担的义务。里纳克尔、西德纳姆和威廉哈维 ❶ 的三幅肖像画就悬挂在奥斯勒书房里的壁炉上方，这三幅肖像画是奥斯勒夫妇在 1894 年访问牛津大学皇家医学教授亨利·阿克兰爵士的房间时发现的，格蕾丝非常欣赏这三幅肖像并把它复制下来作为生日礼物送给自己的丈夫 [59]。

　　奥斯勒夫妇似乎总是在忙着招待外地的医务人员。例如，在下午茶时，他们总是招待霍普金斯大学的同事，或者在星期六晚上招待学生。奥斯勒太太是位非常出色的女主人，她对年轻男女的生活投入热情。据格蕾丝的一位密友回忆说，格蕾丝似乎对看上去愚蠢和老十的人有点不耐烦，格蕾丝也有点蔑视故弄玄虚和过度聪明的女人，但这只是格蕾丝真性情的表现，毕竟同性相克嘛，仅此而已。如果能在奥斯勒家喝喝茶，那绝对是一段充满欢乐的美好时光。格蕾丝总能把家里变成欢乐的海洋，朋友们如同在俱乐部一般纵情欢愉。而平时家里没有聚会时，奥斯勒本人也会在家里享受着不可侵犯的宁静和安宁 [60]。

---

❶ 托马斯·里纳克尔（Thomas Linacre）是英国人文主义者的学者和医师；托马斯·西德纳姆（Thomas Sydenham）是一位英国医师。西德纳姆是《医学观察》（*Observations Medicae*）的作者，该书在两个世纪以来成为医学的标准教科书，西德纳姆因此被称为"英国希波克拉底"。

奥斯勒在巴尔的摩有很多同事和好友，但是他们都惊奇于奥斯勒在下午茶时能与所有人闲谈几分钟后就悄悄溜走的能力，大家毫无察觉，对于奥斯勒的神秘消失，也毫无违和感。奥斯勒时间观念很强，无论乘轮船、坐火车还是出租车，或者是坐有轨电车总是在利用任何空闲时间读书写字，奥斯勒的同伴都钦佩他的认真钻研精神。比尔·弗朗西斯会在奥斯勒晚上洗澡的间歇时间，每隔 10 分钟就给他读荷马和其他六位作家的作品。如果奥斯勒听到有人打算什么时候做什么事，他就会引用麦克白的话来敦促他们去做："轻浮的目标永远不会实现 / 除非行为与之相符。"当然，这里引用的话语原指谋杀。当奥斯勒不想被打扰时，他会背诵蒲柏的《给阿布斯诺特博士的信》的开头几句："好兄弟约翰，请关上门吧！""请你打开门环，说我病了，我死了……"

奥斯勒婚后伴随着医学院共同发展，婚姻都没有妨碍奥斯勒作为一个疾病学者的创造力和生产力。实事上，奥斯勒在此期间进步很大，因为他举行了更多的临床讲座，也发表了更多的病例分析报告，并在 1895 年和 1898 年重新修订并出版了自己的教科书，与此同时，奥斯勒也在积极构建内科医学。奥斯勒在 1897 年的一次演讲中特别强调，"从事内科这一领域的学生不能成为一名专科大夫"[61]。奥斯勒解释说："对于任何一种疾病的研究都会贯穿整个医学科学的各个领域，而且患者千差万别，疾病也有不可知性。如妇科和产科疾病、眼病和精神疾病等传染给他人时也会如此，儿科也是如此。"奥斯勒本人曾看过大量有关儿童疾病的书籍并有一些深入研究，奥斯勒甚至被认为是一名儿科医生，但奥斯勒在儿科领域所取得的成就至少使他足以胜任 1892 年刚起步的美国儿科学会主席一职。

19 世纪 90 年代中后期，奥斯勒的研究范围包括舞蹈症、腹部肿瘤的诊断、过敏性紫癜、雷诺病、抽搐、心绞痛（见后文）、伤寒脊柱、感觉异常性腹痛、麻风病、心脏肥大和胆总管内的球状胆结石等。

就在这一期间，有一个小女孩不幸罹患了心脏肥大，她住院 3

271

年半，医生从小女孩腹腔中先后 121 次抽出数升液体。奥斯勒于 1887 年对一位费城患者胆结石进行过探索，患者后来在一次无效的探查性手术后死亡，但是患者的胃、十二指肠和肝脏得以保存完好。1897 年，奥斯勒在一次临床演讲中向大家做了展示，奥斯勒说他已经收集了足够多的类似病例，共同指向是一个球形的症状，正是胆结石引起了胆总管瓣膜状阻塞。如果医生了解这个症状就可以对症下药，也可以大大提高手术成功的概率 [62]。

　　19 世纪 90 年代最伟大的医学成就是甲状腺提取物的引入，甲状腺提取物用于治疗被称为克汀病或黏液水肿的疾病。1893 年，奥斯勒是最早使用这种疗法的美国医生之一。他对这种疾病进行了专门研究，并与美洲大陆的医生联系，试图确定这种疾病的流行程度。奥斯勒著作 1895 年的修订版中，他称赞甲状腺喂养的结果在所有的治疗措施中是无与伦比的。一个可怜的、孱弱的、像蟾蜍一样的患者 6 个星期内就可能恢复身心健康。1897 年，他向华盛顿医师协会发表了一篇重要论文，名为《美国的克汀病散发性》。在这篇论文中，他使用令人惊叹的灯笼（类似幻灯片）生动形象地展示了这种病，并且除了引用有关该主题的所有医学文献外，还提到了弥尔顿、莎士比亚和"希波克拉底女儿的勇敢之吻"的一个实例 [63]。

　　通过甲状腺喂养的方式来克服黏液水肿有治疗效果，这也给治疗由于缺乏重要的腺分泌物引起的其他疾病提供了可操作的空间和可能，这类疾病也可以通过替代疗法来实施同样的治疗。那个时候，奥斯勒提出无导管腺体和其他几种腺体的"内部分泌物"概念开始被人们所认识和接受。例如，许多研究人员和临床医生正在用胰腺提取物喂养的方式来帮助糖尿病患者。奥斯勒选择尝试用肾上腺髓质提取物来治疗艾迪生病，这是一种与黏液性水肿密切相关的罕见的肾上腺疾病。医院在 1895 年就对这样的一个病例实施过类似的治疗方式，而且效果明显，这也给人们带来了一线希望。这个希望也反映在几个临床表现里，1895 版的《医学原理与实践》中就有所提及。直到 1898 年的修订版，该书原来的患者也已经死亡，尽管还有

3 个同样病例没有得到改善，但是奥斯勒至少对这个病症的治疗方案进行了大胆的尝试和实践 [64]。

霍普金斯病房的主要病例以疟疾和伤寒为主。奥斯勒非常擅长教学、写作，以及扮演美国人健康守护者的公众角色。1896 年，奥斯勒在亚特兰大向美国医学会发表重要讲话时就曾经宣布："人类只有三大敌人，发热、饥荒和战争。在这些敌人中，最强大、最可怕的就是发热。"好消息是发热的症状正在逐渐消失，黄热病实际上也已从美国消失，天花不常见，时有发生而已。斑疹伤寒和霍乱更少见，北方疟疾也大大减少。如今只有伤寒在美国普遍流行 [65]。

奥斯勒作为一名临床诊断专家，也会为如何确诊疟疾和其他发热症状而困扰。虽然霍普金斯对疟原虫的检测已经成为例行惯例，这种疾病正在呈下降趋势，但许多（也许是大多数）医生仍然坚持认为如果患者出现寒战就意味着患者罹患了疟疾、存在单一的伤寒或某一种特定发热的旧观念。在一篇篇文章中，奥斯勒惊慌地看了疟疾遭遇误诊的后果："在去年，我私下看到或有这样的患者被带到我的病房，这些间歇性阵发性疾病被他们诊断为是由疟疾引起的。但后来的诊断却是肝脓肿、肺结核、流行性感冒、淋病、心内膜炎、中耳炎、胆结石发热、产后贫血、伤寒和败血症 [66]。"

除了疟疾，治疗当然远远落后于病原学的进步。在霍普金斯大学，没有什么比奥斯勒对治疗类囊体热的分析更能影响奥斯勒对治疗学的看法了。如果没有已知的药物可以杀死这种疾病，那能做些什么呢？放弃使患者病情恶化的药物是向前迈出的第一步。多关注饮食和提供一流的护理服务会更加赋有人情味，比采取任何建议和行动都更实在。良好的护理不仅仅意味着安慰。安慰这个词还暗示着对患者进行无微不至的照护。看似微不足道的照护却可以大大减少在那些致命病例中占很大比例的并发症，同时也可以降低重大需要索赔的致命医疗事故的概率。我相信，如果医院护士训练有素，患者死亡率就会降低；相反，医院护士缺乏专业素养，医院的死亡率就会高很多。

273

奥斯勒估计 75% 的伤寒病例无论采用哪种治疗方案都会痊愈。奥斯勒从霍普金斯大学的以往经验中得出这样的结论，良好的护理、合理膳食和减少药物依赖将挽救另外 15% 的生命。同样水疗和冷水浴治疗也可以挽救生命，尽管奥斯勒对采纳水疗和冷水浴也有过矛盾心理。直到 1894 年，霍普金斯大学的死亡率的确降低了很多，这更使奥斯勒确信采纳水疗术可以挽救 3%～4% 的伤寒患者；到了第二年，奥斯勒估计可以挽救 6%～8% 的伤寒患者。奥斯勒在后来的教材修订版中删除了他那对冷水浴野蛮行为的批判。这样的转变使奥斯勒医生对他曾在临床讲座中展示过该技术的治疗产生了热情。针对讲座中的这个展示环节，显然是受到鲍勃·纽哈特（Bob New hart）喜剧独白原型的影响，这也一定会让学生和他们的老师（当然不是患者）强忍着微笑：

如你所见，演示的浴缸是用轻型纸糊材料制成的，即使像现在这样装满了水，也很容易放在轮子上携带。水的温度是 68℃，先给患者服用少量威士忌。2 名护理员会把患者抬进浴缸里，并从冰水中拧出的一块布放在患者的头上以降温，再用一块小海绵浸上冰水给患者洗头和洗脸用。你看，这是一个异常温顺的患者，他喜欢洗澡。但是，正如你刚才听到患者说的，他更喜欢用暖和的水来洗澡。现在开始用手、用抹布或印度橡胶对患者皮肤进行有步骤的擦洗和按摩。为方便起见，这种按摩工作可附着在棍子上实施。按摩在整个治疗中不可或缺。事实上，正如他们所言，患者不喜欢冷水浴也不喜欢按摩，更喜欢独处。奇怪的是，希波克拉底早就预见到了这一点。

我很高兴你目睹了把这个患者从浴缸里抬出来时所发生的小意外。你看，患者绝对是一个大块头。护理员们只能勉强把他从浴室抬回到床上，而且你也看到了，要把大块头抬起来相当吃力，因为在浴室的另一侧很难抓住患者的胳膊。护理员给患者冷水浴每次都是谨小慎微，但是小事故还是偶尔会发生。

患者在冷水浴后被裹在湿润的被单里，被单绕过他的脖子塞在胳膊和腿之间……我们可以看到，这个人的脸色还不错；就是四肢冰冷，但还没有发青。患者冷水浴时总是浑身颤抖和心烦意乱，但是每次被推出去之前，医生都会给他两盎司热牛奶和一点威士忌来取暖[67]。

霍普金斯在水疗方面获得成功，这些经验表明传统的治疗方法，如用砷化合物和福勒溶液都可能具有极大的毒性，这也就是为什么奥斯勒极其反对并抗议过度用药的原因。奥斯勒不得不重新审视新的治疗对手外科防腐剂。外科防腐的运用可以有效杀死体外细菌，但是这种消毒化合物也可能被重新配制成内部防腐剂。19 世纪 90 年代，人们热衷于抗菌药物，这显然是源自美国医学会的新闻报道并得到相关支持。奥斯勒在 1896 年对美国医学会发表的关于发热的演讲中，曾经严厉地驳斥了这些文章的伪科学性，奥斯勒将这些文章称之为"杂乱无章"，完全不符合医学界的优良传统，并认为这种抗菌药物的滥用（隐喻为"仲夏的疯狂"）会有损于一年级医学生的智商[68]。

奥斯勒在与美国医学协会（AMA）的交谈中，他接触到的是一个非精英团体组织，因为这个团体的大多数成员都没有接受过霍普金斯大学的标准化培训课程。在 19 世纪 90 年代后期，奥斯勒的活动扩大了，不再局限于医学这个职业本身，而是将更多目光投射到忙碌的医生群体、肮脏的街道、无管制的污水横流的下水道、不负责任的舆论宣传机构和那些玩忽职守的政治家身上。奥斯勒希望自己关于诊断和治疗学的观点能够在整个行业中传播开来，奥斯勒更希望自己对公共卫生的观点能在全国得到重视和传播。

奥斯勒从他调查旋毛虫和猪伤寒的日子算起，就对预防疾病方面保持了一个传统的卫生学家应有的兴趣。现在奥斯勒正在成为第二次公众健康关注大浪潮中强大的新卫生学家和先知的代表（我们只要求这个国家的人民按照以沙对叙利亚人纳马安的要求去做，他们要洗净自己，保持清洁）。既然伤寒和肺结核不好根治，那就只能预防为主。比较统计研究显示了一些社区可以实现的预防目标，

275

以及其他社区，特别是巴尔的摩，所做的不足。

在那些仍然向传染病这只恶魔不必要地奉献年轻生命的城市中，巴尔的摩名列其中，而且排名靠前。最令人遗憾的是，巴尔的摩每年成千上万生命的逝去并不是因为自己的无知。50多年来，预防医学的福音一直在议会和公司的辩论声中传播，预防医学具体将涵盖三项措施：①有效地预防和有效地执行，将传染病的发病率降到最低；②市民需要饮用纯净的水和城市需要良好的排水系统；③传染病患者需要做适当的隔离。这是一个现代化城镇卫生防控方面的基本要求。庆幸的是，巴尔的摩供水系统优良，但是单一的供水系统优良不能解决下面的问题。巴尔的摩没有污水处理系统、患者隔离系统、传染病医院、强制通报伤寒等疾病的服务部门、消毒站、街头浇水系统，以及牛奶场没有专业的机构或人员检查，肉类也没人检验检疫等。尽管巴尔的摩的街道被打扫得很干净，但是还是太过草率和仓促。巴尔的摩的市民在一年中的大部分时间里呼吸着污浊的空气，空气里总是混杂着马屎、马尿和各种污染物的味道[69]。

奥斯勒在巴尔的摩总是拥有传教士一般的工作热情，他总是积极参与马里兰州的内科学和外科学建设，这里也是以巴尔的摩为根基的州级医学会所在地。奥斯勒曾经在几个场合发表过演说，他也是图书馆委员会的热心成员，并一度在1896—1897年担任过一届图书馆委员会主席职务。他在就职演说中谈到医生对团队写作精神的渴望，并认为良好的团队精神更利于医生开展医学实践工作。经年累月的医学实践很容易让人滋生一种极端的利己主义的错误思维，十多年成功的工作经验往往会使这个人变得异常敏感、独断专行、固执己见、墨守成规和闭关自守。

奥斯勒尽管会经常就公共卫生问题发表意见，但奥斯勒却选择远离政治和政治家。霍华德·凯利曾作为巴尔的摩改革联盟的代表，他在1895年的市政选举中，就在投票站与反动派扭打一团；E. Y. 戴维斯后来还对凯利的这场遭遇战写了一首拙劣的讽刺诗。不过韦尔奇显然更有政治头脑并在医疗界如鱼得水，他更擅长运用叙事智慧施加影响力并以此为荣。19 世纪 90 年代末，奥斯勒确实多次效仿韦尔奇的做法成功地游说国会议员支持活体解剖法。奥斯勒明确指出甲状腺治疗黏液性水肿的有效方法是基于活体解剖的实验数据。这很容易得出结论，活体解剖数百只狗和兔子是合理的，更是有必要的 [70]。

　　身为作家身份的奥斯勒平均 3 年修改一次他的教科书《医学原理与实践》，以便使这本教材能与时俱进，跟上医学的进步。前两版已售出 42 000 册，连同修改的第三版已经构成了奥斯勒收入的主要来源。奥斯勒第三版教材于 1898 年出版，里面内容涉猎广泛。第三版也涵盖了最新的也是重要的疗法，甲状腺提取物应用于临床。有时奥斯勒也会突然间鼓吹一种老式的治疗方法。例如，使用由硫黄、酒石、大黄和蜂蜜在温酒中组成的化合物来治疗切尔西地区退休老人的关节炎就很受推崇，总体治疗方案是反对用药。奥斯勒在新书中尤其擅长引用令人愉悦的文学典故来隐喻疾病。例如，他把肥胖比作拜伦笔下的"油性浮肿"；把厄律克西马库（Eryximachus）建议用于治疗阿里斯托芬呃逆，或者普鲁塔克（Plutarch）笔下的斯特拉博（Strabo）关于痛风口齿不清的建议，这些新的治疗法在他的新书里都有所提及 [71]。

　　奥斯勒在业余时间也在写医学史方面的论文。约翰斯·霍普金斯医学史俱乐部就源于奥斯勒对医学史的浓厚兴趣和持续激励，并使得俱乐部本身也成为真正的受益者；19 世纪 90 年代中期，奥斯勒发表了关于《柏拉图描绘的医术与医生》（*Physic and Physicians as Depicted in Plato*），也发表了《约翰·济慈：药剂师诗人》（*John Keats, the Apothecary Poet*）和《托马斯·多佛的医生和海盗》（*Thomas Dover, Physician and Buccaneer*，原本的标题是《多佛药丸》）等。奥斯勒在研究有关疟疾的文献时，他发现了一位不知名的阿拉巴马医生约翰·Y. 巴塞特（John Y. Bassett）的著作和一些他从未公开过的信件。后来奥斯勒在他最著名的一篇文章《一个阿拉巴马学生》（*An Alabama Student*）中高度赞扬和评价了约翰·Y. 巴塞特光辉灿烂的一生。正如奥斯勒在马里兰医学院就职演讲中所说的那样：我们有义务也有责任将几代医生的光辉业绩撰写出来并流传下去，采用这种类似"虔诚"的方式是对几代伟人最好的纪念。否则，正如奥斯勒在巴塞特简介中所指出的那样，我们的人生注定会膨胀成泡沫，然后消失得无影无踪，没有给后人真正留下来什么宝贵的东西。奥斯勒在医学院成立的医学史俱乐部后来成了一个一流医学图书馆师资培育的孵化器。

19世纪末，霍普金斯大学的奥斯勒博士对肮脏的城市和愚蠢的政治家多有不满，一直持批评态度。但是奥斯勒对未来医学的发展却秉持乐观态度。即使在一个尔虞我诈和物欲横流的世界里，谁又能否认麻醉药、消毒手术和疫苗接种给人类带来的好处呢？尽管先知以赛亚痛苦的哭嚎依然在我们耳边回响，但是我们的欢乐并没有随着城邦的扩大而有所增多。诚然，人类的痛苦和烦恼也并没有实质性地减少，身体上的痛苦与折磨也并没有消失，但是我们却得到了前所未有的舒缓和治愈，正是我们的医生才承担起治愈人类身体上的痛苦和不幸的重任。身体的疾痛在医生的帮助下正在以惊人的速度减少，这种疾痛正在万众瞩目中减少，医学的进步使人们看到了希望和光辉灿烂的未来。

奥斯勒认为，医生这个特殊群体在减轻人类所遭受的痛苦方面所做的工作比其他任何团体都要多。他对美国医学协会说："我们医生这个职业给19世纪带来了更多荣耀。"尽管奥斯勒对政治没什么兴趣，但他对人类社会将取得更大进步持乐观态度，他预计："国家之间五湖四海皆兄弟的意识正在逐渐增长，这种兄弟般的情谊在苦难与治愈常相伴的医学职业中弥漫开来，各个国家承认人类命运休戚与共。在社会主义的某个发展阶段，将爱国主义扩大到可以超越民族主义的范畴可能会使种族在这方面的愿望得到满足；但是人类兄弟般情谊的背后依然存在某种邪恶的力量，战争恐怖的阴云可能会长期笼罩在地球上空[72]。"

皮帽和方帽是巴尔的摩火车站的搬运工和出租车司机的标识。

方帽是平顶德比帽，这是格蕾丝波士顿的亲戚和奥斯勒哈佛的朋友所喜欢的那种款式。那些戴着皮帽的加拿大人似乎正搭乘奥斯勒这列班车奔向霍普金斯大学[73]。

没有比这更好的隐喻了，奥斯勒如磁铁般吸引了无数聪明能干的加拿大年轻学子来投身医学。蒙特利尔和多伦多都以家乡人奥斯勒为傲，因为奥斯勒是一个出类拔萃的土生土长的加拿大人。如果能去上美国的霍普金斯，再能和我们的同乡奥斯勒一起工作，想想都让人兴奋不已和倍感无上荣耀！奥斯勒在加拿大麦吉尔大学和多伦多大学有很好的人脉，而且大多身居要职。其中一些人充当了奥斯勒的介绍人，将杰出青年才俊源源不断输送给霍普金斯大学。奥斯勒热衷于回乡参加各种医疗开张庆典仪式，并且表现得尽职尽责，这更博得了家乡人无数青睐和爱戴。即便奥斯勒离开麦吉尔医学院的时候，该医学院仍然能在加拿大独领风骚，尽管与美国条件较好的医疗机构相竞争时略差一筹。自从奥斯勒离开安大略省以来，三一学院和多伦多大学的医学教育也在进步和成长，而且在基础医学方面独占鳌头。来自多伦多的一些志同道合的朋友，特别是生物学家拉姆齐·赖特甚至在奥斯勒来之前就已经派学生到霍普金斯去接受高级训练了。安大略省的农村富有，社会保守，但是人才济济，与青年时代的奥斯勒怀揣着同样的梦想的年轻人比比皆是，这是一种对医学职业追求卓越的渴望，而美国的年轻人更热衷于在商业上获取成功。

如果说约翰斯·霍普金斯大学的科学精神与奥匈帝国日耳曼民族多有纠葛的话，霍普金斯的医学家们则倾向于拥有加拿大口音。奥斯勒把亨利·拉弗勒当作他的第一个住院医生。19 世纪 90 年代，汤姆·库伦（Tom Cullen）、卢瓦利斯·巴克（Lewellys Barker）和汤姆·麦克雷（Tom McCrae）、杰克·麦克雷（Jack McCrae）、威廉·乔治·麦卡勒姆（W. G. MacCallum）、约翰·麦卡勒姆（John MacCallum）、汤姆·福彻（Tom Futcher）、海伦·麦克莫奇（Helen MacMurchy），还有一大批其他加拿大人，其中包括比尔·弗朗西斯和另一个奥斯勒的外甥诺曼·格温（Norman Gwyn）等，都是以住院医师、实习生或学生的身份来到霍普斯。只有其中少数人最终回到加拿大发展，大部分加拿大青年才俊还是选择留了下来。除了来自美国波士顿的塞尔医师外，奥斯勒的大多数高级住院医师差不多都是加拿大人，因为并不是所有来自北方的人都愿意与奥斯勒合作。"霍普金斯四大创始人"中的3位（凯利、韦尔奇和奥斯勒）最终被加拿大出生并受过教育的医学科学家所接替。

加拿大女性与同时代美国姐妹相比并没有太多自信，她们很少去美国霍普金斯接受医学培训。加拿大女性在护理人员中所占比例很小，早年有超过20%的加拿大女性从事护理专业，尽管护士培训学校的前两名负责人是加拿大人。奥斯勒曾提议加拿大政府对其女孩征收100美元的出口税[74]。

霍普金斯大学经常以取悦"加拿大人"为乐，尽管大部分时候都是一些善意的玩笑话，但是，他们偶尔也会由于加拿大人形成的裙带关系或对加拿大人有某些偏袒而心存抱怨，因而，借机发牢骚。1893年，在护士学校发生了一件不为人知的事，一名来自南方的实习生在信中曾经惊呼到："必须采取措施抵制加拿大人，否则他们很快将压倒我们。"奥斯勒是否在霍普金斯大学创建了桑德拉·麦克雷（Sandra McRae）所说的"加拿大俱乐部"进而搞团伙不得而知。有一次，奥斯勒眨了眨眼睛为自己辩护，说自己来自遥远的纽约北部。多年后，奥斯勒曾评论说，美国人在霍普金斯大学受到加拿大人宽容个性的熏陶，奥斯勒并把这种宽容归功于吉尔曼和韦尔奇[75]。

19世纪末，没有那么多的加拿大人和美国人特别认真地在两国边境上巡逻。在医学上，直到20世纪60年代美加双方开始在医疗保险上分道扬镳之前，两国边境巡逻的意义就更小了。在20世纪的大部分时间里，加拿大将是一个向美国输出优秀医生和护士的净出口国。为什么美国宪法要求美国总统必须是土生土长的？加拿大人曾打趣道：如果没有这种强行规定，美国早就是加拿大人的天下了，看看我们有美国医学届的总统威廉·奥斯勒先生！奥斯勒可是我们

地道的加拿大人 [76] ！

　　奥斯勒的母亲曾经对一个南下的亲戚评论说："奥斯勒如同统领万物的主一样强大 [77]。"威廉·奥斯勒是 19 世纪和 20 世纪之交的众多英裔美国人中的一员，他们认为血统比国籍更重要。不幸的是，美国那场不幸的叛乱（1895 年英美之间的战争冲突）破坏了英语民族之间的和谐氛围。1897 年，当英国医学协会在蒙特利尔召开会议时，奥斯勒在会上作了一个关于大不列颠英国医学的历史性报告。奥斯勒在会上的长篇大论涉嫌有影射美国是英国领土的一部分并加以宣扬（即使是密切关注的听众也不太确定奥斯勒是否将美国列为英国领土的一部分加以宣扬）。

　　事实上，奥斯勒从来没有把美国当作自己的家园，他也没有取得美国公民身份，一直打算退休后回到英国。1895 年，美国和英国之间发生了一场小规模的战争，这使奥斯勒感到无所适从。他写道自己仍然是一个彻头彻尾的英国人。奥斯勒写道，那些该死的政客，如果他们胆敢发动战争，我就应该回去参战，站在年轻的战士一边。麦吉尔大学当然希望奥斯勒能积极参与这场战争，至少也应该为和平做点事。

　　1895 年，据一份报纸报道说奥斯勒即将接任校长职务，这则消息起初令奥斯勒的美国朋友们大为震惊，不过后来奥斯勒辟谣了。事实上，他们之前已经有过某种接触只是没有官宣罢了。奥斯勒和格雷丝谈论了将来要离开美国的愿望，这主要是为他们的孩子里维尔的将来做打算。奥斯勒夫妇双方的内心里都不愿意也不希望里维尔在美国长大。1899 年，奥斯勒夫妇请了一位英国护士来照护里维尔。夫妇双方在英国的假期越来越频繁而漫长。1894 年，奥斯勒在牛津参加医学会议时写道："我对牛津情有独钟 [78]。"

　　1896 年 10 月，一位来自北方俄亥俄州克利夫兰的年轻人来到了霍普金斯大学，他就是出身医学世家的哈维·库欣。库欣于 1891 年在耶鲁大学接受了艺术教育，并于 1895 年在哈佛大学接受过医学教育，还在麻省总医院做了一年的普外科。库欣在加拿大度完假后来

281

到霍普金斯大学和霍尔斯泰德一起工作。库欣早期通过塞尔向奥斯勒抛来橄榄枝也没有什么下文。不管怎么说库欣显然是一位外科医生，霍尔斯泰德则是一位蜚声业界的名家教授。霍尔斯泰德给库欣的直接建议是去欧洲寻找更大的出路，在欧洲尽可能长时间地施展自己的才华。但是也有前霍普金斯大学的人告诉库欣，如果能留在霍尔斯泰德身边工作 1 年，那就相当于库欣在欧洲学习了 5 年。

那个时候的库欣 27 岁，体格健壮，雄心勃勃，精力充沛，对医学很执着也很拼。1896 年秋天，库欣初来乍到，对霍普金斯大学的第一印象并不怎么好。据库欣后来回忆道："我刚到霍普金斯时，发现这家医院很不完善，即便在外科方面，每个人的工作都很随意，缺乏系统性。霍尔斯泰德医生本月只动过一次手术，关键是人很少出现。我真心希望局面会有所好转，否则我真的无法忍受[79]。"尽管事情并没有出现转机，但是库欣还是选择留了下来。库欣后来说："我在巴尔的摩的第一年，外科手术室就像是一个马戏团[80]。"霍尔斯泰德有时甚至不知道他的外科团队里究竟都有哪些成员。一位酷爱决斗的德国外科医生竟然堂而皇之地受聘为霍尔斯泰德的高级住院医师。后来的事实证明，这名伤痕累累而且劣迹斑斑的德国外科医生就是滥竽充数罢了。就在这位德国人准备离开医院之前，居然向男性外科护士长发起了决斗挑战。

库欣在霍普金斯大学的第一年拍摄了第一批 X 线片，库欣也取代布拉德古德成为霍尔斯泰德的高级住院医师。库欣告诉包括霍尔斯泰德在内的每个人需要做哪些具体的事情才有助于改善外科服务。有个事情很有意思，也许美国人拥有与那个劣迹斑斑的德国人一样好战的传统。只因库欣说了几次一位实习生在公共场合穿着要得体等话语，那个实习生便心生不满，后来竟然发展到向库欣发起决斗的局面，后来库欣为了顾全大局最终以道歉了事。库欣后来还承认他在巴尔的摩第一次学习到了病理学和细菌学概念，并勉强地接受了霍普金斯大学手术时要戴橡胶手套的操作手法，尽管这种操作手法看起来不怎么文艺，但是这总比他在波士顿见到的任何手术方法

都要更靠谱些 [81]。

无论如何，库欣还是对霍尔斯泰德嗜毒成性一无所知，他把霍尔斯泰德看作是一个异常严肃和神秘的人物。霍尔斯泰德看上去很慵懒而且优柔寡断，做起事来更是不靠谱。在霍普金斯看来，我是一个初来乍到的、负责外科手术的人，我的同学中都不看好我在这里的前途命运。有时候我也会感到很困惑、迷茫，也害怕。霍尔斯泰德自己很少做手术，今天我就把他所有的个人任务都给完成了。直到 1897 年秋，事情才有所转变，库欣得了急性阑尾炎，霍尔斯泰德不得不亲自为库欣做阑尾切除术。这次手术风险大，库欣因此不得不提前向朋友们交代后事。库欣后来比较幸运地挺了过来。库欣在经历了这次手术后度过了一个漫长的康复期。库欣直到完成了今年夏天的第 200 次手术后（其中大部分手术都是库欣亲自操刀）也没有出现再次感染。在库欣的下半生里，他的肚子里一直保留着霍尔斯泰德的银色缝合线 [82]。

库欣生性就善于交际并且爱好文学，渴望在医学领域里认识更多杰出的人。但是很少有人邀请他去尤塔广场 1201 号霍尔斯泰德家做客。只有那么少有的几次机会他进去了。霍尔斯泰德这座住宅让他想起了狄更斯的《荒凉时世》（*Bleak House*）。家里天花板很高，冷得像块石头，几个精美的古董散落其间，有点杂乱无章。霍尔斯泰德住在一楼，他的妻子卡罗琳和他们的腊肠犬都住在楼上。霍尔斯泰德家族可能是亚当斯家族的原型。库欣写道："霍尔斯泰德夫人一身黑色衣服装扮，奇怪而朴素，这身行头有点男性化的味道。她脚踏一双平底鞋，而且是男式款，头发向后梳直并扎成一个发髻。"霍尔斯泰德本人一向非常挑剔，尽管外界总有他把衬衫送到巴黎或伦敦的洗衣店这类捕风捉影的报道。

但是类似这样的传言很可能是曲解原意或干脆就是无中生有。库欣在霍普金斯度过的 15 年时间里，先后接受过霍尔斯泰德夫妇 2～3 次比较正式的招待。霍尔斯泰德很认真对待库欣的每次来访。他会注意到每个细节包括菜单的精选，甚至是壁炉的木料等，他们

283

谈话内容丰富多彩大家其乐融融。那个时候，霍尔斯泰德是外科主任，即便是高级住院医师前去拜访霍尔斯泰德时也需要在门口等很久，直到管家打开门缝说主人不在家才算结束。有一次，库欣也曾遭遇闭门羹，但是库欣打电话给仆人的时候虚张声势说他看到书房里开着一盏灯，而且还看到了穿着晨衣和拖鞋的霍尔斯泰德。再后来就是库欣如愿以偿进了霍尔斯泰德的家门，并与他兴高采烈地聊起古董 [83]。

19 世纪 90 年代末，库欣承担了霍尔斯泰德的大部分外科手术。1899 年 2 月，奥斯勒写道："霍尔斯泰德和我们所有人都对库欣充满十足的信心，我们相信库欣在 5 年内应该会成为全美国最好的、最成功的外科医生之一。"库欣本人也以他的自立自强为荣，但是他对霍尔斯泰德本人真是喜忧参半和爱恨交加，从深层次的钦佩到厌恶都有。

1899 年，库欣曾考虑离开霍普金斯。奥斯勒通过汤姆·麦克雷敦促库欣一定要留下，千万不能一走了之。1900 年 3 月，库欣的忍耐终于达到了极限决定要走人。这个时候，焦急的霍尔斯泰德用古老的鹅毛笔和潦草的笔迹写了一封又一封的便条诉说着自己还不能回来上班的缘由。霍尔斯泰德说："我希望我们昨天的患者还没有死去。如果我今天的患者不想拖到星期一，那就请您给这个患者做手术吧，拜托了。"库欣和他的助手每天做 6 次手术，而霍尔斯泰德在 1 个月内才做了 2 次手术，然后就前往他的北卡罗来纳州度假地又快活了 6 个月。霍尔斯泰德后来写信给库欣："如果你真的崩溃了或辞职不干了，那么一个月后我就会死在坟墓里了 [84]。"

库欣终于在 1900 年夏天离开了霍普金斯大学，旅居国外并开启新的生活。库欣在霍普金斯大学的头几年里机缘巧合结识了奥斯勒。有时库欣会应邀到奥斯勒家去喝茶，有时也会顺道去拜访一下奥斯勒夫妇的孩子里维尔，并和里维尔一起玩耍。库欣在 1900 年的夏天会经常在英国看到奥斯勒先生。库欣后来对他的未婚妻说，奥斯勒本人绝对是一个品德无瑕疵的"好人"。奥斯勒对库欣的评价有点让库欣受宠若惊，奥斯勒曾经讲到，美国外科手术的大门正是因为库欣的努力才得以打开，并且库欣着实扮演了举足轻重的角色，而且无人能及 [85]。库欣尝试着像奥斯勒一样留有胡须。库欣在旅居国外期间曾表示自己还不清楚霍尔斯泰德是否希望他再回到美国发展。那个时候奥斯勒也在问库欣未来将何去何从，同时麦克雷也写信给库欣，并告知库欣本人也许根本就没有搞清楚霍尔斯泰德医生的真实想法。麦克雷信中也说到，霍尔斯泰德甚至谈到了库欣作为外科医生的地位和重要性，库欣比其他任何人都更有机会获取成功等。但是在库欣看来，霍尔斯泰德仍然含糊其辞不能令他满意。库欣甚至与霍尔斯泰德有过几次激烈的言语冲突，最后库欣还是在韦尔奇和奥斯勒的劝导下才解了围，继而同意继续留在霍普金斯医学院工作。

库欣碰巧搬进了西富兰克林街 3 号的一所房子，正好与奥斯勒家做邻居。库欣与亨利·巴顿·雅各布斯（Henry Barton Jacobs）和托马斯·福彻（Thomas Futcher）合住。当这几位年轻的医生们搬进来时，有一大箱葡萄酒和几盒雪茄作为见面礼，这显然是来自霍普金斯教授的礼物，收货人便笺纸由奥斯勒先生本人亲笔书写。

医生公寓之间的社交活动已经成了例行惯例。这些医生会来吃晚饭吗？吃午饭或下午茶都欢迎！这些医生会介意格蕾丝过来织毛衣吗？他们会介意格蕾丝带着她的年轻女性朋友们过来聚餐吗？以前星期六晚上格蕾丝一般都会与奥斯勒的学生小聚闲谈，现在库欣来了，习惯要改变了。这些年轻的医生有没有奥斯勒夫妇家的钥匙啊？他们能不能随时出入奥斯勒家的图书馆呢？为什么不在两栋房子之间的篱笆上干脆打个洞，这样大家就不用带钥匙随便进出了。库欣后来对他父亲说："在巴尔的摩，我天天和这些人做邻居，生活真是有滋有味 [86]。"

约翰斯·霍普金斯医院和医学院是伴随着 19 世纪中叶美国经济的快速发展而建立起来的。与此同时，霍普金斯积累了巨大的商业财富，玛丽·加雷特也从她的父亲，铁路巨子那里继承了庞大的铁路财富。19 世纪 90 年代，当奥斯勒和他的同事们把上一代人的慷慨捐助最终变成实实在在的医疗机构时，美国经济也在持续扩张并突飞猛进。这个时期的钢铁业、石油工业和烟草业都创造出了举世闻名的和难以估量的巨额财富。直到 19 世纪 90 年代，富裕慈善家更青睐捐助教堂和神学院。现在教育行业尤其是医疗健康行业开始大显身手了。波士顿、纽约、芝加哥、密歇根、加州等数十个城市和州立医学院、大学和医院都在从新的慈善事业和富裕州政府的慷慨捐赠中获益。那些立志成为研究员、教师和医生的霍普金斯人很容易在整个美洲大陆获得最高职业晋升机会，女医生尽管机会少一些，但是也表现得很优异。

伴随着美国的海外殖民扩张，美国与西班牙在 1898—1899 年爆发了一场小规模的战争，但这丝毫不影响霍普金斯人的职业发展和晋升机会。霍普金斯一直处于疟疾和黄热病研究的最前沿阵地。目前蚊子是研究的聚焦点，因为蚊子是人类之间传播疾病的生物媒介。两位霍普金斯大学校友，一位是沃尔特·里德（Walter Reed），一位是杰西·拉泽尔（Jesse Lazear），他们正在领导美国军队成功战胜了哈瓦那黄热病的肆虐，而且功勋卓著。拉泽尔不幸在工作期间死于黄热病，这使霍普金斯有了第一位医学殉道者。卢瓦利斯·巴克和西蒙·弗莱克斯纳带着特别使命从霍普金斯大学奔赴瘟疫肆虐的异国他乡菲律宾，并且健康归来。两位传奇英雄践行了美国人现在可以与英国人、德国人和意大利人在新的热带医学领域一争高下的铮铮誓言。尽管奥斯勒本人从未亲自到过热带地区，但是他会为这些工作抱有热情并摇旗呐喊。奥斯勒高度赞扬了他们的辛苦工作，他们的努力和付出就是为了使这个世界变得更加安全和健康，他们也同时在为那些白种人和本地人的福祉而努力。1888 年，奥斯勒亲眼看见了他一生中最令人震惊的景象，有一艘货轮上载满了备受疟疾和痢疾折磨和蹂躏的工人，他们从巴拿马地峡来到费城寻求帮助，这些患者正是第一次尝试修建巴拿马运河的工人 [87]。一切科学医学、卫生原则、美国能源及工程师即将为这一切改变付诸努力。

实际上还有更多可以书写的内容，就在 1897 年的夏天，美国一位叫弗雷德里克·盖茨（Frederick Gates）的浸礼会牧师决定钻研医学，这位牧师在一位医学院学生的推荐下选择了《医学原理与实践》作为他的暑假阅读书籍。牧师发现奥斯勒的写作风格极富感染力，于是他把医学词典放在身边一章接一章饶有兴趣地阅读下去，直到读完这本书，他说这是他读过的最有意思的书之一。

在阅读了奥斯勒这本书后，盖茨对医学现状印象最深的是了解到了医学即是不确定性的科学又是可能性的艺术，所以能有效治疗的疾病少之又少。尽管科学界在分离细菌病因方面做了大量的工作，但仍需研制出具体的治疗方法。假设医学研究能获得更丰厚的资助："我们就可以预期在未来的一两代人中，我们将把医学简化为一门精确的科学，我们完全有信心可以展望，医学将来所能取得的成效就会像物理和化学的实际应用所产生的效果一样具有革命性和开创性，而且影响深远，对人类的健康福祉也会更加有益。"几年后，盖茨在给奥斯勒的信中这样写道。这个国家现在几乎完全忽视了慈善事业中的对医学的捐助部分，但在所有慈善捐助中，医学是最需要捐助的，而且胜利在望[88]。

287

盖茨处于一个独特的地位，可以根据自己的想法采取行动，因为他不再活跃于教育部门，而是作为极其富有的浸礼会石油巨头约翰·D. 洛克菲勒（John D. Rockefeller）的慈善顾问。盖茨的主要工作之一是共同推荐洛克菲勒的资金支持有价值的事业。洛克菲勒早年的大部分捐赠都是由浸礼会赞助的。盖茨在对奥斯勒的提案进行思考后，随即给洛克菲勒写了一份长篇备忘录，同时介绍了巴斯德和科赫等研究者的辉煌成就。盖茨着重指出霍普金斯大学为美国医学贡献巨大，并强调在美国创建一个类似欧洲医学研究机构的可行性。洛克菲勒和他的儿子看到了医学所蕴含的无限价值后授权规划了洛克菲勒医学研究所，这家医学研究所后来很快建成。奥斯勒很少做年轻人所定义的研究，当时他本人对盖茨的灵感也一无所知，更与这个新组织毫无关系。然而韦尔奇却成了该机构的第一任董事长，并推荐他以前的学生西蒙·弗莱克斯纳担任这家机构的首任董事。约翰斯·霍普金斯大学内外兼修，最终将带领对美式的医学和健康的狂热崇拜欣然进入 20 世纪。

（杨晓霖　译）

The Great American Doctor
第7章 美国大医

　　奥斯勒在巴尔的摩的第一位自费患者是一位尊贵的老先生，可能是霍普金斯大学的董事。奥斯勒以为摸到了盆腔肿瘤，将其诊断为不宜手术的肉瘤，我尽可能委婉地告诉他的妻子，并建议找外科医生检查一下。第二天，外科医生来了，用导尿管将患者膨胀的膀胱排空，处理掉了"肿瘤"。奥斯勒把这一尴尬事件作为反面教材应用到教学中[1]。

　　但是他的私人诊所生意异常火爆。巴尔的摩的咨询量稳步增长，到19世纪90年代中期，他的自费患者接待量已经饱和，不得不谢绝越来越多的问诊请求（据说一位患者遭拒后又回来在诊所门外读起来希波克拉底誓言）[2]。他是很多群体的顾问医生，如庞大的奥斯勒家族、加拿大的所有老友、霍普金斯大学的学生、护士、医生及其亲属、巴尔的摩的精英、国会议员、白宫里的几位"居民"、东海岸南北各州，以及西至威斯康星州和爱荷华州所有他感兴趣的患者。

　　和同时代所有医生一样，奥斯勒经常要到患者家中或酒店问诊，不仅在巴尔的摩，有时还要到华盛顿、费城、蒙特利尔、多伦多，以及几乎任何铁路或马车能到的地方。他收费很高，但这与他的名声相配，而且他的收费变化并不大，远不及他的外科同仁。

　　19世纪90年代，"小病找名医"成为医学界的一种趋势（有人曾玩笑说，在巴尔的摩，死前没寻求奥斯勒诊疗或切除阑尾时不找奥斯勒都是不合潮流的），但奥斯勒并没有像威尔·米切尔那样成为一名社会医生。威尔·米切尔通过为患有神经官能症的富人诊疗赚得盆满钵满。出于对亲朋好友，以及职业上的基本礼节，奥斯勒会尽力收治所有前来问诊的患者，另外，他主要关注自己感兴趣的患者。一位马里兰州的医生曾抱怨说，奥斯勒只是偶尔才会为了一笔丰厚的诊金跑到 40 英里外的乡下出诊，但却能轻易接受所有请他出城进行尸检的工作 [3]。

20 世纪初，奥斯勒到了知天命的年纪，他越发无法忍受自己的时间被侵占。因为他无法或不愿减少他的工作量，也无法或不愿卸下自己在霍普金斯大学应履行的部分职责，他开始为自己的健康担心。50 岁生日后，他的兴趣明显转向了书籍和参考文献、医学历史和传记，以及关于最佳生活方式和死亡意义的半哲学探究。他的一些同事认为他正脱离行业前沿，也许他江郎才尽。他在英国度过了自己的大部分时光，试图寻找一片适合休憩的宁静港湾，追溯自己的文化根源，与意气相投的人士交往，思考儿子的未来。虽然奥斯勒已成为伟大的美籍医生，但他常对朋友们说，他的理想是居住在离大英博物馆不到一个小时的地方，每天在餐桌前一边读着《泰晤士报》（*The Times*），一边吃着早餐 [4]。

上午奥斯勒先到医院的普通病房查房，然后再去医院的自费区问诊没有向他预约的患者。14:00 或 14:30 到 16:30，他在自己的家庭诊所接待自费患者。期间他通常只接待 5 名患者，但是如果已询诊的助手或医生提供了患者的病史，那么接诊数量会更多。他在一份 1895 年对私人诊所的罕见评注中写道，"一个病例至少要检查半小时才能令人满意，除非他的病情已事先由助理整理好。患者希望医生多花时间向自己问诊，10～12 分钟的仓促诊察并不会令他们满意"。

奥斯勒大量保留下来的病例记录都由其亲笔所写。但到 20 世纪 90 年代已基本上转为口述，有段时间他用了一名女"速记员"，这位女"速记员"会躲在屏风后面，与患者隔开。如果医生不对接诊的患者进行回访，那记录可能是多余的，但如果需要进行回访，没什么比忘记患者的名字、长相、疾病等更令人难堪的了。1895 年，他在接诊时认出了一位 12 年前的患者，而且他的患者记录证明他记得没错，是患者和他的主治医生记错了。第 2 年，他刷新了自己的记录。一位素未谋面的人因其有严重的呼吸作响症状而来接受治疗，奥斯勒认出多年前曾在火车上对他进行过观察并做了份备忘录。经过仔细交叉索引，他的患者记录为更多医学出版物提出了参考（奥斯勒的许多同事显然没有保留患者书面记录。美国最著名的结核病医生 E・L. 特鲁多（E. L. Trudeau）直到 1902 年才在奥斯勒的建议下开始记录）[5]。

他看过各种症状的患者，从普通感冒到令人费解的离奇病状，也接触过出于各种身体状况下的患者，从完全正常（奥斯勒见证了常规体检的诞生，他称之为"机器年度检修"）到濒死弥留。他写道，咨诊生活中一大痛苦是：

对身患不治之症四处求医的可怜之人做出癌症、运动失调症和瘫痪的诊断结果，更令人痛苦的是，该患者已经救治无望，但还要看在朋友的情分上召集整个"院系"进行诊治。有什么能比 4～5 位医生走进患者房间更令人感到悲哀又无力的呢？谁不对马修·阿诺德死前最后的愿望心有戚戚？——

不要来看我与世长辞，

那名医纵然满腹学识，

唯叹息摇头束手无策，

宣布你患有不治之症。

他明白有时医生朋友向他询诊，只是为了走个过场，摆出一副尽人事不留遗憾的样子，古往今来都这么做。佩特罗尼乌斯（Petronius）在《萨蒂里孔》（Satyricon）里写道："医生的唯一用处是觉得你做了正确的事。"

回顾 1895 年的行医经历，奥斯勒觉得自己在其他 4 个方面也很有用。在某些情况下，访视对患者而言至关重要，通常成功的治疗直接取决于诊断结果，比如黏液性水肿或恶性贫血。而在更多情况下，他认为他能在预后或管理方面提出重要建议，而对于第三组病

291

例他是彻底无奈，像其他所有人一样困惑，但至少学到了坦率承认无知的智慧。最后，在一些会诊中，他的主要价值体现在消除患者疑虑，让患者明白自己没有什么大问题，并为他们提供生活和饮食方面的常识性建议："柯尔律治曾在某个地方说过，人略微有点生病时，医生对疾病性质的介绍有助于缓和患者情绪和安慰患者。确实，缓和患者情绪和安慰患者是专业顾问的两项重要职责 [6]。"

奥斯勒可能还增加了一个大多数医生都认可的"尝试"的类别，同一种建议对一名患者有用而对另一名患者却没用。1896 年，他描述了他看过的 2 例患有全身性汗臭症，体臭冲鼻的患者。对那位来自大英哥伦比亚省散发着陈腐霉味、类似马蹄蜕皮气味的男性患者，他赞成使用毛果芸香碱（一种碱性物质）进行治疗，然后体臭消失了。对另一位自我形容像最臭的瑞士奶酪一样恶心的巴尔的摩女性，他开具了同样的处方。然而几天后，当奥斯勒踏上一辆有轨电车时，他甚至还没看见坐在车后头的患者就已经闻到了失败，最后女患者自杀了。对于这个结局我并不意外，所有治疗都不奏效，她已心灰意冷，生无可恋 [7]。

奥斯勒博士对待患者的态度，很少像他在费城告别演讲《宁静》中人们误理解的那种冷漠消极、不动声色或难以捉摸。撇开那次演讲中的草率措辞不谈，奥斯勒其实不愿意医生表现得冷酷无情或漠不关心。

他曾建议，他们应该表现为在沉稳中显得和蔼可亲，体现出"极大的耐心"和"永远的和善"。他在后来的一篇文章中写道："对很多性格阴郁沉闷的人来说，在一天的考验和磨难中很难保持良好的精神状态，但面对患者拉长着脸是不可原谅的大错 [8]。"

他总是给人一种和善的感觉。目睹过奥斯勒接待自费患者的医院同事回忆起医患间洋溢的"欢声笑语"：

某间病房里住着我们的朋友 D 先生，他又老又穷，还患有关节炎，即使饱受了数月的折磨，却总能被奥斯勒博士的新笑话逗得扯到伤口，然后边笑边哭。

这间病房有位迷人又健谈的护士，患有脆骨症，肋骨或手臂或腿多次骨折，奥斯勒博士总会关切询问她下巴可好。

或者又是那个问题不断、满脸愁容的忧郁症患者，奥斯勒博士总会以一种令人惊讶的方式向他打招呼，此时这位患者的思路像被地雷引爆般地一发不可收拾了。

还有那个焦躁不安的神经衰弱患者，很快就会陷入睡衣缎带颜色的激烈讨论中，完全忘了自己的睡眠时间和非睡眠时间，却蓦然发现他已经走了。他何时去的？去了哪里？谁也说不清[9]。

已逝的或心有怨言的患者没有留下对奥斯勒的看法。患者中最擅表达的是费城人沃尔特·惠特曼，自 1892 年去世时，也终止了对奥斯勒的描写。总的来说，奥斯勒的患者和学生一样崇拜他。他还是邻居兼霍普金斯大学的同事哈利·里德的家庭医生，作家伊迪丝·吉廷斯·里德在哈利患伤寒、孩子及自己生病时曾近距离观察过奥斯勒：

当一回威廉·奥斯勒爵士的患者，就像是体验一次绝世神医的妙手仁心，他不太关心外界的氛围如何，因为他总能营造自己的氛围。当他走进充满不和谐氛围的病房时，眼里看到的只有患者和患者的最大需求，此时病房气氛顿时变得和谐融洽，充满活力，每个人都受到感染。没有迂回婉转，没有虚与委蛇。面对患者时，威廉爵士会设身处地为患者着想，虽只有片刻，你却说不出明显的开始与结束，甚是神奇。

仿若名家大师的洒脱一挥，他从你面前翩然掠过，因你的需求而来，又因你的需要而去；那宝贵的片刻只为你独享，融入生命成了不可分割的一部分。他能一眼就从患者身上看出端倪与隐忧，无关的不善或不雅则全不留意，并且不流露出丝毫看法。他无法忍受对无关琐事的长篇大论，但他对待那些贫穷无依和饱受病痛的人却仁慈宽厚，也愿意耐心倾听他们的絮絮叨叨的诉苦。

他对患者心怀悲悯，对事情胸有成竹，他会在不冒犯他人的情况下做自己喜欢的事情。我曾 3 次目睹他在会诊时将主治医生的诊断结果彻底推翻，让整个病房的气氛完全反转；但在他们离开病房时，他又会将手搭在那位被他当众指出错误的医生肩膀上，仿佛两人刚度过了一段愉快的时光。个中缘由很明显，每位医生都觉得，只要有威廉爵士在，自己就会感到更加安心；他知道在这个行业没有比他更可信任的朋友；即便威廉爵士用指尖轻轻把他的纸牌屋推倒，他却明白自己的地基能因此更加稳固[10]。

奥斯勒将乐观、幽默和鼓励运用的得心应手，他有时称之为"万能振作处方"或医生的"精神输血法"，可能会产生非常有效的效果。欧内斯特·琼斯精神分析师，也是西格蒙德·弗洛伊德的第一位大型传记作者，他认识奥斯勒并在 1928 年评论说："奥斯勒不需要任何专业的精神病理学知识。凭借他的人格魅力，就能同样有效地处理精神疾病患者。"

库欣指出，奥斯勒虽然鄙视"精神分析的诡计"，但他本人其实是位技艺高超的心理治疗学家。克拉伦斯·B.法勒曾是奥斯勒的学生，后成为加拿大一流的精神病学家，他写道："只要有奥斯勒的地方，就会带来治疗方案。这是未曾预见的心理治疗，但却能起到立竿见影的效果，他的声音就能治愈[11]。"

治愈无望，他总是会想办法去化解，有的人认为这是他晚年养成的一个错误的习惯。他在回顾拉伯雷的幽默时写道："谨慎的医生眼中只有一个目的，无论如何都不要让患者意志消沉。"他告诫学生不要在患者面前说丧气的话[12]。一旦患者知道自己的胸痛是心绞痛，就会产生恐惧心理，这足以使病情恶化，相反奥斯勒会告诉他，他患有"肺-胃神经的神经痛"。但是，对于结核病患者，他建议立即告诉他们病情真相。奥斯勒坚信，其实不太需要告诉患者已经回天乏术，"因为时机成熟时真相自会悄然现形。"但又补充说，"不过对于理智的人，恰当地告知真相并不总是残忍的[13]。"

身为医学顾问，他经常让主治医生去揭晓真相，无论是好是坏。但很多时候连他也无法置身事外。一位护士想起了一位不幸的病例，这位重病患者曾是奥斯勒在霍普金斯大学的学生，他坚信如果奥斯勒医生来了就一定能有办法，而不是像其他医生那样只会用无济于事的姑息剂——吗啡打发他：

奥斯勒博士来了，他身穿一件厚重的皮草大衣，非常温柔而绅士，挨着一米八的斯旺博士坐下。

奥斯勒博士跟斯旺博士谈话，像是一位悲伤而又温柔的母亲面对她的儿子一样，然后他伸手搂着斯旺说道："斯旺，今晚你要听话，让这位好心的女士给你打些吗啡，这样你就能放松下来好好睡一觉，这样做既是为你自己的身体着想，因为你现在最需要休息；也是为了我自己，你的老教授和朋友。"我永远忘不了那一幕，也忘不了斯旺博士脸上的表情，悲戚至极，却又无怨无恨，看得人心碎。

曾经他寄以生之厚望的双手，却对他做出了死的宣判！

奥斯勒博士又说："现在，若是 M 小姐准备好了皮下注射，那我就在这里看着你打完，明天我会见到一位更坚强的斯旺；到时候我们再把一切都讨论一番。"斯旺博士同意了。此前他坚决不肯接受吗啡，谁劝也不听，但那是唯一能让他放松和躺下的方法。

我给他注射了吗啡，不久后奥斯勒博士便离开了，斯旺博士睡了一夜，第二天感觉强壮了许多，但他并没活多久。

还有一位垂死的医生患者也要见奥斯勒。当吗啡注射进他体内时，他微笑着说："啊！奥斯勒来过了 [14]。"

奥斯勒虽然提出"要治疗患者而非疾病"的格言，但他本人却没有成为渴望倾听者的共鸣板。这一空白角色将由精神分析填补。奥斯勒总是掌控谈话，而且经常限制谈话时长，有时会招来患者（及同事）的不满。他是位诊断医生，可能不会像今天的医生那样仔细听完患者的叙述，大部分工作都交给实验室检测和仪器完成。奥斯勒虽然会用少许智慧和同情心抚慰深陷困境的灵魂，但大部分时间都用于检查身体是否有器质性病变的迹象。

经典的检查流程是视诊、触诊、叩诊、听诊，即看、摸、听。奥斯勒写了数千字，详细解释听诊器所听声音，以及包括脚趾在内的身体各部位在医生触摸下的反应。奥斯勒的床边教学故事通常都

295

集中在他的视诊上。韦尔奇曾在一篇近似主题的文章中写道，"他的眼睛能看到大多数人视而不见的东西！"奥斯勒的目光先落在你的眼睛上，然后逐寸扫描你的身体。无论是老人还是儿童，大家都记得他那似乎能看透内心或穿透身体的目光。一位年轻医生回忆道，"他在 5 分钟内看到的东西比我们用 24 小时看到的还多"。

塞耶曾描述他先是快速瞥一眼，然后找把椅子坐下来，保持自己的头部与患者身体平齐，观察患者的胸部或腹部，他向我们指出，用这种方式能看到很多东西，是眼睛、耳朵或手的其他动作无法发现的，如肺部的回落、胸部的收缩或颤动、胃肠的蠕动、几乎或完全触摸不到的胆囊圆底随呼吸的起伏[15]。

带学生时，他会从更基础的层面诊断。我们已经看过了患者的胸部，接下来该做什么？学生们回答：触诊。查看一下后背如何？奥斯勒说：

多年前我在费城的吉拉德酒店见过一个非常病例，充分证明了查看背部的必要性和重要性。患者前胸下方有大面积颤动，几乎贯穿两乳头之间，而且有明显突出。心脏底部有双重杂音，病症被诊断为一种主动脉瓣关闭不全，而且症状也非常明显。具有异常痛苦的发作和端坐呼吸，而且这个病例有一些特殊的特征，所以费城的一两位主要医生都表示对该病的性质有些困惑。

幸运的是，做完前面的检查后，我又让患者转过身来，将背暴露在明亮的灯光下，诊断便一目了然了。他的左侧肩胛间区有个颤动的动脉瘤，因为不觉得疼，所以没引起医生的注意。

在另一个病例中，奥斯勒是第一个要求患者脱掉而不只是卷起汗衫的医生，然后他一眼就发现了动脉瘤。另外还有个胳膊和腿疼痛的牧师病例：

他人高马大，肌肉健硕。他脱下睡衣后，我站在床脚大体一看，立即注意到他的右乳房明显突出。

他自己没留意，他的医生也没发现。没有痛感，也没有什么值得注意的异常。检查发现他有一个结实的硬瘤，显然是个硬癌，能找到乳房肿瘤，那就毫无疑问是脊髓疾病了。我没听说过患者之后的病史 [16]。

此类事迹越传越神，最后竟成了名医圣手能一眼知病的传说。最著名的就是麻风病案。英国各大医院的精英临床医生也有类似的能事。奥斯勒会告诉学生这不是什么了不起的本事。你不需要有处理疑难病例的丰富经验。他在书中如此写道：

医生不读书就敢行医确实让人咋舌，但他医术糟糕却在意料之中。就在 3 个月前，一位家离外科综合图书馆不到一小时车程的外科医生，带着 12 岁的小女儿来找我治疗。我一眼就诊断出是婴儿黏液性水肿。这位医生平和满足地在"瞌睡谷"中行医 20 载，冷漠疏离如瑞普·范·温克尔（Rip Van Winkle）的沉睡，甚至连亲骨肉的病都没把他唤醒。面对我的问题，他回答道：没有，他从没在杂志上看到过有关甲状腺的文章；他没看过呆小病或黏液性水肿的照片；事实上，他脑子里空空如也。他说，他虽然不读书，但他讲求实际，忙得挤不出时间来。

297

1901 年，一位医生的妻子来到霍普金斯大学求医，她的症状让全国的医生都感到困惑。奥斯勒随即诊断出是肝脓肿。霍尔斯泰德安排将脓液排净，这位患者很快痊愈。奥斯勒告诉医院同仁："任何了解最新肝脏研究的人都能轻松做出（诊断）。"事实上，我的秘书在我不在时听一位年轻的医生口述了病例记录，根据他的描述做出了诊断。在其他医生那里，这位可怜的女人一直在寻求诊断，却治标不治本。

多萝西·里德在霍普金斯大学实习期间，曾目睹一位顶尖医生做出错误诊断，而奥斯勒凭借自己在蒙特利尔时的从医经验及时为医院避免了一场潜在的灾难：

有一天，我发现一个高大的黑种人身上一夜之间出现明显的皮疹。黝黑的皮肤下，他整个身体布满了弹丸般的肿块。我叫来住院医生富彻博士，他随即将病例诊断为"水痘"，并断言奥斯勒博士将很乐意将其展示给四年级学生。于是我们做好查房准备，奥斯勒博士冲进病房，身后紧跟着30～40名学生和医生。待所有人都在患者周围站好时，富彻医生猛地拉开床单，露出了男子整个身体。奥斯勒博士的脸色从满脸的欢乐与离奇幽默变成了冷峻严肃。"天呐，富彻，你不认得天花吗？"

接下来是怎样的争分夺秒乱战。患者被隔离，病房中的所有接触者（护士、医生、学生）都必须接种疫苗。病房隔离了6个星期，期间又出现了2～3个感染病例，总之那段时间简直乱作一团，人人自危。我当然学过黑种人身上皮疹的所有症状和表现，但我从没见过真实的天花，所以学的并没有实际用处。可怜的富彻博士，他的无心之举造成了四年级大半学生和其他许多人的暴露，因此尴尬得无地自容[17]。

众所周知，奥斯勒对待主治医生的无知和错误向来持宽容的态度。他可能会用自己在布洛克利时将天花误认成二期梅毒的糗事来安慰可怜的富彻。这位伟大的扎迪格式诊断医生自己也没能逃过在临床观察课上当着一群三年级学生闹洋相。一名学生认为他已举完了所有可能的观察结果，奥斯勒却坚持说："仔细看他的眼睛，我从这里都能看到。"

"哦，是的，一个瞳孔比另一个大。"

患者压着嗓子大声说："我的天呐，那是只玻璃眼球。"

另外，他在私下甚至有时公开的批评却异常严厉。黏液性水肿女儿的父亲很可能在杂志中认出了自己。下面这些医生也会：

一位患者应该是伤寒后持续发热，几个星期前被带到我这。她的父亲是名内科医生，她的丈夫也是名内科医生，让人难以置信的是，他们两人都不知道自己可怜的女儿已是肺结核晚期，尽管病情已发展到一侧胸部萎缩的阶段，几乎只凭视诊就能诊断出来。几年前，一位非常谨慎的著名医生带着女儿来我这里检查血液，因为他确信孩子患有疟疾。她很少咳嗽，只是下午体温会升高，结果发现又是一例常见情况，她左肺尖的局部病状（肺结核）已经非常明显。

奥斯勒告诉学生，如果他们业务不精，待死后进到天堂，会被一大群小孩堵住，摇着他们的手指说："是你把我们送到这里的[18]。"

　　奥斯勒的高超医术得益于辅助科学所带来的信息和监控。他不会根据直觉讨论诊断结果，并且乐意借助任何科学辅助手段。他一直是尿液检测、血液检测和细菌学研究的支持者，他坚信，如果没用使用显微镜观察血液和尿液，哪怕只看一眼，那检查就不算彻底。1896 年，在奥斯勒的建议下，约翰斯·霍普金斯大学购买了第一台 X 线设备。1902 年，他讲述了一个病例，当时若没有 X 线设备的辅助，就无法诊断出胸腔动脉瘤；不过出于中庸立场，他又强调，如果光照良好观察细致，医生对赤裸的胸部进行视诊也能取得极好的效果[19]。

　　奥斯勒有时似乎不相信实验室的研究结果。他在 1901 年的一篇论文中写道："我想强调的是，做诊断不要根据尿检结果，而要依据患者的总体状况。"他描述了自己最著名的自费患者（后来证实是查尔斯·塔珀爵士）在得知在尿液中发现白蛋白和肾小管管型痕迹后吓得要退休，结果却安然无恙地活了 20 年。奥斯勒写道，这个故事充分印证了那句老话："尿液不是婊子就是骗子。"

299

　　随后他又以一项"不要误解我"的限定条件总结道：尿液测试揭示的是未来的潜在问题；医学从业者的问题是明确问题的范围及其对治疗的影响。医生不能把实验室结果当成摆设。本文写下后的第二年，奥斯勒利用豪厄尔和他的生理学学生刚研发的仪器，主持进行了伤寒和肺炎患者血压的开创性研究。他们改进了库欣从欧洲带回来的早期血压计（库欣的血压和外科手术研究极其重要。霍普金斯的护士们跟不上技术的步伐，至少 1 名心慌意乱的护士生就是如此。一场手术中，库欣命令她去测量血压，她却把充气袖带往他腿上套）[20]。

　　相比奥斯勒的多数医院患者，查尔斯·塔珀爵士和许多其他自费患者截然不同。在奥斯勒担任医院医生的那些年里，他看到的大多是饱受器质性疾病折磨的穷人或工人阶级。与现在的内科专家相比，他看到的病症范围要广得多，其中包括许多怪异且严重的疾病，巨大的肿瘤、阻滞和膨胀的器官（被他们称为"气球人"的患者肿胀得离谱的巨结肠还在费城展览）、感染导致的机体腐烂。在今天的北美，便利的就医途径、早期诊断和高效的疗法早已将这种情况彻底消除。这些患者中的大多数人都以各种方式受到19世纪贫困带来的影响。相比之下，奥斯勒的自费患者则多是家境富裕。虽然他们同样也会出现各种疾病和病症，但奥斯勒的多数患者病情较轻，大多无须入院治疗。

例如，神经衰弱或神经疲惫的病例没有器质性病因，通常也没有可治疗的身体症状。而在另一种极端情况下，严重胸痛或心绞痛发作导致的猝死率高于入院治疗率。

奥斯勒在蒙特利尔医院工作期间没见过心绞痛病例，在费城的大学医院时只负责治疗过2例，在布洛克利接待过1例，在霍普金斯大学的前7年里有4例。但是在巴尔的摩行医期间，很多人慕名而来，因此到1896年，他根据60个病例进行了重要的系列讲座[21]。他估计自己私下看到的心绞痛患者比巴尔的摩所有医院接收的患者加起来还要多。

他对心脏瓣膜和心内膜疾病做过大量的临床和病理学研究，但心绞痛对这个行业来说仍然相当神秘，因而大有不同。他写道："这不是一种疾病，而是一种综合征或症状群（没有恒定的病因或解剖学基础），与心脏和主动脉的器质性或功能性复杂状况有关。我们用广义术语真性、假性、歇斯底里型和血管舒缩型等修饰词来具体说明各类别。"部分由于医院和病理材料匮乏，奥斯勒和同事对心肌梗死及相关疾病的了解仍在摸索中[22]。奥斯勒无奈地写道："观察发作的机会并不常见，即使机会出现了，患者的状况也不允许我们研究病例的特性，而是努力帮他脱险。"即使如此，至1896年他从动物研究结果得出的概论已非常接近心脏病发作的概念。

奥斯勒认为心绞痛几乎只发生在男性身上，尤其是成就斐然的男性，其中尤以医生占比为多。考虑到他的行医性质，得出这一结论毫不意外。许多患者的过度焦虑给他留下了特别深刻的印象，这是一种无法控制的精神痛苦，几乎可以自成一体，催生焦虑和压力引发的各种综合征，并因焦虑和压力而加重。动脉硬化多见于心绞痛患者身上，但总体来看，似乎都因某种普遍的慢性身体透支（饮食过度、饮酒过度、工作过多和忧虑过重）出现恶化。

如果公共卫生措施可以预防传染病，那么养成良好的个人习惯就能避免或尽量延缓心脏疼痛的发作。奥斯勒总是以比喻手法，劝诫年轻人不要去祭拜爱神维纳斯、酒神巴克斯和火神伍尔坎的神殿。如今他将伪神的形象改换成机械装置，建议人们不要滥用。在 20 世纪初，他最喜欢的身体形象是一架机器。奥斯勒和他那些富人患者经常乘坐蒸汽轮船横跨大西洋，毫无疑问，他们会借航行期间休整并反思自己的健康。身体就如蒸汽轮船，如果发动机超速，在高压下行驶时间过长，同时又疏于保养，维护不周，身体就会停止运转。真正故障时，你又拼命工作想让一切恢复正常。其实，对于胸痛到神经衰弱等过度劳累迹象，医生的处方常常旨在降速。随着心绞痛咨询患者不断增加，奥斯勒告诫患者要减少暴饮暴食、少抽烟、少加班、少忧虑。照顾好自己身体这台机器，把速度降下来："放慢节奏，专注于工作，生活要节制有度，不要过早消耗，我相信这样做比奎宁的效果还好 [23]。"

这些建议逐渐成为健康生活的普世格言，完全符合且坚定了奥斯勒对非必要瘾品的排斥，以及个人节制的坚持。在约翰斯·霍普金斯大学 1900 届毕业班和 1901 年的历史俱乐部上，他布道般地极力宣扬，人类如何累积一个世纪的科学进步，以回归自然的治疗方法和疾病预防措施为基础，打造了一所全新的医学学校。水疗和按摩虽对治疗疾病有重要作用，但他有些略带夸张地说，饮食和运动才是预防疾病的关键：

有人说，他并不在乎谁制定了法律，这样他就可以写国歌了；我可以这样解释只要人们把厨师交给我培训，谁当医生我都不在意。我们必须从厨房发起一项重大医学改革。这个国家最大的健康问题是消化不良，它为医生贡献了一半的收入，为专利药商创造了至少

2/3 的利润。如果现在斗志激昂的全国女性肯将精力从节欲、选举权、传教和女帽等问题转移到厨房里，只需一年就能看出改观……

淡啤酒出现后，不仅酗酒现象减少了，酒精引起的心、肝、胃等严重器质性疾病也减少了，早期全身性退化的情况也有所减少。相对而言，酒精造成的肝硬化数量增加。我希望饮食节制也能呈现类似效果，我们医生已开始认识到，以前认为主要由酒精造成的早期退化，尤其是动脉和肾脏的退化，其实是因为饮食过度所致。煤渣能要人命，但我担心，所有人都已对身体机器中出现煤渣和灰烬不以为意，它们会堵塞机器运作，使轴承生锈，导致过早出现故障……

由于人们在户外进行有益健康的锻炼方式显著增加，这远远抵消了美国人厨房的普遍弊端。过去几年里，因高尔夫和自行车运动的普遍出现，美国医生从 40 岁以下人群获得的平均收入大幅降低，但对于那些年龄超过该年龄段的老年人而言，美国医生从其身上所获得的平均收入却因同样的运动在一段时间内稍有提高，因为这都是剧烈运动，就安全性而言，更适合拥有强劲动脉的年轻人，很多老年人很容易受伤 [24]。

奥斯勒的其他演讲有时会警告不要过量吸食烟草，但这在他的新清教徒主义中并不是重点。1896 年，他评述虽然烟草受众广泛却具有罕见毒性。他认为有一种烟草引发或加重的心绞痛："烟草心脏。"还有一种舌头疾病："烟草舌。"除此之外，他都与这种珍贵草爱好者站在一起，并发言抨击《英国医学杂志》（*British Medical Journal*）上一位谴责吸烟的作家："作为一位 24 年烟龄的吸烟者，我想在此做出反驳声明，抽烟（当然是好烟！）是烟草最好的使用方式，适度抽烟可以缓解身体上的烦躁不安，矫正精神和道德上的'斜视'。"

奥斯勒禁止青少年以任何方式吸食烟草。汤姆·库伦讲了一个故事："有一天奥斯勒说服一个年轻人放弃恶习并扔掉他的香烟盒。然后奥斯勒博士走下台阶来到草坪上，捡起那盒香烟，抽出一根点燃，然后把烟盒放进了口袋。"

当一位康复期的老年患者问他是否允许吸烟时，奥斯勒博士说："你可以。"并递给他一支上好的雪茄[25]。他自己的吸烟习惯保持在一天 2～3 支。能多年适度服用高成瘾性物质，说明奥斯勒具有超强的自控能力。相比之下，库欣则是个不折不扣的瘾君子，他在耶鲁大学办公桌上留下的香烟烧痕依然清晰可见。

奥斯勒饮酒适度，晚上只喝一杯雪利酒啜几口红酒，饮食很清淡。他大部分的锻炼方式是步行，步伐总是非常轻快。他在海边度假时经常游泳。1901 年他开始打高尔夫球，但超强的时间观念使他打高尔夫球时都在跑。他从不看体育比赛，但也曾抽时间和众人一起抱着警惕的态度观看了美式足球的现状。1904 年，他说服约翰斯·霍普金斯医院董事会支持美国大学改变足球规则以减少比赛伤亡[26]。

在那个年代，奥斯勒算是一位温和的健康改革者，但到今天肯定会对现代饮食和运动狂热的极端思想避之不及，不过他肯定会戒烟。他也会赞同将追求身体健康视为一种宗教信仰。他的职业正是源起于对埃斯科拉庇俄斯的崇拜，即对健康的崇拜。古希腊人坚信健康的身体对道德和精神也大有裨益。奥斯勒在 20 世纪初写道："非常不幸，这种庄严美丽的古老治疗崇拜已沦落为卢尔德等现代信仰治疗法圣地的肮脏迷信。"

作为医生，他最是了解信仰的作用，即对权威的信任。他曾在一篇名为《治疗的信仰》（The Faith That Heals）的文章中写道："约翰斯·霍普金斯医院的声誉和氛围使它几乎成为圣地。我们称它为圣约翰斯·霍普金斯医院，患者对它的信仰加上乐观的气氛和开朗的护士，能产生埃斯科拉庇俄斯在埃皮达鲁斯实现的治愈效果。"在奥斯勒的期望中，患者自己通常不需进行医学思考，他们只需要相信医生并听从医嘱。某天他发现一个患者拿着一盒忌食的糖时，把它们扬在了她的床上。

在治疗肺结核时，要有严格的养生方案，终生谨守的禁忌守则，

303

医生要牢牢地把控全局, 患者和朋友则全力服从。奥斯勒的结论是, 威尔·米切尔能在神经衰弱方面大获成功, 原因主要是他能激发出患者对他治愈能力的信心。奥斯勒说, 如果医生给人的印象是能力强大、通情达理、充满自信, 他理应能创造奇迹:

> 正如盖仑所说, 患者的信心和希望比药物的作用大: "他治愈的患者都对他非常信任。" 就治愈效果来说, 对众神或圣人的信仰排第一, 对小药丸的信仰排第二, 推荐排第三, 对普通医生的信任排第四。埃斯科拉庇俄斯神庙的治愈病例、圣人创造的奇迹、那些名人的著名治疗能力、本国耶稣会传教士的神迹、卢尔德和魁北克圣安妮大教堂的现代奇迹、后世圣人创造的奇迹通常是真实有据的, 讨论治疗学基础时必须加以考虑。我们医生每天都运用同样的能力。如果一个可怜的姑娘瘫痪在床多年, 百般求医无门, 全家人为了她已是倾家荡产、心力交瘁。如果她能在几个星期或更短时间内对我建立起信任, 仅凭她对医生的信任就可以让她下床走路, 古代圣人也不可能做得更好。

经过斟酌, 他在这些评论的发表版本中补充道: 信任不能令死者复活, 不能把坏掉的眼睛换成好的, 不能治愈癌症或肺炎, 也不能接合断骨。虽然有这些限制, 信任是最珍贵、最有用的东西, 没有它, 我们医生发挥作用的空间会非常小。"可怜的姑娘" 是一个真实病例, 一名新泽西女孩在床上瘫痪了 10 年, 她被送到圣约翰斯·霍普金斯大学, 医生向她保证很快就会好起来, 结果不到两个星期, 她就绕着医院广场上走了一圈 [27]。

从各方面来看, 奥斯勒的和蔼与沉稳, 以及他身上自带的几分威严和良好的声誉对患者产生了巨大的影响。曾接受奥斯勒伤寒治疗的托马斯·麦克雷回忆说: "他对奥斯勒绝对信任, 认为其他患者也有类似反应, 我们相信, 他绝不会因缺乏医术或关注而失败。"

他的开朗对此有很大帮助, 并且能让那些丧失勇气和希望的人重燃战胜病魔的激情(记忆消除: 麦克雷虽然相信奥斯勒, 但关于霍普金斯的传闻却是他在伤寒浴缸中的经历使他反对冷水浴。在伤寒中引入了早期的海绵浴，并将温度提高了 15℃）[28]。

当然也存在例外和特别难处理的病例。J. M. T. 芬尼曾看到奥斯勒去看一位患有心绞痛的著名巴尔的摩老医生。医生开始责备奥斯勒不干实事。他很痛苦，需要有效的药物：

> 奥斯勒医生以他特有的方式开始挖苦医生对患者的伤害，但这位老医生却很坚持。他说："如果医生什么事也不干，就算是国内最好的医生又有什么用？我宁可花 50 美分请个南巴尔的摩医生，起码他会做点什么来减轻我的痛苦，也不找这世界上最好的医生来跟我开玩笑拍拍背然后走人，而不给你留下任何减轻痛苦的药。"

> 奥斯勒在离开时开了药，并告诉护士确保患者爱吃多少吃多少，只要他舒服就好[29]。

奥斯勒的账簿中没有记录向这种亲密同事的收费，当然，也没有向任何亲戚或朋友的收费，或者沃尔特·惠特曼这种贫穷患者的诊金。大多数此类预约似乎没记录下来。奥斯勒也不向医院财务室的自费患者收费。有位医生曾将医生及其家人的顾问医生描述为"各类执业当中最耗费心力、最言不由衷、最无利可图，以及最浪费时间的职业"。

奥斯勒曾研究过私人行医中最忙的两个星期的患者日志，并估计有 15%～20% 的付出没有报酬。不过这些都是值得提供帮助的人，他引用托马斯·布朗的话将医生的免费服务称为"给上帝的贷款"[30]。

19 世纪 90 年代，他 30 分钟的咨询费似乎一直保持在 10 美元，相当于一个世纪后的 300 美元。有时他向患者收取 20 美元或 25 美元，显然是因为花了更多的时间。奥斯勒的账目显示，他偶尔会收取非常高的费用，1000～3000 美元，但仔细研究就会发现，这些费用包含几天的旅行；大部分的咨询费用来支付旅行费用。1898 年，奥斯勒告诉塞耶，他 24 小时（全天）的最低收费为 500 美元（并建议塞耶按 250～300 美元的基准收费）。1900 年，他告诉拉弗勒，他去多伦多或蒙特利尔出诊一趟（乘火车需要 2 天）的基本费用是 1000 美元。他经常去华盛顿（从巴尔的摩乘火车不到 1 小时），通常收费为

305

100 美元。对于所有负担得起的患者，他似乎通常以每小时 20 美元的价格收费。一位英国的顾问朋友注意到，收费高昂的远途出诊创造了最丰厚的职业收入 [31]。

富人是否该多支付医疗费？塞耶声称，奥斯勒从不猜测患者的收入高低，而是坚持按既定标准收费。如果说霍普金斯圈子有向富人滥收诊费的情况，那这些人往往是奥斯勒的外科同事，他们似乎是根据患者的收入设定自己的咨询费。霍尔斯泰德和凯利的收费出了名得高。奥斯勒在他的霍普金斯《内史》（*Inner History*）中写道：

凯利可能是美国收入最高的外科医生。他对某些重要手术的收费高达 10 000～12 000 美元。他在收费这件事上似乎毫无良知，但人们告诉我，和他交谈后，人们很高兴他没要求分配财产。但他非常大方，对医院、助手和普通慈善机构都慷慨捐助。

霍尔斯泰德的问题更多：

董事们不太喜欢他，部分原因是听到了很多关于他高收费的评论。本地人对此也大感吃惊。事实上，我过去曾以为数额太高，但我从来没有"反对他"，尽管他经常给我惹麻烦。他向我的一个患者收取了 10 500 美元的胆结石手术费用（病情很严重且拖了太久，进行了 2 次手术），但这位女士康复了。那些人很有钱，我站在他一方，给老人讲了艺术家的故事（我们不知道艺术家的故事），最后他很感激收费这么少。他在收费问题上确实毫无医德，而是只把它当成是高级艺术家与自己作品价值的关系。他是一个很大方的人，并不贪财，随时准备为各种目的伸出援手 [32]。

赫德院长认为无论凯利和霍尔斯泰德的高收费是否合理，他们的名声倒是给收费低廉的年轻外科医生攒下了机会。霍尔斯泰德的旅行费每小时 20～75 美元，他提交过一张 13 825 美元的账单。比尔·弗朗西斯讲述过一个精彩的故事，有一次，霍尔斯泰德带着他整个手术室工作人员到华盛顿给一个行走不便的大亨做手术，结束后被邀请留下来过夜，但他欣然拒绝。他礼貌地解释说："他对追加的 5000 美元不感兴趣，他的第一助理不会被 1000 美元收买，他的第二助理也不会被 200 美元说动。"另外他需要两人第二天 9:00 出现在巴尔的摩。然后他环顾房间另一侧，第一次注意到一名新手实习生，把他叫过来并介绍道："但是还有我们的某某博士，我相信他会很高兴为了 5 美元留下[33]！"

奥斯勒账本记录的最高收费是 3000 美元，出现过好几次。记录最详细的一次是密尔沃基酿酒家族的弗雷德里克·帕布斯特（Frederick Pabst）上尉，1903 年 12 月奥斯勒应他之托进行了为期 4 天（星期日至下个星期三）的旅行。这次旅行期间，他感到有些劳累过度。于是他没好气地向一位医学朋友抱怨："我要去密尔沃基给老帕布斯特插个塞子。"

当地媒体报道了他来访的消息，并称他向这家人要价 10 000 美元。奥斯勒给老友 H. V. 奥格登的信中说："真后悔我当时没要这么多。" 1 个月后，帕布斯特突然去世，死因显然与奥斯勒的治疗无关。他的继承人向奥斯勒支付了诊费，但他没听到奥斯勒曾玩笑说，自己唯一的补偿是一桶帕布斯特家族的蓝丝带啤酒[34]。

随着他私人诊所业务的不断增加，加上他各种医学书本的版税，奥斯勒的日子从小康跃升到富豪阶层，从面包和黄油到巧克力蛋糕配啤酒。1893 年，他的执业收入增加了 1 倍多，达到 7560 美元。到 1897 年，在物价下跌的时代，收入已增长到 12 796 美元。那年他还从霍普金斯大学获得了 5000 美元的常规年薪和 5644 美元的教科书版税，总收入为 23 440 美元，换算成今天的价值为 700 000 美元（而且当时还免征个人所得税）。奥斯勒在从业的前 20 年里没有攒下过一分钱。但现在他的钱包里再不会有蜘蛛网了，他的存折上也再不会有赤字了。

奥斯勒在对金钱的态度、他的服务价值，以及优渥生活的追求方面并没有虚情假意地故作谦虚。他对自己账户的关注，以及后来对格蕾丝的一些评论（"我担心有一天我的收入会非常少，但支出却还一样高"）说明，他和父亲在加拿大树林里传教时一样，密切关注着自己的财务状况。他的大部分收入都来自版税和兼职，因此他可能从未感到十足的安全感。但除了会对医生们为令人苦恼的需求表示遗憾外，他很少口头或书面谈论费用。塞耶曾说他对医学商业化感到恐惧。多萝西·里德到纽约当住院医生后，新上司缠问她霍普金斯为何如此出众。她终于爆发了，"好吧，先生，本质上很难找出区别，但如果我说在巴尔的摩的6年里，我从来没有在行医时听到有人提到钱，你可能就懂了"。在这里，每个主治医生或出诊医生进院参观时，谈话总离不开万能的美元，某人做手术收了多少钱，或者今年或去年赚了多少钱[35]。

奥斯勒参与了众多捐款项目，其中一项是每年数百美元捐款，主要用于支持霍普金斯大学的结核病专项研究。这种疾病明显跨越了阶级和社会地位，无差别感染富人和穷人。奥斯勒初到蒙特利尔就知道痨病/消耗病/肺结核；他在费城医院里每个星期都会接触到这种疾病，在巴尔的摩和许多自费患者身上也见到过。许多令他心痛的患者正是约翰斯·霍普金斯大学的医学生和住院医生（因为工作的关系，特别容易被感染），他们事业生涯从此中断，生活也毁于一旦。多年来，包括比尔·弗朗西斯在内的几位奥斯勒家族成员都患上了肺结核。"白色瘟疫"可以在任何时候袭击任何人；一旦出现剧烈咳嗽和轻微发热症状，没有人不心生恐惧，害怕自己染上这种可怕的消耗病，无望等待身体和灵魂的双重毁灭。约翰·班扬（John Bunyan）称这种病为"死亡军团的上尉"。

早年奥斯勒主要对结核病的病理学和诊断感兴趣。虽然人们在科赫发现结核杆菌后相信特效药物将日问世，但寄予厚望的结核菌素最终却令人尴尬收场。和其他许多人一样，奥斯勒对19世纪80年代末爱德华·L.特鲁多（Edward L. Trudeau）的研究同样印象深刻。爱德华·L.特鲁多是位患有消耗病的纽约医生，他搬到阿迪朗达克山区居住，因为据说新鲜的空气有益于病情。特鲁多用患有结核病的兔子进行实验并发现，相比在新鲜空气中四处跑的动物，饲养在潮湿、阴暗环境下的动物病情更为严重。特鲁多以兔子实验为科学依据，在纽约州萨拉纳克湖建立起阿迪朗达克小屋疗养院，作为消耗病患者的避风港。他成为日益壮大的疗养院运动的美国领导人。

奥斯勒将负担得起的患者（包括霍普金斯大学的工作人员和自己的亲戚）送到特鲁多的机构。结核菌素和许多其他药物的失败对比自然疗法的显著成功，与他自己不断完善的自然疗法观点十分契合。早在 1891 年，他就意识到结核病治疗存在社会问题，因为许多城市贫民就像特鲁多的兔子一样生活在狭窄拥挤且通风不良的房子里。在他教科书初版中，奥斯勒呼吁各城市在铁路沿线为贫穷的消耗病患者建造疗养院 [36]。

这不是一蹴而就的事。绝大多数患者只能待在家里，而这些疾病具有传染性，很有可能会感染身边的人。可采取哪些临时措施来应对和预防结核病的传播？作为对疾病的社会影响研究的一部分，奥斯勒决定改进约翰斯·霍普金斯大学对结核病患者，尤其是通过门诊义诊所接受的患者的处理方法。1898 年，他自己出资，加上一位患者姐妹的捐款，最终设立了结核病专项研究基金，并聘请一位年轻的加拿大医生制订研究方案。

其中的主要举措包括由女医学生对诊疗所接收的所有消耗病患者进行系列家访。布兰奇·埃普勒（Blanche Epler）、阿德莱德·达彻（Adelaide Dutcher）、伊丽莎白·布劳维特（Elizabeth Blauvelt）和埃丝特·罗森克兰茨（Esther Rosenkrantz）是美国首批医院组织的社会服务工作者。她们向患者及其家属提出了一些建议，如公共卫生、痰液处理、呼吸新鲜空气、注意休息，以及尽量摄取牛奶和鸡蛋，并将看到的情况反馈给医院。奥斯勒在医院成立了拉内克协会专门研究肺结核，请特鲁多前来举办讲座，并成为消耗病居家治疗的早期宣传员 [37]。

他身处整个西方世界医学社会抗击结核病运动的前沿阵地。1899—1901 年，他在英国参加了有关该主题的专门会议。他在马里兰州与韦尔奇联手对政客进行游说。巴尔的摩运动家与其他先驱结成统一阵线，其中最著名的是费城的劳伦斯·弗里克（Lawrence Flick），他得到了当地慈善家亨利·菲普斯（Henry Phipps）强力的财政支持。菲普斯很快就被奥斯勒折服（因为奥斯勒治好了他的一个孩子），于是在1903年豪掷20 000美元创设了一个专门的结核病诊所，以扩大霍普金斯大学的工作范围。诊所在格蕾丝·奥斯勒的筹款资助下聘用专业护士，取代之前的回访学生。格蕾丝·奥斯勒成为北美各地类似项目的开拓者。1904年，美国医学界领袖经过复杂的医学政治斗争，成立了全国结核病研究和预防协会。特鲁多出任首任主席，奥斯勒荣任副主席[38]。

随着结核病发病率和死亡率下降，步入新世纪后，得了消耗病不再只能束手等死。结核病是可以战胜的。1901年英国结核病大会期间，格蕾丝称奥斯勒的热情为"结核病狂热"。他预测这一"死亡军团的上尉"可以降为"中尉"，然后是"列兵"，最后驱逐出"军团"。那一年，他在教科书中象征性地将结核病降级，将死亡军团的"上尉"称号授予肺炎。他曾表示，如果他是个女人，他宁可什么不干也要当一名地区结核病护士[39]。

奥斯勒从未有过从政规划，只在一些医学问题上游说过政客，而且胸怀这样一个模糊的梦想，凭借医学国际主义和兄弟情谊为人类树立典范。他在美国没有投票权，在加拿大（哥哥E.B.成功当上保守党议员）和英国也没有明确的拥护政党。在公共卫生措施外，他也不是个严肃的社会批评家。医疗负担能力似乎从不是他操心的问题，有能力支付的便付钱；支付不起的也会得到照顾。对于穷人和受压迫的人来说，他是位稍有现实主义倾向的善良的撒玛利亚人。某天晚上在巴尔的摩，他遇到了一位带着生病孩子的心碎母亲。他把两人送上去约翰斯·霍普金斯大学的出租车，并附了张纸条，上面写着孩子是"奥斯勒夫人的小孩"并且要在他来之前细心照料。他告诉母亲孩子会得到很好的照顾，并给了她一张5美元的钞票，让她回家把自己灌醉[40]。

1894年，英国顶流医生、剑桥大学医学钦定讲座教授克利福德·奥尔巴特（Clifford Allbutt）恳求奥斯勒为其正在编纂的数卷《医学体系》撰稿，因为没有他的名字就无法出版。这位四处周游的加拿大人已成为英语世界最著名的医生，美国、英国和加拿大都称他为本国的儿子。

3 个国家的大学争相向他送出荣誉学位的名额。麦吉尔大学于 1895 年拔得头筹。密歇根和费城的杰弗逊医学院于 1897 年向他发出邀约，但他婉拒了，称自己资历尚浅，尚无获得 LLD（法学博士）的资格。1897 年是维多利亚女王的钻石大庆，英国人对帝国的热情空前高涨，同年在蒙特利尔举行的英国医学协会域外会议上，一位与会者回忆起，奥斯勒是会上最受瞩目的医生[41]。

不管奥斯勒在 1898 年是否觉得自己资质更浅，他还是接受了苏格兰的阿伯丁大学和爱丁堡大学两所著名大学的 LLD，并打趣说，以后他们的信件上可以名正言顺地称他为"儿子"了。他辍学的多伦多三一学院授予他 DCL（教会法规博士）荣誉称号。

奥斯勒写道："1898 年是他的奇迹年。那年春天，他收到消息，告知自己入选世界顶级权威科学机构伦敦皇家学会的会员。当他还是个年轻的科学家时，他曾渴望获得这样的尊荣，但后来在从事临床工作的岁月里，他认为自己永远不会有机会。他开玩笑地说字母 FRS 的意思是收费自此水涨船高。"那年夏天他在伦敦告诉格雷丝："两个 LLD，一个 DCL 和 FRS，1898 年是你家老头的丰收年。"随后引用吉卜林的话说："但要保持谦虚，以免我们忘了[42]！"

"为了不累垮自己，要注意适当休息"是他当年的另一条座右铭。春季他就抱怨过生活节奏太快，被逼得很紧，旅行压力大[43]。5 月课程刚结束，他又开始了每年的社交会议、晚宴、毕业典礼演讲，还要回加拿大探亲，期间他一直工作不离手（教科书正在进行大型修订）。他还接替了韦尔奇出任医学院院长。7 月他前往英国接受荣誉学位，又是无休止的晚宴和会议，并打听有关托马斯·西德汉姆的消息，把格雷丝和里维尔扔在缅因州度夏。8 月他到巴尔港与她们团聚，恰好错过了威廉·佩珀的葬礼（死于心脏病发，享年 55 岁）。不久奥斯勒得了感冒。威尔·米切尔和其他费城人竭力劝他接替佩珀。

奥斯勒向塞耶诉苦："我要是为费城行医愁死才好呢。"然后收拾行李"上路"，横穿半个大陆一路行医：

我的一位助理 W. 戴维斯博士在明尼阿波利斯病得很重，他们发电报让我过来。我当然不能拒绝。当时正值 9 月的"秋老虎"来临，我险些热晕。可怜的小伙子最终因艾迪生病病逝。我刚回到奥太太身边，发现哥哥也来了封电报。埃德蒙说他的儿子杰克病得厉害（急性多神经炎），所以我不得不折返回多伦多。9 月 15 日到巴尔的摩时已是筋疲力尽。随后我又接到电话，当天坐火车返回马萨诸塞州，在行李车厢守着箱子坐了整夜，还受了风寒，病了一个星期；病刚好转，又在 30 号得了急性支气管炎和左肺底支气管肺炎，整个人彻底病倒（虽有空洞性叩响，但没有气管呼吸音或铁锈色痰液）。发热 7 天后（从没持续一整天，每天早上恢复正常），烧退后，也不再咳嗽，但我已是心力交瘁[44]。

这是他自蒙特利尔的疖子以来得的第一场重疾，前后一个多月时间才逐渐恢复过来。朋友和家人害怕他得结核病。奥斯勒是一个脾气暴躁、不肯配合的患者，讨厌被人照顾。他以这次生病为借口辞去了院长职务，尽管当院长并不是一项繁重的工作。正如库欣所说，医学院有自己的运转方式[45]。

奥斯勒在 1899 年 50 岁时跨越了另一个里程碑。他通常不会在意自己的生日，但这次他显然决心要放慢脚步，至少不再那么健步如飞。有一天，在高尔夫球场上，他看到一条不到一码宽的小溪。他作势要跳，但又停下来，从桥上绕了过去。他告诉同伴："我决定到 50 岁时就不再跳小溪了[46]。"1899 年夏他又回到英国，为西伦敦内外科学会的卡文迪许讲座做了演讲（关于流行性脑脊髓膜炎的病因和诊断；在致谢辞中，他被称为现代的希波克拉底），参加英国医学协会的会议，并像以往一样与老朋友们共进午餐和晚餐。他以身在国外为由没有出席多伦多大学法学博士授予典礼。格蕾丝和里维尔陪他留在英格兰，在利斯特勋爵和克利福德·奥尔巴特的建议下，奥斯勒一家在多塞特海边风景如画的斯沃尼奇村租了一处小屋，在这个夏天悠闲地度过了 2 个月，他们游泳、打高尔夫球、在悬崖边散步、游览历史名胜，还培养了一个新爱好，寻找珍稀书籍。

奥斯勒在英国清闲悠哉，岁月静好，与在美国的忙碌节奏形成鲜明对比。在维多利亚王朝的金秋时期，大英帝国的太阳从不落下，伦敦是全世界的首都，英国上层阶级正享受着空前也许绝后的高雅生活，而南非与波尔人之间的小叛乱迟早也将得到平息，奥斯勒"骨子里的英国人"意识开始膨胀了。如果可以选择，谁还愿意去别处住呢？他和格蕾丝谈起，再过 8 年或 10 年就到英国安度晚年。

奥斯勒的老友爱德华·谢弗是爱丁堡大学的生理学教授，1900年春爱丁堡大学医学教授职位空缺。谢弗及其朋友敦促奥斯勒申请这个堪称大英帝国头号医学教授的职位。奥斯勒是移植到麦吉尔大学的爱丁堡教育体系培养出的成果，他认为这是英语世界中自己最钟情的职位，但是想到要费力申请还要推荐信便心生厌恶。奥斯勒不是势利小人，但也不是虚伪君子。毫无疑问，他认为自己已经在医学界赢得了一席之地。他当然也招来了大量谄媚和奉承（您在医学上的造诣堪比李斯特在外科医学的成就）[47]，这个职位非他莫属的自信／承诺。毕竟，在爱丁堡大学的教科书可是他写的。但苏格兰人坚持让他按流程办事。在经过了无数个被工作和出差折磨得快要崩溃的日子后，奥斯勒终于同意成为爱丁堡教授候选人。

很快，他便在巴尔的摩面临了一场被库欣当时称之为"完美喧嚣"。奥斯勒写道："这是件私人事务，我没想到他们会反应这么大，我在医疗部门的同事和助理反应非常强烈，我很是苦恼，我不知道，在我管理学校和医院的 10 年里，这些人始终站在我身边。另外，奥斯勒夫人很愿意去。我在加拿大的所有朋友也都很热衷。"最终决定因素可能是流行性感冒，这是他有史以来的第一场流行性感冒，恰好在此时击倒了他。他身患疾病，心情沮丧，加上除格蕾丝之外所有人的压力，这些让他怀疑自己的身体是否能经受住爱丁堡寒冷、阴沉、潮湿的气候（巴尔的摩的炎热比蒙特利尔的冬天更适合他的健康），他是否真想再从头开始当老师。我 50 多岁了，10 年不曾有

313

过的对改变的惧怕，如今让我踌躇难安。不到一个星期，他就改变了主意，将名字从竞选中撤下。他把退选电报交给比尔·弗朗西斯时说道："爱丁堡有 2000 名医学生，而且冬天下午 3 点路灯就亮了。"后来他沉思道，不知道我在爱丁堡会变成什么样子。威士忌还是约翰·诺克斯？我想我和男人能处得很好，因为我一直喜欢苏威士忌[48]。

韦尔奇写道："如果他走了，我们应该会很伤心，而且没有人能填补他的位置。"在英国，谢弗和其他支持者（都是行业精英）大为难堪，而且很生气。但是第二年夏天，奥斯勒夫妇又到伦敦参加会议并在斯沃尼奇度假，双方就此冰释前嫌。库欣再次当场惊叹于奥斯勒的极高声望。在这里他的名字可以为人大开门路，他的名片可以让人趋之若鹜[49]。

1900 年夏，奥斯勒被从英国召回，照顾身患重病的弟弟布里顿·巴斯。B. B. 奥斯勒已成为加拿大最著名的辩护律师，于 1901 年 2 月因心脏病去世，享年 61 岁。格蕾丝写道，"奥斯勒博士对哥哥的死伤心不已。"

2 年后，62 岁姐姐内莉死于癌症。1900 年艾伦·奥斯勒年满 95 岁，依然住在多伦多。威利写道，虽然她眼花耳聋，却仍然乐天开朗、风趣幽默，对一切都兴致高昂[50]。艾伦像往常一样坚信，待她肉体死后将与所爱的人一起进入永生。

一名患者会在约翰斯·霍普金斯大学安详逝去，另一名患者会在痛苦中死去，第三名患者可能会在药物的作用下半昏半醒地离世。针对 1900 年 3 月到 1902 年的每一次医院患者死亡，护士或实习医生都会填写一张印刷卡片交给奥斯勒，其中包含以下几条信息：

濒死行为：

如果突然死亡，

呼吸是否比脉搏早停止——多长时间？

死前是否昏迷或失去知觉——多长时间？

如果感到任何恐惧或忧虑，是什么性质——

身体方面，即疼痛；

精神方面；

心理方面，即悔恨等。

注意本次调查的目的是确定：①死亡是突然发生；②伴有昏迷或意识不清；③伴有痛苦、恐惧或忧虑。奥斯勒教授请求医务人员和护理人员之间展开智慧合作。请密切注意与濒死行为有关的任何其他特殊情况。

奥斯勒的医生生活一直笼罩在死亡的阴影中。例如，在成千上万的患者床边进行观察时，在停尸房里解剖和检查尸体时，面对死亡反思他的科学失败时，或者用死亡作为终止疼痛与折磨的方法时，以及不得不安慰未亡人和痛悼者时。因为他是由一对信教虔诚的父母养大，因为他们相信世间根本没有最终死亡这回事。

费瑟斯通和艾伦·奥斯勒的人生指导是福音，而它的绝对核心是对死后生活的希望和应许："我们正如从亚当的死看到人人都要死，但一样从基督的复活可以看出人人都将复活。"

开朗平和的面具下隐藏着奥斯勒更深的情感和宗教信仰。认识他的人对他是否保留了基本的基督教信仰，其中包括个体不朽的信念，意见不一。对部分人来说，他开朗的外表只是为了掩盖内心的忧郁。没有人怀疑，当失去亲人、朋友、前程大好的霍普金斯学生或没能挽救的患者时，奥斯勒医生也会心痛悲伤。有时他像《特里斯坦·香迪》（ *Tristam Shandy* ）中的托比叔叔一样，用吹口哨代替哭泣。

结婚后他偶尔进教堂，但他从不讨论宗教信仰问题。相反，他用书上读到的一段回答掩藏自己：

"您的信仰是什么，先生？"

"我的信仰是所有理智之人的信仰。"

"请问，那又是什么？"

"所有理智之人不将信仰向外人言的理由[51]。"

任何人，只要听奥斯勒就多数话题谈论 5 分钟，就能从他的圣经引言和典故、他的基督教想象中断定，他是有信仰的，但他却明显地与所有明确的信条保持距离。我认为，他对自己真实信仰的最清晰陈述是在《治疗的信仰》（*The Faith that Heals*）演讲中引用的一段话：斯威本的《正义的祭坛》（*The Alter of Righteousness*），他认为这是一首"美妙的诗"。

一个神又一个神从雷霆中掠过，荣耀依次化为阴影；

一个神接一个神留下奇迹的见证，他的福音如何由盛至冥。

卑微的仆人曾以为，每位神都能屹立永生；

但神灵悉数死去，只留他们创造的人类怀着梦想继续前行[52]。

奥斯勒崇拜的主要对象包括文学巨著、希腊罗马文化、历代名医，以及医学实践与专业。

身为一名医学从业者，奥斯勒可能从家庭和个人生活中强烈意识到变老的过程、心智和体力的衰退、衰老的昏聩无用、朽迈（他用这个词取代衰老）的不可避免，当然还有无可避免地死亡。19世纪80年代后期，在自己的"40岁危机"时期，他读了威廉·芒克（William Munk）的《安乐死》（*Euthanasia*）或《轻松死亡的医疗辅助手段》（*Medical Treatment in Aid of an Easy Death*），书中认为，死亡通常没有痛苦且平静安宁，而且医生应冷静地（尽管是被动地）为这一过渡提供便利。奥斯勒对此深以为然。

在1898年第三版的《医学原理与实践》中，奥斯勒经过深思熟虑对肺炎的病原讨论进行了明显的改写。过去他称它为"老年人的劲敌"，如今却写道："肺炎应该称为老年人的朋友。"老人若是能被一场急促、短暂、没有痛苦的疾病带走，就能避免那些于己于友都痛苦不堪的、衰朽的无情过程[53]。在对历史过往的沉思中，奥斯勒意识到，对于大多数人来说，死亡意味着被遗忘，意味着逐渐或突然地没入"无声的遗忘"。他的《阿拉巴马学生》（*An Alabama Student*）记述以马修·阿诺德的《拉格比教堂》（*Rugby Chapel*）中的台词作结：

没有人问，

我们的生平过往，

正如没有人问波浪，

在月光下的海洋中央，

轻柔地独居，缓慢地鼓胀，

翻涌起泡沫，然后消融于苍茫。

死亡少有的几个可衡量指标之一是人们面对死亡时的心态。他们害怕死亡吗？他们在恐惧中死去？还是痛苦中死去？他们在死亡的瞬间有意识吗？奥斯勒在霍普金斯大学进行了一项死亡调查，目的是验证芒克关于大多数死亡是平静的这一结论。奥斯勒从未将调查问卷进行过整理出版，但他的笔记显示，他确实考虑过撰写关于死亡的文章，其中一篇的拟定标题是《命有终时：关于死亡与濒死的讨论》（ *The Inevitable Hour: A Discourse on Death & Dying* ）。他还收藏了许多有关死亡和死后可能性的书籍 [54]。

哈佛获得了一笔政府资助用于进行关于永生的年度讲座。查尔斯·艾略特校长第一次请奥斯勒上英格索尔讲座，但他谢绝了邀请，韦尔奇也同样谢绝了这一邀请（韦尔奇告诉艾略特，在他看来，科学与永生风马牛不相及，艾略特回复他，他应该过来详细阐述一下；韦尔奇则说这种话题可能凑不够一小时）。几经催促与施压，奥斯勒觉得如果再不接受就显得"不礼貌甚至懦弱"。1904 年 5 月他在哈佛做了《科学与永生》（ *Science and Immortality* ）的演讲，这是他准备最精心也是流传最广的讲稿之一 [55]。

演讲的大部分篇幅都在论证对死后的信仰与生前。在现实世界中，绝大多数人并不关心这个问题，他认为："永生及它可能的意义不过是宏大世界发展进程中的一个过时话题。希冀未来的信仰对解决当下人类面临的严重社会和国家问题没有丝毫影响，永生仍然像我们父辈时那般流传；我们的人生充实而忙碌，没有心思去考虑永生，更没有时间与死亡定下永恒约定。"在大多数时候，科学占据着人类的思想。人类征服宇宙的战斗已经打赢；过去 40 年的"精神大灾难"见证了从"怀疑分化信仰"的过去到达"信仰分化怀疑"的今天的革命。心理学已摒弃了灵魂。对精神的科学探索只是徒劳。

作为一名工作在阴影领地医生，奥斯勒只能提供在霍普金斯大学进行的观察结果。人们是否害怕生死的过渡？

主流的看法是错误的。人的生与死没有区别，根本不受来生思想的左右。我收集了500份死亡过程详细记录，其中90个人经历了某种形式的身体疼痛或苦恼，11个人表达了精神忧虑，2个人出现了十足的恐惧，1个人感受到精神上的兴奋，1个人吐露了椎心的悔恨。大多数人没有表现出任何害怕的迹象。他们的死亡和出生一样都是一段沉睡和遗忘。传道者说的对，"世人遭遇的，兽也同样遭遇，这个怎样死，那个也怎样死"。

然后他开始跑题了。奥斯勒同意建立一处信仰领域，与科学、神秘主义、理想主义、圣特雷莎的信仰不融不混，每个人生命中都有过一位优秀女性的励志人生（当然是他的母亲）。他告诉听众，科学家正陷于可悲的困境，不得不独自踩动怀疑的酒榨。结尾时奥斯勒又变成自传体，但是在托马斯·布朗爵士的文风下，他的话仍然隐晦难懂：

面对摆在面前的茫茫疑问，我们的心重回清澈童年，彼时晨曲晚歌，晚曲晨歌，将人性的宏伟希冀刻进稚嫩的灵魂深处。你们当中的某些人经历过未来的改变与际遇后，将把这转化为一种模糊的不息传承，正如沃尔特·佩特（Walter Pater）所说，没有人能完全脱离。你们中的某些人会在历尽人生彷徨后，我相信，同意西塞罗的看法，他宁愿被误认为是柏拉图学派，也不愿与那些全然否认永生的人为伍；这就是我的忏悔。

就个人信仰而言，奥斯勒似乎一直在说，他是一名科学家或公民，信仰于他的人生并不重要。而从他对思想流派的选择，又暗示他更像是位柏拉图主义者而非基督徒。大多数情况下，他认为父母人生中至关重要的问题其实根本没有答案：大多数理性之人都会因这个话题的宏大和人性的软弱而感到压抑，而我就以这种感觉结束这篇演讲。

奥斯勒后来玩笑说，当着妻子和岳母的面谈论永生是不可能的，他在一份讲稿副本中附上了一个故事：一位垂死的主教听够了抚慰，喃喃说道："别傻了！快递上虹管！"但《科学与永生》是他对父母和自己最诚挚信仰的最明确表述。理智上而言，他已经放弃了个体永生的信仰。他认为这是我们唯一的人生，并将这一信念贯彻进他对行医实践、对时间利用、对历史的评价和责任中[56]。

艾略特校长认为，奥斯勒的英格索尔讲座是文学而非医学演讲，心中大感到失望。这样说有失偏颇，但艾略特和许多听众一样，对奥斯勒的通篇的引经据典感到窒息。奥斯勒演讲的开篇就有 5 处引文，两处来自柏拉图，其他分别来自莪默·伽亚谟的《鲁拜集》、约翰·沃德牧师的《日记》和丁尼生的诗句。在文稿的前 4 段中，他提到了约伯、迪恩·斯威夫特（Dean Swift）、拜伦（Byron）、布朗、柏拉图、奥利弗·温德尔·霍姆斯、丁尼生、亚里士多德和莎士比亚。发表版中附加了长达 8 页的详细注解和引文出处。奥斯勒将这次讲座的稿费捐给了图书馆，也算适得其所[57]。

随着自己步入知天命的年纪，他明显变得更加迷恋书卷。他会花更多的时间研究历史记录，并积极准备撰写美国和欧洲医学巨擘的传记文章，生理学家威廉·博蒙特、罗得岛州的以利沙巴·特利特、内科医生兼哲学家约翰·洛克、托马斯·布朗爵士，以及他的新宠罗伯特·伯顿（Robert Burton），《忧郁的解剖》（*The Anatomy of Melancholy*）的作者（虽然奥斯勒看重伯顿对忧郁的描述，但他本人从不喜欢这种状态。他经常引用伯顿的话支持培养内心的平衡，甚至灵魂的平衡："不快乐时，想想希望。快乐时，保持谨慎。"）[58]。

奥斯勒与图书馆和图书管理员的友情持续升温，1898 年他创立了医学图书管理员协会，并于出任 1901—1902 年的协会主席。1901年，他在波士顿医学图书馆举办的"书籍与人"演讲中提出了一个著名的文学医学信条："30 年来，书籍一直是我的人生乐事，我从中获益无限。只研究疾病现象而不读书，好比在未知的海洋中航行；只研读书籍而不研究患者，就好比根本没出海。"

在英格索尔演讲中，他并没有再向人赘述宗教信仰，却敦促大家多读书：现代科学人要保持头脑充实，就该饱读《圣经》(*Bible*)，以及柏拉图、荷马、莎士比亚和弥尔顿的书。他总结道：人的确可以借由文学作品的传世获得永生。他们可以从阅读中获得知音、尊重与崇敬。奥斯勒认为，每个医学图书馆都应特别供奉一套精选的不朽名著，一处荣耀书架，伟大的医学经典将诞生其中[59]。

奥斯勒沉迷于样本和病例的收藏和分类，如今又增添了另一种收藏狂热。他不断购买医学期刊和书籍，尤以前者居多，因为大多数新发现多以论文形式出现［詹妮弗·康纳（Jennifer Connor）指出，奥斯勒早期对图书馆的倚重和对实验室的依赖平分秋色］[60]。离开蒙特利尔和费城时，他将收藏的大部分期刊捐献给了麦吉尔大学和宾夕法尼亚大学。多年来，他对旧医学书籍逐渐有了兴趣，购买的旧书鱼龙混杂，但至少在19世纪90年代中期前，他还不算是收藏家，资源有限不是唯一的原因。

医学书目（将医学书籍作为书籍的兴趣）和医学藏书癖（对收集医学书籍的热情）是备受精英医生推崇的爱好[61]。约翰·肖·比林斯完成了美国外科－综合图书馆馆藏，并出版其索引目录，从19世纪80年代初奥斯勒就对这一成就大加赞赏。威尔·米切尔、W. W. 基恩和其他费城人都是藏书大家。在约翰斯·霍普金斯大学，韦尔奇钟爱精美的古书，霍华德·凯利也不相上下，他校内建造了一座大型私人图书馆，比奥斯勒的更早可能更有影响力。约瑟夫·弗兰克·佩恩（Joseph Frank Payne）是奥斯勒的英国老相识之一，两人的友情可追溯到19世纪70年代的学生时期，他是英格兰最卓越的医学学者和图书收藏家。

奥斯勒的认真收藏始于19世纪90年代末，此时他终于拥有了必要的可支配收入：

我开始买书，第一是美国与职业相关的早期书籍和小册子；第二是科学和医学名家的初版；第三是索斯爵士这类一般作家的作品。布朗、弥尔顿、雪莱、济慈等。德语、法语和英语的图书目录出现在早餐桌上，而且总是放在我包里，在乘坐火车时可以抽空阅读。

夏季去英国和欧洲大陆旅行，这让我有了阅读的时间，我对医学史和医学界伟人的生平越发感兴趣。

与比林斯和韦尔奇联手于我是一大刺激，约翰斯·霍普金斯医院的历史俱乐部也唤醒了我很大的热情。课堂上学生们越来越深究问题的渊源，星期六晚上的会议上会针对这一星期的难题进行探讨，结束后，我们通常会拿出经典著作来看，随心所欲地购买英语和外文书、订阅40多本杂志后，房子很快装不下了，我真是爱书胜过一切[62]。

他的第一次纵情狂购发生在1899年，收集了托马斯·布朗的《一个医生的宗教信仰》（Religio Medici）的所有版本（他还买了一个玻璃棺材，里面将放入布朗的头骨并陈列诺维奇）。他决定集齐一百部最伟大的医学名作，并在1901年买齐了所有能找到的医学经典著作。1901年，奥斯勒携格蕾丝和朋友乔治·多克去荷兰旅行，多克认为书价钱低得离谱但自己负担不起，而奥斯勒则一次又一次地抢购。威利在艺术馆里只看了一张照片，就冲出去逛旧书店，这一举动把格蕾丝给逗乐了。她指出，在英格兰一次的咨询费就足以支持他完成多次狂购。回到巴尔的摩的家中，他邀请哈维·库欣和其他新秀来欣赏他的新宝贝。库欣激动地告诉父亲："我从没见过这样的人，奥博士带回了一大堆旧书，其中大部分都非常稀有，而且都是精装版，莱纳克雷斯的旧书、哈维斯的作品、洛克斯等。"库欣与父亲一样对文学有着浓厚的兴趣，同时也是一位强迫症作家，他决定也要当一名收藏家。

是奥斯勒培养了他对16世纪伟大的解剖学家维萨里的作品的热爱[63]。

某天晚上在西富兰克林街1号寓所，约翰斯·霍普金斯历史俱乐部罕见地展出了奥斯勒、凯利和库欣收藏的5本维萨里的《人体的构造》（De humani corporis fabrica）。奥斯勒写道："这本书在美国再多也不嫌多，医学图书馆少了本书便不完整。"功成名就且口袋多金的美国医生正在大肆收购旧世界的医疗宝藏。他们也在回收自己的遗产。一天早上，奥斯勒打开了一份爱丁堡目录，里面收录了1760—1813 年留美学生撰写的医学论文集。他通过电报订购了 126份（书商回电："你是要全部买下吗？"），由此击败了外科 – 综合图书馆、费城医生学院、纽约医学院和威廉·佩珀。他将论文集全部捐给了马里兰州医学和外科学院的弗里克图书馆[64]。

　　费用继续如流水般涌出，购书、支持慈善事业、接济贫困的亲戚、支付西富兰克林街 1 号寓所的仆人工资，以及国外长假。到1901 年，奥斯勒养成了每年评估自己生活充实度的习惯。那一年，他接待了 780 例新患者，402 名来自巴尔的摩，其他的则来自 31 个州、哥伦比亚特区、3 个加拿大省、墨西哥和西印度群岛。他出差了 33 次，去的最多的是华盛顿："去白宫问诊 2 次，为几位内阁部长问诊，结果导致首都患者的大幅增加。"1900 年，他的总收入超过30 000 美元，1901 年超过了 40 000 美元，其中近 28 000 美元来自私人行医。那一年，在耶鲁大学二百周年庆典上，他接受了该校的荣誉学位，当时共授予来自世界各地的 60 位知名人士，其中包括罗斯福总统、普林斯顿的知名教授伍德罗·威尔逊（Woodrow Wilson），以及 3 位霍普金斯大学的教授。10 月份奥斯勒给弗兰克·谢泼德的信中抱怨："我快被执业医生这一职业烦死了，挤占了我太多教学和私人研究的时间[65]。"

　　1902 年他又赚了 40 000 美元，对工作压力的抱怨也更频繁。支气管和鼻窦感染时不时使他卧病在床（格蕾丝和里维尔发病更加频繁），而且他还记录道，他感觉压力太大时，会出现几天的下胸骨张力，这是过度劳累的征兆。迫于繁重的写作压力，他不得不取消英国的度假；其中包括制作第五版教科书的紧急编纂，因为在英国阿普尔顿未能争取到第四版的版权，而盗版书正在侵占市场。那年夏天，奥斯勒在魁北克默里湾的惬意环境中完成了大部分的写作任务，找到了许多老熟人并结识了新朋友，如威廉·霍华德·塔夫脱（William Howard Taft）家族。他取笑塔夫脱，说加拿大是由最优秀的美国人和革命后北迁的联合帝国保皇党建立的。格蕾丝逼他承诺不在默里湾接待任何患者，他勉强遵守了 [66]。

无论他走到哪里，都紧密关注着霍普金斯大学的风向。1901—1902 年，他听说年轻的库欣打算公开批评某些外科下属和同事，他抽时间给库欣写信并警告他，这样做会对他未来在那里的发展造成致命影响："对医务人员的安排非常奇怪，要求彼此间保持绝对忠诚，不得有丝毫不忠。我知道你不介意我这样直言。"1902 年秋，他将霍普金斯大学的上午查房从每个星期 3 次减为 2 次，并将他的床边观察课从 2 节减到 1 节 [67]，令所有人大失所望。

在这段生命中最忙碌的时期，他写了多篇关于医学使命呼叫的美文佳作。1902 年 9 月奥斯勒为加拿大医学协会作的《医学沙文主义》（*Chauvinism in Medicine*），是他对医学从业者的赞美诗，他称这个同仁群体甚至比天主教会更堪当"普世"：

这种普世并非体现在疾病的横行或悬壶济世的专业群体的普遍存在，而是体现在我们在整个文明进程中树立的抱负、制订的方法和履行的职责。

从自然中挖掘困扰历代哲学家的秘密、追踪疾病的根源、串联错综复杂的知识，以便快速预防并治疗疾病，这些是我们的抱负；仔细观察生命各阶段正常和非正常的现象、磨炼所有技能中最难掌握的观察技艺、寻求辅助实验科学、培养推理能力，以获得辨别真假的能力，这些是我们的方法；预防疾病、减轻痛苦、治愈患者这些是我们的职责。这份职业的本质是一种公会或兄弟会，其中任何成员都可以在世界任一处接受感召，找到与自己语言方法相同目的的途径一致的兄弟。

奥斯勒对教区、省、国家间树立障碍的沙文主义大加谴责："民族主义是人类的致命诅咒，是无知的恶魔最可怕的存在形式，是最易令人类主动投降的狂迷瘾症。"他警告道："由于各州和各省行医许可委员会设置极端无礼的障碍，严重阻碍了医学的传播与流通，为狭隘主义在北美的肆虐大开门户。狭隘主义会使医学院和实验室拒绝接纳外来人才，造成近亲结婚。"

323

沙文主义的矫正方法是开放、游学、自由文化和国际伙伴情谊。具备广泛同情心和崇高理想的医生人才能发展出世界文化的情怀，终生免受民族主义毒害的侵蚀。无论狭隘思维会施加怎样的威胁，医学的贡献都应擎天撼地、悲天悯人、舍生取义：

搜索权威人类经典，你找不到任何能比肩麻醉的发明、公共卫生，以及无菌法的问世，这是短短半个世纪来，面对视为不可逾越的人类永恒痛苦，医学贡献的切实解决方案。科学医学的未来似乎不可限量，慈善家正将它奉人类的希望，而在哲学家高瞻远瞩的预想中，这门科学可能来自西拉之子的预言："愿世界和平"。

这个职业的前景从未如此光明。相比 25 年前，无论何处的医生都接受着更专业的训练，配备了更先进的装备。对疾病的了解更透彻，研究更细致，疗法更高明。人类平均忍受的苦难总和已大大减少，连天使们都会欢欣鼓舞。曾经父辈和祖辈看惯的疾病已经绝灭，其他疾病死亡率也即将为零，公共卫生措施减轻了人类的痛苦，照亮了数百万人的生活。

奥斯勒这篇文章中引用的经典相对较少，其中有布朗的一句话，准确地描述了这位加拿大人："我不是娇弱的植物，离开花园里便无法生存；任何地方，任何环境，都能让我长成参天大树；我在英格兰，我在各地各处，我在子午线穿越的地方[68]。"

1903 年在奥斯勒的家乡安大略省，三一学院及其医学院并入多伦多大学，这是对医学排他主义的有力打击。教职员队伍扩大，一座先进的大楼拔地而起。当然奥斯勒受邀来发表庆祝演讲。他开篇先热切回顾了自己的学生时代和诸位恩师，希望多伦多大学能大力吸收金斯顿和伦敦的对手学校的教师，打造一座世界一流大学，然后讲出了他对医学生生涯的诸多演讲中最精彩的总结。他对"医学魔词"的描述成为他被引用最多的一段：

魔词虽小，含义却极大。它是打开每扇门的万能密码，是世上高效的均衡器，是真正的贤者之石，能将人类的废铜烂铁都化为黄金。它能让你们中的傻子变聪明，让聪明的人变天才，让天才的学生变稳成。心中有这个魔词，一切皆有可能；没有它，学习再多也是虚荣和烦恼。生命的奇迹随它而来；瞎子摸着看，聋子用眼听，哑巴用手指说话。它给青年带来希望，给中年带来信心，给老年带来安宁。它是受伤心灵的香膏灵露，有它在，悲伤的心灵能够得到光亮和安慰。有了它才有了过去 25 个世纪的所有医学进步。希波克拉底手握着它，把观察和科学织成了医学的经纬；盖仑对它的解读如此通透，以至人类停止思考长达 15 个世纪，直到维萨里的《人体的构造》问世才如梦方醒，成了魔词的化身。哈维凭着它带来的灵感，推动一个超过他想象的循环，成为今天你我感受到的脉搏。亨特探明了所有的纵深与广阔，带着魔词的美德屹立于历史之巅；菲尔绍用它击破岩石，进步的泉水源源涌出；在巴斯德手中它又成了一个关键的护身符，为我们打开了医学界全新的"天堂之门"，并且发现了外科领域的新大陆。它不仅是进步的试金石，也是衡量日常生活成功的标准。你面前之人能站在今天的地位，享受为你们演讲的殊荣，是因为受它恩惠，在你们的年纪时便将它刻进心中。这个魔词就是努力，我说过，这词虽小，但如果你能把它写在心中，贴在额前，它便承载着重要序列 [69]。

325

即使按照他自己的标准，奥斯勒在 1903 年的工作量也大得惊人。他接诊的患者数量之多前所未有，相应地自己也赚盆满钵满（共计 47 280 美元），他完成了每年的几十篇临床论文，将 97 岁的母亲从一场重病中治愈，帮里维尔熬过了一次百日咳（据说他受不了儿子的呼号，可以想象大部分医护工作是格蕾丝承担的），坐着让人画了一幅画像和一块雕匾，在巴黎用 3 个星期观摩医院、参加讲座、购买书籍，与格蕾丝和里维尔在根西岛度了 2 个月假，还花几天参观了慈善家菲普斯的一座苏格兰城堡。1903 年，奥斯勒夫妇花费 19 000 美元，积蓄 20 000 美元，然后捐出了 9000 美元。11 月，他刚抱怨完自己已经达到了工作极限，就又马不停蹄地赶到密尔沃基给啤酒世家帕布斯特问诊。

哈维·库欣给未婚妻的信谈及奥斯勒忙于咨诊时说："他只是假

装不喜欢。"1903 年 5 月，库欣在马里兰俱乐部为奥斯勒筹办了一场晚宴。霍普金斯家族赠送他一套刚刚完成的 63 卷本《英国传记大词典》(*Dictionary of National Biography*)。小埃格顿·约里克·戴维斯出席并致辞 [70]。受戴维斯精神或所谓的奥斯勒对"脐下"的幽默感的鼓舞，他在情人节那天以费城外科医生朋友 J. 威廉·怀特之名给《波士顿医学和外科杂志》(*Boston Medical and Surgical Journal*)投稿，报告了 1 例佩伦涅病或阴茎海绵体硬结症。随后怀特应小埃格顿·约里克·戴维斯的暗示写信，称该病例发现自巴尔的摩的一家"威士忌苏打"诊所 [71]。现在已知阴茎弯曲在 40 岁以上男性中相对常见。据保拉·琼斯（Paula Jones）说，这是克林顿总统的一个显著特征。

霍普金斯大学临床病例研究的成果几乎与以往一样丰硕。有些开辟了新领域，如 1903 年奥斯勒在美国医生学会上作的关于《慢性发绀伴红细胞增多症和脾大：一种新的临床实体》的论文。在他描述这种红细胞生成过多、脾大和面部呈深红色的病例 10 天后，《医学新闻》将其称为"奥斯勒病"，这是医学史上同名命名最快的疾病之一，但事实上，时间上有些过于仓促。H. 巴克斯早在 1892 年就先于奥斯勒发现了这一疾病（奥斯勒知道并承认他的先例），因此它被命名为巴克斯－奥斯勒病或奥斯勒－巴克斯病 [72]。

在他之前，威廉·斯托克斯（William Stokes）和罗伯特·亚当斯（Robert Adams）描述了一种综合征，表现为心律缓慢，易发生眩晕和晕厥（昏厥），胸痛，甚至猝死。奥斯勒在早期心绞痛的研究中，注意到了法国人所说的"阿－斯综合征"，他再次回到这一主题，仔细研究了 13 个病例，于 1903 年在《柳叶刀》(*Lancet*) 发表了《论所谓的阿－斯综合征（伴有晕厥等症状的心率缓慢）》。他特别指出症状表现具有多样性和不规则性，而且有家族遗传倾向，虽然这种疾病可能已出现多年，但前景并不乐观，因为我们对此了解太少。

这篇论文对了解一种少有研究的罕见病症做出了重要贡献。当时或之后都没人注意到，奥斯勒论文中的"病例 4"，其详细病史与他哥哥布里顿·巴斯的致死病症完全一致，无可辩驳。其他文件披露了一种观点，即奥斯勒家族的心律较慢，威廉本人也曾说过，吸食烟草过量会使他的心搏减慢而非加快。他在 1903 年的论文中表示："我知道一个家族，其中大多数成员的心率为 60 次 / 分；一个儿子死于阿 – 斯综合征，另一个虽然健康，但有时心率只有 48 次 / 分。"这显然是指他的家族和他自己。

奥斯勒还完全健康吗？ 1902 年，也就是他哥哥去世的第二年，他注意到自己有"下胸骨张力"。无论是否被 B. B. 的命运刺激，他对阿 – 斯综合征的研究都表明，这种病可能有遗传性。他一定已经开始怀疑自己是否患有自己并不了解的疾病。1903 年，他为阿 – 斯综合征开出的处方是平静、规律的生活，尤其要避免情绪波动和过度劳累 [73]。

没有人注意到奥斯勒想要过一种平静、规律的生活。虽然他在霍普金斯大学的工作量略有减少，但他在医院里仍是精力充沛、健步如风，依然开朗外向和和蔼友善。他的教科书始终紧跟行业前沿。他在医疗会议上的出席和演讲记录堪称典范。西富兰克林街 1 号寓所的娱乐从未减少，他总能抽出时间与里维尔玩耍和打枕头仗。

尽管如此，巴尔的摩暗涌的批评却越演越烈。奥斯勒是否名不符实？他是否宝刀未老？每个人都看得出他已被封圣。无与伦比的霍普金斯医学艺术家马克斯·布罗德尔（Max Brödel），曾用漫画将他描绘成"圣人"，一位除伤寒杆菌外所有微生物都望而却步的圣人。

面对高高站在神坛上的那位伟人，虽然他的教科书和行医风头正盛，只有初生牛犊的年轻人才敢盘根追问。他是否巅峰已过？年过 50 岁的他是否失去了锋芒？奥斯勒本人可是比任何人都频繁地告诫，人过 40 岁就盛极而衰了。

霍普金斯大学的一些医学科学家明白，他已经逐渐脱离了他们学科的前沿。病理学正发展为对引发病变过程的研究，而奥斯勒仍然固守着总体病理学病变的研究。细菌学家知道，他并没有真正从研究大型寄生虫过渡到学习现代染色和培养技术。到 19 世纪 90 年

327

代末，他对一些新发现的接受明显滞后。例如，存在第二种杆菌引起另一种伤寒的可能，或者肺炎球菌和脑膜炎球菌之间的区别。是的，他一直是临床医学实验室研究的倡导者且有过开创性贡献，但到了 20 世纪，奥斯勒对实验室研究的定义仍局限在尿液、血液和痰液，这种想法已经过时了。他似乎对使用临床实验室进行主动实验不感兴趣，而这正是床边医学科学的未来。

他本质上只是一位疾病的观察学家和分类学家，一位 19 世纪伟大的自然历史学家。鲁弗斯·科尔（Rufus Cole）曾在 20 世纪初做过他的住院医生，他记得当时关于新方法的可取性的许多讨论。科尔后来写道："问题不断涌现，相比在床边或原始临床实验室进行的研究，我们需要更基础的研究方法。只研究自然条件下发生的现象远远不够；必须将自然加以限制，并且必须在受控条件下研究这些现象。许多人意识到，如果医学想要成为大学课堂中教授的一门严谨学科，就必须像其他科学一样实现可实验化[74]。"

在奥斯勒的同事中，解剖学教授富兰克林·P. 马尔（Franklin P. Mall）与他见解最相悖的。马尔是德国研究科学的忠实信徒，直到 20 世纪初，他始终在或明或暗地争取将美国精英医学院转变为以大学为基础的研究机构。

他认为，包括临床医生在内的所有教师都应该是全职教授，享受薪水。他们应该致力于科学，而不是赚钱，甚至不应承担太多教学职责。他们的主要任务，也许是他们唯一的任务，应该是组织研究并发表科学论文。约翰·霍普金斯大学理应执美国科学之牛耳。

马尔的大部分抱怨和宣传都留在私下进行，并且很小心地从不与奥斯勒公开争论。但他让他的一些学生知道谁是阻挡霍普金斯大学进步的祸首。1902 年，马尔写信给他的前学生、芝加哥大学解剖学教授卢埃利斯·巴克，信中写道："我们需要一个完全不同实用医学教授人选。凯利、奥斯勒甚至霍尔斯泰德能进入 JH，不过是因为他们收费高昂的私人行医。他们入校后的行医非但没有帮助他们的教学和医院工作，反而拖累了他们的进展。"马尔对霍普金斯大学异常保守的教员感到恼火，其中尤以奥斯勒的部门离谱。1905 年他写道："我们需要的大学教授应该是按照实验室流程开展医学工作并停止发表病例论文。这个人必须将主要精力用于大学工作并培养一支强大的员工队伍。但目前为止，院系成员没看到这种趋势。他们看到的只有病例报告，以及无关痛痒的小问题[75]。"

对内科医生和外科医生的高额私人收费的不满也是医院里暗潮涌动的问题。那些身居高位的人是否忘记了医院的责任而跑去接诊自费患者？如果继续留他们在机构某个位置，他们是否会将自己高额付费的自费患者安置到中等价位的医院私人病房，以此假公济私中饱私囊？约翰斯·霍普金斯大学推崇的是理想主义和无私服务理念。它会不会在万能的美元攻势下土崩瓦解？

在霍普金斯大学的部分人看来，奥斯勒似乎太忙了。你找不到时间与他私下交谈，也无法确定他是否做过甚至记得做过的决定[76]。但抱怨仅限于此。在这段忙碌的岁月里，我没有嗅到任何对奥斯勒的收入、私人行医或其他来回奔波的批评，只有奥斯勒本人在当时和后来都曾自问是否出差问诊的次数太多了。

韦尔奇说，奥斯勒从不曾疏忽职守。而且也不能批评他在医院里向自费患者收费，因为他从来没收过任何费用。人们很容易误以为马尔心存怨恨、脾气暴躁，因为自己没有机会开展第二职业，便嫉妒奥斯勒的成功并散布对他的诽谤。但是这些都是无证之罪。哈维·库欣对那些年的霍普金斯大学几乎了如指掌，他认为马尔和奥斯勒之间的分歧是哲学性的，情有可原，而且两人之间从未剑拔弩张[77]。

另外，对于高级前辈擅离职守接待付费患者，霍普金斯大学的一些低级员工确实心有不满[78]。有些人会借此认为自己的机会到了，但两者之间并没有太大关系。亨利·赫德和医院董事会自然是最关心机构福祉的人。除了霍尔斯泰德招致的非议，医院的主要问题似乎是外科医生的收费和私人行医。医院是否因此损失了它应得的收入？凯利和霍尔斯泰德广为人知的高收费是否对整个机构造成不利？ 1896 年赫德对凯利向患者收取的一笔巨额费用深感恼火并耿耿于怀 [79]。为什么所有的医疗和手术费用不该由医院设定、收取和保管，而员工只接受固定的年度津贴？

董事会讨论的话题永远都围绕着费用。它逐渐叫停了多数住院医生和实习医生向患者收费的潜规则，并禁止医院内聘用私人护士。董事会曾认真考虑过给高级员工的收费设限，但又知道如此一来，他们会把自己的自费患者转去巴尔的摩，而正中对手下怀。霍华德·凯利已经有了自己的私人医院，可以随意转移他的患者。对他过于苛刻，就会损失美国一流外科医生的服务。另外，许多患者认为，如果他们私下将费用交给医生，医患之间的关系会更融洽，即使在医院里也能得到更好的护理 [80]。

那些年奥斯勒本人对此类问题鲜有提及，但他始终掌握着医院和行业的脉搏。以研究引领医学前沿的观念呼之欲出。

在奥斯勒对约翰·D.洛克菲勒身边人的不断激励下，最终促成了洛克菲勒医学研究所的建立。韦尔奇和马尔的门徒西蒙·弗莱克斯纳成为它的第一任董事。1902 年，卢埃利斯·巴克向芝加哥的霍普金斯校友发表了一次备受瞩目的演讲，题为《医学与大学》，他在演讲中或多或少阐述了马尔的想法，即希望临床医生成为全职研究科学家。奥斯勒在信中告诉巴克，他在文中提出的问题发人深省。医学教授能否保持"出淤泥而不染"，我对此深表怀疑，服务社会和谋利学校难以两全 [81]。

奥斯勒继续竭尽所能为他们服务，早上和中午在医院，下午接待自费患者，晚上用于社交、阅读和写作，一个星期都是如此，他常会感到筋疲力尽，不知道自己还能坚持多久 [82]。他是医疗界的超级巨星，是美国最著名的医生，不久他的论文集以《宁静》为题出版，自己在医学界的声誉进一步提高。他可能还是国外知名度最高的美国医生。

约翰斯·霍普金斯医院和医学院显然是国外最著名的美国医疗机构。到世纪之交，人们已可能发现，跨大西洋寻求先进医疗的大逆转趋势已经开始。奥斯勒很快写道："我想我们终于让德国人相信，大洋彼岸的医学水平更高。"医学界想看看霍普金斯大学到底发生了什么。哈维·库欣在 1904 年评论道，所有人都在接待外国人 [83]。这些访客想看看奥斯勒医生是如何检查患者的。

奥斯勒和往常一样，爱拿尾随他的人群寻开心。一天在床边时：

"这是谁的患者？"

"我的，先生。"

"好吧，弗里曼先生，你在检查这位患者时要先做什么？"

"了解病史，先生。"

"不，已经做过了。接下来要做什么？"

"检查患者。"

"还没到。在这之前呢？"

学生放弃了。

"嗯，首先你要让兰伯特博士让开，别挡着光线。"

但问题越来越严重。1902 年一名研究生写道："奥博士身后跟的人多得惊人。星期一有 48 人，还不包括实习医生、工作人员和护士；在这 48 名学生中，有 16 名是四年级学生，他们才是查房的主要受众。你可以想象他们在床边能看到多少。我溜出去跟着麦克雷博士，看到了更多 [84]。"

（王　姝　王　宁　郎景和　**译**）

331

Leaving America
第8章 别了，美国

　　1904年2月7日，巴尔的摩的商业区燃起熊熊大火，火势很快失控。强劲的南风将大火引向奥斯勒居住的富人区。从餐厅的窗户往外望，奥斯勒看到飞蹿的火苗映红了半个夜空。一向遇事平静的奥斯勒也不免担忧起来，他一根接着一根地抽着烟，神色不安地摆弄着自己的表链。沉吟片刻，他赶忙去了富兰克林西街3号，接回哈维·库欣（奥斯勒最得意的学生）年轻的夫人凯特（Kate）和还在襁褓里的婴儿。此时，库欣和其他几位男主人都出城去了，不在家，留下妻小需要帮助。奥斯勒的同事霍尔斯泰德（霍普金斯医院著名外科大夫）没有出城，便也参加到救助团队里来。随后，社区警察急匆匆地上门通知每家每户做好撤离准备，因为邻近街区不久将采用爆破的方式来控制火情。奥斯勒的妻子格蕾丝雇了一辆马车在门口待命，自己在家里督促工友将奥斯勒珍贵的藏书，还有一些值钱的银器、衣物、亚麻布料、瓷器打包装箱。保姆准备了最后的晚餐，一顿配牡蛎汤的晚餐，不远处熊熊大火的火星吹落到邻家的屋顶上。奥斯勒的儿子里维尔也被叫醒，并迅速穿好衣服，准备随时撤离。

　　此时，风向突然转变，火势在富兰克林西街1号附近逐渐减小，火情被控制在两个街区的范围内。大火第二天被完全扑灭，但在此之前它已将巴尔的摩商业区焚烧殆尽，有70幢楼宇毁于一旦，其中大部分是约翰斯·霍普金斯医院的建筑，大多是由慈善人士捐建起来的。对此，格蕾丝在日记里这样写道："巴尔的摩不幸被大火焚毁了，虽然躲过一劫，但也闹得我们疲惫不堪。"医院的部分建筑因灭火需要而被炸毁，给这所刚刚建立不久的医院带来不可估量的财务危机。无奈之下，管理者启动了财政紧缩计划，敦促医生多收治自费患者，以期增加医院收入。关于医院的这一段困顿经历，我们从奥斯勒火灾后的一封信中可见一斑，奥斯勒始终相信"凤凰涅槃，可以浴火重生"，他慷慨地捐资 5000 美金维持医院院刊的日常编辑出版工作，这笔钱相当于一些医生 10 年的薪水 [1]。

此时，奥斯勒与院长韦尔奇（1850—1934）更为重要的使命是利用他们的社会影响力在世界首富的社交圈里为医院募捐，如石油大亨约翰·D. 洛克菲勒。奥斯勒亲自写信给洛克菲勒的顾问弗雷德里克·盖茨，向他询问洛克菲勒是否愿意帮助医院走出火灾阴影，尽快重建。这位顾问对他出版的教科书印象深刻。曾任洛克菲勒研究所科学理事会主席的韦尔奇是洛克菲勒十分敬重的学者，他的请求直接促成约翰·D. 洛克菲勒做出 50 万美元的捐资决定，以帮助霍普金斯医院完成灾后重建计划。在马里兰州立法机构配套拨款 4 万美金支持医院灾后重建的同时，洛克菲勒基金会仍承诺不减少原定的资助数额。正如奥斯勒所言，凤凰涅槃，经历 1904 年的巴尔的摩大火之后，霍普金斯医院得以浴火重生，甚至因祸得福，运转资金变得更宽裕了起来 [2]。

333

与此同时，大西洋彼岸的另一所医学院牛津大学医学院，如果也能算得上的话，也与毕业生之间矛盾重重。几个世纪以来，这些毕业生惬意于从古老的牛津大学获得医学学位。1546 年英国国王亨利八世设立"医学钦定教授"席位（a reguis of professorship of medicine）。之后一直到 17 世纪的一段时期内，牛津大学在实验科学领域可谓独领风骚，举世公认。而在接下来的 18—19 世纪的大部分时间里，牛津大学医学院如同其他院校一样，停滞了，落伍了，甚至沦落到无足轻重的地位；到了 19 世纪，我们之前提到的爱德华·奥斯勒医生（1798—1863）在大伦敦地区众多医院中大幅度提升医学教学与临床训练的权重，牛津大学的医学生获取医学学士学位的难度降低了，他们只需要在伦敦完成医疗实践环节，然后通过牛津钦定讲席教授的检查，就能轻松地拿到学位，学位的科学含金量大幅度降低。之后，牛津大学几乎都在持续这种低水准的初级培养，而且对这种非科学内涵的医学教育模式习以为常，以至于到了19世纪初叶，最终进入医学行业的医学生可谓凤毛麟角（每年1位）。

19世纪中后期，牛津大学医学院，包括医疗部门开始转变风向，逐渐对科学产生浓厚兴趣，时任皇家讲席教授的亨利·奥克兰爵士（Sir. Henry Acland）推动了这一进程。1857—1895年，他力排众议，对医学教育课程进行一系列改革，克服了许多墨守成规的反进化论（反对达尔文主义）、反对解剖等形态学课程的陈旧观点的阻力，增加了许多新的生物科学课程内容。奥克兰爵士还建立了牛津大学博物馆。另一项重要进程发生在1875年，奥克兰爵士任命约翰·伯登·桑德森为牛津大学首任生理学教授。1895年，这位伦敦奥斯勒机构的前主管，继奥克兰之后，成功晋升为皇家医学讲席教授。此外，科学内涵的医学课程也不断完善，如解剖学、病理学等课程均得以强化。自此，牛津的课程与教学模式都完成重大改革。19世纪90年代，这一改革初步完成，医学生在牛津能接受到良好的临床前医学训练。随后在伦敦各大医院的病房里实习1～2年，只要能通过皇家医学教授松散的考核环节，学生就可以获得牛津大学医学学位。这个学位虽然没有爱丁堡或伦敦大学的职业化教育那么高的认可度，但也足以表明他们在牛津所受的教育在职业与文化素养方面是足够体面的。

1903年，年迈的桑德森决定辞去他的职位。谁将成为下一任牛津大学皇家医学钦定讲席教授呢？唯一被广泛青睐的候选人是皇家内科学会会长威廉·彻奇爵士（Sir. William Church），可是他对这个位置并不感兴趣。虽然牛津大学钦定教职是一个受人尊重的，仅次于神圣王权的职务，却很少有人愿意承担此职。主要原因在于收入并不体面，每年只有400英镑的皇家补贴，除非他四处兼职，不然难以维持生计。此时，牛津大学建造了最新的病理实验室，聘请病理学家詹姆斯·里奇（James Richie）来主持，但薪水也十分微薄。于是，桑德森和他的同僚有了将里奇提升到更高职位的想法，设法任命他为皇家医学讲席教授，以便改善他的待遇，希望透过变通的办法，使牛津大学的病理学科强大起来。

这项动议还在筹划之中时，牛津大学在伦敦的杰出校友圈内却传来阵阵嘘声。在他们看来，科学家们即将成为医学界的主导权威。事实也的确如此，医学将逐渐被科学，尤其是病理学所主导。当里奇这位在他的专业领域外声名并不显赫，且又相对年轻的科学家选择退出这个职位时，他很可能将永远在临床医学界遁形，尽管大家都意识到皇家医学讲席教授这个职位的最重要的供能之一在于平衡基础医学与临床医学学科，确保获得牛津医学学位的医生具备良好的临床胜任力。

听闻首相阿瑟·J. 鲍尔夫（Arthur J. Balfour）将在他的任期内以国王的名义完成这项任命，牛津的医学科学家与伦敦的临床医生之间展开了拉锯战，这之前，他们之间无论在公开场合还是私下场合都免不了各种唇枪舌剑和笔枪纸弹。这些伦敦大牛们云集响应，登高一呼，足以说服首相放弃对里奇的任命，但问题是他们也找不出合适的替代人选。他们认为皇家医学讲席教授是医学界最负盛名的头衔，应该由一位在临床和教学方面经验都非常丰富的牛津人来出任，这个人必须对医学教育的方方面面都非常熟悉，在学术界和公众眼里，都当之无愧的是一位能维护大学尊严的人。但他们又不得不承认，似乎除了老朽之辈就是无能之流在垂涎这个位置。首相也明确表明不会仓促任命一个不合适的二流人选，或者只是权宜之计地安排某一人选。但文人难免相轻，"什么玩意儿？"科学家这样奚落着临床医生，而旁观者都想知道最后的遴选结果，不过要明白，无论是皇家讲席教授，还是医学院掌门人，其前景都取决于科学研究与临床实践两路人马之间的角力。毋庸置疑，在 1904 年夏天召开的英国医学会（British Medical Association）年会上，受制于这种内耗式的角力，牛津医学无法将其最佳面貌展现于众[3]。

回到美国，哈佛大学再次向奥斯勒这位约翰斯·霍普金斯大学著名的医学教授伸出橄榄枝。1904 年 4 月，奥斯勒在哈佛大学"英格索洛讲坛"（Ingersoll Rand）讲座时，艾略特校长试探过挖角奥斯勒，请他来组建卫生系并出任一年的系主任。奥斯勒半开玩笑地回复，他妻子不想跟亲戚住得太近，同时也以严肃的口吻说他在约翰斯·霍普金斯大学从事临床医学的职位非常有吸引力，他不想离开这里一年时间。波士顿市议员告诉艾略特校长，如果有重要的临床医学职位或许能吸引奥斯勒来波士顿履新。随后，哈佛继续以各种学术身份、地位、荣誉向奥斯勒表达求贤的渴望，这一努力一直持续到 1904 年的 6 月。此时，威廉·奥斯勒，这位英美双重国籍的学人，他的声名已经被标定为美洲大陆一流的临床大师，知名教授、作家、演说家 [4]。

此时的英国，不知是谁提出这样的动议，为何不邀请威廉·奥斯勒来牛津出任皇家医学讲席教授一职呢？他不仅各项条件都悉数具备，还是这次遴选的局外人，相信各路人马都能接受他，如果能够请到他，岂不皆大欢喜。据说桑德森听闻这个建议时，激动地拍打自己的额头，惊叹道，"他真是一个绝佳的人选！"但是，故事还是有些曲折，桑德森致信奥斯勒时心中完全没有底。在信中，桑德森讲述了 6 月 8 日以来牛津医学讲席教授遴选的过程，最初的人选是里奇，但各方争执不下，邀奥斯勒来出任虽不是最初的动议，但是一个好的解决方案。如果牛津提出邀约，不知奥斯勒是否允诺 [5]？

1904 年 6 月 19 日，这一天是格蕾丝夫人的生日，他们全家拜会了麻省的亲友，朋友威利恰好也在波士顿。在从车站出来的路上，威利悄悄地把牛津的来信出示给格蕾丝夫人，格蕾丝读完这封信，告诉威利："我有些如释重负的感觉，因为在巴尔的摩的这几年里，奥斯勒为了事业，实在是太拼了，我担心他的健康会亮起红灯。"她希望奥斯勒接受这项来自牛津的任命，并马上致电回复。不过，奥斯勒显得有些不紧不慢，并戏谑妻子："你怎么如此急于想离开美国呀？"他回电桑德森先生，想跟他讨论一下自己加盟英国医学会（BMA）的设想。在 6 月 21 日的一封信中，他仔细权衡了去留的利弊：

"多方考量，我期望成为牛津皇家讲席教授的候选人。想告诉您的是，我在约翰斯·霍普金斯大学的日子十分愉快。这里设施一流，是其他英语国家难以企及的。但是，由于我这30年的努力拼搏，可以说耗尽了我大部分的光与热，要再想冲刺教学与公众服务的新高度也十分困难，因此，也一直想要自我减压，未来如果依靠写作的版税收入就能体面地生活，个人就有了更多的独立性、选择性。"

"我唯一觉得有些疑问的是我能否胜任这个医学讲席教授一职。多年来，我的主要兴趣在临床教学方面，并在"病床边"（bedside）教学工作方面积累了许多经验，目前我很享受这个领域的工作，也收获了良好的职业价值与声望。如果我放下这里的工作，最放不下的是那些支持我的师友与学生们，我会很怀念这里的岁月，另一方面……[6]"

那年夏天，格蕾丝还是决定先留在美国度过，期间奥斯勒在哈佛大学拿到了一个荣誉学位，随后陪同家人在莫雷湾度过一个短暂的假期。别离的日子终于来到了，7月16日，他们一家登上了驶往英伦的坎帕尼亚号邮轮，他的得意门生库欣和麦克雷一同出行，他们同住在一个客舱里，朝夕相伴。在漫长而宁谧的邮轮旅行中，整个上午奥斯勒都在静静地阅读与写作，然后准备着下午的社交活动，他尽情享受着与其他医生的共同旅行生活与友谊。他们中有来自费城的詹姆斯·泰森，以及来自多伦多的青年才俊赫伯特·布鲁斯（Herbert Bruce），还有邮轮的随船医生。奥斯勒还给"北大西洋医学协会"（North Atlantic Medical Society）年会提供一篇主题为《海上睡眠和肥胖研究》的论文。

奥斯勒对牛津的第一印象是从桑德森先生那里获得的，桑德森告诉奥斯勒，那将是一份闲差。第二天，在伦敦的一次晚宴上，他不经意地问及一位英国的著名医生："您认为以我的年岁出任牛津皇家医学讲席教授合适吗？"随后，他把这位医生的回答告诉了库欣，库欣感到十分惊讶，并立刻传话给了格蕾丝夫人：

"我可不敢说，奥斯勒先生已经被聘为皇家医学讲席教授了，但愿如此吧。那可是一个养尊处优的地方，一个让奥斯勒先生大腹便便的好去处，自然，奥斯勒太太也将成为一位脑满肠肥的胖夫人。这个职位没有多少工作量，薪水却很丰厚，一年只需做一次演讲，其他时间就可以去喝波特酒，或者写医学史[7]。"

就在英国医学协会开会酝酿奥斯勒的聘任时，坊间有许多关于奥斯勒这位潜在的候选人的流言蜚语。不过在被考察期间他给人们的印象是良好的。在这次会议上，首先是大会主席热情洋溢的致辞，随后，奥斯勒也礼貌地致了答谢辞，他不仅盛赞了牛津的传统与理想，但也抱憾地指出，在主席致辞中列举的牛津医学史上的名流，不知为何唯独缺了约翰·洛克（John Locke，著名医生政治家），如果不经意间遗忘了自己国家、民族历史长河中那些显赫的名流，牛津学人对此一定会耿耿于怀的。基于其渊博的历史造诣，英国医学协会推荐奥斯勒成为牛津法学荣誉博士，当时只有6位学者获此殊荣。在古香古色、富有传统神韵的谢尔顿剧场里，大家毫不吝啬地给了这位加拿大人以经久不息的掌声，这让奥斯勒感到十分兴奋和惬意。在场的库欣描述当时的情形时称，奥斯勒先生黝黑的皮肤下透出兴奋的红晕[8]。

初抵英伦，奥斯勒花了一个星期的时间在牛津社交圈里应酬，席间不断地思索、擘画着未来的工作。英国人决定聘任他并非戏言，行业领袖们一再向牛津学人承诺这项任命非常有价值，将是一项了不起的决定，尽管他们不理解奥斯勒为何要离开世界上最负盛名的约翰斯·霍普金斯大学。其实，暂且不论坊间的议论，奥斯勒本人都还拿捏不定。当得知他犹豫不决时，格蕾丝夫人立即致电他："别犹豫，接受这项任命！"在后来的故事版本中，奥斯勒说，格蕾丝夫人当时还说了这样一句话："坐轮船总比坐松木箱好吧[9]？"奥斯勒只向库欣和麦克柯雷展示了"不要犹豫"这部分内容，其他电报内容并未向他们展示。其实，早在奥斯勒动身离开美国时，鲍尔夫首相就做出决断，并征得国王许可，邀请他出任牛津医学讲席教授。奥斯勒没有太迟疑，欣然接受了这项任命。

在回程的大多数时间里，他都在给老同事、老朋友及亲戚们写信，解释他的决定，只是为工作卓越的人找到一个舒适的位置。人生不过是一段旅程，他用航海来比喻，一个人注定要在海上漂泊，或许只因他是海军的儿子："我一直顺风顺水，但总有一天要收帆回港，或许在巴尔的摩，或许在牛津，牛津真是一个舒适的港湾，我可以在这里修整几年。"事实上，在美国做了 30 年的医生和医学教授，退休是必然的选择。只有放慢自己的脚步，不去追赶美国的快进式的生活节奏，才可以保证自己的健康状况不受影响。在一封信里他这样写道："我是一位下马的骑手，厌倦了时刻追逐的生活。"他在另一封信中也提到："这样的生活对于我来说过于紧张、喧闹，而我的身体和精神状况都在走下坡路。"他一直打算在 60 岁时就退休，而今年 56 岁，离退休不远了（1904—1905 年，他还会待在霍普金斯大学）。离开世界上最好的医疗机构，离别那些共同奋斗的老朋友，都是令人寝食不安的事情，当然，他对英国的情感也是炽热的。他对 98 岁的老母亲说："各方面来说，对孩子（里维尔）的成长都更有利。"他向她保证："我每一年都会回来看望她，我敢说，相比之下，我们见面的次数会更频繁[10]。"

339

格蕾丝太太内心里却很是纠结，她害怕离开她多年的老朋友，还有那亲手操持起来的温馨可爱的家，以及她年迈的双亲；她也担心自己不适应英伦潮湿、寒冷的气候，在最近一次到访英国时她就出现过呼吸道不适的症状。但这一切都无法阻止她坚定支持丈夫的选择，因为这次牛津赴任是他突破原有生活藩篱，踏上新生活的唯一途径。你不知道这是一次非常艰难的抉择，目的只有一个，那就是希望奥斯勒能够找到最适合的职位。她写信给她的医生朋友问道："我能做些什么呢？"她还告诉她的姐妹们："反过来说，每个人都相信美国人依恋美国传统，希望回去，因为那里有他的童年记忆[11]。"

奥斯勒将出任牛津医学讲席教授的消息很快传遍约翰斯·霍普金斯大学，那里的师生都感到沮丧，每一个人都在挽留奥斯勒教授，弗洛伦斯·沙宾在给朋友的信中这样写道："一位校董说，对于霍普金斯医院而言，奥斯勒的离开比那一场大火给我们造成的损失还要严重，赫德博士已经想办法在全力挽留他。"韦尔奇院长在给奥斯勒的回信中说："您的来信令我心烦意乱。日后我会想念您的，我们都会想念您的！这份感念之情无法用语言来表达，此时我都懵了。"赫德在给奥斯勒的信中除了向奥斯勒表达敬佩之外，也萌生了辞去董事会职位的念头：

很长一段时间里我都在琢磨，您像一台机器，马力开得太足了，拼得太狠了，如不想办法把速度慢下来，您会耗竭的，依您的天才素质，自我牺牲精神，对职业的极度奉献，怎么奖励都不过分，譬如晋升。我以为霍普金斯大学医学院和霍普金斯医院所取得的成就在很大程度上都是您的功绩，您在凝聚各部门和建立高标准的职业规范方面做出了最大贡献。事实上，离开您的广博学识与睿智见解，我们不可能达到今天的声望。

韦尔·米彻尔正准备给奥斯勒写信敦促他们部门缩减开支。如今，为了掩饰他揪心的沮丧，他拿奥斯勒的前程说笑："你很快就会感受到这是真的现实，他的确从霍普金斯的楼宇里消失了。你会抱怨'我的老天，不公呀！'"米彻尔继续补充道："在约翰斯·霍普金斯大学，没有人不知道医学院里曾经有一位大名鼎鼎的威廉·奥斯勒教授。"塞耶当时正躲在华盛顿的一家宾馆里写作，因而没有收到奥斯勒的信，而是在报纸上得知这一消息："看到这则消息时，我完全怔住了，一时无法思考，瘫倒在床上，哭得像个孩子[12]。"

门肯（L. H. Mencken）说，这是美国医学界的痛，他的影响无所不在，然而，他真的离开了。库欣寻思，奥斯勒为何必须离开巴尔的摩去牛津，如果不是每个人都向他施压，让他拒绝爱丁堡大学的邀约，他可能永远不会离开。这一次，奥斯勒没再考虑爱丁堡的邀约[13]。

无疑，霍普金斯大学的生活还将继续，奥斯勒一家也还要在美国再待上8～9个月。朋友间有足够的时间道别，学校也有时间遴选新的继任者，完成新的医学教材体系建设，奥斯勒为此事还刚刚同意出任费城一家出版公司的教材编审，他还将为他的许多复诊患者完成最后的会诊。最后几个星期，奥斯勒夫妇还将去加拿大魁北克的皮克角度假，说是度假，他在那里每天要回复 30～40 封贺信。在回巴尔的摩的路上，他们还要到宾州的一些亲戚家中去拜会、辞别。格蕾丝夫人很快就发现她厌倦了这种一家一家的访问，仿佛是牛津皇家讲席教授，以及他一家的荣耀之旅。奥斯勒的母亲建议他们保持低调，"记住，威廉，哪里都有不如意，英国的百叶窗也会像美国的一样嘎嘎作响"[14]。

在霍普金斯大学同事的圈子里，对奥斯勒的离去，富兰克林·马尔暗自有些窃喜。奥斯勒倡导研究伤寒与疟疾等疾病的病理，而马尔却不支持这项研究。此时，奥斯勒觉得自己的余力正在霍普金斯大学消耗殆尽，他期望快一点遴选出继任者，替代他去迎接新的机遇与挑战，让他们所在的部门能够继续前行、不断提升，用马尔自己的话来说，就是要将目前与欧洲一流医疗研究机构并驾齐驱的部门再提升一个高度。从这个情况来看，似乎找不出谁比马尔能更有作为、更适合成为奥斯勒的继任者了[15]。

341

在霍普金斯大学，威廉·韦尔奇的声望与威廉·奥斯勒旗鼓相当，尤其是在研究团队中，他也是一位和蔼可亲的领军人物。且他的学术资历非常厚实，早年就已获得医学学位。于是，霍普金斯大学有意让韦尔奇来接替奥斯勒，出任霍普金斯大学医学院的首席医学教授和内科总医生。尽管这个提议似乎有些令人费解，根据希波克拉底传统，医学院的首席医学教授为学术团队的群芳之冠，肩负着领导所有部门，使各部门得以协调发展的职能。对此，韦尔奇本人也持谨慎态度。库欣曾记得，有一天，在马尔戏称韦尔奇就是现代的希波克拉底后，韦尔奇放弃了这项提名[16]。

令人不解的是，霍普金斯大学为何不直接提拔奥斯勒的助手塞耶，那是跟他关系最密切的人。奥斯勒首先意识到塞耶对这个职位有着坚定明确的诉求："我没搞明白我为什么没力挺赛耶？"其实，塞耶是一位纯粹的临床专家，一位英格兰婆罗门教派学者。这些年来，作为奥斯勒的助手，塞耶深刻领会奥斯勒的思想精髓，是奥斯勒的衣钵传人。正因为如此，这也让马尔和其他科学家对塞耶并不感兴趣。他们评价塞耶诊断水平高，但好做些不切实际的幻想，做事有时缺乏章法，且在医学研究方面业绩不彰，没有达到他们期待的水准，而这个职位需要临床与研究两方面德艺双馨的人，如果塞耶获选，或许会给霍普金斯大学开了一个令人不安的先河，那就是当一个重要的位置空缺时，由前任的主要助手或合作者接替[17]。

即使没有公开招聘或严格的面试，大家彼此间也都知根知底。当时优先考虑的外部候选人有两位，一位是密歇根大学医学教授乔治·多克，另一位是芝加哥大学的解剖学教授卢瓦利斯·巴克。多克在费城（宾夕法尼亚大学医学院）时在奥斯勒手下工作过一段时间；而巴克跟奥斯勒曾在霍普金斯大学共事过，两人还都是加拿大人。说起来三人都是老朋友。多克在临床阅历方面要丰富些，而巴克只是一位头脑冷静，也稍有些冷漠的科学家，临床经验显然不如多克。但巴克很聪明，有优秀的个人素养，雄心万丈，也可以说野心勃勃（多萝西·里德并不喜欢他，她形容他是一位不择手段的加拿大人）。巴克还是一位工作狂，十分勤奋，人们都觉得他有望成为伟大的科学家和一流的临床大师。在教授评议会上，韦尔奇、霍尔斯泰德、马尔都投票支持了巴克，其中，马尔的态度最积极[18]。

奥斯勒对继任者遴选这件事很上心，但未作过多干涉。他此时正处在一个很微妙的位置上，不能利用自己的声望和影响力随意干预人事安排。面对这几位熟悉的候选人，他的确显得有些摇摆不定，左右为难，不知道该不该主动推荐自己心目中的接班人。奥斯勒心知肚明，在这件事情上，除非他对人选的态度十分坚定，否则还是出言谨慎一些为好。在向同事详细了解了遴选工作的进度，奥斯勒最终决定还是不插手为好。也许奥斯勒想明白了，无论最终花落谁家，霍普金斯大学都不会有损失。奥斯勒曾经推心置腹地告知过多克和巴克，谁要是能够得到阿贝尔（Abel）、豪厄尔、赫德这几位权威的支持，谁的人选可能性就会更大，而他本人则要照顾塞耶的情绪，为他做点努力。经过 1905 年年初的多次会议的充分商讨，37 岁的卢瓦利斯·巴克最终入选，成为奥斯勒的继任者，成为首席医学教授，与此同时，塞耶也被提拔到临床医学教授的位置上。出于避嫌，奥斯勒并未出席最后议程 [19]。

巴克深谙这次角逐中，他被选中而塞耶败退的主要原因是他对科学领域的兴趣更为广泛，实验室经验也更丰富。虽然当时没有任何硬性规定提到领军人才必须具备更深厚的科学素养，而马尔和韦尔奇也没有指望他的临床素养能在短期内大幅提升，达到可以出诊的水平。当务之急是安定民心，稳定队伍。如同他几年前建议的那样，一旦资金到位，将给大家发全薪。与此同时，马尔还建议应该继续进行"高阶研究"。马尔在 3 月 4 日写给巴克的信中这样建言："您有实验室的优势，会很自然地将实验室的研究成果运用到临床实践中来，我们都希望您这样做。现实点，别幻想，千万不要将教学计划当作纸牌屋（玩虚的），那样只会给自己找麻烦，临床病例的报道或许就像'解剖学变异'（Anatomical Variation）个案报道一样。假如被已设定好的统一标准来判断，则什么都发现不了 [20]。"

在奥斯勒离任交接期，库欣曾写信给他说："每一位巴尔的摩的老百姓都想在您离开前再次见到您（尽快约您复诊或复查，不然就没有觐见名医的机会了）。"而奥斯勒则想尽可能减少自己的门诊量。1904—1905 年，留在巴尔的摩的那段日子里，他试图为即将到来的春季告别仪式做好准备。不过，他还是陷入了离愁别绪的人情泥沼，想说告别不容易，这是一件让人精疲力竭的工作。据库欣观察："每隔几天，就会有一些大学或学会派人来给奥斯勒画肖像，留作纪念，他要给不同地址的人写信致谢，饭局也是一个接着一个，他一天要跑好几个地方，他的家中挤满了他的老朋友和老患者，希望友谊长存。"不过祸福相依，1904 年 11 月 4 日，这个日子跟往常一样，但奥斯勒的屋子里却传来陌生的声音，充斥着黑暗的阴霾。在他家的地下室里发现一个炸药装置，如同盖伊·福克斯（Guy Fawkes，在国会大厦安放炸药企图炸死英王詹姆斯一世的策划者，据说此人长相酷似哈维·库欣）事件一样，炸药就被藏在壁炉顶部，幸好发现得及时，未酿成惨剧[21]。

12月下旬的一个晚上，奥斯勒在医学院图书馆阅读文献，估计是一些火药大小的肾结石碎沫引起了他的左侧腰腹部的疼痛发作。他头晕目眩地回到家中之后，只好径直上床休息了。疼痛在持续了1~2小时之后自行消退。第二天，托马斯·菲彻检验了奥斯勒的2份尿液标本，首先发现的是5颗排出来的小结石。福奇很快意识到奥斯勒是从门前的步道上弄了些石英状颗粒放进了撒了盐的尿液标本里[22]。

尽管奥斯勒口口声声说日后一定会常回巴尔的摩做客，而在美国，他的同事却都把他的离开视为永别。似乎他不只是离开这座城市，而是离别整个美国医学界。他一口气写了3篇正式告别演讲，每一篇都是对自己医学观念的深刻总结，其中不乏见微知著的真知灼见。

最长的2篇致辞献给了麦吉尔大学与费城大学的学生们，后来以《医学生的生活》（*The Student Life*）为标题发表在了期刊上。文章内容不只局限于医学生阶段，而是涵盖整个医学职业生涯。之所以将标题定为《医学生的生活》，是因为奥斯勒觉得医学无止境，应该永远像学生一样谦逊好学，不断追求真理，锲而不舍，终致成功。他还持续呼吁医学生和医务人员遇事要宽容，要将理论与实践结合，不做书呆子，尤其不要陷入偏执狭隘的技术主义泥潭里去。奥斯勒在文中建议，"医学生一定要勤奋好学，心怀宏大理想，同时要加强职业修炼，成为有修养的一代医者"。例如，有一位苏格兰乡村医生，他把所有的业余时间都投在翻译希腊医学文献上，这在20世纪初的医学生看来太不可思议。奥斯勒对医学生提出更为贴近实际的3个锦囊："一本笔记本、一个图书馆、每5年更新一次知识结构，此外，还有3个空间是医学生们提升素养和胜任力的好去处，分别是图书馆、实验室和儿童护理间，对应的是知识、技能和人文素养。"

在这个国家，医学院大多处于郊野，宁静的校园生活令人惬意。

奥斯勒一再鼓励医学生们留在这里陶冶"宁静致远"的淡泊, 而不是转到喧嚣的校园去就读。这可能是一座小城, 一个田园风光的地方, 但只有在这里, 你才能静下心来认真读书, 扎实积累, 成为人人尊崇的大学者。说实话, 我宁愿跟我的那些乡野村夫朋友交换场地, 也不愿意跟那些追逐喧闹的同行为伍。另外, 他最珍视的信念是医生必须警惕沙文主义, 不要动不动就将别人视为异类。他告诉聆听演讲的听众: "早点摆脱国籍的束缚吧。杰出的学问家是世界公民, 他的灵魂是如此的开放与高贵, 绝对不会将自己局限于一个国家, 一个民族, 一种语言, 伟大的思想和辉煌的事业都是超越时空边界的。因此, 真正的学者永远不会自视高人一等, 而是以世界主义的眼界来处理学术生涯中的诸多问题 [23]。"

奥斯勒在马里兰医学与外科治疗学会 (Medical and Chirurgical Faculty of Maryland) 发表名为《团结、和平、和谐》(*Unity, Peace and Concord*) 的演讲过程中情绪一度失控, 这是他在告别美国医学界时留下的另一首绝唱。这句"团结、和平、和谐"口号出自英国国教的圣歌, 原词句为"要把团结、和平、和睦赐予所有人", 这也是奥斯勒临别时对美国医学界的最后期许。此时此刻, 在各种医学界告别演讲的场合, 他变得如此口若悬河, 滔滔不绝:

医学是世界上独一无二的崇高职业, 无论何时何地, 都遵循同样的价值原则, 追逐同样的理想抱负, 采用同样的方法去追求同样的疗愈目标。这种同质性就是其最大的特质, 或许在宗教、法律界也有先例, 但程度还是有所差别。在古代, 法律与医学在职业精神方面有所类同, 但法律活动中无须像医学界那么团结协作, 并追求齐一性, 世界各地的医生都采用共同的原则与方法去应对疾病。在基督教会中, 也不断强调普世的使命感与忠诚, 凝聚着/流淌着创世者的人道主义宏愿。同样, 地球上不同的地区的医生都开始共享同样的疗愈原则与方法, 无论你在世界的哪一个地方, 诊疗方法和目的都大致相同。100 多年来, 医生这个职业群体联合起来合力展开了一场推动世界改变的运动, 他们为这个世界、这个民族所作出的贡献比其他任何一个职业群体都要大得多。

医学的进步如此巨大，以至于我们失去了对它的感激之情。疫苗接种、环境卫生、麻醉、无菌外科，细菌学新学说、治疗学新技艺正在以革命性的方式影响着世界文明的脚步。这些成就让人类社会第一次告别了贫穷、苦难的历史，步入一个期待中的理想时代，不再有非正常的死亡，悲伤、忧愁、疼痛也不再伴随着我们。

在奥斯勒离别前的最后演讲中，他的语气变得愈发神圣：

我亲爱的听众们、读者们，无论你们是在听我演讲还是阅读我的书籍，我都要祝福你们，你们劳作在城市与乡村，付出得很多，获得却很少，你们奋斗在备受关注的特殊领域里，你们日夜耕耘教学、研究岗位上，我还要祝福到所有的人，临别之际，我想用一句话作为我的赠言，那就是慈悲为怀，至善无敌。

此刻，奥斯勒确实是动情了，据当时在现场的库欣回忆，在场的人无不为之动容，甚至有人泪流满面。事后，奥斯勒也为自己当时所失去的往日沉静之态而感到些许羞愧[24]。

与自己朝夕相伴的约翰斯·霍普金斯大学师生们临别，他想留下更多的欢笑，而不是眼泪。1905年2月22日，在大学校庆纪念日的庆典上，面对踌躇满志的师生们，奥斯勒又做了一次演讲，内容大半都在总结霍普金斯大学在医学教育上的杰出成就：

对于我个人而言，没有什么能让我觉得比曾经供职于约翰斯·霍普金斯大学医学院而更骄傲的事情了。在这里，我们引入古老的临床实践模式，陪伴、见证、抚慰、安顿。我都想好了，将来我的墓志铭上可以镌刻这样一句话："别着急，他正在病房里指导医学生……"

美国的医学科学在全世界占据举足轻重的位置。但是，我们也要清醒地意识到，这仅仅是一个开端。

演讲的重头戏是对他做出离开美国这个决定的相当轻松的辩护。他表示任何人的离开都不会让约翰斯·霍普金斯大学变得更糟糕。相反，教授的推陈出新会让这所名校更充满活力，就像大自然中的苔藓类植物和蜂蜜，不仅能存活，新陈代谢还让它们显示出更旺盛的生命力：

我家庭院里的柿子树告诉我一个由盛及衰的道理。有那么一些可爱正直的好人，有胆量在一个岗位上一待就是25年，即使他早先头脑机敏，如果待得太长，也会滋生自满的情绪来，让这所大学产生惰性，不是视野缩窄，就是陷入本地化的派系纠葛中，逐渐老朽，失去活力。一个机构的成功之道在于能汇集一批智慧超群的人在一起工作，同时摆脱地方派系纠葛，无拘无束。虽然并不是高调宣称为国家而献身，却在每一项工作中都尽心尽责，同时又对自己的职业怀有反思精神，就像圣保罗更中意于不拘泥于福音的传道者。对于高等教育负有使命感的大学校长应该在其学院里兼容某种游牧精神，遇事大度，保持宽容。

奥斯勒提醒我们要警惕两种学术界的疾病，其中之一是智力幼稚病，患这种病的人精神绷得紧紧的，从来都不曾放松过，一张一弛，文武之道，没有张弛，也就没有成长；另一种疾病就是早衰，该症状的一个特别表现就是视野狭窄和近亲繁殖。其实，对于每一个人来说，都要悉心关注自己与躯体发育同步的精神发育。在美国，大学里的教授通常是终身聘用。对此，奥斯勒表达了异议，他认为教授的任期应该有限制。当他的学术活力丧失或不足时就应该把位置让出来给年轻人。在我们这所年轻的大学里，所有教授同时老化是一个非常严重的问题。在其他一些学校，要么限制任职年龄，要么限制任职年限，都成为通行的规则。随后，他使用了一些刺耳的、不合时宜的词语阐述了他的这些观点：

我的朋友们都知道，我有两个固执的想法，我有时会为这种无害的执念所困扰，但它们对这个重要问题有着直接影响。首先，我认为40岁是人生创造力的一个分水岭，大家听我这么讲一定会感到震惊，其实，只要读一读世界史，就不会感到诧异了。若要列举人类历史的成就，科学也罢，文学、艺术也罢，如果把人生的前40年抹去，那我们就会失去很多伟大的发明、发现和杰出的作品。如

347

果抹去这些人类历史的精华，我们今天的人类就不可能有今天的进步和发展。可以说，世界上最具创新活力、最能改变世界文明进程的作品几乎都是在 25—40 岁这一生命阶段内完成的。因此，这15 年是最具活力的人类黄金时代。这是一个富有朝气的、建设性的时期，精力充沛，积极向上。因此，在医学科学与临床艺术领域里，年轻人总是冲在一线，并做出显著的成就。我们作为过来人，就是要鼓励年轻人勇挑大梁，承担大任，提供一切机会让他们展露才华……

我的第二个固执的想法是人到 60 岁就进入创造力的衰竭期了，如果每一位男性从业者在这个年龄中止工作，将是职场的一大幸事，有助于商业、政治等机构的良性运行。17 世纪选学派诗人多恩（John Donne）在其著作《论暴死》（*Biathanatos*，1609 年）中告诉我们，某些国家明智地颁布法令，规定 60 岁的人就必须退出职场。英国作家安东尼·特洛普洛（Anthony Trollope，1815—1882）在他在那部引人入胜的小说《悬车之年》（*The Fixed Period*）❶ 里曾论及恢复这种古老的传统对现代生活中的现实益处，他建议人们根据这个生老病死的规律认知建立大学教授的荣退计划，还要给他们留足一年时间去沉思死亡，然后（61 岁时）就借助于镇静催眠药（氯仿）实施安乐死。其实，擘画生命末期的人生历程对于每一个人来说都是十分必要的。我本人也正在逼近生命的大限，任何像我一样曾经仔细研究过高龄（70—80 岁）生活的困厄的人，都会发现这样的计划会带来不可估量的好处。

总之，可以断言，所有伟大的成就都出自 40 岁之前的生命阶段，相形之下，世界历史上很大一部分罪孽都可追溯到 60 多岁的老人身上，除了让人昏睡的布道演讲之外，还有错误的政治决策，蹩脚的诗歌和绘画作品，滥竽充数的文学作品，几乎都发生在 60 岁之后。

---

❶ "悬车之年"出自《晋书·刘毅传》。悬车，把车子挂起来，指辞官退隐。悬车之年指官员告老引退的年龄，通常为 70 岁。这里奥斯勒提及的退休年龄是 60岁，我们译作悬车之年，是淡化其具体的退休年龄，而取其辞官退隐之义。

如同古罗马演说家、哲学家西塞罗所言：不可否认，偶尔会有一些
60 多岁的人虽然身体衰朽，但头脑依然睿智。究其原因，只有跟年
轻人在一起才保持着这份活力，用全新的眼光看待世界上层出不穷
的新问题。教师的一生应有 3 个阶段，25 岁之前是学习阶段，40 岁
之前是创造阶段，60 岁之前是传道解惑阶段，到了 60 岁，就应该彻
底退休，寻求躯体上和精神上的双重解脱。安东尼·特罗洛普关于
大学建立荣休制度和实施安乐死的两个建议是否应该实行，我有些
迟疑，不过，我离这个终点是越来越近了。

　　演讲中，奥斯勒把女性排除在他的这一论题之外，在他看来，
60 岁的女性不再风情万种，那些迷人的饰物，如漂亮的帽子、三角
披肩都失去了吸引力，本色才最可贵 [25]。

　　这次演讲非常成功，无论演讲前还是演讲后，人们都对奥斯勒
医生表示了衷心的敬意，他被授予约翰斯·霍普金斯大学当年唯一
的荣誉学位。不知道是否有人注意到他在演讲中记错了安东尼·特
罗洛普那本晦涩难懂的小说中的部分情节，特洛普洛设想的安乐死
实施方法是静脉切开术而非氯仿，年龄不是在 61 岁，而是在 68 岁。
当然，这些细节差异都无妨，奥斯勒想要表达的观点与其并无二致。

　　一石激起千层浪，各大报纸开始大肆渲染奥斯勒演讲中的这
个观点。什么人过 40 岁就没用了！ 60 岁就弄一瓶药物赶紧安乐
死！这样的观点居然不是出自二流庸医，而是出自伟大的美国医生
威廉·奥斯勒。这让 40 多岁的人会怎么想，60 多岁的人又情何以
堪呢？

　　诸如"老年人的致命密室""奥斯勒教授建议对所有 60 岁以上
的人实施氯仿注射""恐慌的 60 岁"等耸人听闻的标题一时间充斥
纽约报刊的各个版面。各大报刊还煞有介事地列举了那些可以轻松
获得氯仿实施安乐死的著名纽约客名单，如约翰·D. 洛克菲勒、安
德鲁·卡内基（Andrew Carnegie）等。73 岁的霍普金斯大学古典主
义学者巴兹尔·吉尔德斯里夫（Basil Gildersleeve）告诉记者："我
很高兴，13 年前，没有人想到给我注射氯仿"，而参议员苍西·迪

349

普（Chuancey Depew）还不服老，70岁仍热衷竞选。而法官、国会议员、神职人员队伍中的大批人员都已达到奥斯勒的安乐死执行年龄。更糟糕的是，让人啼笑皆非的局面出现了，一些机构开始解雇那些40岁的员工，因为奥斯勒在演讲中称他们是一群没有用的人，而另一些人则列出一长串40岁依旧可堪大任的名单，来反驳奥斯勒的论点。包括亚里士多德、柏拉图、斯宾诺莎、塞万提斯、克伦威尔、列奥纳多、约翰·亨特、路易·巴斯德、乔治·华盛顿（在他的诞辰纪念仪式上，奥斯勒还曾致辞）、亚伯拉罕·林肯，也包括奥斯勒医生本人，还有赛扬（Cy Young），他在40岁时赢得了一个大满贯赛局。华盛顿时报记者反诘："奥斯勒医生声称40岁就没有什么大用，60岁就是废人一个，人总有一天会成为一头笨驴，那医生的年龄是多少？"于是，夫人格蕾丝取笑他俨然一具"破碎的偶像"（shattered idol）[26]。

幽默家开始预言染发剂、假发、假牙行业将蓬勃发展。来一杯"奥斯勒鸡尾酒"如何？保证不让你超越40岁，甚至有人会发问，美国的象征山姆大叔是否应该被废掉。

> 兄弟今年六十一，
>
> 活在世上已不期，
>
> 也无风雨也无晴，
>
> 氯仿下肚把世离。

就这样，"奥斯勒化"（Oslerizing）这个词被用来委婉地谈论"用氯仿帮助老人实现安乐死"这一说法。那些爱开玩笑者甚至在这个新造词的基础上衍生出了"Oslerization"这个名词。这个词条将来一定会被词典收录。约翰·乔伊斯（James Joyce）在小说《芬尼根的守灵》（Finnegan's Wake）中就曾写下"愤怒的奥斯勒会用他的牛劲击打我们"这样的句子，据报道，有好几位60岁以上的老人在读了奥斯勒的评论后自杀了[27]。

无法确定这些报道的真实性，但奥斯勒的确被大众的愤怒情绪所淹没，他开始意识到问题的严重性。于是频繁接受采访，或者主动写信给报刊编辑，否定自己曾经建议给老人注射氯仿，并试图解释，演讲中的这些话只是一个玩笑，不可以把它当作专业建议。另一方面，他不打算放弃他先前深思熟虑后得出的观点，那就是世界上最好的作品和最大的贡献都出自 40 岁以下的青壮年，而人应该在60 岁时选择退休。那些年过 60 岁还活跃在工作岗位上的人要明白，这些工作如果交给年轻人，他们会做得更好。库欣从写信过来："可怜的人呀！他几乎没有料到他引爆了一颗震爆弹。为此，他收到大量辱骂和威胁的匿名信，住所外挤满了记者，希望他接受采访并解释其观点，还有大量要求书面采访的信函、电话、电报更是不堪其扰。巴尔的摩当地的报刊添油加醋地误导着、渲染着演讲中的只言片语，报道的热度持续不减，一直保持首位。入夜，我们在富兰克林西街 1 号读到一些奇怪的信件，心中明白，三人成虎，奥斯勒的观点已被严重误读和彻底误解了，后来的传言未必是奥斯勒演讲的原意[28]。"

　　奥斯勒和库欣对外界言论的误解也十分严重。他关于"人生阶段与节点"（40 岁前 /40 岁后，60 岁 /60 岁之后）的论述之所以得到媒体如此大的关注，是因为人的衰老是一个渐进的历程，具有相对性，不应绝对化，媒体记者或许想通过剑走偏锋的绝对化解读来戏弄一下奥斯勒这位医学大佬的傲慢，或许美国记者具备反弹琵琶的幽默，想通过是非辩论来正本清源，但在那"政治不正确"的 1905 年，发表一个有争议的观点是十分危险的。要知道奥斯勒执着推进的那一套关于青年、中年、老年对社会的相对价值的精致学说，除青年人之外，无论哪个年龄阶段的人都会感到沮丧。

　　奥斯勒的"人生阶段与节点"演讲激起了每一位在职中年男性的焦虑，这些人担心他们在人们心目中失去活力和魅力，逐渐变得无助，从而成为不受欢迎的人。其实，在生活中，奥斯勒医生一直十分爱护和敬重老人，他最好的朋友中就有许多老年人，而这并未阻止他在大庭广众下将衰老的残酷性不加掩饰地展示给人们。然而，在为医生职业圈子里的某些大人物写的讣告和悼词里，他又表达出某种人类超越衰老的敬重，这让人觉得他心中有双重标准。一般说来，奥斯勒认为衰老是不可抗拒的事实，我们不能将衰老看作是智慧的化身。生活中，老年人常常不被尊重，因为他们身上会显出许多病理征象（失能、失智）。所以，就社会贡献而言，老年人会被打入另册，被归于无用之辈。

在那些研究老龄和退休问题的美国专家看来，奥斯勒 1905 年的老龄真相演讲所引发的争论在几个月内持续发酵，各大媒体争相报道，这事情本身就深具启示意义。其实，这次演讲的真实意图并不复杂，不过就是呼吁高校应该设定一个硬性的退休年限，以便让高年资的教授自觉地全身而退，让资历浅但有闯劲的年轻人脱颖而出。在许多行业，生产率低下的老员工不再恋栈，被强制退休，似乎已经成为共识。这是否就是一个实例，努力创新，奋力竞争，注重效率的新生一代正在崛起，开始排挤因医学和公共卫生的成就而人数不断增长的老年群体 [29]。因此，奥斯勒的《悬车之年》（ The Fixed Period）这一演说可以看作是对特洛普洛在自己老年阶段提出的老龄者应及时退隐江湖的英国态度的讽刺。在 1895 年美国医学会的一次会议上，奥斯勒曾大声呼吁换掉 63 岁的学会秘书，以便提升学会的工作效率，结果换得台下嘘声一片。在某种意义上而言，奥斯勒也是在借此演说再次表达他一以贯之地支持"定年退休"的明确态度。其实，对待老年人，奥斯勒也并非完全苛刻以对，而是力求善待 [30]。他在一份报告中提议要给上了年纪的教授发放双倍津贴，作为养老金。他甚至还和其他一些名流联名向慈善家安德鲁·卡内基建议，捐出 1000 万美元设立"卡内基退休教授基金"，为退休的大学教授提供基本养老金，如果没有这份额外的养老资助，美国的退休教授很少能得到与牛津大学退休教授持平的待遇。

而此时，奥斯勒的学术视野也的确在无奈地缩限。不知道是否是为了自证其观点，56 岁的奥斯勒已然成为自己预言的囚徒。在通常被视为年轻人的领地的病理学和科学医学的专业化领域，奥斯勒开始裹足不前、举步踌躇。赫胥黎曾戏言，要把所有的科学家都在60 岁时掐死。此时，奥斯勒真在某种程度上暴露了他的短视，他没有考虑，事实上，随着他一直为之努力和喝彩的医学研究和临床实践的不断推进，不难预料，人类衰老的年岁会有所延迟。这个年龄的奥斯勒似乎开始更加重视阅读死亡方面的文字，思考死亡这一话题，但他对老年医学的研究进展并不感兴趣，也从不去主动触碰那些支撑老年医学发展的基础研究。

虽然奥斯勒没有支持主动安乐死，但他赞同让生命末期的人平静地逝去，因此，他与那些主张生命之火应该干净利落地熄灭的医生站在同一立场。他在阅读多恩《论暴死》(*Biathanatos*) 一文时，记下这样几行笔记："现代文明进程中，越来越多的人选择自杀了结自己的性命，而但凡有点理性的人都会将其行为归于自私与怯懦。"虽然如此，奥斯勒也表达了看似与这一论述相悖的一种观点，他说："在他所看到的自杀事件中，有些情形是他不能责备的、甚至是令他钦佩的、值得赞许的。"这似乎让人感到惊讶，他想到，这是一个一死百了的时代，死亡的意义被遮蔽了，死亡的选择其实有高下之分，就像莎士比亚作品中的布鲁图斯人：与其被人推下坑倒不如自己跳下坑 [31]。

我怀疑，导致奥斯勒对此持悲观主义观点的另一个缘由是他已经失去了生命的信念，相较于遁入天国的肉身消亡，衰老已经是一种福报了。对于奥斯勒来说，衰老是身体与精神走向虚无的必经之路，死亡只是一切的终点。以医学专业观点为出发点而言，奥斯勒确实是厌恶衰老及老人，这种态度随后被简略却精确地概括为老年歧视。但就每位个体而言，在接纳奥斯勒关于衰退年龄节点的同时，他就已经进入了某种形式的退休状态。这就意味着生命已经开始提前退场，此后，除了身体继续衰退、直面死亡与虚无之外，再也找不到职业发展的新空间了。难怪奥斯勒从不庆祝自己的生日。作为以"科学和永恒"为题的英格罗尔讲座的演讲者，医学进步的预言家，奥斯勒一定意识到：他和他这一代的预期寿命可能比不上父辈。

353

库欣佩服奥斯勒应对人生与职业使命的沉静与从容。奥斯勒不仅在坚持编写教科书，准备推出新版的《医学系统》（*System of Medicine*）系列教材，也仍然坚持一丝不苟地在病房里巡查，照护那些生病的医者，还有医生生病的亲属，亲历了所有的人生别离。那年春天，奥斯勒还借鉴了库欣的一个主意，鼓励年轻的外科医生相互观摩手术而不是互相交换论文。1903 年，年轻的库欣已是美国临床外科学会（American Society of Clinical Surgery）创始人中的一员。他们选择在约翰斯·霍普金斯大学举办了第一次会议，奥斯勒亲自到现场祝贺并邀请所有的与会者共进晚餐。1905 年春天，奥斯勒还邀请了波士顿、纽约、费城、巴尔的摩的青年才俊一起聚会，组建了一个跨城市的临床俱乐部，促成他们在临床实务上相互切磋，共同提高。第一次聚会选在 4 月 28—29 日，地点在霍普金斯大学。在这次聚会中，这些年轻人个个都有精彩的表现，他们中不乏奥斯勒的学生。他们将在圆形剧场式阶梯示教室集体查房之后目睹恩师的离去，不免有些心酸。好在由奥斯勒促成的这个横跨全美的城市间临床俱乐部很快普及开来，如今已经迎来了它的第一个百年庆典。

5 月 2 日，纽约的华尔道夫酒店里灯火通明、高朋满座，汇聚了北美医学界的 600 名精英，他们都是奥斯勒往日里结识的名流，横跨了整个美洲大陆，大家济济一堂来为奥斯勒饯行，在一起享用着法式大餐，有威尼斯火腿慕斯、网烤鲈鱼、油焖公爵大鹅、孜然羊肉、珍珠鸡、醋栗果冻、幻想冰淇淋，餐食极其丰盛，还配有各种葡萄酒，三种香槟酒，以及餐后甜酒。来自费城的詹姆斯·泰森担任此次聚会的司仪主席，这是美国医学史上最耀眼的一次聚会。依照当年的时尚，着装优雅的妻子们在阳台上守候，旁听着大厅里的演讲，奥斯勒的妻子格蕾丝偕同她的母亲，以及里维尔在另一个包厢里。弗朗西斯·谢泼德这位奥斯勒的发小，在那里大谈奥斯勒的青葱岁月；J. C. 威尔逊（J. C. Wilson）这位费城时代的老友，则在回忆起奥斯勒的费城时代，尤其是他与格蕾丝的婚礼场面；韦尔奇，这位约翰斯·霍普金斯大学时期的朋友，则在做着"韦尔奇式告别演说"。韦尔奇的演说之后，圣约翰斯·霍普金斯大学四重奏乐队（the saint Johns Hopkins gastric quartette）以与英国国歌《天佑女王》（god save the queen）曲调相同的美国爱国歌曲《为你，我的祖国》（my Country，tis of thee）为旋律，演唱了《我们的皇家教授》（our regius professor）这首歌。

皇家教授呀，我们祈求，

心中的爱比大海还宽广，

我们要为您纵情歌唱，

我们爱您的亲切慈祥，

我们爱您的机智阳光，

您的眼神穿透黑暗，

给我们带来了坚强。

（合唱）上帝护佑着您，

我们在悲伤中与他别离，

上帝护佑着您，

上帝护佑着我们的皇家教授，

我们向您脱帽致敬，

上帝护佑着我们的皇家教授，

上帝护佑着我们的教授。

……

愿他找到万灵药，

只需鼻子闻一闻，

无须诊就能断，

他的眼神很深沉，

轻轻地摸摸脾脏，

虔诚为女王听诊，

这就是我们的祝词。

美国儿科之父、医界中最显赫的人物亚伯拉罕·雅克比（Abraham Jacobi）所描画的理想医生肖像与奥斯勒的形象别无二致。美国医学界的另一位领军人物韦尔·米切尔送给奥斯勒一本西塞罗1744 年版的《论老年》（De Senectute，荷兰语），这是一本由本杰明·富兰克林出版社刊行的老年论著。米彻尔对奥斯勒说，我总希望你能青春不老，但随着年岁增长，青春已逝，谁也不敌。我和我的朋友发现夕阳无限好，满满的成就感，因此我确信，在你的生命中秋意渐浓时，也会有果满枝头的惬意。

作为回复，奥斯勒特别强调自己的金色暮年一定会跟老朋友共度，自己离不开那些老同事、病友、学生和家人的眷顾和关爱。他深情地回忆起他来美国后的日日夜夜，就在米彻尔告诉他如何洞悉生命的真谛之后，他越发感激他的同事、遍及美国的开业医生，还有"生命中的灵感之源"。他的学生们：

从医学行业来谈，我有两个理想抱负：第一，让自己成为一位良医；第二，是参照德国的医学模式开创美国的临床体系，使医学的科学化进程能位列世界前茅……

从个人角度而言，我有三个人生理念，关涉个人修炼，第一，每一天都把当下的工作做好，做到极致，不为明天的任务而烦恼；第二，一切按照"黄金法则"（golden rule）行事，对我的同事和我照顾的患者，真诚以待；第三，遇事保持沉静从容的心态，在谦逊中成长、成功，与朋友善处，不骄不躁；宠辱不惊，坚毅地迎击各种负面情绪的挑战。

奥斯勒的演讲总是令人振奋，每一次都会激起经久不息的掌声与欢呼声。听众也为雅克比的评论而叫好："我认为他所说的美德颐行，就是美国人的精神，我们都是其中的一员 [32]。"

离别前，奥斯勒夫妇将家具、书籍、杂志、瓷器和其他纪念品分赠给他的房东和朋友们。一个故事再现了他在霍普金斯大学最后一次查房的场景，奥斯勒很有仪式感地将他手中的听诊器郑重地交给托马斯·博格斯（Thomas Boggs），然后语重心长地对他说："从

今以后，我把工作托付给您了！"另一个可能是杜撰的故事则这样
描述，奥斯勒参加完最后一次教学会议后，转身对马尔说："现在我
要走了，从此你可以自作主张。"5 月 16 日，威利只身离开巴尔的摩，
临行前，他留下格蕾丝照料好行李。格蕾丝对库欣抱怨说：威利的
箴言是"常保宁静之心"，但是遇到这样的事，他倒好，先行一步，
把这摊子事留给了我。他们的老房子将在奥斯勒夫妇离开后被拆除
重建，但格蕾丝依然坚持把它整理得井井有条，最后将写有他们名
字的户牌郑重地交给了哈维·库欣。

　　5 月 16 日和 17 日，奥斯勒出席了在华盛顿召开的美国医师协会
（Association of American Physicians）年会。17 日那天，他还完成了
《医学原理与实践》（第六版）的前言。前言里奥斯勒告诉读者：这
本书凝聚了他毕生的智慧与心血，尤其是第六版，改动大大超过前
五版，几乎焕然一新。5 月 18 日，他又赴美国结核病防治与研究协
会就"公众教育的必要性"主题作了一场演讲。5 月 19 日，奥斯勒、
格蕾丝夫人携儿子里维尔由纽约的塞德里克港乘船出发，驶往退休
生活的福地英伦旧世界。

357

　　天上的羽毛要腾飞，地上的岩石要生根，一位叫奥斯勒的游子
即将归家，他的思绪一片空白，纷乱的情绪被他写在当天的日记里：
命不久矣！

（王一方　译）

A Delightful Life and Place
第 9 章　愉快生活的地方

　　1905 年 5 月 27 日，星期六，英国牛津。在大西洋航行往往要看天公是否作美，奥斯勒一家这次恰好赶上个不错的天气，因此提前一天便到了牛津。他们提前发好电报，先乘坐火车，又转乘马车。到了下午晚些时候，奥斯勒医生、奥斯勒夫人、莱弗利以及他们的家庭教师一同抵达了诺勒姆花园 7 号——这是一座很大的砖房，位于城镇新区一条安静的街道上。这栋房子是他们从麦克斯·穆勒女士那儿租的。穆勒女士的丈夫生前是梵语专家，因将日耳曼语言学研究引入英国而享有盛名，据说他还发现了所有神话的共同起源。

　　这栋房子的租金包括了佣人的工资。一位名叫威廉的男管家站在门前接待了来自美国的这一行人，女仆们在大厅里毕恭毕敬地候着。卧室已被打扫得干干净净，美味丰盛的晚餐也早已备好。真是个不错的开始。

　　星期日上午，奥斯勒一家去了基督城大教堂做礼拜，又接待了几个前来拜访的老朋友，之后便无事可做了。尽管五月的牛津景色宜人，鸟儿欢叫，但威廉、格蕾丝和莱弗利还是觉得这里宁静得让人感到压抑。奥斯勒回忆时这样说道："两三天前，我的心情简直低落到了极点。""我们出去喊一喊吧。"莱弗利提议道。"要想融入新环境，感觉像在自己家一般自在的话，还得花上好几个月呢，"奥斯勒在给美国那边回信时这样写道，"显然，我必须得适应这种平静的学术生活，不过假以时日，我会爱上它的 [1]。"

　　之后的日子里，奥斯勒跑到伦敦参加晚宴，开始私人会诊，和莱弗利在艾西斯河上钓鱼划船，并逐渐融入了牛津大学的社交圈子，他的情绪变得不再那么低落。奥斯勒夫妇为 9 岁的莱弗利找了一位不错的家庭教师。比起在巴尔的摩，莱弗利似乎更适应在英国的生活。"天呐！如果莱弗利长大后不能成为一名温文尔雅的绅士，那绝不可能是因为他从九岁起就缺乏相应的环境。"格蕾丝在信中向她母亲感叹道。她一到牛津就立刻爱上了这里：鲜花姹紫嫣红，花园里绿树成荫，大学宏伟壮观，就连烦琐的礼仪也显得格外可爱。她还喜欢这里的大多数人，尽管她认为英国女人，特别是教授的妻子，都不太懂得如何穿衣打扮。"我还从来没有见到过这样难看的女人，尤其是那些科学家的妻子……真是一群老古董啊。"在布莱尼姆宫举办的一场盛大的夏季花园派对上，马尔博勒公爵（Duke of Marlborough）大部分时间都在和格蕾丝以及奥斯勒夫妇的第一位访客，年轻的玛乔丽·霍华德（Marjorie Howard）交谈。格蕾丝猜测公爵之所以喜欢她们是因为她们都出身于名牌大学，并且可能是因为我们的牙齿整齐好看……这里的人都是一口烂牙 [2]。

359

　　沐浴在夏日的阳光下，这座位于大英帝国中心的大学城显得分外宁静。人们在此进行礼节性地拜访，又举办了招待会、午宴和晚宴，热烈欢迎新的"雷吉"（即牛津大学医学钦定讲座教授）❶ 和雷吉夫人。他们每晚都与学者们共进晚餐，餐桌上觥筹交错，银器璀璨迷人。格蕾丝·莱弗利·奥斯勒坦言道，要是自己的曾祖父看到了这翻光景也要退居次席。她认为宴会上和一群"学识极为渊博"的人坐在一起难免会有些恐怖，但在这种场合，聊聊日俄战争总是一个不会出错的话题，况且在牛津，人们只要一提到天气和花园就能变得滔滔不绝。不过无论如何，牛津大学的社交活动都心照不宣地遵守着同一条守则：晚宴时间不能过长，要保证每个人在 22:00 之前就能回家。再过一段时间就要轮到奥斯勒一家宴请宾客了。这个夏天，格蕾丝耗尽了她的全部精力来应付这些社交活动。到了 7 月底，

---

❶ Reggie 指 Regius Professor of Medicine，即"医学钦定讲座教授"。

她已经造访或以名片问候了 113 家住户，但这还只是拜访名单里的 2/3。格蕾丝还惊讶地发现英国女人都比较胆怯，她都不敢和她们讲话，生怕惊吓到她们 [3]。

威利（即奥斯勒）住进了大学博物馆的钦定教授宿舍，也以学生的身份住过基督教堂学院的宿舍。他想象约翰·洛克（John Locke）和罗伯特·伯顿（Robert Burton）也曾住在这些房间里。他在牛津图书馆里饱览书籍，并以博德利图书馆馆长的身份出席了他的首次会议。他准备在牛津的拉德克利夫医院做一些临床工作，实际上他快要正式成为那里的主任了。格蕾丝对库欣夫妇说："我们亲爱的雷吉兴奋极了，他有两套新的长袍——一套里外都是鲜红色，另一件套穿在里面的鲜红色长袍。在重要场合时，他就穿上第二件，再套个黑外套，而星期日或其他时候去基督教堂时，便会套上可爱的白色罩衫 [4]。"

奥斯勒多半是在伦敦身着长袍，去见他霍普金斯大学的同事韦尔奇、霍尔斯泰德和凯利。著名的英裔美国肖像约翰·辛格·萨金特（John Singer Sargent）（他的父亲也是一名医生）受玛丽·加勒特（Mary Garrett）所托，以这 4 名医生为对象创作了《四大名医》（*The Four Doctors*）。这幅作品展现了这 4 位霍普金斯大学创建人的不朽风骨——当然，他们四位对萨金特的画技也是赞赏有加。萨金特非常聪明地将凯利画在了画的一侧，霍尔斯泰德在后面，掩盖在阴影中，奥斯勒最靠前，拿着羽毛笔的右手正好在画的中心。在这幅画里，没有手术台，也没有患者，只有书籍。埃尔·格列柯（El Greco）的画作《圣马丁与乞丐》（*St Martin of Tours Dividing His Cloak with the Beggar*）在后面若隐若现。一个地球仪摆在医生们的身后，寓意他们不仅属于约翰斯·霍普金斯大学，更属于全世界。也许是预见到了有人会写奥斯勒的传记，相较于画其他人，萨金特在画奥斯勒的时候更是遭遇百般周折，煞费苦心。他的肤色似乎每天都在变。"他掌握了我眼睛的精髓，也将我偏赭色的沉郁面庞画得栩栩如生。"奥斯勒最后这样评价道 [5]。

在最初的短短几个星期里，奥斯勒一家迅速成为牛津大学的知名人物。霍普金斯大学的同事、以前的学生、加拿大的亲戚、像罗兹学者（即受罗兹奖学金资助的学者）这样的新生代学生、以前的和现在的患者，以及霍普金斯大学的护士等人都纷纷来到诺勒姆 7 号品茗饮茶、咨事商量、畅谈言欢。仆人们本来以为奥斯勒一家谁也不认识，如今都大为震惊，对于这些额外的工作也稍有不满。"我相信威廉管家一定认为我们一家都很疯狂，"格蕾丝写道，"我不得不给他们支付额外的工资。"在 9 月的一天，负责楼上清洁的女仆对格蕾丝说："夫人，我觉得我们最好还是将家里的床都收拾干净了，随时迎接来访客人入住。"奥斯勒一家来英国还不到两个月，就已经被这些社交搞得疲惫不堪，叫苦连连，急需逃离喧嚣缓口气了 [6]。

有机会外出游玩总是令人愉悦的。"世界之都"伦敦离他们只有一个小时的车程。奥斯勒夫妇经常到伦敦出差、购物或者参加社交活动，就连格蕾丝都加入了俱乐部。奥斯勒加入的是雅典俱乐部，格蕾丝则加入了皇后俱乐部。如果想去更加宁静的地方放松心情，距牛津城仅 22.5 公里的埃维尔姆村是个不错的选择。那儿十分美丽，有 15 世纪修建的教堂和杰弗里·乔叟（Geoffrey Chaucer）的孙女创建的救济院。从 17 世纪初开始，这位医学钦定讲座教授就一直是埃维尔姆救济院的院长。奥斯勒夫妇还喜欢到一个乡村遗址远足，据说该遗址早在发现美洲之前就已经存在了。他们在那里发现了一个保险箱，箱子里面装满了数百年前的文件。他们决定对埃维尔姆院长的房间进行现代化改造以方便使用。他们第一次来这里时还为救济院的人们带来了烟草和报纸。"我相信威利会善待所有人，也会让所有人都爱上他的。"格蕾丝写道。他们还谈到以后要骑摩托车去远足 [7]。

在奥斯勒夫妇拜访剑桥大学时，剑桥大学的物理钦定讲座教授克利福德·奥尔巴特夫妇邀请他们到家里做客。奥尔巴特发明了临床温度计，据说他还是乔治·艾略特所写的《米德尔马契》

（*Middlemarch*）中角色特丘斯·利德盖特医生的原型。他比奥斯勒年长得多，却没有奥斯勒那么外向。不过，他是一名杰出的临床医生、学者、人文主义者以及登山运动员。8月初，一名蒸汽船船主邀请奥斯勒夫妇参加在考兹举办的赛艇会。赛艇会声势浩大，场面热烈。格蕾丝写道，国王爱德华七世坐着马车在舰队中跑来跑去，看上去精神抖擞，身体健康。之后，奥斯勒夫妇又前往苏格兰高地，与美国百万富翁兼慈善家亨利·菲普斯（Henry Phipps）在他租来的城堡里共度了一个星期。他们钓鱼、射击、举办家庭聚会，各种活动层出不穷。格蕾丝在写给她母亲的信中说："我们做的事情和在英国小说中读到的一模一样，实在是太有趣了。这里的景色令人叹为观止。我从未想过会有如此美妙的事情[8]。"

奥斯勒夫妇在斯凯岛上待了一个星期的时间，之后又在斯特拉斯科纳勋爵（Lord Strathcona）的热情招待下游览了内赫布里底群岛之一的科伦赛岛。斯特拉斯科纳勋爵原来只是一位名叫唐纳德·史密斯的小人物，如今却是驻英高级专员（大使），也是加拿大的百万富翁兼慈善家。他是整座科伦塞岛的主人，因此这场宴会甚至比菲普斯的城堡宴会还要盛情周到。

奥斯勒去往巴黎参加为期一个星期的结核病大会，大会的结束也为这个漫长的夏天画上了句号。巴黎这座城市到处都是美国人，其中还包括很多巴尔的摩人。格蕾丝发现，由于美国的生活水平不断提高，曾经在乐蓬马歇百货的时尚购物如今已变得索然无味了。不过法餐还是她品尝过的最好的美食。皮埃尔·路易斯是一位伟大的临床医生和医学统计学先驱，奥斯勒组织了一群美国医生前往他的陵墓朝圣。他们在蒙帕纳斯的墓地找到了皮埃尔的陵墓。奥斯勒走到陵墓的台阶上放了一个秋叶花环，说了几句感谢的话，还拍了照片。看到奥斯勒对这位医学先驱的崇敬之情，在场的许多人都为这一极具象征意义的时刻而动容[9]。回到牛津后，奥斯勒收到了《医学原理与实践》的第十万册印刷本，现在已经修订到第六版了。他将这本书送给了自己的继承人莱弗利。他还参加了几场纪念托马

斯・布朗爵士三百周年诞辰的典礼，这也是一位伟大的医学先驱和
英雄。布朗爵士认为，"完美的生活往往以一种最简单安静的方式进
行"，他身体力行充分诠释了这一思想[10]。

　　布朗爵士曾建议埋头苦干的中年人放慢生活节奏，奥斯勒搬到
牛津后确实有遵循这一建议，用船的航行速度作比的话，奥斯勒的
生活节奏虽说没有减慢到 15 海里 / 小时，但也总算是从 40 海里 / 小
时减缓到 25 海里 / 小时了。他是一位尽职尽责的钦定讲座教授，但
职责相对较轻，他也没想做些什么来扩大自己的职能范围。他拒绝
在伦敦任何一家大型医院从事临床工作或教学，并大幅减少了咨询
业务，因此收入也有所减少。他每个星期在拉德克利夫医院接一到
两次门诊，再进行五到六次私人会诊（接收的患者主要是滞留英国
的美国人和殖民地人）[11]。除此之外，他还要看书，和其他医生交
流工作。在初到牛津的几个月里，奥斯勒从写作中得到了极大的放
松，于是他准备记录一些更为有趣的病例，并着手准备几场正式讲
座。这位钦定讲座教授总是善于在颁奖仪式上进行简短的布道，并
对地区级医学会进行劝勉，奥斯勒家的大门也总是对来访者开放。
在他 60 岁寿辰时，他休了一次假，在欧洲各地旅游。这个假期让奥
斯勒有了全新的体会，他的不少佳作都来自这段时期。

　　1905 年的某天，奥斯勒夫妇在科珀斯克里斯蒂学院用完晚餐后，
在朦胧的薄雾笼罩下，欣赏着浪漫的月光，漫步回家。格蕾丝写道，
"看到威利如此地适应学院生活，我也很开心"。就这样年复一年，
在一封又一封往来书信中，奥斯勒感叹着自己在英国的幸福生活。
1910 年的某个晚上，奥斯勒刚从基督大教堂回来[12]，便对格蕾丝热
情地说："这里环境是如此优美，生活是如此美好。"不过，他仍然
容易患支气管炎或者其他小病，但似乎不再忧虑心脏和脉搏微弱的
问题了。这里是生活养老的好地方，让他能够优雅地老去，能够拥
有更多的时间来感受图书馆里的阵阵书香，能够为莱弗利尽父亲的
责任，能够像父辈或朋友般开导那些前来拜访的年轻人或寻找人生
导师和榜样的牛津学生。

363

英国朋友们开玩笑说，奥斯勒夫妇喜欢去美国过周末。1905 年 12 月，他们在牛津的第一个学期刚刚结束，就回美国过圣诞节了，并在接下来的好几个星期，忙着走亲访友，顺带旅游。格蕾丝和莱弗利在 1 月份就回来了，但奥斯勒则多待了 1 个月，去了更多的地方。他在霍普金斯医院查房，看望以前的患者，与汤姆·麦克雷探讨他们正在编写的《医学体系》。他把自己搞得精疲力竭，回来后就患上了呼吸道感染。美国的喧嚣与嘈杂让我感到精疲力竭，我肯定已经未老先衰了 [13]。格蕾丝发誓，她再也不会在大冬天放奥斯勒一个人在美国待着了。

但库欣评价说，第二年冬天他们又遭了不少罪，更觉疲惫不堪。1906 年 12 月 14 日，艾伦·奥斯勒在多伦多举办的百岁生日派对可谓是盛大之极。她在世的 6 个孩子、26 个孙子孙女和 21 个曾孙中的大多数人都参加了这场派对。生日蛋糕上插了一百支蜡烛，共 5 层，每一层代表了她那个时代的英国君主，要足足两个人才能把这个蛋糕搬到她的房间。她将定制的纪念盘和勺子送给了所有晚辈，后来成了珍贵的家庭纪念品。艾伦的视力不大好，但她仍然坚持读圣经，做祷告，自己支付账单。奥斯勒写道："她精神矍铄，身体健康，没有人比她更享受节日氛围了。"她把自己的长寿归功于过着简朴的生活，她还告诉记者，威利对于长寿的建议全是胡扯 [14]。

多伦多官方希望奥斯勒医生能够永久留任。多伦多大学当时正在进行大规模的现代化改造，其中包括对医学院的持续建设。多伦多总医院即将被重建为世界一流的教学医院。此次的改革计划大部分参考了约翰斯·霍普金斯的经验和威廉·奥斯勒——这位举世闻名、土生土长的加拿大人的建议。发起这场革新的商人兼慈善家们非常了解奥斯勒家族。多伦多大学的现任校长脾气暴躁，在他决定按照以往的校规退休时，有位候选人显然能够接替他的位置。1906 年夏天，安大略省省长询问奥斯勒是否愿意担任多伦多大学的校长。

他的第一反应是拒绝。我不适合当大学校长，我没有行政方面的天赋，而且年岁也大了。不过，能被自己的家乡想起实在是令人欣慰。其实，他自己也不太确定要不要去当这个校长，一直到他的多伦多访问之旅快要结束时他才下定决心。那时，他收到了一份正式邀请，上面详细介绍了多伦多大学和医院的情况。若是接受这份邀请，他就能带领它们成为全世界最伟大的大学和医学院之一，实现 25 年前他想把多伦多总医院建设为"模范医院"（Otnorot）❶的心愿，并能回到最初的起点。但他既没有接受过专业训练，也没有当校长的资质，因此最终还是拒绝了这份邀请[15]。

　　奥斯勒的母亲在几个月后离开了人世，他那时没能赶回多伦多。艾伦直到最后头脑都非常清醒，最终在女儿查蒂、侄女詹妮特等家人的陪伴下阖上了双眼。威利致悼词时说道："她的晚年生活无比的快乐[16]。"艾伦去世前坚信自己能够和费瑟斯通、内莉、B. B. 和小艾玛在天上团聚。有家无聊的小报发讣告说，艾伦之所以能活到 100 岁，是因为奥斯勒没有在她 60 岁的时候给她注射氯仿。在奥斯勒去美国拜访亲朋好友之时，这篇文章就像胃胀气时胃里面的气一样挥之不去，一直萦绕在他的心头。

　　1906 年，奥斯勒夫妇买下了位于诺勒姆花园 13 号的红砖房。这栋房子是维多利亚哥特式的风格，就在他们以前租的房子的街道尽头。这栋房子有着 30 多年的历史，因此他们花了数千英镑，用了好几个月进行彻底翻修，还安装了美式的中央供暖系统，修了三个新浴室。格蕾丝还在牛津当地创造了一个传奇：她爬进了一家商店的浴缸，想试试长度。美国人是否痴迷于洗澡和保暖，这说不太清，但有一件事是肯定的，那就是他们是真的喜欢快节奏——英国工人的蜗牛速度简直快把他们逼疯了。尽管奥斯勒夫妇对慢吞吞的施工速度恼火不已，但在竣工时，他们还是在花园里招待这一百多号工人吃了晚餐。诺勒姆花园 13 号的外观平淡无奇，即使现在看来也是

365

❶ 1881 年，《加拿大医学杂志》发表了一篇题为《模范医院》的匿名文章，文章中的"Otnorot"（暗指多伦多总医院）从一家问题颇多的医院改革为享有世界声誉的模范医院。

如此。对于奥斯勒夫妇来说，它的优势在于面积大，有露台、网球场，还有一个大花园，花园的对面就是大学公园。除此之外，诺勒姆花园还是一条宁静的英国乡村别墅街道，离牛津学术部和医学部很近，步行即可到达。

奥斯勒有着很强的家庭观念。他总是热情接待前来拜访的兄弟姐妹和他们的配偶、子女及孙辈，对远房亲戚也是如此。在所有亲戚中，他最喜欢弗朗西斯家的孩子。尽管他们都已长大成人，身处北美和欧洲各地，但对他最为偏爱的格温、贝亚（Bea）和比尔（Bill）来说，威利不仅有慈善家般的慷慨，知己般的亲切，更有父亲般的慈爱。想到女孩们未来的婚姻生活，他时而兴奋不已，时而忧心忡忡；比尔从霍普金斯大学毕业后做过一些病理学方面工作，后来又想在蒙特利尔实习，因此奥斯勒还悄悄地拜托自己在蒙特利尔的朋友向他伸出援手。

弗朗西斯家的孩子们都过得不尽人意，离成功也总差那么一步，他们中的大多数人都徘徊在上流社会与底层人民之间。例如，比尔并不是当医生的料，他喜欢做一些细致的文学工作，比如编辑、校对、再做些诗词创作，这些大都是受到了奥斯勒和弗朗西斯祖父的影响。威利有请他帮忙做教科书的校对。比尔是个冒失鲁莽的单身汉，四处逍遥，作息也不规律，他的威利叔叔讽刺他看起来比任何时候都更像一个三流杂耍艺人，奥斯勒很少这样批评人。当比尔吃早饭迟到时，奥斯勒会对他说："没关系……孩子生完了，你知道来了。"1911 年，比尔患上了肺结核，他的前途变得更加渺茫 [17]。

不管谁需要他来充当父亲的角色，奥斯勒总是非常愿意。他的导师帕尔默·霍华德在第二次婚姻中生下的孩子们与奥斯勒尤为亲密。玛乔丽·霍华德和坎贝尔·霍华德（Campbell Howard）在父母去世后将"奥医僧"（Doccie O.）和"格蕾丝姑妈"当成了自己的再生父母。1897 年，他在给坎贝尔的信上这样写道："我愿意像你父亲对我那样好好对你，他还是坎贝尔的教父。"他曾指导坎贝尔在麦吉尔医学院学习，把他带到霍普金斯大学做住院医生，为他的论文撰写和发表提供建议，并大力支持他回到麦吉尔大学。玛乔丽·霍华德跟随奥斯勒夫妇一起来到了英国并在这里上学，是他们最早也最常来的客人之一。1905 年，奥斯勒夫妇曾去拜访斯特拉斯克纳勋爵的科伦塞岛，此行的另一目的其实是为了和贾里德·霍华德重修于好。贾里德·霍华德是坎贝尔和玛乔丽同父异母的哥哥，也是斯特拉斯克纳勋爵的女婿。多年以来，贾里德·霍华德夫妇与奥斯勒夫妇以及坎贝尔和玛乔丽之间一直心存隔阂，但在奥斯勒的不断拜访下，彼此之间的隔阂最终消除 [18]。

　　格蕾丝和奥斯勒一样热爱家庭。其他亲戚，如姐姐苏珊·查平（Susan Chapin）和她的家人，探访牛津时总是受到热烈欢迎；"格蕾丝姑妈"或"格蕾丝伯母"欣然照顾着奥斯勒、霍华德、库欣家族等令人喜爱的年轻人们。她还戏称自己为罗兹学者的母亲。跟很多长辈一样，她喜欢看伍德豪斯（P. G. Wodehouse）的小说。奥斯勒和格蕾丝密切关注着年轻人的婚恋选择，但这样的关注并没有让年轻一辈感到压力。他们总是特别乐意为合适的年轻人牵线搭桥，特别是有认识的优秀单身青年时。在这些重要事情上，奥斯勒和格蕾丝都很愿意帮这些年轻人撮合。如果任由他们安排的话，他们准能精心打造出一个由他们的侄子和侄女、医学博士、其他精英人士组成的婚恋网。除此之外，奥斯勒还会为所有的杰出人才在蒙特利尔或巴尔的摩安排工作。

　　在巴尔的摩的那些年里，他们把纯金戒指送给自己的一些美国学生佩戴，防止他们在国外留学时受到不怀好意的关注。当玛乔丽·霍华德在德国时，有人追她，W. 雷吉·戴维斯（W. Reggie Davis，即奥斯勒）警告她要小心："我不喜欢英国女孩或美国女孩找德国人当老公。"诺勒姆花园门庭若市，男孩们都想一睹玛乔丽的芳容，奥斯勒写道："善良的老曼格太可爱了。我真希望你在 5 月份就能嫁给他……这样我就能放心地送你出嫁了。"后来又出现了一个更好的人选：托马斯·福彻是奥斯勒夫妇在巴尔的摩的邻居，他在访问牛津大学期间爱上了玛乔丽，在奥斯勒夫妇的撮合下，他追着她去了科伦赛并向她求婚。奥斯勒对玛乔丽在信中感叹道：

亲爱的，我知道一切都会变好的。你有一个好男人，他可能没有你心里那么好，但在你的引导下会变得更加完美。你就是他的缪斯……你们简直就是金童玉女。亲爱的格蕾丝说你们是她撮合的，但其实是缘分让你们走到了一起！她实在是太高兴了……

你父亲知道了该多么开心啊！在一切尘埃落定之前你会担心各种事情，但我会帮助你"淡定"❶下来……我看到了你在巴尔的摩取得的巨大成功。我会帮你把做好规划—围绕家庭，社交和慈善活动。献上爱与祝福[19]。

奥斯勒给这座新房子起了个绰号，叫"好客小屋"，并打趣说，格蕾丝这辈子没开个避暑酒店真是遗憾。他给其中一间客房取名为巴尔的摩，另一间取名为"费城"。伟大的帝国缔造者塞西尔·罗兹（Cecil Rhodes）于1902年逝世，他生前计划为包括德国在内的盎格鲁－撒克逊国家的精英学生提供奖学金，这一计划在1905年得以实现。牛津大学大约有150名罗兹学者。乔治·帕金（George Parkin）是罗兹信托基金会的秘书，他是奥斯勒在加拿大的熟人。诺勒姆花园13号几乎变成了"罗兹人"的社交中心，尤其是到了星期日。格蕾丝回忆：在他们住进来没多久后的某个星期日，一家人安静地吃完午餐后：

到了下午，奥斯勒便小跑着去看望几位刚得奖的罗兹学者，然后带了两个人回家吃晚餐，一位来自爱德华王子岛，另一位来自纽约州沃特敦。前者看起来特别机灵，后者则笨头笨脑的。他说："我几乎没做过什么……"然后对艾米说："哎呀，格温小姐，我猜你在这儿学到了不少知识。如果让这样的人来代表美国绅士，岂不是一件非常遗憾的事情？"

艾米·格温是他们的侄女，这次前来拜访他们。格蕾丝补充道：

---

❶ Aequanimitas，源于拉丁词汇"aequo animo"，意为心灵的平静；1889年，奥斯勒在宾夕法尼亚大学医学院的毕业典礼做了以"Aequanimitas"为题的著名演讲，论述一名医生最重要的特质。

"她简直美若天仙，我想所有的男人都会爱上她的。"艾米离开这里后，格蕾丝又讲起了在另一个星期日下午发生的趣事："大约有 30 名本科生在星期日下午打来电话——因为比利·弗朗西斯来了，同我们一起欣赏美妙的音乐。我想这儿必须得有一个女孩，因为对于男人来说，女人具有天然的吸引力 [20]。"有人曾称诺勒姆花园的女孩们为"奥斯勒夫人的诱饵"。1905 年，牛津的罗兹学者举办了一场晚宴来庆祝感恩节，主菜是烤火鸡配山玉米，他们还邀请奥斯勒在这场晚宴上担任司仪。

奥斯勒在写给威尔·米切尔的信中提道："几乎每天都能遇到有趣的人 [21]。"作为北美驻牛津的非官方大使，奥斯勒夫妇经常款待来访者，从美国驻英大使到马克·吐温，这两人都参加了牛津 1907 年的游行庆典。鲁德亚德·吉卜林也参加了庆典，并受邀住在奥斯勒夫妇家，他的妻子是格蕾丝的远亲。71 岁的马克·吐温在奥斯勒夫妇举办的午宴上表现得十分糟糕，故意冷落格蕾丝代表他邀请的一位美国客人。与马克·吐温不同的是，吉卜林是一位令人愉快的客人，他带着莱弗利散步，奥斯勒劝他少抽烟时他也不生气，他还对医学史感兴趣。还有一次，童子军创始人巴登－鲍威尔勋爵（Lord Baden-Powell）来附近发表关于童子军的演讲，演讲开始之前他来到奥斯勒家喝茶。1907 年秋天，德国皇帝威廉二世访问英国，人们不知道他此行有何目的，都提心吊胆。但一切都进行得十分顺利，其中包括在温莎城堡举行的牛津荣誉学位的特别授予仪式。作为钦定讲座教授，奥斯勒也要出席此次仪式。仪式由牛津大学的校长寇松侯爵（Lord Curzon）主持，他也是一位伟大的帝国主义者。威廉二世还向奥斯勒询问了李斯特男爵的健康状况 [22]。

作为钦定讲座教授，奥斯勒的声望很高，因此有许多大学和专业机构向他发出邀请，希望他能够加入。当然，伦敦和牛津的一些精英餐饮俱乐部也向他发出了邀请。这些组织看起来都不太费事，所以大部分奥斯勒都接受了。但很快他就感到十分懊悔，因为要承担的义务实在是太多了。而其中责任最重的要数牛津大学的七日理

369

事会（牛津的管理机构），大学出版社代表委员会，以及他作为博德利图书馆馆长的工作。此外，他还是皇家内科医师学会的成员和图书馆委员会的成员；他还担任英国医学会的临时委员。在他的大力倡导和支持下，伦敦几个学会在1907年合并为皇家医学会，他也曾在皇家医学会的理事会和图书馆委员会任职。1906年，他还作为创始人之一创建了大不列颠和爱尔兰医师协会，这是一个以美国医师协会为原型建立起来的精英机构。

每年春天，奥斯勒都会花几个星期的时间为牛津大学的医学生们组织考试，同时前往剑桥大学与他的"雷吉"同僚，物理教授克利福德·奥尔巴特进行交流（两人在伦敦的某次招待会上被称为"雷吉兄弟"，从此，这一外号便传开了）。尽管没有授课，奥斯勒每个星期都会在拉德克利夫医院带领医学生和当地医生进行一次会诊；有几学期，为履行教授的责任，他还为医学生提供了观察会诊的机会。在学校时，他定期去基督教堂用餐。1908年年初，奥斯勒在给塞耶的信中写道："我渐渐在这里安顿了下来，就快变成一个未老先衰的大学教师了。只是我还是没法公正地看待波特酒，还有那些议会和委员会。这儿除了一流的教育，就没有什么有趣的地方了。恐怕只有法国大革命才能让牛津和剑桥走向现代化[23]。"

奥斯勒既是一位热爱传统的英国人，又是一位不甘于传统的美国人。牛津大学对于变革的看法摇摆不定，对此他也持矛盾态度。在医学教育方面，学生在牛津大学学习理论知识，然后在伦敦的医院见习，他对这样的现状大体上是满意的。这所颇具古典气息的大学正在努力提升自己的科学水平，奥斯勒为表支持，所做的第一件事便是为病理学系主任詹姆斯·里奇提供全额资助。虽然里奇未能获得钦定讲座教授一职，但他并未因此失望，相反，他重拾信心，继续努力。到1912年，奥斯勒在牛津大学设立药理学专业一事上发挥了重要作用。第二年，他又力促查尔斯·谢灵顿（Charles Sherrington）成为生理学系主任，从此谢灵顿的前途一片光明。他还在拉德克利夫医院创建了一个小型临床实验室，这是该医院首个实验室。总的来说，在牛津大学医学制度演变的历史长河中，奥斯勒起着不可或缺的作用。在奥斯勒任职期间，牛津大学的医学院之所以能大放异彩，可能正如格特鲁德·斯泰因所说的那样，这主要是因为有奥斯勒在。那时，人们普遍认为牛津大学没有医学院，而他却是这所大学的医学钦定讲座教授，奥斯勒自己也一定觉得好笑。不过，奥斯勒肯定与《英国医学杂志》在 1906 年发表的某篇文章有关，因为这篇文章提醒整个行业，牛津大学是有医学院的[24]。

　　作为牛津大学出版社的代表，奥斯勒帮忙管理了这个世界上数一数二的学术出版企业。他提到，"出版社的会议发展成了某种文学研讨会，气氛十分欢乐，特别是专家们就投稿作品发表意见的时候"。奥斯勒喜欢有关书的一切，不管是新书还是旧书（有一段时间他曾想过在牛津大学创建一所书院），他成功推动牛津大学向医学出版领域拓展；除此之外，他还是《医学季刊》（*Quarterly Journal of Medicine*）的创办人和挂名主编。

371

　　牛津大学总图书馆，博德利图书馆面临的一大难题便是如何管理不断增多的馆藏书籍。作为世界上最大的大学图书馆，博德利图书馆正在设法扩大其存储空间，同时准备将藏书编入目录。不管是针对博德利图书馆的扩建计划，还是现代化建设规划，奥斯勒都一概支持。他赠给图书馆的时钟或许有着象征性的意义，这件礼物至今仍然摆放在汉弗莱公爵图书馆（Duke Humfrey's Library）的博德利半身像下。作为图书馆常务管理委员会的一员，他密切参与了图书馆的管理工作。博德利图书馆曾经收藏了《莎士比亚第一对开本》（*First Folio of Shakespeare*），却在 17 世纪 60 年代当作多余的书处理掉了。1906 年，奥斯勒向斯特拉斯科纳勋爵和其他朋友借了一大笔钱，凑齐了 3000 英镑购回这本作品集。听闻此举，20 世纪的图书管理员爱德华·尼科尔森（E. W. B. Nicholson）流下了感激的泪水，并表示应该在博德利方院树一座奥斯勒雕像[25]。

　　奥斯勒参与了其他筹款活动，特别是新成立的"大学捐赠基金"，该基金旨在筹集学院以外的资源，支持包括博德利图书馆、博物馆在内的大学机构，以及奥斯勒自己的医学项目。该基金带来的结果好坏参半。奥斯勒通过自己在美国的人脉，特别是与亨利·菲普斯的关系，筹得了一些资金。但他不够犀利、执着，也不太会巴结人，因此算不上成功；而且他管得太细，希望资金能覆盖到他接触过的每一家机构，实现每一项善举。百万富翁会帮霍普金斯大学购买藏书吗？洛克菲勒家族会帮助大火后的麦吉尔大学重建吗（他们不会，但斯特拉斯科纳勋爵会）？卡耐基先生会考虑牛津大学的需求吗？亨利·菲普斯同意资助霍普金斯大学的精神科诊所，这真是太棒了！"很难从英国人身上弄到钱。"奥斯勒评价道。[26]

奥斯勒希望牛津大学能够有所改变，他很早就选择了改革支持者这一方。牛津改革拥护者与反对者的冲突从未停歇，在奥斯勒的年代，双方争论的核心包括加强大学管理，使其不仅仅是各个学院的叠加；加强科研能力；逐步取消希腊语必修课；为教授提供退休金；以及向女性授予学位。奥斯勒先是认同了一项从外部对牛津进行根本性变革的计划，然后又支持了校长寇松侯爵提出的关于内部改革的详细提案。但这些改革的进展十分缓慢。奥斯勒给他在霍普金斯大学的退休领导丹尼尔·科特·吉尔曼写信时说道："您要是才50岁，并且能来这儿当校长就好了。我们肯定可以让这个古老的地方变得更有活力！这里明明有很多可能性，又是一个如此讨人喜欢的地方，但陈规旧习却让一些必要的改革难以实现。"奥斯勒很快就丧失了对大学高层政治角逐的兴趣。3年后，他辞去了在七日理事会的职务。他所支持的大部分牛津改革计划都是在他过世后实现的[27]。

1908年，奥斯勒抽出部分时间参与到另一所英国大学的政治高层活动中。他答应了爱丁堡大学一群学生的请求提名校长候选人，这些学生会代表他展开竞选运动。大多数校长候选人都是活跃的政治家，背后有他们所在政党的支持。但奥斯勒却是一位无党派人士，这十分罕见。与他一起竞选的有保守党成员乔治·温德姆阁下

（George Wyndham）和温斯顿·丘吉尔（Winston Churchill）阁下，那时，丘吉尔还只是一名自由党内阁部长。奥斯勒在竞选期间不需要去爱丁堡，也不用做任何事情。不过他还是给了学生 50 英镑犒劳他们，还给他的哥哥埃德蒙德·博伊德·奥斯勒寄了 100 英镑。竞选活动主要包括向烟民提供免费啤酒，并在这场属于苏格兰学生的狂欢中与其他候选人的党羽激战。有人告诉这位温柔的医生："奥斯勒派在战斗前的座右铭是'受伤光荣'。""幸运的是，我们都只是受了点小伤，最严重的也不过是在病床上躺了 10 天。"奥斯勒派声称他们赢得了所有的战斗，但能否成功赢得竞选还要看毕业生的选票。最后，温德姆赢得了 826 票，丘吉尔 727 票，奥斯勒 614 票。对于一位没有任何政党支持的竞选者来说，能赢得这么多选票是一件十分了不起的事情 [28]。

奥斯勒拒绝了皇家活体解剖委员会的邀请。他告诉库欣，这样的户外活动占用了我从事其他工作所需的空闲时间 [29]。他把霍普金斯大学的病历带到了英国，希望把这些病历记录成册，还保证要将一本教科书修订至最新出版，除此之外，他还想对医学史进行种种调查。对他来说，空闲就是有时间写作。

在奥斯勒夫妇启程前往英国的前两天，德国研究人员宣称他们发现了一种产生梅毒的螺旋菌。奥斯勒可能会放慢生活节奏，但医学知识可不会等你慢慢学习。如今的医学前沿领域包括基因遗传的原理、对免疫系统和内分泌系统的理解、新陈代谢方面的生化工作以及神经生理学的发展。尽管内容很多，奥斯勒仍然决定在出版物更新这些知识。

奥斯勒答应美国的莱亚兄弟出版社担任《医学体系》这本书的编辑，他邀请到最好的权威人士来撰写这一专业性极强的多卷书集。编撰的蓝本分别是威廉·佩珀在 19 世纪 80 年代出版的《医学体系》和克利福德·奥尔巴特在 19 世纪 90 年代出版的《医学系统》，这两本书奥斯勒都有参与编写。在职医生购买这个系列的书作为教科书和期刊以外的辅导书。书里的每一篇文章都会标注编辑者的姓名，

373

从而保证质量。出版商敦促奥斯勒不要过多刊登英国撰稿人的文章，并确保撰稿人所写内容的实用性，因为博学的名号在商界是灾难性的（原文如此）[30]。

奥斯勒聘用汤姆·麦克雷为他的助手，在奥斯勒与作者签约后，麦克雷做了大部分的后续工作。奥斯勒为第一卷撰写了一篇介绍性文章《内科医学的演变》（*The Evolution of Internal Medicine*），第一卷于 1907 年以《医学体系》（英国地区书名）和《奥斯勒的现代医学》（*Osler's Modern Medicine*）（美国地区书名，奥斯勒本人并不喜欢这个浮夸的名字）为名问世。到了 1910 年，他又出版了 6 卷书集，每卷都有上千页。奥斯勒邀请了许多老朋友参与撰稿，其中大多数都是各自领域的顶尖专家。他自己也撰写了 5 篇文章——其中 4 篇是关于心脏病的，还有一篇是关于梅毒的合作研究。也有少数新人在上面发表了文章，比如日裔美国研究员野口英世（Hideyo Noguchi）和麦吉尔大学病理学研究员莫德·阿伯特（Maude Abbott）。

阿伯特毕业于魁北克省主教大学医学院，作为麦吉尔大学（当时仍不招录女医学生）的第一位女教师，她拥有了自己的一席之地。阿伯特第一次见到奥斯勒便十分崇拜他："我永远不会忘记那一幕，当时他沿着老博物馆向我走来，一双眼睛盯着我，显得炯炯有神。"后来，作为麦吉尔医学博物馆的馆长，她坚定地守护着奥斯勒的器官标本。奥斯勒曾鼓励她为《医学体系》撰写关于先天性心脏病的文章，这一领域常被人忽略，但是针对这一领域，博物馆的藏品能发挥很大的作用。他对阿伯特的文章赞不绝口，盛赞这是他读到过的最佳作品，并把这篇文章放在了第四卷。这篇文章的确让阿伯特声名大噪。奥斯勒共邀请了 104 位作家，而莫德·阿伯特是其中唯一的女性[31]。

戈登·霍姆斯（Gordon Holmes）是伦敦著名的神经学家，但在周围神经疾病的研究方面毫无建树，奥斯勒对此感到难以理解。更令人费解的是，霍姆斯说他完全不清楚所谓的撰稿。原来，奥斯勒写给戈登·霍姆斯的邀请函被邮递员投递给了另一位同名同姓的医生。这位名不见经传的戈登·霍姆斯医生高兴地签了约，并按时交了稿。奥斯勒最后买断了这位撰稿人的稿子，结束了这场"黑白怪医之戈登·霍姆斯"的闹剧。而真正的霍姆斯的文章则出现在第七卷中，同卷还有卢瓦利斯·巴克和哈维·库欣（Harvey Gushing）等专家撰写的文章。库欣写的文章是关于脑瘤的。在奥斯勒离开霍普金斯大学后的几年内，库欣兢兢业业，勤勤恳恳，终于成了美国最著名的神经外科医生，以及霍普金斯大学最有创造力的老师。

这些书籍在竞争激烈的市场上取得了相当大的成功，出版商还推出了第五卷本的第二版，赚得盆满钵满。《医学体系》为奥斯勒挣得了不少钱，第一卷出版时得了 1 万美元，最后一卷出版时又得了 1 万美元。麦克雷每卷收入约 1100 美元；撰稿人的稿费是每页 4 美元[32]。

奥斯勒戏称《医学原理与实践》这本书为旧时代的知识问答手册，但它在医学教科书市场仍占据主导地位。因为它是北美和英国大多数医学院的必学课本，并被翻译为了包括中文在内的多国语言。在奥斯勒来到牛津大学之前，《医学原理与实践》已经修订到第六版了，1908 年，他尽职尽责地对第七版进行了修订。

奥斯勒总是抱怨修订教科书需要花很长的时间，还在每一版新书的序言中强调自己修改了多少内容。不过，修改教材向来都是一件苦差事，作者们也总是将当前的版本吹上天。奥斯勒每次修订都有所改进，比如调整章节顺序；将某种疾病重新归类；增补新的发现（特别是疫苗、血清使用和其他疗法的相关发现）；将单句或段落进行润色，删除一些典故，尽管如此，1909 年第七版的《医学原理与实践》与 1892 年第一版也基本没有太大差别，它仍然是一本写得很好的临床病理学疾病指南。奥斯勒在该书中重点探讨了传染病，并提供了传染病治疗的最新信息——尽管他愈发怀疑是否真的存在针对传染病的具体疗法。在第七版讲神经衰弱治疗的章节中，他新增了一个很长的段落，谈论信仰治疗的疗效。不过，对于胆囊患者，他还是认为比起在药物和矿泉水的微弱作用下任疾病自由发展，寻求外科医生的帮助还是要安全得多[33]。

他将最新的研究发现也纳入了修订中，比如在梅毒中发现了苍白密螺旋体，以及奥古斯特·冯·瓦瑟曼（August von Wassermann）发现该事实所用的新检测法。当罗纳德·罗斯（Ronald Ross）确定蚊子是疟疾携带者时，奥斯勒便在书中建议人们使用蚊帐（在拜访奥斯勒在巴尔的摩西富兰克林1号的住所时，罗斯大声嚷嚷他发现了很多蚊子的幼虫）。库欣的专业素养极高，在他更新了神经障碍与脑垂体疾病的相关章节之后，血压测量变得越来越普遍，成为评测各种身体状况的重要指标。自第四版开始，该书便更新了霍奇金病的形态学特征，这要归功于多萝西·里德在霍普金斯大学发现的新的组织样本，这位女士曾被奥斯勒劝退。她发现，霍奇金病之所以能产生独特的恶性细胞，是因为里－斯氏（Reed-Sternberg）细胞的存在。

和它的作者一样，有关这本教材的逸闻轶事也变得传奇起来。医生们就一些细微的问题与奥斯勒通信，讨论病理和治疗方面遇到的新奇事物、讨论希腊语注释，甚至讨论猫和狗之间的区别。美国人把这本书带到欧洲，作为他们的旅行医疗手册。医学生们策划了搞笑版的《医学原理与实践》考试［谁相信聪明人比傻瓜更容易患痛风？厄律克西马库斯（Eryximachus）是如何治好阿里斯托芬（Aristophanes）打嗝的？谁的头是半透明的？什么情况下，神经病医生会诱骗住外科医生？］，并用许多恶搞的诗节来赞美这本书：

> 然而，当我们听烦了这些名字的时候，
>
> （目录把大脑给整糊涂了），
>
> 我们也学到了哲学。
>
> 在切恩的陈词滥调中。
>
> 我们还了解了地理，
>
> 我从未听说过 Conoquenessing，

但我不曾介意在那里忏悔，

直到我被你彻底征服 [34]。

由于钦定讲座教授补助是奥斯勒唯一的固定收入，而且他还减少了其他工作，所以版税仍然是他重要的收入来源。

待在牛津的这些年里，奥斯勒真正的文学爱好是研究医学史。他曾告诉库欣，他可能会利用自己钦定讲座教授的身份来写这本书。1906—1907 年，奥斯勒开始将这一想法付诸行动。他追溯了两段医学史上最重要的发展历程，它们都颠覆了人们惯有的认知，并都在当时被指责为凭空捏造 [35]。奥斯勒的首次尝试是在 1906 年 10 月，他作为皇家内科医师学会的年度哈维演讲者致辞，库欣将此次演讲称为英国医学上的"蓝丝带事件"。哈维讲演基金由威廉·哈维于 1651 年创立，具有深厚的传统色彩。每年的演讲者都需要用拉丁语发表演讲（不过这一传统在 1865 年就取消了），在此向所有获得哈维演讲基金的成员表达敬意……勉励其他医生以这些成员为榜样……并鼓励医生同僚通过实验来探索和研究大自然的秘密。演讲会结束后还要参加晚宴。

许多哈维演讲者利用此次机会来谈论最近的医学成就。怀着对前辈和已故杰出人物的伟大思想的敬畏之情，奥斯勒进行了他的这次演讲并回溯了医学发展史。但这不仅仅只是介绍医学史上的伟大人物，也不仅仅只是颂扬医学进步。奥斯勒感兴趣的是科学知识的进化，他将其称之为"接近真理的过程"。奥斯勒以哈维发现血液循环为例，研究如何在权威的压迫下建立新的真理。奥斯勒并不会天真地认为推翻一个又一个的想法，科学发展便能轻易取得进步。他清楚地了解现代人是如何看待科学话语下的范式问题，以及科学发现和范式转换之间的关系的：

科学真理能否被接受，一定程度上取决于公布科学真理时人们的知识水平……接近真理的过程与柏拉图在《西伊提特斯》（Thaetetus）中所描述的知识状态——对应，即获得、潜意识拥有、有意识拥有。几乎所有科学发现的发展历程都经历了这三个阶

377

段……多年的研究使我们对梅毒有了全面的了解：几个世纪以来获得的知识不断叠加，直至我们有了一套非常完整的临床和病理学知识；在过去的25年里，我们对于梅毒的病因仅处于"潜意识拥有"阶段……目前我们刚刚进入"有意识拥有"阶段……但在这三个阶段结束后，真理还面临最后一道挑战，即被人们普遍接受。约翰·洛克曾说："真理第一次出现时，几乎不会有人赞成它，历史上重大科学发现的遭遇都与该说法如出一辙。"然而，时代在变；有趣的是，大家都愿意接受苍白密螺旋体的存在，却不愿相信结肠杆菌的存在……经历过那段具有启发性时期的前辈们清楚地记得，只有熬过黑夜，在黎明时分仍保持清醒的人才能真正迎接"初升"的真理。如今我们准备得更充分了。

奥斯勒的演讲大都是在赞美哈维的伟大成就，除此之外，他还提到哈维的导师法布里修斯（Fabricius）、英国的肯能姆·迪格比爵士（Sir Kenelm Digby）和威廉·坦普尔爵士（Sir William Temple），以及盖伊·帕丁（Guy Patin）和几乎所有法国人都对哈维的血液循环理论嗤之以鼻。几乎只有托马斯·布朗爵士一人表示，比起美洲这一发现，他更喜欢血液循环这一发现。

当然，哈维的研究成果最终奠定了一个新的范式。"一旦真理被接受，人们就会觉得如此重大的发现一定会改变所有关于疾病的通常概念……比对医学治疗的影响更加重要的是，该成果颠覆了自希波克拉底时代就盛行的精神学说和体液学说，让人们对疾病的观念产生了重大变化"。奥斯勒认为，更重要的是哈维在方法论上的突破，即借助实验手段：

培根在思考哲学的时候，哈维在动手研究血液循环……人们不再满足于细致的观察和准确的描述……这是首次有人运用现代科学思维通过实验解决了一个重大的生理学问题……从医生只能听患者讲述病情的"以耳听诊"时代，到后来能够观察患者病症的"以眼看诊"时代，我们终于迎来了医生思考、设计、规划的动手时代——这双手是将思维付诸实践的工具……这个时代也标志着实验医学的

开端 [36]。 ❶

　　1907 年，奥斯勒在美国内科医生和外科医生大会上发表了题为"医学实验理念的演变"的演讲，这篇演讲遵循了哈维演讲的思路，追溯了另一段医学发展史。当他沿着历史向前迈进时，奥斯勒承认自己的有些过时了。法国学派和魏尔啸的相关研究是希波克拉底时代医学观察艺术的最后一次繁荣，诠释了严谨的归纳法所能实现的成就。在奥斯勒的一生中，他们所做的研究一直鼓舞着他。直到 20 世纪下半叶，实验方法才开始在医学上发挥作用，并被认作是科学的基础。

　　奥斯勒从过去追溯到现在，呼吁临床医生培养科学思维，并承认他自己在科学和临床方面所取得的进步已不再是他未来的职业发展方向：

　　有一点是肯定的：我们临床医生必须得找生理学家、病理学家和化学家寻求帮助——但他们并不太需要我们的帮助了。科学变得如此复杂，要求我们奉献毕生的精力，因此像亨特（Hunter）、鲍曼（Bowman）和李斯特那样的生理学家不愿成为外科医生，像普劳特（Prout）、本斯·琼斯（Bence-Jones）那样的化学家不愿成为临床医生，这是多么令人遗憾啊！而最可悲的是，病理学教授职位已不再

379

❶ 奥斯勒在演讲结束时对那些未被人记住的逝者们表达了自己的沉痛哀悼。想必就算是好几年后，人们也难以忘记演讲中提到的罂粟花和人名册："当我们赞扬名人的时候……《西拉书》的感人之言提醒我们：'有的人死去了，却没人为其竖立纪念碑，就好像这个人从来没有离开这世间，又好像从来没有来过这世间。'他们曾经闻名四方，但名气终究抵不过岁月的流逝，遗忘的撒神在他们身上洒满了罂粟花……长长一卷的院士名单上有许多我们的同僚——只有名字！名字！名字！——除此以外再没别的什么了；这本名录就像《荷马史诗》中反复出现的船只或者《历代志》中大卫的家谱一样，枯燥且毫无意义……这一职业的崇高之处在很大程度上依赖于这一大群见证者，他们来到这片寂静之地，经过却不带走一片云彩，就好像未曾降临于这世间。诗人将人类的命运比作树叶的命运，这一比喻尽管苦涩，但却十分形象。这正是命运的悲哀之处，除了少数人以外，大多数人都以这样的命运作为结局！"奥斯勒将他获得的哈维演讲基金捐给了皇家内科医师学会，使其有足够的资金整理哈维的文件资料。

是通往医学教授的垫脚石了。如果想取得长久的进步，就必须满足新的条件 [37]。

奥斯勒在这篇文章中对研究中涉及的基本伦理问题进行了重要阐述："在人类身上进行试验的程度是有明确界限的。不论是新的内科还是外科技术，在广泛应用之前都必须进行人体测试，但这之前必须先在动物身上试验……在进行人体测试之前，必须保证试验的安全性，并且征得受试者的同意。我们无权将那些前来看病的患者当作试验对象，除非该试验能够为他们带来直接好处。一旦打破这一界限，医生和患者建立起来的神圣关系便会立即瓦解。患者同意且充分了解情况后，将承担人体试验所带来的风险……极少数医生由于对科学的狂热违背了这一原则，犯下错误，实在是令人遗憾。"奥斯勒很少论述科学伦理，因为他一般都是和志同道合的医生共事，因此不需要讨论这些问题。他在 1907 年的时候有这一方面的思考是因为他曾向皇家活体解剖委员会证明，动物试验的成功帮助巴拿马地峡区消除了黄热病，从而促进了巴拿马运河的顺利落成。

奥斯勒对历史的看法不断帮助其获得对现实的启示，这也是大多数听众想听到的内容。在授位日，他由衷地向毕业生提出自己的建议；在地区级医学会，他谈到了该学会的重要作用；在医院演讲时，他谈到了医院的未来。1907 年 7 月 4 日，他对伦敦（皇家自由医院）女子医学院的学生谈到了女性在未来医学上的重要作用。他相信，只要女性意识到当医生不仅仅是为了赚钱，她们将非常满意医生这一职业。他认为，女性在医学领域面临的最大问题就是无法获得其他女性的信任，这使得她们很难提高自己在妇幼疾病方面的工作能力。因此，奥斯勒建议女医生在开始实践之前，先听取经验丰富的女医生的建议，或者也可以考虑其他医务工作机会，比如去印度医疗宣教或者医疗机构的非医生职位。

奥斯勒告诉女性医生，在与科学医学相关的实验室工作和研究中，有许多女性空缺职位。几个月后，他也敦促圣玛丽医院的男学生们在医学上发扬传教士精神。此外，他提到的医学教育涉及领域宽广、发展速度极快、让人不断碰壁，建议学生们准备好该领域的"德比赛马"。学生们接受的教育主要是学习如何管理患者和治疗疾病，但奥斯勒却反其道而行之，他特意告诫圣玛丽学院的学生不要听从他们尊贵的教授阿尔姆斯·赖特（Almroth Wright）的建议。赖特是一名细菌学家和疫苗发明者，他预测大多数医学问题都将通过实验室研究和免疫接种来解决。聪明的人记得堵住你们的耳朵，以免中了阿尔姆罗斯爵士那个凯尔特海妖的诡计，他会毁了哈雷街及其所代表的一切。相信我，在那条长长的、讨人嫌的街道上仍然有美德，新的科学不会取代旧的科学，而是取其精华、去其糟粕 [38]。

奥斯勒为艺术和科学也做了不少贡献。尽管这些年他发表的原创论文较少，但作为 1 名年长的政治家，他积极参与医学会议，讨论临床问题，对于英国医学会的会议，他更是特别积极。除此之外，他仍对某些罕见的临床情况兴趣深厚。1907 年，他向皇家医学会提交了一份关于"脾性红细胞增多症发绀"（瓦 - 奥病）的最新报告，自 1903 年发表开创性的论文以来，他已提交了 40~50 份报告。奥斯勒第一次回到霍普金斯大学时，他在病房里看到 1 例患有多发性毛细血管病变或多发性毛细血管扩张的遗传性疾病患者，该患者与他在 1901 年发表的一篇小论文中提到的 3 名患者极其相似，这让他十分激动。第二年，他又见到了这位患者。1907 年 10 月，奥斯勒在他创办的新刊物《医学季刊》中发表了一篇名为《关于反复出血的多发性遗传性毛细血管扩张症》的文章，其中整理了该疾病的所有病例报告。这种疾病常常导致患者反复流鼻血，后来被称为"奥 - 韦 - 伦三氏病"（Osler-Weber-Rendu disease）[39]。在下一期的《医学季刊》中，奥斯勒联合伦敦杰出的临床医生兼科学家阿奇博尔德·加洛德（Archibald Garrod），共同探讨一个罕见的褐黄病病例，该疾病症状表现为软骨、纤维组织和尿液变黑。他们此前都发表过有关褐黄病的文章。后来，凭借对这类疾病和其他罕见泌尿系统疾病的研究，加洛德成为研究代谢紊乱方面和生化个体概念方面的先驱 [40]。

381

虽说奥斯勒对外宣称自己已半退休，但他仍然发表了一系列出色的临床文章。他还完成了长达 25 年的心内膜炎研究，并发表了一篇重要文章，阐述了亚急性细菌感染导致的症状。他尤其注意到了患者手脚上出现的结节状斑点；这些斑点后来被称为"奥斯勒结节"[41]。最后，在最新出版的《奥尔巴特医学体系》(*Allbutt's System of Medicine*) 中，他又重新开始关注阿 – 斯综合征，通过更多的病例更新修改了他 1903 年发表的相关论文，并将他的研究与亚瑟·基思 (Arthur Keith) 绝妙的病理学发现相结合，同时运用了他通过新的心电图设备观察到的图像。"奥斯勒 – 基思"研究首次将阿 – 斯综合征定义为希斯氏术病变的产物。奥斯勒在这篇文章中几乎没有怎么提到该病的遗传性，也没有提到自己的家庭病史。他来到英国后，身体逐渐健康起来，这使他相信自己无须再担心脉搏缓慢的问题 [42]。

对于牛津大学的生活，奥斯勒唯一的遗憾是没有几个自己的"亲传弟子"，特别是与他之前在约翰斯·霍普金斯大学培养、共事的数十名优秀门徒比起来。但也有少数牛津学生受到奥斯勒的深刻影响。例如，他在牛津工作不到两个月的时候，就有一位名叫马贝尔·鲍弗·菲茨杰拉德 (Mabel Purefoy FitzGerald) 的女士联系上他。这位年轻姑娘获准在牛津做生理学研究，尽管牛津不授予她学位。她希望奥斯勒帮助她进入拉德克利夫医院进行实验工作，奥斯勒不仅答应了她的请求，还鼓励她，与她成了朋友，并帮助她获得了洛克菲勒医学旅行奖学金，这一奖学金旨在帮助在美国工作的医生。1972年，牛津大学最终在菲茨杰拉德 100 岁高龄的时候授予她学位，以追加表彰这位女性医学先驱 [43]。

格特鲁德·弗卢默菲尔特 (Gertrude Flumerfelt) 是一位加拿大富人的女儿。1907 年，奥斯勒在伦敦学校发表关于女性从医的演讲时，她或许也是听众之一。作为该学校的 1 名学生，她逐渐认识了奥斯勒，成了"好客小屋"的常客，并极有可能是在奥斯勒的帮助下进入曼切斯特大学做临床研究的。奥斯勒称她为图朵拉 (Trotula)，这个称呼一直让她感到疑惑不解，后来她才发现这是一位 16 世纪女外科医生的名字。图朵拉曾被污蔑为庸医，但后来得到了平凡并取得了巨大的成功。格特鲁德回忆道："在我医学生涯的每一个阶段，从我们见面的第一天起，威廉爵士就一直在我身边支持我，一旦我遇到困难，他就会给予帮助。"尽管格特鲁德并未被蔑称为庸医，但她的丈夫和朋友都称她为现代版的图朵拉；她凭借自己的能力成了一名杰出的会诊医师，并嫁给了英国著名神经外科医生杰弗里·杰斐逊爵士（Sir Geoffrey Jefferson）[44]。

1908 年 11 月[45]，奥斯勒决定在冬季做研修，这是他自教书以来的首次研修。他去拜访了一位住在巴黎耶纳大街的美国亲戚，他在信中写道，"我们在巴黎的生活优裕又安逸"。这座奢华的住所有一个漂亮的图书馆，还有两个仆人。由于莱弗利还在上学，因此只有格蕾丝跟他一起来了。他们会在吃早餐时上法语会话课。即使奥斯勒不在学校，牛津大学也没有出什么岔子。在这一段轻松愉快的休息时间里，他的另一部重要文学作品选集《阿拉巴马州的年轻人和其他传记随笔》（*An Alabama Student and Other Biographical Essays*）也出版了。

他们避开了巴黎的美国侨民居住区，事实上，我们想尽可能地不受外界打扰。况且，奥斯勒夫人这一年都十分忙碌，亟须休息。奥斯勒上午参观医院，听讲座，午餐后就泡在图书馆里。他逐一完成早先计划好的各项工作事宜：在诊所协助工作、认真研究并撰写关于法国医学教育的文章（鉴于大多数医院的糟糕条件，状况不太好，这方面的工作完成地极好）[46]，目睹学生和实习生因反对考试制度改革引起的骚乱并撰写文章，与法国同事进行适度的社交活动。他远离病房、诊所和医学图书馆，让大脑得到了放松。他参加了拉伯雷（Rabelais）的相关课程并出席了亨利·柏格森（Henri Bergson）关于伯克利主教的讲座。他还买到了伯格森曾表示买不到的伯克利旧版书，并沉浸在英国诗人斯温伯恩（Swinburne）的作品中。这位诗人十分崇尚法国，也十分感性（但同时也很无聊）。尽管奥斯勒法语受教育程度挺高，也曾在蒙特利尔❶上学，却说不了几句法语，其他外语也不太会说——用他的话来说，这是因为他需要一个学习语言的最佳道具——"辞典做的睡袋"[47]。

在 11 月 1 日的诸圣节庆祝活动中，奥斯勒对法国人悼念死者的方式特别感兴趣。他为此计划了一个为期三天的纪念仪式。10 月 31 日，他又去了蒙帕尔纳斯公墓，向路易斯之墓再次献上一个花圈。他站在墓地入口处的"悲恸之门"，看着手持鲜花的祭拜队伍：

一群年轻的女学生经过，每个人都带着一束菊花，放在同窗或敬爱的老师的墓前；离他最近的是两位仁慈修女团的修女，在一个看起来像是这里最古老的墓穴上摆放花圈，或许是他们每年都会前来悼念某位重要的修女团成员。一个 8 岁的小家伙手里拿着一束紫罗兰匆匆而过，他轻松地往前跑着，像来过这儿无数遍似的；一位怀抱婴儿的年轻母亲愁容满面；一对老夫妇互相搀扶着，手里各自拿着一小篮鲜花；两名年轻的学生；一位带着女儿的小老太太，后面跟着一个拿着大花圈的男仆；穿着粗糙衣服的工人，士兵，水手，画面不太整齐，但却呈现出令人感动却不悲伤的景象……灿烂的阳光、美丽的鲜花和孩子们欢快的歌声驱散了这座死亡之城的阴霾，总的来说，这是一个欢快的节日。

在接下来的两天里，奥斯勒和成千上万的巴黎人来到著名的拉雪兹神父公墓，向墓上撒花以示纪念。他成功地找到了伟大的病理学家兼解剖学家比沙（M. F. X. Bichat）的坟墓，这是他心里记挂着的一个特殊使命。当他看到坟墓上装饰着鲜花时，奥斯勒十分高兴；他走上前献上了一束三色紫罗兰，"以表追思"。奥斯勒后来告诉美国读者，在那段休假中，法国人对杰出人物的崇敬之情给他留下了深刻的印象。在巴黎，医务人员的雕像比在英国和美国的总和还要多……每个法国人都是英雄崇拜者，都有一位自己敬爱的偶像，不论这位偶像在世或是不在世。对他来说，诸圣节显然是一个准宗教

❶ 加拿大魁北克首府，官方语言为法语。

的纪念活动，完美地诠释了法国人的忠诚之心和崇敬之情："对于冷血的盎格鲁－撒克逊人来说，这个纪念逝者的节日是一种启示，他们在见证这一纪念日时一定会感慨万千，深有感触，也一定会为英美国家没有这样能够提高道德、激发灵感的活动而感到遗憾。"法国是在大声颂扬："荣耀归于至高无上的人！因为人是万物之主。"这是斯温伯恩著名诗歌《人类的赞歌》（*Hymn of Man*）中的最后两句（斯温伯恩恐怕是现代所有英国人中最具有法国精神的人了），照例写上了他那著名的"人类的赞歌"几个字。斯温伯恩一直是所有现代英国人中最富有同情心的法语翻译家[48]。

　　在巴黎的时候，奥斯勒抽时间观看了莱特兄弟的空中表演，还让另一位时尚的美国侨民艺术家西摩·托马斯（Seymour Thomas）为他画肖像。19 世纪 80 年代以后，奥斯勒的大多数肖像和照片都是一个僵硬、木讷的形象，比本人高大一些，胡须乱糟糟的，把嘴巴都挡住了，活像是一个来自毕林普上校（Colonel Blimp）时代的老顽固，与人们记忆中那个无拘无束的小个子相去甚远。他的穿着总是很时尚，但头已经快要秃了，仅有的头发和胡子也开始变白了。托马斯画的肖像与其他肖像的不同之处在于奥斯勒的眼睛，像麦吉尔大学时代的一些照片，特别的阴暗、深沉和锐利。奥斯勒为了看得更清楚，在托马斯画画时摘下了眼镜，托马斯对他说："我觉得你的眼神可以穿透我看到另一边的墙[49]。"这幅肖像画成了奥斯勒夫妇的最爱；这位艺术家后来将其收为了自己的藏品。

　　1909 年 1 月中旬，奥斯勒夫妇南迁戛纳，威利在那儿病了两个星期，但他说自己对一切都很满意……我正在考虑要不要在蒙特卡洛定居……结果短短 5 分钟后，我就被偷了 25 美元，我立马将这个想法抛之脑后了……就女性而言，这里是欧洲的落后地带。2 月份的时候，他们终于来到了罗马！格蕾丝说："古罗马壮观的历史遗迹和现代罗马恐怖的游客浪潮都让他们大为震撼。"在意大利旅游时，他们参观了各种各样的神殿，其中包括艾斯库累普神庙的遗址；还去了教堂、书店，并找了门路去参观梵蒂冈阅览室。毋庸置疑，奥斯勒十分欣赏里面的珠宝，但印象最深刻的还是人群中散发出来的没有洗澡的气味，衣服被汗水浸透的气味……一进阅览室就能闻到，并且越到下午，气味越浓[50]。

看到散落在波尔图圣母面前的拐杖、支架、疝带和其他用具，奥斯勒更加坚定地相信信念对疾病的治愈能力。波尔图圣母是帮助孕妇的圣母，她的左脚脚趾被虔诚的信徒们亲吻得光滑无比。奥斯勒还去了圣科斯马斯与圣达米安教堂朝圣，他们是医学的守护神，在那里他为外科同僚们"点燃了一支小小蜡烛"。圣徒科斯马斯和达米安曾切除刚去世之人的腿，并用它代替另一位患者的癌性腿，这一过程所用的手术工具，连同两位圣徒各自的一只手臂，以及圣母玛丽亚的一瓶牛奶都被小心翼翼地存放在教堂中[51]。

奥斯勒夫妇又去了佛罗伦萨、威尼斯、博洛尼亚、帕多瓦和米兰，然后在4月回到了英国。在旅途中，奥斯勒赢得了几个玩洋娃娃的小女孩的终身爱戴，他们变成了好朋友，一同游玩，互通书信。有人还请他帮忙给几个生病的美国人看病。他还买了3本维萨里（Vesalius）的1543年版的《人体的构造》，一本给自己，一本送给麦吉尔大学，最后一本送给马里兰学院的图书馆，他觉得自己这笔钱花得"无比神圣"。在罗马的时候，奥斯勒碰上了1例十分古怪的患者：有一位身强体壮的澳大利亚医生血管突然出血，并患上了严重紫癜，除了一块放有芥末叶的皮肤没有变色以外，他身上所有皮肤都变成了李子色。患者在奥斯勒赶到的15分钟后过世了。这位钦定讲座教授怀疑该患者可能是患上了恶性天花；也许这个病例让奥斯勒想起了35年前在蒙特利尔遇到的可怜的纳威[52]。

在假期结束前最后两个月，奥斯勒回了美国，奔走于各个城市拜访老友，忙得团团转。这趟美国行最重要的活动便是1909年5月马里兰大学内科与外科医学院的新楼落成典礼，学院的其中一间教室被命名为"奥斯勒礼堂"。奥斯勒发表了开幕演讲，表示能够参加有自己名字的大楼落成典礼十分难得。在探讨过去和现在的关系，以及学院新旧交融的需要时，他的脑海中浮现出了欧洲的景象。他引用了威廉·詹姆斯最近的一句话，"朝着未来生活，才能理解过去"。他也像往常一样，在他的演讲中呼吁大家要对逝者及他们的伟大成就心怀崇敬，也要对现在的行业先驱抱有敬意。演讲的最后，他提到自己神秘地感觉到逝者对生者的重要影响：

> 这个学院中藏有一股微妙的力量，这是所有古老事物中最难能可贵的东西。过去的人通过这股力量影响着我们——不是通过学习传统，不是通过长辈的引导或老师的教导，也不是通过阅读那一代人的英勇事迹，而是通过一股无形的、神秘的力量，这种力量很难定义，但可以将其形象地表达为"伟人所具备的责任感"。这种责任感将驱使人们恪守原则行事，养成良好的习惯，自觉遵守道德规范。这是一种神圣的责任感，从希波克拉底时代贯彻至今，它强大的力量就像那时候的炼金术，能够将现在的所有腐朽化为新生的奇迹[53]。

后来，奥斯勒又在波士顿待了几天。就在那段时间，霍普金斯的创立历史在波士顿重演了：彼得·本特·布里格姆（Peter Bent Brigham）留下遗产用于建造一座伟大的新医院，该医院将与哈佛大学医学院联合。奥斯勒回绝了回来担任医学主任的邀请。他过去的学生亨利·克里斯蒂安如今是哈佛大学医学院的院长，因此波士顿人可能早就在谋划邀请哈维·库欣成为布列根和医院的侯爵外科医生了。

奥斯勒在北美之行接近尾声时感叹道："这真是一个飞速发展的时代[54]！"到了 1909 年，人们所说的"现代"医学教育在美国和加拿大掀起了一阵热潮，各大学和医学院计划联合起来，延长课时，提高录取标准，用数百万美元加大对实验室和医院的投入，安排临床见习，并聘请最好的科学家和临床医生。麦吉尔大学宏伟的医疗大楼从一片荒芜中拔地而起。多伦多大学即将在重建后的多伦多综合医院新建一所优质教学医院。慈善家们和他们的基金会将在医学上投入大量资源，他们坚信医学比神学更能为未来带来希望。卡耐基基金会与美国医学会合作，委托专家对医学教育进行专门研究，以期认证最先进的学校，淘汰落后的学校。

奥斯勒结束休假后，于 1909 年 6 月在安大略省医学学会发表了题为"疾病的治疗"的重要演讲，总结了自己大部分的职业生涯。他谈到自己一生都在努力将疾病概念化，发现微生物病因后引发的极为成功的医学科普运动，这场运动不是为了治疗，而是为了预防；学习病因学让他意识到，人们可以通过增强体格来抵抗和摆脱感染，这和如今治疗肺结核的方法一样；最重要的是，他在这一职业领域学会了接受自己的局限性，诚实行医，不能像江湖郎中一样向患者保证能够治愈。

奥斯勒认为，新陈代谢疗法的成功让他看到了新时代的发展前景。面对多伦多大学的听众，他推测道："随着我们对胰腺功能和碳水化合物代谢的了解变得越来越准确，我们或许能够将糖尿病的治疗建立在一个可靠的基础上（他自己都没想到这一猜测竟有如此先见之明）。"与此同时，他还警告道，要防止虚假和具有误导性的疗法，骗子可能会利用人们对多药治疗法的一味信任，也可能会通过制药厂的新产品和宣传单进行推广。奥斯勒在 1909 年提醒说："如今，大型制造业里的药剂师控制着大部分疾病治疗的命脉，他们把我们囚禁在看似可信的伪科学中。"

针对医学生应具备的与止痛药有关的知识，奥斯勒在演讲时给出了详细的建议。他还思考了他在欧洲神殿和庙宇中看到的信仰的力量能否在医学里起到作用。不管人们出于什么原因吸毒，他都一概反对，这导致他被贴上了"虚无主义治疗者"的标签，但他并不后悔。有些人对药物的盲目依赖往往体现了人类最"强大"的自欺欺人的能力。任何人都不应该轻信药物可以对癌症或肺炎起到很大作用。这种戳破希望的话是对医学界所有美好发展的控诉吗？

有人会说，这就是你们想表达的科学吗？这就是你们几十年来埋头临床工作、疯狂研究病患、大搞那么多药物试验的结果吗？请重新拾起对锑元素和柳叶刀的信任，就如同孩子信任自己的父亲一般，而不是相信这种冰冷的虚无主义。药物对治愈这类疾病毫无作用！让我们接受这个事实，不论它多么令人不快；不论死亡率有多么可怕，不要被虚妄的幻想所欺骗。在治疗肺炎和其他某些疾病时，我们需要一种严厉的、打破传统的精神，这种精神不会导致虚无主义，反而会产生积极的怀疑主义。它不是绝望的、被动的，而是积极的，是由于认识到了局限且深知只有在这种心态下才能取得真正进步的积极怀疑主义。我们当中有些人将在有生之年看到肺炎真正得以治愈[55]。

奥斯勒完成了应做的工作，看望了朋友，并做了有关医疗进展的总结性演讲，最后乘坐英国皇后号渡轮启航回家，结束了自己的假期。他在旅行中读了勃朗特姐妹的生平故事。1909 年 6 月 26 日，离他 60 岁寿辰不到三个星期的时候，他回到了牛津，又开始了慢节奏的愉快生活。

奥斯勒回到诺勒姆花园 13 号的书房后，打开了一包又一包的书，这些书都是他从法国和意大利的古董店运回来的。奥斯勒的工作重心早已从病理学研究变为了临床病例研究，现在又转变为了收藏书籍和研究医学文献。藏书是奥斯勒晚年最大的爱好。在一次围绕该话题的演讲中，他提出，英式生活最好的地方在于医生都有自己的爱好。一个没有爱好的人无法获得真正的快乐和安全感……无论什么样的爱好都可以，只要有，并且愿意努力去做。欧洲的旅行让奥斯勒学会了如何应付书商和拍卖行（尽管在 1908 年的巴黎拍卖会上，他羞于众多书商中喊价），因为这次旅行激发了他对医学古版书的兴趣。医学古版书是 15 世纪下半叶印刷业萌芽时期的稀缺品，鲜少有人知。除此之外，他还收藏了一批优秀的英国文学作品。

就像他在美国所做的那样，他促进了医学阅读和图书馆的发展。1909 年仲夏，在英国医学会贝尔法斯特会议上，奥斯勒成为英国新成立的医学图书馆协会（该协会存在时间并不长）的首任主席，并发表了演讲，探讨适合医生的书籍和图书馆。在牛津大学，他为自己能够进入博德利图书馆而感到万分自豪。很快我就发现只要自己一离开博德利图书馆就浑身难受。我羡慕那些整天都能待在那里的人[56]。在他所在的基督教会学院，他发现罗伯特·伯顿图书馆的书

389

籍随意地散落在藏书中，于是他把它们重新整理了一下，放在了伯顿的肖像下。1910年1月23日，奥斯勒作为嘉宾参加了剑桥大学麦格达伦学院为纪念塞缪尔·皮普斯（Samuel Pepys）而举行的年度晚宴，皮普斯图书馆在那里保存得非常好。在举行演讲时，要讲话的人却失踪了。在这千钧一发之刻，奥斯勒上台做了演讲。那是一次令人愉快的经历。那次的纪念晚宴使他开始思考自己的藏品的未来，这也是每一位有收藏癖的人会担心的事情。他死后，他的图书馆怎么办 [57] ？

奥斯勒以前想将图书馆继承给他的儿子及继承人莱弗利，但考虑到莱弗利不是学者，他在近几年来也渐渐打消了这一想法。在一封又一封的书信中，他提到莱弗利学习希腊语和拉丁语十分困难，对书籍和其他研究也明显不感兴趣，尽管他对英国的生活十分满意。实际上，莱弗利真正喜欢，应当说极为热爱的是钓鱼。因此，如今对于奥斯勒来说，莱弗利的绰号艾萨克（或艾克）既有圣经的含义，也有钓鱼的含义（莱弗利还有一个绰号叫汤米，这可能来源于托马斯·布朗爵士，或者来源于布朗爵士的儿子托马斯，又或者来源于19世纪90年代的英国"汤米"热）。莱弗利在很小的时候就拥有并阅读了艾萨克·华尔顿（Izaak Walton）的《垂钓大全》（*The Compleat Angler*）。1907年，奥斯勒在苏富比拍卖会上遇到了1653年出版的第一版《垂钓大全》，他极力"压抑自己的兴奋"，希望自己能拍下这本书。这本书在拍卖会上引得人们竞相喊价，奥斯勒只来得及匆匆记下不停叫出的新价格，最终以1290英镑的价格成交，高出保留价的3倍。相比起来，医学书籍要便宜得多：几年以来，奥斯勒买到了几本哈维的《心血运动论》（*De mortu cordis*）（1628年版），价格从一开始的8英镑到48英镑不等。但到了20世纪末，这本书在佳士得拍卖会的成交价格超过了55万美元 [58]。

奥斯勒经常带莱弗利在牛津大学和周边地区钓鱼，特别是在他们家定期去不列颠群岛尽头的岛屿度假的时候。虽然工作和旅行都比较辛苦，但他每年都会去一个偏僻的度假小镇度假，这也是他的仪式感之一。他在那儿游泳、潜水、散步、打高尔夫球、钓鱼，当然，还有读书和写作。1908 年，奥斯勒不顾格蕾丝的反对，买了一辆雷诺汽车，并雇了一名司机。他们第一次长途旅行便沿着大北路去了苏格兰高地，在那儿的溪流边钓鱼。他们在湖区待了一个星期，返程路上还去了北威尔士。天气很好，河水潺潺，清澈见底，都能看见鲑鱼对莱弗利欢快地眨眼。他们甩着假蝇诱饵钓鱼，一天就这样过了。华兹华斯的孙女十分亲切友好，带他们参观了格拉斯米尔的房子里所有的珍宝。奥斯勒写道，"我们度过了一段快乐的时光"。

第二年夏天，他们去了英国的最南边，在距离兰兹角一英里的森嫩湾待了一个星期。奥斯勒和莱弗利去远洋钓鱼，结果两人都晕船。斯旺纳奇附近的水域可能更适合他们，10 年前他们就十分喜欢多塞特港，于是他们又在那里度过了一个星期。1910 年的暑假，他们刚到美国就去了魁北克的皮克角。奥斯勒夫妇休息了 1 个月，在他们休息期间，莱弗利常常会去钓鱼。他们又去了蒙特利尔、多伦多、汉密尔顿、波士顿、巴尔的摩、华盛顿、巴尔港、纽波特和纽约，试图看到世界各地的新生代[59]。

奥斯勒 60 多岁的时候身体还不错。他在休假结束后写道："我的身体一直很好，只有在感到压力或者心情忧虑的情况下，胸骨下张力才会复发[60]。"感冒和支气管感染时不时让他动弹不得，但他即使是躺在床上也十分繁忙，总是不停地阅读和写作。1910 年 1 月，他 8 年前的肾结石复发了。据医生的观察记录，这一次绝非小事，因为奥斯勒的痛苦已经到了他的承受极限：

疼痛的间歇时间从 2～3 小时延长到了 8～10 小时，痛感通过 3 种类型的感觉障碍逐渐减弱。这种痛感是一种迟钝的、持续的、局部的疼痛，疼痛处大概有一块硬币那么大。在剑突处上方的胸骨的柔软部位用刀柄用力按压，或者用手指按住骨头，就可以准确地模仿出这种痛感。这种痛感只要不发生移动，就算持续几个小时也还是可以忍受的。但有时在不痛的时候，会突然产生一种膨胀感，这种感觉并不会让人不舒服，但同时还有一种灼热感，沿着输尿管向下，穿过肋腹，有种穿透肌肉的感觉。然后阵痛突然停止，出现急性症状。疼痛感就像一场扭曲、猛烈的飓风，呈辐射状散开，接着便出现了血管迷走神经性晕厥：面色苍白、四肢冰冷、脉搏微弱、出汗、恶心和呕吐。在两次发作中，最后一次并没有那么难受，奥斯勒似乎在无意识地和病痛做斗争，但只有吗啡这一灵丹妙药能够帮助他缓解疼痛了[61]。

他在写给一位医生朋友的信中说，他坎坷的经历长达一个星期。期间我又晕又吐了两次，但每次都会让我烦上好几个小时。他认为痛风是他烦恼的根源，还说他不得不靠蒸馏水和粗粮为食。手术是一种治疗方法，但显然，只要结石排出来，疼痛就消退了。奥斯勒写道，在1910年，每忙完一阵子，奥斯勒就能感觉到体内松动的大结石在嘎嘎作响，或是感觉到小结石即将碎裂。因为这些结石，奥斯勒缩短了1910年的美国之旅。X线检查并没有发现体内有大结石。但在后来的几年，他偶尔会感觉痛风带来的刺痛感："我只要一喝香槟，大姆趾就会痛风[62]。"

第二年冬天，奥斯勒和他哥哥的加拿大团队开启了一场奢华的埃及之旅，他们骑着驴长途旅行，路上没有一颗鹅卵石。在托马斯·库克父子公司安排的豪华游艇上，奥斯勒一行人在尼罗河上巡游了1个月，每隔一段时间就会靠岸，然后骑着驴去参观金字塔、神庙和陵墓。一天晚上，他们身着晚礼服骑着驴去参加埃及总督（帕夏）的晚宴，他有两个儿子在牛津大学上学。他们说我看起来很像《爱丽丝镜中奇遇》里的白方骑士。

格蕾丝待在家里，一是因为她讨厌炎热且充满灰尘的天气，二是她认为在自己和奥斯勒总得有一个人留下来陪莱弗利。奥斯勒给她和其他人寄了一大堆信件和卡片，描述那里的景色、天气，还介绍了那里的船夫（他觉得这些人看起来都很像拉美西斯二世的后代）。除此之外，他还写下了自己对埃及医学发展和医学文献的观察。开罗的埃及医院让他想起了费城的布洛克利，只不过这里更臭、更脏。埃及国家图书馆的管理员想与奥斯勒做个交易，用馆内的《古兰经》（*Korans*）换取 17 世纪从埃及"带到"博德利图书馆的某些手稿。在沿着尼罗河逆流前往阿斯旺的途中，他阅读了希罗多德（Herodotus）的著作，发现其中的埃及历史令人叹为观止："天啊，我们是多么渺小啊！即使我们发明了蒸汽、发明了电、开通了巴拿马运河，人类还是那么渺小。"现代埃及人做出的成绩却少之又少："如果每个埃及人都讲卫生，这个国家将变成一个天堂，但它肮脏至极，而且患眼炎和钩虫病的患者数不胜数。"奥斯勒认为，埃及这个英国的附属国在德国的管辖下会做得更好[63]。

在旅行前期，奥斯勒得花时间为同行中的加拿大百万富翁詹姆斯·罗斯爵士（James Ross）检查身体，因为他患有心包炎。在接下来的行程中，罗斯的船紧跟着奥斯勒的船，因为这位老大亨发誓要和他的医生待在一起。奥斯勒几乎每天都能见到他，他说我救了他的命。罗斯给了奥斯勒高昂的医药费，甚至足以支付他此次旅行的花销。埃及之行后，罗斯坚持让他们乘坐他的私人游艇穿过地中海[64]。

"我们看到的景色十分漂亮！"奥斯勒在旅游快要结束时给格雷丝写了一封信，"我的皮肤已经晒成了巧克力色。剩下的日子里我只会读有关埃及的书。"然后又补充说："这次出门并没有花很多钱。我的开支总是很大，每个月的住宿费和车费便花了不少。只是我们必须为了莱弗利把钱存起来。总的来说，我们做得还不错，但我担心有一天我的收入会大幅减少，花销却还是同之前一样，或者随着莱弗利越来越大，花销也会越来越多。不过，要是我遭遇不幸，你会得到 18 000 英镑和一幢房子。这些可以让你余生衣食无忧，我也可以继续为这个家出份力……我们已经做得很好了。你一直是个天使！这些年来你是怎么忍受我的[65]！"

埃及的这些信件是威廉与格雷丝现存的唯一通信记录。在信中，两人总是亲切地聊天。

他逗她说，今年夏天世界各地的人都想前来拜访，但是他只邀请了自己遇到的那些人[66]。当莱弗利面临着被温彻斯特学校开除的危险时，奥斯勒宽慰格蕾丝道："请不要担心，那孩子会好起来的。他身体健康、性格可爱、头脑清醒，他可能只是在学校遇到了一点小麻烦……当人们了解到他藏在奥斯勒家族特有的含蓄外表下的真正品质时，没有人会不喜欢他的……他现在可能需要振作精神，努力做得更好。我们不能气馁^[67]。"他在信中向她保证，他带回来的纪念品不是垃圾，1000 根埃及香烟是物有所值的。他还打趣说自己说想她了，你不在我身边的时候我很难过，都没有人让我捏一下了。我不能捏我的亲哥哥，埃尔西又太瘦了。他还把她想象成可怜的患者——格里扎尔，总是静静地坐在家里，当我出门在外的时候就在家里转来转去。他经常以"爱你的埃格尔顿"作为信的结束语。罗斯给的咨询费越多，奥斯勒给格蕾丝买的礼物就越多，如礼服面料，那些精美的骆驼毛和丝绸材料，都是刺绣的^[68]。他还为莱弗利买了一只鳄鱼木乃伊。

而那时莱弗利在温彻斯特学院苦苦挣扎，这个学院是英国最伟大的寄宿学校之一。奥斯勒在这一时期或者更早写给儿子的信都没能保存下来。这些信肯定有成百上千封，信中没有焦虑之情，而是充满了爱和快乐，还有很多关于钓鱼的故事。年岁渐长，奥斯勒更加喜欢和孩子们待在一起。以下是奥斯勒写给他在巴黎和罗马结交的小女孩们和她们的玩偶们的信：

亲爱的苏珊：

我看到了你寄来的那张漂亮照片，你真是太贴心了。我把它放在我的房间中一张很大的照片旁边，那是你正在喂鸽子的一张照片。只是我觉得有点难过的是，你没有将亲爱的罗莎莉抱在你的腿上，而是将那个趾高气扬、衣着华丽、不讨人喜欢、平淡无奇的玛格丽特放在了腿上！我真希望这一年你帮罗莎莉洗了脸，给她换上了干净的衬裙，换了几双新手套！我还寄过来了一张照片。莱弗利在家，但他就要回学校了……我希望夏天可以见到你，然后我就把罗莎莉带回来和我一起住。请告诉她这件事情，再帮我给她一个吻。爱你的威廉·奥斯勒。谨将此信献给你、罗莎莉和玛格丽特。

亲爱的穆里尔 – 玛乔丽 – 莫德！

今年春天我不能来罗马了，因为我妻子每隔一个春天就会发脾气，只准我当天出去当天回来，所以我来不了了。自去年冬天和你以及你那天使般的朋友们喝了茶之后，我就再也没有喝上那样好喝的茶了。请代我向她们问好。

我的儿子太可怕了，他已经变成了一个彻头彻尾的温彻斯特人！他刚刚才到家。我不得不靠继续用钢笔完成这封信，因为我那蓬头垢面的速记员拍着桌子跟我说她来这里不是为了写废话的——她不会帮我写废话，其他人也不会帮的！你猜我说了什么？我什么都没说。我只是狠狠地看了她一眼，她就晕倒了。她现在正把自己毛茸茸的脑袋垂在废纸篓里发牢骚呢，随她去吧，她可以待到我把这封信写完 [69]。

奥斯勒在埃及时，格蕾丝帮忙查看邮件。她很高兴自己躲开了埃及的酷热。我高兴的另一个原因是她在给美国的家书中写道："在他不在的时候，我读到了年轻医生、老年医生和各个年龄段的人写来的信，这让我比以往任何时候都能更加感受到奥斯勒在这个行业中所产生的巨大影响。天知道我多么为他骄傲 [70]。"

395

（邢若曦　王智彪　**译**）

Sir William

第 10 章　威廉爵士

　　不少美国友人冷眼预测，奥斯勒会在英伦获得头衔。钦定教授是荣誉名头的理想候选人。奥斯勒抵达牛津不久，御医威廉·布罗德本特爵士就告诉他，提名爵位的车轮已经启动了。但奥斯勒回应道，还是先停下车轮吧。"我是外来户，还被视作美国人，我刚到就享受不同待遇太不公平"。他清楚地意识到，这样会被认为，自己只是为了来捞取爵士名头。布罗德本特爵士死后，奥斯勒再也没有考虑过头衔的事。直到 1911 年 6 月，奥斯勒意外从赫伯特·亨利·阿斯奎斯（Herbert Henry Asquith）首相（1908—1916 在任）处获知，他将在乔治五世国王的加冕典礼上受封男爵。

　　"你打算用啥理由拒绝授勋？"格蕾丝问道，"你不老说会这样做吗？"

　　"我想我得接受。加拿大很愿意看见这一幕。因为这是有史以来首位加拿大籍男爵，"奥斯勒在该年的自传记载中，强调了自己与加拿大和家庭的关系，"从加拿大家人处想，我是很高兴的。"从特库姆塞斯的牧师家庭，到联合王国的男爵，中间隔着漫长的努力。真希望父亲、母亲、兄长 B. B. 和姐姐内莉能看见这一天。奥斯勒告诉妹妹查蒂，这只是顺水推舟之举，这里很看重头衔……真为家族高兴……要知道哪怕不肖子，只要肯努力，也能糊弄住几个人 [1]。

　　他将成为威廉·奥斯勒男爵，爵位可以传给儿子里维尔及其他男性后裔，3 个国家的祝贺信潮水般持续涌来，总计逾千份。奥斯勒一家一一答谢。奥斯勒对友人们说，他获得了太多的命运垂青，不需要这个头衔。格蕾丝则有点茫然了，她对库欣夫妇抱怨："看起来很美妙，但他只能是'奥斯勒医生'。而且太别扭了……奥斯勒男爵夫人！天哪！"有个被奥斯勒曾经诊疗过糖尿病并沉迷于他的胡说八道的小女孩，听到此消息大为不满："天呐，他们应该推举他为国王[2]。"

奥斯勒最终并未出席这次加冕仪式，部分原因是朋友兼患者，重要的美籍英国艺术家 E.A. 艾比患病。与奥斯勒和艾比均相识数年的费城外科医生 J. 威廉·怀特（J. William White），可能也是他俩的相识引见人，特意跨越大西洋来为艾比的手术操刀。但一切已成定局，艾比不久后就离世了。

基本上只要认识奥斯勒的人，都成了他的患者。就连怀特医生本人，这样一位满怀能量与激情、积极锻炼的人，也好几次找到奥斯勒，咨询他的胸痛症状。奥斯勒的建议是，让生活节奏慢下来。"我后悔让他检查。"怀特事后温和地嘟囔。他减速了一段时间，但深感不适，最后还是恢复了原先的生活节奏。奥斯勒显然断定怀特的症状是神经过敏，只要生活平缓下来就可以改善。怀特对奥斯勒的忠告继续充耳不闻，但确实听从了奥斯勒的劝，提前从宾州大学外科系主任的位置上优雅卸任[3]。

还有一个美国人，著名的哲学家威廉·詹姆斯，在牛津访学做希伯特讲座期间，回绝了奥斯勒让其住院的建议，他当时出现了神经疲劳。事实上，他患有严重的心绞痛。他 1908 年访问英国的某段时间，还请奥斯勒去治疗过。不久后，他的弟弟亨利给奥斯勒写信道："他认为自己也有心脏病症状。"奥斯勒转告亨利，可向伦敦医生詹姆斯·麦肯齐（James Mackenzie）爵士问诊，结果这位大文豪小说家被诊断为，病源可能来自其虚构的未知恐怖，即著名小说《螺丝在拧紧》（*The Turn of the Screw*）中别开生面的故事情节。威廉·詹姆斯的女儿也来找奥斯勒看肚子痛，她原本以为是盲肠问题，但经诊断为神经衰落和癔症，好好休息便会痊愈。二位最后都康复了[4]。

1910 年，亨利·詹姆斯（Henry James）被深度抑郁、狂想、恐惧、寻死等症状所困。有亲戚建议寻诊奥斯勒，用詹姆斯本人的话说，"权威人物，毫无疑问的顶级权威"，马上就让他振作起来了。

397

1910 年 3 月，奥斯勒在伦敦为亨利（他一直遵从当时流行的"咀嚼饮食减肥法"，过度咀嚼食物），做了有生以来最完整的体检。亨利的一位侄辈后生记录了过程与结果：

> 亨利叔叔的胃肠和神经系统都很糟糕，他咀嚼减肥数年，越趋老弱，身体开始崩溃。奥斯勒医生围着他转圈，逗弄他，甚至与他开玩笑，试图让叔叔开心起来。医生用希腊语告诉他，他唯一的麻烦就是老是转肚脐。他开了养身疗法，并指派了护士做按摩，但奥斯勒犯了个错误，我个人以为不常见。要让叔叔坚持养生需要连续严格的监督（他太老，太擎，也太神经质了），而护士，事实上只要我稍不在场，护士就坚持不了 24 小时。但这次经历还是让人放心不少 [5]。

奥斯勒没有收取威廉·詹姆斯女儿的出诊费，但他给亨利·詹姆斯寄出了一张 44 英镑的常规伦敦诊费账单，不过听说传言大文豪已经手头紧缺后，又后悔了。但传说毕竟是夸张的，亨利不但付了钱，而且最终摆脱了抑郁，活到了 1916 年。威廉·詹姆斯则于 1910 年夏在北美死于心脏衰竭 [6]。

奥斯勒给伦敦皇家内科医学院，总共做了 3 次卢姆雷恩讲座。第二次讲座前一天，他又为亨利·詹姆斯做了体检。他当时正回顾自己诊疗过的心绞痛案例。自他 1896 年心绞痛讲课以来，又积累了 200 多例此类病案。他坦言早期 60 例病例几乎没提供啥心得（他的心绞痛患者仍然以中年男性医生居多），但奥斯勒却表现出幽默、乐观和医学谦虚："书面知识越多，并不保证增加自信。知道越多，胆子越小。"他见过不少严重心绞痛患者活过了许多年。而有些中度患者说不定哪天突然去世。尸检数据充斥着太多困惑与矛盾的病理现象，尚难给予清晰的诊断。心绞痛研究不断提醒奥斯勒希伯克拉底名言：经验欠可靠，诊断何其难。

和许多医学领域一样，奥斯勒对心绞痛的见解仍然兼收并蓄。本领域分为两大派，一派认为心绞痛反映了可测量的心血管损伤；另一个源自心脏生理的新学派，只关注心脏泵血功能。奥斯勒综合了上述两种假设，认为心绞痛可有多种诱因。后世的心血管专家将心绞痛粗暴归纳为动脉堵塞或梗死的简单症状，但他们忽视了该疾病的复杂性，以及奥斯勒经长期耐心的临床观察分类出的多种心脏紊乱[7]。

目前奥斯勒已经总结出相当多的心脏问题急救疗法，严重病例使用硝酸甘油和氯仿等强效药，至于其他大部分的患者，他只是建议放慢生活节奏。让身体机器慢下来，好好保养它，尽量往好处想。但他换了比喻，经常将人体比作汽车，而不再是汽轮。他既是医生，同时也是汽车主人，他售出时看似一样的机器其实各有特点。他在后来的一堂演讲中这样诠释：

以 1911 年同一商家卖出的 12 辆纳皮尔牌汽车为例，在同样设计，同样部件，同样马力，使用同样汽油的状况下，汽车的磨损完全不同，有的一加仑汽油开 20 英里（约 32km），有的只驶 16 英里（约 26km），有的每几个月就得返店修理，有的到了年底还像新车一般。原因不仅仅在于司机，机器的运转方式，汽车的日常维护，相似的机器，或者说完全一样的机器，也存在着无法解释的差异。人体也是如此。

埃及旅行期间，奥斯勒曾见识了大型的灌溉系统运行，他更热衷用水泵、管道系统、水闸、下水道和运河，来隐喻和描述心脏与动脉血管。这样比较适合加入血压概念，以及新兴的压力导致的生理反应研究，也适合重构一个含有解剖结构和生理功能的心血管医学模型[8]。

奥斯勒的 3 次卢姆雷恩讲座以自己私人行医面对的主流疾病为主题，篇幅极长且为业内顶尖水平，演讲结束时，奥斯勒还是留有不少疑惑。他对自己治疗伤寒的临床经验非常满意，对肺炎的治疗则完全不满意，但对心绞痛只是谨慎满意。没有哪种已知疾病会这样无声无息无痛地杀人。我们对如何治疗心绞痛已经取得了确凿的进展。基于他在意大利诊疗的一位病例，奥斯勒预言，女性抽烟会增加患心脏病风险，但疗法还是那一套：我常用两个处方，或者放慢生活节奏，或者吃得少一点，但我发现许多患者对此的态度，正如乃缦（Naaman）对以利沙（Elisha）的医嘱……心绞痛和长寿一样，关键在于动脉。老话说得好，长寿只缘餐饭少。

1910年，奥斯勒觉得自己"不再像以前一样积极工作，不再勇往直前，更愿落在后面"。同年，一个年轻的美国人，詹姆斯·赫里克（James Hrerrick）发表了首篇描述冠状动脉血栓形成与心肌梗死关系的重要论文[9]。这些年看着奥斯勒行医执业的英国同事们认为一些本国医生，如克利福德·奥尔巴特，临床技术已经超过了奥斯勒，但奥斯勒还是属于最优秀的。有时即使奥斯勒渊博的经验也给他带来失误，但其不同寻常的个性会自纠错误，保守的奥尔巴特则做不到这一点。有些英国人甚至认为奥斯勒太过完美，其他人则从众仰慕。下面是一个同事的儿子的回忆，奥斯勒也会判断失误，但结局出乎意料：

曾有个小弟弟，患上严重的百日咳和支气管炎，无法进食，无论父母和护士怎么哄诱都毫无反应临床上，此病毫无蹊跷，只是办法极少，难以康复。钦定教授马上要出席学位授予仪式，而且他一向守时，于是穿着教授袍来了。对一个孩子而言，这个从天而降的医生，如果来者确实是个医生的话，就像来自另一个星球，更像圣诞老人。

简单体检后，这位不寻常的来客坐了下来。把一个桃子削了皮，加了糖，切成小片，然后用叉子一片一片递到如坠梦中的小患者面前，告诉他吃进去病就好了，这种水果最不一般，对他非常有好处。结果真验了他的话。他匆匆离开时一反常态地拍拍我父亲的后背，忧心地说："抱歉，欧内斯特（Ernest），我大概再也见不到这个孩子了，病到这个地步几乎没有幸存的可能。"幸运的是结果反转了，接下来的40天里，这位忙不停的医生一直来见孩子，他每天都穿上教授服，尽管只是在进入病房前的一刻，在走道上临时套上的。

大约2～3天后，康复的迹象在孩子身上出现。小男孩吃喝下了奥斯勒亲手送给他的所有营养食物，甚至还保存了几样。如果个性化治疗、偶然心理优势的快速应用（本例中的服装）、为特定患者着想并不厌其烦满足其需求的价值确实存在，那么此案例便是其最直白的体现。我敢说，再也找不到比此更完美的治疗艺术了[10]。

　　牛津大学的学生和美国人一样，被奥斯勒的敬业、热情，以及查房的举止所感染。奥斯勒常常与学生们谈到，他绝对不会在就诊中，对公爵夫人和厨子区别对待[11]。有位学生一直没有感觉到奥斯勒此说有何不寻常，直到自己去了伦敦的圣托马斯医院就职，方才有所感悟。与这些伦敦的同事相比，这位必要时愿意发挥博士袍权威潜力的医生是位和善的民主人士：

　　伦敦的这所医院和其他医院对患者毫无人性的态度，与我在牛津学习和实习经历形成强烈的反差。

　　特别是，医生在带徒查房过程中，会身着黑呢长礼服，细条纹裤子，还戴着高顶礼帽，他们的钻石领夹和金表链子在阳光下熠熠发光……此处的老师们粗浅露骨地向卑微贫病的社会成员炫耀自己的社会地位和财富。

　　他们给予学生的人性化和友好表现已是少见，对患者就更是稀缺……这些患者也会为人类天生的焦虑困扰，但医生们从不将这些因素纳入综合考虑，只是片面地关注疾病方面。有太多次，医生在病床边肆无忌惮地讨论此病的各种影响，全然不考虑床上的人虽然读书少见识短，但也是有感情有知觉的正常人类。

　　关于"成功的"医护员工获得丰金厚赏的谈论太多太多，听着很拜金。我仅记得威廉爵士谈过一次钱，他洒脱地说："医生不需操心逃单的诊费，因为它们都会记录在天堂的信用账户里。"

　　我心怀感激又心怀渴望地回忆着拉德克利夫（Radcliffe）医院的日子，就像一场欢欣快乐的医学"家庭聚会"，威廉爵士是主人，而患者是备受尊敬的贵宾[12]。

　　除了拉德克利夫的例行职责，奥斯勒也是牛津郡结核病预防协会的发起人与热情支持者。他在拉德克利夫设立了一家专业结核病诊所，成了全英的样板。奥斯勒继续早在美国就开始的结核病公共卫生宣传工作。向本社区中的贫困人群做卫生宣传，说服富豪友人捐款赞助，呼吁政府积极行动，当然还亲自为患者诊疗。

　　他理所当然成了许多牛津名人的医生。"瞧见那个精神的老头了吗，"有次比尔·弗朗西斯来访时奥斯勒对他说："那是詹姆斯·默里（James Murry）爵士。牛津大学出钱聘我当钦定教授，就是要我让他活到将大字典编撰完为止。"但奥斯勒失职了，尽管大胆引入了 X 线全新技术疗法，也没能治好"词典"默里和《牛津英语词典》（*Oxford English Dictionary*）创始主编的前列腺疾病。默里死于 1915年，享年 78 岁，词典还只编到字母"T"[13]。牛津大学图书馆管理员 E. W. B. 尼科尔森（E. W. B. Nicholson）的治疗结果也不理想。他是牛津的主心骨，1910 年起健康恶化。图书馆里竞争激烈明争暗斗，他断续做过几次返岗尝试，全都失望而归，最后听任几位馆长安排了退休。此后他完全疯了，按奥斯勒的说法，"疯得像水银中毒"。尼科尔森坚信"有巫师召集恶魔来攻击他"。某晚，他身着睡衣，拿着尖刀，冲到街上，声称与恶魔决斗。奥斯勒设法与他耐心讨论过恶魔的存在，如果他需要特别帮助，我保证用秘语回信。但是为了瞒过恶魔，如果是正话正说就在信封上打个叉，如果正话反说就画个圈。与恶魔再作几次决斗后，尼科尔森于 1912 年去世，享年 63 岁。牛津朋友为他的遗孀设立了基金，奥斯勒还捐了 50 英镑。

奥斯勒将这些事记录在 W. D. 麦克雷给他的那本 1868 年《牛津大学图书馆年表》（*Annals of the Bodleian Library*）中，以供后人了解。他也记载了尼科尔森的死对头范可纳·梅丹擢升为管理员（Falconer Madan）。奥斯勒在几位候选人的讨论决议上弃了权。"我也不该谈论让一个 61 岁的老人承担这样繁重的工作有多危险。"5年后奥斯勒补了一条，"我错了。他不老，而且是个顶尖的图书馆员[14]。"鉴于发表"固定时期"言论引发的轩然大波，加之他自己也已入六旬，现在奥斯勒在牛津社交圈里很少公开谈论老年话题了。

奥斯勒合不来的另一位老年牛津核心人物，是罗伯特·布里奇（Robert Bridges），与他同代的内科医生，1913 年 69 岁时被钦点为桂冠诗人。在一份友人后来拦下未发表的书面评论中，奥斯勒称布里奇是不值得结识的家伙，不是天生脑满就是生性无礼，我不确定。格蕾丝认为是无礼，布里奇是她见过最无礼的家伙，并且明显当面告诉过他。在布里奇方面，某天他在津大学图书馆里偶然听到奥斯勒在介绍雪莱（Shelley）遗物那天，点名派他去拜访美国人，这让他极为恼火。最后布里奇成了英国最不为人知的桂冠诗人——因为所有人都认为鲁德亚德·吉卜林才是——他的某次美国之行引来了一个辉煌的大标题："国王的金丝雀不肯唱赞歌[15]。"

1912 年 10 月，英国王储、威尔斯王子爱德华入读牛津莫德林学院。国王对儿子的健康担心，对独立生活的大胆尝试（当然住在专门宿舍，配有专门仆从）也不放心，故而命威廉爵士任其医生。第一个冬天，爱德华安然度过了。但来年春季他得了流感，此刻恰逢奥斯勒在美国。奥斯勒首次见到王储是 1913 年 5 月 28 日，当时他出现了某种血液循环症状，奥斯勒为未来的国王（1936 年爱德华退位，改称温莎公爵）记录了这份备忘录：

他只有 19 岁，是位矮小细巧的小伙子，气色佳，但单薄，体重仅 106 磅。肌肉结实，浅表淋巴结稍大，脉搏仅 48 次 / 分，但规律。心率曾低至 36 次 / 分，但心脏运动规律，心音清晰，腹部未见异常，肺音清晰。血压 89mmHg。血管舒缩显示贫血。膝反射几乎没有。他有点紧张，有些忧虑，他担心父母认为他吃得太少，不想变胖。可能他一直会体型偏小，但他智力发育正常，对学业感兴趣。在我看来，他算不得强健。

爱德华在德国度过了开心的夏季，但只增重了几磅。到了秋天，国王要奥斯勒再为他做一次体检，但王子与医生均觉得没有必要：

他们大惊小怪，担心王子太单薄，搞得王子压力很大。他不再那么紧张了，抑郁也减轻了。他答应过会多喝麦芽牛奶（爱德华曾告诉奥斯勒，他讨厌牛奶，医生叫他喝，他反而倒进马桶里了）。关键在于，他过于瘦弱，发育不良，永远不可能长成强壮的男人。他在莫德林过得很开心，如果不是周围人的担心搞得他压力太大，心情应该更好。可怜的小伙子老觉得，自己辜负了厚望，给自己造成了伤害[16]。

身为英属加拿大人，又是钦定教授和男爵，奥斯勒尊重英国君主和社会制度，但他对等级不甚在意。他对自己的男爵徽章设计也

403

无兴趣，只要求要有鱼，以满足里维尔，要有河狸，代表加拿大，再加上座右铭"Aequanimitas"即可。他拒绝了法庭的任命，对格蕾丝说自己无意被王室的小疼小病呼来唤去。有一天，坎特伯雷大主教说自己得去法庭，因此无法参加牛津的学术会议，据说奥斯勒问他："去做共同被告么 [17]？"

奥斯勒的有钱患者在牛津鲁道夫酒店住宿或国王之臂饭店用餐。奥斯勒雇佣当地的临床医师 A. G. 吉布森（A. G. GIBSON）帮助采血样、取尿样、测血压，奥斯勒回北美休假期间也要为他顶替一阵。吉布森后来成了他的行医杂役和弟子。他肯定没向那个死于肺结核的基布尔学院医学生收诊费。我们不清楚他是否想收威廉（"威尔士手淫汉"）（"非常罕见的恶性变种"）的诊费，他与患者坦率交谈过，给他的处方就是休息加锻炼。我们也不知道，他是如何应对一个（他记述称）因迷恋同学肉体而深陷绝望的高壮大学生的。显然，这男孩的意中人十分恼火并把奥斯勒请来处理 [18]。

奥斯勒的出诊费基本与在美国时一样，直到 1913 年才涨了 5%，以平衡通货膨胀。他出诊的付费患者数量大减，平均每天只有 1~2 个。他每年的私人行医平均收入只有约 2000 英镑（按汇率折算相当于 10 000 美元），只是他在美国忙碌年份的 1/3。当然他仍有可观的版税收入，以及在美国投资项目上的巨额分红（可能他把巴尔的摩的房子卖出重建时获得了相当不错的资本利得）。他在牛津的工资与补贴加起来一年大概 600 英镑。如果该年不休假的话，他的年收入大约 6000~7500 英镑，比在巴尔的摩少了 20%。这是份可观的"蛋糕加麦芽酒"收入，但还达不到香槟医生之列。奥斯勒开出的单张最贵诊费账单为 4000 美元，是 1910 年在伦敦为一位曼哈顿女士出诊 16 趟，每次 50 英镑。但他没有向加拿大反对党领袖罗伯特·伯顿爵士收费，那是 1911 年伯顿来伦敦参加加冕典礼期间，奥斯勒曾在赛西尔酒店为他问诊。给乞丐和王子诊疗一律免费。当然威尔士王子赠予他一架墨水台和一幅镶框的相片 [19]。

而在美国，奥斯勒离开后，约翰斯·霍普金斯医院和医学院发展越来越好，对富兰克林·P.马尔、威廉·韦尔奇、J.J.阿贝尔而言，任命卢瓦利斯·巴克作为奥斯勒的接班人，标志着该机构的临床研究进入新纪元。奥斯勒使用的病例收集方法，已让位于疾病研究和治疗所用的目的性实验。骨子里是解剖学家和病理学家的巴克，马上设立了三个新的临床实验室，分别用于生物、生理和化学研究，远远超过了预期。三个实验室均由全职的临床科学家挂帅。外科主管哈维·库欣则建起一座类似的实验设施，将亨特实验室打造成动物性实验研究和外科教学的中心。从这点看，威廉·奥斯勒几乎被人忘到脑后。

到了 1910 年，奥斯勒离职 5 年之后，约翰斯·霍普金斯医院的公共声誉达到顶峰，卡内基基金会里程碑式报告——"美国与加拿大的医学教育"（Medical Education in the United States and Canada），将其评为所有医学院应学习的样板。报告的作者亚伯拉罕·弗莱克斯纳（Abraham Flexner）毕业于约翰斯·霍普金斯大学，他的哥哥西蒙·弗莱克斯纳，是威廉·韦尔奇的学生和门生，但这不是该机构被推崇唯一原因。几乎所有的人都相信，这所由巴尔的摩慈善家出资建立的大学与医院是个巨大成功。到 1910 年，医学院因超高人气面临危机，新生竟多达 100 位，导致师资力量严重不足。

而在英国，奥斯勒也时不时听到不少霍普金斯医院名实不符的小道传言。以解剖和病理为主业的巴克，占着美国、甚至是世界上最得天独厚的临床医学资源，却对临床研究不闻不问。霍普金斯大学的学生、甚至医学巨头如威尔·米歇尔等群体中闲话不断，称巴克甚至需要他的住院医生反过来教他如何做胸肺叩诊，霍普金斯医院的内科临床发展不如外科与基础研究。但巴克借职位优势接手了很多奥斯勒留下的自费患者。他学得又快又好，病床边服务周到，塞耶等奥斯勒的老拥趸对他甚是礼遇。很快，他就通过私人执业大幅增加了收入（不过学生生病还是尽量找塞耶出诊）[20]。1902 年时巴克还大力支持马尔构想、给临床教授付"全职"工资取代私诊收费。现在，他倒是彻底按照奥斯勒和其他同仁的法子做了。难道就没有解决办法吗？

弗莱克斯纳报告的发表，给遭谴责的弱势美国医学院带来迎头一击，许多不久就倒闭了。讽刺的是，最强势的霍普金斯医院却被自身的成功拖进了严重的麻烦之中。资助弗莱克斯纳报告的安德鲁·卡内基（Andrew Carnegie），决定不再予以医学教育行业任何赞助。事实上这并不是问题，因为洛克菲勒基金会高层也仔细阅读了弗莱克斯纳报告，看中了医学教育另一个领域，该领域与他们新近涉足的研究领域接近，收回成本指日可待。弗雷德里克·W. 盖茨是洛氏基金捐款的大管家，他深受奥斯勒思想文字的影响，曾问亚伯拉罕·弗莱克斯纳，如果他有 100 万的话，将如何用来重整医学教育？弗莱克斯纳说他一定捐给威廉·韦尔奇："40 万美金就让韦尔奇做出了目前的骄人成就，打造了美国最理想的医学院。想想再给他100 万会是什么结果。"不久后，弗莱克斯纳开始在巴尔的摩研究霍普金斯医院的现状，目的是向洛氏基金会报告，韦尔奇和公司应如何更好地使用新的研究经费。这就招来了他们的麻烦。

弗莱克斯纳关于霍普金斯医院的现状报告是给洛氏普通教育董事长盖茨的绝密文件，报告言辞坦率得几乎鲁莽。韦尔奇设法搞到了副本，但未能严密保存。不久这份文件就在医院中被传阅、复制，引发一片哗然。

弗莱克斯纳对实验室和科研部门的丰硕成果大唱赞歌，交口称赞其研究和为其他机构培训人才。但对医院方面他却口气突变并指出："私人病房大部分已经成了高端患者的高价疗养室，主治他们的大腕医生无不与医院和医学院关系密切。"弗莱克斯纳谴责这些临床医生假公济私：

相比实验室人员，临床人员整体成果偏少，敬业不足……临床医生几乎无一例外，轻易沦落为私人执业的牺牲品。本应卓有成效的本业让位给了私人行医，只要诊费够高，连常规的教学与医院都可以不顾。课由下属代理，因为主任们都出城去看患者了，并非出于科学目的去看病，而是冲着挣大钱去了……

弗莱克斯纳同时批评，实验室人员时常流动，而医院的临床医生名单则固若营盘。许多临床医生已经在院多年，他认为：

他们已经长期拿不出科研成果，因此其他研究机构也不会聘用他们。同时，他们在巴尔的摩的私人执业获利极大，不愿意为了外地机构的学术聘任而放弃……

这些富裕的内科或外科医生是否应在约翰斯·霍普金斯医院这样的机构占据一席之位，我个人对此深表怀疑。任何医生一经入职，终不免利用权职追求个人金钱利益。他会利用职位之利，享受高额多利的诊金，打压身份不如己的同行，抹黑本机构在当地医疗界的名声本机构的好名声。更为甚者，这种做法于学生无益。

解决办法是，把主要的临床职位设置成全职工资制，正如马尔多年呼吁、1902 年巴克曾全力拥护，韦尔奇和霍尔斯泰德现在赞成、大部分私人机构雇佣管理人员的模式。不再允许医生私下外出执业或私下收取出诊费。当然，这种改革必须以高工资补偿以往可去外面出诊的收入损失。弗莱克斯纳认为，内外科主任（包括新设的精神科和小儿科主任），都应该年薪 7500 美元，而不是 5000 美元。妇科与产科要适当合并，也给予全职工资。最后，弗莱克斯纳还建议这家顶级美国医学院应该减少学生数量，霍普金斯医学院的全部在校学生应该缩减到 250 名。教师不能超负荷教学[21]。

407

时处牛津的奥斯勒从霍华德·凯利处听说了弗莱克斯纳的霍普金斯医院的报告，凯利认为自己就是该报告的主要攻击目标。过去几年来，他在私人执业中的收费一直被他人诟病。他把许多患者和大量时间精力转移到自己的私人医院。他非常有钱，也承认一定程度上忽视了在霍普金斯医院的职责。凯利说，其他指责对象包括巴克，他从 1905 年起养成的生活水准，不是一份死工资可以支撑的。他完全违背了自己 1902 年公开力挺的观点。

霍华德·凯利是位基督教慈善家，他已捐赠他在霍普金斯医院总收入金额的数倍，也完全不认为自己贪得无厌。弗莱克斯纳是在提倡"世上独一无二的劳役制度"，是宣之于口的反对赚钱论，令他大为恼火。他曾在霍普金斯医院的教工会议上尝试反驳这些说法，但医院院长提起的几份高额诊费让他闭了嘴。

霍普金斯医院的教工开始斟酌工资制度的可行性，弗莱克斯纳的抨击正中目标，报告的初始草稿四处传播，在此背景下，霍普金斯医院被大小会议、流言蜚语、针锋相对和阴谋诡计包围。凯利认为大学新任院长——产科医生 J. 惠特里奇·威廉姆斯，是产科与妇科合并的幕后主使。他告诉奥斯勒，有几股重要力量在暗中较劲：

我以为弗莱克斯纳已被医学院报告的盛赞搞得过度自信……我的同僚与许多年轻人觉得，马尔是这些麻烦的真正主谋，但我没看出来。大家都意识到豪厄尔和阿贝尔只是出于原则。韦尔奇则是被威廉牵着鼻子走。雷姆森（校长）冷眼旁观，不肯站队……赫德博士则不可理喻、煽风点火、一意孤行到极点……这些只是担心，不是抱怨。我们目前非常平和（宁静？），并且会更努力工作。

实际上凯利一点也不平和。这个月给奥斯勒的第六封此话题信中，他表达了对韦尔奇和威廉独断专行的愤怒（弗莱克斯纳没有见过凯利和巴克），对弗莱克斯纳粗暴指责的愤慨，以及对全靠外部经费状况的不满：

韦尔奇博士关于重要业务调整不考虑个人的信条，很有我在墨西哥冶炼厂看到的古根海姆家族的做派，并让我联想到洛克菲勒早期标准石油公司垄断市场造成的连串自杀事件。如果把所有洛克菲勒和卡内基利益牺牲者的白色小墓石摆在眼前，我怀疑连绵的山坡是否会像暴雪过境一般。迈耶（新任精神病学教授，原则上反对该方案）最近悄悄告诉我，他对标准石油公司如此热衷我校事务感到震惊。阿贝尔几年前也说过同样的话……

这里有股针对韦尔奇和霍尔斯泰德的强烈批评，意有所指地问他们有什么独创成就[22]。

过去几年来，奥斯勒多次声明，支持科学的医学、研究和职业的操守，年轻时候还支持过全职医学教授的渴望。所以在霍普金斯医院全职制争论开始时，双方都引用他的话做据。刚开始时他对弗莱克斯纳报告的细节不清楚，因此并不反对该方案的原则。他对韦尔奇说："如果为全职临床医生提供 15 000～20 000 美元的年薪，同时医院不要沉迷于利用临床医生治病挣钱，我倒是同意这个方案。"但事有两面，7500 美元的年薪就会使医院留住优秀人才，无异于自毁长城。

奥斯勒对任何暗示他利用霍普金斯大学职位赚钱的议论都很敏感。"我在医院任职 16 年，挣的每一分私疗诊费都花得问心无愧对。"奥斯勒对韦尔奇说，"而且很大一部分钱是为医院做了合法的广告宣传，正如你们一贯慷慨捐赠那样。"霍普金斯医院没有一个人，甚至包括马尔，曾指责奥斯勒唯利是图或玩忽职守，但也许某些人这样想过。至少有位多伦多医生，在多伦多综合总院需以约翰斯·霍普金斯医院为榜样的讨论会上，尖锐评论过霍普金斯医院的体制：

霍普金斯医院做了什么？给了奥斯勒声名显赫的职位，结果他却远走英国当教授。给了另外一个系的凯利博士私人医院，让他收取巨额费用，最高的一笔高达 10 000 美元，是为铁路大亨做的救命手术。那就是约翰斯·霍普金斯医院的所做所为，把这些人置于高位，让他们捞取丰厚回报；而他们忙着大肆赚钱时，学院的本职工作无暇顾及，据说，他们会让助理去干，虽然名义上还是在他们的领导下。助理们也渴望赚诊费，渴望从富有的老板那里分一勺羹[23]。

奥斯勒对霍普金斯医院的全职医生方案越想越反感："如果作为一次试验，我还愿意去看看结果，但不能让约翰斯·霍普金斯医院首先来尝试。如果我们当时试行也许会不一样。"他无法想象系主任减少频繁行医（多伦多研讨会也得出了类似的结论）。按奥斯勒的经验，医院董事会的成员是私人诊疗的首批客户。最完整体现他早期观点的，要数 1911 年 5 月给巴克的回复了：

许多有价值的观点值得采纳。对国家而言，将医院的教师和研究人员完全从私人执业中解脱出来可谓功德无量。同时从事两种工作极其不易。但是反过来说，这样做会大大减少与同事的联系，以及对许多人生活的了解。至少对我而言，工作最有意思的地方就在于——能接触到各地域各环境各类型的人。一种方案能培养出好医生，另一种方案能培养出博学多识的人才。

还有财务问题。机构吸纳几个有钱人提供经费并非坏事，就像凯利教授那样。如果当时我们采用了所提方案，医院不会取得如今的业界地位。诸位理事，我想赫德博士也是，夸大了临床执业的财富规模［我的临床执业收入全部留在了美国，问问 B. O. H.（汉普顿小姐）钱花去了哪里。我离开时身上只有教材收入，而且还不是全部！其中还包括我出售房屋的收入］。听说全职医生工资设定为年薪 7500 美元，想想就没有可行性。在我看来，把这钱翻一倍，也不够你和塞耶过活。我还担心如此一来，医院会越来越围着高端就诊者转，让他们付出高价诊费……十几例阑尾炎患者就足以支付一份工资了[24]。

奥斯勒或许只愿意在给友人们的私信里批评一二。但霍普金斯大学校长伊拉·雷姆森从韦尔奇处听说了奥斯勒的闲语，直接寄去了弗莱克斯纳报告和其他相关资料，希望奥斯勒站在自己一边。结果恰恰相反，奥斯勒读了弗莱克斯纳后，认为这是对其老部下、原则和医学信仰的无情无据诋毁。他意识到文中指责直指凯利、库欣、塞耶、芬尼、布拉德古德、库伦，可能还包括自己及其他人。在奥斯勒看来，文中建议是要将瘾君子霍尔斯泰德、狭隘顽固的教条派富兰克林·马尔等人的研究和生活态度，强加于临床医学上。1911年 9 月 1 日，奥斯勒给雷姆森寄出一封 14 页的打印信函，约翰斯·霍普金斯大学和医院的理事、弗莱克斯纳、赫德以及医学院的行政管理人员和教授也人手一封。

奥斯勒开篇先谴责弗莱克斯纳对约翰斯·霍普金斯医院的临床领域理解浅薄，并针对为医院声誉做出同等贡献甚至突出贡献、为医学事业开创最高利益之人的不实陈述，进行了激烈辩护：

平心而论，这些人在科学方面的成就可达到大学中任何实验人员的最高标准。而在实际应用方面，将科学转化为医术，则没有哪个纯实验人员能做得更好。弗莱克斯纳先生说这些人尸位素餐，阻碍了种族或学校的全面发展……真是大错特错。如果把约翰斯·霍普金斯医学院声誉中……临床方面和基层员工的贡献剔除，所剩不多了！

奥斯勒认为，"霍普金斯医院临床方面的成就比实验研究更辉煌，弗莱克斯纳的言论既不公正又无知，对约翰斯·霍普金斯医学院的创业功臣们极不公允"。

有关自己校外行医的做法，奥斯勒也全力辩白，从来没有在14:00以前干过。但也自我批评，有时会为远途出诊而中断学校的事务。大学与医院对自家的某位富有的外科医生欠一句道谢："我认为医学史上还没有人堪比我们的同事凯利对其诊所的慷慨。"在凯利的指导下，他的诊所成了世界各地外科医生的圣地，而弗莱克斯纳居然提出将其与产科合并，纯属无知至极。

至于全职工资方案，奥斯勒认为大学诊所的主管不只是亲自动手的实验人员，这在专事研究的机构可能足够：

但只有狭隘至极的观点才会认为大学诊所主任只是研究代理人。他在其他方面的象征同等重要。生活上，工作上，言辞上，他是身边年轻人、学生和助理们的榜样。"禁锢、封闭、局限"在医院的四墙之内，修炼临床僧侣的避世和隐居美德，这样的人如何能为他全然无知且漠不关心的种族培训人才在我看来，将本可以成为最优势行医人员的年轻人，交给一群与生活完全脱节的老师手中，更让这些年轻人也生活在同样的隔绝环境下，实在与临床学校的最高理想南辕北辙。

我相信这种尝试会自我毁灭。那些最适合在医学院任教、目光长远的人很快会销声匿迹，让位给安静的学生隐士，他们热爱科研，但不太适合训练医学生适应喧嚣尘世，就像我领导实验室一样。

我无法想象我的后任者会在缺少我热爱的专业和公共联系的环境中长大……如果临床教师像卫生部的官员那样不了解公共生活真相，临床教育势必留下鸿沟。

危险是全国将演化成同一套临床模式，其范围是实验室，其对人类唯一的兴趣是研究，忘记了临床教授应是年轻人的培训者，是行业多种形式活动的领导者，是当代的科学解释者，是公众和私人的健康顾问，忘记了学校存在的意义是保证人民福祉。

奥斯勒没有幻想过大学需像人一样待售（多年前他们对招收女学生的总体看法）。但针对弗莱克斯纳的提议，奥斯勒这样总结：

有时我们也会牺牲一些重要的东西，伟大的临床学校需有机结合专业和公共生活。这就是反对该方案的原因，它可能会毁了我心中构想的以及我们全力打造的那种医院：一片为城中穷人提供庇护的处所；一处向最优秀学生传道授业的天地；一个用研究实现新思想的地方；一所鼓励人们将医术建立在医疗科学基础上的学校；一座各学科的老师都来求助的灵感喷泉；一个热情欢迎所有需要帮助的医疗从业者的地方；一个面向全国的咨询中心。

他的最终想法是，可能有某种办法，可以让全职临床教授的热心人士将希望从他们不自在的医学院，转移到他们真正所属的研究所里去[25]。

奥斯勒介入霍普金斯医院事务的做法，类似受人尊重的退休政治家站出来谴责继任者的政策，正如当时西奥多·罗斯福（Thoeodore Roosevelt）对威廉·霍华德·塔夫脱的干涉，以及后来英国的玛格丽特·撒切尔（Margeret Thatcher）对加拿大的皮埃尔·埃利奥特·特鲁多（Pierre Elliott Trudeau）的插手。但比起这些政治家，奥斯勒拥有更高的职业道德权威，而且他还有其继任者站在他的一边，因为卢瓦利斯·巴克决定，绝不会放弃私人行医，并且会率先辞职。

W. H. 豪厄尔，理想主义的生理学家和前任院长，自感被他认为的奥斯勒对霍普金斯实验室研究成果的诋毁伤害，想以一封雄辩的回信反驳。但韦尔奇是个精明的政治家，此前他一直和马尔或多或少拿弗莱克斯纳当马前卒，如今他读出了不祥之兆。他写信告诉奥斯勒，已看清此事相当不易，还在考虑该如何应对。突然之间，好像啥也没发生过，霍普金斯医院没向洛克菲勒基金会讨要资助，洛氏基金也没有提供任何拨款，生活照常进行。其他美国医学界人士和机构也加入到了这场争论，奥斯勒又多付了几分钱邮费写了私信，把生理学家作为一群失去联系的实验室人员，最能说明问题的是他在约翰斯·霍普金斯大学的经历：将生理学家作为实验室人员群体脱离实际的证据，强有力地证明了他对约翰斯·霍普金斯医院问题的观看："我最怕的是培养出满堂对专业和公众全无接触也毫不同情的临床医生。这简直是灾难。他们实际上过着隐居的生活；拥有一个由霍尔斯泰德类人组成的整个学院对科学来说是一件非常好的事情，但对这个专业来说却是一件非常糟糕的事情[26]。是有像霍尔斯泰德一类甘于安静的人士，他们过着隐居的生活；一个全员霍尔斯泰德型的教工群对科学来说是幸事，但对医学来说却是大不幸"。奥斯勒的介入似乎终止了约翰斯·霍普金斯的全职方案，并在切实伤害造成之前结束了战斗。

对奥斯勒而言，医疗健康和医学教育的争论，是场两线作战的战争。如果霍普金斯医院的同行以科学研究的名义将医学革新推进得太远太快，英国同行就会显得过于保守，需要推一把才肯入 20 世纪。许多英国医院尚处于这样的现状：没有自己的实验诊断设施，缺乏医学教育传统，不接待自费患者。伦敦有许多医院虽自办医学院，但在科学教育方面依旧不足，临床工作相当支离破碎，缺乏整体组织，而且未与大学建立附属关系。在英国，业内人士太看重正式考试（奥斯勒匿名发表过看法），皇家学院的垄断地位，导致其与有证执业的专家以及其他成员相隔阂……此路有碍高质量的医学教育[27]。

所以，奥斯勒为大众说话时，比如他发表的多次演讲以及在霍尔丹勋爵（Lord Haldane）位于伦敦的大学教育委员会作听证，他的发言听起来像进步的美国革新派，将圣约翰斯·霍普金斯医院高举为杰出典范——尽管霍普金斯医院的美国人认为，他抨击全职医生方案的做法，像个脾气暴躁的约翰牛保守派（John Bull Toryism）。他向霍尔丹委员会建议，采用最好的德国和美国模式，在领先的教学医院建立由大学组织和运营的医疗单元。

有时，奥西尔在同一个演讲中与英国反动派和美国教条主义者较量。例如，1911 年 11 月在格拉斯哥，他敦促临床医生花时间在皇家医院的新病理学研究所，因为实验室是未来的潮流，每个临床医生都需要了解"死屋的无价教训"。然后，他显然想到了霍普金斯医院，警告不要在尸检室或实验室花费太多时间：

> 太多人试图通过显微镜和玻璃试管，寻求泡沫般虚浮的一时名声，年轻人最好铭记，成功老师吹出的泡泡最具虹彩、漂浮时间最长。一个不喜欢学生、无法宽容地忍受学生们无关紧要毛病的人，会错过生活中最大的热情；而那些裹着研究的外衣、与下一代的活力精神隔绝的教师，会发现自己的外衣是涅索斯之袍 [28]（涅索斯之袍浸透了毒血，初衷虽是保护，却能灼伤穿着者的皮肉，迫使其自杀）。

奥斯勒也在时进时退，试图找到一种表现他年龄的折中方法，做派更像资深政治家，虽然逐步优雅地退出舞台，但还显得积极有为。举例而言，他修订 1908 年版的教科书后，与巴克等人通信，要逐步将写作权转移，使教科书成为约翰霍普金斯医学院的医学教科书，但后来又改变主意，虽然请麦克雷参与 1912 年版的重大修订，在封面上署上他的名字，但自己依旧承担了大部分的工作。新版非常严谨，瑞吉非常努力，格蕾丝在 1912 年春天这样记录："我想他是以此向医学界表明，自己并非在英国过着退休生活 [29]。" 1912—1913 年，奥斯勒做过一任的英国医院协会主席，致力于医院行政部门的现代化革新。

在 1913 年夏天，在伦敦举行的 17 届世界医学大会上，没人比得上奥斯勒的光彩。共计 7000 位代表出席，堪比现代奥运会。有皇室成员亮相的开幕式、华丽的招待会、盛大的晚宴、游园会、参观游览、座谈会、学术活动，甚至包括女权主义示威带来的刺激。会议期间，威廉·奥斯勒爵士夫妇包下了布朗大酒店的一整层，天天宴请客人。某晚他们在皇家汽车俱乐部（汽车精英时代的专属场所）宴请了 196 位宾客。"我们与大会的应酬活动打了场平局，勉强活了下来。"奥斯勒在随后的苏格兰休假中这样回顾 [30]。

从奥斯勒 1912 年为格拉斯哥南方医学会所做的血压问题的精彩深思中，可以看出他对医学中庸之道的探索。他指出，以往对尿检不良的担心，现在已被血压读数的恐惧所取代，使得患者"沉迷"
血压话题，引发无谓的担心焦虑。运用埃及泵站和灌溉系统示意图，
加上蒸汽机和汽车比喻，他建议认真对待高血压读数（甚至对某些
血压极高患者进行静脉切开术），同时也意识到药物无法令人特别满
意。调整系统：减少燃料、放慢速度、清理灌渠，乃最佳应对方案。
他的这通单调建议中出现一个新比喻，说明威廉爵士刚刚改变了剃
须习惯："一打吉列安全剃须刀中，刀片的外观和锋利刀刃看上去一
样，但有的能用上几个星期，甚至几个月，有的用几天就得扔了。
人也是如此……必须考虑到个人差异[31]。"

　　奥斯勒总是与时俱进，他将 1912 年版教科书的《信仰治疗》
（*Faith Healing*）标题改为《心理治疗》（*Psychotherapy*），并与研究
脑瘫时就相识的老友西格蒙德·弗洛伊德通信。我们不知道他俩相
互谈过啥，但 1910 年起，奥斯勒显然很重视某些弗洛伊德学说，开
始系统性地记录自己的梦境，记得细致但明智。他并未尝试解读自
己的梦境，并且总体认为它们很疯狂（可怜这位现代传记作家，他
不得不认同梦中信息没有实际用处，而且无法理出复杂奇特的解
释）。他充其量将精神分析视为一种信仰治疗。1911 年，奥斯勒将
一位患者转给弗洛伊德，在弗洛伊德的信徒们看来，此乃认可之举，
意义非凡[32]。奥斯勒可能只是想摆脱另一位他称之为"肚脐炎"的
可厌患者，这类人的痛苦（如亨利·詹姆斯）集中体现在他们对肚
脐的痴迷上。

　　他持续发表一些案例研究，请求咨询的访客源源不断。但他
的多数时间都用来理解以前，拓展他与不朽死者的友谊。1912 年，
他组织了皇家医学会的医学史分会。第二年，出任书目协会主席。
1913 年美国之行的官方原因是为耶鲁大学做西利曼（Silliman）讲座
讲述现代医学史演变。他的教科书第八版的诸多变动都与扩充疾病
史有关。甚至他的梦境记录也可能与弗洛伊德的精神病学一样，植根
于埃斯库拉皮亚（Aesculapian）的前身——据说神在睡眠中治愈疾病。

　　思想上，奥斯勒深受 19 世纪下半叶古典复兴主义影响，特别

是美化（并神化）一切古希腊文化的希腊化浪潮。身为古希腊哲学的学生，作品被牛津大学的本杰明·乔伊特翻译并称赞过，沃尔特·佩特的新古典主义美学著作《享乐主义者马里乌斯》（*Marius the Epicurean*）的忠实读者，他在牛津大学变得更加希腊化。1910年年初，奥斯勒的西利曼和其他演讲，均以乐观的方式表现出对古希腊崇拜人类、身体、自然的赞扬，与以色列对上帝和正义的追求形成鲜明对比。奥斯勒的西利曼讲座从古希腊医学讲起，最终以表彰19世纪科学主义医学的辉煌成就结束。奥斯勒在1910年题为《人类自我救赎》（Man's Redemption of Man）的世俗布道中，面对爱丁堡大学2500位听众，预言了这一观点：古希腊发明了科学精神，现代社会在达尔文等人的帮助下，医学科学家有能力救赎人类于疼痛、发烧和瘟疫。达尔文让我们不再纠结于失乐园，而要向往复乐园。奥斯勒在《人类自我救赎》中的结论是，在新科学社会主义的帮助下：

以玛丽、约翰、杰妮和汤姆为代表构成的世界从没有像现在这样充满希望。沮丧和绝望无处容身。至于那些思想和道德消化不良、了无生气，只会乌鸦般呱呱叫的人，那就让他们进入竞技场抗争去吧，去推翻污浊的空气、肮脏的房子、恶劣的饮食、不必要的痛苦、每年损失的几千条宝贵生命象征的公国与权力，保卫他们自己的血与肉，让他们抗争到人的生命比黄金还昂贵的那天。壮哉今日！每天的悲剧是生命的廉价 [33]。

奥斯勒依旧四处出诊。他要么坐火车去伦敦，要么由司机开车送他去。一次有个重要的乡下出诊，恰巧汽缸裂了，经司机推荐，一个叫威廉·莫里斯的年轻牛津机械师用整晚修补好。很快，莫里斯就成为奥斯勒家最信赖的汽车修理师。一旦汽车无法启动，马上有人喊："快去找威利。"反过来，莫里斯患了神经衰弱症和溃疡时，也会找来奥斯勒。莫里斯后来建立了著名的汽车产业纳菲尔德勋爵（Lord Nuffield），牛津医学界成了它最大的受益者，部分原因就是为了纪念奥斯勒 [34]。

奥斯勒也在诺兰花园路13号的私人诊所里接诊，有些患者特地远道而来。1913 年 9 月 29 日，有两位访客在他家门口相遇并认出对方。他们都住马尼托巴省（Manitoba）的温尼伯市（Winnipeg，），都从 4000 英里（约 6437km）之外赶来，向奥斯勒医生咨诊。

几个星期后，奥斯勒在伦敦的圣巴塞洛缪医院，给阿伯内西协会的学生做了演讲，以偏自传的方式，对一生经历的临床医学演变进行了全面概括。他详尽回忆了在霍普金斯的教学生涯，强调学生是机器运转的核心，他的结语预言，如果研究工作过于侧重的话，研究人员将成为临床的道学先生，即他给霍普金斯的警告。同时，我愿坦白，我对自己的判断也缺乏信心，因为这属于年轻一代和未来的问题，他告诉学生们，他一生都忙于交往医学同道，而这次演讲后他也身体力行。几十年后，威廉爵士演讲的内容早已被人遗忘，但他和众人围着钢琴嗨歌，并要学生们唱些下流歌曲的轶事，则历历在目[35]。

牛津不断有新人到来，开始他们的医学和生活。普林斯顿罗德学者怀尔德·彭菲尔德（Wilder Penfield）来英国只带了一套书，就是奥斯勒的 7 卷本《现代医学》。他不久后在牛津大学基督教堂学院认识了奥斯勒，一位有同样经历的罗德学者回忆道：

第一个学期开始没几天，他来到我位于草地大楼的房间，自称是奥斯勒博士，顺道来看看我，问我刚来是否顺利，他在老图书馆大楼有间办公室，有需要的话他愿意随时帮助。并说，如果下个星期日午后有空的话，可以去他家里喝茶。

设想，牛津的钦定医学教授，百事缠身的奥斯勒，竟抽时间来见一位普通"新人"，而且姿态如此亲和、体贴！每当回想起那些星期日下午在他家举办的下午茶会就感觉温馨！通常，奥斯勒大夫会亲自出门，搂着你的肩膀，在后背上轻拍几下以示欢迎，然后引领你进入客厅，一一介绍给在座的学生、教授，以及世界各地的著名男女来宾[36]。

1913 年，一个普林斯顿罗德学者威尔伯特·C.戴维森见到这位钦定教授，当时他直接去按门铃，询问能否将自己两年的医学课程

417

在一年内完成。奥斯勒表示，这个想法有些蠢，不过他既然愿意就大胆尝试。他将其请进室内，对格蕾丝说，又来了一个不服管教的美国小马驹，并请他坐下饮茶。有一次，奥斯勒劝戴维森去其他地方放松一下，结果这个美国毛头小伙以为，他是在推荐一家名为"疮包"的巴黎夜总会 [37]。

和在巴尔的摩的时候一样，学生们像家庭成员般受欢迎，并认识了那些日后让他们伤心的漂亮加拿大女孩。星期日下午茶成了常规的消闲去处，不时还会重现旧年的星期六晚宴。例如，奥斯勒决定做一场医学史讲座，当即有9位学生报名：

> 他一年只做2～3场讲座，但每场都是"盛宴"！我们会收到一份通知，说明讲座的主题和时间，每份通知都附有晚宴邀请。讲座前是一顿九道菜的晚餐，餐盘撤去后，再分发香烟和雪茄，然后我们围桌而坐，奥斯勒医生以非正式的方式和讨论的语气开始讲座。期间会传阅珍稀古籍和图片。

有时奥斯勒会在不寻常的地点约见学生：有位牛津学生请求见一次面，当面提交医学博士学位论文，教授答复说，最方便的碰面地点，是去伦敦的皇家汽车俱乐部喝茶：

> 我们在俱乐部碰面时，钦定教授正陪同一位加拿大医生及其太太，向他们展示大都市风光。俱乐部的会客厅尚未开门，所以我们去了圣詹姆斯街的一家时髦茶庄。落座后，在茶杯的叮当声、轻柔的交谈声、《风流寡妇》（The Merry Widow）的华尔兹旋律中，威廉爵士翻阅着我的学位论文，并与我讨论 Pel-Ebstein 综合征。数月后，他推荐我申请学位。共有二位候选人……我们先与他共进午餐，然后他用自己的汽车，送我们去谢尔登剧院参加典礼。他如此为学生花费时间，为他们留下了终生难忘的愉快一天 [38]。

奥斯勒家的败家子，哥哥弗兰克于1913年年底来到英国。他在英属哥伦比亚省住了30年，一直没见过威利。那年圣诞节，弗兰克与妻子贝尔在诺兰花园路小住。弗兰克是个酒鬼，有点像莎士比亚作品中的喜剧人物福斯塔夫，他妻子贝尔说话让人难以忍受，但大家都谨守待客礼节。兄弟俩外表看起来很像。

1914 年年初，奥斯勒痛失两位老友，一位是伦敦的斯特拉斯科纳勋爵（Lord Strathcona），另一位是费城的威尔·米歇尔。斯特拉斯科纳成长在加拿大蒙特利尔的荒凉乡下，后来游走于英国贵族圈，奥斯勒作为他的护枢人，也预见了自己的身后。米切尔是美国的医学泰斗，是奥斯勒另一位替代父亲的人。奥斯勒在讣告上这样写道："我认识的所有人中，只有他符合沃尔特·萨维奇·兰多（Walter Savage Landor）的话，'我用生命之火温暖双手'。"米切尔寿终于 84 岁，最后仍意识清晰，微弱出现过许多人必经的那种"冷衰阶段"[39]。

里维尔一直是奥斯勒生活的希望。奥斯勒无法承受孩子病痛，男孩调皮时他也舍不得惩戒，都让格蕾丝去对付。由于老来得子，又是独子，威廉和格蕾丝夫妇总是担心里维尔，好像世上只剩这一根独苗。上专门学校，请专门私教，劝告也温和里维尔不当回事。1910 年奥斯勒夫妇俩几乎绝望，被迫接受这个不开窍的儿子只能当个乡绅。事实上里维尔即将绽放。到了青春期，他个子突长，对艺术和工艺品极感兴趣，养成完美的举止，整天钓鱼读书，读书钓鱼。经过一年的私教恶补希腊文和拉丁文，他在第二次申请时，通过了牛津大学的入门考试，于 1914 年秋天进入基督教堂学院。

里维尔大学时最要好的男同学约翰·斯莱塞（John Slessor，后来成为皇家空军元帅），记得"汤米"（Tommy）是个英俊小伙，生活在他是所知的最幸福的家庭，以及最幸福的城镇。斯莱塞在回忆录中补充道："宏伟的牛津城，夏天马儿都戴上草帽，巴德威尔街上有意大利风琴师带着猴子演杂耍，烤松饼的师傅在街上穿梭；男孩们穿着短裤毛衣，脖子上围着漂亮的围巾，步行或骑自行车从学院到田径场，或玩板球打网球，或坐着饮茶品松饼，欣赏身着长裙还束腰的姑娘们[40]。"

因为里维尔对科学不感兴趣，奥斯勒决定，过世后，将自己正收集的大量医学藏书全部捐赠给麦吉尔大学。这个想法促使他更系统地购书，哥哥 E. B. 还给他 1000 英镑，以便继续收集古籍。1914

419

年春夏，奥斯勒开始制订藏书编目的大纲。

"这个春天很棒，各种事项都在有序开展。"四月底的时候他这样写道。不停地买书，计划安排维修阿拉伯医生之王阿维森纳（Avicenna）的墓。刚刚给英国犹太历史学会做了一次以色列和医学的讲座。其中，他赞美了过去与当下以色列医学的成就，他称赞许多朋友投身医学事业，以及犹太社区给予医学的尊重[41]。几个星期前，他还参与组织伦敦晚宴，表彰新任美国卫生局长 W. C. 戈加斯（W. C. Gorgas）将军，他于修建巴拿马运河期间在古巴领导了应对黄热病和疟疾的运动。在多个场合，奥斯勒曾赞扬过美国这项成果，视其给人类的最佳礼物，也是标记白种人参与热带地区建设的良性后果。他自然热衷于扩大伦敦的热带医学研究，这是世界有史以来最伟大帝国的中心。

无论高低的医学政治都困扰着奥斯勒。冒用他的名字支持家庭医学百科全书，导致奥斯勒与皇家内科医生学院产生纠纷，那是一家脱离现实的寡头统治机构。学院的官僚行事愚蠢，奥斯勒一反常态，不由分说，大发脾气地递交了辞呈。要说服钦定教授重新考虑，必须通过委婉高明的谈判并适当道歉。在皇家医学会那头，温和的书记写道，如果奥斯勒违犯传统，拒绝接受荣誉主席之位，会让所有人吃惊震骇："您的职责很明确，就是接受这个职位。为了您的职责，您不能拒绝。"奥斯勒回复："非常抱歉……这不是我的分内事，我无须列出理由。谢谢您的抬爱[42]。"奥斯勒也拒绝过出任牛津大学的议会席位代表，保守派和自由派两边都敦促他，并承诺不会有人反对。奥斯勒说："我毫不动心。我有生之年不再接受新职位，谢谢[43]！"

与此同时，约翰斯·霍普金斯医院的全职事件越演越烈，几乎沸腾。两年的按兵不动后（但马尔、威廉姆斯以及新医院院长持续施压），1913 年秋，韦尔奇再次出手，鼓动全体教工向洛克菲勒基金要经费落实全职临床职位。巴克的生活水准高，有个弱智孩子要养，还有几房病弱亲戚要扶助，他拒绝了总额 10 000 美元甚至 15 000 美元的全职工资职位。塞耶也拒绝接受他的职位。1914 年春，42 岁的纽约医学世家子弟，西奥多·C.詹威（Theodore C. Janeway）签约成为约翰斯·霍普金斯医院历史上第一个全职医学教授。

奥斯勒对约翰斯·霍普金斯医院这样对待他的继任者深感愤怒。他用最激烈的通信言辞，让所有人（包括心思歹毒的权谋小人富兰克林·马尔）知道他的想法。"提供国内顶尖临床医生无法接受的条件实属反常。"奥斯勒在四月致马尔的信中写道，"我个人以为，巴克受到了极其不公的对待。在这个陨灭舞台上，教工和事事都没有权力更改他的任期条件，无论从道义上还是法律上。我对整个事件非常愤慨。"没有证据显示马尔有过回应 [44]。

哈佛大学也经历了类似的抗争，但结局明显不同。他们的医学精英在院长克里斯蒂安娜（Christiana）和外来人才哈维·库欣的带领下，与洛克菲勒的全职统抗争，最终这所大学表现出从来没有过的原则性与勇气，拒绝了一笔重要捐款。哈佛人觉得霍普金斯医院的方案既不可行也不公平，折中允许员工可以有限地进行院内私人执业赚取收益，称为"地理性"全职。奥斯勒认为哈佛的行动方案更合理，并回想起 20 年前威廉·佩珀曾谈起过类似发展 [45]。

任命詹威（Janeway）后（奥斯勒认为以当时的形势是有益之举），霍普金斯所有员工都想把痛苦翻篇，继续进行新探索。凯利有点沮丧但也想开了，何况他已将大部分患者转移出了霍普金斯医院，并且开始沉湎于用放射性镭治疗癌症。霍尔斯泰德早已削减了私人执业，转变了对诊费的看法，并利用全职方案争取了更高的工资及更多的帮助；他妻子只能在收入锐减的经济困境中遗憾度日。塞耶和巴克都是矛盾的理想主义者，他们用好名声和广泛医学实践来自我安慰。他们还在诗歌中找到了慰藉。巴克写信告诉奥斯勒："塞耶和我现在的处境，让我想起英国诗人华兹华斯的两句诗，愚蠢的牧羊人，固执地驱赶，不渴的羊群到不喜欢的水池 [46]。"

奥斯勒以无人可比的溢美之词，颂扬放下过去、不计未来、专注当下日常的普遍美德。1913 年他给耶鲁学生做了《生活之道》（*A Way of Life*）的布道，后来成为再版次数最多的演讲。他讲述了生活在"日密舱"的人生哲学，该比喻取自汽轮上的防水舱壁（并且他指出，虽然有泰坦尼克号的覆辙却仍在使用）。奥斯勒说他分隔生活的一大方式就是对非医学时事的短暂兴趣。1914 年春夏，他继续忙碌地周游，对欧洲列强间的政治阴谋毫不关注。那一年他唯一注意的动乱是英国人在北爱尔兰面临的麻烦，那里确实可能发生内战。谁有耐心关注爱尔兰人？我希望他们把这个岛拖到大西洋中部，让那些天主教徒与新教徒绿色打出个胜负[47]。

　　1914 年 6 月 9 日，剑桥举办了盛大的仪式，在新的生理实验室开幕典礼上，为奥斯勒和其他权威人物颁发了名誉学位。6 月 16 日，他在一天内为国王的儿子和首相的儿子做了检查（5 月份首相夫人也请他看过）。7 月 8 日，奥斯勒在利兹城做了一场结核病演讲，警告必须采取行动对抗"白色瘟疫的守护神"。奥斯勒一家在泽国之地享受了一个星期的家庭假期，亲自驾驶着新雷诺汽车，参观了托马斯·布朗的诺威奇城。7 月 12 日，奥斯勒 65 岁生日，几乎忘了这个重要日子。7 月 16 日在牛津出席一次晚宴，7 月 17 日出席伦敦的波斯学会晚宴，书目委员会的剑桥聚会，还有好些活动要参加："我的会多到惊人[48]。"

　　奥斯勒坚持让格蕾丝和里维尔两人坐 7 月 31 号的船去美国，让儿子多与亲戚们聚聚。格蕾丝意识到奥斯勒很看重让儿子了解奥斯勒家族。9 月威利将过去与他们汇合，参加约翰斯·霍普金斯医院的 25 年庆典。眼下他要去阿伯丁参加英国医学会会议，这次会议上，他总结了人工气胸的讨论，并在宴会上提议，祝会长身体健康。来访奥地利医生代表团因"被召回"而错过了晚宴。见此缺席现象，英国人认为这与巴尔干半岛的战事有关。那一个星期所有人都忙得没时间看报纸。7 月 31 日，奥斯勒去了科伦赛岛，拜访斯特拉斯科纳/霍华德家族，一直滞留到星期一（8 月 3 日），世界大战即将打响的消息传来。

（方益昉　译）

All the Youth and Glory of the Country
第 11 章　国之菁华

巴尔干地区的刺杀事件，奥地利、俄罗斯和德意志接连上演最后通牒、战前动员和正式宣战，都没有引起奥斯勒家的注意。英国卷入战争的可能性微乎其微。但不久德国竟公然违背中立承诺，派军队入侵比利时。1914 年 8 月 4 日星期二，大英帝国突然宣布参战，令所有人猝不及防。

格蕾丝和里维尔此时正在海上，乘卡尔加里号前往加拿大。由于所有电报线路和火车都被军方征用，威利孤身困在苏格兰西岸不远的科伦赛岛，直等到周末才得机会南下。他在伦敦偶遇转行战时财政的哥哥埃德蒙，整个 8 月上旬，他都在这里帮忙组织加拿大医疗保障工作，还千方百计联系朋友，其中包括当时正想方设法离开欧陆的威廉·韦尔奇。格蕾丝的一个侄子私自从英吉利海峡偷渡到英国，刚一踏上英国就被当成德国间谍逮捕了；奥斯勒设法把他保了出来。

大洋彼岸，格蕾丝和里维尔刚在魁北克登陆，便马不停蹄地接待接踵赶来的亲友，最终在 8 月 13 日随卡尔加里号返回英国。因为担心遭到潜艇攻击，这艘船已漆成黑色并选择只在夜间航行。

但没有人考虑过，让里维尔和格蕾丝留在加拿大或中立国美国躲避战争。

在开往牛津的火车上，格蕾丝和里维尔亲眼看见了新兵泪别爱妻慈母，踏上征程的场面。8 月 22 日他们到达诺兰花园路时，阳台上早已备好热茶，花园里长满了玫瑰和金鱼草。"真不明白我们为什么要急着赶回来。"格蕾丝写道。但她确实察觉到了丈夫的变化："最令我惊讶的是奥斯勒博士的不苟言笑。自他 1884 年初到宾夕法尼亚大学以来，我从未见他这般严肃。"她也注意到牛津的变化。大学里驻扎了士兵的营房，考试大楼正改造成一座设备齐全的庞大医院，学院医务室则成了医院的辅助单位。女性们纷纷主动参加红十字会服务，他们在博物馆中设立了一个专门缝制医院服装的作坊。不过几日，格蕾丝便成为这间作坊的主席。就连奥斯勒一家团聚后首次去礼拜的教堂所在地，向来寂静冷清的伊云村庄，也派了 30 人参战。合唱时几乎听不到男声。

此时，这位牛津大学的钦定讲座教授已是 65 岁，不适合上战场了，因而分配的工作不过是后勤辅助。他被任命为牛津郡民兵名誉上校，不久又被美加两国慈善人士建立的私人医院聘作顾问。他设法弄了套陆军中校的制服，时不时穿去医院接待患者，但他从未接受过正式军衔，也没有服过现役。

"一众泱泱大国却像群没长大的孩子，吵闹争斗如同儿戏。"他在 8 月 6 日就当下时局写下如此评论，并预见到这将是一场无法避免的悲剧。根据他对军队和战争的全部了解，他深知疾病会和战争一样让许多战士丧命，病菌比子弹更具杀伤力。因此他告诫公众和当局，应采取必要的公共卫生防范措施，尤其需采用新伤寒疫苗。他希望德国发明的梅毒新疗法，即保罗·埃利希的"洒尔佛散"，能在中立国美国批量生产[1]。

18 岁的里维尔即将在基督教堂学院开始他的本科学习。待 12 月 28 日生日一过，他就有资格入伍了。他虽在温彻斯特接受过基础军事训练，但对战争全无兴趣与热情。"里维尔喜欢沉思且沉默寡言。"他的母亲 8 月份在牛津写道。如今的大学城正热火朝天地忙着备战，无事可干的里维尔便和杰克·斯莱塞租了两艘加拿大划艇，在泰晤士河上划船、钓鱼、裸泳，享受青春最后的自在悠闲[2]。

"我从没在英国感受过眼下这般怡人的天气，"格蕾丝在 8 月底写道，"每日碧空晴澈、天清气爽、艳阳明媚。但当下却人心惶惶、忧惧不安，这种好天气似乎成了一种嘲讽。"法国战事很快陷入绝境僵局，规模浩大，死伤无数。9 月 3 日，整个牛津大学阳光普照，格蕾丝坐在和煦的阳光下，对照着大学校历和名人录读完了第一批公布的伤亡名单。可怜的哈莉，她的罗尼失去了兄弟维克多·布鲁克，杰出的南非英雄阿伯马尔勋爵的儿子阿诺德·凯佩尔，里维尔在奎德汉结识的一位老人，校长的表亲。但凡我有半点空闲都会大喊出来，因为我无法阻止它（战争）。而艳丽的天气、玫瑰、康乃馨，一切都欣欣向荣。这样的场景又是多么的讽刺啊！我只希望自己身在惨境中，明知朋友们正遭受痛苦，我却守着座漂亮花园无能为力 [3]。

威利知道伤亡迟早会降临。但他没想到的是，德国为报复比利时平民的抵抗，竟肆意摧毁了比利时中世纪的鲁汶大学城，令他和盟国多数善良的民众深感震惊和恐惧。大学图书馆中收藏的中世纪珍稀手稿和古籍也随之化为灰烬。"威利精神萎靡，不愿多言，满脑子都是德国人的残暴行径，"格蕾丝写道，"自鲁汶城和大学被毁，他对任何传闻都深信不疑。"鲁汶灾难后，他认为这场战争须打倒可恨的德国军国主义方能结束，并且对此始终坚定不移。奥斯勒夫妇在牛津大学发起一项特殊义行，支持前来避难的鲁汶教授，以及大学及其图书馆的缮后修复工作 [4]。

奥斯勒一贯持有的自由乐观主义、维多利亚时代的进步倾向，以及国际主义，都在德国军国主义及其暴行的严重威胁下轰然坍塌。格蕾丝简直无法相信他的变化："可怜的雷吉不肯进教堂，他说他听不得祈祷和赞美诗，最令人吃惊的是 W. O. 的态度。他允许大家辱骂德国人，连他自己都在说德皇坏话。他正在给威尔逊总统和所有知名人士写信寄书，内容全都是关于德国的撒谎成性。能听他开口讲话简直是超乎寻常的事。如今我们家住了 7 个鲁汶人 [5]。"

但对里维尔个人而言，最可怕的是他即将奔赴战场。尽管里维尔天性平和，痛恨杀戮，而且他生于美国，他的母亲是美国人，但这孩子却像无数英国青年受到使命的感召一样，意欲加入基钦纳勋爵的军队。他虽然还不够年龄，但显然考虑过放弃牛津大学，以某种方式从事与战争相关的工作。"威利反对他马上加入任何团体，"格

425

蕾丝在9月中旬写道，"所以我们决定让他来基督教堂学院。他们得穿制服、做讲座、不再玩闹，组建军官训练团新连队并努力训练。亚瑟·霍华德也是同样的经历……我尽量不去想我们妨碍了里维尔立即报效国家，可他太年轻又太缺少历练，这对威利来说未免过于残酷，而这种场下训练更适合未来[6]。"10月份，格蕾丝帮里维尔搬进了基督教堂学院的宿舍，还捎上了家里的亚麻布和费瑟斯通·奥斯勒在剑桥的家传银器。他没能去做自己想做的事，但他从未抱怨过，只是说："我会遵照爸爸的想法，这个学期在这里训练。"他的父亲还记得要把里维尔写进雅典娜俱乐部的候补会员名单。

里维尔的第一学期开始没几天，格蕾丝便怀疑还会不会有下个学期。基督教堂学院的本科生不足70人。格蕾丝也开始受不了主日礼拜，感叹道："我今天满腹愁绪，对我们的未来很是迷茫[7]。"没有人想过回美国，战争期间甚至没有回去探过亲。

他们的儿子每天都在自家门外的公园里进行军事演习。60岁的格蕾丝一如既往地勤奋工作，管理女士们的作坊，并为比利时教授及其家人安排食宿。她利用在美国的人脉关系筹集了数千美元，其中包括洛克菲勒基金会的一笔大额拨款，帮助鲁汶人重拾研究工作。威利走访了军营和医院，向他们传授公共卫生知识，敦促尽快接种伤寒疫苗，并与那些无知的"彼列之子"（反疫苗接种者）做斗争。他继续从事拉德克利夫医院的门诊工作，接待少量自费患者。奥斯勒家逐渐停止了社交生活：这太不寻常了，没人拜访，没有晚宴，不去剧院，什么活动都没有。格蕾丝在10月份给玛乔丽·福彻的信中写道："爸爸昨天说，'战争期间，我不会穿正装或出去吃饭'。星期日晚上他在大学里吃饭。里维尔会带人来家里吃晚饭，而我尽量不提战争。如果战争要持续很久，我们该怎么办[8]？"

奥斯勒的军事医院职务主要分为3部分。他在位于尚恩克利夫的女王加拿大军事医院任主治医师，是位于佩恩顿的美国女子辅助医院的顾问。还同意担任在建的加拿大红十字医院的主任医师，该医院建在南希·阿斯特（Nancy Astor）和华尔道夫·阿斯特（Waldorf

Astor）位于塔普洛附近的克莱夫登庄园网球场里。阿斯特夫妇自来到英国起，就与奥斯勒一家结识了。南希是位精力充沛，具有远大志向的女子。1894 年，15 岁的南希还是弗吉尼亚新贵兰霍恩家的女儿，她首次在约翰斯·霍普金斯医院接受了奥斯特的治疗 [9]。阿斯特夫妇先是向英国军队提议用克莱夫登作医院，遭拒后便将其提供给了加拿大人。

不久格蕾丝便开始担心丈夫所投身的事。她不允许避难者在家中长住："威利无法承受这一切，他需要全方位的保护。所有的恐怖和战争话题几乎要了他的命，他总是脸色憔悴，忧心忡忡 [10]。"他虽然不关注每日的战争新闻，但闲时阅读的却是拿破仑手下一名军医的回忆录。

当年秋天，伤员陆续返回英国，但并不像拿破仑的士兵那样疾病缠身，这也与奥斯勒当初的预期不符。他预测军队可能出现健康崩溃，但这一预测仅仅是他对以往经验的粗糙解读，却忽视了现代医学与公共卫生的显著进步。事实上，在卫生科学和无菌操作的保护下，当时的作战部队绝对是有史以来最健康的部队。伤寒（又称肠热病）发病率早在疫苗出现之前就已急剧下降，因而在西线并不是问题。奥斯勒发现，即使高速步枪子弹留下的伤口也相对干净，而且自身似乎还有灭菌作用。令他惊讶的是，步枪子弹穿过头部、胸部或腹部时竟未造成重伤。可是炮弹片就是另一回事了：

这是场火炮战争，炮弹片会给人带来致命伤害，它会使人粉身碎骨，血肉模糊，伤口呈现不规则的锯齿状，随之而来的是痛苦的折磨：脓毒症随处可见，如影随形！仅仅 12～24 小时，溃烂裂开的创口就会被衣服或土壤上的细菌所感染。外科医生又回到了前李斯特菌时代，病房里全是伤口腐烂化脓的患者。眼前景象令我想起我在蒙特利尔综合医院的学生时代，当时的有创骨折伤口无一例外全都出现化脓症状，敷裹员不得不替伤者敷裹创口。炮弹和弹片造成的创伤非常严重，感染根本无法避免。

在写给美国的信中，格蕾丝将这些伤患归结为人类在战争中付出的惨痛代价："每天早晨我们都能读到朋友被死神收割，举国的青年和荣耀，身边认识的每位年轻人；我们的独子就在眼前的公园里训练，我实在不敢看。唯有工作可以让我暂时逃避这一切[11]。"

里维尔不敢穿着制服回家。他第一次身穿制服见到父亲时，他明显察觉到父亲的不悦。格蕾丝在写给姐姐苏珊·查平的长信中，将她这个年纪作为女人、作为受战争所累的人的苦恼一股脑全部倾诉了出来：

我真希望能找个地方狠狠咒骂，痛快发泄一番。

哦，我要做到比在战争期间还要沉着冷静才行。我可能更愿意接触有关伤患和医院的工作，不喜欢与没有任何医务经验的人打交道。我对行政官员怕得要死，唯恐避之不及。我发现经常与人交谈，听他们讲述自己的故事会让我心神俱疲，只能偶尔为之。但我决心坚持下去，随时应对以后更加黑暗的日子。每天晚上威利都念叨"更糟的还在后头呢"，我绝不能让他觉得我软弱无力。

每天早上，威利都会穿上那件旧的红色高尔夫夹克，坐下来给美国和加拿大的亲友写信，也会给陆军部写信，请他们帮忙安排自己亲友那"没完没了的写信差事"，他抱怨道。1914—1915年的冬天，"敞开的怀抱"一如既往地忙碌，他的亲友和想咨询或礼节性拜访奥斯勒博士的陌生人络绎不绝。许多人隶属加拿大远征军，正在索尔兹伯里平原进行训练（加拿大作为帝国属国也自动参战）。比利时教授们的妻子也有了事做，格蕾丝把客厅改成了圣诞裁缝室，专门用来缝制衣服和特别礼物，赠给加拿大士兵、比利时人（这些人下身穿着怪异，惹来许多闲话），以及任何需要帮助的人[12]。

阿尔奇·马洛赫（Archie Malloch）是汉密尔顿一位年迈的医生朋友的儿子，为人温厚随和。那年秋天，他刚从医学院毕业等待分配医院，成了诺兰花园路13号最受欢迎的客人。通过他的日记，我们可以了解奥斯勒一家的战时生活。汤姆·麦克雷的医生兄弟杰克曾在霍普金斯大学实习了一段时间，后随加拿大军队赴南非作战，回来后在蒙特利尔行医教书，如今40多岁又加入加拿大远征军担任军官。他时常从营地赶来为部下讨袜子，奥斯勒家也会好好款待一番。他的侄子和曾侄曾到这里过圣诞节，他在多伦多学术界的两名加拿大朋友塔珀斯和拉姆齐·赖特也曾专程拜访，他的两位朋友在退休后又回到牛津养老。美国运来了成车的衣服，加拿大也送来了成桶的苹果。

1914 年圣诞节那天，医院的外科医生给伤员们分了火鸡。奥斯勒一家上午去伊云的教堂做礼拜，给救济院老人们送了圣诞晚餐，下午走访了拉德克利夫医院和其他牛津医院。格蕾丝分发了 325 份礼物。"这些新英格兰女性真是能干。"奥斯勒在给一位新英格兰女性友人的信中这样写道。总之，这个冬天虽难熬，但他们的精神都还不错。他补充说："我们目睹了太多悲惨的事情，所以更懂得珍惜幸福[13]。"

里维尔一直在培养自己各方面的才能，他不断提高自己在文学上的鉴赏能力。在父亲的影响下，喜欢收藏各类书籍。对视觉艺术也表现出极大兴趣，如令父亲羡慕不已的素描天赋。奥斯勒这时期的信件总少不了赞赏里维尔对书籍的热爱，或者聊一些父子间如何志趣和性情相投，以及两人共处的美好时光。1914 年圣诞节，他送给里维尔一本艾萨克·沃尔顿的《乔治·赫伯特生平》(*Life of George Herbert*) 初版，原封未动、一尘不染，就像刚从印刷工手中出来一样[14]。里维尔生活在一个大家庭中，他与家人一起在家度过了一个快乐的圣诞节，而且还在泰晤士河上垂钓。威利决定更改遗嘱，将自己的部分书留给儿子。他现在无法考虑格蕾丝所谓的"大难题"，那就是这个家伙生日后所面临的人生抉择。

里维尔虽然在军官训练团接受过训练，但还不算是真正的军人。他们认为他太年轻，而且缺乏实战经验，无法胜任军官的职位，甚至连他母亲都认为他打不了仗，但事实上他对这一切并不在意。里维尔想为战争尽自己的一份力，于是他决定下学期从基督教堂学院退学。他想过跟随本土团躲去印度或者找份医疗相关的工作，但又决定进大学公学军团当二等兵，接受基础军事训练，并希望能进个精锐兵团擢升军官。他告诉母亲自己的想法，"讲得很周到，哦，跟我讲得很周到"。她写道，"他根本不敢和威利讲，至少这件事他不敢讲"。

1915 年 1 月 5 日，里维尔把自己的书和祖父的银器从基督教堂学院搬回家。"他的宝贝房间肯定被拆除了，"格蕾丝写信给苏姐姐，"我们还担心他永远不会回来了，命运是何等无常啊！"格蕾丝为她家的两个男人操碎了心。"有你作依靠，"她告诉姐姐，"有陪伴我长大的女人们鼓励我，我会努力忍住悲伤，在我那可爱又无私的'天使'面前流露出高兴的表情，毕竟他已经因孩子执意要去冒这无谓的风险而伤透了心 [15]。"

格蕾丝向比尔·弗朗西斯说起里维尔想从事医疗工作，而比尔·弗朗西斯碰巧参与了麦吉尔医学院的法国战地医疗队筹备计划工作。弗朗西斯告诉医疗队指挥官兼院长 F. B. 伯基特，奥斯勒的儿子想随他们一起服役。此前奥斯勒曾协助麦吉尔大学跳出英国的烦琐的手续流程，推动了整个计划的进程。而此时里维尔这边正准备以大兵身份应征入伍，突然接到伯基特从加拿大发来的电报，要求他作为伯克特的私人勤务兵加入医疗队。他虽不是参战人员，但显然算是服兵役。母亲、父亲和儿子都同意这一选择。但在加拿大人到来之前，里维尔会在位于克莱夫登的加拿大红十字会康诺特公爵夫人医院担任临时的军需助理员 [16]。

1915 年，西线的作战特点已逐渐确立，对峙的双方军队在作战期间挖了重重战壕，从瑞士边境一直延伸到英吉利海峡；无数的兵力、火炮和补给堆积如山；数番惨烈激战后，却只在狂轰滥炸的土地上推进了几百码；伤亡人数从数万人猛增至数十万人甚至更高；战场每日弥漫着腥风血雨、徒劳无益的挣扎抵抗，以及一代人心中最高信念的破灭；战士崇高的爱国主义转变成了仇恨与厌战情绪。加拿大总理罗伯特·伯顿称这场战争为"文明的自相残杀"。

身在"梦想之巅"林荫大道上的奥斯勒夫妇竭力游说中立的美国人，一旦英国沦陷，下一个遭殃的就是美国。

他们的许多美国朋友本就是好战的亲英派，几乎不需要游说。例如，哈维·库欣就迫不及待想要施展身手。他是哈佛医疗队的组织者之一，该医疗队于 1915 年春天出发，在巴黎一家专门的救护医院工作，该医院由美国人创建，并且医护人员也全是美国人。奥斯勒夫妇非常失望，格蕾丝直言"可耻"，约翰斯·霍普金斯大学没组织类似机构，但他们没有公开指责[17]。也许是巴尔的摩大量德国人从中作祟，也许霍普金斯大学中马尔、霍尔斯泰德、阿贝尔等的亲德狂热难脱干系。

但对身在美国的德国朋友，如医生兼藏书家阿诺德·克雷白（Arnold Klebs），奥斯勒尽力保持友好："我们之间不谈战争。"尽管奥斯勒此前对德国的暴行怒不可遏，但他从未变成彻底的反德人士。1914—1915 年冬天，他全面调查了许多残暴背后的故事，认为它们被蓄意夸大。"想从双方说辞中弄清真相是不可能的，"他告诉克雷白，"某些编辑真该被绞死。"奥斯勒谈到英德之间的学术鸿沟可能未来几代都无法消弭。他从不置疑己方盟军是正义的捍卫者，当一位和平主义医生控诉他背弃了自己宣扬的国际主义时，他拒绝再与之通信[18]。但他确实背弃了，就像他那一代的几乎所有国际主义者一样，包括每一位社会主义运动者。但比起身在加拿大的哥哥埃德蒙，他要宽容得多。埃德蒙在多伦多大学领导了一场声势浩大的政治迫害运动，驱逐了大量德国教授。1916 年，威廉致信《泰晤士报》，反对向德国平民进行报复空袭的呼吁。

从医生的角度说，威利认为战时的医疗水平令人费解。伤寒防治运动持续取得良好效果。但在索尔兹伯里平原上训练的加拿大军队却遇到了百年不遇的多雨冬季。奥斯勒从小是在加拿大的丛林中长大的，即便如此，他也没有见过这么多的泥泞。由于这样的天气，最终导致军队中爆发了流行性脑脊髓膜炎。身为该方面的世界级专家，奥斯勒常常会接到大量的相关咨询。他也认为新的流行性脑脊髓膜炎血清疗法似乎无效，但他又敏锐指出，脑膜炎球菌虽毒性很高，但传染性却极低。

如果采取合理的预防措施，得病率就能保持在较低水平，无须过度恐慌。他还指导英国医生治疗冻疮，和平时期，即便是那样的天气下，这种疾病也很少见，但如今几乎成了营地和战壕中的流行病。他认为，过度吸食烟草和紧张的战壕生活导致出现许多传统的应激性心脏病病例，该病由达科斯塔在美国内战期间首次发现。有一次，他在尚恩克利夫一场关于吸烟危害的讲座结束时点燃一支香烟，逗乐了在场的士兵们[19]。

1915年春，战事越发吃紧，奥斯勒发现士兵健康状况越来越差。他们精神高度紧张，还出现了明显由"弹震症"引起的一些极端症状，如神经衰弱、癔症和下身麻痹。"事实上，战壕已成为真正的地狱，"他告诉《美国医学协会杂志》的读者，"许多士兵表现出严重神经性休克迹象也就不足为奇了。"在诺兰花园路，从法国回来休假的杰克·麦克雷向他们讲述了第二次伊普尔战役的情况，并提到在这场战役中德国人首次使用了毒气，奥斯勒一家这才了解了这场战役真正残酷程度。"我又庆幸又遗憾你没听他讲述，"格雷丝在信中写道，"他显得消瘦疲惫，在战壕里苦熬31天，回来只休息8天。他的衣服破烂不堪，精神压力已无法用语言描述。就在他们不得不站在路边等待命令时，德国发动了第一次毒气袭击，他看着法属殖民地军队和平民拼命躲避毒气，他说那绝对就是'地狱'；他们站着一动不动，星期一晚上他离开时，我心如刀绞[20]。"

杰克·麦克雷的多数朋友都认为他还没有从第二次伊普尔战争中走出来。战争间隙，这位爱好文学的医生战士抽空写了几句诗。几个月后，《笨拙》（*Punch*）杂志刊登了《在佛兰德斯战场》（*In Flanders Fields*），成为最著名的第一次世界大战诗歌，也是有史以来最有名的医生诗歌。麦克雷被转到加拿大第三医院麦吉尔医疗队，该队于当年春末抵达英国，随即前往法国。医疗队由300多名医生、护士和学生组成，其中包括比尔·弗朗西斯、坎贝尔·霍华德，当然还有里维尔，克莱夫登安逸的军需官职位让他深感愧疚，只有与阿斯特夫妇共进午餐能让他稍微解脱些。

一位麦吉尔大学的老人没能去为医疗队送行。T.韦斯利·米尔斯和妻子在退休后搬到了伦敦，他曾是奥斯勒的同窗兼助手，也是他病理学教授的继任者。奥斯勒为他安排了养老金事宜。2 月 13 日，米尔斯夫人在早餐桌上给丈夫讲了个笑话，结果他心力衰竭当场死亡。由于米尔斯指定奥斯勒为遗嘱执行人，米尔斯夫人便往牛津打电话求助。奥斯勒不在，妻子格蕾丝承担了去伦敦安排火葬的责任。威利在《加拿大医学协会杂志》发表了一篇意味深长的讣告，回忆了米尔斯生前如何与幸福失之交臂，但在努力寻求成功后又感到明显的失望。"而那些凡事漠不关心、随心所欲的罪人却享受了德不配位的顺遂成功，"他补充说，"肯定是指自己。"他为米尔克的遗孀争取到麦吉尔的特殊照顾 [21]。

1915 年春，随着伤员大量返回英国，新医院开始全面运作，奥斯勒的工作恢复了往日的忙碌。他每个星期一会去克莱夫登医院，每 10 天去一趟尚恩克利夫，每两个星期去一次佩恩顿。在这期间，他还得抽空接待自费患者（他的总收入在战争初期大致没变，不过大部分来自投资收益），还有牛津的职责，其他医院的问诊工作，战争事务的处理，以及家庭责任，可以说是我有生最忙的 10 天。他在 1915 年 4 月 29 日至 5 月 8 日的日记中写道：

433

29 日去哈罗盖特，查看一份奇怪的慢性黄疸病例。星期五去利兹，看望了蒂尔并巡视了医院；晚上回来。星期六，加拿大（医疗）特遣队的琼斯将军在这待了一天，走访了几家当地的医院。星期日，去切尔滕纳姆看一例血尿。傍晚动身去伦敦，赶在星期一早上抵达沃金，给骨折又患上中毒性肺炎的小威尔克斯问诊。在那儿接到电报，得去伦敦给伯姆斯夫人诊疗，下午见到她，星期二上午回牛津。下午去克莱夫登查看加拿大医院的医疗病例。星期三又去伦敦。星期四在伦敦。星期五去伦敦（看诊伯姆斯夫人），下午在查塔姆给 1500 名士兵讲课。在伊夫与军团医疗军官共进晚餐。星期六上午去皮特堡医院，与年轻医生们一起查房。下午去布罗姆利视察新加拿大疗养院。

我旅行了 1260 英里（约 2028km），这让我想起了过去在美国的日子，那个时候还赚了 519 英镑 [22]。

奥斯勒没提的是，5 月 6 日星期四，他接待了仓促来访的哈维·库欣，晚上又出门通知同僚其子阵亡。他离开后，库欣、格蕾丝和苏珊·查平围坐一团，谈论起各种战争传闻，这些 W. O. 从不愿意多听，因为白天的消息就够他受了，5 月 8 日星期六，所有人都听说了卢西塔尼亚号被鱼雷击中，造成大量平民伤亡。次日，库欣从大西洋返回，途经海面飘着多具尸体和残骸[23]。

虽然格蕾丝总为奥斯勒担心，但他的身体仍还算健康。他总是告诉自己不要逞强，但却从没有服过老，所以他决定放之任之了。1913 年，他对人生又有了新的看法："人过花甲，便步入迟暮之年，这时只会发生两种情况，要么让那无赖之徒成为事务总管，你的身体和灵魂由他掌控；要么首次交锋便一招制敌，一番教训后让他乖乖跟着你走。"奥斯勒走得很快，很多年轻医生都跟不上。阿尔奇·马洛赫总觉得和他在伦敦的日子过得很辛苦。奥斯勒在旅途中会阅读医学期刊，他读完十几篇文章时大多数人才只读了一篇；他一步迈两级台阶（他在牛津大学图书馆时经常一步三级）。在伦敦时，马洛赫曾跟着他从帕丁顿车站到盖伊家，再去大英博物馆，去书商卡里奇家，去书目协会，再返回帕丁顿，坐火车回牛津，火车上奥斯勒会继续他的阅读，而马洛克已是昏昏欲睡[24]。

在其他伦敦旅行中，奥斯勒会到患者家中或旅馆给患者诊疗。例如，4 月 27 日，他在城里看了 3 名患者，其中一位是外交大臣爱德华·格雷爵士。格雷的视力因色素性视网膜炎而受损，他找遍所有名医，希望能听到积极的治疗建议。总理曾建议找奥斯勒咨询。"希望渺茫，"奥斯勒在日记中写道，"而且明确重申了他的同事给格雷的警告，他的眼睛必须要好好休息。"1914 年，尽管格雷从未说过整个欧洲的"灯火"都将熄灭。但现在他自己的"灯火"却熄灭了。格雷无视医生的警告，戴着墨镜继续履行公务[25]。

1915 年 5 月 28 日，奥斯勒一家在英国已度过整整 10 个年头（非常幸福的 10 年）。威利在日记中写道：

每个人都非常善良体贴。格蕾丝过得舒心惬意，孩子也茁壮成长……奇怪的是，闲暇多了，写作量却比前 10 年大为减少。我的行医次数少了，但积蓄却比过去 10 年还多，事实上超过了以往 40 年。我离开美国时只有 3600 美元，如今已增长到 10 000 多美元。我学到很多东西，并为麦吉尔的母校收集了大量藏书。我的专业在此地未有进步，但我做了三件有意义的事情（或者说是帮助）：①英国医师协会；②医学季刊；③皇家医学学会的历史部。

我的职业待遇总体上还算丰厚。总而言之，这是一次非常成功的实验。我的身体很健康。我没再犯过巴尔的摩时的下胸骨暗疾。我得过一次肾绞痛，并且 12 年中这是第 2 次。没有繁重的生活压力，这让我感到莫大的欣慰。我唯一怀念的是曾经活跃的课堂氛围、亲密的师生关系，以及与一群年轻医生在一起的时光；但我在加拿大和美国已经工作 31 年，繁重的工作足以让我感到慰藉[26]。

写下这篇文章的前一天，他们送里维尔去了麦吉尔医疗队。几个星期后，奥斯勒夫妇前往南安普敦，因为整个麦吉尔医护人员将奔赴法国，奥斯勒夫妇前去为他们送行。

后面也没什么特别的事情发生。1915 年夏，英国的主战场远在土耳其海域，达达尼尔海峡战役逐渐走向惨败。在法国，医院大量病床闲置，热心的医务人员无事可做。在法国海边一处经常狂风肆虐的平原上，麦吉尔医疗队与兄弟单位一起搭起一个医疗帐篷城，在达纳 – 卡米耶建起一处拥有千张床位的临时医院，然后便开始无聊地打发时间。在该医院接收首批伤员中，有一名患者表示自己接受了过度治疗。被挪出救护车时，他回忆说："一位上校扶着我的手，3 位中校给我量脉搏，4 位少校忙不迭地给我量体温，还有个家伙拿走了我的手表[27]。"里维尔写信回家要来了自行车，趁休息日去钓鱼。

格蕾丝觉得，战乱时期，整个夏季都让人感到沮丧。访客络绎不绝，让她紧张不安：查蒂的儿子诺曼的伤势正稳步恢复（他忧郁的哼唱让她心烦意乱）；大伯弗兰克·奥斯勒正用水疗治疗酗酒，他很好相处，但他的妻子贝拉却是个"怪胎"；还有她自己的姻亲阿黛尔·查平，这位急性子的社交名流决心自建一座私人医院。格蕾丝

435

还要不停地参加无休止的茶会、国旗日和"比利时"活动筹款。身强力壮的男仆全都去打仗了；眼下找替换人手还不难，但是新来的司机（一个退伍伤兵）却时常不见人影。格蕾丝常为自己没遭受过任何艰难困苦而恼火不已："一想到我自己遭遇的不便，实际上算不上不便，如此微不足道，我就感到羞愧，但我做不到坚定捍卫某个目标。"格蕾丝认为，宣战一周年应是个"神圣的日子"，威利却坚持要参加美国大使沃尔特·海因斯·佩奇（Walter Hines Page）女儿的婚礼。这是一位地位显赫的英裔美国人举办的婚礼；到场贵宾包括首相 H. H. 阿斯奎斯、爱德华·格雷爵士（看起来很健康）、亨利·詹姆斯和约翰·辛格·萨金特。

我们回到战时尽职的接待工作："昨天，车子从克莱夫登接来 5 名护士吃午饭，真是轻佻的女人，其中 3 个一看就是过来调情的。希望麦吉尔的护士不要纠缠里维尔，当然这是人类天性。"

轻佻和调情总好过卷入战争。奥斯勒一家在万塔奇夫人的乡间别墅暂住期间，曾去拜访过约克大主教，离开时两人都精疲力竭。在场的 12 个人都在谈论战争的各种残酷与失误，威利像不存在一样，又无法转移话题。我再也不想出门拜访任何人了 [28]。

1915 年 9 月，奥斯勒去法国视察一个星期，这是他战时唯一一次跨海峡出行。麦吉尔大学附属医院是聚集在皮卡第海岸的 7 个医疗队之一。从附近小丘望下去，奥斯勒惊讶地看到一派祥和景象：白色帐篷在夕阳下闪闪放光，三五个白色卡其色的身影不时掠过，偶尔几辆卡车驶过。奥斯勒那些天深受《旧约》的熏陶和影响，不由想起以色列人在摩押支起帐篷，让巴兰和巴勒陷入痛苦困惑。他走访了所有医院，目睹伤员一一抵达，其中一位知名政治家的儿子胸部被贯穿。情况紧急，但护士和医生似乎知道该怎么处理。"像过去在巴尔的摩那样，所有奇怪和棘手的病例都请他来看，"坎贝尔·霍华德回忆道，"也正如以往一样，他的意见总是言简意赅，总是微笑面对并鼓励伤员。"40 年来他第一次睡在帐篷里，有点漏风，又冷又挤，但考虑到这是战地，也还算舒适。

里维尔担任军需助理。父子俩会找时间叙旧，还带上比尔·弗朗西斯和坎贝尔·霍华德去参观游览：到蒙特勒伊的老旅馆，劳伦斯·斯特恩在他的《感伤之旅》（*Sentimental Journey*）中描述自己曾在这里度过了第一个晚上。然后他们会在一处安静的小咖啡馆吃午饭。奥斯勒以为他们不能到访前线，但有一天前线为他破了例，杰克·麦克雷开车载他在阵线上转了一整天。他们可能去了麦克雷诗中描述的地方，一排排的罂粟花随风飘荡，在殇者的十字架间摇曳：

一动不动的气球、飞机、士兵、营地、农场里的临时营舍、向前线进发的火炮旅，真是震撼的场面！我们看着德国飞机对地面扫射，我看到 122 架马勃状飞艇在云间飞行，有些看起来似乎触手可及，但它们只是例行侦察。这是我此生见过的最壮观景象。

傍晚，绵延数英里的卡车蓄势待发。整个乡村，军队随处可见。农民们忙着收割庄稼，有些农田甚至就在战壕间。麦克雷上校在整个区域作战，他带我们去参观了几处炮台。随处可见大片墓地，上面写着士兵的名字和番号 [29]。

奥斯勒再次想起小时候以色列人血腥的屠杀场面，不禁令人不寒而栗。回到英国后，他发表了"科学与战争"的重要演讲，并借耶利米之口发出"世界醉了，国家疯了"的呐喊。人类完全没有吸取任何经验和教训。"许多人一直沉醉在自己的黄粱美梦中……人类在过去一个世纪里取得了前所未有的进步，"他评论道，"因为有些人天真地以为人类已具备了征服自然的能力，我们的智力和社会已经发展到可以操控集体道德和情感，国家间再也不会爆发战争。我们愚蠢地以为，只要打倒基督教，科学就会取得成功，但我们却忽略了一个事实：在文明的皮囊之下，远古的嗜杀欲望仍在蠢蠢欲动。"

19 世纪科学的兴起已变得非常重要，对此他又作何评论呢？人类在自食其果："科学成了有史以来战争最得力的助手，它让人类的屠杀规模达到前所未有的程度，它使人类残害同类的能力获得极大提升，这是天堂大战中撒旦军械长尼斯洛的荣耀时代。自人类第一次自相残杀的悲剧起，还没有什么可以像科学一样在过去一年中带

437

来如此这般的屠戮狂欢。"

库欣告诉奥斯勒，某些德国毒气受害者忍受着无法想象的痛苦。奥斯勒检查了毒气致死士兵的肺部切片，发现肺泡出现了前所未有的破裂和裂缝。大概是在到访法国期间，他做了一个似乎有什么寓意的怪梦。他在"科学与战争"演讲中描述了这一怪梦：

探险家在中非意外打开一条致命的镭矿脉，它像条无形的熔岩，以一种缓慢且几乎不可察觉的方式在地面流淌，释放出一种能够致命的有害气体。它穿过地中海，横扫欧洲，然后来到英国。校长召集大学会议，所有成员身着学士帽和长袍，从容等待世界末日。致命的蒸汽不可阻挡地逐级而下，来到我面前，此时我猛地惊醒，大口喘着气 [30]。

奥斯勒又描述了良好的医疗卫生条件和有组织的伤员治疗，以及在这样的条件下医学如何挽救士兵的生命，借此试图纠正给人们带来的希望破灭的印象。他向最近死于战争的保罗·埃尔利希（Paul Ehrlich）等科学家致敬，并努力证伪自己的预感，这场战争将意味着国际科学在至少一代人中间消亡。但他仍想对此持乐观的态度，于是强行给出这样的结论："回顾地球漫长的发展史，没有哪一年比过去的一年更惨烈。人人心怀恐惧，但我们不能陷入绝望之中。"目睹法国的现状后，奥斯勒自己内心也在怀疑战争是否会结束 [31]。

但里维尔却感觉战争还不够，麦吉尔大学附属医院的工作还不够忙。医疗队只在 9 月和 10 月收治过卢斯战役的伤员，此后便无事可做。印度捐助的漂亮的大帐篷在大雨中漏水严重，棉绳缩水，帐篷桩拔了出来，在萧瑟的秋风中吹得支离破碎。10 月底，麦吉尔大学附属医院的工作人员在泥海中瑟瑟发抖，潮湿、寒冷、耐心耗尽。里维尔感到良心不安，开始说要换个更有用的岗位，如到野战救护机构。现在他的朋友们可能已在战斗中捐躯。他一定是在问自己，战争结束后，如果有人知道自己靠家庭关系在后方谋取一份工作，他们会怎么看我。格蕾丝告诉姐姐："只要能让那孩子问心无愧，我愿意牺牲一切。一想到他的担忧，我就整夜辗转无眠。可怜的威利，根本不敢也无法谈起此事。而我又不能向外人倾诉 [32]。"

到 11 月中旬，麦吉尔的帐篷已无法再接待伤员。医院关闭，部分工作人员解散，其余的人（包括里维尔），则会在战时被人遗忘。我还待在三号医院，一个月前它就不再是医院了，变成了浑浊的泥坑，涌动着烦躁和不满。男孩的笔触燃烧着军人的怒火：

> 打官腔的老爷们一定把我们忘下净了，30 名军官、250 名男士和 70 名护士在冰冷透风的帐篷里干坐了 5 个星期，地板上泥浆渗出，屋顶上雨水滴落，除了堵风挡雨和给烟熏火燎的臭火盆添油，我们根本没事可干，每个人，至少在我的眼中似乎笼罩着一种难以名状的郁闷与绝望，我们每天围着油罐闲坐。有时会有人出去闲逛，有时会有人写信，对面桌上通常有 2～3 对人守着零钱玩牌 [33]。

返回英国后，奥斯勒还要尝试联系陆军部，以缓解麦吉尔的窘境，这成了他繁重的工作任务之一。他现在每个星期有 3～4 天都在旅途中。他去看望了自己的患者，加拿大前总理查尔斯·塔珀爵士，于 1915 年这位政治家去世，享年 94 岁，生前他们共见面 15 次。轮番的外出、接诊和咨询过程中，奥斯勒偶尔还会听到朋友的一个或两个儿子过世的消息，而且越来越频繁。很多朋友痛失亲人，令人震惊。谢弗家、摩尔家、罗尔斯顿家、加罗德家、翰德福家、赫林厄姆家等都失去了儿子。鲁德亚德·吉卜林未满 19 岁的儿子在战斗中失踪。哈维·库欣后来称奥斯勒夫妇是朋友圈的"安慰总长"，但其实这对坚定沉着的父母只是在强装坚强罢了。即使是英国首相，5 个儿子中有 4 个穿上了卡其军装，也不堪忍受战争的压力和愈发不利的政治局势。10 月底，不堪重负的阿斯奎斯和妻子找奥斯勒咨询，俩人都精疲力竭，他领导的队伍完全不服指挥 [34]。最终，这支队伍抛弃了阿斯奎斯，取而代之的是大卫·劳埃德·乔治（David Lloyd George）。

如果格蕾丝不是为里维尔的事情辗转反侧、夜不能寐，就是在操心威利的事情。人人都说 W. O. 看起来气色不错，但我不知道他怎么能撑得住。光是写信件就足以把人压垮，当时邮资是一便士，240

439

便士兑换 1 英镑，奥斯勒家一次要买 5 英镑的邮票。

令我和他都不胜其烦的是没完没了的交谈，虽然他不肯承认。最近几个星期每天午餐都会多一个人，总有人有所求。今天是位波士顿的女医生，她想去苏黎世工作，需要一封给瑞士医生的推荐信。昨天是位加拿大护士，想找份工作。明天还有个想去法国的牧师，星期五还要招待整个哈佛医疗队在基督教堂学院餐厅用午餐，16:30 再带他们来用茶点。人们对他的要求永远没个头 [35]。

他从图书馆和自家庞大的图书编目工程中寻求放松。诺兰花园寓所的角角落落都堆满了书，其中包括 7000 部医学类书籍和手稿，以及数千本核心书库以外的书籍。奥斯勒知道，如果他死后图书馆被拆或被拍卖，将是件不幸的事情。于是他打算将它们遗赠给麦吉尔大学，而不是约翰斯·霍普金斯大学，虽然后者位于华盛顿的外科综合图书馆更方便。1914 年之前，奥斯勒花了大量时间整理藏书和做评注。

他详细咨询了图书管理员朋友，然后做出出人意料的决定，要将图书馆分为 8 类进行整理编目：

- 第一：代表医学等科学发展历程的传记书目作品。
- 第二：同题材的次级作品。
- 文学：医生所作或关于医生的文学作品。
- 历史：有关病史的书籍。
- 传记：生平。
- 书目：关于书籍的书籍。
- 古版：印刷初期的书籍。
- 手稿。

需要做出无数个决定。哪本书归哪类？可惜的是，书架上的"死亡、天堂和地狱"类需要拆散。整本目录或奥斯勒藏书目录要分类排列并加以描述。这样一来，对每本书的作者做何评价？作品出处呢？作品贡献？它的传承性？它的印刷史？藏书中的空白怎么办？该如何填补？奥斯勒一边给藏书整理编目，一边继续从拍卖会和书店购买，或者参考其他目录和向朋友咨询："讲述医生生活的苏格兰小说有哪些？请教你的苏格兰朋友。闲暇时，找找詹姆斯·格雷果里那些颇具争议的小册子。"午夜醒来时，他在心里草拟了目录的部分介绍[36]。

奥斯勒在索引卡和作品中对书籍和作者略做评价。他事务繁忙，闲暇时间太少，评论的书不过九牛一毛。尽管如此，他还是留下了一些评论：

- 对作者的评判："德奥弗拉斯特放在今天也是个植物学家，从来不会过时；我犹豫了很久，不知该不该把阿威洛依归入第一类；马尔萨斯的《随笔》（*Essay*）堪称名作，字字珠玑。他的名声遭到了恶意抹黑和不公正对待！"
- 奇闻轶事："加立克在《山》（*Hill*）中写了著名的诙谐诗句，'他行医与胡闹 / 两者差不多 / 胡闹即行医 / 行医亦胡闹'。"
- 图书拍卖奇遇：有次他无意中委托了两位代理去买同一套《盖伦》（*Galen*），结果自己跟自己竞标。
- 哥白尼著作上马修学院印戳令他良心刺痛。
- 个人回忆："我只见过达尔文一面……"
- 劝诫："格拉斯哥对自己最出色的医学生评价甚低。那她认为的平庸该多厉害？"
- 怪事：某位约克郡患者记得曾接受过一位泌尿科医生的治疗，这位医生是 17 世纪"小便先知"的后裔。
- 奥斯勒评价文学作品中的医生："可惜利德盖特只存在于小说中；我非常赞成索恩博士的儿童幸福理论，他认为父母的首要责任是让孩子快乐。真是明智至极[37]！"

如果奥斯勒生前完成了书评，那他的图书馆目录会像他的教科书一样妙趣横生，充满个人魅力。问题是，作为地道收藏家，他从不认为图书馆或目录能在他生前完成。他从没想过设计一本私人书签。当奥斯勒博士将自己的学生朋友请到他的年度"整理书架"，并将自己多余的书籍赠送给他们，他们简直不敢相信自己的好运气。

1915 年 11 月 11 日，诺兰花园路 13 号的英式壁炉安装工作差点将图书馆毁于一旦。3:30，格蕾丝被浓烟熏醒，下楼发现家中餐厅失火。仆人们不知所措，威利和休假在家的里维尔用湿毛巾捂着口鼻，奋力从餐厅上方烟雾缭绕的房间里抢救出珍贵的古版书和手稿。牛津的消防员接到电话 23 分钟后才赶到："早上好，请问尊府失火了吗？"他们在门口问。如果火势没有控制住，后果不堪设想。唯一严重损坏的书是放在餐厅里用餐时参考的字典。骚乱结束后，威利回房补觉。格蕾丝则花了几个星期的时间监督清理和维修工作 [38]。

1915 年圣诞节期间，奥斯勒因另一种呼吸道感染而卧床不起，格蕾丝称之为"流行性感冒"。她逼他卧床休息，给他熏蒸喉咙，喝奎宁水。加拿大朋友送来 98 桶苹果供分发。圣诞节当天，她在牛津一家医院帮忙准备了火鸡大餐。葡萄干布丁刚端上来，一队伤员就到了，大家不得不赶紧安顿伤员。格蕾丝帮忙给伤员喂饭："我很高兴，因为我真的帮了忙。""这是不幸的一年，充满了忧虑和悲伤。"奥斯勒在 1915 年年底总结道，并附上了痛失爱子的朋友名单。尽管如此，他还是坚定地支持战争："国家正走向强大。任何主张'求和'的人都该被敲打 [39]！"

"牛津成了空城，只剩罗德学者和伤残者。"奥斯勒在 2 月份写道。那年春天，战争的规模已经超出预想。源源不断的军队在大学里驻扎；3 月的每个早晨，总部设在神学院的第 30 燧发枪团都会伴着军乐声在诺兰花园路的公园里训练。到了晚上，全城因担心德国齐柏林飞艇的轰炸陷入漆黑。"这里黑得连黑暗都害怕。"格蕾丝写道 [40]。

尽管牛津的空床位很多，但新床位仍在不断补充。奥斯勒夫妇帮助罗德学者朋友怀尔德·彭菲尔德恢复了健康，他乘船去法国参加红十字的途中被鱼雷击中，断了一条腿。彭菲尔德在多佛登陆时收到了鲜花和欢迎。"这是我第一次收到花，"他在日记中写道，"是奥斯勒夫人送的。我被他们的善意感动得一塌糊涂。"彭菲尔德被接回家休养。他记得诺兰花园路 13 号是一座热情好客的城堡，由格蕾丝全权管理，他记录了与儿童的轶事：前几天，两位小朋友来看"威廉"，也就是威廉爵士，为了逗他们开心，他把两人带上能俯瞰花园的二楼门厅，并从那里朝来探视我的莱特尔和戴维森泼水。后来，莱特尔撑起柄女士雨伞遮挡，他便把整罐水淋在他头上，而孩子们则高兴得尖叫连连 [41]。

2 月，彭菲尔德在牛津的美国人俱乐部听奥斯勒追述自己的一生，从此找到了人生榜样，他最后说："他的宗旨是喜欢和同情所有人。"我想这就是他的信条。他是我见过的最豁达开朗、最乐于助人，也是最受人爱戴的人。你可能会认为他一直激励着我，是我尊崇的人。如果我不是这般愚钝，早就鼓起勇气，遵循自己的梦想，追随他的脚步（当这位美国年轻人第一次在奥斯勒面前尝试做尸体解剖，但却失败了，当时肯定羞愧不已。"非常棒！非常棒！"奥斯勒大声表扬道，"开头就犯错才能做得更好。"）[42]。

不久士兵们便离开牛津前往法国。1916 年 4 月中旬，所有军官的休假取消。"一想到去年可怕的战争可能会重演，我就不寒而栗，"格蕾丝写道，"几天前我在医院看到 3 个人排成一排，6 条腿全没有了。"格蕾丝注意到伦敦公共汽车上的售票员是女性，布朗酒店餐厅里的服务员是女性，克利夫登和布伦海姆庄园的园丁也是女性，她在邦德街看到的男人全都是缺胳膊少腿的 [43]。帝国各个角落的爱国男士纷纷响应号召参战。加拿大志愿者队伍中包含数十名奥斯勒家人。加上弗朗西斯和巴斯两家姻亲（多为英国人），这个大家族中有 50 人将踏上战场。

里维尔也不想再做医疗服务。他曾想转入野战救护队，却被烦琐的流程拖住，于是决定加入炮兵队当一名战士。"与杰克·麦克雷的长期相处让他有些嗜血。"他的父亲写道。里维尔花了几个月的时间才退出麦吉尔部队，转回英国军队，在此期间，他在诺兰花园路度过了安逸的几个星期。这个年轻人的文学品味越发成熟，成了父亲的知音，并且与美国同学鲍勃·埃蒙斯的关系也亲密如同性恋人。在里维尔休假尾声，母亲回忆："父子俩在家期间一直都在看旧书，每晚给彼此阅读，鲍勃也加入进来，坐在里维尔的椅子扶手上，双臂搂着他。他就像个爱上女人的男人，里维尔似乎比鲍勃大几岁。有一次里维尔随队伍从牛津开出时，他从后兜里掏出一本《济慈》，在站台上向溺爱他的父亲挥手。里维尔作战训练期间，鲍勃·埃蒙斯去法国开救护车[44]。"

"格蕾丝舅妈，看在上帝的份上，尽可能久地把里维尔留在后方。"奥斯勒的外甥坎贝尔·格温（Campbell Gwyn）告诉她。格温是所属军团中仅剩的两名军官之一，其他的在圣伊洛战役中非死即伤。5月的一个晴日，格蕾丝在给美国的信中记述了这些可怕的事，当时她正和威利在斯托小镇。他去看望患者期间她到田野中散步：

我在一棵白色山林树下睡着了，脚下盛开着雏菊、毛茛、三叶草、勿忘我等花草。科茨沃尔德丘陵一派迷人景象，远处则是金厄姆和奇平诺顿，真是美好的五月天。我当时的心态很是怪异；想到海峡对岸的恐怖，想到各地人心悲苦，我对英国的荣耀，以及这蓝天竟生出了恨意。我想浓云密布、大雨倾盆的天气会让人更好受些……

坎贝尔·格温……看起来老了许多，而且疲惫不堪。坎贝尔告诉我，他刚刚离开的战壕前3英里（约5km）内，没有一寸土地没被炮弹炸过，弹片还埋在土里。坎贝尔说，枪炮武器源源不断补给进来，但还没投入使用；都是为以后的战争做准备的。这样的"未来"岂不是叫人毛骨悚然？

某个下午，格蕾丝1小时内接待了7位牛津熟人。这些人家的儿子现况为2人阵亡，2人受伤，1人被俘，另有7人在法国鏖战。我失魂落魄地回家，为奥斯勒家儿郎的命运担心不已[45]。

不到三个星期，索姆河大战开始前，一系列佯攻和小规模冲突不断，关乎生死命运之战就此拉开序幕。弗兰克和贝尔的独子拉尔夫·奥斯勒（Ralph Osler）在伊普尔附近受伤并接受了手术，但最终还是死于腹膜炎。无论他父亲有什么缺点，拉尔夫却是人人都喜爱的，埃德蒙更是待他如亲生儿子。"当然，这才只是开始，总有一天会轮到我们。"格蕾丝写道。

加拿大老朋友乔治·罗恩斯（George Wrongs）在7月1日的激

战中失去了儿子，这是索姆河战役的正式开始，仅仅一天，帝国就痛失 60 000 兵力。其他牛津士兵也不见了。到 7 月 4 日，牛津的医院已是人满为患。军队短暂推进了阵线，报纸当然又大唱凯歌。"人人都充满希冀，"格蕾丝写道，"但代价太过惨痛，我高兴不起来。"甚至在索姆河战役打响前，她已觉得星期天叫人心情沉重，因为我心里想的全是以前幸福的日子和来喝茶的阳光男孩，如今他们不是战死，就是落下残疾[46]。

威利整个春天都忙着接诊自费患者、医院事务、筹备牛津大学图书馆的莎士比亚展（他在开幕式上深情致辞）、筹划战后科学史夏令营，还要抽时间整理藏书。4 月，他同意担任负责审查威尔士的大学教育的皇家委员，并经常赶去那边。格蕾丝为他的旅行、健康、烦恼而担忧，甚至他没有烦恼，她也要担忧。她记录道，整个牛津都为齐柏林飞艇惶惶不安，他却平静地躺在床上，不肯打包书或任何东西。我一直想让他离开，他得了重感冒，一脸病容[47]。

拉尔夫·奥斯勒去世后，格蕾丝想把弗兰克和贝尔接到诺兰花园路散心，但又顾忌会给威利带来不便。"她会把舅舅逼疯，战火离家越来越近，他的担心和痛苦也日益加重，"格雷斯告诉比尔·弗朗西斯。"里维尔的训练一天天将他推进残酷的战乱，我多么希望能再快乐起来！！！"他们去纽卡斯尔附近看望训练中的里维尔时，他坚决不让母亲进军营，并告诉她其他志愿从军者毫无理想或同情心。格蕾丝发现他满脑子都是些有关邪恶战争的病态看法。父母和儿子参观了达拉谟大教堂，那里本有座庞大的图书馆，但由于担心遭到空袭，很多书都被收了起来。"他已决定要体验一下可怕的战争，试试运气，"威利如此评价里维尔，"对许多敏感的年轻人来说，这场战争是一次可怕的精神打击。光这一点，就让我这样顽固的年迈的罪人承受不起[48]。"

由于需要训练，里维尔侥幸躲过了 1916 年那个血腥的夏季。威利忙得横冲直撞，马不停蹄地巡视医院，在一个个临终患者的病榻前不停忙碌，匆匆给老朋友写讣告，给失去儿子的朋友写安慰信，

445

此时的格雷丝却陷入彻底的绝望。伤亡名单不忍直视，连报纸上的内容都让人胆战心惊，人人都有朋友失去至亲，这么多优秀的儿郎殒命，这一切都失去了正义和意义。9月，首相优秀的儿子雷蒙德·阿斯奎斯在索姆河阵亡。"年轻人不断死去，"伊迪丝·沃顿在描述第一次世界大战的小说《前线之子》(A Son at the Front)中写道，"无论坎普顿去哪里，都会看到苍老的面孔，不管认不认识，无不因悲伤而面容憔悴，体型佝偻，自我弃绝。而这样的日子仍在继续，看不到终点[49]。"

1916年夏，奥斯勒被卷入加拿大的政界纷争中，如若不是许多人的事业和声誉因此受到影响，并且间接威胁到士兵的生命，否则这场荒唐的乌龙一定会像喜剧一样滑稽可笑。第一次世界大战期间，加拿大军队隶属英国军队，由英国指挥作战。英格兰设有精密的英属加拿大部门，专门管理部队的住宿、训练、医院和医疗保障。但有时情况会濒临失控。因为远在渥太华的加拿大民防兼国防部长山姆·休斯爵士行事咄咄逼人，又过分称职，好像所有加拿大士兵都要受他亲自指挥一样。

加拿大的医疗单位，其中包括军方和民间志愿医院，统一由加拿大陆军医疗队管理，受英国陆军医疗队和加拿大民防部长共同管辖。从战争伊始，加拿大和英国医疗保障部门就开展了精诚合作，充分发挥了奥斯勒等英加双籍人士的关键作用。设在英国的加拿大医院为所有国籍的伤兵提供治疗，受伤的加拿大人也在最方便的地方受到救治。这一系统运作高效且少有冲突，唯一不满的只有巴尔干滩头萨洛尼卡泥沼上，英国军队后勤医院里无事可干的加拿大人。众所周知，加拿大医疗保障主管G. C.琼斯少将由前自由党政府任命，与热情的保守党人山姆·休斯素来不睦。

1916年夏，休斯委派多伦多外科医生赫伯特·布鲁斯对英国的加拿大医疗队进行特别检查，此人军事经验不足，却野心极大，自命不凡。在扳倒琼斯的"猎巫"行动中，布鲁斯带着一群资质不够的亲信在英国四处奔走，收集大家对琼斯的不满。这种调查完全不合规矩，有违英国的法律和惯例，而且在英国陆军医疗保障总长看来，"惹得所有品德端正之人厌恶"[50]。高级医学人士忧心忡忡。奥斯勒早在横跨大西洋时与布鲁斯相识，他听说了这种情况，便写信给他，质问琼斯是否会以正当程序对待。奥斯勒接到莫须有的无礼答复后勃然大怒。琼斯担心前途不保又想保护隐私，于是说服奥斯勒不要为了抗议此事而辞去加拿大顾问一职。

9月布鲁斯提交了调查报告，结果内容被泄露给媒体，事态因而越发恶化。这似乎是对加拿大医疗服务机构的严厉控诉，加拿大医院没有救治加拿大士兵，加拿大伤员在装备不齐的英国民间医院里休养，加拿大医疗队的员工全是酒鬼、瘾君子和草包。休斯辞退了琼斯并让赫伯特·布鲁斯继任。"本行业里从未上演过如此吉尔伯特式的闹剧，"奥斯勒事后写道，"一群属下为求上位对上司栽赃陷害并将之赶走。"他曾全力阻止辞退琼斯，并致电加拿大总理 R. L. 伯顿，威胁称自己要辞职并将之作为原则问题公之于众。无论如何，琼斯下台时——伯顿想解决的绝不只是医生间错综复杂的纠纷问题——奥斯勒确实辞职了，但在琼斯的请求下没有公开细节。

布鲁斯全无能力，加拿大医疗部门怨声载道。但奥斯勒发现自己进退狼狈，又被布鲁斯的调查搞得心烦意乱，因为他们发现与奥斯勒关系最密切的医院，位于塔普洛阿斯特庄园的加拿大红十字会机构存在严重腐败问题。

其执行长官是戈雷尔家成员，奥斯勒曾批评他为人粗鲁，但能力值得钦佩，调查发现他一直在黑市上倒卖红十字会用品。而在加拿大，有市民从购到的袜子脚趾处发现了织袜女性写给士兵的爱国纸条。布鲁斯及其党羽在戈雷尔办公室里找到一个特别钱箱。克莱夫登也有传言说，戈雷尔和护士长伊迪丝·坎贝尔（Edith Campbell）有染，后者的祖父是奥斯勒在麦吉尔的老师。疑云笼罩下，坎贝尔被转去另一家医院。她非常生气，因为自己完全是清白的，她声称自己是因报告某些工作人员醉酒被恶意报复，另外睚眦必报、处处颐指气使的南希·阿斯特也使了绊子。奥斯勒竭力维护伊迪丝，并

447

努力为她挽回声誉和职位。

"最可怕的战争根本不在战壕里！"伊迪丝·坎贝尔告诉奥斯勒。一位同事报告，山姆·休斯曾咆哮称："他绝不会放任该死的威廉·奥斯勒爵士到处管闲事[51]。"赫伯特·布鲁斯写给奥斯勒的书信是所有保存下来的信中言辞最恶毒的，他从始至终都毫无风度，乏善可陈。"舅舅连加拿大陆军医疗队都不许人提。"格蕾丝告诉比尔·弗朗西斯，"据我所知，人们的呼声一致，而且所有人都非常愤怒。舅舅已辞去加拿大所有医院的顾问职务。布鲁斯说：'奥斯勒是个能人。'听起来很像沃尔特·惠特曼[52]。"

如果不是加拿大总理突然良心发现，11 月初迫使山姆休斯辞职，会有更多人辞职并向帝国政府请愿。医生们认为 CAMC 自毁长城兼之抗议发挥了作用，但实际上从战争伊始，休斯就成了博登的眼中刺，接二连三的丑闻令首相信誉扫地，即使布鲁斯没搞出这场混乱，可能也早被开除了。

奥斯勒认为这位部长行事古怪，包括博登在内的许多人觉得他精神失常，他最后像《旧约》中的哈曼一样上吊自杀了。他在信中将休斯描述为"满口空话的骗子"和"不可理喻的小人"，并质问他的问题是不是全身麻痹（梅毒晚期）造成的[53]。一项奥斯勒拒绝牵头的最新调查推翻了布鲁斯报告的大部分内容。琼斯官复原职，坎贝尔护士长恢复名誉，戈雷尔没等受审就自杀了。

奥斯勒在巅峰时期从未卷入过冲突或争议，这次的加拿大医疗闹剧使他大受打击。格蕾丝从未见他如此颓废："CAMC 的滥事几乎要了他命，令他饱受羞耻和烦恼。"他的体重下降，库欣认为他出现了抑郁征兆（有生以来首次出现！）[54]。休斯 – 布鲁斯报告中提出，对加拿大医疗机构中的加拿大人区别对待的想法是极端的医疗沙文主义，奥斯勒对此根本不屑于评价。这不过是医疗民族主义的一次死灰复燃，而他用尽毕生的精力都在与之抗争，这种行为荒唐透顶，不切实际，而且要付出昂贵的代价，完全不适用 1916 年的形势。辞职的几个月里，他中止了克莱夫登每个星期的问诊。

更多的死亡、崩溃、痛苦的父母、无休止的访客和求助者。"这世界每一处都在经历着不如意之事，"格蕾丝在信中告诉姐姐，"我怎么敢写战争？我听到的越多，感觉就越糟糕，我看到的可怜人越多，我就越痛苦。我无法想象明年会是什么样。"威利不在时，她接来了弗兰克和贝儿·奥斯勒。贝尔一刻不停地谈论死去的儿子。到了 10 月份，终于轮到里维尔上前线了："哦，比尔。谁能想到这种不幸竟会降临到我们身上？我们能心安理得地任凭他去前线送死吗？我想勇敢地承受，可是看到全心为他人谋福祉的舅舅，又觉得命运太过残忍。"威利却一脸冷静："我们当然会担心，但为了正义，任何牺牲都值得 [55]。"

尽管里维尔不喜欢战争，但当他在 21 岁生日的 2 个月前置身战场的那一刻，他终于感到如释重负。"感谢上帝，我终于来到了这里。"他告诉父母。当时他担任皇家野战炮兵 59 旅 A 炮台中尉，驻扎在法国某地。但他的描述根本无法让父母放心：

> 数英里的田野弹痕累累，布满旧战壕的沟壑。我已经几个星期没看到一株活树或一片绿草了。到处都是泥浆，所有弹坑中全是水，形成一个个水洼，其中的棕色泥浆散发出臭气熏天的味道。每条弃置的战壕边都能看到战争的残迹，旧步枪、炸弹、各种装备、钢盔、无数具未埋葬的尸体，全都保留着死时的姿势，有的孤零零，有的排成行，说明他们是在冲锋时被炮火或机枪击倒而亡的。根本顾不上埋葬他们，许多已经变成了骷髅。一位加拿大步兵军官头枕着泥巴躺在弹坑里，双手自然垂在身侧，低着头，看起来就像睡着了。他脸色平静安详，仿佛未曾受到任何骚动影响，我们竟有几分羡慕他。途经的其他人就没这般安详了，但我不想再谈，这个话题会令人不快 [56]。

里维尔终于看到了索姆河战场，4 个月的激战，100 万人伤亡，没取得任何重大进展。他们设法将大部分加拿大士兵的尸体葬在这里，但德国士兵仍横尸遍野，而且被老鼠啃成了骷髅。大多数时候，里维尔在写给父母的信中并没有提到自己令人沮丧的处境。他喜欢身边的战友，认为他的炮兵连氛围很好。他让家里人不要再寄书了，因为他根本没有时间读。

现在，对于寄往诺兰花园路的每封电报，威利夫妇在打开时都会带着一种不好的预测。威廉经常去威尔士，听取有关医学教育未来的发言，迎合他们对位于卡迪夫的威尔士国立大学（而非仅面向威尔士人才的区域学院）的看法，从而实现自己的目的。奥斯勒告诉一位威尔士听众，这所大学具备汇聚所有顶尖人才的优势，因为本国的优秀人才并不看好威尔士。

他仍认为自己的战时工作很有挑战性，因为每天都会有新的发现。"但我早已厌倦了无休止的伤员和脓毒症，过去的 2 年简直度日如年，"他告诉另一位笔友，"战争结束仍遥遥无期。未来还会有一大批身心备受折磨的伤员需要照顾。虽然并无大规模的战事，但伤员却持续涌入。我们这里有 1500 张床位，之中处于满员状态。"他后来写道，"看到受伤的士兵都会让他想到儿子"[57]。

每年 12 月，他都会得一场感冒，但今年这场感冒加重，最终演变成了支气管肺炎，两个星期后，他的病情再次加重，出现了发热和剧烈干咳，这是他过去 15 年从未遇到过的。"海洛因对病情稍有控制。"他在日记中写道。诺兰花园路 13 号的另一位威廉，这位深受爱戴的管家在参军后也患上了肺炎。他于当月在一家军队医院去世。"大家情绪低落，非常悲伤，让人禁不住潸然泪下。"格蕾丝写道。她认为丈夫是因 CAMC 的乱局才导致自己生病的："如果我能对布鲁斯医生实话实说，我应该会开心不少[58]。"

1916 年的平安夜，奥斯勒略带挑衅意味地写道："人人都强烈反对威尔逊的求和主张。"他在圣诞节当天盛装现身。家里像往常一样挤满客人，当然，里维尔走后，我们的心也空了。圣诞前日，里维尔的部队打了一整天的炮，一直到深夜。他们的高阶军士被德军炮弹炸死。25 日，他们享用了一顿丰盛的晚餐，有真正的玻璃杯和桌布，以及诺兰花园路的葡萄干布丁。"直到现在我才意识到自己有多爱你们和牛津。"里维尔于圣诞节后和生日前给父亲的信中写道。

1916 年年底，威利在里维尔 21 岁生日的信中写道："你是每个父亲梦想的完美孩子，是个优秀的小伙子。我相信没有哪对父子像我们这般默契。"他和格蕾丝存了 6500 英镑，如今两人将这笔钱转到里维尔名下，这样战后他就能有笔收入，至少能供他读完大学。如果可能的话，人最好能自己存些钱。回想起无数往昔的快乐，我希望眼下残酷的战争结束后，我们一家人能够团聚，一起度过接下来更多幸福的日子[59]。

1916 年年底，格蕾丝寡居的姐姐苏珊·查平于突然来到英国帮助打理诺兰花园。"我发现她们看起来气色都还不错，"她告诉美国的亲戚，"W. O. 对这些经历已经多少有点疲于应对，身体有些瘦弱，人也显得苍白许多，但我惊讶的是，他们并没有过多地表现出这一面。"谈起里维尔时，他们显得格外坚定，格蕾丝竭力避免谈论痛苦的细节，两人都尽量关注其他有趣的事。照格蕾丝的说法，生病的威利脾气有所收敛，非常听话，并且从不离家太远。喝黑啤酒，保持充足睡眠。食物尤其是肉类要限量供应，虽然一时难以适应，但奥斯勒认为苦日子对英国人民不算什么。富庶的美国什么时候才肯以举国之力参加战争？这家人急切想知道。"想到美国安全地置身局外并为之自得时，我感到出奇愤怒，而且羞愧不已。"格蕾丝于 1917 年 1 月底写道。伍德罗·威尔逊信守让美国远离战争的承诺，也因此再次当选总统，他呼吁各国接受没有胜利的和平。格蕾丝不得不回避所有涉及美国政策的谈话，也不再与批评英国的美国朋友通信。苏笑称自己是个被孤立的美国人[60]。

奥斯勒现在已不怎么写军事医学方面的文章了，只做了几场相关主题的重要演讲。他在从法国南部送往牛津的一个病例中发现了一种罕见的寄生虫，一种窃蠹科标本。他详细记录了其活动并将其发表，同时委托大英博物馆的一位艺术家绘制出一套特别插图。在漫长的职业生涯中，他只见过两个活体样本。这些寄生虫是书虫，以书卷为食。牛津大学图书馆收藏了许多被其糟蹋的书籍，但奥斯勒补充说，这些侵害都不是近期产生的。他又抽时间写了篇雅典娜俱乐部成员选举的记录，投票反对程序，成员们对被质疑教养不良或道德低下的恐惧，以及已故国王爱德华七世的一位老亲信被拒的原因。

他在生前即被封圣。马克斯·布洛德尔所绘的《圣人》，1896年。注意四散逃跑的微生物

牛津诺兰花园路 13 号。奥斯勒家"敞开的怀抱"

奥斯勒一家于牛津

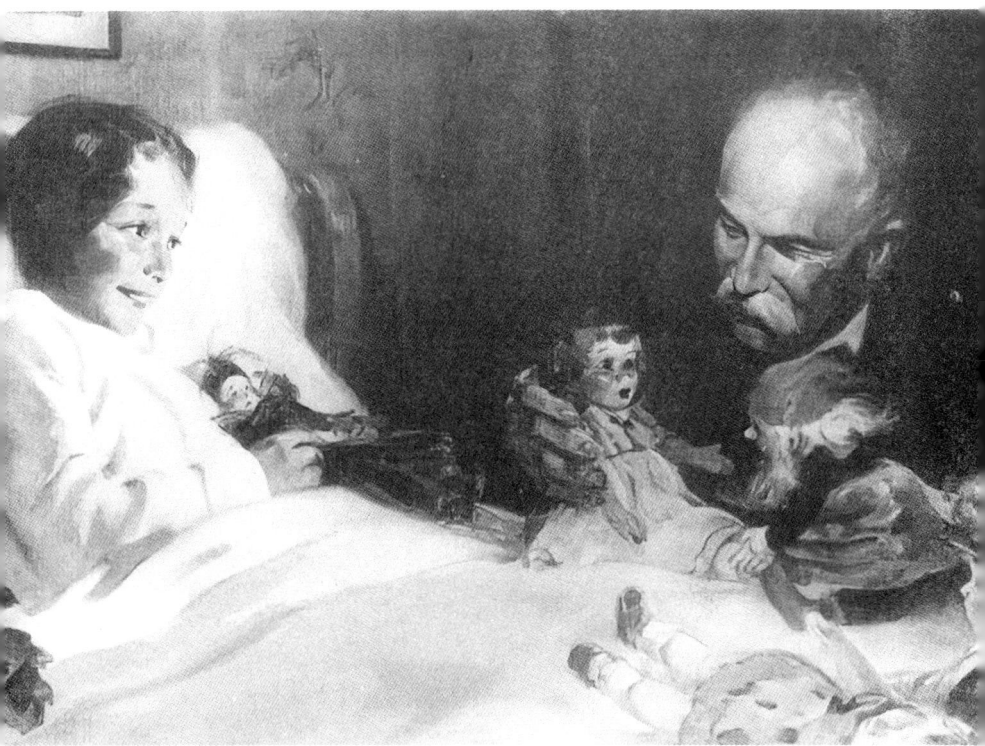

孩子们的医生。他认为孩子比大人更有趣

骑驴。1911年于埃及

和侄女艾米·格温在威尔士海滩上嬉戏，1911 年

63 岁的威廉·奥斯勒爵士，1912 年

和平年代的父子合影

战争年代的父子合影

最后的影像，1919 年

崇拜奥斯勒的大祭司，W. W. 弗朗西斯

里维尔不在的几个月里，年轻的阿尔奇·马洛赫成了奥斯勒家的新任养子，他对医学史书的喜爱让老收藏家深感欣慰。马洛赫的父亲是位枫糖供应商，确保奥斯勒餐桌上总有充足的枫糖代替短缺的甜品。奥斯勒家把枫糖磨碎掺进早餐的麦片粥里。英国海关会禁止标有"糖"的包裹入境，但"枫糖"却通通放行[61]。

他们总是为里维尔担心，他的炮排整个冬季都在打仗。战争虽没有结束的迹象，担心却早就习以为常，不过好消息是在德国潜艇战的逼近下，美国正考虑参战。当消息最终在4月初宣布时，奥斯勒一家欣喜若狂。威利写道："从伦敦回来后，他发现前廊装饰着英美两国国旗，两个里维尔女人开心得跳起了舞。"接下来又是一星期的提心吊胆，这是我平生第一个痛苦的复活节，因为又一场激战发生，里维尔杳无音信。在那个复活节周末，加拿大军团取得了该国短暂历史上最伟大的胜利，夺下了维米岭。几天后，奥斯勒一家得知夏洛特的儿子坎贝尔·格温在战役中阵亡：

我最亲爱的姐姐。这对你是多么沉重的打击，你失去了长子，痛失坎贝尔这么好的孩子该让人多伤心。他是个优秀的军官，是天生的军人，对军事了如指掌。我们已做好最坏打算，随时准备噩耗的到来，里维尔的炮台就在战斗的最激烈处，打起精神来亲爱的，他是为正义而牺牲的。

格蕾丝没想到能再见到里维尔。"我已不再祈祷，"她在收到坎贝尔·格温的死讯时写道，"不过是徒劳[62]。"

淋病和梅毒两种疾病一般在和平时期才会出现，但却在大战期间一直折磨着整个军队。5月中旬，奥斯勒以《反性病运动》为题在伦敦医学协会发表演说。他再次更改了约翰·班扬"死亡队长"（西方文献中这样称肺结核）的名称。他说，现在已换成了梅毒。奥斯勒整理了加拿大和英国军队中性病流行率的统计数据，结果令人咋舌。他比大多数人都更明白这种螺旋体的险恶，借西格蒙德的话来说就是"不死之虫"，而且它还能掩盖其他致死病因。他充分利用自己在医学领域的权威与影响力全面推动新的医学运动，如实地宣传性病，教育无知公众，克服污名羞辱，希望理智能战胜人类最强大的对头——一个躲藏在人性欲望下的敌人，以及根深蒂固的社会偏见。他告诉听众，在安大略省韦斯顿的 W. A. 约翰逊神父故居，书房壁炉上方曾挂着副插图，插图中基督说道："你们中间谁是没有罪的，谁就可以先拿石头打她。"如今承认自己得了性病，至少意味着罪人可以得到基督徒的宽恕 [63]。

虽然里维尔的父母总是对儿子的命运有种不祥的预感，但他本人却在 6 个月的战斗中毫发无损。只是他的信件偶尔会被扣住，因此，对于这位在西线作战的士兵而言，想通过经销商的目录继续寻找到好书恐怕是更难了。当他 5 月份第一次休假回家时，父亲惊讶地发现往日的孩子已成长为男子汉："我从没见过这么魁梧的小伙子，人高马大，肌肉结实，双手伸出来像水手，饱经风霜的脸像皮革一样。自 10 月以来他基本上全在打仗，身体强壮了不少。他的精神非常好，而且很是自豪，因为他的旅是第一个冲进阿拉斯外围战壕的部队，他勇气可嘉，但也经历过痛苦，话少了很多。"里维尔留起胡子后看着不错，不是奥斯勒家族的下垂胡，格蕾丝注意到，"看着他站在我面前，再想到这可能是永别，我心疼得如刀绞——只要中一次弹，一切就都完了"。

里维尔和父母一起度过了 10 天钓鱼、读书的幸福时光，直到假期的最后一天父母才告诉他，他的好友比利·赖特（Billie Wright）已在战斗中阵亡，然后强颜欢笑地送他离开，没露出半点悲伤 [64]。

"对那些上过战场的人，战争的浪漫想象彻底破灭了。"苏·查平在诺兰花园路给凯特·库欣（Kate Cushing）写信称。美国军队正在赶来。格蕾丝在 7 月初写道："听到年轻的美国人被屠杀和致残，我就觉得难过。"库欣所在的医疗队是第一批到达的美国医疗队，现在再次抵达法国战场救治伤员。8 月初，格蕾丝和苏去伦敦观看美国士兵的盛大阅兵。她们站在美国大使馆对面的路沿上痛哭流涕 [65]。

那个夏天威利主持了牛津的年度考试，帮忙完成了威尔士皇家委员会报告。这是一项非常重要的基础性工作，威尔士国立医学院最终因此成立，奥斯勒因协助筹款工作而获得了一个席位[66]。忙完后，他和格蕾丝去了斯沃尼奇，并在那里住了一星期，这是里维尔小时候全家最喜欢的地方。奥斯勒准备了一篇重要演讲，讲述了图书馆事业的未来，以及设立"图书教授"的必要性。

里维尔继续亲历战争。先是梅西岭战役，英国人用地雷炸毁了德国防线，数英里的大地随之震颤。名为巴雪戴尔战役的比利时夏季攻势开始后，他们的大炮也加入了漫长的火线，轰炸声远在英国都能听见。连日降雨导致这次进攻在血雨腥风中惨败。里维尔称仿佛索姆河战役再现："连绵数英里的残骸弹坑，惨象秽迹不可详述。没有一条战壕、一座防空洞没被炮弹蹂躏过，但我们却开心地围坐一起，威廉姆斯弹着吉他，亨特上尉唱着歌，埃尔德斯顿在读书，我在写信。我们真是群禽兽！我不写了，免得让你们也觉得压抑。"

"可怜的奥斯勒，瘦到形销骨立，又总忙个不停，"格蕾丝写道，"他时常睡不着觉，让我很是忧心[67]。"虽然战争让奥斯勒担忧、疲惫、充满恨意，但他对正义的坚持从不动摇，并愿意牺牲一切。

在1917年的一篇圣诞短文中，他提及应默默忍耐、静静等待、改变习惯、放弃舒适、牺牲朋友，以及无比珍贵的亲人[68]。这些要求实在强人所难，连格蕾丝都不再认同。有一次，她告诉伤员希望他们能赶在柏林攻陷前痊愈，此言一出，即令他们哄堂大笑。出过这次洋相后，她便退而求其次，只希望自己心爱的儿子受伤轻些，好尽可能久地远离战争。

里维尔像大多数士兵一样，希望自己能得"回家伤"，这样就能返回英国。

8月5日

亲爱的爸爸：

……我打定主意要得脂膜炎（无故发热）并转去医院。但气人的是，虽然在水里泡了4天4夜，但我残存的知觉却感觉比平时好很多，丝毫没有生病的迹象。

8月6日。天空终于放晴，阳光把大地蒸得热腾腾，眼下有很多事要做，很多小烦恼和小挫折，尤其是准尉副官还休假去了，我有些莫名的烦躁，但我会竭力保持，至少表面上保持冷静。近期炮台在拼命补充弹药，大家都很疲惫。25 匹马因受伤没法干活，多数是被埋在泥浆里的带刺铁丝网和尖木桩或锡片伤到的。明天天亮前我们必须把 50 车弹药运上前线，我怕到时候有些可怜的马会累死。晚安。

8 月 23 日，里维尔在信中告诉父母，他因为吸入毒气在烂泥里躺了几天，但还不够送回家的资格。8 月 28 日母亲给马洛赫的信中坦言，"我希望他能伤得重些"。2 天前，她给一位加拿大亲戚写信说自己心急如焚。我必须让自己忙个不停，不然会疯掉。孩子将于三个星期后回来休假，全家计划再到斯沃尼奇享受海滨的闲适。与此同时，格蕾丝还想告诉哈维·库欣里维尔的位置，希望两人能见一面，29 日上午，她给外科医生发了份电报，在给库欣的信中说道："要是你发现他头部受了重伤，你该多难过啊[69]。"

里维尔的阵地在比利时，离伊普尔不远。8 月 29 日星期三，他们试图将火线推到山脊上。16:30，周围非常安静，他们正跨过一个弹坑时，一发德国 4.2 英寸（约 0.1m）炮弹突然在 5 码外爆炸。9 人死伤。里维尔胸部、腹部和大腿上都中了弹片。战友们冒着雨点般落下的炮弹把他搬进附近的一处掩体里。他们尽其所能给他包扎伤口，并把他抬上担架往回送。抬了 2 英里（约 3km）到达敷裹站后，这个被吗啡重度麻醉的士兵又被送上窄轨弹药火车，随后转移到一处战地流动医院；然后又乘机动救护车于 8:30 到达野战医院。"谢天谢地，这下我能回家了。"男孩告诉自己的护理员。他虽有意识，但处于休克并有内出血。

碰巧在多辛厄姆 47 号野战医院的美国外科医生认出了里维尔，于是马上通知附近后方医院的哈维·库欣。库欣冒着倾盆大雨连夜坐救护车赶到多辛厄姆。里维尔的脉搏几不可测，可能已经没救了，但还是咕哝着打了招呼。一位著名美国外科医生 G. W. 克里尔带着早期输血设备赶来。他们给里维尔输了血，午夜时分，来自纽约的另两名外科医生威廉·达拉赫（William Darrach）和乔治·布鲁尔（George Brewer）开始手术，库欣则盯着脉搏。他们缝合了里维尔大肠的两处穿孔并设法止住了血。克里尔从轻伤战友那抽血，给他又输了一次。可能在血型检测发明之前，输血并没有好处。"他的神智和脉搏都有所恢复，体征平稳地过了5小时，大部分时间都在昏睡。"次日库欣给苏姗·查平信中写道，"他死得很突然但平静。手术前后我见过他几次：问他有什么话要说。他可能没听懂，我也没追问。他丝毫不害怕，只希望手术快点结束。"

他们迅速简洁地埋葬了里维尔。库欣从男孩的束腰外衣上剪了颗纽扣。没有什么感人场面，也没有济慈（Keats）的副木随他下葬。"炎热天气里，葬礼有些细节不宜对外人透露。"库欣告诉妻子。他记录了当时的情景：

墓地建在多辛厄姆医院后面一小片橡树林旁，那里有一块泥泞的佛兰德斯田野，那是一个阴沉沉的秋日，风很大。简易木制十字架，一列列望不到头，戴着锡头盔的中国苦力，正在挖的新墓穴，坑里半满的水，男孩裹着军用毯子，身上盖着面褪色的英国国旗，由4个担架工扛着，一步一滑地抬过来。多么奇特的场面，保罗·奥斯勒的曾孙盖着英国国旗，由一群美国陆军医疗人员下葬，想到他的父亲，这几个人无不难过。神父念了例行的祷词，号手吹响《最后一岗》（Last Post），然后我们各回岗位。4墓区，F行[70]。

而在牛津，威廉和格蕾丝又开始了一天的担忧、写信和接待访客。他们的艾萨克已离开人世，只是消息还没传来。

（王　宁　王　姝　郎景和　**译**）

Never Use a Crutch
第 12 章　永不屈服

8 月 30 日星期四，奥斯勒看望了 3 例患者，写了几封信，然后在自家图书馆中翻阅有关哮喘的文献，为新版教材构思内容。16:15时，库欣发来咨诊电报，说里维尔受了重伤，但还有救。奥斯勒派本宁开车接回正外出拜访的格蕾丝。她马上就领会到了原因。奥斯勒打电话给陆军部，请求允许他赶往法国，但对方建议他等待后续消息。格蕾丝和威廉收拾好行李准备随时动身，20:30 时，电话打进来，通知说里维尔已经去世[1]。

他们什么也做不了。此时阵亡军人的尸体处理还是采取全部就地掩埋的方式，直到 20 世纪 60 年代的越南战争，美国才开了运送烈士遗体回国的先例。何况里维尔已经下葬。也不会有追悼会，阵亡人数太多，而且还将继续增加。1917 年，已基本废止了传统的公祭仪式，如穿丧服、闭门哀悼，以及使用黑边信纸信封。奥斯勒夫妇认识的几乎所有人都在思念死去的儿子，或者是牵挂前线儿子的安危。现在轮到里维尔了，轮到奥斯勒家了，但生活还得继续。父母在儿子的房间里摆上鲜花。星期五，一位还不知情的瑞士医生朋友来诺兰花园路用午饭。他们讨论了克列孟梭和尤金妮皇后，来访者在去车站的路上才知道里维尔已死。9 月 3 日星期一，奥斯勒去克莱夫登进行每个星期一次的例行查房。他平静接受了人们的慰问，只在与南希·阿斯特共进午餐时才崩溃抽泣[2]。

奥斯勒的一位养女（威利鼓励她叫自己爸爸）玛乔丽·霍华德·福彻收到了两封信，共同拼凑出威廉和格蕾丝面对人生悲剧时的不屈形象。第一封来自比尔·弗朗西斯，他闻讯立即从法国赶回，

并在 9 月 1 日写信给玛乔丽：

我本以为他们会接受不了这一噩耗，但他们没有。两人只在刚见面时搂着我哭了一回，睡前便再没流过眼泪，只不过会失魂落魄地走来走去。可怜的爸爸一手扶壁炉架，垂头盯着火发呆。除此之外，一切看起来都跟往常一样。晚饭时照样饶有兴趣地询问大家的各种事情，爸爸还是那样爱玩笑，完全看不出来是在强颜欢笑。电报不断地送进来，他每封都会打开认真读过并评论几句，还问贝特曼，回电报的钱还够吗？

他们甚至还能会心大笑，但是还是会提起里维尔的名字，也会猜测他的受伤的原因和时间，他又是如何被送到离哈维不远的第 47 野战医院的。晚餐后爸爸回复了无数封信，一直到邮差取了信才停手。然后爸爸坐在椅子上给一本新书切页，边读边煞有介事地捧在手上端详，不时向我评论几句，跟往常一模一样，切完后他把书递给我，我这才惊讶地发现这竟是本德语书。

后来是在楼上你的老房间。在这里，妈妈拿出里维尔的一些好笑的信让我读，又被他那无伤大雅的过时幽默逗笑，最后收起信件时，她忍不住摩挲小信盒的皮盖，脸上流露出悲伤之情，泪眼婆娑。他们没说一句反对战争的话，没抱怨一句战争的残酷，也没有痛失爱子的无尽悲伤之情。哦，亲爱的，这都是最崇高的勇毅。他们只把眼泪留到夜晚，勇敢地面对空荡荡的世界。

9 月 2 日，格蕾丝向玛乔丽倾诉了自己的真实感想：

哦！玛乔丽啊玛乔丽，我们的儿子死了，埋在比利时潮湿阴冷的土地上，今生我们再也看不到他的人，也听不到他的声音了。我以为自己准备好了，我已经等了 11 个月，但我永远不想接受所谓的"基督徒的顺从"。在我看来，上帝与这些痛苦的年月没有什么关系。当人们说"上帝带走这些年轻人自然有更重要的理由"时，我什么也没说，因为我信奉的上帝不会选择这种残酷的方式。我愿意接受这种打击，卑微软弱如我，什么打击都是罪有应得，但我无法接受他遭受这种打击，他是那么善良的一个人，将毕生献给人类，如今却失去了自己的欢乐与骄傲。他亲爱的儿子就是他最默契的精神伙伴。听着他连续几小时痛苦地抽泣，想到他再也见不到自己的儿子，我简直心如刀绞。这三夜我们感觉生不如死，亲爱的医生白天里硬装出坚强，还要不断接待朋友，但是，到了晚上，再想到我们亲爱的儿子，死在遥远的比利时，而我们却没在身边 [3]。

他们长久以来一直在惶惶不安中度过，待消息真传来时，几乎有种如释重负之感，格蕾丝称之为"残忍的解脱"。奥斯勒告诉姐姐苏，从战争开始那天他就知道这一刻会到来。9 年来，格蕾丝始终保持着每个星期六晚上给里维尔写信的习惯。如今再也不用了。"哦，凯特，亲爱的凯特，"她写信给库欣的妻子，"我亲爱的宝贝已经死了，孤零零地埋在潮湿寒冷的比利时。但有两件事让我对上帝心怀感激，一是他死时有你的哈维陪在身边，二是他去了一个和平的地方。我对此深信不疑，我们已经老了，也许很快就会死去。我们希望如此，感谢上帝，你的孩子还小。知道孩子会战死还送他上前线是最让人肝肠寸断的，几乎每个优秀的孩子都走了。一天又一天噩耗持续传来，各处的朋友都接到过，有的失去了 2～3 个儿子 [4]。"（9 年后，凯特和哈维·库欣的长子威廉在康涅狄格州遇车祸丧生。库欣在接到消息的当天上午有一台高难度手术。他不动声色地按计划进行，直到手术结束后才告诉其他工作人员）。

待详情从前线传回，他们才真正从库欣救治过里维尔的奇妙巧合中感觉到安慰。至少奥斯勒夫妇知道了儿子的死亡原因，知道医生曾用尽方法挽救他的生命，而且知道他的葬礼很体面。他没在战斗中失踪，尸体也没在无人区的炮坑里腐烂，更没被炸得支离破碎。A 炮排的军官也写信表示慰问，称里维尔是个开朗、勤奋的士兵，也是风度翩翩、彬彬有礼的绅士，他虽对战争很是反感，却始终尽职尽责，还曾被推举为十字勋章候选人。"我无意多嘴，"他的指挥官写道，"但我想若我死了，我母亲一定希望听到有关我生前的一些好话 [5]。"

虽然少了里维尔，威廉和格蕾丝仍决定按计划去斯沃尼奇度假。

469

如今，格蕾丝说，"是为了养精蓄锐好面对今后暗淡无望的生活"。去斯瓦尼奇前后包括度假期间，他们接到了数百封慰问信和便条并逐一回复。奥斯勒的答复是在收到消息当晚写好的，然后酌情做了些添改："我们对此噩耗早有准备。我早已预感到他会成为命运对我的打击。多年来，我从未遭遇不幸，人生处处顺遂如意，这般恩赐委实让我受之有愧。我们父子志趣相投，我也从来不曾对他说过一句恶言。可怜的格蕾丝！这对她无疑是致命的打击；但我们会勇敢面对，像他还活着一样过完残年[6]。"

奥斯勒告诉霍尔斯泰德和其他笔友，别人遭受的打击更大；夫妻二人都写道，他们会继续坚强，努力在工作和奉献中忘却痛苦。他们带着苏·查平和马克斯·穆勒家族的两个小男孩一起去了斯沃尼奇。不写信的时候，奥斯勒就陪孩子在沙滩上玩耍。苏姐姐觉得奥斯勒夫妇的忍耐叫人心疼，他们的崇高精神也让人赞叹。"威廉爵士似乎在不断消瘦，"她信中告诉库欣，"但我相信他很快就会好起来。"他确实逐渐好起来了——睡得更沉稳，虽然还是会哭泣，让格蕾丝很是担心。"在我看来，悲伤正在夺取他往日的活力。"她在斯沃尼奇写道[7]。回家途中他们在一家医院停下来，探望了里维尔的炮排战友，他身上有致命的弹片伤，但幸运地活了下来。

回到牛津后生活照常进行。就像那段时期常说的，他们绝不会被这一切所击垮。奥斯勒忙于公务、接诊、图书馆编目和教科书修订。治疗伤痛的良药只有两种即时间和工作。奥斯勒没有因悲伤或消沉而卧床不起，尽管有些夜晚仍然煎熬。他通常睡眠很好，虽然身体骨瘦如柴，胃口却始终不错。诺兰花园路的访客又多了起来，其中美国人明显增加。苏·查平虽搬到伦敦为美国红十字会工作，但通常会回来过周末。"我手头上待办的事情比以往任何时候都多，并且还自不量力地想亲手回复所有的慰问信，"格蕾丝告诉阿尔奇·马洛赫，"我已经回复了1500封。"慰问信起码还能给她些许安慰。最折磨人的是那些大谈宗教献身的信件："也许我不近人情。谁都不会，至少我不会认为，孩子为此牺牲是件值得自豪的事。"在一次伦敦旅行时，奥斯勒去了趟雅典娜俱乐部，在候选名单上里维尔的名字旁写了"亡故"[8]。

每逢佳节倍思亲，尤其是亲人逝去后的第一个圣诞节。格蕾丝曾打算换个地方过节，但家里干燥温暖、非常舒适，没有地方比这更好："圣诞节处处透着浓浓伤感。"几乎每一家都沉浸在悲伤和失望的氛围中。诺兰花园路 13 号迎来了许多客人，一个侄子、两个受伤的朋友、汤姆·福彻和苏姐姐，以及 14 名美国医生，他们在那里参加了圣诞晚餐。格蕾丝准备了鸡肉沙拉、真正的苹果派和奶酪。"一切顺利，"她写道，"虽然我很担心我亲爱的丈夫会在餐桌上晕倒，他看起来太痛苦了。"里维尔的装备在他 22 岁生日前一天从法国运到。格蕾丝不忍拆开，因为一切都失去了意义[9]。

死亡无处不在。一位美国医生的儿子来接受飞行员训练，他在诺勒姆花园过了个愉快的星期日，而下个星期就在飞行事故中丧生。他的好友曾住在奥斯勒家寻求慰藉，后派去法国，从此再没回来。

同样，美国的老同事也相继去世，费城时代的詹姆斯·泰森，还有富兰克林·马尔，奥斯勒将他的过世视为霍普金斯大学的巨大损失。巴尔的摩传来了更坏的消息：巴克的继任者西奥多·詹威去世，享年 45 岁，他是霍普金斯大学的第一位全职教授，无尽的压力使他对全日制度极度不满，而且严重损坏了他的健康。1918 年 2 月，医生、士兵兼诗人的杰克·麦克雷因肺炎和脑膜炎在法国去世，伊普尔战役永远地改变了他。麦吉尔医疗队的成员找遍冬天的田野，将罂粟花撒满麦克雷的坟墓。奥斯勒在战乱的晚年写的多数是讣告。格蕾丝写道：

玛乔丽，我有时真想狠狠咒骂这该死的战争和战争造成的家破人亡。如果你听到我们的宝贝深夜里的抽泣和叹息，你会心碎的。他常常对我说，当我亲吻他道晚安，然后把手放在他瘦削的脸上，我实在筋疲力尽，恐怕看不到战争的结束。我几乎发疯。他很注意自己的身体，但我怕他得肺炎。我想等天暖和起来就带他去康沃尔，我们是一对伤心欲绝的苦命夫妻[10]。

471

唯一的亲生儿子死后，格蕾丝和威利开始向他们所谓的"我们其他亲爱的孩子"寻求安慰[11]。其中包括比尔·弗朗西斯、阿尔奇·马洛赫、帕尔默·霍华德的儿孙，以及其他与他们有交集的年轻人。他在1918年的特别好友是两名加拿大女孩，8岁的纳丁·哈蒂（Nadine Harty）和她5岁的妹妹贝蒂，两姐妹的母亲是奥斯勒的远房亲戚，在丈夫打仗期间住到了牛津。威廉和格蕾丝的信中多次提到可爱的哈蒂姐妹，以及她们与他度过的美好时光。同时，贝蒂·哈蒂的第一任丈夫是奥斯勒家人，80年后，尚在世的她与我分享了对威廉·奥斯勒的回忆，她是本书提到的所有与他有过交集的人里最后一位幸存者。

贝蒂·哈蒂·奥斯勒·尼勒斯告诉我，1918年威廉爵士曾和她在基督教堂学院的草地散步，并向她讲解花草树木的事。

她记得，自己会对他说些蠢话，她天真无邪，对里维尔的死亡也全然不懂，于是成了绝好的玩伴。她在他书房桌子底下乱爬，而他会让贝蒂坐在自己脚上帮忙暖脚。一天他发现她在花园里掘洞，于是也加入进来，说是要帮忙挖到中国去。不久洞挖深了，他又说最好等战争结束后乘飞机去中国。孩子们想看哑剧时，奥斯勒就带她们在雨中又唱又跳；那段日子总在下雨。

美国的蛋糕运来了，奥斯勒告诉两个小姑娘，吃之前必须先解除黑魔法咒语，要从蛋糕正中央切出个正方形。孩子们担心大人会不赞成这种可笑的举动，奥斯勒却说："管大人怎么说呢！"贝蒂仍然相信魔法和仙女，是奥斯勒故事的忠实信徒。姐姐纳丁虽有些怀疑，却也被他哄住了。"我想他能看透我们的心思。"纳丁告诉贝蒂。

英国有名女婴失踪，奥斯勒就编出了被掳走的帕普金宝宝的奇幻故事，说在帝国边陲曾有人看到帕普金宝宝，好几天哈蒂姐妹俩都被这个神秘的故事所深深吸引。他请一对母子在高兴的孩子们面前表演了母子重聚，给故事加了个圆满的结局。他给她们讲鬼故事，陪她们玩纸牌，送她们枫糖，告诉她们女孩如果努力长大一样能当医生，并答应贝蒂，等她离开英国时，可以得到肯辛顿花园彼得·潘（Peter Pan）雕像上的兔子。孩子们从不把他当成年人，认为他是孩子中的一员。奥斯勒曾圆滑地评价一位成年人，一位大学同事，孩子是唯一的谈话伙伴，能交心的大学同事可遇不可求 [12]。

1918 年 3 月上旬，库欣趁休假拜访了牛津。他发现"敞开的怀抱"里挤满了各类客人和访客：

威廉爵士的健康已不如从前，却仍儒雅地应对这些人的不断叨扰，好像他正热切盼望着它们似的。但是所有人都看得到，他的办公桌上堆满了未拆封和未答复的信件，到处摆满了书和文件。我们 6:00 溜出门，将有孩子的人家统统拜访了一遍，宝贝们在他口袋里翻找礼物、拥抱他，他给他们讲故事，哄他们入睡。前后不到 10 分钟，然后他飞奔到下一家，楼梯口传来激烈的枕头打斗声和嬉闹声。

格蕾丝和库欣谈起里维尔死前几个月家里提心吊胆的等待。"我认为威廉爵士不敢开口，"她事后告诉外科医生，"他怕自己控制不住。"奥斯勒沉默着出示了里维尔的书籍购置清单，其中包括他在战壕中订购的书籍名字 [13]。

悲伤和担心并没有很快消除。"春天德国发起的强悍攻势令他极为痛苦。"格蕾丝写道。在 1918 年愚人节那天，格蕾丝告诉比尔·弗朗西斯，她希望一切只是场恶作剧。战争还在继续，一切都是真的。每颗心灵、每个家庭都在绝望、痛苦和牵挂中忍受着煎熬。这一切看来都毫无希望，也没有任何意义。简直不敢相信这世界竟如此罪不可赦，只能以这种方式惩戒。我永远都不肯相信。看着像 W. O. 这般贤良的人，万念俱灰痛不欲生，晚上听到他叹息抽泣，我就会生出离经叛道且不可饶恕的想法 [14]。

1918 年他的旅行、接诊、收入和写作都大幅减少，工作量和一个正常的会诊医师差不多。但他还得去威尔士，负责推进一所威尔士国立医学院的建立工作，还接待了大批到牛津寻求建议的威尔士游客。他再次拒绝了皇家医学协会主席职位和伦敦医学协会的主席职位。但他接受了古典协会的主席职位，该协会每两年选出一位杰出的非古典主义者担任。奥斯勒是第一位当选的医生。

要接待的患者源源不断，其中包括 1918 年 3 月底的一轮极其密集的咨询。赚到的诊费可以支付升高的物价，而物价又提供了高昂且不断增加的税收用于打仗。

1917 年，奥斯勒需进行巡诊的医院范围扩大，如到一家心脏病医院进行巡诊，该医院最先建于汉普斯特德，后转至科尔切斯特，他成为该院的一位会诊医师。此时他已很少发表文章，但职业兴趣并未减弱。该医院汇集了美英两国的心脏病专家，其中功能性心脏病的专门研究最为出色，即奥斯勒多年前论文中所称的"应激性心脏病"。这是战争时期的一大热门话题，涉及功能失调或神经衰弱或"弹震症"士兵 [15]。年轻同事对脑炎或昏睡病的多方初期研究，也让奥斯勒非常感兴趣，他还密切关注"无名热"或战壕热的研究进展；医生们终于发现虱子才是病原携带者。

他对功能障碍患者的研究主要集中在克莱夫登的病例——工兵"C"。该名士兵于 1916 年因伤寒致残，然后又因"伤寒性脊柱病"完全丧失活动能力。他们找不出他身体各项器官上有什么毛病。奥斯勒做了几组 X 线检查，但任何轻微触摸都会让他剧痛难忍。许多观察者认为他已经彻底瘫痪，奥斯勒却坚信他能康复，然而努力 8 个月后仍无进展。住院医生乔纳森·米金斯（Jonathan Meakins）对此深感厌烦，他认为该男子在装病，并说服奥斯勒将他转移到伦敦女王广场的国家医院，那里正试用的神经疾病的新疗法或许对他有用。

6:00 时，工兵"C"乘救护车离开。22:00 时，奥斯勒接到伦敦发来的电报，并立即致电米金斯："SOB 可以行走了。"加拿大医生 L. R. 耶南（L. R. Yealland）报告说这是个有趣的病例，治疗仅用了 10 分钟。奥斯勒称其为普通的卢尔德奇迹，并就自己对伤寒综合征的长期困惑开展了临床专题讲座，这也是他生前开展的最后几项专题讲座之一。耶南的神奇治疗方法是告诉患者他的病情很简单，只需电流刺激就能立即治愈，然后施加电流，并让患者下床行走 [16]。这是医学上的信仰疗法，让人不由联想起圣约翰斯·霍普金斯大学的某些疗法。

1918 年春，奥斯勒告诉坎贝尔·霍华德："我们（很幸运）没有太多空闲时间去想。"他在信中几乎不提战争，也很少参与公共事务，只在 1918 年 4 月给《纽约时报》写了一封信，暗示爱尔兰如果不参战，将在"米罗斯的诅咒"下生活多年。美国爱尔兰天主教徒能否说服故国的人民 [17]？

他仍像往日一样特别关注医学领域。5 月，他发表了一封致皇家外科医学院院长的信，言辞激烈地抨击其奖学金考试制度的"陈腐朽败"和极高的失败率。他称该制度是对教师和考官的羞辱，甚至是对学生心理价值观的严重扭曲 [18]。他开始参与伦敦医学研究生教育的战后改进计划，希望将它打造成为美国学生的进修圣地，使他们不会再向往进入德国高校深造。他赞同强化国家在医学领域的地位。虽然奥斯勒从未对颁布于 1911 年英国国民健康保险发表评论（他从不直接关注医疗费问题），却从未置疑过国家对医学教育或研究工作的大力支持。如今，战争迫使政府加大对生活各方面的参与。1918 年，奥斯勒在《研究与国家》（*Research and the State*）演讲中称，本行业"对国家援助的固执偏见"是"一种学术思维定式，极其褊狭的圣公会观念"。他希望战后行业能联合起来，推举出强大的卫生部，重建英国医学院，重新安排课程，并重新规划伦敦医院的培训方针 [19]。

9 月，他向加拿大陆军医疗队的医学协会演讲时重申了他的北美个人主义，由此可见他对加拿大医学的长期规划。他承认，虽然完善的国家医疗计划能在英国奏效，但我个人认为，由一个部门管辖全国的卫生和疾病，并推行可覆盖全国的健康和疾病服务，在加拿大根本就不可行。他相信未来疾病预防和公共卫生事业会越发重要，并希望能设立巡回门诊、流动护士，以及优质妇产中心，扩大对加拿大农村地区的覆盖范围：

这一切的实现既不干扰执业医生的独立性，也不影响个体医生的发展。我个人担心的是，即使在最有利的情况下，若由全科医生

475

担任国家官员，无论服务如何细化分级，都会导致竞争和独立性的缺失，而这两者却是影响个人职业生涯的最重要因素。

我深信国家医疗管控在加拿大的任一省份都不可能实现，我也不认为这对行业或公众有好处。我认为行业必须立足于医生的个人努力，我认识许多同时采用两种方式的良师益友，他们既深谙人类本性，又具备顶尖医学经验，他们将成功归因于各位的个人天赋而不是训练[20]。

奥斯勒在这次及其他演讲谈话中反复回忆在加拿大的时光，尤其爱像老人一样在餐桌上追忆往昔。正如他所说，他已着手打点行装，随时迎接死亡的到来[21]。在经历了里维尔之死带来的巨大悲痛后，他开始逐步整理孩子的书籍，疏散为孩子准备的钱款，并计划在约翰斯·霍普金斯大学设一专项纪念。他为弗朗西斯的3个孩子贝亚、格温和比尔设立了一份小额信托基金，确保他至爱的孩子们一生衣食无忧。他的图书馆编目、注释、精简和扩增工作则无休止地进行着。

奥斯勒只为自己的图书馆写了一篇自传。除此之外，他延续一贯的生活方式，从不写大型回忆录，让自己沉湎于过去。

对于一个注重历史的强迫症作家，当时他正鼓励弗兰克·谢泼德写回忆录，他的态度坚定且具有前瞻性，奥斯勒奉行卡莱尔活在当下的主张，只肯详细记录每天的活动轨迹。以下是1918年8月1日奥斯勒的日程：

与美国陆军少校斯特朗用早餐，斯特朗的《战壕热报告》（*Trench Fever Report*）即将在牛津出版社出版，审校期间他就住在我家。

9:00时，奥斯勒乘车去火车站，中途给布洛克夫人和穆列尔夫人（刚来到牛津）送花：

M博士派车去帕丁顿接我，先到迈尔底路44号看了1例症状突出的脾大患者。然后去看了B夫人，她患有红细胞增多症，而且她的脾脏也是我见过的最为离奇的脾脏，我曾在24年前见过她。又去看了患霍奇金淋巴瘤的D夫人，内外都出现压迫症状，而且现已开始压迫支气管。

乘地铁前往皮卡迪利广场，去卡尔顿酒店探访伊芙琳·哈蒂（Evelyn Harty）和孩子们。在加拿大俱乐部参加罗伯特·伯顿爵士的午餐会，坐在古德温将军和阿达米教授之间。

15:00 时，我去见美国大使并讨论了他的计划（当天晚上，沃尔特·海因斯·佩奇因健康原因写了辞呈）。

16:00 时，我去了裁缝店，途中给一位特别客人送了盒香烟，给了另两个战时来英女孩一"车"（糖果）。随后去参加了《医学季刊》编辑会议。

17:45 时，我去美国女子战争医院查看 2 例患者，隐性水肿及渗出性胸膜炎，还有 1 例内脏转位患者。

我坐上 18:50 的火车回家。20:30 吃饭。21:00 时，我接待了 1 例刚从法国运回的严重脑灰质炎的男子 [22]。

可能香烟是送给了美国医生 W. J. 麦格雷戈（W. J. McGregor），他曾在英国军队服役，现正在伦敦某医院接受双截肢手术。奥斯勒常去探望麦格雷戈，两人无话不谈，但从不提及里维尔。奥斯勒给了患者如何面对未来的建议，他永远也不会忘记。奥斯勒说："麦格雷戈永远不要扶拐杖 [23]。"

目前尚不清楚奥斯勒是否意识到自己常把格蕾丝视为拐杖。诺兰花园路的生活完全依赖她理家的能力和意志，如今仆人短缺，食物匮乏，让她的负担格外繁重，而且每天都感到伤心难过。我们没有格蕾丝生前日程的记录，不过下面是她在 1918 年 6 月 11 日写给阿尔奇·马洛赫的信：

大量美国访客不断前来拜访，我已应接不暇。星期六 15:03—18:00，访客最为密集，期间也有女性访客前来，诺曼（格温）正有亲戚来访，当然不会错过牛津城。我比以往任何时候都更忙，因为食物准备必须得我亲自盯着，虽然我听威廉爵士说，"哦，一点也不麻烦"，但我觉得一点也不容易。我相信我能挺过去，虽然我时常感觉心里空洞洞的，也没有了做事的勇气，整个人感到软弱无力。我真希望找个人替我咒骂一番。

1 个月后写给马洛赫在加拿大的父亲：

枫糖浆安全抵达，真是让我欣慰。您无法想象有它做布丁能让我们多开心。现在没有奶油，蔗糖也限供，所有东西都味同嚼蜡。我们急需美食的鼓励。威廉爵士太瘦了。我尽量多买蔗糖。他的胃口虽然很好，可体重就是不增加。他说这是心碎综合征所致，我恐怕对此无能为力。每隔几个星期，他就会精神萎靡，筋疲力尽，但很快又会振作起来。他忙起来非常拼命，根本不听人劝。

美国人涌进英国后，我们的责任也随之增加。此刻我已收拾好行李，随时准备去林肯，我们听说年轻的霍华德·凯利在空军营地受了伤，如果他需要我马上赶过去。我很强壮，而且已经通知所有儿子在英国的朋友，如果孩子进了医院需要照顾，那我立马就去 [24]。

美国军队的运输列车从利物浦入境处拉上部队，再到南安普敦出境去法国，途中会经过牛津。火车暂停时，奥斯勒夫妇会进站和士兵们交谈。用库欣的话说，他们向这些美国老友的孩子，年轻的参战士兵，倾注了无尽的父母之爱。格蕾丝认为他们的至亲至爱注定会战死。想到里维尔不必再经历这种痛苦，他们心痛之余又觉得得到一些宽慰 [25]。

格蕾丝常希望自己能够独处。1918 年夏，她希望能独自一人或带着姐姐躲去高地，她不想又陪着威廉去住度假酒店，和朋友没完没了地交谈应酬，而自己永远没有独处的时间。我必须找处低地或沼泽痛快地俯趴或仰躺下，随心所欲地酣睡或痛哭一场。但最终她还是决定不离开威利，里维尔逝世周年将至，他的健康很不稳定。于是她陪他在莱姆里杰斯的红狮旅馆住了一个星期，同行的有多伦多侄女母子三人，哈蒂母女三人，赖特母女三人，奥吉尔维斯一家外加两个孩子，一位波士顿战争的寡妇和 2 岁的孩子。格蕾丝认为自己快疯了，她们全都在大喊大叫，他们提前结束了假期。回到清爽安静的牛津是一种解脱，我可以不加遮拦地痛苦，而不必强装。连奥斯勒也无法从书中获得安慰。O 医生看着叫人难过，有时一提及藏书或图书馆，他就突然起身离开桌子或房间，现在书也不管用了[26]。

　　夏末西线的德军终于呈兵败之势，但奥斯勒和同事们却开始了与一种恶性毒流感疫情的战斗，这种流行性感冒有时被称为流感性肺炎（奥斯勒和孩子们说时称之为"流掐"）。1918 年奥斯勒自己躲过了流行性感冒，但前线和后方的数百万人，无论老少全部罹患该疾病。医生不确定这种流行性感冒的病原体是细菌，还是某种未检测出的微生物。不过也无关紧要了，因为他们没有疫苗，也没有治疗方法，根本束手无策。

　　奥斯勒拒绝了在某大会上就此话题发言的邀请，称他忙着治疗患者，许多患者就是医生家属，何况他也没什么值得说的。"我早知道这种悲剧会发生，"他在谈及流行性感冒大流行时写道[27]。我们看到的奥斯勒在病床里最后记述是在 1918 年，出自一个小女孩的妈妈之手：

　　　　他总爱古灵精怪地溜进病房，瞬间就把病房变成了童话世界，用童话的语言向我们讲述娃娃、香花、飞鸟，以及天气的一举一动。最梦幻的时刻是在 11 月的一个寒冷的早晨，他从外套里掏出一朵用纸精心包好的美丽的红玫瑰，告诉小詹妮特这朵夏日最后的玫瑰如何在他的注视下在花园里长大，又是如何在他路过时叫住他，请他带自己去看望他的小姑娘。那天早晨我们举办了个童话茶会，威廉爵士一直在和玫瑰、他的小姑娘和妈妈交谈，他的举止是那么高雅，然后他又悄悄溜出病房，正如他进来时那样神秘，所有人都对他崇拜得五体投地[28]。

479

　　11 月 14 日，正值一战结束后的第 3 天，詹妮特·麦克杜格尔去世。奥斯勒的老同学兼麦吉尔大学的同事弗兰克·谢泼德也在战争中失去了儿子。10 月 11 日，奥斯勒给谢泼德写了一封慰问信，深情讲述了战争造成的殇痛："伦敦大学俱乐部共有 20 名成员，其中 15 人失去了儿子，像可怜的加罗德，2 个儿子全部战死；另一位朋友失去了 3 个儿子。我们在命运的垂青下事事顺遂，人到暮年时却白发人送黑发人，实在是人生不可承受之殇。"在战争的最后阶段，英国一直准备轰炸柏林。1916 年曾对此行径表示过抗议的奥斯勒现在却双手赞成。"两年的时间已把我变成了一个庸俗的野蛮人。"他后来回忆道 [29]。

1918 年 11 月 11 日，他或格蕾丝的信中都没有提到停战协议。他可能一整天都在诊治伤兵和流行性感冒患者。工作已让他不堪重负。"我已是强弩之末。"11 月 14 日他坦言，并婉拒了新职务的邀请。11 月 16 日，华菲德·朗科普来访问牛津大学，几年后他接任了奥斯勒在霍普金斯大学的职位。牛津城很静，诺兰花园路 13 号很冷，大部分房间都关着不用，因为分配的煤炭根本生不起炉子。楼下只有图书馆和餐厅在用。书房里，威廉爵士背朝着炉算里一撮微弱火苗站在壁炉前，想要暖手。所有的轻松欢快和热切挥手都不见了。曾经精神矍铄的翘楚如今成了一位瘦小而干瘪的老先生 [30]。

格蕾丝本以为，和平到来时他们对儿子的思念会更甚。12 月她写信给故乡的一位老朋友，描述了她最初几个星期的感受：

曾经悲戚的世界如今依然弥漫着伤感。即使现在，奇怪的是，举国上下一片欢腾雀跃，但仍会有一些场景让人触目惊心，潸然泪下，就连士兵也不是满脸喜悦，归家的人心倦神疲，几乎连步子都迈不动。这里怪异得叫人发毛，公园里不再有人操练，头顶没有飞机驶过。4 年来习惯了喧嚣，忽然的平静叫人无所适从。我想象不出前线会是什么光景。我今天去了医院，那情景真是叫人想哭，许多伤员股骨骨折并有严重创伤，一名美国男孩双腿和一只胳膊都断了，可怜的小伙子刚上前线 20 分钟，没有任何抱怨，仍然欢快乐观。他们对断肢的态度叫人吃惊，他们现在把假腿架在短桩上，由纸浆制成，铺了非常柔软的衬垫，假腿做好后就接上真腿。我听到他们谈论自己的假腿，戴上假腿就像换新帽子一样不在意。

我们躲过了流行性感冒，但只是暂时。威廉爵士很听话地保养着自己的身体。眼下是段难熬的时光，但我们衷心欢迎孩子们平安归来，与家中望眼欲穿提心吊胆的父母重聚，也许你愿意明年夏天来看看饱受蹂躏的法国和失心丧志的奥斯勒夫妇 [31]。

士兵起程回家，医院逐一关闭。每个人都来牛津告别。"加拿大和美国的部分士兵似乎就在我家退役了。"格蕾丝写道。圣诞节开始时奥斯勒得了感冒，但格蕾丝报告他情绪低落。"他每隔几个月就会这样，似乎是压力太大无法承受导致。"比尔·弗朗西斯记得，那个圣诞节过得凄凄凉凉，唯一的调剂是弗兰克·奥斯勒喝醉大出洋相，让人忍俊不禁[32]。

1919 年，奥斯勒夫妇不再去想战争、里维尔的去世和人生老迈这些烦心事，继续享受在牛津的顺意生活。1 月份哈维·库欣来道别时，发现一切已近乎回归以前，威廉爵士又恢复到原有的状态，有了精气神，体重也有所增加，家里到处都是书，人一直络绎不绝。他俩真乃勇士，奥斯勒夫妇。库欣与奥斯勒在基督教堂学院的高台餐桌上享用晚餐，中断 3 年的大学晚宴正式恢复。战争真正结束了。传统的一个变化是公共休息室中允许吸烟，有人开玩笑地将这一变化归因于奥斯勒[33]。

那个冬天，整个世界的人似乎都涌进了"敞开的怀抱"，库欣观察发现，连牛津的鸟儿也会在下午茶时飞进来叼面包屑，有人开玩笑地说起有一天一艘飞船曾不请自来。库欣所属的哈佛医疗队员们在这里吃过饭，喝过茶，还在安息日去拉德克利夫医院，观摩奥斯勒在病房上教授主日学课程。下午，家里挤满了穿制服的军人、罗德学者、护士、滞留的美国人、亲戚和杰出科学家，包括 C. S. 谢林顿和阿尔姆罗斯·赖特（Almroth Wright）爵士。赖特曾是萧伯纳在《医生的两难选择》中的主要讽刺目标之一。"赖特和奥斯勒，还有比这两人反差更大的吗？"库欣自问，"一个是医学悲观者，一个是医学乐观派[34]。"

乐观派责备某位罗德学者的兄弟害羞得连茶都不敢来喝。奥斯勒说这里就是个"害羞者联盟"。罗斯·约翰逊在那几年常来做客，她记得奥斯勒如何当着满屋陌生人的面，拿空想的情事戏弄那些害羞、古板又矜持的单身汉们，然后毫发无伤地全身而退，若换成任何别的人怕是会当场结下死仇。

481

有天她也未能幸免，有一天她的衬裙破了，于是她把它塞进包里，但却被奥斯勒发现了，他开心地大叫一声，绕过拐角冲进人群中央，一只手拖着我，另一只手则挥舞着万众瞩目的衬裙[35]。

奥斯勒新招了一位聪明机灵的秘书。大英博物馆向奥斯勒提供了特别帮助，协助他整理自己的医学古版书系列（他自认为是目前英国最全藏书），他刚刚将待捐藏书整理完，这些书将以里维尔之名捐给约翰斯·霍普金斯大学。奥斯勒还将他们为里维尔存下的 35 000 美元作为基金捐出去，用这些书打造面向本科生的都铎斯图亚特俱乐部（参考耶鲁大学的伊丽莎白俱乐部而建）图书馆。这批书包括弥尔顿、雪莱、济慈、唐恩、《格列佛游记》初版、艾萨克·沃尔顿的许多素材，以及奥斯勒从英国"沃尔特迷"处买的关于沃尔特·惠特曼的杂志、文章和其他短时效物品的专门系列。奥斯勒建议，库欣出访时的睡前读物应该选惠特曼的《美国内战备忘录》（*Memoranda during the Civil War*）[36]。

1919 年年初，奥斯勒兴奋地给图书馆增添了几篇巴斯德的早期论文，和一块约公元前 700 年的亚述楔形文字泥板，泥板上有残存的医学记录，显然是从德国掠来的阿苏尔的发掘物。格蕾丝评论道："哼，看起来像块苏格兰脆饼。"此时奥斯勒已将书籍按照既定编目归完类，还完成了相当一部分索引，但他告诉菲尔丁·加里森后面的注释起码要用 5 年，这是"编目"和"死神"的比赛。他对比尔·弗朗西斯估算："还需要不糊涂不偷懒的 10 年，才能整理完图书馆并完成目录。"弗朗西斯经常进出牛津，他后来驳斥奥斯勒丧子后精神崩溃的观点："威廉爵士和奥夫人一如既往的乐观面对生活。没人能像他们这样勇敢地负痛前行。往日的神采并没有褪去，这种说法对两人极不公平[37]。"

1919 年 1 月下旬，趁着管理员不在，奥斯勒溜进拉德克利夫医院太平间进行了一次尸检，死者是位 43 岁男性，死因是流感性肺炎并发流行性脑脊髓膜炎。无论对此前还是今后，此举都具有象征意义。他整理了详细的解剖记录，准备投给《柳叶刀》。那年冬天，他在《英国医学杂志》上发表了一篇有关妊娠严重贫血的文章。他还给《英国医学杂志》写了篇有关严重主动脉瓣关闭不全的病例，患者是位 70 多岁的医生，患病 25 年之久，患者一直坚持骑行并长期使用吗啡，才活到现在。最后奥斯勒以其鲜明的风格结束文章："或许本病例证明了我的朋友，马里兰州埃尔克顿的埃利斯博士的临床公理的正确性。威尔·米切尔称他为'希波克拉底农民'，鸦片足以延缓慢性病的发展。"虽然奥斯勒是个自然疗法的信奉者，他却从没想过骑自行车的好处比鸦片类药物更大 [38]。

第二年春天他作为主席在古典协会发表讲话，并同意在秋天就曾经的患者沃尔特·惠特曼发表演讲。他在伦敦两家美国人建立的旨在鼓励研究生医学研究的组织中担任领导角色。他连续担任书目学协会主席，并与查尔斯·辛格夫妻合伙在牛津推广医学和科学史研究，尤其是组织暑期学校。他再次婉拒代表牛津接受议会席位的试探性建议，但却很高兴被选入英格兰顶级餐饮俱乐部，该俱乐部由约翰逊博士和约书亚·雷诺兹于 1764 年创立。30 名会员个个堪称人中龙凤，每两个星期在伦敦见面。在英国医学协会的春季会议讨论中，奥斯勒发表了"精辟"演讲，主张对性病采取严厉的预防措施，并在另一场会议上强烈支持反对反活体解剖立法。他说自己虽然爱狗，但更爱同胞。奥斯勒坚持每天接待 1～2 个患者。他想继续战前修复阿维森纳墓的计划。

格蕾丝察觉到，他的工作负担过重，已不堪重负，似乎感觉他已经无法很好地管理自己的时间且不能高效地工作。当他谈起要出席夏纳红十字会会议时，她出面干预了。她提醒他，他的工作压力过大，并亲自给一位组织者写信：

您想象不出今年冬季多少人来访，所有来到伦敦或伦敦附近的美国医院工作人员接踵而来；加拿大人也不例外。这虽让人深感荣幸，但也扰乱了我们手头上的所有工作。也许您能理解。我很担心威廉爵士过度劳累，4 年的劳碌、家庭悲剧，以及痛苦已严重损害他的健康。我相信若加以小心休养，他定能以高寿而终。为人类的利

483

益着想，我希望能免去他所有不必要的责任。

1919 年年初，奥斯勒的朋友兼同事阿奇博尔德·伽罗德（Archibald Garrod）的三儿子因战时伤发去世。经历了劫后余生，奥斯勒似乎不太在意对那些光荣牺牲者的纪念活动。实际上，他对英国唯心运动的复兴漠不关心，实际上是嗤之以鼻，这其中折射出了可怜的天下父母心，想再见一面埋在佛兰德斯田野的儿子的灵魂。格蕾丝很想去里维尔墓前祭拜，晚年也曾多次去扫墓。奥斯勒完成给霍普金斯大学的私人捐献后，经过岁月对痛苦心灵的抚慰，信中再提到儿子时便不再那么悲伤难抑。他始终认为无私的医学献身者值得纪念，值得万世敬仰，但至少这一次，他似乎希望全世界能放下战争受害者，放眼展望未来；当牛津人考虑建一座战争纪念馆时，奥斯勒呼吁他们："把你们盖纪念馆的每一分钱都用来帮助穷人[39]。"

1919 年 5 月，"牛津从来没像现在这般美好，从来没有，"格蕾丝写道，"到处都欣欣向荣。街畔和公园生机盎然，更不用说小镇和河流，好像大自然已经长疯了。"全国各地的古典学教授和老师们都涌到牛津参加古典协会的会议。

奥斯勒作为主席做了开幕致辞。"他穿着猩红色长袍站在神学院的黑橡木讲坛上讲话，看起来很有中世纪风范，非常儒雅。"格蕾丝这么觉得。他的演讲题目是《古老人文与新兴科学》（*The Old Humanities and the New Science*）。

虽然开头的语气轻松诙谐，但通篇主调却是严肃阴沉，反思他们在战前的盲目乐观（我们过分陶醉于生命的自豪！），在战争期间对暴力的滥用，以及德国这个所有国家中古典与科学最发达的国家的悲剧下场。演讲的大部分内容都在呼吁弥合人文科学与科学之间的鸿沟，让古典学生了解经典科学，并号召科学家与危险的"过度特化"做斗争。套用马克·吐温对基督教科学派的评价就是，所谓的人文主义者掌握的科学知识不够，懂得科学的人文素养又少得可怜。奥斯勒说："他勾画不出充满人性的科学哲学，因为我和约翰逊博士的朋友奥利弗·爱德华兹一样，从未真正地掌握哲学'快乐总爱不期而至'。"他以乐观的口吻结束演讲，将战后的社会比作战胜感染后愈发强壮的身体，并引用希波克拉底的格言"唯爱人者，得医之术"，呼吁爱人与重技缺一不可。

奥斯勒不是第一位呼吁将科学与人文重新结合的演讲者，当然也不会是最后一位。这不是他最精彩的演讲，但也没有任何纰漏；直到 C. P. 斯诺之前的又一代，在一篇著名文章中，将结合两种文化的必要性说成是一种文化上的陈词滥调。奥斯勒能发表这样的演讲，并且在传递中展现出对两种文化的广博知识，确实是位不可多得的医生。威廉·奥斯勒选择在此时发表这种演讲无疑是巨大的成功。来英访问的威廉·韦尔奇称之为"奥斯勒的最佳演讲"，韦尔奇似乎也没有别的话可说。在演讲前后，古典学家们参观了奥斯勒安排的古代科学仪器和书籍的特别展出，自他在麦吉尔的医学博士论文发表以来，他一直喜欢展示加讲述的方法。

格蕾丝要在诺兰花园路 13 号招待 200 名古典学者用下午茶。她很明智地外包给一家餐饮服务商："一切都很周到，只除了女服务员穿着鲜绿色衣服，而且还不戴帽子！一切都很顺利！不过下午的天气非常宜人，大家都在室外就坐。"次日在阿什莫林博物馆招待会上，她只是个作陪衬的小配角，因而能抽空溜出去整理一下思绪。人人都在祝贺她有如此学识渊博的丈夫，而她和苏自 1917 年年初以来还一直担心丈夫每况愈下的身体，而这次演讲也全然打消她们的担忧。一位如此聪慧的医生却如此鲁莽地选了个愚钝的妻子，实在叫人遗憾。不过考虑到他生性热情好客，若他选的是位聪明高雅却不善持家的妻子，那对客人可能招待得不会太周到。这于我是一大安慰 [40]。

1 个月后某个寒冷的日子，这位讨人喜欢的女主人接待了来访的美国陆军上将乔治·潘兴（George Pershing）、美国欧洲战后援助行动负责人赫伯特·胡佛（Herbert Hoover）。牛津大学将在大学校庆或大学会议上授予他们荣誉学位，他们会向伟大的盟军战士致敬，通过这样的方式宣告战时休学的结束。参观者带着助手乘大型美国军车抵达。格蕾丝在客厅生起炉火，准备好三明治、咖啡和饮料。

来参加仪式的南希·阿斯特顺道进来，亲吻乔治·潘兴并邀请他跳舞。我们给学位持有者穿上猩红色礼服并配上天鹅绒帽子，然后所有人都上了车。当然，谢尔顿剧院举办的游行和授予仪式非常精彩，虽然整个过程使用拉丁语让许多美国客人无所适从。格蕾丝最享受的是之后在万灵学校用午餐。当道格拉斯·黑格（Douglas Haig）爵士领我入席并坐在我旁边时，想象我有多么受宠若惊。比蒂海军上坐在我右侧，我正对面坐着乔佛尔和潘兴上将。我感觉自己是英伦列岛上被保护得最严密的人。

格蕾丝告诉道格拉斯·黑格爵士，餐会上侍酒的年轻朋友曾在战场上英勇战斗，黑格与他说话时，他激动得几乎落泪。触目伤怀的格蕾丝也不禁落泪。哈维·库欣编写的首部《奥斯勒传记》中公开了有关这些典礼的信件，他明智地省去了格蕾丝对巴里奥院长将南希·阿斯特误当成阿斯奎斯夫人的描述。他还省略了格蕾丝对校长夫人的评论，这是位年纪很轻、非常时髦的美国社交名媛："在寇松小姐面前替我辩护。她的衣着非常轻佻。她穿了件黑色丝质弹性紧身礼服，低领短袖，腰上也没配腰带或系绳。"

挂着两串大粒珍珠项链，戴顶垂着长直的羽毛的软帽，她的眼睛和浓妆艳抹的脸蛋在帽子的遮挡下半掩半露，我们几乎当场惊死。下午格蕾丝请潘兴和助手们在"敞开的怀抱"小憩。傍晚一行人去基督教堂学院吃晚饭，然后开车去伦敦，到此结束，好一场盛事[41]。

70 岁生日快要来临，由于奥斯勒与曾经敌对的人们恢复联系，所以人脉关系已从加拿大扩展到奥地利。专业方面，约翰斯·霍普金斯大学问题不断的全日制实验，奥斯勒知道并且仍然反对，也在多伦多大学以加拿大慈善家的资金实施。奥斯勒慷慨地举办了一次专场午餐会，借此将大英帝国第一位全职医学教授、多伦多的邓肯·格雷厄姆隆重地介绍给英国所有的医学教授。

已经有几年没有人向德国医学科学家表示敬意了，曾几何时，他们肩负强大的使命感，在自己的职业领域默默奉献，在国家的大力支持下，建立全职研究制度，这让年轻的奥斯勒念念不忘。他们的帝国已化为废墟，部分人正在帝国战败后的第一个冬天饥寒交迫。奥斯勒写信给一位欧洲朋友询问奥地利的情况，当他听说困境有如此严峻，便成为盟军救援计划的首批坚定支持者。6月，赫伯特·胡佛访问牛津时对欧洲形势深感担忧。奥斯勒从前的学生爱丽丝·汉密尔顿约在同一时期来到诺兰花园路，奉贵格会派遣向德国提供援助。她原本担心里维尔死后奥斯勒会对此反感，却发现他对德国儿童十分关切，并欣然为她提供了介绍信[42]。他还在一个专门为比利时鲁汶大学图书馆筹集书本的委员会任职。

多年前就崇拜奥斯勒的美国朋友，以及他在英国结交的新朋友，为他的70岁生日精心准备了礼物。其中最具匠心的是两卷文集，德国人称之为《奥斯勒纪念文集》，由150多人投稿制作。这是个十分庞大而又艰巨的项目，特别由韦尔奇担任编撰委员会主席，直到1919年7月12日生日当天仍然没有完成。

约翰斯·霍普金斯大学的团体（不包括韦尔奇）确实设法发行了一期《约翰斯·霍普金斯大学公报》特刊，其中包括早年关于奥斯勒的十几篇论文和诗歌，以及他撰写的730篇出版物的参考书目。其他期刊发表了专题文章和社论，凯西·A.伍德和菲尔丁·加里森合著了《一位医生的英美诗歌选集》献给奥斯勒；无数电报、信件和礼物纷纷涌入诺兰花园路。奥斯勒对这浓烈的缅怀气氛深感诧异。"他们这是向七神论者撒人造黄油！"他告诉马贝尔·普里福伊·菲茨杰拉德，"你读《约翰斯·霍普金斯大学公报》了吗？可惜我没死，一股浓浓的讣告味[43]。"

在伦敦由85岁的克利福德·奥尔巴特主持了一次小型晚宴，朋友们送给奥斯勒一本纪念文集的代用复本，并适当表达了敬意。奥斯勒朗读准备好的讲稿时激动得难以自持，演讲主要感谢了自己一生的好运，结尾还向格蕾丝致谢。我一直热爱我们的职业，并热切相信它的未来，我对自己的人生非常满意且感激不尽。书中的投稿名单让他想起了曾经的流浪生涯，他说："此生有幸去过许多城市，认识了许多人。我想要引用《尤利西斯》（*Ulysses*）的一句话：'我自己是我全部经历的一部分' [44]。"

迎来古稀之年的奥斯勒在生日晚宴上开始咳嗽，在返回牛津的火车上，格蕾丝就明白他又得了支气管感染。他称之为"过敏性生日支气管受惊"。咳嗽来势凶猛，但持续时间很短。他在床上躺了一个星期，一天在陪格蕾丝和马洛赫用茶时开玩笑说："如果发热和肺炎球菌把我带走就太应景了。对在《约翰斯·霍普金斯大学公报》上给我写讣告的所有年轻人来说，这该多么富有戏剧性，又省了好大的事 [45]。"

他很快就痊愈了，开始寄送生日感谢信，还给《纽约时报》写了一封信，信中暗示美国禁酒试行对英国不利。对于他和其他成功人士的长寿，他最喜欢的评论就是"这一局手气不错"。霍普金斯大学的一位老友回忆说："他曾对自己能活这么久感到惊讶，前半生我把自己逼得太狠了，不过，我既不喝酒，也没染上螺旋体门。"到了7月底，来看他的人都觉得他状态不错。马洛赫记得看到他离开早餐桌，红色高尔夫夹克衣裾飞扬，手持一勺粥，追着两个兴高采烈的小男孩绕网球场跑，不过他没泼中，粥都泼在一旁站着的侄子的制服裤子上。在奥斯勒夫妇前往度长假的前一天，有位美国医生访客前来"用茶"。开战以来，已有1600名美国访客在奥斯勒家喝过茶，而他算是最后一位。他回忆说："岁月对奥斯勒非常仁慈，虽然他的黑须已变作灰色，但过去的15年似乎没留下任何痕迹。从旧时忽闪的双眼、可爱的微笑和顽皮孩子气的举动中，我们看到的还是美国朋友始终熟悉的那个奥斯勒博士 [46]。"

奥斯勒夫妇在西岛度过了六个星期，享受着一种田园般的温馨生活，仿佛又回到战前美好的海滨时光。当然，少了里维尔。他们租了一处粉红色小屋，格蕾丝希望有私密生活，俯瞰圣布雷拉德湾和秀美的海滩。这里风景如画，依山傍海，非巴尔港可比，而且不用陪任何人交谈！奥斯勒热切地告诉一位波士顿朋友 [47]。虽然格蕾丝还有些担心，但才过了一个星期，奥斯勒的身体已完全能够下水了，很快奥斯勒夫妇就开始每天中午下海游泳。他喝啤酒，吃龙虾，体重也增加了，皮肤晒成像康沃尔人一样的棕色，在沙滩上蹦蹦跳跳、画医疗图表、逗弄小狗、侧手翻跟头、水里倒立。格蕾丝可真是个"浪里白条"，你们真该见识下！他和一起散步的法国小女孩成了朋友，还去考古挖掘现场看望了牛津大学的学生，并称她们是"克罗马尼翁姑娘"。"我这辈子从没这么懒散。"格蕾丝写道[48]。

晚上他会读沃尔特·惠特曼的诗，为计划在秋季举办的这位诗人患者的讲座做准备。惠特曼的诗让他越来越着迷。奥斯勒不确定该如何回应惠特曼性取向的问题。惠特曼的死忠拥趸 R. M. 巴克对同性恋的暗示深恶痛绝，奥斯勒也认为不便在见解不一的观众面前回答这一难题。

他个人倾向于承认惠特曼身上有一种并不低俗的男性之爱，即肉体激情。无独有偶，他在泽西岛研究惠特曼时，他的多年笔友、和平主义者 A. A. 沃登，指出他主张的宁静与惠特曼诗句有相通之处：

> 我镇定，悠然立于自然之间，
>
> 万物的主人或主妇，坦然面对世间的混乱……
>
> 不论我身处何方，都要宠辱不惊，临危不乱！
>
> 就像树木和动物一样，坚韧面对黑夜风暴，人情冷暖[49]。

假期前后，奥斯勒一直在努力为麦吉尔医学院做贡献，该学院即将迎来百年校庆。麦吉尔医学院的医疗和外科诊所组织之所以落后于约翰斯·霍普金斯大学和多伦多大学，部分原因是该大学、蒙特利尔总医院和皇家维多利亚医院之间的摩擦。奥斯勒向迪安·伯科特（Dean Birkett）概述了他在向麦吉尔医学院灌输新精神和新组织方面应该采取的方法。他建议的一部分如下，奥斯勒建议医学和外科教授，"应该一直……或者，如果认为更明智的话，基本上是这样的"。考虑在霍普金斯全职工作时遇到的麻烦（没有人会担任主席；塞耶之前一直在服务），这似乎是一个不寻常的改变。奥斯勒可能认为，蒙特利尔临床教学现代化和增强麦吉尔医学院研究潜力的工作需要投入一个人的全部精力。这也可能是获得洛克菲勒巨额拨款的

489

一个必要条件。奥斯勒建议麦吉尔征求意见——他写了两封信分别给韦尔奇和小约翰·D.洛克菲勒（John D. Rockefeller），敦促他们就美国以外的捐款问题展开讨论，并帮助他的母校。他向蒙特利尔的关键人物发出了一系列信件，敦促他们支持改革，并谈论医院如何成为研究和预防疾病的伟大机构，以及社会服务实验室。"我希望会有结果。"他在谈到蒙特勒夫妇时写道，"他们需要改变一下[50]。"

"我对威利放心了不少，"格蕾丝在8月底告诉姐姐，"他绝不能再为工作忙得团团转——当然，也不会有人三五成群的过来。"假期结束时，奥斯勒体重重回战争期间的154磅（约70kg），增加了21磅（约10kg），并且自我感觉很健康。用从小骑马赶车人的话描述："他马上又驾起辕头，也许是急着赚回度假的费用，他接受了去格拉斯哥咨诊的请求。"9月23日，在3名医生的陪同下他去见了富尔顿·马丁（Fulton Martin）夫人，她患有典型的红斑症状（各种皮肤病变，并且3个月来断续出现下叶实变）。我们不知道奥斯勒给的建议或处方是什么。他的咨诊费是525英镑，可能是按每英里一几尼（21先令）的英国标准咨诊旅行费用算的。患者按数付讫[51]。

奥斯勒又赶往爱丁堡见老朋友，并与医学界同仁讨论未来他将参与的研究经费的分配，并同意在首届政府资助委员会任职。接待他暂住的洛弗尔·古兰（Lovell Gulland）博士惊讶地发现，战争和儿子的去世没给他造成外在的改观。他像以前一样开朗快乐、热情高昂。唯一的问题是，相比医生一视同仁，他似乎更喜欢古兰4岁的孙子。男孩喊他威利·莫斯勒。一天下午，古兰夫人发现奥斯勒和孩子在育儿室里玩熊，两人中奥斯勒更好动更稚气[52]！

全国铁路罢工即将开始，古兰力劝奥斯勒推迟连夜回来的计划。可是奥斯勒已多次无视旅途中的麻烦，一如他父亲在加拿大森林中风雨无阻，于是坚持要按计划回家。他于星期五晚离开爱丁堡，星期六早上醒来时发现自己困在离家250英里（约402km）的纽卡斯尔不得动弹。一位医生朋友设法给他找来一辆汽车和司机。奥斯勒知道自己不该过度劳累，但天气很好，他穿得也严实；于是继续赶路，只在一家旧旅馆里休息了几小时。两天的艰苦奔波后，他终于在 9 月 29 日（星期日）回到家中，此时咳嗽又开始了 [53]。

开始时病情发展缓慢。星期一和星期二他接待了一位患者，一位医生的女儿赫斯本德（Husband）小姐。但大部分时间他都躺在床上，治疗感冒或流行性感冒，我们决不会知道他到底染上的是什么病毒。他取消了预约（惠特曼的演讲再没能发表或写完），10 月 6 日他写信给一位朋友说，支气管炎使他的气管很敏感。他对另一位朋友评论说自己已携带肺炎球菌多年，必须增强自己的抵抗力。"这次发作并不像 7 月时那么凶猛，"格蕾丝在第 7 天写信给阿尔奇·马洛赫，"但我非常担心失落。此前他是那么健康 [54]。"

他会下床晒会儿太阳，不久又开始咳嗽，于是回到床上去。到了第 12 天，格蕾丝发现他在自怜自哀，而且情绪低落。他告诉她自己会成为患上慢性支气管炎的老头。"我相信这次很快就会痊愈。"她写道。那个季节牛津在流行性感冒大流行末期全部沦陷。甚至有人提议这个学期推迟开学。格蕾丝看到战后第一批罗德学者携家眷抵达牛津。我敢说大家都会患上支气管炎，果然格蕾丝和诺兰花园路的所有仆人都得了感冒。她认为是阿司匹林治好了她 [55]。

10 月 13 日奥斯勒的体温升至 39.1℃，连续 5 天饱受折磨，整夜翻来覆去、痛苦呻吟，咳得撕心裂肺，虚弱得下不了床，而且噩梦不断，有一次梦见被布尔什维克抓住受审。A. G. 吉布森（A. G. Gibson）和威廉·科利尔（William Collier）照顾着他，格蕾丝从伦敦招来马洛赫，并聘请了一位专职护理护士。各种治疗方法都试过，包括药膏；但只有鸦片或吗啡能帮他缓解些。10 月 14 日，在消沉与担忧双重影响下，奥斯勒告诉格蕾丝他挺不过去了。随即他又振作起来，并于 10 月 19 日给远在美国的姨姐苏·查平写了封信：

救命！救命！苏姐姐！你一定听到我几次大声呼喊，越洋跨海传给你。为什么我要到 70 岁后才了解到各种高级便盆的实用知识？

我对便盆一无所知！也从来没人给我讲过它们的多样和用途，哈佛有专门课程吗？在美国你们有私人便盆吗，就像火车上的私人包厢那样？它们是否兼具摇篮和孵化器的所有优点；我听说每个城市各有自己的仪式，在某些医院（如布里格姆医院）这不叫仪式，而是真正的邪教。

至于那唤作水瓶的东西，他们从来没告诉我这些极具观赏性和艺术性的东西有何用处。我的七十大寿委员会已就生日书卷中未收录有关它们的文章而致歉。总之，我过得很痛苦。我对咳嗽和咳嗽的种类及变化了如指掌，结束还远着呢。把整部药典都扔了吧，只留下鸦片。它以某种方式成为唯一有用的解药。它可真救了我！可怜的姐姐！你肯定担心死了。两天来，我已被阵发折磨得半死不活，精疲力竭[56]。

烧虽然退了，但咳嗽仍不止，身体也虚弱，每天只能坐几小时。若是不服用"兴奋剂"，他就会在夜里醒来，并在阵发中连续咳嗽几小时，有时厉害得让他想起百日咳。他感染的很可能是流行性感冒病毒，具体哪一种无法确定。他的肺部从一开始可能就得了继发性细菌感染。他告诉霍普金斯大学的朋友（不清楚他是猜测还是进行过检测），涉及的有机体是三型肺炎球菌和卡他莫拉菌，他还告诉另一位笔友折磨他的是一种流行性感冒后常见的下支气管肺炎。10月底，马洛赫写信给库欣说："奥斯勒病得非常难受，但没有任何危险，他越发变得精气神，给自己朗读书本。他的胃口很好，现在一切都在好转。"患者自己又开始奋笔写日记、写信，"以这种方式被淘汰出局很丢人，不过这可是我的主场[57]！"

11月7日23:00，奥斯勒突然感到右胸刺痛，有烧灼感，咳嗽和深呼吸时会痛，这是急性胸膜炎。感染已经扩散到他肺周的几层膜，引起发炎并导致粘连。12小时后，又一次发作，将所有胸膜附着物撕成碎片并伴有疼痛。

现在他变得非常悲观。7号格蕾丝与他谈论去里维埃拉疗养时，他说更喜欢从自家床上去天堂。第二天情况更糟，奥斯勒告诉她，他自己死后只能在伦敦火葬场戈尔德斯格林火化。"我只希望他不要知道得太多，"她告诉马洛赫，"太可悲了阿尔奇。他开始时说的每句话都在成真，而他说的话一向都会成真，所以除了等待死亡的结局，我已经再没指望了 [58]。"

他能感觉到并能听到体内感染的胸膜的摩擦声。吉布森在他的痰中发现了费佛杆菌，即流感嗜血杆菌，它经常与流行性感冒并发，当时仍然被认为是流行性感冒的病因。在比尔·弗朗西斯的催促下，奥斯勒的老朋友威廉·黑尔－怀特爵士从伦敦赶来，对他进行了检查，并宣布他整体病情良好。奥斯勒大受鼓舞，似乎恢复了些活力，表现出相当乐观的康复状态。他总是手不释卷，真希望能和查尔斯·兰姆一起醉一场 [59]，并挣扎着写了篇维克多·霍斯利传记书评。11 月 11 日，"哀悼日"，他和格蕾丝与整个英格兰一起默哀 2 分钟。"格蕾丝把我叫进病房，我们倾听着 11:00 的钟声，"比尔·弗朗西斯告诉玛乔丽·福彻，"钟声响起时，格蕾丝跪在床边，默默地哭了一会儿，亲爱的爸爸闭眼倚着，手放在她的头上。"患者还有力气跟医生开玩笑，告诉吉布森他唯一的毛病是褥疮。他写信给约翰·麦凯利斯特爵士说他正享受从床一侧到另一侧的愉快旅行并尽情享受生活，还补充说："我不可能再下床了！"麦凯利斯特以为他已生命垂危，于是乘下一班火车从伦敦赶来。奥斯勒催促马洛赫过来，哪怕只是为了看看杆菌。痰看上去栩栩如生 [60]。

到 11 月底，奥斯勒已经卧床近 2 个月，他的身体明显虚弱。11 月 22 日，他仍然对弗兰克·谢泼德和其他人说，时间会治愈他："如果我大限到来前没把宝贝里维尔图书馆整理完，没有把我自己的目录交付印刷，我会死不瞑目的。不过在享受了一生的顺利后，再有这样的要求似乎太贪心了。"

格蕾丝发现他在背诵丁尼生的《提托诺斯》(*Tithonus*)，这是一位不死的勇士变成一个干瘪老人的悲叹。他知道流行性感冒后患上肺炎的 70 多岁的老人通常不会康复，正常来说不会康复。他没什么可抱怨："除了有一点，我除了黄油和蜂蜜什么也没吃 [61]。"

11 月的最后一个星期，奥斯勒继续写卡片和笔记。有些内容给人以积极乐观的态度，有些则含了告别的口吻，他在某封信中隐晦地盼望永生。"这讨厌的事拖拉得叫人急躁，"他告诉马贝尔·布鲁斯特（Mabel Brewster），"在我人生第 71 年，港湾就在前方不远。真是一段愉快的旅程！一路遇见这么多亲爱的伙伴！我不为未来担心。我很高兴能再见到艾萨克（Isaac），还有他的朋友伊扎克·沃尔顿（Izaak Walton）和其他人，但谁知道呢。"有一天，他穿好衣服，在壁炉前拍了张照片，肯定是有人预料到他不会再康复。他看上去很可怕。他的眼眶已经凹陷变色，像尸体一样，但双眼发亮，也许是活力尚存，也许是在发热。

时间已无法治愈奥斯勒的身体，它再也没有力气摆脱感染。医生们很乐观，但格蕾丝并不同意。她在 11 月 27 日写道："医务人员认为没有明显变化。今晚停用吗啡，换阿托品。要他明天坐到椅子上。他们说恢复得非常缓慢。也许他们懂，但他更懂 [62]。"

诺兰花园路 13 号又请了位夜班护士。某个时候氧气吸入器也搬进来了。没有人建议将奥斯勒转到医院治疗，在英国，医院仍然只是穷人的选择。每个人都知道他的感染可能正在扩散。脓胸可能随着脓液在胸膜腔内积聚而恶化，肺部可能形成了脓肿。似乎没有人问过胸部 X 线检查是否更适合了解奥斯勒的病情，强于医生的手、耳朵和听诊器。奥斯勒本人也没有要求，尽管在 1916 年版的《医学原理与实践》中，他曾评论过 X 线在诊断胸膜炎方面的积极作用。

他认为感染肯定在扩散，而且脓液肯定在积聚，可能就在他的胸膜腔里。如果无法杀死细菌，那么有可能也有需要用空心针排出脓液。

阿尔奇·马洛赫认为奥斯勒想接受"针刺"，并敦促其他医生照做。黑尔－怀特再次从伦敦赶来，与吉布森和科利尔进行了会诊。极高的白细胞计数表明情况比他们了解的更严重。医生同意尝试针刺或胸腔穿刺术。马洛赫带着注射器和针头从伦敦过来，著名御医兼最后手段顾问托马斯·霍尔德（Thomas Horder）爵士也来了。当他们告诉奥斯勒打算穿刺时，他打趣道："护士和我打算找一天早饭前由我自己做 [63]。"

12 月 5 日，奥斯勒接受了局部麻醉，霍尔德将一根针插入了他右侧胸膜腔，排出了约 14 盎司的浑浊黄色液体，吉布森在其中发现了流感嗜血杆菌。奥斯勒事后告诉马洛赫，"能活到 70 岁体验一次无痛探查穿刺也算值了"。他还说："我知道我要死了，因为你已经快把我的背扎成针垫了。"马洛赫认为他不是在开玩笑。第二天，在马洛赫努力让他宽心时，他说："阿尔奇，你这疯子，我已经观察这病 2 个月了，很遗憾我看不到验尸报告。"

他已经虚弱得无法读书写信，但他口述了自己的遗嘱，并就他的书籍、尸检和大脑的处置给出了指示。他开始出现阶段性嗜睡和定向障碍。他的脉搏加快，他担心心脏会因咳嗽痉挛而衰竭。医生开了洋地黄，以及大剂量的阿片类药物。护士伊迪丝·爱德华兹（Edith Edwards）记得他是位模范患者，从不抱怨，反而总是关心格蕾丝。格蕾丝和其他人轮流为他读书，通常是沃尔特·佩特（Walter Pater）的《享乐主义者马利乌斯》（*Marius the Epicurean*）。某些特别访客才能获准进入，其中包括从美国赶来的南希·阿斯特、鲍勃·埃蒙斯、比尔·弗朗西斯和苏·查平。大家都明白他已病入膏肓。护士爱德华兹记得他唯一反对的疗法是混合药物。"何必把阿片类药物和劣等药物混用降低它的疗效呢。"他对她说。

每天早上，奥斯勒都会和摆在床边的穆里尔·霍华德（Muriel Howard）的肖像交谈几句。晚上注射完药物后，有时，他会在护士的帮助下背诵爱伦·坡（Allen Poe）《致安妮》（*For Annie*）的诗句：

我如此安详地休息，

此刻，在我的床上，

任何旁观者，

都会猜测我死了，

都会开始看着我，

以为我死了。

爱德华兹回忆说："他身边总摆着一盘柠檬片。他躺在那好像病得无力动弹时，会悄悄伸手拿一片，用它精准地击中阿斯特夫人或我的头[64]。"

作为拥有丰富肺炎治疗经验的医生，奥斯勒这次始终没有抱任何希望。他自己几乎已经放弃，理所当然地将其视为老人的朋友。他对病情的悲观，他告诉格蕾丝，结局合情合理。但这并不意味着他渴望死亡。没有人透露过奥斯勒放弃抵抗或想死。他从来没有暗示过注入大剂量吗啡的想法。奥斯勒为里维尔心碎而死的观点也没有证据支持。12月8日，他曾嘟囔如果他挺过来了，就要从患者的立场写自己的病例报告。11日，他很高兴他的图书馆到了一批新书，其中有许多关于麻醉的原版论文。他让马洛赫在书里写下："耐心之人必能如愿，唯有这次勉强脱险！"

14日霍尔德再次为他抽液，抽出了570ml相当清澈的液体。霍尔德很乐观，但奥斯勒的白细胞计数更高了，马洛赫想要多刺几次。12月17日，格蕾丝告诉她的一位加拿大侄女：

> 我无法发表自己的意见，因为从叔叔病情加重开始，我就深受他的话影响。这次感染似乎起伏不定，每次加重都会严重削弱他的体力。我们已经把托马斯·霍尔德爵士从伦敦请来两次，每次都抽出了液体。他的咳嗽虽然轻了，脉搏却很不稳。我只能希望并祈祷他顽强的生命力能扛住这些病毒。医生们这样认为，但他们的了解没他透彻[65]。

12月21日，霍尔德又用超长刺针进一步探查，进入肺部抽出恶臭带血的脓液。"你做到了，我的孩子，"他记得奥斯勒对他说："但如今我们已经知道恶臭气味可能是厌氧菌深度入侵的迹象[66]。"奥斯勒的肺部明显存在脓肿，医生同意第二天手术以更彻底地引流。即使他这次几乎想放弃，却仍然最后一次引用名言：我觉得正如富兰克林所说，"我已经过河这么远了，再回头重新开始太可惜了"。他低声对格蕾丝说："想想还有谁70岁做过脓胸手术。"

22日早上，巴特医院著名的外科医生查尔斯·戈登－沃森（Charles Gordon-Waston）爵士带着一位同事和一位麻醉科医师抵达。手术是在诺兰花园路13号的奥斯勒卧室中进行的。戈登－沃森将奥斯勒的右侧第 9 根肋骨切掉 4 英寸（约 0.1m）[67]，打开他的胸膜腔，排出 10～12 盎司（295.7～354.84ml）的带血发臭液体。他放置了一根管子和一根纱布条引流。奥斯勒顺利撑过手术，医生认为手术很成功。

第二天引流管因未知原因松动，却没有再插入，可能是因为脓液正通过纱布条排出。现在奥斯勒并没有恢复精神，他的体液水平很低，白细胞计数却飙升。他请求在平安夜朗读弥尔顿的《圣诞清晨赞美诗》（Hymn on the Morning of Christ's Nativity），他经常读给里维尔听，可他每次都听不到结尾。27 日，他对马洛赫说："我还不太糊涂，知道成功的手术并没有把一切都清理干净。某个部位的囊里肯定残存着脓液，也许就在肺里。"

后来发现他是对的。他的右肺有许多小脓肿，长远来看，即使是在 X 线的引导下，再进行穿刺或引流可能也不会有什么作用。

奥斯勒最后一次生病所接受的治疗质量存在争议，但争议可能无关紧要。面对已在肺部繁殖并可能早已扩散进血液的几种细菌，奥斯勒根本无力抵抗。当时的可用药物也不具备杀菌能力。11 月 15 日，奥斯勒请一位喜欢机械的朋友研究"支气管 – 气管扫路机"，可在纤毛上皮螺旋运动的帮助下，由吸入和呼出空气驱动自主工作，因为药典已经无计可施[68]。

为保证检查完备或向外寻求救治的可能性，他或许应在几个星期前就接受 X 线检查，提前抽液，去医院进行手术，并在术后接受 24 小时医疗护理和适当补液。就奥斯勒的病情而言，即使在 1919 年，心电图和血压计无法提供足够的医疗数据，但读数本身已非常准确了。12 月 27 日，第一本《纪念文集》（Festschrift）送到诺兰花园路，此时病入膏肓的奥斯勒已无法阅读这份生日礼物了，书上题词"献给威廉·奥斯勒爵士，感谢他对医学和生物研究做出的贡献，谨以此书献给他七十大寿，1919 年 7 月 12 日，同事、学生谨上"。这部两卷本的书中，关于肺部异常检查的两篇文章，都推荐了 X 线检查。一位美国作家补充说，用尖锐设备探查脓肿太过危险。

1919 年，如果奥斯勒仍住在巴尔的摩，他会在患病初期就被送入约翰斯·霍普金斯医院，然后得到更优质、更现代化的护理。他的生命可能会延长几个星期。

12 月 28 日，他一整天都感觉良好，29 日上午他咕哝说前景更乐观了。霍尔德来给他做了检查。助理外科医生打开伤口做了清洁，让引流更顺畅。奥斯勒急促不稳的脉搏让霍尔德有些担心。

医生们下楼去吃午饭，把奥斯勒留给爱德华兹护士照看。奥斯勒突然告诉她，他感觉便盆不对劲。事实上他出现了内出血，并很快陷入休克。护士把霍尔德叫上来，他命令注射马钱子碱（士的宁），这在当时是孤注一掷的最后尝试，现在已经知道它和吗啡一起注射根本没用。

奥斯勒的敷料上沾满了血，但他们找不出出血点。他的最后一句话是对马洛赫说的，"把我的头扶起来"。他们给昏迷的奥斯勒直肠输液。他的脉搏渐渐变弱。格蕾丝给他吸氧[70]。当天 16:30，奥斯勒在平静安详中走完自己的一生，正如他告诉学生大多数人的离世状态一样。在苏·查平、比尔·弗朗西斯、马洛赫、霍尔德、吉布森、两名护士和格蕾丝的陪伴下，威廉·奥斯勒溘然长逝。

（王 宁 王 姝 郎景和 译）

第 13 章　身后余韵

　　始卒若环。奥斯勒死后第二天，尸体便放在桌上进行尸检。按照他的遗嘱，也是遵循他的医学习惯，由主治医生进行了尸检。奥斯勒也会同意，可能会亲自指示，尸检在家中进行。我们无法想象那是怎样的场景，所有的引流、切割、锯钻、渗出，甚至医生也评论说这个过程该是多么的脏乱且令人不适。奥斯勒曾说过希望自己能在场，因为他对这个病例已经观察了一辈子。

　　A. G. 吉布森和助手只用了 90 分钟就完成了内脏检查，并将大脑取出准备送往美国。在疾病晚期所有人都怀疑他的肺部存在胸膜炎、脓胸和脓肿，这一点得到了吉布森的证实。他没能找到直接导致死亡的出血源，可能是手术或刀口清洗出了纰漏，但奥斯勒右下肺里一片狼藉，细菌作用产生的脓液充满其间，出血导致死亡反而是种解脱。他充其量也就再多活一至两个星期。

　　按照 1919 年的尸检流程，杰里迈亚·巴朗德斯（Jeremiah Barondess）医生做了总结，证明奥斯勒的病是由流感嗜血杆菌引发的脓胸，与支气管肺炎导致的多发性脓肿有关，这类病症一般出现在患有病毒性呼吸道感染的老年男性身上，且患者有多次支气管肺感染病史，最初可能是在疫情快结束时得了流行性感冒[1]。尸检未显示肺部有其他病变，奥斯勒的吸烟习惯并未对其造成太大影响。也可能存在厌氧菌和其他不明微生物和异常。除了尸检应进行的操作，吉布森可能没有兴趣做其他事情，他从未报告过组织学发现，可能也没有进行任何显微镜检查。有人认为，这些操作可能会证明，多年的感染使奥斯勒患上慢性支气管扩张症，这有助于解释他为什么无法抵抗疾病最后的入侵。

他患有轻度动脉粥样硬化，导致左冠状动脉前支变窄，肾脏中有尿酸盐，除此以外，可以说是个身体状况良好的古稀老人。如果奥斯勒能摆脱支气管感染，他也许可以像他父母那般长寿，活到90多岁。如果这一切成真，那他可能会见证人类征服细菌史上的一场胜利——磺胺类药物、青霉素和其他抗生素的发现。如果1919年有这样的药物可以治疗他的话（今天抗生素经常可以清除类似的感染），他会活着庆祝他们的发现。

作为曾用甲状腺提取物治愈黏液性水肿，被誉为医学史上最伟大成就之一的医生，并推测可按类似原理通过内分泌研究战胜糖尿病，如果他能再活3年，就能看到另一个"有始有终"的成果。1922年，医学界宣布胰脏内分泌物成功分离，拥有使饥饿的濒死儿童恢复活力与健康的神奇效果，奥斯勒若在世定会闻讯狂喜。如果他知道这近乎复活的奇迹就发生在加拿大多伦多综合医院和多伦多大学附近，他肯定会特别激动。而且他肯定会自称父辈，临床医生弗雷德·班廷（Fred Banting）发起了多伦多研究项目并因发现胰岛素而获得诺贝尔奖，他的父亲威廉·班廷于1849年由费瑟斯通·奥斯勒在邦德海德与威廉·奥斯勒同日受洗。

尸检后的遗体放入棺木陈列在奥斯勒的房间里。棺木上摆着奥斯勒生前最喜欢的托马斯·布朗的《医生的宗教》。1919年12月31日午夜前，格蕾丝和阿尔奇·马洛赫进入房间，站了一会儿。"我的两个挚爱都走了，抛下我这个累赘。"奥斯勒夫人说道[2]。葬礼于1月1日下午在基督教堂学院举行。天气阴沉寒冷，大教堂里人头攒动；送葬者中女性尤多。葬礼仪式结束后，会众齐唱《哦主啊，我们永远的保障》（Oh God Our Help in Ages Past），并用拉丁语唱了威廉和里维尔最喜欢的赞美诗，阿伯拉德的《多么美妙》（O quanta qualia）。门德尔松的《葬礼进行曲》（Funeral March）奏完后，会众按传统顺序从大教堂依次而出，踏进柔和的暮色，有大学典礼官、合唱团、牧师、咏礼司铎、座堂主任牧师、送葬者、校长、学监、医学皇家教授（剑桥）、学术团体及医疗机构的代表、大学成员。格蕾丝并没有哭。几小时后，她给威廉的大哥费瑟斯通·奥斯勒的信中写道："我感到无比自豪，我已决心感谢上帝，他虽然走了，但他在自己职业领域强大的精神力量鼓舞着世人，并受到大家的尊敬和爱戴[3]。"

遗体在基督教堂学院的圣母教堂安放一夜，紧挨圣佛莱滋维德的撒克逊圣坛和罗伯特·伯顿的陵墓和雕像，格蕾丝及其他人从停灵处所体现的象征意义中获得安慰。阿尔奇·马洛赫跟随灵车，顶着当晚的星光又迎着次日的晨曦，穿过英国乡村的小镇，来到戈尔德斯格林火葬场。格蕾丝、苏·查平、比尔·弗朗西斯和爱德华兹护士，还有另外一个朋友从牛津赶来参加交付仪式。

弗兰克·奥斯勒从伦敦的住所一路步行来到哥哥的火葬仪式。遗体火化。弗朗西斯把骨灰带到牛津，先放在图书馆，然后放进保险箱，最后送到基督教堂学院等待最后处置。

吊唁电报从世界各地如潮水般涌来，哀悼者以各种溢美之词形容这位伟大的医学老人。一位加拿大医生在《纽约时报》发表，"没有奥斯勒的医学是无法想象的"。医学界就此失去中流砥柱，只能独自负重前行，一想到群龙无首，连坚强的医务人员也不禁潸然泪下。赫伯特·费舍尔是英国内阁大臣，也是奥斯勒所在餐饮俱乐部的同伴，他致信格蕾丝："他独具仁医天赋，叫人莫不珍惜生命，实为古所未有。人性虽软弱，但我等庸碌凡人眼中，他是人性完美之典范[4]。"一位笔友致信《泰晤士报》称，"他是史上最伟大的医生"。麦吉尔大学资深病理学教授、刚荣任利物浦大学校长的乔治·阿达米（George Adami）详尽概括了他的一生：

诚然，有比他更伟大的医学家，如哈维、维萨留、约翰·亨特、克劳德·伯纳德、李斯特；然而，当我们回顾那些伟大的医生，那些通过自己的生活、实践、教学、著作激励广大同仁全心精研医术的医生时，奥斯勒当之无愧位列榜首。回想在约翰斯·霍普金斯大学的那些年，奥斯勒对医学教学和临床医学进行了彻底的改革，造福 7000 万人民。想想他的教科书产生的影响，他生前的影响力之深远、受众之广泛无人可比，他为推动科学医学实践做出的贡献无人可比，他与医学同仁结交之广无人可比，遍及加拿大、美国、英国和大不列颠以及世界各地的医学领袖；简而言之，他将研究、实践和教学（医学的科学和艺术）的合而为一无人可比 [5]。

1997 年，85 岁的伊丽莎白·哈蒂·奥斯勒·尼勒斯眼含热泪地告诉我，她不记得 1919 年听到奥斯勒博士去世的消息。当时她和家人已经回了加拿大。她说，"她记得跳过奥斯勒教的雨中舞和雨中歌，可是天却不下雨"。一位讣告作者写道，那些认识奥斯勒的人回首往事时会记得，自己曾有幸亲眼见证并亲身体验过无邪的力量，一个绝美的生命 [6]。

正如奥斯勒为崇拜的医学先圣著书立说，如今他的追随者也着手使其万古长青。格蕾丝想让诺兰花园路 13 号一如往常。"我很好奇谁能像我们的挚爱那样虽死犹生？"她在他逝世后 4 个月时写道："真是叫人震惊。人们还会来家里并谈起他，好像他还活着，随时会进门来一样。他的气韵弥漫在每个角落和每个朋友身上。提起他的名字时没人压低声音。他的笑话也被反复谈起。在我看来，这是人性和人格魅力的至真表现。我们必须留住它。它是我活着的唯一动力 [7]。"

汤姆·麦克雷接手了教科书的编辑工作，确保书籍能够正常出版，署名为奥斯勒和麦克雷。格蕾丝请哈维·库欣为奥斯勒写传记。彼时库欣已是世界上最著名的脑外科医生。当他听到奥斯勒去世的消息时，他的第一反应是对马洛赫感慨："阿尔奇，这是多么美好的一生！肯定不会再有第二个。你我肯定再也见不到能与他相比的人 [8]。"尽管库欣的生活和事业像奥斯勒一样忙碌，却以其特有的精力着手撰写传记，纪念他的这位偶像。他公开征集奥斯勒的信和其他纪念品，到 1920 年夏已聘请了 3 位秘书在牛津抄写素材。在此期间，他还安排医学历史学家菲尔丁·加里森校订奥斯勒的《西利曼演讲集》（*Osler's old Silliman*），并以《现代医药的演变》（*The*

Evolution of Modern Medicine）之名出版。

库欣注重细节，做事秉承一丝不苟，孜孜不倦的态度，也是一位乐此不疲的文献收藏家，甚至背着奥斯勒夫人收集家信（虽然他从未翻开奥斯勒的《约翰斯·霍普金斯内史》，也从不知道霍尔斯泰德的成瘾真相）。

他最初计划花费一年完成传记，对奥斯勒生平的"笔端素描"。但实际上，他用了 5 年的暑假和业余时间才得以完成。他早上写作，然后做 6～8 小时的手术，晚上再写作，边写边不停地抽烟，最后写出了皇皇百万字的手稿。牛津大学出版社说服他将其缩减到 60 万字。库欣的《威廉·奥斯勒爵士一生》于 1925 年出版，上下两卷共计1400 页。

1918 年，利顿·斯特拉奇（Lytton Strachey）凭其优雅、打破传统的人物研究著作《维多利亚名人传》（Eminent Victorians），开创了传记文学之新风。"我只是名卑微的外科医生，不是斯特拉奇"，世界上最不卑微的行业中最不卑微的成员如此评论自己的成果 [9]。库欣的《威廉·奥斯勒爵士一生》记述了奥斯勒年复一年（有时甚至是日复一日）沉闷虔诚的生活与书信内容，恰是斯特拉奇推翻的那类传记。里面密密麻麻地列满了稍作修改的奥斯勒的书信和演讲稿，以免冒犯尚在世的当事人。格蕾丝和奥斯勒其他密友都读过手稿，提出了一些更委婉的修改建议，最后称这部作品完美无缺。

大家对库欣的《威廉·奥斯勒爵士一生》褒贬不一，但整体上广受大家喜爱，获得了巨大的成功。虽有少数评论者一针见血地道出了它的冗长，是讲述克莱斯特近代生平书籍的 2 倍，是巴斯德标准传记的 3 倍，但奥斯勒的朋友们，作为传记的主流评论者，对每一个细节都赞叹不已，称它是一部杰作，没有一句冗言，是传记文学的经典之作。他们知道，库欣对有史以来最受爱戴的医生的美言，并未扭曲事实，并且，库欣多次援引奥斯勒的话以奥斯勒的口吻真实记叙。即使是最挑剔的巴尔的摩评论家 H. L. 门肯，提及这本传记时说："书中每页都可见他对所有接触之人产生的神奇魔力。"从这个意义上讲，虽然在格蕾丝的坚持下删去了布洛德尔所绘的"圣徒"，但库欣已经完成了某位笔友所称的艰巨的任务，绘出了奥斯勒双翼的微光[10]！

这本传记在英国反响略逊，但在美国大受欢迎，获得了 1926 年的普利策奖，那时该奖励只授予"以一位杰出榜样为例宣扬一种爱国和无私奉献精神的最佳美国传记"。同样巧合的是，作为医学兴起并开始影响美国生活的标志，辛克莱·刘易斯的小说《阿罗史密斯》（*Arrowsmith*）赞扬了医学研究工作，并且当之无愧地获得当年的普利策小说奖。刘易斯轻蔑地拒绝了这个以表彰积极向上、发人深省的文学作品所设立的奖项。库欣给朋友的信中称，他对刘易斯小说传达的精神只有蔑视，它神话了医学研究又诋毁了医疗实践。库欣希望他的奥斯勒传记能解去《阿罗史密斯》的遗毒[11]。

库欣想在书的结尾处插入一个意味深长的故事场景，以此传达奥斯勒永垂不朽的思想主旨。奥斯勒的遗体陈列在基督教堂学院的圣母教堂中，一斑幽灵前来看望，打头的是里维尔，其他包括医学史上的所有先贤、奥斯勒同时代的伟大医学家、先他离世的学生、所有拜访过诺兰花园路并在战争中阵亡的年轻人。场景传递的对灵魂不朽的信仰可能不会得到奥斯勒本人的赞成。如果奥斯勒希望自己不朽，那也是通过他的著作、书籍，以及其他人对他的回忆，而不是作为可怜的亚瑟·柯南·道尔在晚年时徒劳寻找的虚无缥缈的游魂。

对那些喜欢阅读并习惯阅读的人来说，库欣的书无疑成功地保留了对奥斯勒的记忆。大家都希望，保留他的生活和工作的另一大方式是借由他的图书馆（奥斯勒图书馆）。它被遗赠予麦吉尔大学，但目录尚未完成。奥斯勒指示格蕾丝对书籍的运输拥有完全自由裁量权，虽然他也建议这些书籍先运往加拿大，稍后再完成编目。他建议麦吉尔大学以这些书籍为基础馆藏构建一个图书馆，作为医学和科学史的教育基地和研究中心。

他希望麦吉尔大学选一位"优秀学者"担任图书管理员，但在

504

最终遗愿的书籍处理附言中，他建议可让比尔·弗朗西斯担任永久或临时图书管理员 [12]。

就在奥斯勒去世之前，弗朗西斯接受了奥斯勒为他安排的日内瓦国际红十字会职位。威廉和格蕾丝一直视比尔为儿子，由于他健康状况不稳定，于是从医学实践转向医学写作和编辑，多年来一直是奥斯勒在代他写信。奥斯勒葬礼当天，格蕾丝写道："她为弗朗西斯的未来担心。"他感到伤心难过，失去了此生唯一的父亲。因为奥斯勒曾选比尔做他的遗稿保管人，因此整个图书馆事务比尔都知晓，但需要耗费时间整理。与此同时，格蕾丝催促比尔去日内瓦完成一番事业。曾帮助编目的牛津大学图书馆专家可以完成这项工作。奥斯勒的另一位遗稿保管人，也是目前该家庭的另一位养子，是阿尔奇·马洛赫。他也在继续自己的人生，完成他的医学教育以期返回加拿大行医。马洛赫娶了奥斯勒的一位曾侄女，并曾考虑过留在英国。1919 年秋，他给库欣写信："我还是本能地不想蒙受威廉爵士的余荫 [13]。"

麦吉尔大学成立了一个奥斯勒图书馆委员会，计划以奥斯勒的名义建一座大型医学图书馆，用于存放他的藏书。格蕾丝阻止了他们的初始计划。加拿大人虽然知道奥斯勒关于弗朗西斯的建议（格蕾丝附议称"可解决许多难题"），却决定将奥斯勒图书馆的职位交给牛津医学历史学家查尔斯·辛格，但职位被拒，他们最终在 1921 年底决定任命弗朗西斯 [14]。1922 年年初，弗朗西斯在日内瓦娶的妻子和女儿回到诺兰花园路 13 号。格蕾丝邀请他们住进家里，比尔则开始整理目录并组织书籍运往加拿大事宜。她认为这一切会在几个月内完成，最长不会拖到秋天。

然后发生的情况更像是电视肥皂剧，而不是医学传记。按照奥斯勒的标准，比尔·弗朗西斯的工作习惯极其糟糕。

他喜欢晚睡晚起，做事情散漫，很容易分心，拖拖拉拉到深夜，而且烟不离口。格蕾丝很快就对他缓慢的进度感到震惊。而她也无法与比尔的妻子相处，比起与牛津的孀居贵妇们交际，她似乎更喜

505

欢在家和厨佣们聊天。

1922年、1923年，甚至1924年，书仍然没运去加拿大。就高效做事而言，弗朗西斯几乎是最差劲的人选，一个顽固的完美主义者，纠结于寻找错的逗号和引号，一板一眼到不可理喻。他不懂得如何高效或稳定地工作，时不时地因偏头痛和其他疾病无法动弹。他不肯接受格蕾丝的建议聘请专家帮忙。当老朋友拉姆塞・赖特和牛津大学图书馆的R. H.希尔等朋友自愿提供帮助时，办事拖沓而且喜欢推翻他人成果的弗朗西斯却将他们拒之门外。

外人无法相信奥斯勒目录整理工作竟如此缓慢。像马洛赫等内部人员恳请弗朗西斯加快工作进度，但仍无济于事。他81岁的姨妈詹妮特，一个多伦多静享晚年的老人，恳请他不要辜负格蕾丝的盛情[15]。格蕾丝变得狂躁，开始疑心这一家是没良心的寄生虫，侵入她的家，靠她的钱过活，毁了她的晚年。她写给马洛赫（显然成了她最喜欢的养子）和其他人的信充斥着漫天的委屈、痛苦和愤怒："我此生从未感到如此无助，从未想过自己会陷入这样的困境，从未见过她这类女人。他是自私的化身，是个敏感兮兮的道德懦夫，还娶了个平庸的妻子。我落进了陷阱，我想我会死在这陷阱里。这是在慢刀子杀人[16]。"她与弗朗西斯夫妻的冲突越演越烈（我怕我会打他。我拒绝在自己家受人侮辱。我和希尔达摊牌了，她对我大吐秽言，说她们母女恨我入骨。）[17]，最终到1925年年初，她坚持要他们搬出她家。她给他们钱自己租房子住。他们照做了，目录整理继续进行。

格蕾丝无须担心经济问题。除了自身的收入来源，她还从丈夫那里继承了价值15 865英镑的财产[18]。她喜欢姐姐、老朋友和牛津社区成员的陪伴（但她与新任皇家教授阿奇博尔德・伽罗德没有来往，她因自己的3个儿子战死而已伤心欲绝），热衷于帮助那些深受奥斯勒精神鼓舞并立志追随他的年轻人。医学生杰弗里・凯恩斯（Geoffrey Keynes）（经济学家的兄弟）曾在战时短暂接触过奥斯勒，现在他已成为一位勤勉的书目编纂者，而且正在编写托马斯・布朗爵士的权威生物类书目著作，向奥斯勒致敬；1922 年，格蕾丝和马洛赫出席了在诺里奇举行的布朗头骨安葬仪式。美国罗德学者约翰·富尔顿（John Fulton）拥有与奥斯勒相同的兴趣、品味和精力，他自称自己曾是个挂钥匙儿童，几个月后被收作养子，成为这个家庭的一员。富尔顿的朋友阿诺德·缪尔黑德（Arnold Muirhead）也很珍惜"敞开的怀抱"的热情款待，后来写了本温情的格蕾丝传记回忆录。1923 年，苏·查平搬到牛津，学会了开车，并买了辆汽车；两位里维尔女士喜欢一边开着她们的"福迪"游逛英国，一边抱怨周游美国被堵在高速公路上的经历。格蕾丝再也没回过美国；她曾数次祭拜里维尔的墓，以及在法国和比利时的其他年轻朋友的墓。

不可思议的是，1925—1927 年弗朗西斯还在忙编目。麦吉尔大学已经为奥斯勒图书馆设计并建好了一个专门陈列室，等得越来越没耐心，但此时格蕾丝却进退两难，牛津大学出版社正与弗朗西斯和希尔共同整理目录用于出版，如果完成之前书籍和图书管理员就前往加拿大，那么这项伟大事业可能永远完不成。于是，虽明知事情荒谬，格蕾丝却迫于健康状况开始恶化，只能任其继续。弗朗西斯有时会告诉人们，他一生从未做成过任何事情，这是他成功做成一件事的机会。最终在 1928 年年初，连弗朗西斯的妻子希尔达也失去了耐性，她告诉格蕾丝她的丈夫永远也整理不完，只要由着他拖，他能在牛津耗一辈子[19]。

格蕾丝向出版社成员寻求支持，他们总结说，弗朗西斯患有某种"学术羞怯症"，会让他永远拖下去。他们合谋逼他提高效率。他还在纠结逗号问题时，最后的索引卡和校样已经被拿走了[20]。

格蕾丝·里维尔·奥斯勒生前没能看到弗朗西斯完成他毕生的工作。她患上了高血压，经历过一次或多次轻微脑卒中，1928 年 8 月 31 日她在家中悄然离世，享年 74 岁。因为她常说不希望被"切割"，所以没对她进行尸检。她的葬礼也在基督教堂学院的大教堂举行，正值假期，挤满了送葬者。她的尸体虽没解剖，但也进行了火化处理。威廉·韦尔奇恰巧从美国来访，顺道参加了葬礼，心中装满对旧时的感怀。弗兰克·奥斯勒也从伦敦赶来致哀，他与胞兄长得极像，仿佛他的鬼魂。格蕾丝在孀居期间一直与弗兰克和贝尔保持着联系，这夫妻俩还懂得克制和自尊，不会滥用她的好心。这些年里有些人看到弗兰克时会吓一跳，以为奥斯勒博士仍然活着。

1928年深秋，拉姆塞·赖特和 R. H. 希尔敲定了目录的最终细节，神经衰弱几近崩溃的弗朗西斯早就无人理会[21]。苏珊·查平亲自监督 86 个箱子打包，其中包含 8000 本书，通过加拿大太平洋轮船公司的"阿索尔公爵夫人号"前往加拿大。奥斯勒去世时这批藏书价值 2000～3000 英镑，现在图书馆为它们投保 10 000 英镑。其中的许多孤本早已增值。书送走后，苏珊·查平关闭了牛津的房子，然后动身返美。

弗朗西斯将威廉和格蕾丝的骨灰带到蒙特利尔，安葬在书籍中。奥斯勒图书馆于 1929 年 5 月 29 日在麦吉尔大学医疗大楼正式开放。牛津大学克拉伦登出版社出版了 786 页的《奥斯勒书目：由英国皇家教授威廉·奥斯勒爵士收集、整理、注释并遗赠给麦吉尔大学的医学史和科学史书籍目录》。W. S. 塞耶发表了主题演讲《图书馆之心》，他在演讲中追思了赋予藏书生命的威廉爵士和格蕾丝夫妇，以及惠及后代的善行令高尚的生命永垂不朽。

库欣也参加了仪式，并仍然执着于光谱影像，他给马贝尔·菲茨杰拉德（Mabel FitzGerald）的信中说："图书馆很壮观，我相信威廉·奥斯勒和格蕾丝夫人的灵魂将会深情徘徊在它周围[22]。"

还有许多其他人前来向奥斯勒夫妇致以敬意。多年来，奥斯勒纪念匾、房间、大厅、讲座、征文比赛、堆石标、半身像、奖章多不胜数，第二次世界大战中还有一艘以奥斯勒命名的自由轮，但大部分纪念活动都由他曾合作过的机构举办。先是在他生前在巴尔的摩，后来在他死后在牛津，都曾有机构大肆筹款建造奥斯勒大楼，但都不了了之。在库欣看来，这些都是赤裸裸的借他之名筹款的骗局。另外，威廉·韦尔奇告诉格蕾丝，1919 年 12 月洛克菲勒宣布拨款 500 万美元支持加拿大医疗机构，这很大程度是奥斯勒生前最后几个月努力争取的结果 [23]。1924 年，洛克菲勒基金会向麦吉尔拨款 50 万美元，用于在皇家维多利亚医院开设大学诊所，主任由全职医学教授担任。

20 世纪 20 年代后，几乎所有认识奥斯勒的人都发表过回忆录或悼念辞，许多人是在麦吉尔大学的莫德·阿伯特督促下才写的，她作为国际医学博物馆协会《公报》（Bulletin）的编辑，将一期例行刊物变成了 633 页的《威廉·奥斯勒爵士纪念文集》（Sir William Osler Medical Museums），并于 1926 年出版。阿伯特将余生全部用于跟进奥斯勒的书目和撰写有关他的文章。她在自传回忆录结尾向他致敬："他对工作的浓厚兴趣，以及广博的人性同理心，化为我个人的人生激励，刺破我早期羞涩的面纱，激发出我无尽的智慧，绽放出最浓烈的工作热情 [24]。"

奥斯勒最通俗易懂的作品有多个版本，其中包括《学生生活》（The Student Life）、《生活之道》（A Way of Life）、《宁静》和《阿拉巴马学生》（An Alabama Student）。

在麦吉尔大学和其他医学中心，最终连整个北美，奥斯勒作品几乎成了所有即将入校以及即将毕业的医学生的必备礼物。眼科医生凯西·伍德（Casey Wood）曾是奥斯勒在蒙特利尔的第一位临床实习医生，后来在跨大西洋旅途中，奥斯勒向他介绍了书目，从此便痴迷不已，他退休后游历世界各地的偏远角落，并将收集的有关印度教和阿拉伯医学，以及眼科的书籍和手稿，源源不断地寄到奥斯勒图书馆作赠礼。哈维·库欣将为奥斯勒作传时创建的奥斯勒档案赠给麦吉尔大学，并鼓励其他人也提供素材。他说："将来有一天，会有人根据这些素材写出比我那本更优秀、更精练、更中肯的传记。" [25] 1931 年，奥斯勒的前邻居兼患者伊迪丝·吉廷斯·里德出版了一本 300 页的传记《伟大的医生》（The Great Physician），其实只是对库欣版本精简后加了些赞美。这本书在 5 个月内进行了 4 次加印。

20 世纪 20—30 年代，奥斯勒生前的大部分同事纷纷退休。奥斯勒的去世给霍尔斯泰德带来了沉重的打击，1922 年，霍尔斯泰德因胆囊手术术后并发症去世。霍华德·凯利于 1919 年离开霍普金斯大学后，就开始全身心研究镭、蛇和宗教，一直活到 80 多岁，于 1942 年逝世。曾有人说过凯利有些不着边际。

美国医学界的元老成了"邋遢"韦尔奇。韦尔奇没有从约翰斯·霍普金斯大学退休，反而在 1920 年成为其公共健康与卫生学院的首任院长，又于 1929 年成为其首位医学史教授。他在美国医学界游走，地位很是稳固，与洛克菲勒基金有直接联系，可谓是许多美国医学研究领军人物的教父。韦尔奇一生钟爱雪茄，但并不上瘾，每次生日都大行庆祝，他逐渐变得心宽体胖，还留起了山羊胡子，如果再开个炸鸡摊，活脱脱就是肯塔基（Kentucky）上校。20 世纪 20—30 年代，韦尔奇不停地游走在欧洲古老的医疗中心、水疗中心以及美国老游乐园里（"谁能想到惊险刺激的激流勇进竟把 82 岁的花花公子迷住？"他的传记作者惊道）[26]，以图重温自己逝去的辉煌时代。一切早已物是人非。巴黎、柏林、维也纳、伦敦不再召开众星云集的国际医学大会；德国的老学术中心也少有美国医学生过去；就连康尼岛和大西洋城也比它们热闹。

韦尔奇大部分时间都在欧洲购书，宏伟的威廉·H.韦尔奇医学图书馆由洛克菲勒基金资助建造，位于约翰斯·霍普金斯大学校内。他用一笔捐助换到了霍普金斯大学的医学史主席席位。

当时全职教授制度在美国极具争议，哈维·库欣和韦尔奇各执己见，又都想争取奥斯勒的认可，因而常常争辩，但还算客气。在一份对奥斯勒的热烈评论中，韦尔奇指出，库欣没引用奥斯勒致麦吉尔大学的最后几封信，信中支持其设立全职教授职位。洛克菲勒研究所转载了韦尔奇的评论并发行了数千份。库欣大为恼火，倒不是因为他确信奥斯勒从未改变过对全职工作的看法，他认为充其量奥斯勒只会含糊其辞，两不得罪。这可能是真的，到 20 世纪 20 年代末，随着热度的下降，弗莱克斯纳退休，对全职制度的教条态度逐渐消退，争议可能不再要紧。大多数机构最终实现了某种平衡，即使因争议导致医学项目搁置多年的约翰斯·霍普金斯大学，也恢复了宁静。

20 世纪 20 年代，哈维·库欣经常批评霍普金斯大学，他曾一度考虑过继任韦尔奇的医学史教授职务，但最终选择在耶鲁大学退休。1934 年韦尔奇去世时，有人想要为他撰写传记，但被库欣拒绝了。他开心地把韦尔奇的文件交给选定的传记作者西蒙·弗莱克斯纳，但对于弗莱克斯纳父子将韦尔奇及其研究团队比作阿罗史密斯、奉为美国医学伟人时代的开创者，他却不会高兴。20 世纪前期，库欣本人可能是美国最具才华、最富创造力的医学泰斗，他于 1939 年去世，和奥斯勒一样都活了 70 岁。1941 年，西蒙和詹姆斯·托马斯·弗莱克斯纳的《威廉·亨利·韦尔奇和美国医学的英雄时代》（*William Henry Welch and the Heroic Age of American Medicine*）出版时，只剩奥斯勒图书馆管理员比尔·弗朗西斯出来抗议，指责他们忽视了奥斯勒对约翰斯·霍普金斯大学黄金时代和美国医学进步的贡献 [27]。

但是谁会去跟麦吉尔大学的奥斯勒图书馆管理员威廉·W. 弗朗西斯（更正，他喜欢自称"奥斯勒图书管理员"）较真呢？有为人士的弟子要么能青出于蓝而胜于蓝，如哈维·库欣、怀尔德·彭菲尔德、杰弗里·凯恩斯，要么是有生命空缺需要填补的平凡男女。弗朗西斯就属于后者。弗朗西斯家的孩子们从小缺少父爱，对威利舅舅满腔热爱和崇拜。比尔·弗朗西斯一生都将奥斯勒视为自己的父亲，奥斯勒接纳他进入自己的家庭，他享受了奥斯勒带来的光辉并从中受益。弗朗西斯被动接下此生中最浩大的事业，列完了奥斯勒藏书的注释清单，然后安心当起麦吉尔大学奥斯勒神殿的守护人。

奥斯勒图书馆是座神殿，建筑风格介于教堂和陵墓之间。在弗朗西斯的管理下，这里与其说是个热爱书籍的福地，不如说是礼拜威廉·奥斯勒的圣龛，他的骨灰陈列在一块刻有其肖像的牌匾后，两边摆着他最爱的书籍，布置得酷似祭坛。弗朗西斯不是图书管理员，他对扩充馆藏、订阅期刊或遵照奥斯勒遗愿将图书馆建成研究中心全无兴趣，而是神庙的大祭司，文物的保管员。他喜欢带人参

511

观，讲述奥斯勒的故事，只回答琐细的传记书目问题。他的医学史讲座全都围绕着奥斯勒。他不自觉地将图书馆称为"神殿"，并创造了些小仪式。例如，他对捐赠的一本托马斯·布朗著的《医生的宗教》这本书的处理方式：我将把它放进至圣之所，让骨灰将它"神圣化"，然后再挪到布朗著作书架上。此外我会把酋长的钢笔从陈列柜中取出，由他本尊在这感谢信上签名[28]。

弗朗西斯从诺兰花园路 13 号带来了大量奥斯勒遗物，其中一些，如奥斯勒的书桌，摆放在图书馆里。弗朗西斯留下了奥斯勒的旧西装、燕尾服和皮草大衣，以及他的床。阿尔奇·马洛赫不再行医，离开英国转行在纽约医学院当图书管理员，只为避开奥斯勒的余荫，而弗朗西斯却心甘情愿地躺进余荫里[29]。

奥斯勒的藏书太过丰富，即使不情不愿如弗朗西斯，他的图书经费从来都花不完，而且也没想过增加预算，也无法削弱图书馆作为医学史中心的长期重要地位。虽然哈维·库欣将他的奥斯勒信件赠予了麦吉尔大学，但他和另两位伟大的医学书籍收藏家同时也是奥斯勒信徒的约翰·富尔顿、阿诺德·克雷白，都同意将自家图书馆捐赠给耶鲁大学，共同成为另一个伟大医学史馆藏的基础。但凡弗朗西斯有一点进取心，他至少也该努力把奥斯勒图书馆建成北美稀有医学书籍的主要存书库。

相反，他满足于料理骨灰、翻找旧书以及审查收藏。关于 E. Y. 戴维斯的著作不能阅读或出版；弗朗西斯也不认为奥斯勒的俏皮话，"我要从忙碌中退休，我要去牛津大学"，因为会冒犯他的牛津朋友[30]。所以弗朗西斯只照管神殿，把多余的奥斯勒印刷物送给喜爱的朝圣者和追随者当纪念品。当时有许多受奥斯勒影响的人，或者更多的是受库欣的《威廉·奥斯勒爵士一生》的影响，他们喜欢在奥斯勒俱乐部聚会，谈论奥斯勒、医学史、书籍，以及医学实践对人文主义的需求。伦敦奥斯勒俱乐部的宗旨最明确，即维护医生作为博学、文雅的社会上层的理想[31]。美国和英国开始出现了奥斯勒信徒市场，因为收藏者对他作品的各种版本，以及任何私人信件都求之不得。

这其中最疯魔的收藏家当属医学博士埃斯特·罗森克兰茨（Esther Rosenkrantz），我们上一次提到她是在约翰斯·霍普金斯大学学医期间，她是奥斯勒的社会服务工作者之一。她曾在加利福尼亚实习，后到加利福尼亚大学任教，终生未婚；20 世纪 30 年代，她立志要集齐他的所有出版物，甚至其他东西，最后发展成"奥斯勒疯魔"。罗森克兰茨收集了特库姆塞斯老宅废墟中的石头，一张威利可能在其中拉过屎的老厕所照片，以及他曾走过的一些地皮。

罗森克兰茨真心崇拜这个人吗？当然。她告诉奥斯勒的侄子诺曼·格温（他本人曾将牧师住宅废墟中的木头烧焦，制成奥斯勒俱乐部的木槌），这世间曾有 3 位伟人："基督，他给了我们爱；莎士比亚，他是一个掌握海量人类学识的怪才；威廉·奥斯勒，因为他同时拥有对人类的热爱、超常智慧和超强大脑，是前两者的结合 [32]。"

奥斯勒崇拜的男女祭司经常通信，交换文书和遗物。在她看来，比尔是"圣弗朗西斯"；对他来说，她是"奥斯勒狂热崇拜女首领"。弗朗西斯取笑她没能收藏到奥斯勒自由轮和铂尔曼轿车 [33]。他送给她奥斯勒的公文包，让她激动万分。还有一位奥斯勒崇拜者（或者应该是"奥斯勒狂热崇拜者"吗？他们自己也不确定）迈伦·普林兹梅特尔，虽然满腹嫉妒，也只得到了一个破烧瓶。

弗朗西斯不是在装。他对奥斯勒的崇拜很像 R. M. 巴克多年前对沃尔特·惠特曼崇拜的宣传。他认为奥斯勒的人格最像"有幽默感的基督"。1949 年奥斯勒诞辰百年之际，他给罗森克兰茨写道：

在这世界的童年时代，我们的"酋长"会是半神，最终成为像他的朋友伊姆霍特普和埃斯科拉庇俄斯一样全能的医学之神。如今，在这有时看似行将就木的世界的老年时代，他的生活、他的成就，尤其是他的人格（也许正是他的不朽所在）是激励世人的希望之光。对我来说，他就是人性完美的最佳证明 [34]。

在这一代人的记忆中，奥斯勒是个完人。1950 年威尔伯特·C. 戴维森写道，"他们这一时代的人，一写起奥斯勒必定陷入对他的狂爱"。戴维森从牛津大学毕业后成为杜克大学医学院的创院院长，他收集了261个在有关奥斯勒的文章中使用过的赞美词，从"学识广博"到"工作狂热"不一而足。

但戴维森承认，没有这些回忆的下一代对奥斯勒几乎一无所知。当他向医学生讲起奥斯勒时，他们的脸上一片茫然；充其量会模糊想起他是位19世纪的著名医生[35]。

随着奥斯勒一代的凋逝，奥斯勒俱乐部的成员逐渐减少，约翰斯·霍普金斯大学的都铎和斯图尔特俱乐部逐渐衰落，连图书馆也拆了。1954年一位去牛津朝圣的拥趸发现诺兰花园路13号无人居住、一片狼藉，连铭牌都没有。奥斯勒夫妇将它留给牛津作为阜家医学教授的家，但奥斯勒的继任者却没住进去。一代经典教科书《医学原理与实践》发行第16版之后，于1947年停止印刷。在核能、冷战和福利制度的世界里，奥斯勒的维多利亚－爱德华时代医学和社会早已蒙尘多年。

有些奥斯勒信徒，以及许多局外人，怀疑奥斯勒的名声也会因追随者的吹捧受到损伤。就连哈维·库欣也非常担心自己传记中的奥斯勒有"石膏圣人"之嫌，乃至不遗余力地夸大奥斯勒生前几乎不存在的矛盾。另外，比尔·弗朗西斯严密地把守着奥斯勒图书馆，不允许任何玷污他圣人形象的资料泄露。

但还是防不胜防。这个故事不是奥斯勒图书馆里传出的，但在内部人中间却流传多年。19世纪70—80年代麦吉尔大学的"教授宝贝"根本不是什么单身工作狂。传言说，成熟美艳来自英国的奥斯勒堂姐玛丽安，可能还有詹妮特，从踏上加拿大的那天起，就在勾引几个不谙世事的奥斯勒堂弟，还和其中几人睡过。据说，玛丽安·弗朗西斯所生的1～2个，甚至3个孩子是威利·奥斯勒的，因为她那段时间经常进出他在蒙特利尔的家。比尔·弗朗西斯一直是谣言中提到的奥斯勒的亲儿子，格温和比可能是他的女儿[36]。

威利的所有近亲都已去世，费瑟斯通、E. B. 和妹妹查蒂死于20世纪20年代；弟弟弗兰克，费瑟斯顿和艾伦最小的孩子，死于1932

年；表姐詹妮特也于 1938 年（99 岁）离逝。

　　奥斯勒家的侄子或侄女都不像弗朗西斯的孩子、帕尔默·霍华德的孩子或阿尔奇·马洛赫那样亲近他。曾侄女安妮·威尔金森（Anne Wilkinson）撰写奥斯勒家族史《行进的狮子》（Lion in the Way）（1954 年）时，从查蒂的儿子诺曼·格温那听说了威利和玛丽安的婚外情。威尔金森是个时不时发神经的诗人，19 世纪 50 年代她自己就闹过很多绯闻，于是乐得相信这听来的风流韵事。她在《行进的狮子》中略提了几句（玛丽安很有男人缘，尤其在她的堂兄弟间），在日记中则大写特写 [37]。虽然没人敢把八卦传闻公然发表，但它却继续疯传，证明维多利亚时代的人杰也是凡胎俗骨。综合这两点，某些作家暗示奥斯勒后来的圣洁是对弥天大错的赎罪，他的快乐是对心底忧郁的掩饰。奥斯勒表现得高尚，其实是因为他曾经堕落；他看起来高兴，实际是内心伤悲。

　　表亲间暧昧情事的传闻根本是无中生有。我读了上万封奥斯勒、弗朗西斯和其他家庭成员的私人信件，找不到丝毫玛丽安和威利，或者与任何人有过情事的暗示，她唯一的男人是她丈夫。从所有当事人的性格判断，这完全是无稽之谈，而且我相信如果真有其事，书面文件也掩饰不了（这些判断得到了奥斯勒家知情后代的支持，如果真相反转，那我就是天下最轻信的傻子）。此外，比尔·弗朗西斯和他的所有姐妹在体貌、才智、禀性或习惯方面都不像威廉·奥斯勒。里维尔是奥斯勒最宠爱的亲子，其受宠程度没有哪个养子可比，他在生命被斩断前，正表现出许多与父亲相似的特质。不过格蕾丝的确认为比尔·弗朗西斯和祖父爱德华·奥斯勒非常像 [38]。

　　奥斯勒 – 弗朗西斯有染的传言可能出自 19 世纪 60 年代玛丽安的一位追求者，他被拒后娶了一位奥斯勒家的女儿。奥斯勒对渴望父爱的弗朗西斯孩子付出了毕生的爱与支持，以及设立信托基金供养他们的做法，让这传言有了附会之处。

　　他确实待他们视如己出，但受到同样待遇的还有霍华德家的孩子，以及几十位医学生和其他人。比起那个知之甚少、来去无

515

踪、只剩模糊印象的亲生父亲，比尔和姐妹们可能更希望一直被他们深爱并崇敬的世界名医是自己的生父，这能慰藉他们的心灵。利顿·斯特拉奇（Lytton Strachey）之后，在弗洛伊德和现代主义横肆、偶像普遍破灭的时代，人们宁愿相信维多利亚时代的人滥性乱交，也不愿意接受他们无与伦比的肉体克制。精神分析的流行催生了心理传记的风靡，这种传记的分析方法轻率武断，可以把一个人的快乐一生断章取义为心存焦虑的证据。库欣对奥斯勒未公开的一条评价是，70 年的生命中没发生过严重抑郁实在是难得。伊迪丝·吉廷斯·里德对奥斯勒夫妇非常了解，他认为威廉和格蕾丝都不难捉摸，他们性格鲜明，行事光明磊落，不值得劳烦心理学家去分析 [39]。

　　20 世纪 60 年代，对奥斯勒的兴趣开始复燃。高科技、高成本医疗往往忽视了患者的人性需求，对于这方面的焦虑蔓延到了多个领域。医疗行业进入政治和社会不安全时期，许多人对此的反应是，满腔向往地回顾奥斯勒所在的黄金时代。第一代奥斯勒关注者并不认识他，但也不满足于沉浸在他的记忆和轶事中。医学史作为一门学科也是如此，任何人要阅读或撰写现代医学史，都躲不开奥斯勒。加拿大人自豪于为世界贡献了奥斯勒，但痴迷研究的一代却很难理解，一个没有任何发现的人竟会产生如此大的反响。在奥斯勒图书馆，弗朗西斯管理方法（他于 1959 年去世）逐渐让位，专业化、开放性和深化历史研究的兴趣成为正统。

　　奥斯勒复兴潮包括一项由德倡特的沃尔顿勋爵牵头发起的国际运动，翻新牛津的诺兰花园路 13 号，在加拿大建造更多堆石标和牌匾，以及持续扩建和振兴奥斯勒图书馆。安大略省汉密尔顿市的麦克马斯特大学曾响应号召，打算以奥斯勒命名新的医学院，但最终这一想法被否决，理由是他已经过时了。在强烈的历史和传统意识驱使下，约翰斯·霍普金斯医学院于 1968 年重新出版《医学原理与实践》，这是一本多作者合著，以患者为中心的内科教科书。最重要的是，1970 年，一群北美医生、医学图书馆员和历史学家齐聚一堂，创建了美国奥斯勒协会，这是个独家粉丝俱乐部兼学术社团，专注保留奥斯勒的记忆以及推行他所代表的价值观。

关于奥斯勒的书籍和文章从未彻底消失，如今再次井喷，多数来自美国奥斯勒协会和英国伦敦奥斯勒俱乐部的年度演讲。在医学领域，尤其是在约翰斯·霍普金斯大学，奥斯勒仍然是被引用最多的已故医生之一。他发表并讲过许多名言，可无缝用于多种主题（有时一个主题的正反双方都可以引用），在专业阅历短浅的医学生眼中，他就是站在医学源头的伟人。从这个意义上说，奥斯勒如今的地位，相当于他那个时候的希波克拉底和盖伦。写某种疾病的现代史，必须得先查阅 19 世纪 90 年代奥斯勒对它的评价。

甚至小说家也参与了进来，1994 年，加拿大文学巨匠罗伯逊·戴维斯（Robertson Davies）的小说《狡猾的人》（The Cunning）诞生，文中塑造的英雄正是奥斯勒的全面弟子。此外，正如蒂莫西·加顿·阿什（Timothy Garton Ash）在一篇评论乔治·奥威尔（George Orwell）的文章中指出的，这是一群吹毛求疵的作家和思想家，他们喜欢给自己的名字赋予形容词和名词的"双重体现"，奥威尔、马克思、弗洛伊德、达尔文、狄更斯、托尔斯泰、乔伊斯、詹姆斯无不如此[40]。奥斯勒有这个资格，莎士比亚和耶稣基督也同样。但他永远不希望为了出类拔萃，再增加一个动词"oslerize"，即安乐死的同义词。

严肃的医学史学生仍然感到不安。这种复兴的主旨是否只是新一波精神鼓吹主义和狂热崇拜，即 20 世纪 80—90 年代的奥斯勒崇拜？为什么库欣的传记仍被视作奥斯勒学术精神的表达？怎么会有人在奥斯勒广袤的文学丛林、引文和典故中不迷路？奥斯勒是否是个医学大男子主义者，将格特鲁德·斯坦（Gertude Stein）从霍普金斯大学驱逐，对这个三性人大加挖苦？奥斯勒信徒不是自命不凡、不合时宜的精英主义者吗？什么时候偶像才能还原成真人？

在医学发展最蔚为壮观的时代，他在英美和欧洲医学界几乎每个人眼里都是真实的。他们对他的爱和尊重是真实的，他的成就也是真实的。作为年轻人，他对医学事业的全情投入，不亚于沃尔特·惠特曼对美国的热爱。奥斯勒的一生就是与行医和医生的恋歌。作为显微镜学家和病理学家，他是 19 世纪 70—80 年代医学科学的前沿先锋。作为一名医院临床医生和私人医生，他不仅跻身精英行列，而且很快成为卓越标准的制订者。作为一名医学教育家，他是为美国医学生提供真切医疗经验的决定人物，开医院医学实习生之先河。作为老师、医生、作家和顾问，他是千千万万男女学生的导师，其中包括那些认识他的人、读过他的教科书的人、读过他的励志文章的人、他弟子培养出的后人。希波克拉底誓言说"凡授我艺者敬之如父母"，许多人正是这样对待他，一如他对待自己的导师，20 世纪不再尊重传统的权威，无论在医学领域还是代与代之间。过去丧失了对现在的控制，老年人不再是年轻人的导师，父母不再将智慧传授给孩子，任何从历史中寻找灵感或获得启发的观念似乎都土崩瓦解了。

虽然奥斯勒时代的临床从业者仍然会跨代谈论患者的体征和症状，但 20 世纪的研究人员和探索者却只关注前方的新事物。

讽刺的是，20 世纪 60—70 年代缺乏安全感的改革者，即新女性医学人士，一再重申对榜样的需要，才让大家意识到传统的重要性。半个世纪以来，奥斯勒始终是医学界所有男性和部分女性的头号榜样。即使在千年之交，后现代医学生的冷酷外表下，如今人人都培养出了宁静和从容，可能仍时时隐藏着对权威、启发和知识的深切渴望。1997 年，查尔斯·S. 布赖恩（Charles S. Bryan）博士以此为目标，出版了一本重要的书《奥斯勒：一位伟大医生的启示》（*Osler: Inspirations from a Great Physician*）。

1997 年 9 月的一天，在奥斯勒图书馆里，我正坐在奥斯勒办公桌前写这本传记，一名麦吉尔大学新生悄悄溜进内室，依照世俗崇拜的样子，在奥斯勒牌匾底框放了一束鲜花和一张卡片，祈求奥斯勒祝他学业顺利。

奥斯勒是否会继续流传，像作家一样流传，像惠特曼一样流传，像简·奥斯汀和乔治·艾略特一样流传，两位作者所塑造的世界深刻地影响了来美国前的奥斯勒家族，像奥威尔和达尔文一样流传，但马克思、弗洛伊德以及奥斯勒的多数同时代医学人没有流传。有些卓越的医生－历史学家在奥斯勒的某些病例研究中，找到了理解从胸痛到肺炎等临床病症复杂性的新思路，这在大大简化的现代病例研究中是不可能的。其他人理所当然地认为他的大部分医学著作都过时了，仅具有历史意义或狭隘的专业吸引力。如今没人认为自己掌握了奥斯勒涉猎并掌握的医学知识。奥斯勒的历史文章或训导美文，虽然多数在当时异常出彩，现在却没多少吸引力，只作为引经据典的楷模，而且他作为英语医学界最鼓舞人心的父亲形象、导师和榜样，永远无人能超越。

至少从 20 世纪 60 年代起，医学人文主义者就开始在运动集会中运用奥斯勒的形象，削弱该行业对科学医疗的迷信。

似乎太多时候，医学实践已经失去了人情味，机器和检查接管了诊断，药丸和药剂可以快速解除患者的痛苦。抗生素革命之后，在治疗慢性、退行性和由生活方式引发的疾病时所遇到的问题，似乎迫切需要奥斯勒后期主张的以患者为中心的整体疗法。也许奥斯勒的理想主义和医生是文化绅士的定位，是行业中追求巨额收入、个人享受的制度性缺陷的良药。

有道理，但前提是真实的奥斯勒也是科学和科学方法的严谨信徒。他在病床边令人愉快的态度举止，能激发出热切的希望和信心，但他给单个患者的时间却很少。他收取高昂的诊费，享受豪华汽车的接送服务，对喝不惯香槟抱有遗憾。奥斯勒认为，医生们多年克勤克俭才付清学费，理应用蛋糕和啤酒犒劳自己。优秀人才希望出人头地本是天经地义。

现代版《医学原理与实践》比奥斯勒的版本更加以患者为中心，现代医生可能比奥斯勒更愿意花时间与患者交谈。到 20 世纪末，患者在临床实践中的话语权和自主权，以及医学教育中以患者为中心的理念，已发展到能令奥斯勒震惊的程度。事实上，医学上有时寻找新的奥斯勒，似乎反映着想要回归美好旧时代的渴望，那时我们会不自觉地服从医生的权威，会不由自主地向医生寻求拯救。一旦深信，治愈便开始。

年轻的奥斯勒恰遇 19 世纪的传统宗教信仰危机，宗教不再被视为通往救赎的道路。他的父亲是位接受自然、拒绝迷信的牧师，他本人则是世纪末新健康牧师诞生的化身。奥斯勒为医学实践、医学教育和医学写作注入了丰富的基督教奉献理念、基督教意象和圣经知识。他是自己新兴职业的大祭司，他不是医学的教皇，更像是坎特伯雷大主教。

在医学上，奥斯勒是位彻底的英国国教徒，是科学与艺术、研究与实践的完美融合的集大成者。

奥斯勒相信医学是能拯救人类于瘟疫和痛苦中的职业，这么想是不是头脑过于单纯？20 世纪的大事当数战争，它夺走了里维尔·奥斯勒的生命、摧毁了他父亲的大半世界、捣碎了许多人对进步的信心。许多历史学家尤其反对历史在进步的想法。或许这个想法只是理论上令人反感。我曾和一群历史学家参加辩论，当问到历史上最适合生活的时代时，我们不约而同地认为是现代。每个人都认为，医学进步增加了长寿和健康生活的概率，这是主要原因。1914—1918 年的恐怖过后，奥斯勒比许多人更清楚地看到了乐观和希望。他死后不久胰岛素的发现就证明了这一点，战争摧毁的只是人类对道德进步的信心，而不是利用科学改善生存状况的能力。

奥斯勒对晚年的预见不那么明智。他相信在停尸房里研究硬化的动脉和恶化的器官时总结出的宿命论，完全错失了对年龄、成就和退休"固定时期"看法的有力反击。20 世纪后 1/3 段，老当益壮的人越来越多，八旬老人开始跑马拉松，预期寿命也大幅延长。然而到 20 世纪的尾声，一种可称为新奥斯勒主义的被动或主动安乐死、承认自然寿命和接受安乐死亡的运动逐渐流行，而且还是节约医疗费用的好方法。

如果奥斯勒能活到抗生素时代，那他可能会重新考虑衰老和固定时期的看法。搬去牛津大学之后，他在生活中几乎没有对衰老做过让步。他对生命的各个阶段、生命和时间的流逝如此在意，我认为是因为他明白这一切转瞬即逝。对他身为基督徒的父母来说，生命永远不止。奥斯勒一旦不再相信永生，就知道由人的体能划分的固定时期是多么短促。

威廉·詹姆斯曾对奥斯勒的旺盛精力和兴趣表示惊叹，据说奥斯勒告诉詹姆斯，他对时间充满危机感，这是他唯一希望可以买到的商品，因为他可以用它做很多事。如果说奥斯勒愉快充实的成功人生存有悲伤底色，那一定是他明白，人最终无法逃脱在坟墓和停尸间被人忘却的结局。

然而就知识而言，他逃脱了，他会随着时间被人想起，会在阅读、记忆和纪念活动与现代人交流。他活着时充分利用了时间，不是被动追赶的工作狂，而是主动珍惜每一个小时，从不浪费时间。奥斯勒不惧怕死亡，但也明白生命短暂又无常。他决心打出好局。事实上，他的人生比赛非常精彩。他出身于荒野边缘的牧师家庭，跃升为新旧世界的遗产交接者，他在帝国的鼎盛时期退休到牛津甘做装饰。他是同时拥有英国文化和美国能量的加拿大人，像英国国教一样兼容而生，在两个世界都游刃有余又都格格不入。最重要的是，他在医学上没有国界意识。他独特的满足感和持久的榜样作用，来自对治愈的追求和同事友情，努力实现让男女老少多活少痛的福音。无论过去还是现在，这都是一场充实的人生。

奥斯勒的遗体一部分化作骨灰以书为伴，一部分成为标本存进博物馆。他的大脑由汤姆·麦克雷带到费城，存放在威斯塔解剖学与生物学研究所。19 世纪 80 年代的科学家们刚开始研究神经病学，他们认为大脑形态学和智力可能存在关联。既然能对罪犯的大脑进行有效研究，那么正直有为之士的大脑为什么不可以呢。于是身为威斯塔研究所创始成员的奥斯勒心潮汹涌之下，同意将自己的大脑用于研究。

20 世纪 20 年代，这些简单化的理论在很大程度上已不可信，神经学研究领域也成了无人问津的死水。例如，库欣就对奥斯勒的大

521

脑不感兴趣。威斯塔研究所的一名工作人员花费 9 年时间，对奥斯勒和其他两位学者大脑进行对比研究，最后发表了一篇论文，结论是他的大脑发育良好，营养状态充沛，非常有利于发挥功能。除此之外别无所获。大脑由甲醛浸泡的棉花包着，年复一年地盛在位于费城的一个罐子里。

1959 年，时任蒙特利尔神经病学研究所所长，全球知名的怀尔德·彭菲尔德，被邀请到威斯塔研究所做演讲，作为回报可借出奥斯勒的大脑用于研究。彭菲尔德将大脑带回蒙特利尔，在那里进行了组织学检查，仍然没有任何重要发现，然后送还费城。

20 世纪 80 年代，人们发现奥斯勒大脑缺失了总重 163g 的组织。损失显然发生在蒙特利尔外借期间，但也有报道称，维斯塔研究所多年来一直默许某些来访的奥斯勒教徒带走大脑作纪念品。1987 年，大脑转移至费城医生学院的穆特博物馆。2 年后，一个装有 6 块奥斯勒大脑的罐子出现在拍卖会上。穆特博物馆馆长从奥斯勒信徒和博物馆友人处筹集了 1000 美元，将缺失的部分买回，与已有些破败的整体重新合体，部分奥斯勒脑组织的幻灯片则钻了监管空子，被某二手书商买走，而且枕叶末梢也不见了。一些奥斯勒信徒确定曾在埃斯特·罗森克兰茨藏品中的一个罐子里见到过，后随藏品一起遗赠给旧金山加利福尼亚大学。后者否认。

千禧之交，奥斯勒的大脑，他的最后一份病理标本，除了 3.6g 遗失在私人收藏里，仍存放在穆特博物馆中。通常它被摆放在 19 世纪 80 年代奥斯勒在布洛克利停尸房进行尸检的桌子上。很快它又会回到威斯塔研究所。

部分神经学家认为，随着分子生物学的迅猛发展，我们有可能从这些保存的组织中获得有价值的研究成果，更不用说克隆的可能性了！未来对奥斯勒 DNA 的研究可能有助于出版解密其性格的书籍。如果此事成真，那么医学科学的进步甚至会影响传记艺术。

（石丽英　译）

Notes and Sources
注释与来源

523

威廉·奥斯勒及其家人，还有很多朋友写信的格式，与后来使用电话及电子邮件的这代人一样。奥斯勒每年至少都要写大概 1000 封信件、明信片和笔记，其一生共写了超过 50 000 封。其中约有 2000 封留存在世界各地，大部分被收藏在北美和大不列颠地区。在 20 世纪 20 年代初，哈维·库欣收集了规模最大的奥斯勒书信集，作为他准备撰写人物传记 *Life of Sir William Osler* 的资料。库欣随后将自己绝大部分的奥斯勒相关资料捐献给麦吉尔大学的奥斯勒图书馆。这份书信集被编目为库欣文件（CPOL），是本书最重要的资料来源。尤其重要的是，它还包含了库欣在其他方面的所有研究成果（包括认识和记得奥斯勒的人们直接的书信）、他的笔记，以及这本传记的各种原稿。

在多年来，奥斯勒图书馆还收到许多其他奥斯勒的书信捐赠，其中一部分是被库欣复印过的原稿，另一些则连他也从没见过。这些构成了奥斯勒图书馆的 Osler 文件（OPOL）的基本内容。此外，还有许多其他补充性文件，如 Archibald Malloch 文件，包含奥斯勒夫人的数百封信件，以及 W. W. 弗朗西斯文件（FPOL），在经过筛查后，为本书提供了许多逸闻内容。奥斯勒图书馆一直是奥斯勒相关资料的首选保管方，它还保管着奥斯勒的记事簿、笔记本、个人病历、已发布和未发布文章的原稿，以及他自己书库中的许多宝贵知识。这其中的许多内容都已编目在 *Bibliotheca Osleriana* 中。CPOL 包含了许多格蕾丝和里维尔·奥斯勒的书信抄本，这些原稿则已经找不到了，可惜这是库欣通过不太正当的手段获得的，无法将其用在传记中。耶鲁大学图书馆保管了大规模的哈维·库欣文件集（CPY），其中包含了有关奥斯勒和传记的许多书信，还有库欣的日记，以及他早年在约翰斯·霍普金斯大学写下的信件。

安大略州邓达斯镇的一场火灾摧毁了奥斯勒家族的许多书信，威廉和费瑟斯通整理了幸存的家族日志和数百封信件，将其编排为5个合订本，包含了许多重要的奥斯勒家族书信，如今被保管在多伦多市的安大略公共档案馆（OFPOA）。另一部分小规模但内容丰富的家族书信被保管在多伦多大学（OPUT）的 Thomas Fisher Rare Book 图书馆。

约翰斯·霍普金斯大学医学院的 Chesney 档案馆也保管有一些重要的奥斯勒文件（OPJH），包括医院工作期间的重要病历。Chesney 档案馆的收藏包括 Welch 文件、Barker 文件、Halsted 文件、Mall 文件、Abel 文件，以及机构事务记录，这些都极其重要。我从20多个其他文件来源（包括加州的 Huntington 图书馆、费城医师学院、牛津的 Bodleian 图书馆，以及一些个人收藏）中调查了一小批其他奥斯勒或奥斯勒相关的手抄材料，其中一些很有用，另一些则重复了，还有一些无关紧要。最有用的一批是伦敦奥斯勒俱乐部收藏的档案（被保管在皇家医师学院），以及马萨诸塞州南安普顿市的史密斯学院所保管的 Dorothy Reed Mendenhall 文件。所有的档案来源都已在文章中注明。

有关奥斯勒文稿的权威性参考书目现已包含1628项记录，包括 Richard L. Golden 和 Charles G. Roland 汇编的 *Sir William Osler: An Annotated Bibliography with illustrations*（San Francisco：Norman Publishing，1988），以及 Richard L. Golden 汇编的 *Addenda to: Sir William Osler An Annotated Bibliography with illustrations*（Huntington，New York：非公开发行，1997）。本书简述了这些参考书目作者的权威性记录，往往只引用其中最方便查阅的奥斯勒文章来源，尤其是他的散文集：*Aequanimitas, With Other Addresses to Medical Students, Nurses and Practitioners of Medicine*，expanded

2nd edition（Pjiladelphia：Blakiston's，1922）；*An Alabama Student and Other Biographical Essays*（London：Oxford University Press，1908）；*Selected Writings of Sir William Osler*（London：Oxford University Press，1951）。Earl F. Nation、Charles G. Roland 和 John P. McGovern 主编的 *An Annotated Checklist of Osleriana*（肯特州立大学出版社，1976）及 Earl F. Nation 主编的 *An Up-Dated Checklist of Osleriana*（非公开发行，1988）列举了有关 Osler 的 1588 种图书和文章。有关奥斯勒的学术研究成果不断扩大，并常见于美国奥斯勒学会的两部精选学术刊物中，如 Jeremiah A. Barondess、John P. McGovern、Charles G. Roland 主编的 *The Persisting Osler*（巴尔的摩：University Park Press，1985），Barondess 和 Roland 主编的 *The Persisting Osler, 2*（Malabar，Florida：Krieger，1994）。在回忆录和纪念文方面的早期收藏文件中，最重要的是由莫德·阿伯特主编的 *The Sir William Osler Memorial Volume, Bulletin 9 of the International Association of Medical Museums*（蒙特利尔，1926）。

525

除上述资料外，著者还咨询了许多其他的主要和次要资料来源，并在文章中适当引用了其中有价值的内容。

Notes
声　明

所有直接引用内容、其他重要事实和时间的来源均已注明。未注明作者的文章均由奥斯勒本人创作。在手抄稿的来源方面，通过常见搜索手段获得了足以确定资料位置的信息。除非特别注明，引用自奥斯勒图书馆的库欣文件（CPOL）均书写于与它们的日期相符的时间顺序。来自耶鲁大学的库欣文件（CPY）拥有微缩胶卷编号或页码，如果仅标注单个数字，则为文件夹编号。若对于任何文章或来源有疑问，请联系多伦多大学的作者，或查阅奥斯勒图书馆中保管的本书手抄原稿。

Abbreviations
缩略语

A. M.	阿奇博尔德·马洛赫（Archibald Malloch）
BHM	《医学史公报》
BMJ	《英国医学杂志》
BO	奥斯勒图书馆
CMAJ	《加拿大医学杂志》
CMSJ	《加拿大医学和外科杂志》
CPOL	库欣文件，奥斯勒图书馆，麦吉尔大学
CPY	库欣文件，耶鲁大学
E. O.	埃伦·弗里·皮克顿·奥斯勒（Ellen Free Pickton Osler）
F. L. O.	费瑟斯通·莱克·奥斯勒（Featherstone Lake Osler）
FPOL	W. W. 弗朗西斯文件，奥斯勒图书馆，麦吉尔大学
G & R. O.	格蕾丝和里维尔·奥斯勒
H. C.	哈维·库欣（Harvey Cushing）
JAMA	《美国医学协会杂志》
JH	约翰斯·霍普金斯医学院（艾伦·M. 切尼斯档案馆）
JHM	《医学史杂志》
NEJM	《新英格兰医学杂志》
NYPL	纽约公共图书馆
OFPOA	奥斯勒家族文件，安大略公共档案馆，多伦多
OL	奥斯勒图书馆，麦吉尔大学
OPJH	奥斯勒文件，切斯尼档案馆，约翰斯·霍普金斯医学院

OPOL   奥斯勒文件，奥斯勒图书馆，麦吉尔大学

OPUT   奥斯勒文件，托马斯·费希尔珍本图书馆，多伦多大学

W. O.   威廉·奥斯勒（William Osler）

W. W. F.   威廉·威洛比·弗朗西斯（William Willoughby Francis）

Acknowledgments
致　谢

在此书及我所有作品中，我欠下了伊丽莎白·布利斯（Elizabeth Bliss）的无数恩情。我们已共事近 40 年，彼此亲密无间。

在获得了由加拿大理事会管理的 I. W. 基拉姆（I. W. Killam）奖金之后，我得以从本科生教学工作中抽身出来，并在两年内完成了此书的大部分内容。我衷心感谢多伦多大学在基拉姆项目方面的帮助，尤其是医学系的工作，还有前任院长阿诺德（Arnold Aberman），他接纳我加入了"医学史项目"。汉娜研究所对"医学史项目"的资助由 Associated Medical Services 公司提供，这解决了我相当一部分的直接研究花费。如果没有这项帮助，这个项目或许要花上多年才能完成。

在离开加拿大担任伦敦圣玛丽医院的历史学者之前，我曾经的学生埃尔斯贝斯·希曼（Elsbeth Heaman）进行了杰出的研究工作，整理了我在奥斯勒图书馆中的文稿。她对该项目的热情及后来对于手抄文稿的凝练评价，都给予了我极大的帮助。我还要感谢蒙特利尔的埃德·贝努瓦（Ed Benoit）及多伦多的雪莉·麦凯勒（Shelley McKellar）在现场研究方面给予的帮助。

虽然这无论如何都算不上官方版或得到授权的人物传记，但在我登门造访时，奥斯勒和弗朗西斯家族的成员们都给予了热情的欢迎和帮助，尤其是伊夫·奥斯勒·汉普森（Eve Osler Hampson）和玛丽安·弗朗西斯·科伦（Marian Francis Kelen）。参与"医学史项目"的麦吉尔大学奥斯勒图书馆馆长也将这个机构管理得十分出色。奥斯勒图书馆的员工给予了我欢迎、帮助、有益建议、耐心沟通和更多的成果，其中包括朱恩·沙赫特（June Schachter）、韦恩·勒贝尔（Wayne LeBel）、帕姆·米勒（Pam Miller）和前任图书管理员费斯·沃利斯（Faith Wallis）教授，他们每个人都堪称优秀典范。奥斯勒图书馆是世界顶级的医学历史图书馆，获取了奥斯勒图书馆之友协会的资助，对那些希望保留奥斯勒珍贵回忆的人来说，这是一件非常富有意义的事情。本书收集的所有研究资料和手稿都将送往奥斯勒图书馆。

Foreword by Translator
译后记

威廉·奥斯勒是 20 世纪最伟大的医学家、医学教育家。作为一名临床医生，他平凡而光辉的一生将永载史册。

从在欧美卓越的医疗活动到著名的《奥氏内科学》《医学原理与实践》等书的问世；从约翰斯·霍普金斯医院的医疗、管理、医学教育到医生、护士培养所形成的睿智理念；特别是他精深的医学人文思想像明星闪烁、照耀永远！

奥斯勒无私的奉献不仅在于他操劳忙碌的一生，甚至在过世后把遗体捐献给实验室；把所有的藏书赠给麦吉尔大学，奥斯勒图书馆成了一座神圣的殿堂，甚至其建筑风格都介于教堂与陵宫之间……

威斯说："如果乔治·华盛顿是美国的缔造者，那么威廉·奥斯勒就是医学的华盛顿。"诚然，奥斯勒不仅属于那个时代，也不仅属于欧美，它是全医学界、全人类、全世界的，是永恒的。奥斯勒和奥斯勒精神具有强烈的普世性，具有持续的影响力。

我们就是带着这种无限敬仰的心情来翻译中译本《医学人生：医学人文之父威廉·奥斯勒》的。纵观这部传记有如下三个特点。

第一，全面。本书从奥斯勒的诞生到故去的叙述全面周详，几无漏缺。从美国霍普金斯大学的忙碌到英国牛津大学的愉悦，从临床医疗到讲演聚会，特别重墨于他的医事活动：诊疗与查房、病例讨论与分析、对医生与护士的培训、对实践与读书的告诫。除了临床以外，奥斯勒对于患者精神心理的关怀，对于禁止吸烟的宣传，可以证明他是一位健康的改革家、宣传家；而且又涉及医学的各个奥斯勒是渊博教育感染力的人文音乐家，又把科学、医学与文学艺术教育化，把医疗、教育、事业生活、思考素养臻于完美结合。

绘画是生命和生存艺术。

习羽 奥斯勒之二

吴畏和

二〇二一年九月十五日

奥斯勒完完发现了什么？

很少。

也许，我们并没有问对问题。

此不是靠科学家，师为临床医生，已竭尽全力治愈不少病救治的科学与艺术。

一位和译和阅读人奥斯勒。

吴畏和

二〇二一年九月五日

531

领域，是一位医学的漫游者，无国界者，真正的 MDT；更是临床家、观察家、实践家。在全书的每一个字句中，都可以体验和感悟到奥斯勒的工作激情和人格魅力，广博精深和灵活睿智。人们甚至为其查房还形成了一首有趣的诗句：伙计们请快点儿来吧，奥斯勒的巡回演出开始了。早餐要简单快捷，请跟上大统领的步伐。带上纸和笔，不要漏掉每一个音符。

第二，细腻。本书对奥斯勒生平的描述，有密有疏、有详有简、均衡有趣。其中对于奥斯勒的家庭、在霍普金斯医院、晚年痛失爱子，描述得详细全面，令人感动。奥斯勒出生在加拿大安大略省的一个牧师家庭，家族很大，对他亲友的描述很多。奥斯勒虽然没有继承父业，但在幼年，家庭、自然的浸染和人性的熏陶对他以后从医的兴趣、志愿和品格，都有非常深刻的影响。从 1884 年春天始，奥斯勒在美国的从医生涯达 21 年，主要在霍普金斯医院，这是奥斯勒人生的重要旅程，也是他伟大一生的光辉闪烁。在这里，我们不

美国著名诗人惠特曼是（曼）
诗人把元音的棺椁中推出来排琴兰
奥斯勒走上奇云，开给
我认出人你……
（惠特曼恰乃是奥斯勒的病人）
谈"奥斯勒……"
二三年九月日 景和

奥斯勒有着充满成就、动力
和复杂的人生，他将久埋黝的
力。
他的生涯，他的著作表达为
是一生死的彼报如海，故服以顽
张特平。
谈"奥斯勒……"
二三年九月日 景和

532

仅能够看到奥斯勒的卓越工作，还可以看到一代俊杰荟萃、巨星焦聚，就是书中所说的"四大金刚"：病理科韦尔奇（担任过院长）、外科霍尔斯泰德、妇产科凯利和内科奥斯勒。他们个性鲜明，品格高上。作者对于他们的描述似乎琐碎，却细致入微，其中包括凯利是薪水最高的教授（有具体数额），他不兼顾自己的高收入，热衷于慈善、他人和医院。凯利与霍尔斯泰德密切搭档，韦尔奇作为院长的管理才能展现完美。我们还可以看到那些以前只在教科书中才能读到的名字，像魏尔肖、库欣、科霍，像诗人奥特曼，在本书中都有记述，像明亮的流星从夜空划过，让人仰视、难忘。

第三，公允。一个人物的传记，无论是名人、伟人，还是平民百姓，我们对他的描述和认识总应是客观、公正的。《医学人生：医学人文之父威廉·奥斯勒》展现了一个伟大医生的精神风貌，但他不只是一尊雕像，在书中的描述，记事、叙事、故事，写人、画人、评人，都有根有据，有血有肉，栩栩如生。甚至对于奥斯勒的"毛

533

病"也毫不忌惮，比如对他的评价与争论，他对衰老和老人的看法，很固执、很有趣，甚至有些悲观，晚年也常常叹息命不久矣！他的儿子里维尔，18 岁入伍参战，官阶炮兵中尉，21 岁中弹牺牲。这对奥斯勒无疑是个沉重的打击，令他悲痛不已，虽然他看似平静地接受人们对他的慰问，但在午餐时却崩溃抽泣。无论怎样，我们依然可以看到一个伟大医学家的光辉形象，奥斯勒的完美源于他的天赋与秉性，适用于他的生活、工作和环境。我以为这就是他对于自然的敬畏，对于生命的敬畏和对于医学的敬畏。

即使在欧美，奥斯勒也像一尊"石膏圣人"被封存了一段时间，直到 20 世纪 60 年代才又重新掀起了"奥斯勒热"。也许是科技的发展，也许是所谓"经验医学"进入到"实验医学"，让我们从眩晕中清醒过来，去寻找和回归医学的本源。可不能忘记，是奥斯勒把欧美的医学与健康带入了一个新的世纪！

534

奥斯勒早已指出："医学实践的弊病，在于历史洞察的贫乏，科学与人文的断裂，技术进步与人道主义的疏离。"多么睿智、多么深刻、多么富有预见性！现今已有世界范围的"奥斯勒研究会"，出版了有关奥斯勒的各种版本书籍，奥斯勒似乎又重新回到我们中间来了。人们应该充分认识到奥斯勒的贡献，他不啻一位实验科学家、发明家，他是位医学临床家。事实告诉我们，无论科技如何发展，医学本源不变。医学可不全是科技的，它是哲学的、艺术的、人文的。现今的数字医学，甚至所谓"智慧医学"都不能够真正代替医生的工作，不能代替医生和患者面对面的工作。科学和技术、检验和器械当然给予医生很大的帮助，但是以耳听诊，以眼视诊，以手施术的时代不会完结。况且，还有最重要的人文关怀！

中国医师协会高度重视奥斯勒精神的学习、研究、宣传和推广，成立了奥斯勒精神研究会，进行了奥斯勒精神的研究讨论及讲演宣传，并与我国古今医学大家的人文思想的学习、继承与传播结合起来。特别是在张雁灵会长的亲自带领下，组团去牛津大学奥斯勒展览馆参观、考察与学习。令人难忘的牛津诺兰花园 13 号，那是奥斯勒的故居，他曾在"敞开的怀抱"欢迎来访者、接待患者，我们甚至看到他记录的满满的门诊患者登记名单。花园草地，微风吹拂，鸟声啁啾……我们和英国的医生们进行交流，并与英国皇家妇产科学会进行了深入的学术讨论，达成了关于住院医生培养的协议，把奥斯勒的学习与研究推向了一个新的阶段。因此，我们深信医学本源共同，东西文化相通，医疗目标一致，中西医学齐进。原本拟定在 2019 年奥斯勒逝世一百周年之际，中英双方有一个互访和共同举办的纪念活动，因 COVID-19 而未能举行，留作我们未来的工作吧。

奥斯勒的大脑作为他的最后一分奉献和标本，还放在穆特博物馆，后来者甚至要对奥斯勒大脑的基因进行复制和克隆。我想，奥斯勒的精神基因已经被破译，已经被传播。

这是一个令人振奋的翻译团队，他们作为医者或学者都是行业翘楚。在各自工作繁忙之时，都抓紧时间出色地完成了任务。尤其是王姝和王宁，两位认真细致的工作状态，可圈可点，感谢他们的辛劳！

特别感谢张雁灵会长的支持与指导，并且欣然作序。

感谢科学普及出版社和为本书翻译出版做出贡献的朋友们！

感谢各位读者！

相 关 图 书 推 荐

原 著 ［英］John Marks
主 译 王 岳 马金平
定 价 98.00 元
ISBN 978-7-110-10438-5

约翰·马克斯（John Henry Marks）是一名英国医生，他于英国国家医疗服务体系成立的当天（1948 年 7 月 5 日）获得医师资格。他长期参与国家层面的医疗政治活动，在 1984—1990 年担任英国医学会主席，任期内广受好评，一直致力于为英国国家医疗服务体系辩护。本书是马克斯的自传，也是一部医疗社会史著作。著者凭借作为家庭医生的长期经历、高层医学政治的深度参与，以及作为全科医学历史学家的细致观察，在本书中深入浅出地呈现了英国国家医疗服务体系的形成和改革进程，其中既有风起云涌的国家大事，又穿插了不少温馨有趣的生活细节，值得医疗体系研究者及对此有兴趣的读者细细品读。

原　著　[英] Gordon C. Cook

主　审　甄　橙

主　译　程陶朱　黄羽舒

定　价　58.00 元

ISBN 978-7-110-10475-0

　　本书追溯了英国医学研究生会（Postgraduate Medical Association，PMA）的历史，以图文资料的形式介绍了该机构自成立以来的主要人物事迹，以及参与英国研究生教育中的重要人物的翔实背景信息，同时还评述了 PMA 在医学教育中发挥的作用。19 世纪 80—90 年代是英国医学研究生教育的初级阶段，伦敦研究生会（London Postgraduate Association，LPA）、医学研究生会（PMA）与医学生学生会（Fellowship of Medicine，FM）等学生组织相继成立。约翰·麦凯利斯特（John MacAlister，1856—1925 年）是建立英国皇家医学会（Royal Society of Medicine，RSM）的关键人物，他担任了"紧急研究生计划"的首任联合秘书，该计划后续推动了 FM 的成立、"FM & PMA"合并组织建立、乃至医学研究生学生会（Fellowship of Postgraduate Medicine，FPM）的最终成立，并成为英国医学继续教育的重要组成部分。本书颇具历史启迪意义，非常适合医学院校中的相关组织管理者及对医学研究生教育的历史和发展感兴趣的读者阅读。

医学人文与医院管理译丛

《患者安全：严重医疗不良事件的调查与报告》
王岳　宋奇繁　主译

《跨越鸿沟：医院环境进阶中的精益医疗系统工程》
王岳　樊荣　霍婷　主译

《人本诊疗：以患者为中心的流程再造》
王岳　石婧瑜　主译

《精益诊疗：运用患者工效学提高就医满意度》
王岳　石婧瑜　主译

《弹性医疗管理：如何减少医护人员的工作倦怠》
王岳　王江颖　主译

医学推动者译丛　第 1 辑

PROMOTER OF
MEDICAL SCIENCE

《医学人生：医学人文之父威廉·奥斯勒》
郎景和　主译

《困惑中升华：肝移植之父斯塔尔兹的外科风云》
董家鸿　主译

《跨越巅峰：显微神经外科之父亚萨吉尔》
毛颖　陈亮　主审　　　岳琪　陈峻叡　陈嘉伟　主译

《善意的悲剧：乔纳斯·索尔克与疫苗史至暗时刻》
谢文　管仲军　主审　　　陈健　主译

《赋予生命：残疾人关爱运动领导者的燃情岁月》
赵明珠　王勇　主审　　　胡燕　主译

《拯救或破坏：英国医疗体系缔造者约翰·马克斯》
王岳　马金平　主译

《遗传的变革：70 年医学遗传学史》
李乃适　邬玲仟　桂宝恒　主译

《最初的梦想：麦凯利斯特与医学研究生学生会的诞生》
甄橙　主审　　　程陶朱　黄羽舒　主译